Dir, lieber Onkel Verry,
meinem Taufpaten und
Firmpaten, zum 70. Geburts-
tag mit den besten Wünschen
für alles, was Du Dir vor-
genommen hast.

2. Juni 1981

Dein Neffe

Sigurd

Der russisch-deutsche Krieg 1941-1945

Von Albert Seaton

Herausgegeben von

Andreas Hillgruber

Professor an der Universität zu Köln

Mit 29 Kartenskizzen

1973

Bernard & Graefe Verlag für Wehrwesen

Frankfurt am Main

Aus dem Englischen übersetzt von Hans Jürgen Baron von Koskull

Titel der englischen Originalausgabe: »The Russo-German War 1941–45«

Umfang: 480 Seiten und 29 Kartenskizzen

Gesetzt aus der Borgis Garamond-Linotype
Gesamtherstellung: Graphische Werkstätten Kösel, Kempten im Allgäu

Printed in Germany
ISBN 3-7637-5116-5

Inhalt

Verzeichnis der Karten

Dank des Autors

Für die freundliche Erlaubnis, aus den folgenden Büchern zu zitieren, sage ich den Verfassern, Herausgebern, Verlegern und Vermittlern meinen Dank: The Life of Neville Chamberlain von *K. Feiling,* Macmillan & Co. Ltd., Years Of My Life von *A. W. Gorbatow,* Cobstable & Co. Ltd., The New York Times vom 24. Juni 1941; Generaloberst Halders Kriegstagebuch, Verlag W. Kohlhammer GmbH., Der Generalquartiermeister von *Elisabeth Wagner,* Günter Olzog Verlag, Hitlers Weisungen für die Kriegführung, herausgegeben von *W. Hubatsch,* und Kriegstagebuch des Oberkommandos der Wehrmacht, herausgegeben von *H.-A. Jacobsen, A. Hillgruber, W. Hubatsch* und *P. E. Schramm,* beides bei Bernard und Graefe Verlag, Das Heer von *B. Mueller-Hillebrand,* E. S. Mittler u. Sohn.

Vorwort des Verfassers zur deutschen Ausgabe

Dieses Buch ist die Bearbeitung des sehr viel umfangreicheren englischen Werks The Russo-German War 1941–1945, das bereits im Vereinigten Königreich und in den Vereinigten Staaten erschienen ist. Diese Ausgabe ist für die breitere Öffentlichkeit in Deutschland bestimmt, und deshalb habe ich zahlreiche militärische und technische Einzelheiten und viele Darstellungen kriegerischer Ereignisse, wie sie sich von russischer Seite aus ergeben, fortgelassen.

Mein besonders herzlicher Dank gilt dem Herausgeber, Professor Dr. Andreas Hillgruber, dem Übersetzer, Baron Hans Jürgen von Koskull, und dem Verlag Bernard und Graefe, die diese Ausgabe ermöglicht haben.

Ich fühle mich auch jenen ungenannten deutschen Offizieren verpflichtet, die – zum Teil als aktive ehemalige Teilnehmer an den hier geschilderten Ereignissen – den englischen Text bereitwillig gelesen und freimütig kommentiert haben.

A. S.

Vorwort zur englischen Ausgabe

Das Thema dieses Buchs ist so umfangreich, daß sich die Arbeit ohne die Hilfe einer großen Zahl von Menschen nicht hätte bewältigen lassen. Ihnen allen spreche ich meinen Dank aus.

Ich fühle mich besonders denen verpflichtet, die den Text gelesen haben: Professor Dr. Hans-Adolf Jacobsen hat das Manuskript gelesen, hat mir zum Inhalt und zur Form der Darstellung anregende Kommentare und Ratschläge gegeben und mir wertvolle Vorschläge zur Erschließung neuer deutscher und russischer Quellen gemacht. Mr. Malcolm Mackintosh hat mir bei der systematischen Durchsicht des Manuskripts und der Korrektur geholfen. Professor Max Beloff hat die ersten Kapitel des Manuskripts gelesen, kommentiert und mir wertvolle Hinweise gegeben. Mr. Brian Melland hat die Kapitel über die deutsche Wehrmacht gelesen und kommentiert. General Adolf Heusinger hat die Personenbeschreibungen von Hitler, Jodl, Zeitzler und Paulus und das Kapitel über die Vorbereitungen für das Unternehmen »Barbarossa« gelesen. Captain Stephen Roskill hat das Kapitel über die Seekriegführung gelesen und kommentiert und mich auf weitere Quellen aufmerksam gemacht. General Burkhardt Mueller-Hillebrand hat mir wertvolle Hinweise über das deutsche Heer gegeben.

Ich möchte den Regierungsstellen, wissenschaftlichen Organisationen, Bibliotheken und vielen Persönlichkeiten in England, Deutschland und den Vereinigten Staaten danken, die mir bei meiner Suche nach Quellenmaterial geholfen und geraten haben. Das sind besonders Dr. Friedrich-Christian Stahl vom Bundesarchiv-Militärarchiv und Professor Dr. Andreas Hillgruber, die mir bei meinem Besuch in Freiburg besonders freundlich geholfen haben, Dr. Klaus-Jürgen Müller, wissenschaftlicher Direktor der Stabsakademie in Hamburg, und die Familie des Generalfeldmarschalls Ritter von Leeb (für Einblick in die Tagebücher von Leeb), Mrs. N. Taylor und Mr. W. Todhunter, Admiral Sir Geoffrey Miles und Commander A. Courtney, Mr. J. D. Lawson vom Naval History Branch in London; der Foreign and Commonwealth Librarian and Keeper of the Papers; der Generaldirektor des Imperial War Museum, die Archivare Dr. L. J. Kahn und Miss A. Raspin von der Documents Section und Miss R. Coombs von der Bibliothek des Imperial War Museum, der Bibliothekar und sein Stab der Royal United Service Institution, die Bibliothekare des Instituts für Zeitgeschichte und der Wiener Library und ihre Mitarbeiter, der Generaldirektor des meteorologischen Amtes und seine Mitarbeiter, die Hoover Institution der Stanford University, California.

Besonders dankbar bin ich Dr. H. Schurer und seinen Mitarbeitern von der Bibliothek der School of Slavonic and East European Studies der Universität London, die mir russische Veröffentlichungen zugänglich gemacht und mich in linguistischen Fragen hinsichtlich des Russischen, Weißruthenischen und Ukrainischen beraten haben.

Zu großem Dank verpflichtet bin ich der Hon. Margret Lambert für ihre Unterstützung bei der Auffindung von Quellen und meiner Frau, die das Manuskript mehrmals auf der Maschine geschrieben, mich bei der Suche nach Material in Deutschland unterstützt und mir bei der Aufstellung von Listen über sowjetische Persönlichkeiten geholfen hat.

Schließlich möchte ich mich besonders herzlich bei dem Chefbibliothekar der Bibliothek des britischen Verteidigungsministeriums (Central and Army), Mr. D. W. King, und dem Bibliothekar der historischen Abteilung der Bibliothek, Mr. C. A. Pott, bedanken, die mir zahlreiche englische, deutsche und russische Veröffentlichungen zur Verfügung gestellt haben. Ohne ihre Hilfe und ihr Verständnis hätte dieses Buch kaum geschrieben werden können.

A. S.

Vorwort des Herausgebers

Eine ausgewogene Gesamtdarstellung des deutsch-russischen Krieges 1941–45, des für die Sowjetunion, für Deutschland und für ganz Europa bei weitem folgenreichsten Teils des Zweiten Weltkrieges, ist seit langem als notwendig erkannt worden. Seit Kurt von Tippelskirch 1951 im Rahmen seiner »Geschichte des Zweiten Weltkrieges« auf damals zwangsläufig noch sehr schmaler Quellengrundlage einen ersten Überblick über den wechselvollen Verlauf des Ostkrieges wagte, ist zwar eine stattliche Reihe von Darstellungen über dieses Thema aus deutscher, sowjetischer und auch aus westlicher Sicht erschienen, ganz abgesehen von der kaum noch überschaubaren Fülle von militärgeschichtlichen Einzelstudien verschiedenster Qualität und von den sogenannten »Tatsachen- und Erlebnisberichten«. Jedoch wurde stets die eine oder die andere Seite »unterbelichtet«, eine Folge der Sprachschwierigkeiten, auch der von einem einzelnen Forscher kaum mehr zu durchdringenden Quellen- und Literaturmassen, vor allem aber der meist in dieser oder jener Hinsicht von vornherein festliegenden »ideologischen« Position der Historiker.

Eine klare Zäsur in dieser höchst unbefriedigenden historiographischen Situation setzte 1971 das Erscheinen des Werkes des britischen Militärschriftstellers Colonel Albert Seaton »The Russo-German War 1941–45«. Einer der besten Sachkenner, der Historiker der University of Manchester, Professor John Erickson, bezeichnete es in einer Besprechung in einer großen britischen Zeitung als »the best and likely to remain the best comparative work based on an investigation of German and Soviet printed material«.

Der Autor brachte für das Gelingen der selbstgestellten Aufgabe besonders gute Voraussetzungen mit. Dank seiner Sprachkenntnisse konnte er die deutsche, die sowjetische und die westliche Literatur in gleichem Maße auswerten; auch öffneten sich dem – gleichsam aus der insularen Distanz forschenden – renommierten britischen Militärexperten die Türen zu vielen überlebenden erstrangigen Zeugen der großen Kriegsentscheidungen auf beiden Seiten. So entstand ein rund sechshundertseitiges faktengesättigtes Werk, das auf die Spezialisten des Zweiten Weltkrieges sogleich eine starke Anziehungskraft ausübte, das aber wegen seines Umfanges und der »Dichte« des verarbeiteten Materials nur einen begrenzten Leserkreis erreichen konnte.

Für die deutsche Ausgabe hat sich daher der Verfasser – bei Wahrung seines Grundkonzepts und der großen Linienführung – zu einer Kürzung – unter Weglassung von manchen Kapiteln mit sehr detaillierten Darlegungen operativer Vorgänge – und zu einer »Entlastung« von faktischen Einzelheiten entschlossen, um sein Werk einem möglichst breiten historisch-politisch interessierten Leserkreis zugänglich zu machen. Gleichzeitig war der Autor bestrebt, sein Werk auf den durch neue Veröffentlichungen an verschiedenen Stellen schon wieder etwas veränderten Forschungsstand zu bringen, so daß die deutsche Ausgabe einerseits eine Kürzung enthält und – im Blick auf den angestrebten weiteren Leserkreis – eine gewisse Veränderung im Charakter des Werkes bedeutet, zum anderen eine den neuesten Erkenntnissen der Forschung entsprechende revidierte Fassung gegenüber der britischen Ausgabe darstellt.

Erhalten blieben die Vorzüge, die bei Erscheinen des Buches in der Fachwelt allgemein gerühmt wurden. Trotz der Überfülle an verwerteten Quellen und überprüfter Literatur ist der Autor nicht in seinem Material »ertrunken«. Er ist weder bei einer chronologischen Wiedergabe des Ereignisablaufes stehen geblieben, noch hat er den vielen essayartigen Überblicken über diesen Krieg einen weiteren hinzugefügt. Vielmehr hat Seaton, von den politischen und strategischen Zielen Hitlers und Stalins ausgehend, die großen Phasen des vierjährigen erbitterten Ringens auf dem östlichen Riesenkriegsschauplatz, deutliche Schwerpunkte und Akzente setzend, nachgezeichnet, hier stärker zusammenraffend, dort bis in die Einzelheiten die Entscheidungen auf dem Schlachtfeld beschreibend und analysierend, dabei die wesentlichen Entschlüsse der politischen und militärischen Führung auf deutscher wie auf sowjetischer Seite herausarbeitend und auf die möglichen Alternativen verweisend, die von der internationalen Konstellation und vom Potential der kriegführenden Mächte her in den verschiedenen Etappen des Krieges gegeben waren.

Gewiß sind einige Wünsche offen geblieben. Vor allem hätte eine stärkere Einbeziehung der von Hitler befohlenen rassenideologisch bedingten Vernichtungspraktiken vom ersten Tage des Ostkrieges an und der daraus erwachsenden Konsequenzen für den zunehmenden Widerstandswillen der sowjetischen Bevölkerung sowie für die Ausbreitung des Partisanenkampfes schließlich mit Auswirkungen auf Verlauf und Ausgang des Krieges insgesamt in die Darstellung die im Vordergrund stehenden militärischen Aspekte noch deutlicher als Teil eines um letzte Entscheidungen, um die Existenz von Millionen Menschen ausgetragenen Ringens erscheinen lassen. Die z. T. etwas holzschnittartigen Vereinfachungen der weiteren historischen Perspektive in der Einleitung, die mitunter zu betont personalistische Betrachtungsweise und gelegentlich starke Verkürzungen in den zusammenfassenden Deutungen sollten gegenüber der vom Autor souverän beherrschten Thematik seines Buches nicht überbewertet werden. Die teilweise sehr harten Urteile über manche Generale, denen sehr milde über andere gegenüberstehen, dürften nicht von allen Lesern geteilt werden. Unbeschadet solcher unvermeidbarer Verschiedenheit in der Einzelbeurteilung von Personen und Problemen (z. B. der bei Seaton allzu sehr hervorgehobenen Bedeutung des auf Jugoslawien ausgedehnten deutschen Balkanfeldzuges 1941 für die Verzögerung des Beginns des Angriffs auf die Sowjetunion) ist das intensive Bemühen des Autors um Differenzierung, um Gerechtigkeit und Fairness gegenüber beiden kriegführenden Seiten besonders hervorzuheben. Seaton scheut sich nicht, Leistungen und Versagen hüben und drüben beim Namen zu nennen. Bei seiner »Unabhängigkeit«, die für seine freimütige Kritik rundum kennzeichnend ist, dürfte er kaum einhellige Zustimmung oder generelle Ablehnung bei seinen Bewertungen erwarten. Oft ist der Leser erstaunt, wie der Verfasser einer vermeintlich vertrauten Problematik neue Seiten abgewinnt und überraschende Urteile vorträgt, die zum Nachdenken anregen.

Wenn in seiner Darstellung die deutsche Seite im ganzen doch etwas ausführlicher und differenzierter behandelt wird als die sowjetische, so liegt das einfach an der unterschiedlichen Quellendichte. Obwohl die sowjetische Seite seit einigen Jahren publikationsfreudiger geworden ist, bleibt doch noch sehr viel offen, vor allem im Bereich der »großen Politik« und der Gesamtstrategie. Was an gesicherten Aussagen heute möglich ist, enthält Seatons Werk, das – im ganzen gesehen – eine überzeugende Zwischenbilanz der durch die Forschung gewonnenen Erkenntnisse über den deutsch-sowjetischen Krieg 1941–45 enthält.

Köln, im März 1972

Andreas Hillgruber

1. Kapitel

Doppelzüngigkeit und Betrug

Obwohl es die sowjetische Führung immer wieder versucht hat, die Sowjetunion gegen die Außenwelt hermetisch abzuschließen, ist sie niemals ein Geheimnis oder ein Rätsel gewesen.

Das politische Gepräge und die Ziele der Sowjetunion von 1939 waren die Ergebnisse der Geschichte Rußlands. Die Russen sind Nachfahren eines slawischen Volksstammes, der von den schwedischen Wikingern unterworfen wurde, dem die Sieger den Namen »Russen« gaben und der sich dann endgültig von den anderen slawischen Stämmen trennte. Doch bald wurde das russische Volk gespalten und blieb viele Jahrhunderte unter der Herrschaft der Tataren im Osten und der Polen und Litauer im Westen. Aus dieser Spaltung ging das zuerst von den Tataren und dann von den immer mächtiger werdenden Moskowitern beherrschte Großrußland hervor, und Kleinrußland, die heutige Ukraine, und Weißrußland bildeten einen Teil des großen polnisch-litauischen Königreichs. Die Großrussen, die Ukrainer und die Weißrussen wurden zu drei voneinander zu unterscheidenden Volksstämmen, die jeweils ihre eigene Sprache und ihre eigene Kultur entwickelten. Die Geschichte des kaiserlichen Rußland ist eng verknüpft mit der Ausdehnung der Großrussen nicht nur nach Asien hinein, sondern auch in den baltischen und südosteuropäischen Raum, wo sie einen Zugang zur See gewinnen und neue Gebiete und Völker unterwerfen wollten. Die Minoritäten- und Nationalitätenprobleme, die sich daraus ergaben, und ganz besonders das Bestreben der Großrussen, die Ukrainer, die Weißrussen, die Esten, die Letten, die Litauer, die Finnen, die Polen und zahlreiche asiatische Nationalitäten zu absorbieren und zu russifizieren, verursachten viel Bitterkeit und Blutvergießen.

1917 stürzte die alte zaristische Gesellschaftsordnung, und 1922 entstand die Sowjetunion. Der kommunistische Lehrsatz von der brüderlichen Verbundenheit aller Menschen und die Tatsache, daß viele Führer der Bewegung wie Stalin, Trotzki und Kamenjew keine Russen waren, haben dazu geführt, daß die rassischen und nationalen Gegensätze in der neuen Union im gewissen Grade überbrückt wurden. Die traditionelle Expansionspolitik des Zarenreichs wurde jedoch ohne wesentliche Modifikationen übernommen, obwohl sich die Methoden in gewisser Weise den neuen kommunistischen Ideen anpaßten. In der Zeit von 1922 bis 1941 blieben die Ziele und blieb die Politik der UdSSR konsequent und logisch.

Die sowjetische Außenpolitik gründete sich auf die Lehren des Marxismus-Leninismus, nach denen kapitalistische und kommunistische Systeme und Staaten sich gegenseitig ausschlössen, auf die Dauer nicht nebeneinander existieren könnten und deshalb ein Konflikt unvermeidlich sei, der mit dem endgültigen und vollständigen Sieg des Kommunismus enden werde. Die kapitalistisch regierten Völker müßten deshalb durch Subversion und Propaganda zerrüttet werden mit dem Ziel, ihre Regierungen und Gesellschaftssysteme zu diskreditieren und die Moral der Bevölkerung zu unterminieren. Streitigkeiten zwischen kapitalistischen Ländern sollten geschürt werden, um ihre Widerstandskraft zu schwächen und schließlich auf ihren Trümmern kommunistische Staaten zu errichten. Die Sowjetunion war nach dieser Lehre das Bollwerk des Kommunismus und das Sprungbrett für den Beginn der Weltrevolution. Wie sich später herausstellte, wurden neugebildete ausländische kommunistische Staaten sofort nach ihrer Entstehung außenpolitisch unter die strenge und starre Kontrolle Moskaus gestellt.

In den ersten Jahren nach der Revolution war der neue kommunistische russische Staat wirtschaftlich und militärisch schwach und sowohl durch Angriffe von außen als auch durch Umsturzversuche von innen verwundbar. Lenin bemühte sich zunächst darum, Zeit zu gewinnen, Interventionen von außen zu verhindern und ausländisches Kapital ins Land zu bringen. Deshalb führte er eine elastische und flexible Außenpolitik. Doch 1927 verhärtete sich die sowjetische Haltung ganz deutlich, als Stalin auf dem XV. Parteitag erklärte, die Zeit der friedlichen Koexistenz zwischen der Sowjetunion und den kapitalistischen Staaten sei zu Ende.[1]

Während der Diktatur Stalins traten zwei sehr wichtige Aspekte der kommunistischen Doktrin in den Vordergrund. Erstens sollte die Sowjetunion als mächtigster kommunistischer Staat und Bastion der kommunistischen Bewegung stark und intakt erhalten werden, um den morschen Kapitalismus vom Sockel zu stürzen. Aus diesem Grunde mußte jeder Konflikt mit einer Macht, die stark genug war, um das sowjetische Regime zu gefährden, vermieden werden. Zweitens bestätigten sich die expansionistischen Ziele der UdSSR durch ihre subversive Tätigkeit in anderen Ländern zur Ausbreitung des Kommunismus, obwohl die Sowjetunion jede direkte Aggression vermeiden wollte, wenn sie für das eigene Bestehen ein Risiko bedeutete. Die UdSSR konnte in den Jahren nach dem Kriege weder Japan noch Frankreich noch Großbritannien, nicht einmal Polen herausfordern, und nachdem Deutschland wieder zu einer bedeutenden Militärmacht geworden war, vermied es der Kreml auf jede mögliche Weise, mit dieser Macht in Konflikt zu geraten, von der er so viel zu fürchten hatte.

Zu dieser Zeit wurde die Sowjetunion von Josef Stalin als unumschränktem Diktator beherrscht. Stalin war Georgier und war in seiner Jugend aus einem theologischen Seminar ausgeschlossen worden. Dann wurde er zum Revolutionär und zum Mitarbeiter und Jünger Lenins. Nach seiner Ernennung zum Generalsekretär der Kommunistischen Partei, einer sehr einflußreichen Stellung, konzentrierte er die Macht in seinen Händen und begann nach Lenins Tod, die anderen Mitglieder des Politbüros hinauszudrängen und zu liquidieren. Nach dem Kriege (1918) war der ukrainische Nationalismus mit äußerster Grausamkeit unterdrückt worden, und

1 *Deutscher*, Stalin, S. 404.

darauf folgten die Kollektivierung der Landwirtschaft und schärfste Maßnahmen gegen die Kulaken, die landbesitzenden Klein- und Großbauern. Millionen starben infolge dieser Unterdrückungsmaßnahmen und in den darauf folgenden Hungersnöten.

In den dreißiger Jahren beteiligte sich Stalin daran, die Geschichte der Revolution zu schreiben, und setzte sich selbst dabei in ein besonders günstiges Licht. 1936 veranlaßte er die »großen Säuberungen«, bei denen fast alle Inhaber hoher Ämter und auch seine ehemaligen Genossen zugrunde gingen, weil sie Lenin nahe gestanden hatten und deshalb eines Tages seine Stellung hätten gefährden können. Stalin, der den Leninkult eingeführt hatte, ließ jetzt einen Stalinkult entstehen. Sinowjew und Kamenjew, nach Lenins Tod die treuesten Gefolgsleute Stalins, fanden nach dem ersten öffentlichen Verfahren des Jahres 1936 ihr Ende, und ihnen folgten fast alle anderen Mitglieder des Politbüros.

Die Säuberung erfaßte alle Schichten der Gesellschaft und verbreitete den Terror, den Stalin vielleicht damit beabsichtigt hat. Auf Verhaftungen folgten sogenannte Geständnisse und Denunziationen, den Denunziationen folgten wiederum Festnahmen, und so verbreitete sich der Schrecken mit rasender Geschwindigkeit über das ganze Land. Die Opfer wurden geschlagen, gefoltert, verschleppt und erschossen. Da in der Sowjetunion die Verwandten eines politischen Verbrechers für seine Taten mitverantwortlich sind, wurden Geständnisse mit der Drohung erpreßt, daß eine Weigerung die Verhaftung der ganzen Familie zur Folge haben werde. Ein Teil der Beschuldigten wurde offiziell vor Gericht gestellt, aber von vielen hörte man nie wieder etwas. Die Zahl der Opfer ist nicht bekannt. Man nimmt aber ganz allgemein an, es seien Millionen gewesen und fast alle seien zu Unrecht der ihnen zur Last gelegten Verbrechen beschuldigt worden.

Der Tod von Millionen Menschen hat Stalin offenbar nichts ausgemacht. Sogar nahe Verwandte des Diktators fielen der »Säuberung« zum Opfer. Einige von ihnen wurden erschossen, andere zu langjährigen Gefängnisstrafen verurteilt, von denen sie körperlich und geistig gebrochen zurückkehrten. Man darf bezweifeln, ob irgendein autokratisch regierender Zar jemals so mächtig gewesen ist wie Stalin oder sich so grausam an seinen Landsleuten gerächt hat wie er. Seine Brutalität läßt sich nur mit derjenigen der Khane der Goldenen Horde vergleichen, die die russischen Vasallenfürsten nach Sarai in die tatarische Hauptstadt an der Wolga befahlen, um sie dort als Zeichen der Unterwerfung zu demütigen oder sie zu zwingen, sich gegenüber den Vorwürfen zu rechtfertigen, die Denunzianten unter ihren russischen Landsleuten gegen sie erhoben hatten. Die Reise nach Sarai war oft die letzte ihres Lebens.[2] Ihre Gebiete wurden verwüstet und ihre Untertanen ausgerottet.

Bis heute steht die Persönlichkeit Stalins noch im Schatten, und eine genaue Beurteilung seines Charakters ist nicht möglich; denn die sowjetischen Berichte über den Diktator sind tendenziös und widersprüchlich. Westliche Beobachter, die ihn kennengelernt haben, berichten zwar über ihre Eindrücke, und weitere Einzelheiten

2 Sarai lag an der Wolga, nicht weit vom heutigen Stalingrad (Wolgograd).

lassen sich aus den Aufzeichnungen von Milovan Djilas und Swetlana Allelujewa entnehmen, aber das Bild bleibt unvollständig. Andererseits darf man nicht daran zweifeln, daß Stalin den ganzen sowjetischen Regierungsapparat fest in der Hand hatte und daß er allein jede wichtige politische Entscheidung traf und sich persönlich genauestens von der Ausführung seiner Anweisungen überzeugte. Was wir von Stalins Mentalität und von dem Apparat wissen, mit dem er seine Untergebenen überwachte, zeigt deutlich, daß ihm die Handlungen seiner Minister nicht lange verborgen bleiben konnten, wenn sie den von ihm festgelegten Richtlinien und seinen Interessen zuwiderliefen.

Man sagt, der Diktator habe jede auch nur andeutungsweise sichtbar werdende Opposition oder Infragestellung seiner Autorität mit tiefem Argwohn betrachtet, und diese Haltung habe sich in einem pathologischen Verfolgungswahn geäußert, der soweit ging, daß er überall Verschwörungen und Feinde witterte.[3] Diese Eigenart ermöglichte es ihm, in dem Polizeistaat zu überleben, den Lenin und er geschaffen hatten, während die Kommunisten der alten Garde, bei denen diese Eigenschaften weniger entwickelt waren, vor dem Erschießungskommando endeten. Bei der Beurteilung anderer Menschen und der Ausnutzung ihrer Schwächen zeigte er sich besonders geschickt und verstand es angeblich, sich spontan zu verstellen und jeden Gesprächspartner zu täuschen. So konnte er sich instinktiv sofort auf die Menschen einstellen, mit denen er es von Fall zu Fall zu tun hatte. Was er sagte, entsprach nicht unbedingt seiner Überzeugung, und was er meinte, sagte er nicht immer. Das erzeugte in seiner unmittelbaren Umgebung, wo jeder an den Lippen des Diktators hing, Schwierigkeiten; denn man vermied es natürlich, eine eigene Meinung zu äußern, bevor Stalin etwas gesagt hatte, um dann eilfertig sein Einverständnis zu erklären. Er verfügte über einen brutalen Willen und war zugleich lebhaft, geschickt, verschlagen und gewandt. Er war eigensinnig und heimtückisch. Er besaß Humor, aber dieser Humor war ironisch, zynisch und verletzend. Er muß einen in allen Farben schillernden Charakter gehabt haben. Obwohl er durch einen starken Willen bewegt wurde, ließ er manchmal Anzeichen eines nervösen, hochgespannten Temperaments erkennen und konnte launenhaft und unbeständig sein. Seine politische Bildung und seine politischen Interessen umfaßten offenbar ein weites Feld, waren jedoch auf bestimmte Gebiete beschränkt. Wenn er sich nicht damit beschäftigte, anderen Menschen ins Herz zu blicken, konnte er in seinen Äußerungen sehr direkt und sachlich sein. Zwar wurde sein politisches, gesellschaftliches und wirtschaftliches Denken durch einen engen Dogmatismus in bestimmten Grenzen gehalten, aber gelegentlich zeigten sich auch ein ausgeprägter Wirklichkeitssinn und ein gesunder Menschenverstand. Wenn es ihm paßte, konnte er sehr umgänglich sein, aber im ganzen war er ein Ungeheuer unter Ungeheuern, und die Männer seiner unmittelbaren Umgebung lebten augenscheinlich in großer Furcht vor ihm.[4]

3 *Swetlana Allilujewa,* Twenty Letters to a Friend, S. 207.
4 *Djilas,* Conversations with Stalin, S. 96–108 und 133–146; *Deutscher,* Stalin, S. 619.

1935 wurde die Sicherheit der Sowjetunion durch ein antikommunistisches Deutschland unter Hitler indirekt bedroht, und Rußland, das schon Mitglied des Völkerbunds war, wurde zum leidenschaftlichen Befürworter der kollektiven Sicherheit. Man darf jedoch sagen, daß es die Absicht der Russen gewesen ist, den Völkerbund als Resonanzboden für die eigene Propaganda zu gebrauchen, während ihr Interesse an der Sicherheit nicht über die Interessen des eigenen Landes hinausging. Die sowjetische Politik bemühte sich auch weiterhin, die Spannungen zwischen kapitalistischen Staaten zu fördern, und die erste wirklich günstige Gelegenheit dafür ergab sich im September 1938, als es zur Krise von München kam. Hier wurde der Keim für einen späteren militärischen Konflikt zwischen Rußland und Deutschland gelegt.

Wie der sowjetische Botschafter in London, Maisky, nach dem Krieg berichtet hat, ermutigte Stalin die Tschechen zum Widerstand gegen die deutschen Forderungen, indem er Prag durch den kommunistischen Renegaten Gottwald (der später anstelle von Beneš Präsident werden sollte) mündlich unterrichten ließ. Er hat das vielleicht getan, aber ein Staat, der entschlossen ist, seine vertraglichen Verpflichtungen zu erfüllen, gibt seine Absichten nicht auf geheimen Umwegen nur mündlich bekannt und bedient sich dabei keiner Vermittler, deren Befugnisse und Vollmachten so stark angezweifelt werden können.[5] Die von dem damaligen sowjetischen Außenminister Litwinow gegebenen öffentlichen Zusagen waren so unbestimmt und an so viele Voraussetzungen geknüpft, daß sie für den unglücklichen Beneš keinen praktischen Wert besaßen. 1938 war die Tschechoslowakei durch Polen und Rumänien von der UdSSR getrennt, und diese beiden Staaten weigerten sich entschieden, die Rote Armee durch ihr Gebiet marschieren zu lassen. Die Sowjetunion konnte es sich deshalb leisten, unbestimmte Offerten zu machen, von denen sie wußte, daß sie sich praktisch nicht verwirklichen lassen würden.

Inzwischen ließen sich Daladier und Chamberlain nur sehr widerwillig von Moskau vorwärtsdrängen. Mit den verhängnisvollen Illusionen des britischen Premierministers hinsichtlich der Ehrlichkeit der Europapolitik Hitlers waren ein tief verwurzeltes Mißtrauen und eine Ablehnung gegenüber Rußland gekoppelt, so daß er die sowjetischen Angebote nicht ernst nahm und sie praktisch ignorierte.[6] Maisky hatte sich eine Zeitlang besonders um Winston Churchill bemüht, der damals noch nicht im Amt war, aber als erbitterter Gegner des Faschismus und des Hitlerismus den Argumenten Moskaus zugänglicher war. Der sowjetische Botschafter bediente sich unbewußt und indirekt des impulsiven und emotionalen Churchill, um den russischen Auffassungen Gehör zu verschaffen.[7]

Ob Churchill mit seiner Annahme, eine revolutionäre und kommunistische UdSSR werde zu den Waffen greifen, um eine kapitalistische Tschechoslowakei zu schützen, recht gehabt hat oder nicht oder ob er dem gleichen irregeleiteten und schlecht

5 *Maisky*, Who Helped Hitler, S. 79; *Churchill*, Bd. 1, The Gathering Storm, S. 224–225; *Schellenberg*, The Schellenberg Memoirs, S. 46–50.
6 *Feiling*, The Life of Neville Chamberlain, S. 403.
7 *Churchill*, Bd. 1, The Gathering Storm, S. 242.

informierten Idealismus zum Opfer gefallen war, den er bei Chamberlain so heftig kritisierte, läßt sich heute nicht mehr feststellen. Die sowjetische Presse als zuverlässiges Stimmungsbarometer für die Absichten Moskaus brachte damals keinen Hinweis auf die Möglichkeit eines Krieges gegen Deutschland, und in der Sowjetunion wurden keine Mobilmachungsmaßnahmen getroffen.[8] Großbritannien und Frankreich spielten eine beschämende Rolle, und man hat in weiten Kreisen angenommen, die Sowjetunion sei die einzige Macht gewesen, die bereit war, der Tschechoslowakei zu Hilfe zu kommen. Die Tatsache, daß die beiden Demokratien ein System der kollektiven Sicherheit nicht unterstützten, desillusionierte die UdSSR und zwang sie, ihr Bedürfnis nach Sicherheit anderswo zu befriedigen. Das war das Argument Stalins, mit dem er seinen plötzlichen Frontwechsel im August 1939 begründete, und Churchill hat ihm augenscheinlich geglaubt.

Die Moskauer Propaganda hat sich darum bemüht, aus der Münchener Affäre möglichst viel Kapital zu schlagen, doch damals gab es Gründe, an der Ehrlichkeit der sowjetischen Absichten zu zweifeln. Um einer Bedrohung der Tschechoslowakei durch Polen zu begegnen, informierte Moskau am 23. September Warschau, daß die Sowjetunion im Fall eines polnischen Einmarsches den sowjetisch-polnischen Nichtangriffspakt kündigen werde. Die Sowjetunion ließ es jedoch bei einer Note bewenden. Am folgenden Tag, als die tschechoslowakische Regierung bereits die allgemeine Mobilmachung angeordnet hatte und es aussah, als sei ein Krieg unvermeidlich, zog sich die UdSSR rasch aus ihrer exponierten Stellung zurück und erklärte in der »Prawda«, die Tschechoslowaken versuchten, Deutschland zu provozieren, und eine solche Provokation entbände die Sowjetunion von ihrer Verpflichtung, ihnen zu Hilfe zu kommen.[9]

Weniger als sechs Monate später, im März 1939, legte sich Stalin auf dem XVIII. Parteikongreß in Moskau klar und unmißverständlich fest, als er erklärte, er werde die UdSSR unter keinen Umständen zugunsten anderer in einen Krieg verwickeln.[10] Die sowjetische Presse nahm diese politische Linie auf, als sie noch deutlicher schrieb, die Sowjetunion werde sich durch die Machenschaften Großbritanniens und Frankreichs nicht in einen Krieg gegen Deutschland ziehen lassen.[11] Die Vorstellung, daß die Sowjetunion in einer solchen Lage einen Krieg anfangen könnte, hätte mit dem bisherigen Verhalten der Kommunisten und ihren Glaubenssätzen auch nicht übereingestimmt. Die Geschichte der Sowjetunion in den folgenden Jahren sollte das bestätigen.

Im März 1939 gab Litauen unter deutschem Druck das 1923 annektierte Memelgebiet an Deutschland zurück, und im gleichen Monat annektierte Hitler die »Rest-Tschechei« und errichtete in der Slowakei einen Marionettenstaat. Die Regierungen

8 Siehe auch *Deutscher*, Stalin, S. 226; *Beloff*, The Foreign Policy of Soviet Russia, Bd. 2, S. 163.
9 *Wollenberg*, The Red Army, S. 265.
10 Istorija Velikoj Otečest Vennoi Voiny Sovetskogo Sojuza (im Folgenden Istorija), Bd. 1, S. 164.
11 Prawda, 6. April 1939.

von Großbritannien und Frankreich garantierten die Unabhängigkeit von Polen und Rumänien, um der deutschen Aggression an einer bestimmten Linie Halt zu gebieten. Überzeugt davon, daß die Sowjetunion ein zuverlässiger potentieller Verbündeter sein und in Osteuropa die Schlachten Polens schlagen würde, forderte Churchill die Regierung Chamberlain auf, die Sowjetunion zum Beitritt zu einem Militärbündnis mit Frankreich, Großbritannien und den baltischen Staaten zu bewegen.

In dieser Absicht begannen am 15. April in Moskau Sondierungsgespräche zwischen dem britischen Botschafter Sir William Seeds und Litwinow. Doch fast gleichzeitig eröffnete der Kreml parallele Geheimverhandlungen mit dem deutschen Außenministerium durch die sowjetische Botschaft in Berlin. Am 3. Mai wurde der Jude Litwinow als Außenminister von Molotow abgelöst, um die Verhandlungen mit dem rabiat antisemitischen Hitlerdeutschland zu erleichtern. Am 30. Mai erklärte das deutsche Außenministerium nach gewissen Vorverhandlungen seine Bereitschaft, mit der Sowjetunion einen Vertrag abzuschließen. Die Gespräche in Moskau mit den politischen und militärischen Beauftragten Großbritanniens und Frankreichs gingen inzwischen weiter, bis Hitler die Angelegenheit am 20. August durch sein Telegramm zur Entscheidung brachte, in dem er vorschlug, seinen Außenminister von Ribbentrop mit der Vollmacht nach Moskau zu schicken, einen Nichtangriffspakt und einen geheimen Zusatzvertrag abzuschließen und zu unterzeichnen. Die Bekanntgabe des Vertragsabschlusses am 23. August war für die Regierungen in Frankreich und Großbritannien eine Überraschung.

Bei dem Versuch, das Staatsgebiet Polens und Rumäniens gegen eine Aggression abzuschirmen, bemühte sich Großbritannien darum, dieses Ziel durch die Drohung mit einer bewaffneten sowjetischen Intervention zu erreichen. Polen und Rumänien zeigten ein wahrscheinlich besseres und realistischeres Verständnis für die wirkliche Lage, als sie sich weigerten, es zuzulassen, daß Truppen der Roten Armee ihre Grenze überschritten, selbst für den Fall, daß sie von den Deutschen angegriffen werden sollten. Einige baltische Staaten gingen so weit zu erklären, sie würden jede sowjetische Garantie ihrer Souveränität als kriegerische Handlung auffassen. Im Licht der folgenden Ereignisse wird diese Haltung verständlich; denn ihre Führer, ihre Intelligenz und ein Teil ihrer Bevölkerung wurden auf bestialische und barbarische Weise brutal liquidiert oder nach Sibirien verschleppt. Die sowjetischen Absichten deuteten sich schon in der Haltung des Verteidigungsministers Marschall Woroschilow, des führenden sowjetischen Vertreters bei den Gesprächen mit den Engländern und Franzosen, an, der an einem sowjetischen Einmarsch in die baltischen Staaten, nach Polen und Rumänien mehr interessiert zu sein schien als an einem Krieg gegen Deutschland, und zwar ohne Rücksicht darauf, ob diese Länder die russische Intervention wünschten oder nicht.[12] Churchill stieß in das

12 *Beloff,* The Foreign Policy of Soviet Russia, Bd. 2, S. 267, und *Maisky,* Who Helped *Hitler,* S. 173–174. Zur sowjetischen Version der Äußerungen Woroschilows siehe Bezymensky, *Sonderakte Barbarossa,* S. 47–127.

gleiche Horn wie die Russen, machte die Regierung Chamberlain für das Scheitern der Verhandlungen verantwortlich und warf ihr vor, den Russen zu mißtrauen, nicht an die Möglichkeit eines Vertragsabschlusses geglaubt und Beauftragte nach Moskau geschickt zu haben, die nicht über die notwendigen Vollmachten verfügten und ihren Verhandlungspartnern mit leeren Händen entgegengetreten seien.[13]

Berücksichtigt man die damalige Haltung der Sowjetunion, dann hatte Chamberlain wahrscheinlich recht und Churchill unrecht. Die militärische Stärke Großbritanniens und der Status der britischen Mission in Moskau hätten den Ausgang der Verhandlungen wahrscheinlich kaum beeinflussen können. Großbritannien und Frankreich muteten der Sowjetunion einen blutigen Krieg gegen einen Gegner zu, den zu fürchten die Russen allen Grund hatten, gegen einen Feind, der sich im Ersten Weltkrieg die Briten und Franzosen mit einem Arm vom Leibe gehalten hatte, während er das Zarenreich mit dem anderen in die Knie zwang.

Selbst wenn Großbritannien und Frankreich Deutschland besiegen sollten, dann wäre das für den Kreml nur ein schwacher Trost; denn eine Invasion Rußlands durch deutsche Truppen würde die Sicherheit des kommunistischen Regimes ebenso gefährden wie seinerzeit diejenige des zaristischen. Für dieses ungeheure Risiko erhielt die Sowjetunion praktisch kein Gegenangebot, nicht einmal den Besitz des kleinsten der baltischen Staaten. Der Vorschlag, zum Schutz eines feindlichen und kapitalistischen Polen einen solchen Krieg zu beginnen, widersprach dem kommunistischen Dogma und der kommunistischen Politik. Es kam hinzu, daß Deutschland seit 1936 durch den Antikominternpakt mit Japan verbunden war, und während die Verhandlungen in Moskau liefen, war es an der sowjetischen Grenze am Fluß Chalchin Gol mit japanischen Streitkräften zu Zwischenfällen gekommen. Wie der Kreml später erklärte, war die UdSSR unter keinen Umständen dazu bereit, freiwillig einen Zweifrontenkrieg zu führen.[14] Andererseits führte die Unterzeichnung des deutsch-sowjetischen Nichtangriffspakts dazu, die Spannungen zwischen kapitalistischen Staaten weiter zu erhöhen, und obwohl es sich nicht beweisen läßt, daß es die Absicht des Kreml gewesen sei, Deutschland in einen Krieg gegen den Westen zu treiben, bedeutete ein solcher Krieg nach der Lehre Lenins die Rettung der Sowjetunion und war ein notwendiger Schritt auf dem Wege zum Weltkommunismus.

Hitler lag so viel daran, die UdSSR zu neutralisieren, daß er Ribbentrop instruierte, jedes Zugeständnis zu machen, das er für notwendig hielt, und es sogar in Kauf nahm, die Russen bis vor die Tore Konstantinopels vordringen zu lassen. Durch den in der Nacht vom 23./24. August in Moskau unterzeichneten Nichtangriffspakt und das in aller Eile verfaßte und unklar formulierte geheime Zusatzprotokoll kam es zu einer neuerlichen Teilung Polens zwischen Deutschland und der Sowjetunion, und Estland, Lettland und Finnland wurden in die sowjetische Interessensphäre verwiesen. Was den Balkan betraf, so sollte der Text des Zusatzpro-

13 *Churchill*, Bd. 1, The Gathering Storm, S. 303.
14 Istorija, Bd. 1, S. 176.

tokolls den »Führer« überraschen, als er ihn zehn Monate später etwas aufmerksamer durchlas. Hier wurde das sowjetische Interesse an Rumänisch-Bessarabien anerkannt und festgestellt, daß Deutschland in diesem Raum kein politisches Interesse habe. Diese letzten Worte bezogen sich jedoch nicht allein auf Bessarabien, sondern auf Bessarabien und den Balkan.[15] Welche Stellung Finnland und die baltischen Staaten in der sowjetischen Interessensphäre einnehmen sollten, war auch durchaus nicht geklärt. Die Deutschen hatten der Einverleibung dieser Gebiete in die Sowjetunion ohne vorherige Konsultation nicht zugestimmt, und es steht fest, daß Hitler später die 1940 erfolgte Annexion der baltischen Staaten durch die UdSSR bedauert hat. Außer dem Pakt und dem Zusatzprotokoll wurde auch ein Handelsabkommen unterzeichnet, das die Sowjetunion verpflichtete, große Mengen Lebensmittel und Rohstoffe wie Getreide, Öl, Schlachtvieh, Kohle, Blei und Zink im Austausch gegen Fertigwaren an Deutschland zu liefern.

Alles in allem konnte der Kreml mit dem Pakt, dem Zusatzprotokoll und dem Wirtschaftsabkommen in höchstem Grade zufrieden sein; denn für ein wenig Tinte gewann er die vorwiegend weißrussischen und ukrainischen Gebiete Polens und erhielt durch nicht genau präzisierte Formulierungen freie Hand in den baltischen Staaten und auf dem Balkan. Für den Fall eines Krieges hatte sich Deutschland wirtschaftlich von der Sowjetunion abhängig gemacht; denn eine britische Blockade würde die Einfuhren, die auf dem Seewege herankamen, abschneiden. Außerdem hoffte Stalin, die Kampfkraft der französischen Armee, die er selbst sehr hoch einschätzte, werde die deutsche Armee so weit schwächen, daß man leichter mit ihr fertigwerden könnte. Den Schock, den Japan durch die Unterzeichnung des deutsch-sowjetischen Pakts erlitten hatte, nutzte er dazu aus, eine Vereinbarung mit Tokio zu erneuern.

Jetzt war alles bereit für einen deutschen Angriff gegen Polen und die darauf folgende britische und französische Kriegserklärung. Woroschilow und der sowjetische Botschafter in Warschau versicherten die Polen der wohlwollenden Neutralität der Sowjetunion gegenüber Polen im Falle eines Krieges und sagten die Lieferung von Kriegsmaterial und Ausrüstung zu.[16] Dieses Täuschungsmanöver hatte vielleicht den Zweck sicherzustellen, daß Polen nicht ebenso wie die Tschechoslowakei, ohne bewaffneten Widerstand zu leisten, kapitulierte und daß die Briten und Franzosen gezwungen wurden, in den Krieg einzutreten.

Am Sonntag, den 3. September, abends, am gleichen Tage, an dem das Vereinigte Königreich und Frankreich Deutschland den Krieg erklärten, forderte Ribbentrop die Sowjetunion auf, mit Waffengewalt gegen Polen vorzugehen und die polnischen Gebiete zu besetzen, die nach dem Vertrag in der sowjetischen Interessensphäre lagen. Molotow stimmte zu, aber die UdSSR blieb trotz wiederholter deutscher Aufforderungen während der nächsten zwei Wochen untätig. Die Gründe für dieses

15 Nazi-Soviet Relations 1939–41, S. 78 und 157, und *Beloff*, The Foreign Policy of Soviet Russia, Bd. 2, S. 278, Fn. 2.

16 Polish-German and Polish-Soviet Relations 1933–39, S. 183, No. 163, und *Beloff*, The Foreign Policy of Soviet Russia, Bd. 2, S. 273.

Zögern lagen nicht nur darin, daß es notwendig war, die öffentliche Meinung in Rußland auf eine bewaffnete Intervention vorzubereiten. Wahrscheinlich wollte Stalin nicht nach Polen einmarschieren, bevor er sicher war, daß die Franzosen Deutschland nicht in kurzer Zeit von Westen her überrannten, das damals noch praktisch schutzlos dalag; denn er wollte sich nicht in einen Krieg gegen Frankreich und Großbritannien hineinziehen lassen. Er mußte außerdem auch warten, bis sich die Lage im Fernen Osten stabilisiert hatte.

Der Waffenstillstand mit den Japanern wurde am 16. September unterzeichnet, und am nächsten Tage, nachdem er den Briten und Franzosen versichert hatte, daß die UdSSR bei ihrem Konflikt mit Deutschland neutral bleiben werde, befahl er der Roten Armee, die polnische Grenze zu überschreiten. In einem weiteren Geheimabkommen, das Molotow und Ribbentrop am 28. September in Moskau unterzeichneten, wurde die sowjetische Interessensphäre in Polen nach Osten verschoben, und zwar grob von der Weichsellinie bis an den Bug. Als Gegenleistung verzichtete Deutschland auf seine Interessen in Litauen mit Ausnahme eines schmalen litauischen Gebietsstreifens im Süden.[17]

Während der ersten neun Monate des Zweiten Weltkriegs intrigierte die Sowjetunion in Westeuropa auch weiterhin gegen die kapitalistische Welt. In Großbritannien und Frankreich versuchten die Kommunisten, den Widerstandswillen der Bevölkerung zu untergraben, und die sowjetischen Botschaften in den neutralen Ländern führten einen geheimen Propagandafeldzug, um den Kriegsbrand auszubreiten, und richteten diese Propaganda zum Teil auch gegen Deutschland.[18]

Auf die Teilung Polens folgten die sogenannten Pakte mit den baltischen Staaten, die gezwungen wurden, der Sowjetunion zu erlauben, auf ihrem Staatsgebiet Flottenbasen und militärische Stützpunkte zu errichten. Ähnliche an Finnland gerichtete Forderungen wurden abgelehnt, und das führte zu dem vier Monate dauernden Winterkrieg, nach dem die unterlegenen Finnen die Provinz Wiborg, das Gebiet nördlich und westlich des Ladogasees, gewisse nördliche Grenzbezirke und Inseln im finnischen Meerbusen abtraten. Sowjetische Ansprüche auf das strategisch wichtige Gebiet bei Petsamo an der arktischen Küste, wo die von einer kanadischen Gesellschaft ausgebeuteten Nickelminen lagen, wurden nicht erhoben – wahrscheinlich angesichts der Möglichkeit eines Eingreifens der britischen Kriegsmarine; denn es war bezeichnend, daß die Sowjets die Finnen erneut unter Druck setzten und forderten, die bisherigen ausländischen Konzessionäre durch sowjetische zu ersetzen, nachdem die Deutschen im Frühjahr 1940 Norwegen und die Flottenbasis Kirkenes besetzt hatten. Außerdem verlangten die Sowjets, die Türkei solle einer gemeinsamen Kontrolle des Bosporus und der Dardanellen zustimmen. Aber diese Forderungen wurden aufgegeben, weil die Russen eine britische Intervention aus dem Mittelmeerraum fürchteten.

17 Nazi-Soviet Relations 1939–41, .S 107.
18 Berlin sah sich gezwungen, besonders gegen die Tätigkeit von Frau Kollontai, der sowjetischen Gesandtin in Stockholm, zu protestieren.

Die Sowjetunion ließ ihre Ansprüche im baltischen Raum und auf dem Balkan bis zum deutschen Angriff gegen Frankreich im Mai 1940 ruhen, als die überraschende Geschwindigkeit, mit der sich der Feldzug entwickelte, Moskau zwang, etwas zu unternehmen, bevor der Sieger seine Truppen wieder nach Mitteleuropa zurückziehen konnte. Mitte Juni waren alle baltischen Staaten besetzt einschließlich jenes Teils von Südwestlitauen, der in der Übereinkunft vom 28. September Deutschland zugesprochen worden war, und die neuen Gebiete wurden in die Sowjetunion eingegliedert. Noch vor Monatsende stellte die Sowjetunion ein Ultimatum an Rumänien und besetzte zwei Tage darauf die Grenzgebiete von Bessarabien und der nördlichen Bukowina, obwohl die Bukowina im geheimen Zusatzprotokoll vom 23. August nicht besonders erwähnt worden war.

Zwar sprach Molotow dem deutschen Botschafter in Moskau von der Schulenburg seine herzlichsten Glückwünsche zum Sieg über Frankreich aus, aber der schnelle Zusammenbruch und die Niederlage der Franzosen bedeuteten für Stalin eine unangenehme Überraschung.[19] Die Spannung in Moskau steigerte sich schon im Juli 1940, und man erkannte ganz allgemein, daß die UdSSR erheblich gefährdet war. Doch im August besserte sich die Stimmung etwas, als sich herausstellte, daß Großbritannien, wo der energische Churchill jetzt die Führung in die Hand genommen hatte, weiterkämpfen werde und mit der materiellen Hilfe der Vereinigten Staaten rechnen könne. Moskau erwartete indessen die Invasion Großbritanniens und stellte mit Befriedigung fest, daß die deutsche Luftwaffe zunehmend höhere Verluste hinnehmen mußte.

Hitler hatte inzwischen Zeit gefunden, sich mit der politischen Lage in Osteuropa zu beschäftigen. Er sah keinen Grund dafür, das am Abend des 23. August von Ribbentrop unterzeichnete geheime Zusatzprotokoll zu bedauern, das den Russen freie Hand gegeben hatte; denn im »Dritten Reich« existierte ein Vertrag nicht mehr, sobald er seinen Zweck erfüllt hatte. Der »Führer« konzentrierte sein Interesse auf die finnischen Exporte von Lebensmitteln, Flachs, Holz, Kupfer und Nickel und den Druck, den Moskau auf die Finnen ausübte, um die Kontrolle über die finnischen Nickelminen bei Petsamo zu übernehmen. Eine weitere Gefahr bestand darin, daß die UdSSR ihre Flottenbasen in den baltischen Staaten dazu benutzen konnte, die deutschen Seewege nach Finnland zu blockieren und, was noch wichtiger war, die schwedischen Eisenerzlieferungen auf dem Weg über die Ostsee abzuschneiden. Außerdem hatte Hitler nie beabsichtigt, der Sowjetunion auf dem Balkan freie Hand zu lassen. Seit zwei Generationen hatte sich Bulgarien trotz der engen Verwandtschaft mit dem slawischen Brudervolk der Russen an Deutschland angelehnt und bei den Deutschen Führung und Hilfe gesucht. Das von den Briten im Stich gelassene Rumänien konnte sich nur mit deutscher Hilfe vor den sowjetischen Ansprüchen schützen. Deutschland seinerseits brauchte das rumänische Erdöl.

So kam es, daß Hitler nach dem Frankreichfeldzug seine Gegenwart sehr bald

19 Vergl. *Köstrings* Brief an *Tippelskirch* v. 16. Mai 1940. »Glückwünsche Anerkennung – alles war da, aber doch eine merkbare Zurückhaltung«. *Teske,* General Ernst Köstring, S. 239, Nr. 20. Nazi-Soviet Relations 1939–41, S. 235.

wieder in Osteuropa und auf dem Balkan fühlbar werden ließ. Absichtlich mißverstand er den dritten Punkt des Zusatzprotokolls vom 23. August, der besagte, Deutschland habe in Südosteuropa keine politischen Interessen, und deutete diesen Passus so, daß sich das Desinteresse nur auf Bessarabien bezog. Auch gegenüber Molotow zitierte er den Artikel falsch, aber Molotow ging nicht näher darauf ein.[20] Sofort nach dem Frankreichfeldzug verlegte Hitler einige Divisionen an die litauische Grenze, um Moskau zu zwingen, für die unrechtmäßige Besetzung des Gebietsstreifens an der Südwestgrenze Litauens, auf den Deutschland Anspruch erhob, eine Kompensation zu zahlen. Im August 1940 begann er Verhandlungen mit Finnland und erwarb im Austausch für Waffen und andere materielle Hilfe das Recht, deutsche Truppen durch finnisches Gebiet nach Nordnorwegen zu verlegen und von dort wieder abzuziehen, und die Erlaubnis, die finnischen Transporteinrichtungen zu benutzen. Das versetzte ihn schließlich in die Lage, deutsche Truppen in Finnland zu stationieren und die Besetzung von Petsamo durch die Rote Armee zu verhindern.

Die Deutschen verloren keine Zeit, Gegenmaßnahmen gegen das Eindringen der Sowjets auf dem Balkan und die Beunruhigung der dortigen Bevölkerung durch sowjetische Propaganda etwas zu unternehmen. Ungarn und Bulgarien hatten gewisse territoriale Ansprüche gegenüber Rumänien, und die UdSSR stellte sich gegen Rumänien und konzentrierte Truppen an der rumänischen Grenze, um ihre Haltung deutlich zu machen. Hitler, der darin eine Bedrohung der für die Deutschen lebenswichtigen Ölfelder von Ploesti sah, antwortete mit einer Truppenkonzentration in dem von den Deutschen besetzten polnischen Gebiet (dem Generalgouvernement). Es folgte eine Übereinkunft nach Verhandlungen unter dem Vorsitz von Ribbentrop und Ciano, und nach dem Wiener Schiedsspruch vom 30. August erklärte sich Ungarn bereit, sich mit einem Teil des von ihm beanspruchten Siebenbürgen zufriedenzugeben, nachdem Bulgarien sich ebenfalls mit dem südlichen Teil der von ihm beanspruchten rumänischen Dobrudscha hatte abspeisen lassen. Als Gegenleistung für diese Gebietsabtretungen garantierte Deutschland die Unverletzlichkeit des rumänischen Staatsgebiets gegen jede Aggression. Deutsche Missionen und Truppen wurden nun nach Rumänien verlegt, angeblich um die rumänische Armee umzuorganisieren und auszubilden. So wurden die deutsche Versorgung mit Erdöl sichergestellt und ein von den Sowjets in Szene gesetzter Balkankrieg vermieden. Bis zur Bekanntgabe des Wiener Schiedsspruchs wurde Moskau weder konsultiert noch über den Verlauf der Verhandlungen informiert, und die scharfen Proteste der Sowjetunion gegen die Nichtbeachtung der Konsultativklausel im Nichtangriffspakt vom 23. August wurden in Berlin kaum beachtet.

Die Sowjetunion holte sich eine weitere Abfuhr, als Deutschland im September 1940 mit Italien und Japan den »Dreierpakt« abschloß, und Moskau betrachtete dies als Zeichen dafür, daß der Pakt als Bedrohung der fernöstlichen Gebiete der Sowjetunion gedacht war. Die Auslieferung deutscher Fertigwaren an die UdSSR blieb inzwischen so weit hinter den im August 1939 und im Handelsabkommen vom Februar 1940 festgelegten Terminen zurück, daß die Sowjetunion sich gezwungen sah, als Gegenmaßnahme die Auslieferung von Rohmaterial zu bremsen und mit einem Lieferungsstop zu drohen.

Allem Anschein nach ist der Kreml jedoch zu dieser Zeit hinsichtlich der deutsch-sowjetischen Beziehungen noch nicht besonders beunruhigt gewesen. Deutschland war zugegebenermaßen sehr zum Ärger der Russen als Sieger mit verhältnismäßig geringen Verlusten aus dem Frankreichfeldzug hervorgegangen. Hitler und Stalin bemühten sich gleichzeitig um die Kontrolle oder um Bündnisse mit Finnland und den Balkanstaaten. Das hatte man voraussehen können. Der Austausch diplomatischer Noten, politische Infiltration, scharfe Erklärungen und versteckte Drohungen, Truppenkonzentrationen beiderseits der Grenzen – das waren alles Bestandteile eines Nervenkrieges, die den Kommunisten nur allzu vertraut waren. Im Herbst 1940 war Moskau noch nicht davon überzeugt, daß Deutschland den Krieg gewonnen habe. Das britische Empire war 150 Jahre für die Russen ein Schreckgespenst gewesen, und mit seiner mächtigen Flotte und leistungsfähigen Industrie war es auch jetzt noch eine Macht, mit der man rechnen mußte. Noch wichtiger waren die Hilfeleistungen der Amerikaner an die Briten, und anders als Hitler hat Stalin den Reichtum und die Macht der Vereinigten Staaten niemals unterschätzt. Ein von Westen her blockiertes Deutschland war von der Wirtschaftshilfe abhängig, welche die Sowjetunion ihm gewährte, die jetzt sogar die Rolle eines deutschen Handelsagenten übernahm; denn sie importierte gewisses Material, um es dann wieder zu exportieren. Schon aus diesem Grunde glaubte der Kreml nicht an einen deutschen Angriff, durch den Deutschland sich seiner Hilfsquellen beraubt hätte.

Obwohl Stalin den Krieg um jeden Preis vermeiden wollte und gegenüber Deutschland einen respektvollen Abstand wahrte, ist er offenbar der Auffassung gewesen, daß ein langer Zweifrontenkrieg nicht den deutschen Interessen entspräche. Einen gewissen Trost fand er auch in der Stärke der Roten Armee, obwohl sich diese im finnischen Krieg nicht besonders bewährt hatte. Er konnte jedoch nicht wissen, daß dieser letzte Umstand bei Hitler und dem deutschen Nachrichtendienst nur wenig Gewicht besaß, die über die militärische und wirtschaftliche Stärke der Sowjetunion nur sehr mangelhaft unterrichtet waren.

Aufgrund dieser Logik glaubte Stalin 1940, seine Verhandlungsposition sei immer noch stärker als die Hitlers, und nahm an, die Deutschen würden eines Tages gezwungen sein, sich seinen Bedingungen zu fügen. Am 26. Oktober besetzte die Rote Armee ganz unerwartet einige Inseln an der Donaumündung, um den Schiffsverkehr zu kontrollieren und Rumänien und Bulgarien politisch unter Druck zu setzen. Bald darauf traf Molotow auf Einladung von Ribbentrop zu einem Besuch in Berlin ein. Ribbentrop hatte mit dem Gedanken gespielt, den »Dreierpakt« zu erweitern und die Sowjetunion, Spanien und Vichy-Frankreich darin aufzunehmen, um einen kontinentalen Block gegen die angelsächsischen Mächte zu bilden.

Mit den Instruktionen Stalins versehen, nahm Molotow die deutschen Vorschläge am 12. November wenig begeistert auf, besonders, als es sich zeigte, daß die Deutschen die Aufmerksamkeit der Sowjets vom Balkan abziehen und auf den Persischen Golf und den Indischen Ozean lenken wollten. Schließlich hielt Molotow eine lange Rede, in der er die bekannten sowjetischen Ansprüche auf Finnland, die südliche Bukowina und an den Dardanellen wiederholte. Molotow verlangte von den Deutschen, sie sollten ihre Truppen aus Finnland abziehen, und drückte den Wunsch aus, daß Japan auf seine Konzessionen für Kohle und Eisen in Nordsachalin verzichten möge. Weiter schlug er für Bulgarien ähnliche sowjetische Garantien vor, wie Deutschland sie Rumänien gegeben hatte, um damit für die Sowjets das Recht zu erwerben, in Bulgarien militärische Basen zu errichten, die den Verkehr durch die türkischen Meerengen überwachen könnten. Bei seinen Gesprächen mit Ribbentrop im Luftschutzbunker teilte Molotow außerdem mit, welche Gebiete in zweiter Linie zur sowjetischen Interessensphäre gehörten. Das waren Griechenland, Jugoslawien, Ungarn, Polen und die Kontrolle der aus der Ostsee hinausführenden Seewege.[21]

Am 25. November bot die Sowjetunion Bulgarien einen Vertrag an und verpflichtete sich, als Gegenleistung Bulgariens Ansprüche auf die ganze Dobrudscha und auf einen Zugang zum Ägäischen Meer durch Griechenland zu unterstützen. Das Angebot wurde zurückgewiesen. Mitte Januar hatte Moskau festgestellt, daß die Deutschen Truppen auf den Balkan verlegten, und protestierte in Berlin gegen das Vorhaben, Bulgarien, Griechenland und die Dardanellen zu besetzen; denn solche Maßnahmen richteten sich gegen die Sicherheit der UdSSR. Inzwischen hatte der Kreml erkannt, daß Hitler sich durch sowjetische Drohungen nicht beeindrucken ließ, und in seiner am 17. Januar dem Staatssekretär des deutschen Auswärtigen Amts, von Weizsäcker, vorgetragenen Warnung sprach der neue sowjetische Botschafter in Berlin, Dekanosow, von der Möglichkeit einer britischen Intervention auf dem Balkan, um seiner Note zusätzliches Gewicht zu verleihen. Von jetzt an lag die Initiative in Mittel- und Südosteuropa fast ganz in den Händen der Deutschen, und die sowjetische Diplomatie mußte sich auf eine Reihe von Protesten beschränken. Am 1. März schloß sich Bulgarien dem »Dreierpakt« an und folgte damit dem Beispiel Ungarns, Rumäniens und der Slowakei. Nun marschierten deutsche Truppen in Bulgarien ein, was die Türken sichtlich beunruhigte. Griechenland stand bereits im Kampf gegen die »Achsenmächte«, und in Südosteuropa hielten sich nur noch die Türkei und Jugoslawien aus dem Kriege heraus. Um auch diese beiden Staaten noch in den Krieg zu verwickeln, ging Moskau mit der gleichen Diplomatie und den gleichen Intrigen vor wie im Falle Polens. Die Sowjetunion versicherte die Türkei ihres vollen Verständnisses und ihrer wohlwollenden Neutralität für den Fall, daß die Türkei gezwungen sein sollte, gegen einen dritten Staat Krieg zu führen. Dieser dritte Staat war natürlich Deutschland. Aber Ankara lehnte das Angebot dankend ab.[22]

Am 25. März wurde Jugoslawien von Deutschland gezwungen, nach Besprechun-

21 Ebenda, S. 252.
22 *Beloff*, The Foreign Policy of Soviet Russia, Bd. 365.

gen in Wien dem »Dreierpakt« beizutreten. Zwei Tage später wurde die jugoslawische Regierung durch einen anti-deutschen Staatsstreich gestürzt, und in einem letzten Versuch, einen neuen Kriegsgegner gegen Deutschland zu mobilisieren, beeilte sich die Sowjetunion, einen Freundschaftsvertrag mit dem Chef der neuen Regierung, Simović, abzuschließen. Um die Jugoslawen zur energischen Ablehnung der deutschen Vorschläge zu veranlassen, versprachen ihnen die Sowjets wie üblich militärische und materielle Unterstützung. Aber am 5. April, als deutsche Truppen an der jugoslawischen Grenze zusammengezogen wurden, machte der Kreml den üblichen Rückzieher, und der sowjetische stellvertretende Außenminister Wyschinskij teilte dem jugoslawischen Gesandten in Moskau, Gavrilović, zu dessen Bestürzung mit, er müsse einem Mißverständnis zum Opfer gefallen sein; denn es sei niemals beabsichtigt gewesen, ein Militärbündnis mit Jugoslawien abzuschließen oder Jugoslawien militärisch zu unterstützen. Hitler reagierte darauf am folgenden Tage mit der Bombardierung von Belgrad und marschierte in Jugoslawien ein.[23]

Vieles deutet darauf hin, daß die rasche Niederwerfung Jugoslawiens und Griechenlands und die Vertreibung der Briten Stalins Tatendrang gedämpft haben; denn von nun an gab er seine Zurückhaltung auf und begann, die deutsche diplomatische Mission in Moskau mit ausgesuchter Zuvorkommenheit zu behandeln. Der deutsche und auch der türkische Botschafter nahmen Kenntnis von diesem Stimmungsumschwung, und beide interpretierten ihn in den Berichten an ihre Regierungen auf die gleiche Weise. Der türkische Botschafter ging sogar so weit zu sagen, Stalin habe gehofft, die Jugoslawen würden die Deutschen wenigstens zwei Monate aufhalten, um den Angelsachsen genügend Zeit zu geben, stärkere Kräfte auf den Balkan zu verlegen.[24] Die Aktivität der UdSSR war zwar gedämpft worden, sie fürchtete aber noch nicht für ihre eigene Sicherheit. Sie wünschte aufrichtig, ihre Beziehungen zu Deutschland zu verbessern, und stellte sich jetzt auf eine Beschwichtigungspolitik ein. Im Januar 1941 hatten die Sowjets den Deutschen eine Ausgleichszahlung für das von ihnen besetzte, ursprünglich den Deutschen zugesprochene litauische Gebiet geleistet. Zugleich war ein für die Deutschen sehr vorteilhaftes neues Handelsabkommen unterzeichnet worden, und im April lieferten die Sowjets ihre Exportquoten voll aus. Das waren nicht weniger als 200.000 Tonnen Getreide und 90.000 Tonnen Erdöl in einem Monat.[25] Stalin und Molotow zeigten Sir Stafford Cripps, dem britischen Botschafter, auch weiterhin die kalte Schulter und kamen praktisch überhaupt nicht mehr mit ihm zusammen. Im Mai und Juni wiesen sie die jugoslawischen, belgischen, norwegischen und griechischen Diplomaten aus, um ihrer Solidarität mit der neuen Ordnung in Europa Ausdruck

23 Ebenda, S. 366–367.
24 Nazi-Soviet Relations 1939–41, S. 326; Documents on German Foreign Policy, Series D, Bd. 12, . 873.
25 *Hillgruber,* Hitlers Strategie, S. 105, und *Degras,* Soviet Documents on Foreign Policy, Bd. 3, S. 461.

zu verleihen. Doch im April erhöhte sich die Spannung in den westlichen Militärbezirken der Sowjetunion. Es kam zu häufigen Grenzverletzungen, und überall verbreitete sich das Gerücht, ein deutscher Angriff stünde kurz bevor.

Am 20. März 1941 soll Golikow als Chef der GRU, des zum Generalstab gehörenden militärischen Nachrichtendienstes, eine nachrichtendienstliche Lagebeurteilung vorgelegt haben, die den Beweis erbrachte, daß die Deutschen augenscheinlich beabsichtigten, die UdSSR anzugreifen. Die vermehrte militärische Aktivität der Deutschen an der Grenze war bekannt, und der sowjetische Militärattaché in Berlin war angeblich von einem deutschen Major von der Absicht der Deutschen, gegen Rußland zu marschieren, unterrichtet worden. Golikow betrachtete die Gerüchte und Berichte, nach denen der Kriegsausbruch in Kürze zu erwarten sei, als vom britischen oder deutschen Nachrichtendienst lancierte Provokationen und kam zu dem verständlichen Schluß, daß ein deutscher Angriff gegen die UdSSR solange unwahrscheinlich sei, wie Hitler nicht Großbritannien besiegt oder mit den Briten Frieden geschlossen hätte. Im März und April beobachtete man die militärische Aktivität der Deutschen in Finnland sehr genau, und am 5. Mai soll Golikow die Stärke der deutschen Truppen an der sowjetischen Grenze auf hundert Divisionen geschätzt haben. Diese Meldungen und Lageberichte nahm auch Stalin zur Kenntnis.[26]

Obwohl die Deutschen es vermieden, bis kurz vor Beginn des Feldzuges mehr als 50 Prozent der Angriffstruppen ins Grenzgebiet zu verlegen, konnte der Aufmarsch nicht verschleiert werden. Daß es deutsche Truppenkonzentrationen gab, war in Washington und London ebenso bekannt wie in Moskau. Die Deutschen rechneten mit russischen Anfragen wegen der Truppenversammlungen im Generalgouvernement, und sie instruierten den Militärattaché in Moskau, Köstring, er solle die Zusammenziehung von Verbänden in Polen damit begründen, daß es hier gutes Ausbildungsgelände außerhalb der Reichweite britischer Luftangriffe gäbe.[27] Außerdem hatte Keitel als Chef des OKW den Auftrag erhalten, für die Abwehrabteilung einen umfassenden und komplexen Plan zu entwerfen, in dem die Truppenkonzentrationen im Osten als Generalprobe für die Invasion Englands dargestellt wurden. Zahlreiche Panzer wurden mit Vorrichtungen ausgestattet, die es ihnen erlaubten, durch das Wasser zu fahren, und bei den Übungen wurden die Briten als Gegner bezeichnet. Der Angriff gegen Kreta mit Luftlandetruppen war angeblich eine Vorübung für Luftlandungen im Vereinigten Königreich, und man ließ absichtlich bestimmte Nachrichten an die deutsche und die ausländische Presse durchsickern.[28]

Im Januar erhielt der Handelsattaché der Vereinigten Staaten in Berlin bestimmte Informationen über die deutschen Absichten, die der amerikanische

26 *Schukow,* Vospominanija i razmyšlenija, S. 233 und 248.
27 Nazi Conspiracy and Aggression, Bd. 5, S. 574.
28 Ebenda, Bd. 3, S. 635 *von Lossberg,* Im Wehrmachtführungsstab, S. 116–118, *Schukow,* Vospominanija i razmyšlenija, S. 241.

Nachrichtendienst im März an den Kreml weitergab. Im Frühjahr und Frühsommer war die Möglichkeit eines deutschen Überfalls das Hauptthema der Tischgespräche des diplomatischen Korps in Moskau.[29] Am 24. April beschwerte sich der deutsche Marineattaché über die Verbreitung von Kriegsgerüchten, die nach seiner Meinung völlig absurd waren, und berichtete, Cripps habe vorausgesagt, der deutsche Einmarsch nach Rußland werde am 22. Juni beginnen.[30]

Churchill berichtet in seinen Memoiren, er habe Anfang April als sein eigener Nachrichtenoffizier mit einem bevorstehenden deutschen Angriff gegen die Sowjetunion gerechnet, und meint, die Tatsache, daß Cripps Stalin nicht sofort informiert habe, hätte sich in den Anfangsstadien des Krieges ungünstig ausgewirkt.[31] Churchill gründete seine Schlußfolgerungen auf die mit der Eisenbahn von Bukarest nach Krakau erfolgte Verlegung von drei deutschen Panzerdivisionen. Wenn man bedenkt, daß Deutschland in Mitteleuropa 19 Panzerdivisionen zur Verfügung standen, dann sind drei Divisionen nur ein verhältnismäßig geringer Prozentsatz, und es gab keinen Grund für die Annahme, daß Deutschland die Sowjetunion nicht auch ebensogut von Rumänien aus hätte angreifen können wie aus Polen. Churchills Schlüsse scheinen nicht ganz logisch gewesen zu sein, und es ist auch denkbar, daß seine Informationen aus diesem Grunde in Moskau nur wenig Beachtung gefunden haben, während seine Motive nach Auffassung Stalins im höchsten Maße suspekt gewesen wären.[32] Man weiß heute, daß Hitler in der Tat beabsichtigt hat, diese Panzerverbände als Teil eines Angriffskeils von Rumänien aus gegen die Ukraine einzusetzen, aber am 17. März änderte er seinen Entschluß und befahl die Verlegung aller Panzertruppen aus Rumänien an den Nordflügel der Heeresgruppe Süd in Polen. Das war die vom britischen Nachrichtendienst festgestellte Truppenbewegung.[33]

Anfang Juni meldete der amerikanische Konsul in Königsberg in Ostpreußen gewisse Anzeichen für Kriegsvorbereitungen. Weitere ähnliche Nachrichten kamen aus amerikanischen Quellen in Bukarest und Stockholm. Diese Informationen leitete der Botschafter der Vereinigten Staaten, Steinhardt, dem sowjetischen Außenministerium zu.

Am 10. Juni übergab Sir Alexander Cadogan, der britische Unterstaatssekretär für auswärtige Angelegenheiten, dem sowjetischen Botschafter in London, Maisky, Nachrichtenmaterial über den deutschen Aufmarsch im Osten. Am 12. und 13. Juni bat der britische Außenminister, Anthony Eden, Maisky zu sich und übergab ihm Informationsmaterial, das das British Joint Intelligence Committee davon überzeugt hatte, die deutsche Offensive stünde unmittelbar bevor.

29 *Shirer,* Rise and Fall of the Third Reich, S. 843 und Fußnote; *Sumner Welles,* The Time for Decision, S. 136.
30 Nazi-Soviet Relations 1939–41, S. 334.
31 *Churchill,* Bd. 3, The Grand Alliance, S. 319.
32 *Schukow,* Vospominanija ..., S. 243–244.
33 Kriegstagebuch des Oberkommandos der Wehrmacht (im folgenden Kriegstagebuch OKW), Bd. 1, S. 361 *Halder,* Kriegstagebuch, Bd. 2, S. 320.

Der Text der britischen Information besagte, daß die deutsche 11. Armee in Rumänien festgestellt worden sei (wo sie sich auch wirklich befand) und daß es zuverlässige Nachrichten über die Verlegung des Hauptquartiers einer deutschen Heeresgruppe nach Rumänien gäbe (was jedoch nicht zutraf). Außerdem wurde behauptet, die 12. Armee des Feldmarschalls List sei von Athen nach Lublin verlegt worden (auch diese Nachricht war falsch). Setzte man die Richtigkeit dieser Meldungen voraus, dann besaßen sie zwar einiges Gewicht, bewiesen jedoch durchaus nicht schlüssig, daß ein Angriff gegen die Sowjetunion unmittelbar bevorstand; denn die 11. und 12. Armee stellten nur einen verhältnismäßig geringen Teil der in Mittel- und Südosteuropa vorhandenen deutschen Truppen dar.[34] Ein weiteres von den Briten festgestelltes Anzeichen war das immer dichter werdende Funknetz der Luftwaffe in Ostmitteleuropa. Da jedoch der Funkverkehr im Westen nicht merklich nachgelassen hatte, war dies zwar ein Hinweis, bewies aber noch nichts.[35]

Die Sowjetunion traf zwar gewisse Kriegsvorbereitungen, aber die Maßnahmen waren keineswegs umfassend. Im Frühjahr 1941 wurden außerplanmäßig Reservisten eingezogen. Nach sowjetischen Zahlenangaben erhöhte sich damit die Stärke der Streitkräfte auf 4.200.000 Mann. Aber was die Rote Armee betraf, mangelte es einem großen Teil der Mannschaften an Ausbildung, und etwa 25 Prozent aller Mannschaften hatten nur 8 Monate oder kürzer gedient.[36] Konzentrationslager und Gefängnisse wurden nach Offizieren ausgekämmt, die die »Säuberungen« überlebt hatten, und einige von ihnen wurden in aller Eile rehabilitiert und in den Truppendienst übernommen.[37]

Im März und April kam es zu einigen Truppenverlegungen in die westlichen Grenzbezirke, und vier Armeen mit einer Gesamtstärke von 28 Divisionen wurden aus dem Innern des Landes an die Grenze gebracht.[38] Der Kreml schien jedoch mehr daran interessiert zu sein, seine Stärke zu demonstrieren, als für seine Sicherheit zu sorgen. Das zeigte sich auch in der Kräfteverteilung bei dem nun folgenden Aufmarsch. Als der Befehlshaber des Militärbezirks Kiew, Kirponos, aus Moskau den Befehl erhielt, einige seiner Verbände direkt an die Grenze zu verschieben, tat er es zwar, war jedoch ganz offensichtlich beunruhigt und überrascht, weil er diese Maßnahme als Verschwendung von Reserven und »passive Abwehrmaß-

34 *Maisky*, Memoirs of a Soviet Ambassador, S. 148; *Gwyer*, Grand Strategy, Bd. 3, Teil 1, S. 83.

35 Ebenda, S. 83 und *Kesselring*, Soldat bis zum letzten Tag, S. 112.

36 In Istorija, Bd. 1, S. 460 und 475, und an anderer Stelle wird die Gesamtstärke der Streitkräfte der UdSSR mit 4.200.000 Mann angegeben, obwohl *Schukow* von fünf Millionen spricht. *Schukow*, Vospominanija ..., S. 234. Die Rote Armee soll insgesamt über 303 Divisionen verfügt haben. 50 Let Voorušennych Sil SSSR, S. 235. OKH, geheimes Handbuch »Die Kriegswehrmacht der UdSSR« (OKH/Gen St d H/O Qu IV Abt Fremde Heere Ost (II) Nr 100/41 g) vom 15. Januar 1941, S. 16, spricht von einer Gesamtstärke der mobilgemachten Roten Armee von 6.200.000 Mann.

37 Rokossowski war schon Anfang 1940 aus einem Konzentrationslager entlassen worden. Gorbatow wurde erst im März 1941 entlassen.

38 *Schukow*, Vospominanija ..., S. 236.

nahme« betrachtete.[39] In Berlin hatte man von diesem eigenartigen Aufmarsch Kenntnis genommen, doch überlegte man sich kaum, ob die Verbände der Roten Armee an die Grenze verlegt würden, um aus den neuen Stellungen einen Präventivangriff zu führen. Der Chef des deutschen Generalstabes des Heeres, Halder, glaubte, der sowjetische Aufmarsch könne unter Umständen die Bereitschaft der Russen zum Angriff bedeuten, hielt aber eine solche Möglichkeit für höchst unwahrscheinlich, und einer seiner wichtigsten Nachrichtenoffiziere, Kinzel von der Abteilung Fremde Heere Ost, beurteilte die Lage ganz richtig, als er die Umgruppierung der sowjetischen Streitkräfte als politische Demonstration abtat.[40]

Mitte April hatte die Sowjetunion ein Neutralitätsabkommen mit Japan unterzeichnet, und am 6. Mai deutete sich der Ernst der gegenwärtigen Lage dadurch an, daß Stalin Molotow als Vorsitzenden des Rats der Volkskommissare ablöste, ihn jedoch auf seinem Posten als Außenminister beließ. Dadurch, daß Stalin jetzt neben dem Posten des Generalsekretärs der Kommunistischen Partei auch noch das Amt des Premierministers übernahm, ließ er deutlich werden, daß sich jetzt die ganze Macht in seinen Händen vereinigte.

Man nimmt ganz allgemein an, daß die UdSSR durch ihren eigenen Nachrichtendienst gut unterrichtet gewesen sei, ja sogar in Moskau sprach man ganz offen über die Anzeichen. Das diplomatische Korps hatte kaum ein anderes Gesprächsthema, und die deutsche Botschaft war, wie sich der Militärattaché Köstring beklagte, von der Furcht vor dem unmittelbar bevorstehenden Kriege ergriffen.[41] Sogar schon Mitte Mai, nach der Rückkehr Köstrings von einem längeren Genesungsurlaub nach Moskau, während dessen Oberst Krebs ihn vertreten hatte, stellte er fest, daß die Angehörigen der Botschaft ihre Wertsachen, Teppiche, Kleider, Pelze, Silber und Schmuck nach Deutschland zurückschickten. Es folgten Kinder und Ehefrauen. In einer Reihe von langen, halboffiziellen Briefen an den Chef des Heeresnachrichtendienstes, General Matzky, beschwerte sich Köstring bitter über die Kriegspsychose und das Verhalten der deutschen Botschaftsangehörigen in der Sowjetunion. Dabei kritisierte er auch seine Kollegen von der Luftwaffe und der Kriegsmarine. Die Russen andererseits verhielten sich, wie er meinte, ganz normal, obwohl sie von den durch die allgemeine Beunruhigung veranlaßten Maßnahmen der Deutschen Kenntnis genommen hätten.

Am 11. Juni meldete Köstring wieder, daß sich das Kriegsfieber nach einer kurzen Ruhepause verschlimmert habe und weiteres Personal abgereist sei. Vertraulich setzte er Matzky von der interessanten und mysteriösen Neuigkeit in Kenntnis, daß der japanische Botschafter kürzlich ein eigenartiges kurzes Telegramm aus Berlin erhalten habe, wahrscheinlich von dem dortigen japanischen Botschafter, General

39 *Bagramijan*, Voenno Istoričeski; žurnal Nr. 1 1967.
40 *Halder*, Kriegstagebuch, Bd. 2, S. 351 und 353, 6. u. 7. April; Lagebeurteilung Kinzels von »Fremde Heere Ost« v. 20. Mai 1941.
41 Köstring stammte aus einer hannoveraner Familie, die sich im 19. Jahrundert in St. Petersburg niedergelassen hatte. Er wurde in Rußland geboren und erzogen.

Oshima,[42] dessen Text nur aus den beiden englischen Worten »verry near« (sic) bestand.[43]

Die an der Umrüstung eines sowjetischen Kreuzers in Leningrad arbeitenden deutschen zivilen Schiffsbauingenieure waren, einer nach dem anderen, nach Deutschland abgereist, und ihr Chef, Admiral a. D. Feige, und alle Sekretärinnen hatten das Land verlassen. Köstring kritisierte die taktlose Art und Weise, in der sie abberufen worden seien.[44] Es befanden sich keine deutschen Schiffe mehr in sowjetischen Häfen, und die Abfertigung sowjetischer Schiffe in deutschen Häfen verzögerte sich, weil angeblich immer neue Schwierigkeiten entstanden. Im März war die sowjetische Grenzkommission von den Deutschen ausgewiesen worden und hatte nicht die Erlaubnis erhalten zurückzukehren. Ein deutsches Flugzeug war bei Rowno notgelandet und dort festgehalten worden. Man fand darin Karten und Fotografien, die einwandfrei bewiesen, daß es das Straßennetz in Westrußland aufgenommen hatte.[45] Seit Monaten waren fast täglich Verletzungen des russischen Luftraums vorgekommen, doch Stalin hatte kategorisch befohlen, nicht auf deutsche Flugzeuge zu schießen, um Berlin die Möglichkeit zu nehmen, solche Vorfälle als Provokationen zu behandeln. Bewaffnete, mit Funkgeräten ausgerüstete Abteilungen hatten wiederholt die Grenze überschritten oder waren von See aus gelandet. Einige von ihnen waren als Zivilisten getarnt gewesen, andere als Soldaten der Roten Armee. Manchmal führten diese Spähtrupps bewaffnete Aufklärungsunternehmen durch und eröffneten das Feuer auf Truppen des sowjetischen NKWD-Grenzschutzes, wenn sie zufällig mit ihnen zusammenstießen. In anderen Fällen, wenn es sich um Angehörige der baltischen Völker oder Ukrainer handelte, tauchten diese Leute in der Zivilbevölkerung der sowjetisch besetzten Gebiete unter.[46]

Totalitäre Staaten müssen, besonders wenn sie einen ungerechtfertigten Überraschungsangriff führen wollen, die wahren Zusammenhänge vor ihrem eigenen

42 Anm. d. Hrsg.: Hitler hatte den japanischen Botschafter Oshima am 3. Juni 1941 auf dem Berghof empfangen und den bevorstehenden Angriff auf die Sowjetunion angedeutet. Am 5. Juni 1941 meldete Oshima hierüber an den japanischen Außenminister: »Wenn auch beide, Hitler und Ribbentrop, über den Zeitpunkt eines Kriegsbeginns sich nicht deutlich aussprachen, so möchte ich doch ... das Urteil abgeben, daß es für Hitler keine Zweifel mehr gibt, wenn er sich einmal zu etwas entschlossen hat und daß er, nach seiner bisherigen Handlungsweise zu urteilen, seinen Entschluß inneralb weniger Tage in die Tat umsetzt« (Telegramm Oshima an Matsuoka vom 5. Juni 1941, abgedruckt in deutscher Übersetzung im Anhang von Andreas Hillgruber: Japan und der Fall ›Barbarossa‹, in: Wehrwissenschaftliche Rundschau 18 (1968), S. 333 ff., Zitat S. 335). Offensichtlich hat Oshima seinen Kollegen in der sowjetischen Hauptstadt durch sein Kurztelegramm auch vom Kern der Äußerungen Hitlers unterrichtet.

43 Die Briefe an Matzky vom 14., 21. und 28. Mai und vom 4., 11., 14. und 18. Juni sind in *Teske*, General Ernst Köstring, auf den Seiten 304–319, im vollen Wortlaut abgedruckt.

44 Lagevortrag, des Ob. d. M. bei Hitler, 6. Juni 1941.

45 Nazi-Soviet Relations 1939–41, S. 328.

46 Istorija, Bd. 1, S. 479. Die Akten der Abteilung Fremde Heere (Ost) unter Kinzel zeigen, daß geflüchtete Offiziere und Unteroffiziere aus den baltischen Staaten als Freiwillige angeworben und dann, als Bodenpersonal auf Militärflugplätzen getarnt, für Erkundungsaufgaben jenseits der Grenze ausgebildet wurden. Sie waren dabei mit Funkgeräten und polnischen und belgischen Waffen ausgerüstet.

Volk verschleiern. Eine knappe Woche vor dem von den Deutschen festgesetzten Angriffsbeginn, am 14. Juni, ließ Molotow eine offizielle Erklärung an den deutschen Botschafter von der Schulenburg abgehen, um die Absichten Hitlers zu testen. In dieser Note sprach er ganz offen und freimütig von den Kriegsgerüchten und bestätigte ausführlich die friedlichen Absichten der Sowjetunion. Er wollte feststellen, ob Berlin die Note für die deutsche Presse freigeben würde, sie wurde jedoch nicht veröffentlicht.[47]

Wie der sowjetische General Boldin berichtet, kam am 18. Juni ein deutscher Deserteur über die Grenze und teilte das, wie sich später herausstellte, richtige Datum für den deutschen Angriffsbeginn mit. Die Spontaneität der deutschen Maßnahmen und dieser Bericht haben General Rokossowski offenbar tief beeindruckt.[48] Am 20. Juni war beobachtet worden, daß die Deutschen Stacheldrahthindernisse auf ihrer Seite der Grenze entfernten. Am Abend des 21. Juni nach Sonnenuntergang stellte man vermehrte Grenzverletzungen durch deutsche Erkundungstrupps fest.

Die Regierung der UdSSR lag damals ausschließlich in den Händen Stalins, obwohl die Führungsspitze theoretisch aus einem Kollektiv bestand. In seiner vorsichtigen und mißtrauischen Art beurteilte Stalin die Lage auch weiterhin kühl und logisch. Der Fehler, den er beging, bestand darin, daß er sich in Hitler hineinzuversetzen suchte und die Lage in Europa und der Welt dabei durch seine eigenen kommunistischen Augen sah, anstatt sich mit der Mentalität des deutschen Diktators zu beschäftigen und zu überlegen, was Hitler unter bestimmten Voraussetzungen tun würde.

Stalin wollte unter keinen Umständen glauben, daß die Deutschen gegen jede Vernunft einen Zweifrontenkrieg auf sich nehmen würden. Er deutete alle Anzeichen des Krieges als Teile des Nervenkriegs, der die Sowjets davon abschrecken sollte, im baltischen Raum und auf dem Balkan weiter vorzudringen, und glaubte, die Deutschen würden unter Umständen neue politische oder territoriale Forderungen an die UdSSR richten. Seine kommunistische Logik sagte ihm, daß die Rettung für die Briten ganz offensichtlich darin lag, durch Intrigen und Lügen einen Krieg zwischen Deutschland und und der Sowjetunion zu provozieren. Er ließ deshalb die Warnungen der Briten und ihrer amerikanischen Freunde als absichtliche Irreführungen unbeachtet. Das war im großen und ganzen die gleiche Taktik, die Stalin während der vergangenen drei Jahre selbst verfolgt hatte, und es ist verständlich, daß er jetzt vermutete, die Deutschen und Briten würden ihm das mit der gleichen Münze heimzahlen.[49]

Am 13. Juni hatte der neue Verteidigungsminister Timoschenko, veranlaßt durch Golikows Berichte von neuen deutschen Truppenzusammenziehungen an der Grenze, die militärischen Grenzbezirke mobilmachen wollen. Er konnte aber Stalin

47 Tassbericht vom 14. Juni 1941, Nazi-Soviet Relations 1939–41.
48 *Boldin*, Stranizy Zisny, zitiert bei *Werth*, Russia at War, S. 147.
49 *Schukow*, Vospominanija ..., S. 244.

nicht überzeugen, der ihm sagte, er dürfe den Meldungen des Nachrichtendienstes keinen Glauben schenken. Am Nachmittag des 21. Juni soll der Chef des Stabes des Militärbezirks Kiew, Purkajew, den Chef des Generalstabes Schukow angerufen haben, um ihm zu melden, daß ein deutscher Unteroffizier zur Roten Armee übergelaufen sei und die Nachricht mitgebracht habe, daß der deutsche Angriff unmittelbar bevorstehe. In offenbar besorgter Stimmung befahl Stalin Timoschenko, Schukow und Watutin, einen stellvertretenden Generalstabschef, in den Kreml.[50]

Am Abend des 21. Juni hielt das Politbüro eine Sitzung ab, um in Gegenwart von Timoschenko, Schukow und Watutin über die Möglichkeit eines Kriegsausbruchs zu sprechen.[51] In den frühen Abendstunden traf ein Telegramm von Maisky ein, das einen Bericht über ein Gespräch mit Cripps enthielt, das am gleichen Nachmittag in London stattgefunden hatte. Hier hatte Cripps – angeblich aufgrund bloßer Vermutungen – behauptet, der Angriff werde am Sonntag, den 22. Juni, oder am Wochenende darauf erfolgen. Die Tatsache, daß zwei Daten genannt wurden, hat wahrscheinlich die Glaubwürdigkeit dieser Nachricht erheblich verringert.[52]

Am selben Abend um 21.30 Uhr bat Molotow von der Schulenburg zum letztenmal zu sich und fragte ihn, welche Forderungen die Deutschen nach Beendigung ihres bedrohlichen Aufmarsches an die UdSSR richten könnten. Er erhielt keine Antwort. Vielleicht wußte Schulenburg nichts von dem unmittelbar bevorstehenden Überfall, und es deutet auch nichts darauf hin, daß sein Militärattaché Köstring über die deutschen Absichten unterrichtet worden ist.[53] Das Politbüro sah sich jedenfalls nicht in der Lage, aus dem Verhalten Schulenburgs irgendwelche Schlüsse zu ziehen. Anschließend wurde Marschall Budjonny zum Befehlshaber der Reservearmeen ernannt, und kurz vor Mitternacht erhielten die Militärbezirke an der Grenze den Befehl, die Truppe gefechtsbereit zu machen. Dieser Befehl ist bei vielen Feldtruppenteilen erst nach Beginn des deutschen Angriffs eingetroffen.[54]

50 Ebenda, S. 251.
51 Ebenda, S. 251–254, außerdem Budjonnys Bericht, Salisbury, The Times, 3. November 1967.
52 *Maisky*, Memoirs of a Soviet Ambassador, S. 156.
53 Nazi-Soviet Relations 1939–41, S. 355; Nazi Conspiracy and Aggression, Bd. 5, 574; *Teske*, General Ernst Köstring, S. 306; Goebbels Diaries, S. 49.
54 Istorija, Bd. 2, S. 10.

Karte 1: Osteuropa, Juni 1941

2. Kapitel

Rätselhafte Wahnvorstellungen

Adolf Hitler war das Rätsel, nicht die Sowjetunion. 1939 wußten nur wenige Menschen außerhalb seines engsten Kreises, über welche unumschränkte Macht er verfügte und wie selbstherrlich und unberechenbar er war.

In Österreich geboren, kam er aus einfachen Verhältnissen, hatte ein unstetes Leben geführt, es zu nichts Rechtem gebracht und diente im Ersten Weltkrieg fast fünf Jahre als einfacher Soldat und Gefreiter in einem bayerischen Infanterieregiment. Später blickte er mit Stolz auf diese Zeit zurück und identifizierte sich mit allem, was deutsch war. Nach dem Krieg ging eine Welle des Kommunismus und der politischen Unruhen über Deutschland hinweg, und Hitler wurde 1919 als Zivilist politischer Agent der Reichswehr. Ein Teil seiner Aufgaben bestand darin, kommunistische Einflüsse aufzudecken und zu bekämpfen. Damit war er praktisch ein antikommunistischer Kommissar. Dann ging er in die Politik. Er verfügte über eine nur mangelhafte Bildung und war ein Autodidakt. So waren seine Politik und seine Bestrebungen nur eine Wiederholung und Erweiterung der bisherigen Entwicklungen in Deutschland. Ihre Wurzeln lagen zum Teil in den vergangenen zwei Jahrhunderten, lassen sich aber auch mehr als tausend Jahre zurückverfolgen. Hitlers Mentalität war von einem Mischmasch verschiedenartigster Ideen geprägt. Viele seiner Vorstellungen gründeten sich auf Irrtümer, manche muß man als Phantasiegebilde bezeichnen, die er aus den Schriften von Houston Steward Chamberlain, Gobineau und Nietzsche zusammengetragen hatte, und andere stammten aus dem politischen Erbe Kaiser Wilhelms II., Bismarcks und der preußischen Könige, der brandenburgischen Kurfürsten, des deutschen Ritterordens, und das alles wurde durch die Vorstellungen ergänzt, die er sich von den Tugenden und Eigenarten der alten germanischen Kriegerstämme machte.

In der Geschichte der Entwicklung der deutschen Stämme erkennen wir als besonderes Phänomen ihr langsames Vordringen als Eroberer und Kolonisatoren aus dem heutigen Frankreich und dem Rheintal in den Osten nach Mittel- und Osteuropa. Bedeutende Städte wie Lübeck, Rostock, Stralsund, Stettin, Berlin und Frankfurt an der Oder entstanden erst nach dem 12. und 13. Jahrhundert, und deutsche Siedler gründeten Posen, Krakau, Lublin, Warschau, Wilna, Brest-Litowsk, Dorpat und Riga oder bauten diese Siedlungen zu Städten aus.[1] Polen leistete

1 Die Kreuzritter und die kriegerischen Bischöfe hatten deutsche Bauern rekrutiert, um mit ihnen die eroberten Gebiete zu besiedeln und auf diese Weise ihre Gebietsansprüche geltend zu machen. Mit dieser Methode hatten sie einen solchen Erfolg, daß die Könige von Polen und Ungarn selbst versuchten, deutsche Siedler in ihre Dienste zu nehmen, die sie

diesem Vordringen nach Osten energischen Widerstand, und nachdem Polen im 19. Jahrhundert zwischen Rußland, Preußen und Österreich aufgeteilt worden war, wurde der deutsche Drang nach Osten durch den Gegendruck des in St. Petersburg entstandenen Panslawismus aufgehalten. 1871 wurde der deutsche Nationalstaat geboren, und Anfang des 20. Jahrhunderts setzte sich die alldeutsche Bewegung für eine Eroberung und Annexion von Gebieten ein, die germanisch besiedelt oder in früherer Zeit von deutschen Stämmen entwickelt worden waren. Dazu gehörten die baltischen Staaten, Holland, das flämische Belgien und ein Teil der Schweiz. Juden und Slawen sollten nach Polen deportiert, und die Ukraine sollte ein Teil des Großdeutschen Reichs werden. 1918 wurde die Ukraine tatsächlich von Rußland abgetrennt und zeitweilig zu einem von Deutschland abhängigen Marionettenstaat.

Als Hitler 1924 auf der Festung Landsberg seine Haft verbüßte und das Buch *Mein Kampf* schrieb, machte er darin die Welt mit seinen Plänen für Deutschland und Europa bekannt. Es waren Pläne, die erfüllt waren vom Haß gegen Juden und Bolschewisten und in denen die Verachtung gegen alle Slawen deutlich zum Ausdruck kam. Sein letztes Ziel war die Eroberung fruchtbarer Gebiete, die die Versorgung Deutschlands mit Getreide, Schlachtvieh, Öl und Bodenschätzen sicherstellen sollten.[2] Als er 1933 schließlich an die Macht kam, trieb er eine hemmungslos antikommunistische und antisowjetische Politik. 1937 erläuterte der damalige deutsche Botschafter in London, von Ribbentrop, Churchill die angeblichen territorialen Ansprüche des Führers und behauptete, er wolle Polen, Weißrußland und die Ukraine erobern.[3] 1939, kurz vor der Unterzeichnung des Nichtangriffspakts mit der UdSSR, warf Hitler den Staatsmännern der westlichen Demokratien vor, sie seien zu blind, um zu verstehen, daß das Fundament seiner Außenpolitik die Vernichtung der Sowjetunion sei.[4] Wie Lenin und Stalin verfolgte auch Hitler konsequent seine politischen Ziele. Er unterschied sich von ihnen insofern, als er sich von Emotionen leiten ließ und nicht von der Dringlichkeit der vor ihm stehenden Aufgaben. Da er kurzfristig disponierte, war es viel schwerer, sich auf sein Verhalten einzustellen.

Hitler besaß einen komplexen und widersprüchlichen Charakter. Mangelhaft gebildet, war er dennoch leistungsfähig und intelligent. Er war ein Abenteurer und Opportunist, hatte wie Stalin einen scharfen Blick für die Stärken und Schwächen anderer und verstand es, beides zu seinem Vorteil zu nutzen. Er hatte einen schnellen, aber ungeordneten Verstand, verfügte über ein außergewöhnlich gutes Gedächtnis, belastete es aber mit Nebensächlichkeiten. In weniger wichtigen Angelegenheiten konnte er schnell das Wesentliche erkennen und logisch und weitsichtig sein. Bei den großen Entscheidungen, in denen es um das Schicksal des deutschen

gegeneinander und gegen die von Westen vordringenden deutschen Ritterorden einsetzten. Auf diese Weise entstanden zahlreiche volksdeutsche Siedlungen in Mitteleuropa.

2 *Hitler*, Mein Kampf, 14. Kapitel.
3 *Churchill*, The Gathering Storm, Bd. 1, S. 174.
4 *Hillgruber*, Hitlers Strategie, S. 29.

Reiches ging, ließ er sich von Gefühlen und ideologischen Vorstellungen leiten und konnte vollkommen unlogisch sein. Sein politisches Glaubensbekenntnis stützte sich zum großen Teil auf ganz abwegige Ideen. Er zeigte starkes Interesse für technische Einzelheiten, die ihn eigentlich nichts angingen, konnte oft den Wald vor Bäumen nicht sehen und klammerte sich an Details, ohne einen wirklichen Überblick zu gewinnen. Er war ein Hasardeur und als solcher überzeugt davon, daß kühnes Handeln immer zum Ziel führt. Aber seine Kühnheit gründete sich nicht auf rationale Überlegungen und nüchterne Lagebeurteilungen, sondern viel mehr auf plötzliche Impulse. Er war sprunghaft, und wenn er seinen unkontrollierten Antrieben nachgegeben hatte, neigte er zu Nervosität und Angstzuständen, aus denen er nichts lernte; denn wenn er seine Haltung wiedergewonnen hatte, wurde er arrogant, selbstsicher und stürzte sich in neue Exzesse. Wenn es zu Schwierigkeiten kam, weigerte er sich, bedrohlichen Situationen oder unangenehmen Entscheidungen ins Auge zu sehen, und tat, als ob die Schwierigkeiten nicht existierten. Er war ein Mann der unüberlegten Improvisationen und unbedachten Entschlüsse. Er konnte sich über Nichtigkeiten maßlos erregen und angesichts von Katastrophen die absolute Ruhe bewahren.

Er kannte keine Skrupel oder Rücksichten und verachtete ebenso wie Stalin alles, was nicht seinen Vorstellungen von Stärke entsprach. Obwohl er in seiner unmittelbaren Umgebung nicht den gleichen Schrecken verbreitete wie Stalin in Moskau, war Hitler doch hinterhältig und nachtragend, und seine Mitarbeiter fürchteten ihn; denn er hatte ein gutes Gedächtnis und vergaß nie, alte Rechnungen zu begleichen. Die Menschen, die ihn umgaben, ja das ganze deutsche Volk, waren für ihn nur die Werkzeuge seines Ehrgeizes und seines Willens. Schließlich wurde er so mächtig, daß er ganz willkürlich und ohne Gerichtsverfahren Amtsenthebungen, den Verlust der Pensionsberechtigung und die Konfiszierung von Privatvermögen anordnen konnte. Später kamen Haft im Konzentrationslager, Folterungen und Hinrichtungen hinzu. In manchen Fällen wurden diese Strafen nicht nur auf Personen angewendet, die ihm mißfielen, sondern auch auf deren Familien.

Hitler sprach nicht immer die Wahrheit. Manchmal log er, um eine bestimmte Wirkung zu erzielen. Andere seiner Lügen entsprangen der Selbsttäuschung, und durch manche wollte er seine machiavellistischen Pläne fördern. Er war verschwiegen und ließ die rechte Hand nicht wissen, was die linke tat. Es war sein Grundsatz, die Macht zu verteilen, um alle Vollmachten in seiner Person zu vereinigen. Nach seinem »grundsätzlichen Befehl Nr. 1« vom 11. 1. 1940 erforderte es die Sicherheit, daß niemand mehr wissen dürfe, als für die Erfüllung seiner Pflichten notwendig sei, und das bedeutete, daß Hitler allein der mächtige Koordinator und Führer des Reiches war. Die Möglichkeiten für eine kollektive Kabinettsregierung wurden mit der Zeit immer geringer, und das Kabinett trat seit 1937 gar nicht mehr zu Beratungen zusammen. Die Minister legten die zur Entscheidung anstehenden Fragen Hitler direkt vor. Er war ein Paranoiker mit einem tiefsitzenden pathologischen Mißtrauen, und nur wenige Menschen haben längere Zeit sein volles Vertrauen genossen. In seinem düsteren, mißtrauischen Geist glaubte er überall Verschwörer zu sehen, die ihn in die Irre führen oder betrügen wollten. Er duldete nur ganz wenige Menschen in seiner unmittelbaren Umgebung und liebte es nicht, wenn neue Gesichter in diesem Kreis auftauchten. Vielleicht fürchtete er ein Attentat. Getrieben durch außergewöhnliche Eitelkeit, einen nie zur Ruhe kommenden Ehrgeiz und einen starken Willen, war er entschlossen, während seines eigenen kurzen Lebens gewaltige Eroberungen zu machen und sich auf diesem Weg durch nichts behindern zu lassen. Dieser vom Größenwahn befallene Mensch wurde, besonders als die Spannungen und Anstrengungen des Krieges an seinen Nerven zu zehren begannen, mit der Zeit immer unausgeglichener und maßloser.[5]

Nach 1943 zeigte der Diktator Symptome eines nervösen Leidens, das man als Parkinsonsche Krankheit, als durch Anstrengungen und Hysterie verursachte Nervenzusammenbrüche oder als Folgen des Drogenmißbrauchs bezeichnet hat. Da Hitler sich nur durch seinen Leibarzt Dr. Morell behandeln und mit Medikamenten versorgen ließ und kein anderer Arzt ihn untersuchen durfte, haben sich die Ursachen seines Leidens bisher nicht nachweisen lassen.[6] Man kann daher keine Rückschlüsse daraus ziehen und nicht sagen, welche Wirkung seine Krankheit auf seinen Geisteszustand gehabt hat. Bis zu seinem Tode war er augenscheinlich im vollen Besitz seiner geistigen Fähigkeiten. Die Wutanfälle häuften sich zwar, und er neigte zu immer extremeren Anschauungen, aber diese Tendenzen waren auch schon sehr stark, als er noch ganz gesund war. Vor seinem Tod hat er sich mit Sicherheit ganz von der Wirklichkeit gelöst, aber man kann dieses Phänomen überall in der nationalsozialistischen Hierarchie feststellen.

Wie Stalin konnte auch Hitler sich von einer ganz anderen Seite zeigen. Selbstironie kann sich ein Diktator nicht leisten. So hatte auch er einen rohen Humor, der immer auf Kosten anderer ging. Mit Ausnahme derjenigen, die er nicht mochte oder denen er mißtraute, konnte er die Menschen auch höflich behandeln. Ja, er konnte, wenn er wollte, sogar lustig und charmant sein. Auf viele hat er sogar noch am Schluß den Eindruck eines vernünftigen Wesens gemacht, das logisch denken kann und gemäßigte Anschauungen hat. Und doch war dieser Mann für die Ermordung von Millionen Unschuldiger verantwortlich, von denen die meisten Frauen und Kinder waren.

1933 war Hitler das Amt des Reichskanzlers übertragen worden, und er hatte es angenommen, obwohl seine Partei im Reichstag nicht über die absolute Mehrheit verfügte. Der Reichstagsbrand und das Ermächtigungsgesetz erlaubten ihm, die beträchtliche kommunistische Opposition für ungesetzlich zu erklären und dann auch die anderen politischen Parteien auszuschalten. Damit wurde er zum Diktator

5 Siehe *Schramm*, Einleitung zu *Picker*, Hitlers Tischgespräche; *Schramm*, Hitler als militärischer Führer; unter anderem Berichte von *Keitel, Jodl, Halder, Heusinger, Guderian, Zeitzler, Speer, Schellenberg* und *von Manstein*.

6 Siehe auch *Trevor-Roper*, Last Days of Hitler; Recktenwald, Woran hat Adolf Hitler gelitten? *Rohr*, Hitlers Krankheit auch der Bericht von *Besymensky* in The Death of Hitler enthält interessante Angaben zu diesem Thema. Siehe jetzt *W. Maser*, Adolf Hitler. München–Eßlingen 1971.

an der Spitze eines Einparteistaates. Jede Selbständigkeit der Länder hörte auf, und die Nationalsozialistische Partei überlagerte als Teil der Exekutive die nationalen und kommunalen Regierungsbehörden. So geschah es, daß der ehemals rauschgiftsüchtige Göring preußischer Ministerpräsident, Leiter des Vierjahresplans, Luftfahrtminister und Oberbefehlshaber der deutschen Luftwaffe wurde, während die Polizei, der Sicherheitsdienst und der Nachrichtendienst in die Hände des Bürokraten Himmler gerieten, dessen Mitarbeiter sich größtenteils aus der Partei rekrutierten.[7] Die Parteigrößen wie Gauleiter und Kreisleiter maßten sich die Autorität gegenüber den örtlichen Regierungsbehörden an, und viele bereicherten sich auf Kosten des deutschen Staats. Nach dem Tode des letzten Reichspräsidenten von Hindenburg nahm Hitler 1934 den offiziellen Titel des »Führers und Reichskanzlers« und des Obersten Befehlshabers der Wehrmacht an. Damit übernahm er das Amt, aber nicht die Amtsbezeichnung des Reichspräsidenten.

Am 2. August 1934 erhielten alle Truppen den Befehl, den Treueid nicht der Verfassung der Republik oder der gewählten Regierung, sondern der Person Adolf Hitlers zu leisten. Als Hitler in der SA, dem paramilitärischen Verband der Braunhemden der Nationalsozialistischen Partei, eine blutige »Säuberung« durchführte, bei der eine Reihe von Männern ermordet wurde, die seine Stellung bedrohten, hatte er sich auf die stillschweigende Duldung dieser Aktion durch das Heer verlassen. Da es nicht in seinem Interesse lag, sich von den Generälen stützen zu lassen, um an der Macht zu bleiben, begann er seinen Einfluß innerhalb der Streitkräfte zu stärken und vergrößerte gleichzeitig langsam, aber stetig die SS als seine Privatarmee. 1935 genehmigte der Reichstag ein geheimes Wehrgesetz, daß Hitler die Vollmacht übertrug, den Ausnahmezustand zu verhängen, die Mobilmachung anzuordnen und den Krieg zu erklären.[8] Diese Entwicklungen hatten weitreichende Folgen hinsichtlich der Organisation des Oberkommandos und des Schicksals des Deutschen Reiches im Zweiten Weltkrieg.

Als Hitler Reichskanzler wurde, war General von Blomberg Reichswehrminister und damit der amtierende Oberbefehlshaber der deutschen Streitkräfte. Er war ein glühender Anhänger der Nationalsozialisten und befürwortete die Errichtung eines gemeinsamen Oberkommandos für die Kriegsmarine und das Heer (die noch geheime Luftwaffe war damals ein integrierender Bestandteil des deutschen Heeres). Diese Neuerung entsprach nicht der deutschen Tradition; denn bis zu diesem Zeitpunkt waren das Heer und der Generalstab des Heeres für alle Kriegsvorbereitungen verantwortlich gewesen. Jetzt wurde das Wehrmachtamt geschaffen, an dessen Spitze die beiden Generalstabsoffiziere Generalmajor Keitel und Oberst Jodl standen. Der Parteimann und besondere Günstling Hitlers, Hermann Göring, hatte im Ersten Weltkrieg als Hauptmann gedient und übernahm jetzt neben seinen vielen anderen Posten den Oberbefehl über die neue Luftwaffe und wurde zum General befördert. Blomberg hatte sich Görings Feindschaft zugezogen, weil er sich zunächst

7 Militärische Spionage und Gegenspionage blieben jedoch bis Juli 1944 Aufgabe der Abteilung Abwehr unter Canaris im OKW.

8 *O'Neill*, The German Army and the Nazi Party, S. 89.

dagegen gewehrt hatte, die Luftwaffe neben dem Heer als besonderen Wehrmachtteil aufzustellen. Außerdem hatte Göring den Ehrgeiz, Kriegsminister zu werden.[9] Als daher der Witwer Blomberg eine Frau heiratete, die der Polizei angeblich als Prostituierte bekannt war, sorgte Göring dafür, daß Hitler davon in Kenntnis gesetzt wurde, und Blomberg mußte zurücktreten. Das entsprach auch den Plänen Hitlers; denn Blomberg hatte nach Auffassung des »Führers« bei der Besetzung des Rheinlandes schwache Nerven gezeigt. Jedenfalls hatte Hitler vor, dieses Amt einem anderen Mann zu übertragen. Blomberg mußte seinen Abschied einreichen und ging mit seiner Frau nach Italien.

Im Februar 1938 übernahm Hitler de facto (und nicht nur nominell) den Oberbefehl über die gesamte Wehrmacht. Das Kriegsministerium mit dem Wehrmachtamt wurde zum Oberkommando der Wehrmacht (OKW), dessen Führung nominell Keitel übernahm. Der Artillerist Keitel stammte aus dem Braunschweigischen und war ein nur mittelmäßig begabter Offizier. Seine Kameraden bezeichneten ihn als einen sturen Jasager. Er war ein begeisterter Nationalsozialist, und obwohl Hitler ihn zu seinem Stellvertreter mit dem Rang eines Ministers und den Vollmachten des Kriegsministers ernannt hatte, besaß er in Wirklichkeit keine Kommandogewalt.[10] Seine Stellung entsprach auch nicht der des Chefs des Generalstabes; denn seine Meinung und seine Ratschläge galten nichts, und er übernahm praktisch nur die Funktionen eines Adjutanten und Bürochefs von Hitler. In ihm hatte der »Führer« den Mann gefunden, den er suchte. Viele fähige Generäle, die dem Regime unbequem waren, mußten ihren Abschied nehmen.

Damit hatte Hitler den direkten Befehl über das Oberkommando der Kriegsmarine (OKM), das Oberkommando der Luftwaffe (OKL) und das Oberkommando des Heeres (OKH) übernommen. Aber auch das befriedigte ihn noch nicht vollständig; denn sein größter Ehrgeiz bestand darin, die Führung des Heeres ganz persönlich in die Hand zu bekommen. Der Oberbefehlshaber des Heeres, Generaloberst Freiherr von Fritsch, und der Chef des Generalstabes des Heeres, General Beck, hatten sich gewissen Plänen des »Führers« widersetzt. In einer Intrige, an der wahrscheinlich Himmler und Göring beteiligt waren, wurde Fritsch fälschlich der Homosexualität beschuldigt und des Dienstes enthoben. Noch vor der Gerichtsverhandlung gegen ihn hatte man dem General von Brauchitsch sein Amt angeboten, und Brauchitsch hatte den noch nicht vakanten Posten des Oberbefehlshabers des Heeres angenommen. Beck blieb noch kurze Zeit im Amt und versuchte vergeblich, Brauchitsch zu überreden, er solle sich Hitlers wilden Aggressionsplänen in Europa und seiner Tyrannei

9 1935 änderte sich die Amtsbezeichnung des Reichswehrministers, der von nun an Reichskriegsminister hieß.

10 Eine der wenigen Persönlichkeiten, die die meisten gleich beurteilten, war Keitel. Hitler lobte zwar seine Treue, bezeichnete ihn als »treu wie ein Hund«, aber er sagte, er habe den Verstand eines Kinotürstehers. Göring sagte, er sei eine absolute Null, und Mussolini meinte, Keitel sei der Mann, der sehr zufrieden damit sei, Keitel zu sein. Hitler betrachtete es als nützlich, Keitel in seinem Gefolge zu haben, um ausländische Staatsoberhäupter durch Keitels arrogantes Gehabe zu beeindrucken. Keitel schützte jedoch Offiziere seines Stabes, unter anderen auch von Lossberg, vor der Rachsucht Hitlers.

in Deutschland widersetzen. Aber Brauchitsch war bereits Hitlers Mann und vertrat die Ansicht, die deutsche Armee müsse aus der Politik herausgehalten werden. Ende August 1938 trat Beck aus Protest von seinem Posten zurück und nahm seinen Abschied. An seiner Stelle wurde General Halder Chef des Generalstabes des Heeres.[11]

Bis Ende 1938 hatte sich die Kommandostruktur entwickelt, die außer in einem wichtigen Punkt während des ganzen Zweiten Weltkriegs unverändert blieb. 1938 hatten die wichtigsten Persönlichkeiten, die im Kriege an führender Stelle standen, ihre Posten eingenommen.[12] An der Spitze des Reiches stand Adolf Hitler, der als »Führer und Reichskanzler« alle Staatsgeschäfte in seiner Hand vereinigte und leitete. Dazu war er Oberster Befehlshaber der gesamten Wehrmacht. Der Chef des Oberkommandos der Wehrmacht war dem Namen nach Keitel, doch das Oberkommando war in Wirklichkeit nicht mehr als ein Sekretariat, und obwohl der Stab aus Offizieren aller Wehrmachtteile bestand, hatte er ohne Hitlers Anweisungen weder die Vollmachten noch die Erfahrung, irgendeinem der drei Wehrmachtteile entscheidende Befehle zu geben. Deshalb behandelte Hitler alle Angelegenheiten, die die Kriegsmarine betrafen, direkt mit Admiral Raeder, von dem er wenigstens bis zur Mitte des Krieges eine hohe Meinung hatte, und da er nicht vorgab, etwas von der Seekriegführung zu verstehen, vermied er es, sich in Flottenoperationen einzuschalten. Was die Luftwaffe anging, lagen die Dinge ähnlich. Mit Göring, der als Parteimann sein besonderes Vertrauen genoß, fühlte er sich eng verbunden und schenkte ihm zu Beginn des Krieges ein gewisses, nicht gerechtfertigtes Vertrauen. Die besondere Aufmerksamkeit Hitlers wandte sich dem Heer zu.

Zu keinem anderen Offizier hat Hitler wahrscheinlich so enge Beziehungen gehabt wie zu Jodl; denn dieser hielt dem »Führer« täglich Vortrag über die Lage auf allen Kriegsschauplätzen des OKW und besprach mit ihm ausführlich alle Pläne und Befehle. Jodl ist deshalb vielleicht unbewußt zu Beginn des Krieges Hitlers militärischer Lehrmeister gewesen. Jodl war intelligent und sehr tüchtig, wenn auch sein Horizont recht begrenzt gewesen ist; denn sein Wissen ging nicht über militärische Angelegenheiten hinaus. Er war ehrgeizig, schweigsam und zurückhaltend, und auch seine Kameraden waren nicht in der Lage, seinen Charakter mit einiger Sicherheit zu beurteilen. Er gehörte zu denen, die den »Führer« für ein Genie hielten. Es ist aber nicht ausgeschlossen, daß Hitler, der es sehr gut verstand, mit Untergebenen umzugehen, gerade die Ideen übernahm, die Jodls Auffassung entsprachen. In der kritischen Lage zur Zeit der Invasion Norwegens 1940 behielt Jodl besser die Nerven und hatte ein klareres Urteil als Hitler. Das erkannte der Diktator bereitwillig an. Seit dieser Zeit mußte Jodl bei den Mahlzeiten neben dem »Führer« sitzen, und das dauerte so lange, bis er zwei Jahre später in Ungnade fiel, als er sich kurz vor Stalingrad auf die Seite des unbotmäßigen Feldmarschalls List stellte.

Die zurückhaltende Art Jodls hatte zur Folge, daß niemand sich ihm gern anvertraute. Wer ihn aber nicht näher kannte, hatte das Gefühl, es fehle ihm an mensch-

11 Halder war unter Beck O Qu I gewesen.
12 Anm. d. Hrsg.: Der Chef des Wehrmachtführungsamtes (ab August 1940: Wehrmachtführungsstabes) trat allerdings sein Amt erst am 22. August 1939 an.

licher Wärme, und seine Beziehungen zu anderen Offizieren waren zum Teil auch aus diesem Grund nicht immer gut. Da er sich für die Erweiterung der Befehlsbefugnisse des OKW einsetzte, kühlten die Beziehungen zu seinen Kameraden, besonders auch zu den einander im Amt folgenden Generalstabschefs, sichtlich ab. Gelegentlich zeigte er eine gewisse Parteilichkeit; denn in seinem Bemühen, alle Kriegsschauplätze direkt dem OKW zu unterstellen, mischte er sich in Angelegenheiten des Heeres ein, die außerhalb seines Zuständigkeitsbereichs lagen. Seine größte Charakterschwäche bestand jedoch darin, daß er nicht fähig war, den »Führer« als das zu erkennen, was er war, und ihn aus diesem Grunde abzulehnen. Vielleicht wollte er es auch gar nicht tun; denn wie Speer berichtet, war Jodl gegenüber Hitler ebenso unterwürfig wie Keitel. Er folgte dem »Führer« blind gehorsam bis zum bitteren Ende. Er beschäftigte sich mit strategischen und taktischen Angelegenheiten; da er aber nur das ausführende Organ Hitlers war, entsprach seine Tätigkeit nicht seinen Fähigkeiten, und er kam nicht über das Niveau der Routinearbeit hinaus.

Jodl hatte keine Erfahrungen als Truppenbefehlshaber; denn der »Führer« weigerte sich, ihn gehen zu lassen, und seit 1938 gehörte er sieben Jahre ununterbrochen dem Stab des OKW im »Führerhauptquartier« an. Man darf daran zweifeln, daß er die Auswirkungen der von ihm erlassenen Befehle bei der Truppe besser beurteilen konnte als der »Führer«, und als Deutschland begann, den Krieg zu verlieren, nahm der Einfluß, den Jodl bei Hitler hatte, schädliche Formen an; denn er stimmte mit seinem Herrn und Meister fast in jeder Frage überein, goß Öl ins Feuer und bestärkte Hitler in seinem Eigensinn. Jodls Einfluß war jedoch recht begrenzt; denn er war nicht Hitlers einzige militärische Informationsquelle.[13] Hitler ließ sich von vielen Seiten unterrichten.

Hitlers militärische Kenntnisse und Erfahrungen waren auf vier Diensjahre an der Westfront im Ersten Weltkrieg beschränkt, in dem er keinen höheren Posten als den eines Regimentsmelders und keinen höheren Dienstgrad als den eines Gefreiten innegehabt hat. Er war mit dem Eisernen Kreuz erster und zweiter Klasse ausgezeichnet worden, eine für seinen Rang ungewöhnlich hohe Auszeichnung, und hat später nie aufgehört, seine Generäle darauf hinzuweisen, daß er als Frontsoldat wisse, was der Krieg bedeute.[14] Zweifellos besaß er eine angeborene militärische Begabung, aber so sehr ihm seine früheren militärischen Erfahrungen genützt haben mögen, so genügten sie doch keineswegs als Vorbereitung für die Aufgaben eines Oberbefehlshabers. Als Zuschauer bei Manövern, Übungen und Lagebesprechungen eignete er sich sehr bald den militärischen Wortschatz an, und nachdem er die Ansichten und die Kritik untergebener Offiziere und unzufriedener militärischer Experten im Hinblick auf avantgardistische Auffassungen aufmerksam verfolgt hatte, standen ihm sehr bald taktische und technische Spezialkenntnisse zur Verfügung,

13 *Warlimont*, Inside Hitler's Headquarters, S. 47; *Greiner*, Die Oberste Wehrmachtführung, S. 12–13; Speer Interrogation Report, F.D.C. 1, Report 19.

14 Man hat neuerdings auch behauptet, die Verleihung des Eisernen Kreuzes sei in Hitlers Militärpapiere erst eingetragen worden, nachdem er zur Macht kam. Obwohl der nationalsozialistischen Regierung solche Fälschungen durchaus zuzutrauen sind, gibt es keine Beweise dafür, daß dieses Gerücht zutrifft.

mit denen er die militärischen Befehlshaber verblüffen konnte. Mit dem Egoismus des Politikers vertrat er dann diese Auffassungen als seine eigenen. Diese Methode erwies sich als ein so wirksames Mittel, wenn es galt, die Opposition zum Schweigen zu bringen, daß er auch später immer wieder mit einer Menge statistischer und technischer Angaben argumentierte, die sich nicht an Ort und Stelle widerlegen ließen; denn das von ihm benutzte Tatsachenmaterial lag außerhalb des Fachbereichs seiner Opponenten. Natürlich machte es ihm auch nichts aus, Unrichtigkeiten als Tatsachen hinzustellen, wenn es darum ging, seinen Standpunkt durchzusetzen. So war es verhältnismäßig einfach, charakterlich schwächere Generalstabsoffiziere zu manipulieren, und die naiveren unter ihnen begannen bald, Hitler für ein Genie zu halten. Der »Führer« konnte sehr schnell erkennen, wenn es innerhalb des deutschen Heeres zu Meinungsverschiedenheiten oder Spaltungen kam, und er verstand es glänzend, eine Partei gegen die andere auszuspielen.

Hitler nahm seine Funktionen als Oberbefehlshaber in sehr realem Sinne wahr und zögerte nicht, bei der Planung und Durchführung von Operationen persönlich einzugreifen. Einige höhere deutsche Offiziere prostituierten sich vor diesem Mann in ihrem Wettlauf um Beförderung, Einfluß, Schenkungen von Rittergütern und sogar Geldzuwendungen aus seiner Privatschatulle. Um solche Gunstbezeigungen zu erlangen, intrigierten sie gegeneinander und zogen sich dabei die Verachtung des Diktators zu, die er ihnen, je länger der Krieg dauerte, desto deutlicher zeigte. Schon bei der Besetzung Österreichs versetzte er seinen Stab durch die Mitteilung in Erstaunen, daß er die Leitung der Operationen selbst übernehmen werde. Wahrscheinlich wandte er sich, nachdem irgendein mißvergnügter Experte ihm etwas ins Ohr geflüstert hatte, gegen Halders Plan, bei der Besetzung der Tschechoslowakei Panzer einzusetzen.[15]

Hitler begnügte sich nicht damit, wie ein Befehlshaber unter normalen Umständen nur allgemeine Richtlinien zu geben, sondern er griff auch in die Einzelheiten der Operationen ein. Die Invasion Norwegens war zunächst von der deutschen Kriegsmarine angeregt worden, wurde aber dann von Hitler als seine eigene Idee aufgegriffen. Die Pläne wurden von einer Gruppe von Offizieren im OKW unter Ausschluß von Halder und Brauchitsch ausgearbeitet, und die Generalstabsvorbereitungen waren ganz unzureichend.[16] Viele Pläne des »Führers« am Anfang des Krieges waren gut, und der deutsche Erfolg im Frankreichfeldzug war Hitler und von Manstein zu verdanken. Beide sollen unabhängig voneinander die Ideen gehabt haben, auf die sich die Operationspläne stützten, und beide bewiesen angesichts der ablehnenden Kritik deutscher Armeeführer und Generalstäbler, daß sie recht gehabt hatten. Vor und während des Frankreichfeldzuges griff Hitler oft bei größeren und kleineren Entscheidungen ein, und die Armeeführer und ihre Stäbe fanden sich augenscheinlich bereit, auch unter diesen Umständen auf ihren Posten zu bleiben, und dachten nicht daran zurückzutreten.

15 *Warlimont*, Inside Hitler's Headquarters, S. 15; *Keitel*, Memoirs, S. 67–69.
16 Ebenda, S. 78.

Hitler wurde nicht nur durch sein Eingreifen in den Zuständigkeitsbereich des Feldmarschalls von Brauchitsch de facto Oberbefehlshaber des Heeres, wenn auch nicht dem Namen nach, sondern er war gleichzeitig der Oberste Befehlshaber der gesamten Wehrmacht, das Staatsoberhaupt, der politische »Führer«, der Wirtschaftsführer, der Führer der Industrie, der Parteiführer, und mit dem Schwinden des Einflusses von Ribbentrop übernahm er auch noch die Aufgaben des Außenministers. Die zahlreichen sich manchmal widersprechenden Anforderungen dieser vielen Ämter und die daraus folgende Verwirrung bei der Zuteilung von Prioritäten hatten natürlich nachteilige Auswirkungen auf Hitlers für solche Aufgaben nicht ausgebildeten und instabilen Geist. Hier liegen unter anderem auch die Ursachen der Fehlschläge nach dem deutschen Angriff gegen die Sowjetunion.

Hitler, der es meisterhaft verstand zu improvisieren und dem der bürokratische Dienstweg und die vorhandenen Organisationen und Strukturen nichts bedeuteten, verfuhr als Oberkommandierender nach den gleichen Methoden, wie sie schon aus der Regierungspraxis und der Leitung der Industrie bekannt waren. Die Feldzüge in Polen, Frankreich und auf dem Balkan standen in der Hauptsache unter der Leitung des Oberkommandos des Heeres, das vom Oberkommando der Luftwaffe unterstützt wurde. Beide standen unter der Leitung Hitlers. Der einzige Stab, der über die Erfahrungen und das Personal verfügte, um kriegerische Unternehmungen dieses Ausmaßes zu Lande durchzuführen, war das Oberkommando des Heeres. Doch hatte sich hier die groteske Situation ergeben, daß das OKH zwar die Operationsbefehle entwarf, sie aber Hitler und dem OKW zur Genehmigung vorlegen mußte. Ende 1941 verfügte Hitler über so uneingeschränkte Vollmachten, und sein Tätigkeitsfeld war so weit, daß er persönlich mit Hilfe Jodls und des OKW die Operationen auf allen Kriegsschauplätzen leitete. Im Dezember 1941 entließ er den Feldmarschall von Brauchitsch, um selbst die Führung seiner Armeen im Osten und auf den anderen Kriegsschauplätzen zu übernehmen, so daß er als Oberster Befehlshaber sich selbst Befehle geben mußte. Er umging diese unsinnige Situation dadurch, daß er Halder und das OKH als sein Sekretariat für die Leitung aller Operationen im Osten gegen die Sowjetunion benutzte, während Jodl und das OKW den Stab bildeten, der den Befehl auf allen anderen Kriegsschauplätzen innehatte. Das OKH war dadurch der Verantwortung für alle Kriegsschauplätze mit Ausnahme des russischen enthoben und hatte keine Verbindung zu den dort kämpfenden Truppen. Skandinavien (einschließlich Finnlands), Frankreich, der Balkan, Italien und Afrika wurden direkt dem OKW unterstellt, und die dort kämpfenden Armeen erhielten ihre Befehle durch einen Stab des OKW unter Jodl, der die Bezeichnung »Wehrmachtführungsstab« trug.

Außer dem Oberkommando der Kriegsmarine und dem Oberkommando der Luftwaffe standen dem »Führer« also zwei verschiedene gleichberechtigte Stäbe zur Verfügung, die ihm dabei halfen, den Krieg zu führen, und zwar einer für den Osten, der andere für den Westen. Das war eine unwirksame und unbefriedigende Lösung; denn keiner der beiden Stäbe wußte genau, was der andere vorhatte, und beide stritten sich um die Versorgung ihrer Armeen. Das System war eine vorher nicht geplante Improvisation, eine Behelfslösung, wie sie Hitler zusagte und der Mentalität des Diktators entsprach; denn auf diese Weise hielt er Ost- und Westfront voneinander isoliert, und niemand konnte an seiner Autorität und persönlichen Stellung rütteln.

Der Oberbefehlshaber des Heeres, Feldmarschall von Brauchitsch stammte aus Brandenburg und war in mancher Hinsicht ein typischer Preuße. Er war ein fähiger, aber keineswegs hervorragender Soldat. Wäre Fritsch nicht aus seinem Amt entfernt worden und Brauchitsch nicht der Mann nach Hitlers Geschmack gewesen, von dem der »Führer« erwartete, daß er mehr ausführendes Organ als Oberbefehlshaber sein würde, dann wäre Brauchitsch für eine so hohe Stellung wahrscheinlich niemals in Erwägung gezogen worden. Brauchitsch nahm den noch nicht freien Posten an, weil er Hitler persönlich verpflichtet war. Der Führer hatte ihm bei seiner Scheidung geholfen. Der Chef des Generalstabes, Halder, war ein unermüdlicher, fähiger und vorsichtiger Bayer. Die persönlichen Beziehungen zwischen Halder und Brauchitsch waren kühl.

Doch schon 1938 hatte Adolf Hitler den Staatsapparat und die Wehrmacht fest in der Hand. Was er dem deutschen Volk zu bieten hatte, schien die einzige Alternative gegenüber der Arbeitslosigkeit, der Inflation und der kommunistischen Bedrohung zu sein, Mißständen, unter denen das Volk in den Nachkriegsjahren schwer gelitten hatte. Die Ächtung und Einkerkerung von Kommunisten, Gewerkschaftlern, Freimaurern, einigen Geistlichen und Sozialisten bedeuteten für viele nur einen geringen Preis, obwohl sich das nationale Gewissen durch die Behandlung der Juden beunruhigt fühlte. Organisierte Ausschreitungen auf den Straßen, willkürliche Verhaftungen, Mißhandlungen und Konzentrationslager gehörten bereits zum Bild des nationalsozialistischen Deutschland. Im großen und ganzen stand die Masse der Bevölkerung hinter der nationalsozialistischen Partei, und das blieb auch bis zum Schluß so. Für Hitler empfanden die Deutschen eine krankhafte Bewunderung. Es besteht jedoch kein Zweifel daran, daß diese Gesinnung den Menschen nicht spontan aus dem Herzen kam. Schon in den Schulen wurden die Kinder im frühesten Alter nationalsozialistisch indoktriniert, und diese Beeinflussung intensivierte sich in den Jugendorganisationen, der Hitlerjugend, im Zwangsarbeitsdienst und schließlich in der Wehrmacht, wo das Hakenkreuz jetzt zur Uniform gehörte. Es gab nur wenige Wehrmachtpfarrer, und die Soldaten wurden auf Staatskosten mit der nationalsozialistischen Zeitung *Völkischer Beobachter* versorgt. Die Bevölkerung wurde aufgefordert, in die Partei oder eine ihrer »Gliederungen« einzutreten, und Städte und Dörfer waren in Zellen und Blocks eingeteilt, wo die zivile Polizei und Parteifunktionäre die Tätigkeit und die politische Haltung jeder einzelnen Familie überwachten.

1938 waren das Rheinland und Österreich schon besetzt. Nach anfänglichem Zögern wurde Hitler mit jedem Schritt selbstsicherer, und seine politischen und militärischen Berater, deren Prognosen sich so oft als falsch erwiesen hatten, wagten es kaum mehr, ihn von seinen Vorhaben abzuhalten. Im September ließ er es zur Münchener Krise kommen. In der Weltöffentlichkeit war man in weiten

Kreisen davon überzeugt, eine entschlossene Haltung Großbritanniens und Frankreichs hätte dem Verlauf der Ereignisse eine andere Richtung gegeben und den Zweiten Weltkrieg verhindern können. Angesichts dessen, was man später über die Mentalität Hitlers erfuhr, muß man das bezweifeln. Hitler hatte seinen Eroberungszug begonnen und riskierte wahrscheinlich lieber einen Krieg, als daß er sich irgendwelche politischen Einschränkungen auferlegen ließ, die seine persönliche Stellung gefährdet hätten. Im August 1939 war er noch vorsichtig genug, sich nicht in einen Zweifrontenkrieg hineinziehen zu lassen, aber nachdem die Verhandlungen Ribbentrops in Moskau alle Zweifel beseitigt hatten, war das Schicksal Polens besiegelt. Nach dem schnellen Sieg in Frankreich, dem einigermaßen annehmbare Bedingungen gestellt worden waren, wurde der »Führer« in seinem Glauben bestärkt, daß die Briten sich jetzt eher zu Verhandlungen bereitfinden würden. Als sie die deutschen Verhandlungsangebote ablehnten, wurde Göring zu seinen Drohungen ermächtigt, Großbritannien werde durch Luftangriffe kampfunfähig gemacht werden, und die Vorbereitungen für die Invasion des Vereinigten Königreichs begannen. Das Unternehmen mußte jedoch aufgegeben werden, weil die Luftwaffe die Luftüberlegenheit über den britischen Inseln nicht erringen konnte und weil die deutsche Flotte nicht in der Lage war, die Landungen an einer genügend breiten Front zu sichern.

Noch bis zum Herbst 1940 wußte Hitler nicht recht, was er tun sollte. Die Risiken, die einer Invasion Großbritanniens im Weg standen, hatten dazu geführt, das Unternehmen auf unbestimmte Zeit zu verschieben. Aber je länger es sich hinauszögerte, desto geringer wurden die Aussichten auf Erfolg. Hitler nahm zu recht an, daß die Zeit für die Briten arbeitete, und er wußte, daß Großbritannien sich nach neuen Verbündeten umsehen würde. Die Vereinigten Staaten unter der Regierung Roosevelts hatten sich schon ganz offen in das Lager Churchills begeben und würden Großbritannien jede materielle Hilfe gewähren, solange sie nicht gezwungen wurden, selbst in den Krieg einzutreten. Der Horizont des deutschen »Führers« war beschränkt, es fehlte ihm der Überblick, und er neigte dazu, die Hilfsquellen und das militärische Potential der Vereinigten Staaten zu unterschätzen.[17] Er glaubte, den Kriegseintritt Amerikas in diesem Augenblick nicht fürchten zu müssen, und wollte ohnehin die Japaner ermutigen, die Aufmerksamkeit der Vereinigten Staaten auf den pazifischen Raum zu lenken. Andererseits hatte er ernste Bedenken hinsichtlich einer Zusammenarbeit zwischen dem Vereinigten Königreich und der UdSSR.

Cripps war zum britischen Botschafter in Moskau ernannt worden, und zwar mit der ausdrücklichen Absicht, die britisch-sowjetischen Beziehungen zu verbessern; denn die Briten glaubten damals irrtümlicherweise, je marxistischer ein Sozialist sei, desto besser würde er im Kreml aufgenommen werden. Doch Stalin und Molotow waren entschlossen, sich aus dem britischen Intrigenspiel herauszuhalten,

17 Nazi Conspiracy and Aggression, Bd. 6, S. 944; *von Lossberg*, Im Wehrmachtführungsstab, S. 119.

und Cripps sah sich gezwungen, mit dem stellvertretenden Außenminister Wyschinskij zu verhandeln, und auch das nur in größeren Zeitabständen. Nach den vorhandenen Quellen waren die Beziehungen zwischen dem britischen Botschafter und Wyschinskij kühl und formell, und es ist sicher, daß seine Beziehungen zu Molotow durchaus unbefriedigend gewesen sind. Als Molotow Cripps schließlich empfing, behandelte er ihn absichtlich beleidigend und zeigte sich gelangweilt und ungeduldig, während er von der Schulenburg mit ausgesuchter Höflichkeit entgegenkam und die Verbindung mit ihm zu suchen schien.[18]

Doch Cripps verstand es, in diplomatischen Kreisen in Moskau den Eindruck zu erwecken, daß zwischen den sowjetischen Führern und ihm ein herzliches Verhältnis bestünde. Er hat das vielleicht absichtlich getan, um die neutralen Völker glauben zu machen, daß die Deutschen vor einer Schicksalswende stünden. Es ist aber wahrscheinlicher, daß diese Versuche seinem gekränkten Stolz entsprungen sind und er sich damit selbst Mut machen wollte. Welches auch seine Absicht gewesen sein mag, sein Verhalten wirkte sich günstig für die Briten aus; denn die Behauptung, seine Beziehungen zu den Russen seien sehr eng, wurde zwar von Schulenburg heruntergespielt, kam aber durch Berichte des türkischen und des jugoslawischen Botschafters an ihre Außenministerien, die vom deutschen Abhördienst abgefangen worden waren, Hitler zu Ohren. Jede Andeutung über britische Kontakte mit den Russen, so vage sie auch sein mochte, irritierte den »Führer« und machte ihn noch mißtrauischer. Der jugoslawische Gesandte in Moskau, Gavrilović, stand sich gut mit Molotow und verkehrte persönlich mit ihm. Auch Berichte über vertrauliche Gespräche von Gavrilović mit dem russischen Außenminister, in denen ihre entschieden antideutsche Haltung zum Ausdruck kam, erreichten Hitler auf demselben Wege. Unter anderem hatten die beiden über die Kapitel in Hitlers Buch *Mein Kampf* gesprochen, in denen er seine Ansichten über die deutschen Ansprüche im Osten und die Behandlung der slawischen Völker darlegt. Die Kritik an seinen literarischen Erzeugnissen erreichte auf diesem Wege wieder den Verfasser.[19]

Göring und Ribbentrop behaupteten zu ihrer Verteidigung beim Gerichtsverfahren in Nürnberg, das Vorgehen der Sowjetunion in Mittel- und Südosteuropa habe den Krieg zwischen der UdSSR und Deutschland heraufbeschworen. Das ist mit Sicherheit nicht der Fall gewesen. Das sowjetische Verhalten nach dem Juni 1940 hat Hitler natürlich mißfallen. Es kam jedoch nicht unerwartet, besonders da Deutschland als ungebetener Gast zu dem russischen Fest erschienen war und Ansprüche auf Gebiete erhob, an denen es, wie Ribbentrop 1939 behauptet hatte, angeblich politisch nicht interessiert war. Bei Molotows Besuch im November erfuhr Hitler nichts, was er nicht schon wußte. Den folgenschweren Schritt, den Hitler jetzt tun wollte, rechtfertigte er zum Teil mit dem im April 1941 von Simović zwischen Jugoslawien und der Sowjetunion abgeschlossenen Freundschaftsvertrag. In Wirklichkeit war Hitler ebenso wie Sowjetunion davon überzeugt, daß kapi-

18 *Woodward*, British Foreign Policy, S. 147–148.
19 Nazi-Soviet Relations 1939–41, S. 166; *Halder*, Kriegstagebuch, Bd. 2, S. 34, 22. Juli 1940; Documents on German Foreign Policy, vol. X, Berichte vom 5. und 26. Juli 1940.

talistische und kommunistische Staaten nicht in Freundschaft zusammenleben könnten, und er hatte keinen Augenblick seine politische Überzeugung aufgegeben, nach der die Zukunft Deutschlands und dessen wirtschaftliche Blüte von einer Expansion nach Osten und besonders von dem Erwerb sowjetischer Gebiete abhängig war.

Hitler hatte für den Bolschewismus ein besseres Verständnis als die anglo-amerikanischen Politiker jener Zeit, und es besteht kaum ein Zweifel daran, daß seine Beurteilung der sowjetischen Absichten auf lange Sicht richtig gewesen ist. Sollte Deutschland an anderer Stelle militärisch noch stärker engagiert werden, dann würde die UdSSR, wenn es kein allzu großes Risiko für sie bedeutete, ihren Einfluß in Mitteleuropa, im baltischen Raum und auf dem Balkan deutlicher fühlbar machen. In diesem Fall bestand auch die Möglichkeit, daß die russischen Rohstofflieferungen aufhörten, ohne die Deutschland den Krieg nicht weiterführen konnte. Kurz vor dem Zusammenbruch Deutschlands würde die Rote Armee ganz Südost- und Mitteleuropa besetzen und sich die deutschen Gebiete nehmen, deren sie habhaft werden konnte. Es steht aber auch fest, daß Hitler ganz unabhängig von der Haltung der Sowjetunion die Absicht hatte, sie unter allen Umständen zu vernichten, und zwar erstens, weil er sich sowjetische Gebiete aneignen wollte, und zweitens, weil die Sowjetunion kommunistisch war. Das erstere war schon Grund genug. Mit der Vernichtung der französischen Armee war der Weg für ihn frei, abgesehen von der Tatsache, daß er sich noch mit Großbritannien im Kriege befand.

Der oft wiederholte Grundsatz der Außen- und Militärpolitik Hitlers ist es gewesen, Deutschland dürfe nicht dieselben Fehler zu begehen wie im Ersten Weltkrieg und gleichzeitig an zwei Fronten kämpfen. Die britischen Luftstreitkräfte und die Überlegenheit der Briten zur See machten eine deutsche Invasion zu einem sehr großen Risiko, selbst wenn eine potentiell feindliche Sowjetunion nicht im Rücken der Deutschen gestanden hätte. Obwohl Hitler die Auflösung deutscher Divisionen befohlen hatte, um mehr Ersatzmannschaften für die Luftwaffe und die Kriegsmarine freizubekommen, war es sehr unwahrscheinlich, daß die deutsche Rüstungsindustrie die fehlende Flottenausrüstung herstellen konnte oder daß die Deutschen die sich rasch vermehrenden Luft- und Seestreitkräfte der Briten überflügeln würden, denen das Industriepotential des ganzen angelsächsischen Blocks zur Verfügung stand. Außerdem neigte Hitler dazu, die Sowjetunion dafür verantwortlich zu machen, daß er die Luftwaffe nicht geschlossen gegen England einsetzen konnte. Jeder Zwischenfall, ja der geringste Anlaß, diente ihm als Bestätigung für die Richtigkeit des Kurses, den er schon eingeschlagen hatte, und wurde von ihm dazu benutzt, andere von der Richtigkeit seiner These zu überzeugen.

Obwohl er die von der Sowjetunion drohenden Gefahren übertrieb und dramatisierte – solange Deutschland stark war, bestand keine unmittelbare Gefahr –, lagen für Hitler, der alles simplifizierte, die Dinge ganz klar. Der Feind im Osten konnte durch das überlegene deutsche Heer rasch niedergeworfen werden. Die deutsche Armee war die beste der Welt und stand auf der Höhe ihrer Leistungsfähigkeit. Im Westen nützten ihm diese hervorragenden Truppen nichts und würden beim Wachdienst an der Küste nur an Schlagkraft verlieren.[20] Ein Aufschub konnte sich katastrophal auswirken; denn dann würde er bald einem starken Großbritannien gegenüberstehen, das von den Vereinigten Staaten unterstützt wurde und bereit war, aufs neue in den Krieg auf dem Festland einzugreifen. Inzwischen lehnte er es aber nicht ab, wenn auch vielleicht nur der Form halber, die ihm von seinen Truppenbefehlshabern und Stäben empfohlene Alternativstrategie zu prüfen. Diese Alternativen hätten Deutschland nach Spanien, in den Mittelmeerraum und in den Mittleren Osten geführt.

Am Sonntag, den 30. Juni 1940, wenige Tage nachdem die Franzosen die Waffen gestreckt hatten, notierte Halder in seinem Tagebuch die von Hitler an Weizsäcker weitergegebenen Auffassungen. Unter den geheimnisvollen, kurzen Andeutungen finden sich Sätze, in denen es heißt, der Blick müsse jetzt nach Osten gerichtet werden und die Kapitulation Englands würde den Deutschen den Rücken für den Osten freimachen. Als daher Feldmarschall von Brauchitsch drei Wochen später die Anweisung erhielt, die Probleme eines Feldzugs gegen die Sowjetunion zu untersuchen, hatten er und sein Generalstabschef diese Frage bereits einer vorläufigen Prüfung unterzogen. In seinem Tagebucheintrag vom 22. Juli gibt Halder den ersten Überblick über den voraussichtlichen Umfang eines solchen Feldzugs.

Man schätzte damals, daß zwischen 80 und 100 Divisionen benötigt werden würden, und daß diese Kräfte innerhalb von vier bis sechs Wochen zusammengezogen werden könnten. In seinen Entwürfen für diesen Krieg sah Hitler den Feldzug als eine Wiederholung dessen, was er gerade im Westen abgeschlossen hatte, einen »Blitzkrieg« mit noch weiter gesteckten Zielen, der wegen der Strenge des russischen Winters und der Schwierigkeit, zwischen November und April größere Bewegungen durchzuführen, im Verlauf des kurzen Sommers abgeschlossen werden müßte. Nach dem glorreichen Sieg über Frankreich schien, soweit sich das aus zeitgenössischen Quellen beurteilen läßt, keiner seiner Generäle irgendwelche Zweifel an der Möglichkeit eines so rasch durchzuführenden Feldzuges gehabt zu haben, was diese Offiziere auch nach dem Krieg zu dieser Frage gesagt haben mögen, und zum letztenmal befand sich Hitler in fast völliger Übereinstimmung mit seinem Oberkommando. Hitlers Siegesgewißheit und Optimismus waren so groß, daß man sogar an die Möglichkeit dachte, noch im Herbst 1940 einen Blitzkrieg zu beginnen und zu beenden.[21]

Am 29. Juli zitierte Jodl den »Führer« und behauptete, Hitler habe gesagt, die Entscheidung für einen Präventivkrieg sei gefallen, und zwei Tage später sagte Hitler, Rußland müsse im nächsten Frühjahr mit einem Schlag erledigt werden, da man die Russen an der Ostseeküste nicht dulden dürfe. Die schon befohlenen Verringerungen der Stärke des Heeres wurden rückgängig gemacht, und man stellte 35 neue Divisionen auf. Dazu kamen weitere 10 Panzerdivisionen und 10 motorisierte Divisionen. Die Vorstellungen Hitlers hatten sich schon soweit

20 *Keitel,* Memoirs, S. 122.
21 *Halder,* Kriegstagebuch, Bd. 2, S. 49, Fn. 14.

geklärt, daß er erkannte, der Angriff müsse von zwei Stoßkeilen geführt werden, und zwar sollte sich der eine gegen Kiew, der andere gegen Moskau richten. Doch sein Kriegsziel, das er als die Zerstörung der russischen »Lebenskraft« bezeichnete, blieb im allgemeinen stecken und wurde nicht klar.[22] Von diesem Zeitpunkt an machten die Vorbereitungen ständige Fortschritte und wurden nicht mehr unterbrochen.

Am 9. August 1940 gab das OKW seine Anweisungen für den »Aufbau Ost« heraus. Das war der Aufmarsch im Osten, und dazu gehörten der Aufbau der administrativen Einrichtungen, die Vorbereitung des Übungsgeländes und die Verbesserung des Straßen- und Eisenbahnnetzes im polnischen Generalgouvernement.

Im Herbst und Winter hatte man auf deutscher Seite Bedenken, und zwar nicht wegen der militärischen Schwierigkeiten des neuen Feldzuges, sondern hinsichtlich der Notwendigkeit, diesen Feldzug überhaupt zu führen. Halder sagte Brauchitsch, der neue Feldzug werde Deutschland in seinem Kampf gegen England in keiner Weise helfen und könne nur zur Verschlechterung der wirtschaftlichen Lage in Deutschland führen. Er unterschätzte nicht die aus dem Westen (von Großbritannien) drohende Gefahr und betrachtete den Kriegseintritt Italiens auf deutscher Seite mit gemischten Gefühlen; denn, wenn irgend etwas schiefging, dann konnte es geschehen, daß Deutschland im Mittelmeerraum gebunden wurde, weil es verpflichtet war, seinem Verbündeten zu Hilfe zu kommen. Wenn ein Krieg gegen die Sowjetunion unvermeidlich war, dann mußte es ein totaler Krieg sein, und es wurde erforderlich, das deutsche Heer zu verstärken und größere Mengen von Kriegsmaterial bereitzustellen.[23]

Halder war nicht der einzige, der solche Bedenken hatte. Der Oberbefehlshaber der deutschen Kriegsmarine Raeder war überzeugt, ein Krieg gegen die Sowjetunion werde Deutschland seinem unmittelbaren und wichtigsten Kriegsziel, dem Sieg über Großbritannien, das Commonwealth und das britische Empire, um keinen Schritt näherbringen, und er sprach sich immer wieder entschieden gegen das russische Unternehmen aus. Ein Krieg gegen die Sowjetunion, sagte er, würde an die deutschen Kräfte zu hohe Anforderungen stellen, und man könne nicht voraussehen, wo und wie er enden würde.[24] Da es sich als unmöglich erwiesen hatte, in England zu landen, hätte er es vorgezogen, den britischen Interessen im Mittelmeerraum und im Mittleren Osten dadurch Abbruch zu tun, daß man sich in den Besitz von Gibraltar, Ägypten und Palästina setzte. Brauchitsch, Halder und Göring unterstützten diesen Vorschlag, und Planungsstäbe beschäftigten sich mit dieser Möglichkeit.

Sogar das deutsche Außenministerium erklärte sich mit dem neuen Krieg nicht

22 *Warlimont,* Inside Hitler's Headquarters, S. 111; *Halder,* Kriegstagebuch, Bd. 2, S. 49 bis 50, 31. Juli 1940.

23 *Halder,* Kriegstagebuch, Bd. 2, S. 45–46, und Fn. 15, S. 261, 30. Juli 1940 und 28. Januar 1941.

24 Lagevorträge des Ob. d. M. vor Hitler, 14. November, 26. September und 27. Dezember 1941.

einverstanden. Von Weizsäcker wandte sich mit logischen und wirtschaftlichen Argumenten gegen den Angriffsplan. Deutschlands Vorräte an strategischem Kriegsmaterial, besonders an Gummi, Öl, Kupfer, Platin, Zink, Asbest, Jute und Wolfram waren so gering, daß eine Unterbrechung der sowjetischen Lieferungen ernste Schwierigkeiten zur Folge haben mußte. In einer Denkschrift, die Weizsäcker am 28. April 1941 an Ribbentrop richtete, sagte er, wenn jede zerstörte russische Stadt für die Deutschen so wichtig wäre wie ein versenktes britisches Kriegsschiff, dann würde er, Weizsäcker, für diesen Krieg sein. Doch unter den gegebenen Umständen müsse er mit militärischen Siegen, aber wirtschaftlichen Nachteilen rechnen. Er glaube, die Sowjetunion werde niemals freiwillig ein Bündnis mit Großbritannien schließen.[25] Ribbentrop selbst dachte sogar daran, die Sowjetunion in den Krieg gegen Großbritannien hineinzuziehen.

Ende Oktober hatte Mussolini, ohne die Deutschen zu konsultieren, Griechenland angegriffen, dessen territoriale Integrität von Großbritannien garantiert worden war. Aber angesichts des entschlossenen griechischen Widerstands war er nicht vorangekommen. Im November hatte Molotow Bulgarien schon unter Druck gesetzt und versucht, sich militärische Basen zu sichern, um die Dardanellen zu beherrschen. Im folgenden Monat schlug die schwache britische Armee am Nil die sehr viel stärkere italienische Armee in Libyen.

Hitler, der eine sowjetische und britische Intervention auf dem Balkan fürchtete und sich der Haltung der Türkei nicht sicher war, entschloß sich, vor dem Angriff gegen die Sowjetunion seine rechte Flanke auf dem Balkan zu sichern. Im November und Dezember wurden Entscheidungen getroffen, in denen die Strategie und die Prioritäten für das Jahr 1941 festgelegt wurden. Weitere Pläne für das Unternehmen *Felix*, den Angriff gegen Gibraltar, wurden aufgegeben, da Franco für seine Teilnahme einen zu hohen Preis forderte. Mit dem Unternehmen *Marita* sollten die Deutschen von Rumänien und Bulgarien aus Griechenland angreifen, und dazu mußte Bulgarien in den »Dreierpakt« aufgenommen werden, damit deutsche Truppen in Bulgarien stationiert werden konnten. Die Luftoffensive gegen die Briten im östlichen Mittelmeerraum sollte intensiviert werden, doch Hitler war nicht bereit, sich in eine Landoffensive im Mittleren Osten hineinziehen zu lassen, die entweder entlang der nordafrikanischen Küste oder durch die Türkei und Syrien geführt werden müßte, obwohl sein Marinestab ihm dieses Vorgehen empfahl. Das Äußerste, wozu er sich entschließen konnte, war die Entsendung deutscher Truppen nach Tripolis, um den auf dem Rückzug befindlichen Italienern den Rücken zu stärken.

Am 27. März erfolgte der jugoslawische Staatsstreich, und es kam zu Verhandlungen zwischen der Sowjetunion und der neuen jugoslawischen Regierung des Generals Simović. Das bedeutete eine neue Bedrohung der deutschen Flanke, und Jugoslawien mußte mit Waffengewalt ausgeschaltet werden. Als »Unternehmen 25« wurde sofort ein neuer Feldzug geplant, bei dem deutsche und italienische Verbände

25 *Hillgruber*, Hitlers Strategie, S. 512.

von Österreich und Triest aus und deutsche und ungarische Truppen über die Donau hinweg vorstoßen sollten. Der rechte Flügel von *Marita* sollte nach Westen schwenken, und weitere deutsche Divisionen sollten von den gegen die Sowjetunion aufmarschierten Truppen abgezogen werden. Inzwischen war es klar geworden, daß die Operationen auf dem Balkan bis Mitte Mai nicht erfolgreich abgeschlossen sein würden, um dann noch die Divisionen, die an den Anfangsphasen des Angriffs gegen Rußland teilnehmen sollten, in ihre Aufmarschräume zurückzubringen, und Hitler mußte einsehen, daß er sich mit den ihm zur Verfügung stehenden Kräften zu viel vorgenommen hatte. Aus übertriebener Furcht vor einer britischen Landung war er nicht bereit, die zahlreichen Divisionen in Norwegen und Westeuropa zu schwächen, und deshalb kam er am 7. April zu dem Schluß, daß ihm nichts anderes übrigbliebe, als den Angriffsbeginn vom ursprünglich dafür festgesetzten 15. Mai um etwa 5 Wochen zu verschieben.[26]

Einige deutsche Ehrenretter des »Führers« behaupten, die Lage auf dem Balkan habe mit dem Aufschub nichts zu tun gehabt, da das späte Frühjahr 1941, das folgende Tauwetter und die Regenfälle im Frühjahr den Beginn des Unternehmens ohnedies verzögert hätten. Doch das Hochwasser in den polnischen Flüssen war Anfang Juni schon zurückgegangen, so daß die Überschwemmungen den Angriffsbeginn sogar im Mittelabschnitt auf jeden Fall höchstens um zwei oder drei Wochen verzögert hätten. Das Argument, das Wetter habe die Verzögerung verursacht, trifft nicht zu; denn die Notwendigkeit des Flankenschutzes auf dem Balkan forderte, ganz abgesehen von den Wetterverhältnissen, eine Verzögerung von etwa 5 Wochen.

Bedenkt man, daß es das Wetter in Zentralrußland nur eine kurze Zeit von Juni bis Oktober zuläßt, dort Krieg zu führen, weil dann die herbstliche Schlammperiode jede Truppenbewegung unmöglich macht, und daß diese Frist günstigstenfalls vom Juni bis zu Wintersanfang im Dezember dauert, dann ist eine Verzögerung des Angriffsbeginns um fünf Wochen von einschneidender Bedeutung. Und doch war diese Verzögerung nicht länger als diejenige, die im Spätsommer eintrat, als die Heeresgruppe Mitte angehalten wurde und untätig bleiben mußte, während Hitler fast ununterbrochen mit Halder und Brauchitsch im Streit lag. Aber selbst die durch diese beiden Verzögerungen vertane Zeit war nicht die einzige Ursache für den deutschen Mißerfolg im Jahr 1941, sondern man muß sie im Zusammenhang mit anderen wichtigen Ursachen sehen, mit der Verwirrung, die hinsichtlich der militärischen und politischen Ziele herrschte, mit den Unzulänglichkeiten im Oberkommando, mit dem Versagen des Nachrichtendienstes und mit der unzureichenden Versorgung der Truppe mit Nachschub aller Art.

Hitler brauchte Verbündete, und er wandte sich zunächst an jene beiden Länder, die von den Russen angegriffen worden waren, Rumänien und Finnland. Rumänien

26 Anm. d. Hrsg.: Der Zusammenhang von Balkanfeldzug (nach der Einbeziehung Jugoslawiens) und Verzögerung des Beginns des Angriffs gegen die Sowjetunion ist umstritten. Vgl. hierzu *Andreas Hillgruber:* Hitlers Strategie. Politik und Kriegführung 1940 bis 1941, S. 504 ff.

war bereit, sich am Krieg zu beteiligen, aber seine Kriegsziele gingen nicht über die realen Interessen des Landes hinaus: die Rückgabe Bessarabiens und der nördlichen Bukowina und die Inbesitznahme der Ukraine zwischen Dnjestr und Bug. Da Rumänien jedoch so sehr von Deutschland abhängig war, rangierten die rumänischen Wünsche erst an zweiter Stelle, und es mußte sich am Vormarsch zur Wolga beteiligen. Finnland, das ständig von der Sowjetunion bedroht wurde, ließ sich in die Kriegsvorbereitungen hineinziehen, nahm jedoch später eine Sonderstellung ein, die sich mit derjenigen Rumäniens nicht vergleichen läßt. Zugegebenermaßen erlaubte Finnland der deutschen norwegischen Armee, Expeditionsstreitkräfte nach Finnisch-Lappland und Zentralfinnland zu verlegen, und unterstellte dem deutschen Kommando ein finnisches Korps. Diese Truppen hatten den Auftrag, die Nickelminen im Raum von Petsamo zu schützen und die Eisenbahnlinie nach Murmansk zu unterbrechen. An der wichtigsten finnischen Front im Süden, nördlich von Leningrad, am Ladogasee und an der karelischen Landenge, duldeten die Finnen jedoch keine deutsche Einmischung. Während es den Deutschen sehr recht gewesen wäre, wenn finnische Truppen Leningrad von Norden her eingenommen hätten, beschränkten sich die Kriegsziele der Finnen auf die Wiedergewinnung der im Winterkrieg an die Sowjetunion verlorengegangenen Gebiete. Im Anschluß daran blieben die Finnen untätig und warteten ab. Dem finnischen Oberbefehlshaber Mannerheim paßte es nicht, daß sich deutsche Truppen an den Kämpfen im Süden beteiligten, und später gab er die einzige ihm unterstellte deutsche Division den Deutschen zurück und weigerte sich, weitere deutsche Verstärkungen in seinem Kommandobereich einzusetzen. Auch wollte er sich der deutschen Führung nicht militärisch unterstellen.[27]

Italien und der Marionettenstaat Slowakei schickten später ebenfalls Truppen an die russische Front. In Ungarn herrschte eine zum Teil englandfreundliche Stimmung. Aus diesem Grund und weil Hitler als ehemaliger Staatsangehöriger des österreichisch-ungarischen Kaiserreichs gewisse Antipathien gegen die Ungarn hegte, blieben die Ungarn aus den Planungen und Vorbereitungen ausgeschlossen. Hitler beabsichtigte jedoch, Ungarn im allerletzten Augenblick am Krieg gegen Rußland zu beteiligen.

Hitlers bemerkenswerte Erfolge gegen Polen, Frankreich, Jugoslawien und Griechenland waren nicht allein der zahlenmäßigen oder qualitativen Überlegenheit der deutschen Truppen zu verdanken. Die deutsche Wirtschaft war bereits auf Kriegsproduktion eingestellt, und es gab bedeutende Vorräte an Kriegsmaterial aller Art. Die Deutschen waren mit ihren Kriegsvorbereitungen Großbritannien, dem Commonwealth und dem Empire um vier Jahre voraus, und zwischen 1939 und 1941 konnte Deutschland seinen Nachbarn militärische Niederlagen beibringen, weil diese dem Deutschen Reich wirtschaftlich und hinsichtlich der Industriekapazität unterlegen waren.

27 Die Finnen betrachteten sich nicht als Verbündete, sondern nur als Waffenbrüder der Deutschen und behaupteten, sie führten ihren eigenen Krieg.

Im Ausland und ganz besonders in London glaubte man, daß Deutschland als Diktatur und infolge der Einführung des Vierjahresplans im Jahre 1936, der Deutschland autark machen sollte, über ein mächtiges und leistungsfähiges industrielles und wirtschaftliches System verfügte und auf einen langen und aufreibenden Weltkrieg vorbereitet sei. In Wirklichkeit war diese Annahme alles andere als zutreffend. Man hatte zwar einiges getan, um Deutschland von Eisenerzimporten unabhängiger zu machen, indem man das eigene geringwertigere Erz verarbeitete, aber trotzdem mußten große Mengen aus Schweden und Frankreich importiert werden. 1942 wurde der Engpaß in der Gummiversorgung durch die Herstellung des synthetischen Buna überbrückt, und man erzielte beachtliche Erfolge bei der Erzeugung synthetischen Kraftstoffs, Petroleums und synthetischer Ölprodukte. Aber 1941 mußte Deutschland an zwei Fronten kämpfen und wurde in den größten Krieg der Weltgeschichte verwickelt. Dabei standen ihm jährlich kaum siebzig Prozent des Vorkriegsverbrauchs an Erdöl des Vereinigten Königreichs zur Verfügung.[28] 1939 waren die Zinn- und Kupferreserven erschöpft, und Deutschland erzeugte kein Wolfram und kein Chrom oder Nickel, die für die Stahlerzeugung erforderlich waren. 1941 war es immer noch in hohem Maß davon abhängig, Öl, Bauxit, Zinn, Kupfer, Blei und Zink zu importieren.

Es mangelte der deutschen Rüstungsindustrie an einer zentralisierten Führung, und sie befand sich in den Händen miteinander konkurrierender Gruppen. Göring hatte in seinem Amt als Minister für den Vierjahresplan den Wirtschaftsdiktator Schacht abgelöst, aber das Wirtschaftsministerium blieb bestehen. Im März 1940 war Todt als Verantwortlicher für den Einsatz der Arbeitskräfte Reichsminister für Bewaffnung und Munition geworden. Die wirtschaftlichen Funktionen waren jedoch nicht nur auf diese drei Organisationen verteilt, sondern es war verfügt worden, daß die Richtlinien und Prioritäten für die Rüstungsproduktion vollständig innerhalb des Verantwortungsbereichs der Wehrmacht liegen sollten. Diese Aufgabe, die theoretisch Keitel im OKW zugefallen wäre, wurde dem Chef des Wehrwirtschafts- und Rüstungsamts im OKW Thomas übertragen, der für die Richtlinien und die Koordinierung der Rüstung verantwortlich war. Abteilungen des OKM und des OKL übernahmen wiederum die Verantwortung für die Herstellung von Rüstungsgütern für Marine und Luftwaffe.

Die gesamte deutsche Industrie war behelfsmäßig organisiert und improvisiert, und man hatte keine genau abgegrenzten Verantwortungsbereiche festgelegt. Die Arbeitskräfte wurden nicht systematisch verteilt und geleitet, und es gab nur wenige Einschränkungen bei der Herstellung von Verbrauchsgütern. In der Rüstungsindustrie wurde nur in einer Schicht gearbeitet, und da es keine einheitliche, zentrale Leitung gab, veränderten sich die Produktionsprioritäten, was einen Verlust an Leistungsfähigkeit zur Folge hatte. Nach der Niederwerfung Frank-

28 1942 schätzte man den Rohölbedarf der Deutschen auf 15 Millionen Tonnen. Davon standen ihnen weniger als 10 Millionen Tonnen zur Verfügung. Der Jahresverbrauch im Vereinigten Königreich vor dem Kriege belief sich auf 13 Millionen Tonnen.

reichs waren bei der Herstellung von Panzern und Heeresrüstungsgütern Veränderungen vorgenommen worden, und man hatte die Mannschaften von 18 Divisionen zum Arbeitseinsatz in der Rüstungsindustrie für Luftwaffe und Marine beurlaubt, um die Vorbereitungen für den Feldzug gegen Großbritannien voranzutreiben. Die Produktion von Heeresgütern war gedrosselt worden. Weitere 17 Divisionen waren aufgelöst worden. Als Hitler seinen Blick nach Osten wandte, wurden diese Leute wieder zu den Waffen gerufen, und die Herstellung von Rüstungsgütern für Marine und Luftwaffe auf die zweite Dringlichkeitsstufe gesetzt.[29]

Die deutsche Rüstungsindustrie war in die Breite, aber nicht in die Tiefe gegliedert und 1941 noch nicht auf Massenproduktion und einen lange dauernden Zermürbungskrieg umgestellt.[30] Der Vorsprung von vier Jahren und die vorhandenen Vorräte an erstklassigem Rüstungsmaterial versetzten Deutschland in die Lage, die »Blitzkriege« gegen seine schwächeren Gegner zu führen, aber 1941 überflügelte allein die britische Rüstungswirtschaft diejenige Deutschlands.[31] Wegen seiner wirtschaftlichen Schwäche konnte Deutschland die Rolle einer erstrangigen Militärmacht nur kurze Zeit spielen und mußte sich dann auf die Erz- und Getreidelieferungen aus den besetzten europäischen Ländern und den eingeschüchterten neutralen Staaten verlassen. Den Mangel an Erdöl und motorisierten Transportmitteln hat Deutschland während des ganzen Krieges nicht beseitigen können.

Doch Hitler träumte weiter. Im Februar 1941 sprach er mit Jodl im vollen Ernst über eine Invasion Indiens auf dem Wege über Persien oder Afghanistan, und Mitte des Jahres entwarf er Direktiven für die Zeit nach der Niederwerfung der Sowjetunion, wenn Deutschland und Italien ganz Europa beherrschen und die Türkei, wenn notwendig mit Waffengewalt, unterwerfen würden. Dann sollten Gibraltar, Ägypten und Palästina genommen werden, um dem Vereinigten Königreich den Todesstoß zu versetzen.[32]

Der Aufmarsch in Ostpreußen und im polnischen Generalgouvernement ging weiter, und Ende März standen zwischen 40 und 50 deutsche Divisionen im Osten. Ende Mai waren es schon 80, und zwei Wochen später kamen 40 weitere Divisionen hinzu.[33] Die meisten dieser Verbände blieben zunächst weit rückwärts der Grenze westlich der Linie Radom–Warschau–Neidenburg, und erst in der letzten Maiwoche begannen die Infanterietruppenteile in Nachtmärschen in die Nähe der Grenze

29 *Milward*, The German Economy at War, S. 5–13 und 19–46.
30 Ebenda, S. 1–5, *Medlicott*, The Economic Blockade, Bd. 1, S. 25–36, Bd. 2, S. 1–26; *Jansen*, Das Ministerium Speer, S. 13–29.
31 1940 produzierte Großbritannien bereits mehr Flugzeuge als Deutschland.
32 Kriegstagebuch des OKW, Bd. 1, S. 328.
33 Der Aufmarsch deutscher Divisionen sah nach den Angaben von OKH Gen St d H (Abt III), Schematische Kriegsgliederungen (im folgenden, OKH Kriegsgliederungen): wie folgt aus:

1941	Osten	Balkan
12. März	34	15
23. April	59	27
5. Juni	100	13
22. Juni	124	7

zu rücken. Gepanzerte Angriffsverbände und motorisierte Divisionen wurden zuletzt in Marsch gesetzt und erreichten ihre Bereitstellungsräume in Nachtmärschen erst wenige Tage vor Angriffsbeginn. Am 22. Juni befanden sich einige Infanteriedivisionen der 11. Armee aus Rumänien noch mit dem Reservehauptquartier auf dem Marsch oder in der Eisenbahn auf dem Wege vom Balkan und aus Westeuropa in die Bereitstellungsräume.

Bis Anfang April ließen sich diese Truppenzusammenziehungen noch als mit dem Krieg gegen Jugoslawien und Griechenland in Verbindung stehende Maßnahmen erklären. Angeblich gingen die sogenannten Vorbereitungen für die Invasion Englands weiter, und man ließ diese Nachricht durch absichtlich offengelassene Informationslücken durchsickern. Damit wollte man die Aufmerksamkeit der UdSSR und der übrigen Welt von den Vorgängen an der deutschen Ostfront ablenken. Den deutschen Truppen, die an der russischen Grenze zusammengezogen wurden, redete man dagegen ein, daß diese Konzentrationen Teil eines massiven Täuschungsmanövers seien, um die Aufmerksamkeit der Briten von den Vorbereitungen für eine Landung von See aus abzulenken.

Aber schließlich konnte man den Aufmarsch und die Truppenbewegungen nicht mehr vor der polnischen Bevölkerung verbergen, und man nahm an, daß auch die Russen wußten, was sie zu erwarten hatten. Diese Annahme bestätigte sich dann auch. Am 10. April befahl Moskau gewisse nicht sehr weitgehende Vorsichtsmaßnahmen, und die Truppen der Roten Armee an der Grenze wurden verstärkt. Besonders in den baltischen Staaten machten die sowjetischen Streitkräfte einen nervösen Eindruck, und nach dem Abend des 13. Juni wurden zahlreiche Massenverhaftungen unter den Teilen der Zivilbevölkerung vorgenommen, die als deutschfreundlich und sowjetfeindlich galten. Etwa 50.000 Personen wurden deportiert.

3. Kapitel

Der Feind, die unbekannte Größe

Der Nachrichtendienst hat, so tüchtig er auch sein mag, im Frieden und im Kriege nur selten ein wirklich klares Bild von der Lage beim Gegner; denn, wie Clausewitz sagt, sind die Feindnachrichten im Kriege zum großen Teil widersprüchlich, ein noch größerer Teil ist falsch, und der bei weitem größte Teil ist zweifelhaft.

Während viele der großen Militärmächte in der Zeit zwischen den beiden Weltkriegen ihre Nachrichtendienste vor allem auf die Sowjetunion ansetzten, konzentrierte sich das Interesse des deutschen Nachrichtendienstes in erster Linie auf den Westen. Deshalb war das, was der deutsche militärische Nachrichtendienst 1941 über die Sowjetunion in Erfahrung gebracht hatte, im Vergleich mit dem, was andere Nationen über die UdSSR zusammengetragen hatten, verhältnismäßig wenig, besonders wenn man es mit den Ergebnissen der Arbeit des britischen militärischen Nachrichtendienstes vergleicht.

Der Chef des deutschen militärischen Nachrichtendienstes (O Qu IV) im OKH war Generalmajor Matzky, der nach seiner Rückkehr aus Tokio, wo er Militärattaché gewesen war, von Tippelskirch als Chef des Heeresnachrichtendienstes abgelöst hatte. O Qu IV bestand aus zwei Hauptabteilungen, den Abteilungen Fremde Heere West und Fremde Heere Ost. Die Abteilung Fremde Heere West unter Oberstleutnant List beschäftigte sich mit den Armeen der westeuropäischen Nationen und konzentrierte ihre Arbeit nach dem Juni 1940 auf die Streitkräfte Großbritanniens, des Commonwealth und des britischen Empire. Die Abteilung Fremde Heere Ost unterstand Oberstleutnant Kinzel und bearbeitete die Streitkräfte der skandinavischen Länder, der Balkanstaaten, der UdSSR, Chinas, Japans und bis Dezember 1941 die Armeen der »Neuen Welt« einschließlich der Vereinigten Staaten. Diese Aufgabenverteilung zeigt, welche relative Bedeutung die Deutschen Großbritannien und der UdSSR im Hinblick auf die nachrichtendienstliche Bearbeitung beimaßen. Da die Streitkräfte der UdSSR bei der Arbeit des Nachrichtendienstes nicht vorrangig behandelt wurden, hatte man nur wenig Zeit und Geld dafür aufgewendet, Material über die Rote Armee zu sammeln oder auszuwerten. 1939 und 1940 hatte Hitler jede gegen die Sowjetunion gerichtete nachrichtendienstliche Tätigkeit verboten. Es kam hinzu, daß die Sowjetunion nur einen kleinen Ausschnitt innerhalb des Verantwortungsbereichs von Kinzel darstellte. Kinzel war Infanterieoffizier und gehörte seit Ende 1938 dem Generalstab an. Er besaß keine besonderen Kenntnisse über die Sowjetunion und die Rote Armee. Auch hatte er keine nachrichtendienstliche Sonderausbildung genossen. Er sprach nicht russisch.[1]

1 In der deutschen Armee war es damals üblich, die wichtigsten Stellen im Nachrichten-

Zur Zeit der Reichswehr hatte der Generalstab recht enge Beziehungen zur Roten Armee unterhalten, aber das hörte ganz unvermittelt auf, nachdem Hitler 1933 an die Macht gekommen war. Nach 1934 gab es einen gewissen Informationsaustausch mit Polen, das mit seiner weißrussischen und ukrainischen Bevölkerung in den Grenzgebieten einige Informationsquellen besaß. Aber dieser Austausch hörte im Frühjahr 1939 auf, als Hitler den polnisch-deutschen Nichtangriffspakt kündigte.

Die Truppen der Roten Armee, die im September 1939 Ostpolen besetzten, machten auf die Deutschen keinen besonders leistungsfähigen Eindruck, aber es ist bezeichnend, daß der deutsche Nachrichtendienst nicht feststellen konnte, wo sich die Stäbe der sowjetischen Besatzungsstreitkräfte in Polen befanden.[2] Später gelang es, durch Flüchtlinge etwas über die Verhältnisse in den baltischen Staaten und Ostpolen zu erfahren, aber diese Nachrichten beschränkten sich auf die örtlichen Gegebenheiten.

Es erwies sich als sehr schwierig, militärische oder wirtschaftliche Informationen aus dem Inneren der Sowjetunion zu bekommen, weil alle Grenzgebiete vom NKWD besetzt und kontrolliert wurden. Diese Grenzschutztruppen waren sorgfältig ausgebildet und hatten die Anweisung, illegale Grenzübertritte zu verhindern und Überläufer zurückzuweisen. Das sowjetische System, nach dem die gesamte Bevölkerung durch Polizei und Partei registriert werden und jeder einzelne Personalausweis und Arbeitskarte bei sich haben mußte, erschwerte es, Agenten in die Sowjetunion einzuschleusen. Am meisten wurde jedoch das Sammeln von geheimem oder nicht geheimem Nachrichtenmaterial durch die Haltung der sowjetischen Bevölkerung erschwert. Durch das Regime zu dieser Haltung ermutigt, waren die Bewohner der UdSSR fremdenfeindlich und mißtrauisch gegenüber allen Fremden und Ausländern. Ausländer eines jeden Status erhielten nur selten die Erlaubnis, in der Sowjetunion Reisen zu unternehmen, und in den seltenen Fällen, in denen die offizielle Genehmigung erteilt wurde, waren Reiseweg und Termine vorgeschrieben und wurden vom NKWD streng überwacht. Dabei gestaltete sich das Unternehmen sehr oft so schwierig und unbequem wie möglich. Die militärischen Abzeichen der Mannschaften der Roten Armee zeigten damals, wenn es nicht Kosaken waren, nur den Rang und die Waffengattung des Soldaten. Es ließ sich aber nicht feststellen, welcher Einheit oder welchem Truppenteil er angehörte. Ausländische Botschaften und Missionen – selbst derjenigen Staaten, die freundschaftliche Beziehungen zur UdSSR unterhielten – konnten nichts Wesentliches in Erfahrung bringen.

Bei dem Versuch, etwas über die Kriegsgliederung der Roten Armee festzustellen, verwendeten die Deutschen Agenten und Grenzgänger und ließen sich aus finnischen, ungarischen, rumänischen und japanischen Quellen unterrichten. Gewisse Nachrichten ließen sich aber durch das Abhören des Funkverkehrs beschaffen, aber

dienst als normale Generalstabsstellen anzusehen und mit Offizieren ohne besondere Erfahrung oder Ausbildung auf diesem Sektor zu besetzen.

2 OKH O Qu IV, Fremde Heere Ost Nr. L 55/39 geh und Nr. L 63/39 geh; *Kennedy*, The German Campaign in Poland (D of A No.20–255), S. 124 und 125. Istorija, Bd. 1, S. 246.

die Reichweite der Geräte war begrenzt, und diese Quelle war nicht sehr ergiebig, weil die Rote Armee nur wenige gute Funkgeräte besaß und die Dienststellen im allgemeinen telephonisch oder telegraphisch miteinander verkehrten. So konnten sich die Deutschen zwar ein einigermaßen zutreffendes Bild über die Verteilung sowjetischer Truppen in den Grenzbezirken verschaffen, hatten aber keine Ahnung, wie es im Hinterland, im europäischen Rußland, aussah. Auch die topographischen Erkundungsergebnisse waren mangelhaft; denn, obwohl die Deutschen im Ersten Weltkrieg fast bis Petersburg, Kiew und Rostow gekommen waren, fehlte es ihnen an Erfahrungen hinsichtlich der Einflüsse des Geländes und des Klimas auf die Verwendung von Funkgeräten, Flugzeugen, Panzerwagen und motorisierten Fahrzeugen, und sie wußten nichts über die Probleme der Kriegführung mit motorisierten Truppen in einem so unwirtlichen Land. Es war schwierig, sowjetische Karten zu beschaffen, und die Karten, die das deutsche Heer reproduziert hatte, waren so schlecht und veraltet, daß man sich in der Hauptsache auf Luftaufnahmen verlassen mußte.

Der deutsche Militärattaché in der Sowjetunion, General Köstring, war in Moskau geboren und 1941 fünfundsechzig Jahre alt. Er sprach Russisch, war ein Freund der Russen und hatte seinen Posten schon mehr als zehn Jahre inne. Obwohl er schon so lange in Rußland gelebt hatte, wußte er nur sehr wenig über die jüngsten Entwicklungen in der Roten Armee und der sowjetischen Industrie; denn seine Bewegungsfreiheit war ebenso stark eingeschränkt wie die der anderen Angehörigen des diplomatischen Korps.[3]

Im Oktober 1940 erstellte die Abteilung Fremde Heere Ost eine Lagebeurteilung, die sich auf eine Zusammenfassung der Berichte Köstrings stützte. Sie kam zu dem allgemeinen Schluß, daß die Rote Armee ein ernstzunehmender Faktor sei und über eine beachtliche Defensivkraft verfügte, daß sie jedoch keinen Bewegungskrieg im großen Rahmen führen könne. Man schätzte, daß die Rote Armee dem deutschen Heer unterlegen sei, auch wenn sie dem deutschen Heer zahlenmäßig im Verhältnis zwei oder drei zu eins überlegen war. Die Beurteilung wies jedoch darauf hin, daß die besten Verbündeten der Russen Zeit und Raum, die schlechten Verkehrswege und das rauhe Klima seien. Man müsse, so meinte Köstring, diese Verhältnisse aus eigener Erfahrung kennen, um ihre Bedeutung bei einem Feldzug in Rußland zu verstehen.[4]

Diese Lagebeurteilung war natürlich in vieler Hinsicht zutreffend, und was Köstring sagte, war im großen und ganzen richtig, aber der Bericht behandelte das Allgemeine und nicht das Besondere, und die Schlüsse, die daraus gezogen wurden, hätten ebenso auch auf die zaristische Armee des Jahres 1914 oder das russische Heer von 1812 angewendet werden können. Man darf auch nicht übersehen, daß Köstring und sein Stellvertreter Krebs nicht viel von der Leistungsfähigkeit der Roten Armee hielten. Nach dem Krieg hat Köstring ausgesagt, er sei bei den Pla-

3 *Halder*, Kriegstagebuch, Bd. 2, S. 86.
4 Fremde Heere Ost 20/001/geh Ausl. XXIb vom 17. Oktober 1940.

nungen für den Angriff gegen die UdSSR konsultiert worden und habe gesagt, nach seiner Ansicht dürfe man die Fähigkeit der Roten Armee zu improvisieren nicht unterschätzen, und die Einnahme Moskaus sei nicht kriegsentscheidend, weil der größte Teil der sowjetischen Schwerindustrie schon in den Raum jenseits des Ural verlagert worden sei. Vielleicht hat er das 1940 wirklich gesagt, obwohl diese Auffassung in der Sammlung seiner offiziellen Berichte und in seiner persönlichen Korrespondenz nicht so stark zum Ausdruck kommt.[5]

Das deutsche Oberkommando hatte keine Möglichkeit, die Anzahl der sowjetischen Panzer und Flugzeuge zu ermitteln, und die in den Berichten des deutschen Nachrichtendienstes genannten Zahlen waren Vermutungen und keine Schätzungen; denn sie ließen sich nicht nach irgendwelchen bekannten Tatsachen berechnen. Es gab auch keine zuverlässigen Informationen über die Zahl der sowjetischen Friedensdivisionen oder die Stärke des mobilgemachten Heeres. Die Schätzungen darüber waren über den Daumen gepeilt und stützten sich auf die angenommene Bevölkerungsdichte und das geschätzte Industriepotential. Die Deutschen wußten nur wenig über das sowjetische Oberkommando und über die an der Spitze der Roten Armee stehenden Generäle.[6]

Das von Kinzels Abteilung am 1. Januar 1941 herausgegebene geheime deutsche Handbuch über die Streitkräfte der UdSSR war insofern ein aufschlußreiches Dokument, als es zeigte, welche großen Lücken das Bild des deutschen Nachrichtendienstes vom Gegner aufwies. Hier wurde freimütig zugegeben, daß man über die Kriegsgliederung der russischen Armee fast nichts wußte und daß alle Grundlagen für eine Feststellung der Anzahl der Fronten (Heeresgruppen) und Armeen fehlten.[7]

Es überrascht daher nicht, daß sich die in dem offiziellen geheimen Handbuch gezogenen Schlüsse als falsch erwiesen. Eine dieser ganz allgemeinen, aber sehr wichtigen Schlußfolgerungen war die Annahme, die Rote Armee sei für einen modernen Krieg nicht geeignet und nicht in der Lage, einer kühn geführten, modern ausgerüsteten Streitmacht entscheidenden Widerstand entgegenzustellen. Dazu meinte man, die von der sowjetischen Regierung angestrebten Reformen würden bis zu ihrer Verwirklichung noch Jahre, wenn nicht Jahrzehnte in Anspruch nehmen.[9] Was die Industriekapazität betraf, so stützte sich das Handbuch auf Informationen, die Thomas vom Wirtschafts- und Rüstungsamt im OKW zur Verfügung gestellt hatte. Aber hier wurden nur Zweifel hinsichtlich der wirtschaftlichen Versorgung der Sowjetunion geäußert, und man stellte fest, daß es fraglich sei, ob die sowje-

5 German Campaign in Russia Planning and Operations 1940–2 (D of A No. 20–261a), S. 12; *Halder*, Kriegstagebuch, Bd. 2, S. 86 und Fußnote 2.

6 Die einzigen sowjetischen Offiziere, die Halder und die Abteilung Fremde Heere Ost für besonders tüchtig hielten, sind augenscheinlich Timoschenko und Schaposchnikow gewesen.

7 Die Kriegswehrmacht der UdSSR, OKH Gen St d H O Qu IV, Abt. Fremde Heere Ost (II) Nr. 100/41g vom 15. Januar 1941, S. 13.

8 Ebenda, S. 14.

9 Ebenda, S. 61 und 72.

tische Industrie fähig sein werde, eine genügende Menge Waffen, Bekleidung und Fahrzeuge für einen lange dauernden Krieg zu erzeugen.[10]

Da man nichts über die genaue Gliederung der sowjetischen Verbände wußte, mußte sich das Handbuch auf die Feststellung beschränken, eine Armee bestünde wahrscheinlich aus einer Anzahl von Schützenkorps, Heerestruppen mit schwerer Artillerie, Heeresfliegern und rückwärtigen Diensten. Man vermutete, daß zu einer Armee vielleicht auch Kavallerie oder motorisierte Verbände gehörten.

Zwar war der deutsche Truppennachrichtendienst im allgemeinen gut und sollte sich nach Kriegsbeginn noch erheblich verbessern, aber am 21. Juni wußte das OKH nicht genau, welche Verbände der Roten Armee an der Grenze standen. Bis zum 17. Juli waren die 9. und die 26. Armee in der Ukraine nicht bestätigt worden, obwohl beide Verbände sich schon ganz zu Anfang an den Kämpfen beteiligt hatten.[11] Über die sowjetischen strategischen Reserven waren die Deutschen während des ganzen Krieges schlecht unterrichtet.

Die deutsche Beurteilung des Kampfwerts der Roten Armee wurde natürlich durch die bekannte Tatsache beeinflußt, daß die fähigen und erfahrenen russischen Truppenführer 1937 der »Säuberung« zum Opfer gefallen waren. Auch hatte sich die Rote Armee im Winterkrieg gegen die Finnen nicht bewährt. Die Schlüsse, die die Deutschen aus den Leistungen der Russen in diesem Feldzug zogen, waren jedoch zum großen Teil falsch, und manches, was Anfang 1940 noch zutraf, hatte sich Mitte 1941 geändert. Nur wenige erkannten zum Beispiel, daß Finnland, auch wenn man seine Größe und seine Hilfsquellen in Betracht zog, auf den Krieg vorbereitet war, und daß der finnische Soldat, wenn er in den sumpfigen Wäldern seiner Heimat kämpfte, Russen und Deutschen überlegen war. Zugegebenermaßen hatten sich die sowjetischen Truppen nicht besonders gut geschlagen, aber der sowjetische Nachrichtendienst hatte versagt, Moskau hatte die Finnen unterschätzt und Verbände in diesen Krieg geschickt, die für den Waldkampf ungeeignet waren. Der Winter war außergewöhnlich streng gewesen, und die Truppen der Roten Armee, die nicht mit Skiern ausgerüstet waren, blieben in dem unwegsamen Gelände stekken, weil es an Transportmitteln fehlte und der Nachschub nicht herankam.

Die Beurteilung der sowjetischen Wirtschaft durch den deutschen Nachrichtendienst erwies sich als falsch, aber wie sehr man sich geirrt hat, läßt sich statistisch nicht feststellen, da keine statistischen Angaben gemacht wurden. Viele Einzelheiten über die sowjetische Industrieproduktion aus jener Zeit sind bis heute noch nicht bekannt, obwohl man heute weiß, wo 1941 die sowjetische Schwerindustrie lag. Außer den Industriezentren im Raum von Leningrad, bei Moskau, in der Ukraine und im Donezbecken gab es andere Industriegebiete im Ural und in Asien. Das Industriegebiet im Ural erstreckte sich über Hunderte von Kilometern nach allen Seiten und lag im Raum Perm, Swerdlowsk und Magnitogorsk. Andere wichtige Industriegebiete lagen entlang der transsibirischen Eisenbahnlinie im Umkreis von

10 Ebenda, S. 66.
11 OKH Lage Ost, tägliche Lagekarten vom 21. Juni bis zum 17. Juli 1941.

Omsk, Nowosibirsk, Tomsk, Krasnojarsk, Bratsk und Irkutsk am Baikalsee. Werke der Schwerindustrie hatte man im Gebiet von Aschabad, Samarkand, Taschkent und Alma Ata an der afghanischen und chinesischen Grenze errichtet.[12] 1941 waren diese Einzelheiten jedoch in der westlichen Welt nicht bekannt. Man wußte allerdings ganz allgemein, daß der Schwerpunkt der sowjetischen Schwerindustrie nach Osten verlegt worden war und daß diese Verlegung schon 1928 begonnen hatte.

Der Chef des Wirtschafts- und Rüstungsamts des OKW Thomas erstellte für Göring Ende 1940 eine nachrichtendienstliche Beurteilung der sowjetischen Wirtschaft, die sich augenscheinlich auf Schätzungen stützte, denen veraltete Informationen zugrunde lagen. Die einzigen Informationen, die ihm zur Verfügung standen, besagten, daß die Deutschen mit der Besetzung des europäischen Teils Rußlands (ohne den Ural) etwa 75 Prozent der gesamten sowjetischen Rüstungsindustrie und fast 100 Prozent der optischen und feinmechanischen Industrie in die Hand bekommen würden. Diese Angaben bildeten wahrscheinlich die Grundlage für die deutschen wirtschaftsstrategischen Pläne.[13]

Noch im zweiten Kriegsjahr glaubte Hitler, der Verlust der Ukraine und des Donezbeckens und die Unterbrechung der Ölversorgung aus dem Kaukasus würden für die sowjetische Wirtschaft einen entscheidenden Schlag bedeuten, ja sie vielleicht sogar vollständig zum Erliegen bringen. Als Stalin nach Kriegsbeginn mit dem Emissär Roosevelts, Harry Hopkins, sprach und um schnelle materielle Hilfe bat, sagte sogar er, 75 Prozent der sowjetischen Rüstungsindustrie seien bei Leningrad, Moskau und Kiew konzentriert, und ein deutscher Vormarsch, der 250 Kilometer über diese Linie hinaus nach Osten vordringen würde, werde die UdSSR wahrscheinlich wirtschaftlich lahmlegen.[14] Seither ist bekannt geworden, daß er diese Angaben nur gemacht hat, um die an Washington gerichteten Anforderungen noch dringlicher erscheinen zu lassen; denn im weiteren Verlauf des Krieges stellte es sich heraus, daß die Sowjetunion auch noch Widerstand leisten konnte, wenn ihr Moskau, Tula, Kursk, Charkow und die gesamte Stahl-, Eisen- und Kohleerzeugung im Süden nicht mehr zur Verfügung standen. Noch ehe das Jahr 1941 zu Ende ging, hatte Thomas seine Meinung vollständig geändert, als er in einer Lagebeurteilung vom 2. Oktober behauptete, selbst wenn Gorki und Baku verlorengingen, würde die Lage für die Sowjets noch nicht katastrophenähnliche Ausmaße angenommen haben. Erst mit der Besetzung des Ural werde, wie er annahm, der Widerstand in der UdSSR zusammenbrechen.[15]

Schon zwei Monate nach Kriegsbeginn warf Hitler dem deutschen Nachrichtendienst sein Versagen vor.[16] Der deutsche politische, wirtschaftliche und strategische

12 Istorija, Bd. 1, S. 408.
13 *Birkenfeld* (Hrsg.), Geschichte der deutschen Wehr- und Rüstungswirtschaft (1918–45), S. 268.
14 Sherwood, The White House Papers, Bd. 1, S. 329.
15 *Birkenfeld* (Hrsg.), Geschichte der deutschen Wehr- und Rüstungswirtschaft (1918–45), S. 270.
16 Ciano Papers, S. 448.

Nachrichtendienst war ohne Zweifel schlecht, doch der Fehler lag bei Hitler und dem deutschen Oberkommando; denn es war Wahnsinn, einen solchen Krieg zu beginnen, ohne genau über die Feindlage orientiert zu sein und sich entsprechend vorbereitet zu haben. Als der deutsche Generalstab noch auf der Höhe seiner Macht stand, hätte man eine nachrichtendienstliche Vorbereitung von fünf bis zehn Jahren für notwendig gehalten, ehe mit einer vernünftigen Planung der Operationen begonnen werden konnte. Halder, von Manstein, Guderian, Köstring und andere haben später Hitler dafür verantwortlich gemacht, daß er die Sowjetunion unterschätzt habe. Doch nicht Hitler allein trug die Schuld daran. Obwohl sich zahlreiche Stimmen erhoben hatten, die aus Gründen der Zweckmäßigkeit gegen diesen Krieg sprachen, und viele einen Zweifrontenkrieg ablehnten, deutet kaum etwas darauf hin, daß irgend jemand an der Fähigkeit des deutschen Heeres und der Luftwaffe gezweifelt hat, die UdSSR in einem Blitzfeldzug zu schlagen, was diese Leute auch nach dem Krieg gesagt haben mögen. Alle Quellen aus den Jahren 1940 und 1941 beweisen das Gegenteil.

Es bleibt die Frage, ob Hitler den Krieg begonnen hätte, wenn ihm die tatsächliche industrielle und wirtschaftliche Stärke der Sowjetunion bekannt gewesen wäre. Als das deutsche Kriegsglück sich gewendet hatte, behauptete er, er hätte es nicht getan.[17] Aber dabei muß man bedenken, daß die Lage sich inzwischen gewandelt hatte und man in einem solchen Fall anders zu urteilen pflegt. Hätte der deutsche Nachrichtendienst mit einiger Sicherheit die wirkliche Stärke der UdSSR Ende 1940 angeben können, dann hätte Hitler diese Berichte höchstwahrscheinlich als blödsinnige Erfindungen zurückgewiesen, wie er das auch mit Nachrichten getan hat, die er Ende des Krieges von Gehlen erhielt.[18] Ein Mann, der sich Blombergs, Fritschs und Becks erledigt hatte, weil sie seinen Plänen nicht zustimmten und zu vorsichtig seien, hätte sich wahrscheinlich durch noch so alarmierende schriftliche Berichte eines Obersten der Abteilung Fremde Heere Ost nicht davon abhalten lassen, das zu tun, was ihm, wie er glaubte, vom Schicksal bestimmt war.

17 *Guderian,* Panzer Leaders, S. 190.
18 Ebenda, S. 383 und 387.

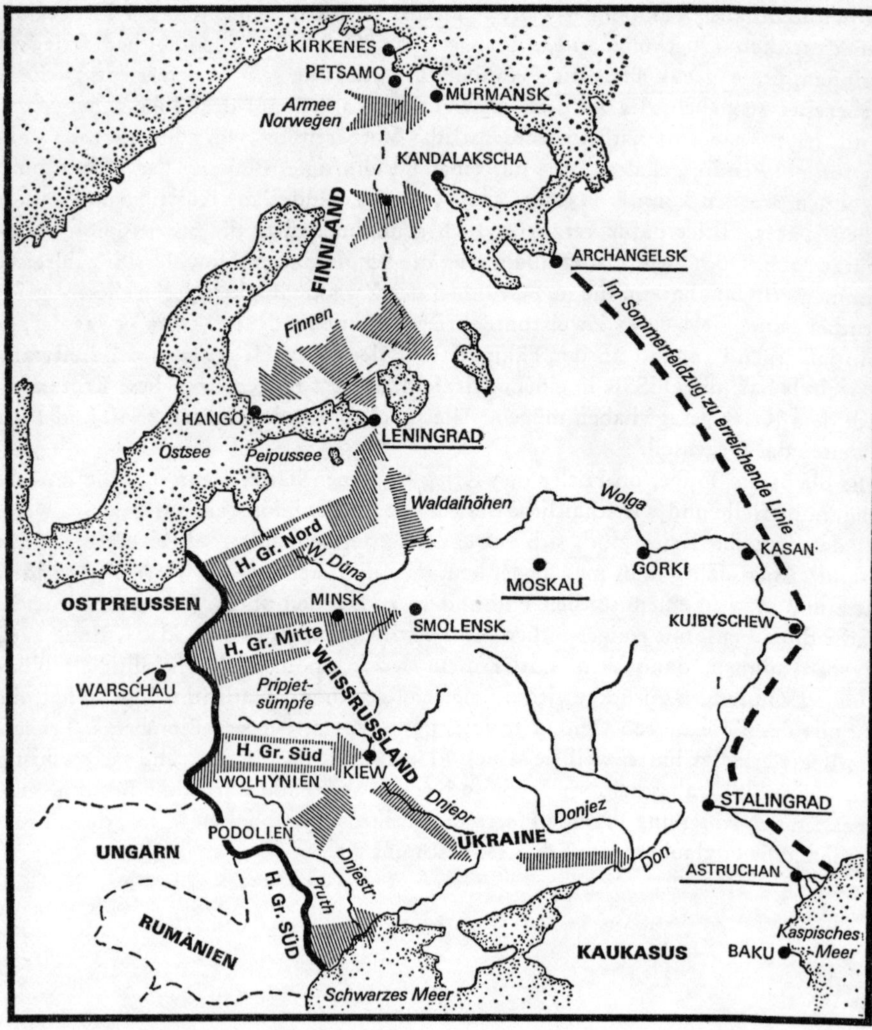

Karte 2: Unternehmen »Barbarossa«

4. Kapitel

Führerstrategie

Der Krieg ist, wie wir wissen, ein politischer Akt, und politische, militärische und wirtschaftliche Aktionen stehen im engen Zusammenhang miteinander. Das militärische Kriegsziel ist nach einer sehr verbreiteten Ansicht zwar die Vernichtung der feindlichen Streitkräfte, es gehört aber noch manches andere dazu wie die Inbesitznahme oder Vernichtung des feindlichen Rüstungspotentials, das heißt der Menschenreserven und der industriellen und wirtschaftlichen Kapazität des Gegners, die Besetzung seines Staatsgebiets und die Befriedung der Bevölkerung. Politische oder wirtschaftliche Ziele können gegenüber den militärischen die Priorität haben, aber ein Krieg kann nicht endgültig gewonnen werden, ohne daß die feindlichen Streitkräfte vernichtet worden sind. Vor mehr als einem Jahrhundert schrieb Clausewitz, daß man sich, wolle man ein Volk entwaffnen, in den Besitz von drei Dingen setzen müsse: seiner Streitkräfte, seines Landes und des Willens der Bevölkerung. Die Streitkräfte müßten vernichtet und das Land erobert werden; denn aus dem Lande ließen sich unter Umständen neue Streitkräfte aufstellen. Aber auch danach sei der Krieg noch nicht beendet, solange der Wille des Gegners nicht gebrochen sei.[1] Hitler ist nicht in der Lage gewesen, seine Kriegsziele nach diesem Schema zu bezeichnen und die einander widersprechenden politischen, wirtschaftlichen und militärischen Prioritäten zu ordnen.

1941 hatte das OKH nicht mehr die Möglichkeit, eigene militärpolitische Vorstellungen zu entwickeln, und war nur noch ein Werkzeug des Diktators. Der Oberbefehlshaber des Heeres von Brauchitsch war zwar ein fähiger Offizier, aber ein schwacher Mann, der in Hitlers Gegenwart Haltung und Nerven verlor und sich völlig von ihm beherrschen ließ. Der Chef des Generalstabes Halder war unnachgiebiger und ließ sich durch die bedrückende Atmosphäre, die in Hitlers Gegenwart herrschte, weniger beeindrucken als Brauchitsch. Er hatte einen weitgespannten Tätigkeitsbereich, war sehr tüchtig und genau bis ins Detail und wurde im Heer als fähiger Soldat anerkannt. Doch sein Tagebuch zeigt ihn bis 1941 als loyalen und sehr arbeitsamen Generalstäbler, und wenn er die Auffassungen des »Führers« oft nicht geteilt hat, dann hat er das nur selten schriftlich zum Ausdruck gebracht. Erst als die Operationen in Rußland zu mißlingen begannen, entstand die erbitterte Feindschaft zwischen den beiden Männern.

Am 21. Juni 1940 sprach Feldmarschall von Brauchitsch mit Hitler über die deutschen Kriegsziele im Osten, und Halder notierte sie am folgenden Tag in seinem

1 *Clausewitz,* Vom Kriege, 1. Buch, 2. Kapitel.

Tagebuch. Als politische Ziele erscheinen hier die Vergrößerung Finnlands und die Errichtung neuer baltischer Staaten, der Ukraine, Weißrußlands und eines baltischen Staatenbundes, die alle von Deutschland abhängig sein sollten. Das waren jedoch in Wirklichkeit gar keine politischen Ziele, sondern nur ein Teil der Folgen der Zerstückelung der Sowjetunion. Die militärischen Ziele des neuen Feldzugs – es waren im ganzen drei – konnten sehr leicht miteinander in Konflikt geraten und wurden von Halder in einer sehr unpräzisen Weise dargestellt:

»Russisches Heer schlagen oder wenigstens so weit russischen Boden in die Hand nehmen, als nötig ist, um feindliche Luftangriffe gegen Berlin und schlesisches Industriegebiet zu verhindern.

Er wünscht, so weit vorzudringen, daß man mit unserer Luftwaffe wichtigste Gebiete Rußlands zerschlagen kann.«[2]

Dieser unbestimmte Auftrag sollte der Truppe in der Form verschiedener Weisungen und Befehle erteilt werden. Dazu sollten auf Hitlers Anregung noch weitere politische und wirtschaftliche Ziele kommen. Weniger als drei Monate, nachdem Deutschland sich in den größten Krieg seiner Geschichte nach Osten gestürzt hatte, sollten die Operationen zum Stillstand kommen, weil die Führung sich in leidenschaftlichen Auseinandersetzungen nicht über das eigentliche Kriegsziel klar werden konnte.

Am 19. Juli 1940 wurde der Chef des Stabes der 18. Armee Marcks in das OKH versetzt, um die vorläufigen Planungen für den Feldzug zu leiten. Als Halder ihn in seinen Aufgabenbereich einführte, stellte er sich aufgrund der politischen Instabilität in diesem Lande gegen die Verwendung von Rumänien als Sprungbrett für den Hauptstoß in die Sowjetunion und betrachtete die Besetzung der baltischen Staaten als zweitrangiges Unternehmen. Sein Ziel war es, die Rote Armee zu schlagen und das gesamte Gebiet westlich der Linie nördlich Dwina – mittlere Wolga – unterer Don, das heißt Archangelsk, Gorki, Rostow (hier wurde diese Linie zum erstenmal erwähnt) zu besetzen, um das deutsche Staatsgebiet vor sowjetischen Luftangriffen zu schützen.[3] Dann besprach er Gesichtspunkte, die sich im Zusammenhang mit den folgenden Operationen als strittig und gefährlich erweisen sollten. Er erwähnte dabei unter anderem die politische und wirtschaftliche Bedeutung Moskaus, der Ukraine, des Donezbeckens und des Industriegebiets bei Leningrad, und die Inbesitznahme dieser Gebiete wurde von Hitler als das wichtigste politische und wirtschaftliche Kriegsziel bezeichnet, so daß wichtigere Aufgaben, nämlich die Vernichtung der sowjetischen Streitkräfte und die Besetzung der Sowjetunion, an Bedeutung verloren. In dem von Marcks ausgearbeiteten Plan kamen auch noch andere Widersprüchlichkeiten zum Ausdruck, die dann in die endgültigen Anweisungen aufgenommen wurden. Damals entstand die irrtümliche Annahme, die Sowjetunion

2 *Halder*, Kriegstagebuch, Bd. 2, S. 32–33, 22. Juli 1940.
3 *Marcks*, Operationsentwurf Ost, 5. August 1940.

werde die baltischen Staaten unter allen Umständen zu halten suchen, und die dort eingesetzten feindlichen Kräfte würden die Flanke der gegen Moskau vorstoßenden deutschen Truppen bedrohen.

Man beabsichtigte, die Sowjetunion dadurch zu schlagen, daß man 1600 Kilometer weit in sowjetisches Gebiet bis nach Gorki vorstieß, aber die UdSSR erstreckte sich noch viele tausend Kilometer über diese Linie hinaus nach Osten. Die Bedeutung der willkürlich gezogenen Linie von Archangelsk nach Rostow (später war es die Linie Archangelsk – Astrachan) läßt sich nur schwer erklären. Die Reichweite der sowjetischen Langstreckenbomberverbände war erheblich überschätzt worden und hätte ganz außer acht gelassen werden können, obwohl man das in Deutschland zugegebenermaßen damals noch nicht wußte. Wäre die UdSSR tatsächlich geschlagen worden, dann ist es nicht leicht zu verstehen, weshalb die deutschen Streitkräfte an dieser Linie hätten angehalten werden sollen und warum sie nicht bis zum Pazifik durchstoßen durften. Andererseits wäre eine ungeschlagene Sowjetunion ostwärts der Wolga kaum durch die Bombenangriffe der nicht sehr starken deutschen Luftwaffe auf die Knie gezwungen worden.[4] Jedenfalls hatte Hitler gesagt, er werde die bolschewistische Macht vernichten, und dieses Ziel werde nicht erreicht werden, wenn man es zuließe, daß das Sowjetreich weiter bestehen bliebe. Der Oberbefehlshaber der Heeresgruppe Mitte von Bock äußerte ähnliche Zweifel, als er am 2. Februar Hitler fragte, was unternommen werden solle, wenn das deutsche Heer diese Linie erreicht habe und die sowjetische Regierung noch an der Macht sei. Der »Führer« antwortete ausweichend und versicherte, bis dahin würden die Kommunisten verhandlungsbereit sein. Er fügte hinzu, wenn das nicht der Fall sein sollte, würden die Deutschen bis zum Ural vorstoßen. Hitler erklärte, er sei entschlossen zu kämpfen, und weigerte sich, anstelle des Krieges eine vertragliche Vereinbarung mit der UdSSR als Alternativlösung zu akzeptieren.[5]

Hitler war über den Kommunismus, die Ziele und die Arbeitsweise der bolschewistischen Regierung gut unterrichtet und kannte die politische und ethnische Komplexität, die sich aus der Vielzahl der Völker ergab, aus denen die Bevölkerung der Sowjetunion bestand. Er meinte ganz richtig, daß es der UdSSR wegen der verschiedenen Rassen ihrer Bewohner und der tiefen Spaltungen, die zwischen den einzelnen sowjetischen Bevölkerungsteilen bestanden, an Zusammenhalt mangelte. Er glaubte daher, ein kräftiger Anstoß werde genügen, um das ganze instabile, morsche Gebäude zum Einsturz zu bringen. Dieses Argument war nicht von der Hand zu weisen und besaß ein gewisses Gewicht. Aber es wäre aus diesem Grunde ein schwerer militärischer und politischer Fehler gewesen, sich nicht der Unterstützung durch die zahlreichen sowjetischen Völkerschaften einschließlich der Großrussen zu versichern. Hitler beging einen noch schwereren Fehler. Er war von krankhaften dok-

4 Mit Ausnahme von einigen Luftangriffen zu Beginn des Krieges gegen Moskau war die Luftwaffe zu schwach, die strategischen Ziele oder die sowjetische Industrie systematisch mit Bomben anzugreifen.

5 *Von Bock*, Tagebuch, 2. Februar 1941; *von Lossberg*, Im Wehrmachtführungsstab, S. 105 und 113.

trinären ideologischen Vorstellungen besessen und beschloß daher – weit davon entfernt, die Unterstützung der Bevölkerung der Sowjetunion zu suchen – dieses slawische »Ungeziefer«, wie er es einmal genannt hat, zu unterwerfen und von der Herrenrasse beherrschen zu lassen. So befahl er, die besetzten Gebiete wirtschaftlich auszuplündern, die Juden und die kommunistische Intelligenz zu »liquidieren« und die übrige Bevölkerung unter die direkte Oberhoheit von Reichskommissaren zu stellen und damit praktisch zu versklaven. Besonders die Großrussen sollten mit brutaler Gewalt unterdrückt werden.[6]

Am 30. März 1941 hielt der »Führer« in der Reichskanzlei vor den höheren Truppenführern eine lange Rede über die Durchführung eines gnadenlosen Rassenkrieges, die nach späteren Aussagen der Beteiligten mit Unwillen und Ablehnung zur Kenntnis genommen wurde. Aber diese Haltung wurde Hitler verschwiegen.[7] Es folgten Befehle, nach denen Angehörige der deutschen Streitkräfte bei Verbrechen gegen die sowjetische Bevölkerung straffrei ausgehen sollten, und die notorische Anweisung, nach der Kommissare nicht wie normale Kriegsgefangene behandelt werden durften, sondern den Sonderabteilungen des Sicherheitsdienstes zu übergeben waren, um erschossen zu werden.[8] Zwei Tage vor Angriffsbeginn erklärte Alfred Rosenberg, ein Balte, der gerade zum Sonderbeauftragten für die besetzten Ostgebiete ernannt worden war, daß die Bildung eines russischen Staates, auch in germanisierter Form, niemals mehr zugelassen werden dürfe. Die Verantwortung für die besetzten Gebiete sollte die SS übernehmen, um die Ruhe und Ordnung mit Terrormaßnahmen aufrecht zu erhalten. Diese Maßnahmen waren Massenmord, Folterungen, Verschleppungen und der Einzug aller Vermögenswerte ohne Rücksicht auf Alter und Geschlecht der betroffenen Personen. Unter diesen Umständen ist es nicht verwunderlich, daß Russen und Ukrainer nach den ersten Monaten deutscher Besetzung sich wieder in die Arme der Sowjets flüchteten und die besetzten Gebiete zu Brutstätten für Spione und Partisanen wurden.[9]

Hitler war nicht nur entschlossen, die Sowjetunion und das bolschewistische System zu vernichten, sondern er wollte auch das Entstehen eines jeden zusammenhängenden russischen Staates verhindern und die Russen zu Sklaven machen.[10] In seiner Ansprache an die Generäle am 30. März wollte der »Führer« seine Befehlshaber psychologisch auf einen neuen radikalen ideologischen Feldzug vorbereiten,

6 *Halder,* Kriegstagebuch, Bd. 2, S. 320.

7 Ebenda, Bd. 2, S. 335–338; *Warlimont,* Inside Hitler's Headquarters, S. 160–161 *von Lossberg,* Im Wehrmachtführungsstab, S. 118–119; Tagebuch *von Bock* u. a.

8 Ursprünglich war beabsichtigt, die Kommissare unmittelbar nach der Gefangennahme von der deutschen Truppe erschießen zu lassen, und es sieht so aus, als habe das OKH auf Befehl des Führers den Entwurf für einen entsprechenden Befehl vorgelegt. Halder scheint nach seiner Tagebucheintragung vom 6. Mai über den Entwurf für einen solchen Befehl von der Rechtsabteilung unterrichtet worden zu sein. Ein Befehlsentwurf wurde vom OKH zur Genehmigung dem OKW vorgelegt. Später versuchte man, den Befehl zurückzunehmen in der Annahme, der SD (Sicherheitsdienst) werde die Erschießungen vornehmen.

9 *Dallin,* German Rule in Russia, 2. und 5. Kapitel.

10 *Picker,* Hitlers Tischgespräche, S. 270.

auf einen in jeder Hinsicht totalen Krieg, der von beiden Seiten ohne Mitleid und Gnade geführt werden würde, ohne Rücksicht auf irgendeinen Ehrenstandpunkt und ohne Achtung vor dem Gegner. Um sich zu rechtfertigen, sprach er von den fürchterlichen Greueltaten, die an der Bevölkerung der baltischen Staaten verübt worden waren, und zwar durch Männer, die er irrtümlicherweise als Kommissare bezeichnete.[11] Auf die »Liquidierung« der Kommissare, der kommunistischen Intelligenz, der Zigeuner, der Juden und ziviler Geiseln zu Anfang des Krieges folgten Führerbefehle, die die Annahme der Kapitulation Leningrads und Moskaus verboten und anordneten, daß die eingeschlossenen Städte durch Artilleriebeschuß und Bombenangriffe dem Erdboden gleichgemacht werden sollten. Die weibliche Bevölkerung Leningrads sei abzutransportieren, die männliche zu vernichten.[12] Das sowjetische Oberkommando und die Truppen der Roten Armee haben sich allerdings ähnlich barbarischer Maßnahmen schuldig gemacht. In moderner Zeit hat es keinen zweiten ebenso grausamen Krieg gegeben.

Die deutsch-russische Grenze verlief 1941, an einem Punkt hart nördlich der Memelmündung in die Ostsee beginnend, an der ostpreußisch-litauischen Grenze entlang nach Süden, führte dann in westlicher Richtung nach Polen hinein, bildete bei Bialystok einen großen Bogen und ging von dort ostwärts auf Brest–Litowsk zu. Dann führte sie weiter nach Süden und endete an der ungarischen Grenze. Im ganzen war die russisch-deutsche Grenze etwa 1100 Kilometer lang. Die ukrainisch-rumänische Grenze verlief auf einer Strecke von etwa 700 Kilometern entlang des Pruth bis ans Schwarze Meer. Da man noch nicht wußte, welche Haltung Ungarn einnehmen würde, ergab sich zwischen der deutschen Ostfront und der Front des rumänischen Verbündeten eine Lücke von 320 Kilometern.

Mitten im westlichen europäischen Rußland, unmittelbar südostwärts der Grenze bei Brest–Litowsk, lag ein ausgedehntes Sumpfgebiet, das sich von Norden nach Süden über 230 Kilometer erstreckte und 480 Kilometer tief war. Dieses Gebiet, die Pripjetsümpfe, wurde von zahlreichen träge fließenden Wasserläufen durchzogen, die in den Pripjet, den Dnjepr und die Beresina mündeten. Außer ein oder zwei auf Dämmen gebauten Straßen gab es in diesem ganz dicht bewaldeten Sumpfgebiet kaum irgendwelche Fahrwege, und deshalb waren die Pripjetsümpfe für Panzer und motorisierte Fahrzeuge unpassierbar. Durch sie wurde die Front in einen nördlichen und einen südlichen Abschnitt geteilt. Im Südabschnitt lagen die teils bewaldeten Gebiete von Galizien, die wolhynisch-podolischen Höhenzüge und die Ukraine, eine weite, baumlose Schwarzerdesteppe, die sich von Bessarabien nach Osten bis an den Donez und darüber hinaus erstreckte, wo trotz des Mangels an Straßen die Verwendung von Panzern möglich war. Diese Ebene wurde nur von einigen Flüssen, dem Pruth, dem Dnjestr, dem Bug und dem Dnjepr, durchzogen, die alle von Norden nach Süden flossen und Panzerhindernisse bildeten. Die ukrainische

11 Hitlers Behauptungen über die Greueltaten des NKWD waren im allgemeinen zutreffend, wie die Deutschen feststellen sollten, als sie die baltischen Staaten besetzten.

12 *Halder*, Kriegstagebuch, Bd. 3, S. 514.

Hauptstadt Kiew lag in der Luftlinie weniger als 550 Kilometer von der deutsch-russischen Grenze entfernt.

Im weißrussischen Gebiet unmittelbar nördlich der Pripjetsümpfe lag die direkte Straße nach Minsk, Orscha, Smolensk und Moskau. Das Gelände entlang dieser Straße zwischen Orscha und Moskau war offen und ohne Gewässer, die einen Vormarsch behindern konnten. Es trug die Bezeichnung Landbrücke von Orscha; denn es bildete die Wasserscheide zwischen den Flüssen, die nach Norden in die Ostsee flossen, und denen, die nach Süden flossen und ins Schwarze Meer mündeten. Die Landbrücke von Orscha war das Tor nach Moskau und bildete die Öffnung zwischen den beiden großen Gewässern, der westlichen Düna und dem Dnjepr. Bevor die Deutschen diese Landbrücke erreichen konnten, mußten sie auf Straßen 80 Kilometer tiefe, mehr oder weniger dichte Waldgürtel überwinden. Auf diesen Waldstraßen waren die Truppenbewegungen eingeengt, und die Verbände mußten sehr weit auseinandergezogen werden. Moskau lag etwa 1150 Kilometer von der Grenze entfernt.

Im baltischen Raum gab es wenige unbedeutende Straßen, die von Ostpreußen durch die baltischen Staaten nach Leningrad führten. Die einzigen großen Flüsse waren der Njemen, die westliche Düna und die Welikaja Narwa, aber weite Sumpfgebiete und dichte Wälder stellten erhebliche Hindernisse dar. Das Gelände zwischen Leningrad und Moskau war bei den Waldaihöhen dicht bewaldet und sumpfig und für Panzerfahrzeuge ungeeignet. Leningrad lag mehr als 800 Kilometer von Ostpreußen entfernt.

Die topographischen und geopolitischen Verhältnisse machten es erforderlich, daß der Feldzug zu Beginn in drei großen Frontabschnitten geführt werden mußte. Der erste befand sich im Norden jenseits der Grenze, die von der Ostsee bis nach Brest-Litowsk führte, und von hier aus konnte entweder ein Vorstoß in die baltischen Staaten mit Richtung auf Leningrad oder nach Weißrußland in das europäische Zentralrußland mit Richtung auf Moskau geführt werden. Der zweite Frontabschnitt war schmaler und lag zwischen den Pripjetsümpfen und der ungarischen Grenze. Hier sollte der Vorstoß durch Galizien in die Ukraine erfolgen. Der dritte Stoß konnte von rumänischem Gebiet aus über den Pruth hinweg nach Bessarabien und in die Ukraine vorgetragen werden.

Wenige Tage nachdem das OKH die Anweisung erhalten hatte, die Probleme eines Feldzuges gegen die Sowjetunion zu untersuchen, stellte die Operationsabteilung den ersten Entwurf eines Aufmarschplans her, nach dem der deutsche Hauptstoß südlich der Pripjetsümpfe erfolgen sollte. Halder, der schon davon überzeugt war, daß der stärkste Stoßkeil in Richtung auf Moskau vorgehen sollte, lehnte den Plan ab. Der Entwurf von Marcks sah vor, daß der Hauptangriff nördlich der Pripjetsümpfe in Richtung auf die Landbrücke von Orscha und Moskau geführt werden sollte, während ein zweiter Angriff gegen die baltischen Staaten und Leningrad den Hauptstoß zu begleiten habe. Marcks hatte vorgeschlagen, daß ein weiterer zusätzlicher Angriff sich gegen den Raum südlich Kiew und den Dnjepr richten sollte, der später bis nach Baku und in den Kaukasus weitergeführt werden könnte.

Das Verhältnis zwischen Brauchitsch und Halder auf der einen Seite und Jodl auf der anderen war kühl, und Jodl wurde daher nicht von den Entwürfen des OKH unterrichtet, weil sie ihn angeblich nichts angingen. Doch Jodl ließ sich nicht aus den Planungen ausschalten. Er wies seinen ersten Generalstabsoffizier Warlimont an, einen Feldzugsplan des OKW zu entwerfen, damit Jodl in die Lage versetzt würde, die von Brauchitsch und Halder für das OKH ausgearbeiteten Entwürfe zu kritisieren.[13] Dieser Entwurf des OKW hat Hitler ohne Zweifel stark beeindruckt und die wichtigste Weisung wesentlich beeinflußt, die Ende des Jahres herausgegeben wurde. Jodls Entwurf, der im September 1940 fertiggestellt war, sah die Verwendung von drei Heeresgruppen für den Angriff vor. Zwei von ihnen sollten nördlich der Pripjetsümpfe und eine südlich davon vorgehen. Aber sein Hauptgedanke, den Hitler häufig wiederholte, bestand darin, daß die Fortführung der Offensive gegen Moskau über den Raum Landbrücke von Orscha, Smolensk hinaus davon abhängig gemacht werden sollte, wie die Angriffsverbände in den baltischen Staaten vorankamen.[14]

Am 29. Oktober reichte der neue stellvertretende Chef des Generalstabes des Heeres Paulus Halder eine Studie über seine Auffassungen hinsichtlich der strategischen Aspekte des geplanten Feldzuges ein. Diese Arbeit entsprach wahrscheinlich den Intentionen Halders; denn sie paßte zu dessen früheren Vorstellungen. Zwei deutsche Heeresgruppen, die Heeresgruppe Nord und die Heeresgruppe Mitte, sollten nördlich der Pripjetsümpfe und eine im Süden angreifen. Der Plan entsprach mehr dem unmittelbaren Interesse des deutschen Heeres an einem militärischen Sieg durch die Vernichtung feindlicher Streitkräfte als wirtschaftlichen Gesichtspunkten, und es kam besonders darin zum Ausdruck, daß ein Ausweichen der Roten Armee ins Innere Rußlands verhindert werden müsse. Die russischen Streitkräfte in den baltischen Staaten fanden weniger Beachtung; denn man schätzte, daß dort nur 30 Divisionen versammelt seien, während 60 Divisionen in Weißrußland und 70 in der Ukraine vermutet wurden. Außerdem ging der Plan von der Annahme aus, daß ein direkter Vorstoß gegen Moskau die beste Aussicht auf Erfolg haben würde. Im übrigen beschäftigte sich die Studie mit den bekannten, aber kaum verstandenen Problemen von Zeit und Raum in der Sowjetunion, mit der unfähigen Führung der Roten Armee, der Schwierigkeit, den Kampfwert des russischen Soldaten zu beurteilen, und dem Mangel an Einigkeit unter den zahlreichen Volksgruppen, aus denen sich die Bevölkerung der Sowjetunion zusammensetzte. Zum erstenmal kam hier

13 Warlimont war Chef der Abteilung L (Landesverteidigung), einer Abteilung des OKW, die für alle drei Wehrmachtteile zuständig war, und hatte die Aufgaben des ersten Generalstabsoffiziers von Jodl. Lossberg war zuständig für die Angelegenheiten des Heeres innerhalb der Abteilung L.

14 *Warlimont,* Inside Hitler's Headquarters, S. 136; *Greiner,* Die Oberste Wehrmachtführung, S. 295; The German Campaign in Russia Planning and Operations 1940–2 bis 2 t (D of A No. 30–261 a), S. 13. In Sonderakte Barbarossa reproduziert *Besymenski* auf S. 307–313 die Lossbergstudie WF. St/Op H 905 vom 15. September 1940. Aus diesem Dokument lassen sich die Ursprünge einer Reihe der fixen Ideen Hitlers ersehen, die ihn veranlaßten, im August 1941 den Versuch der Einnahme Moskaus aufzugeben.

auch die Frage der Überlegenheit der Sowjets im Hinblick auf die Menschenreserven zur Sprache. Obwohl Halder in seinem Tagebuch nichts darüber erwähnt, scheint er die Auffassungen von Paulus geteilt zu haben, und hat später einige darin zum Ausdruck gekommene Zweifel wiederholt.[15]

Zwischen dem 8. November und dem 3. Dezember wurden mehrere Kriegsspiele durchgespielt, hauptsächlich Planspiele und Kartenübungen unter der Leitung von Paulus, um die wichtigsten Probleme zu untersuchen, ehe am 12. Dezember eine offizielle Besprechung mit Hitler stattfand. Die Generalstabschefs der drei Heeresgruppen, die an dem Feldzug beteiligt werden sollten, untersuchten unabhängig voneinander die strategischen Fragen, und sie alle erkannten, welche Schwierigkeiten sich aus der Weite des russischen Raumes im Zusammenhang mit der deutschen Truppenstärke ergeben würden. Sie wiesen darauf hin, daß die Front immer breiter werden müsse, je weiter man in das feindliche Gebiet eindrang, und daß die zunächst etwa 2200 Kilometer breite Front sich sehr bald auf 3200 oder sogar 4000 Kilometer ausweiten würde. Wenn also die Rote Armee nicht in Grenznähe westlich der Linie Peipussee–Minsk–Kiew vernichtet werden konnte, dann würde es nicht genug deutsche Truppen geben, um weiter im Inneren Rußlands eine zusammenhängende Frontlinie zu besetzen.

Unter anderem besprach man auch die Schwierigkeiten, die sich ergeben würden, wenn drei Millionen Soldaten und eine halbe Million Pferde in einem weiträumigen Gebiet versorgt werden müßten, wo es nur wenige Straßen gab und wohin die Eisenbahnen nicht durchgeführt werden konnten, weil die russische Spurweite größer war als die deutsche und mitteleuropäische.[16] Der Befehlshaber des Ersatzheeres Fromm hatte schon darauf hingewiesen, daß nur etwas weniger als eine halbe Million Ersatzmannschaften zur Verfügung stünden, um die Ausfälle eines Sommerfeldzuges zu ersetzen. Außerdem bestand ein akuter Mangel an Motorfahrzeugen, obwohl man hoffte, ihn durch den Ankauf von Fahrzeugen bei der zivilen französischen Kraftfahrzeugindustrie auszugleichen. Die Kraftstoffversorgungslage war bedenklich; denn man verfügte nur noch über Benzinreserven für drei Monate und Dieselölreserven für einen Monat. Ein besonderes Problem war die Reifenversorgung, weil es an natürlichem und synthetischem Gummi fehlte, und man dachte sogar schon daran, leichtere Fahrzeuge mit Stahlreifen auszurüsten.[17] Anfang 1941 wurden in Deutschland nur 250 Panzer und Sturmgeschütze monatlich hergestellt.[18] Die Leistungen der deutschen Industrie hätten noch ungeheuer gesteigert werden können, aber sie war noch nicht genügend in die Tiefe gegliedert und außerdem von den Rohstoffimporten aus der UdSSR und anderen Ländern abhängig.

15 The German Campaign in Russia Planning and Operations 1940–2 (D of A No. 20 bis 261a), S. 14.

16 Die Spurbreite der Eisenbahnen in der Sowjetunion, Finnland und den baltischen Staaten (mit Ausnahme Litauens) betrug 1,524 m. In Mitteleuropa (Deutschland, Polen und Rumänien) war die Spurbreite 1,435 m.

17 *Halder*, Kriegstagebuch, Bd. 2, S. 257–260.

18 1941 wurden 2800 Panzer und Sturmgeschütze hergestellt. FD 2690/45 Bd. 10 (Flensburg Collection) Statistische Schnellberichte zur Kriegsproduktion.

Brauchitsch und Halder begannen jetzt an der Richtigkeit des Gesamtkonzepts der Strategie des Führers zu zweifeln. Wenn ein Krieg gegen die UdSSR tatsächlich notwendig war, dann war nach ihrer Auffassung die Vernichtung der Roten Armee das wichtigste Kriegsziel, und wirtschaftliche Überlegungen durften erst in zweiter Linie berücksichtigt werden. Ein Vorstoß gegen Moskau würde die feindlichen Hauptkräfte in diese Richtung ziehen. Die Eroberung des Raumes um Moskau würde nicht nur das wichtigste Kommunikationszentrum ausschalten und die russische Staatsführung in ihrer Zentrale behindern, sondern damit würde auch eine große Lücke in jede zusammenhängende Front der Roten Armee gerissen werden.

Bei der Besprechung mit Hitler am 5. Dezember deutete Brauchitsch solche Gedanken an, als er sagte, er zweifle daran, ob die Luftwaffe stark genug sei, gleichzeitig den Krieg gegen Großbritannien und die Sowjetunion fortzuführen. Er wurde jedoch sofort durch die schroffe Erwiderung Hitlers zum Schweigen gebracht, der sagte, die Luftwaffe könne an zwei Fronten Krieg führen, wenn der Feldzug gegen die Sowjetunion sich nicht in die Länge zöge. Halder wies noch einmal auf die Wichtigkeit des Vorstoßes gegen Moskau hin, den die Heeresgruppe Mitte zu führen habe, deren Flügel über so starke Panzerkräfte verfügen müßten, daß sie Flankenangriffe aus dem baltischen Raum oder der Ukraine abwehren könnten. Aber Hitler wollte nichts davon wissen und brachte Gegenargumente, die zum Teil von ihm selbst stammten, zum Teil auf Gespräche mit Göring und Jodl zurückzuführen sein mögen. Er sprach noch einmal von der Notwendigkeit, das Deutsche Reich vor Luftangriffen zu schützen, und behauptete, es sei notwendig, in breiter Front tief in Feindesland einzudringen. Auch wirtschaftliche Ziele seien sehr wichtig und könnten nicht mit leichter Hand abgetan werden. Er glaubte, der Kreml werde die baltischen Staaten und die Ukraine aus wirtschaftlichen Gründen und wegen der Ostseehäfen unter allen Umständen zu halten suchen aber im Mittelabschnitt weniger Widerstand leisten und Gelände aufgeben. Die Einnahme Moskaus durch die Deutschen sei schließlich nicht so wichtig. Die durch Panzerkräfte verstärkten Flügel der Heeresgruppe Mitte sollten in der Lage sein, nach Norden zur Ostsee oder nach Süden in die Ukraine einzuschwenken. Ein besonderes Interesse zeigte er für die baltischen Staaten.

Hier stellte sich Brauchitsch auf die Seite Halders und wies darauf hin, welche Bedeutung die alte, von Smolensk nach Moskau führende Straße für die Sowjets habe. Doch Hitler erklärte höhnisch, nur verkalkte Gehirne könnten so veraltete Vorstellungen haben. Man blieb also dabei, die Heeresgruppe Mitte solle, wie ursprünglich geplant, bis zur Landbrücke von Smolensk und Orscha vorstoßen, und der »Führer« ließ sich nicht darauf festlegen, wie die Operationen nach Erreichung dieser Angriffsziele weiterlaufen sollten.[19] Diese Planungslücke war dann eine der Ursachen für die deutschen Fehlschläge im Jahr 1941.

Es ist ganz augenscheinlich ein Fehler des OKH gewesen, daß es nicht darauf bestanden hat, die Ziele und die Durchführung des Feldzuges klar festzulegen. Aber

19 *Halder*, Kriegstagebuch, Bd. 2, S. 211–214, *Halder*, Hitler as War Lord, S. 41.

Hitler war damals der uneingeschränkte Herr des ganzen militärischen Apparats der Deutschen und wie seine Vorläufer davon überzeugt, vom Schicksal für eine bestimmte Mission ausersehen zu sein – und er glaubte an seinen Stern. Das OKH ließ die Angelegenheit deshalb ruhen und vertraute darauf, daß die Dinge sich von selbst nach Wunsch entwickeln und Hitlers phantastische Vorstellungen, wenn man ihn nicht weiter herausforderte, abklingen würden. Inzwischen verstärkte das Oberkommando die Heeresgruppe Nord in der Hoffnung, sie werde in den baltischen Staaten ebenso schnell vorankommen wie die Heeresgruppe Mitte bei ihrem Vorstoß gegen Smolensk und damit eine Lage schaffen, in der es nicht notwendig sein werde, den Angriff vor Moskau anzuhalten.

Die »Weisung Nr. 21«, die Hitler am 17. Dezember zur Unterschrift vorgelegt wurde, berücksichtigte die letzten Hinweise des »Führers« zu wenig. Das entging seiner scharfen Beobachtungsgabe und seinem guten Gedächtnis nicht, er änderte daher den Entwurf und erklärte, der Säuberung der baltischen Staaten vom Feinde und der Einnahme Leningrads und Kronstadts sei vorrangige Bedeutung zuzumessen, und starke gepanzerte Verbände seien für diese Aufgaben von der Heeresgruppe Mitte nach Norden abzustellen. Erst wenn dies geschehen sei, würden die offensiven Operationen gegen Moskau weitergeführt werden. Das Unternehmen, das zunächst den Namen »Fritz« erhalten hatte, wurde auf Hitlers Befehl umbenannt und hieß jetzt »Fall Barbarossa« nach dem Kaiser des Heiligen Römischen Reichs aus dem 12. Jahrhundert, Friedrich von Hohenstaufen, der auf einem Kreuzzug im Orient gestorben war. Die neue Bezeichnung sollte ein Hinweis darauf sein, daß dieser Krieg ein Kreuzzug war. Die »Weisung Nr. 21«, »Fall Barbarossa«, wurde am 18. Dezember 1940 von Hitler als Oberstem Befehlshaber der Wehrmacht unterzeichnet.[20]

Die Weisung war hinsichtlich der eigenen Absichten, der Ausdrucksweise und der äußeren Form weitschweifig und unzusammenhängend. Das in den ersten Zeilen bezeichnete Kriegsziel war die Vernichtung Sowjetrußlands in einem raschen Feldzug, doch dort, wo über die allgemeinen Absichten gesprochen wurde, hieß es, das endgültige Ziel der Operationen sei es, in der allgemeinen Linie Archangelsk–Wolga eine Barriere gegen das asiatische Rußland zu errichten. Im Hauptteil des Befehls war die Handschrift Hitlers deutlich zu erkennen, der hier die verschiedenen Rollen übernahm, die er sich angemaßt hatte: die des Industriellen und Wirtschaftlers, die des Oberbefehlshabers, des Befehlshabers einzelner Verbände bis hinab zum Korps (er sprach über die Details der Verwendung von zwei oder drei Divisionen im Raum Rovaniemi) und sogar die des Fliegerführers Hitler, der die Luftwaffe anwies, wie sie Flußübergänge zu schützen habe. Industriezentren sollten durch die Luftwaffe vernichtet werden, und die Rote Armee war entweder vernichtend zu schlagen oder zu verfolgen. Das wegen der dort gelegenen Rüstungsindustrie wichtige Donezbecken sollte im Verlauf der Verfolgungsoperationen ebenso genommen werden wie Moskau, dessen Einnahme »einen entscheidenden

20 *Warlimont,* Inside Hitler's Headquarters, S. 138.

wirtschaftlichen und politischen Erfolg« bedeute. Die Weisung enthielt also zahlreiche von einander unabhängige Ziele, und keines von ihnen wurde irgendwie als Primärziel gekennzeichnet. Hitler stand davor, das deutsche Heer in die Sowjetunion zu schicken, um vier Jahre lang eine willkürliche Jagd auf Seehäfen, Städte, Ölraffinerien, Getreide, Kohle, Nickel, Mangan und Eisenerz zu veranstalten.

Nach dem 5. Dezember gingen die ersten vorläufigen Befehle an die Heeresgruppen hinaus. Am 31. Januar 1941 unterzeichnete Brauchitsch die ausführlichen Anweisungen des OKH.[21] Sie waren klar und sachlich, beschränkten sich jedoch auf die Eröffnungsphase und das Antreten der drei Heeresgruppen gegen die Sowjetunion. Dabei war es ihre Aufgabe, den Feind an der Errichtung einer festen Front an den neuen oder alten Grenzbefestigungen oder an der Flußlinie westliche Düna–Dnjepr zu hindern. Brauchitsch wiederholte Hitlers falsche Vermutung, der Kreml werde sich entschlossen darum bemühen, die militärischen Basen im baltischen Raum und am Schwarzen Meer zu halten, und betonte die Weisung Hitlers, daß die Heeresgruppe Mitte nach Erreichen von Smolensk Panzerverbände zum Angriff gegen Leningrad abstellen solle. Erst wenn die baltischen Staaten und Nordrußland vom Feinde gesäubert seien, werde sich die Frage stellen, ob ein weiterer Vorstoß nach Moskau erfolgen solle.

Am 3. Februar hielt Halder einen ausführlichen Vortrag über die Aufmarschanweisung des OKH, der ohne Zwischenfall vorüberging, nur weigerte sich Hitler, an die Aufstellung weiterer Verbände zu denken.[22] Er betonte jedoch besonders die wirtschaftliche Bedeutung der baltischen Staaten und der Ukraine für die Sowjetunion und für Deutschland.

Im Mai 1941 nahmen die Deutschen an, die Rote Armee verfüge über 121 Schützendivisionen und 21 Kavalleriedivisionen, die sich einem ersten deutschen Angriff entgegenstellen könnten. Über die Stärke der sowjetischen Panzerverbände waren sie sich nicht so sicher, glaubten jedoch, die Rote Armee habe etwa fünf Panzerdivisionen und 33 motorisierte Brigaden in Westrußland. Man schätzte, weitere 25 Divisionen seien an der finnischen und türkischen Grenze aufmarschiert, und etwa 30 Divisionen stünden im Fernen Osten.[23] Man nahm an, die Gesamtstärke der

21 Aufmarschanweisung Barbarossa, OKH Gen St d H Op Abt (1), Nr. 050/41 g. Kdos Chefs, 31. Januar 1941.

22 WF St 44089/41 g Kdos Chefs vom 3. Februar 1941.

23 Beurteilung Kinzel, Abteilung Fremde Heere Ost, vom 20. Mai 1941. Siehe auch *Halder*, Kriegstagebuch, Bd. 2, S. 266. Am Vorabend des Krieges am 21. Juni erhöhte sich diese Schätzung geringfügig, so daß man für das gesamte europäische Rußland 154 Schützendivisionen, 10 Panzerdivisionen, 25 Kavalleriedivisionen und 37 motorisierte Brigaden annahm. *Halder*, Kriegstagebuch, Bd. 2, S. 461. Nach Angaben von *Schukow* standen in den Grenzbezirken vor der deutschen, ungarischen und rumänischen Grenze 150 Divisionen, die wie folgt verteilt waren:

	Divisionen:				
Grenzbezirke	Schützen-	Panzer-	Mot.	Kav.	Gesamt
Baltischer	19	4	2	–	25
Westlicher	24	12	6	2	44
Südwestlicher	32	16	8	3	59
Odessa	13	4	2	3	22
Gesamt:	88	36	18	8	150

Roten Luftwaffe beliefe sich auf mehr als 4000 einsatzfähige Flugzeuge, und die Sowjets hätten etwa 10.000 Panzerwagen zur Verfügung. Man vermutete richtig, daß die russischen Flugzeuge und Panzer den deutschen unterlegen seien.[24]

Der deutsche Angriff sollte von drei Heeresgruppen geführt werden, deren jede von einer Luftflotte unterstützt wurde. Die Heeresgruppe Nord unter dem Befehl des Feldmarschalls von Leeb war die schwächste und bestand aus einer Panzergruppe und zwei Armeen, insgesamt 26 Divisionen mit 2 Panzerdivisionen und 3 motorisierten Divisionen.[25] Die Heeresgruppe Nord sollte von Ostpreußen aus durch die baltischen Staaten gegen Leningrad vorgehen.

Die stärkste Heeresgruppe war die unter dem Befehl des Feldmarschalls von Bock stehende Heeresgruppe Mitte. Sie bestand aus zwei Panzergruppen und zwei Armeen. Das waren zusammen 50 Divisionen einschließlich von 9 Panzerdivisionen und 6 motorisierten Divisionen. Die Heeresgruppe sollte einen mit zwei Stoßkeilen angesetzten, weiträumigen Zangenangriff nördlich und südlich der Fronteinbuchtung bei Bialystok führen. Dabei sollte die Panzergruppe am Nordflügel mit einer Armee aus dem Raum Suwalki über Wilna gegen Witebsk und Smolensk vorgehen, während der südliche Stoßkeil von Brest–Litowsk am Nordrand der Pripjetsümpfe entlang auf Bobruisk und Smolensk vorstieß. Diese Zangen sollten die aus starken Panzerkräften bestehenden Flügel zum Flankenschutz der Heeresgruppe bilden und sich bereithalten, nach Norden in den baltischen Raum oder nach Süden in die Ukraine einzuschwenken, sobald Hitler das befahl.

Die Heeresgruppe Süd unter dem Kommando von Feldmarschall von Rundstedt erhielt den Auftrag, mit zwei getrennt operierenden Flügeln von Südpolen und Rumänien aus anzugreifen. In Polen sollten eine Panzergruppe und eine Armee aus dem Raum Lublin südlich der Pripjetsümpfe in die allgemeine Richtung gegen Kiew und den Dnjepr vorstoßen, während eine zweite Armee rechts davon gegen Lemberg und Winniza vorging. Im Rumänien wurde eine durch Panzer und motorisierte Truppen verstärkte deutsche Armee zusammen mit rumänischen Verbänden zu einem Angriff über den Pruth gegen Bessarabien und die Ukraine angesetzt. Die von Rundstedt befehligten Kräfte bestanden aus 41 deutschen Divisionen einschließlich von 5 Panzerdivisionen und 3 motorisierten Divisionen. Daneben war ihm ein rumänischer Verband in Stärke von etwa 14 Divisionen unterstellt.

28 deutsche Divisionen mit 2 Panzerdivisionen und 2 motorisierten Divisionen bildeten die Reserve des OKH.[26] Etwa 8 deutsche Divisionen sollten in Finnland eingesetzt werden. Insgesamt bestanden die deutschen Kräfte im Osten ohne die in Finnland stationierten Truppen aus 145 Divisionen, von denen 19 Panzerdivisio-

Schukow, Wospominanija i Rasmyślenija, S. 250. Weitere 20 Divisionen waren gegen Finnland aufmarschiert, und 133 Divisionen standen noch im Inneren Rußlands und im Fernen Osten. 50 Let Wooružennych Sil SSSR, S. 235.

24 *Halder*, Kriegstagebuch, Bd. 2, S. 267.

25 Einzelheiten über die deutschen Heeresgruppen finden sich in Anhang B zu diesem Buch. Die Divisionsstärken sind der Kriegsgliederung des OKH vom 18. Juni 1941 entnommen.

26 Diese Reserven kamen schon nach den ersten Kriegswochen in den Einsatz.

nen und 14 motorisierte Divisionen waren, während die deutschen Verbündeten weitere 40 Divisionen stellten.[27] Die deutschen Panzerdivisionen verfügten insgesamt über 3300 Panzer, nur 800 mehr als im Feldzug gegen Frankreich. Außer den 3300 Panzern kamen 250 als Kettenfahrzeuge ausgerüstete Sturmgeschütze in den Einsatz.[28]

Die Zahl der deutschen in Westeuropa zurückgelassenen Divisionen mit geringerem Kampfwert war vielleicht größer, als es die Lage dort erfordert hätte, wenn man die Tatsache bedenkt, daß die britische Armee damals nicht in der Lage war, viele Divisionen für eine amphibische Offensive freizumachen, und nur wenige Landungsfahrzeuge besaß, die für eine solche Operation hätten verwendet werden können. 38 deutsche Divisionen standen im besetzten Frankreich und in Flandern, eine in Dänemark und 7 in Norwegen, weitere 7 auf dem Balkan und 2 in Nordafrika. Die Verbände der Luftwaffe im Osten verfügten über etwas mehr als 2000 einsatzfähige Flugzeuge, darunter weniger als 800 Jäger. Etwas mehr als 1500 Flugzeuge blieben im Westen zur Verteidigung des Reichsgebiets und zum Einsatz gegen Großbritannien.[29]

Während der letzten Monate vor Angriffsbeginn gingen die Planungen und Einweisungen weiter. Im März überlegte es sich der »Führer« noch einmal, ob er von Rumänien aus einen Angriff mit Panzerverbänden führen sollte. Alle Flüsse, die quer vor der Front verliefen, waren beachtliche Panzerhindernisse, aber noch mehr fürchtete er, daß die Aufmerksamkeit der Sowjets sich diesem Gebiet zuwenden und eine Gegenoffensive der Roten Armee die deutsche Ölversorgung in Ploesti gefährden könnte. Alle motorisierten und Panzerdivisionen wurden deshalb von der deutschen 11. Armee in Rumänien abgezogen und dem I. Panzerkorps in Südpolen am linken Flügel der Heeresgruppe Süd zugeteilt. Die 11. Armee erhielt die Aufgabe, den Rumänen bei einem Unternehmen den Rücken zu stärken, das eigentlich nicht mehr sein sollte als eine Fesselungsaktion, wenn die Rumänen langsam nach Bessarabien vorgingen. Die Schützenkorps der 11. Armee sollte über die ganze Moldaufront verteilt und mit einzelnen Truppenteilen als »Korsettstangen« zwischen den rumänischen Verbänden eingesetzt werden.[30]

Die Schwierigkeiten, die sich bei den zahlreichen Planspielen und Besprechungen herausgestellt hatten, waren auf verschiedene Weise zu lösen. Die Berichte des Feindnachrichtendienstes zeigten, daß die Masse der Roten Armee schon weit westlich aufmarschiert war, und man nahm an, sie werde eher dazu neigen, die grenznahen Gebiete zu verteidigen, als sich auf eine elastische Abwehr einzulassen.[31] Man beabsichtigte daher, mit den deutschen Panzerverbänden in weiten Umfassungs-

27 Die Gesamtstärke der deutschen Streitkräfte betrug 3.200.000 Mann.
28 Im Juni 1941 gab es nur 11 Abteilungen Sturmgeschütze. Die Abteilung verfügte über nur 18 Kampffahrzeuge.
29 *Deichmann*, German Air Force Operations in Support of the Army, S. 158.
30 Hitler rechtfertigte später das Abziehen der Panzer vom rechten Flügel damit, daß er die Rote Armee in der Südukraine und Bessarabien habe binden und nicht über den Dnjepr zurücktreiben wollen.
31 Lagebeurteilung Kinzel, Abteilung Fremde Heere Ost, vom 20. Mai 1941.

und Einschließungsbewegungen tief in den Rücken des Feindes vorzustoßen und diesem alle Rückzugswege abzuschneiden. Die deutschen Armeen, die fast ausschließlich aus Infanteriedivisionen bestanden, deren Beweglichkeit von den Marschleistungen des Infanteristen abhing, konnten mit den motorisierten Panzerkorps nicht schritthalten, und eine exakte Koordinierung der Bewegungen beider Verbände war unmöglich.

Die aus Infanteriedivisionen bestehenden Armeen mußten daher unabhängig operieren, im Verlauf ihres stetigen Vormarsches die eingeschlossenen feindlichen Kräfte vernichten und das Gelände vom Feinde säubern. Aber die Panzergruppen würden ebenfalls nach dem Durchbrechen der ersten Verteidigungsstellungen der Roten Armee die Unterstützung der Infanterie brauchen, und aus diesem Grunde war jedem Panzerkorps ein Infanteriekorps zugeteilt und unterstellt. Die Aufgabe dieser Infanteriekorps war es, möglichst rasch Lücken in die feindliche Verteidigungsstellung zu schlagen, durch welche die Panzerverbände durchstoßen konnten. Nach Erfüllung dieser Aufgabe sollten die Infanterieverbände wieder ihren Armeen unterstellt werden.[32]

Man machte sich gewisse Sorgen um die Frage, wie man die Eingänge und Ausgänge der Straßen sichern sollte, die durch die tiefen Waldgürtel vor der Front der Heeresgruppe Mitte führten, und zunächst beabsichtigte man, diese Sicherungsaufgaben durch Luftlandetruppen übernehmen zu lassen. Doch viele dieser Wälder lagen tief im feindlichen Hinterland, und deshalb war es unwahrscheinlich, daß man die Luftlandetruppen schnell würde einsetzen können. Da die deutschen Luftlandeverbände außerdem erst kürzlich auf Kreta schwere Verluste erlitten hatten, waren sie noch nicht bereit, solche Aufgaben zu übernehmen. Das Vorhaben wurde daher aufgegeben.

Die Versorgung der deutschen Truppen auf dem Vormarsch über riesige Entfernungen in einem weiträumigen Bewegungskrieg sollte sich als ganz besonders schwierig erweisen. Erstens konnte man sich nicht auf das vorhandene Eisenbahnnetz verlassen; denn die Schienenwege mußten auf die in Mitteleuropa übliche Spurweite umgenagelt werden. Lufttransportmittel standen nur in beschränktem Umfang zur Verfügung, und man mußte sich deshalb fast ausschließlich auf die Versorgung mit motorisierten Fahrzeugen einstellen, die man durch an Ort und Stelle vorgefundene Transportmittel ergänzen wollte. Da man annahm, der Feldzug werde bis zum Herbst abgeschlossen sein, war nur ungenügend für Winterbekleidung vorgesorgt worden, und die vorhandenen Bestände reichten nur für ein Drittel der Truppen.

Die Strategie des Unternehmens »Barbarossa« war auf die taktische Überraschung angelegt, der die Einkreisung und Vernichtung der feindlichen Verbände nahe der deutschen und rumänischen Grenze folgen sollte, ehe der Feind sich zurückziehen konnte. Die Heeresgruppe Nord sollte den Gegner in den baltischen Staaten

32 Beim Einbruch in die feindlichen Verteidigungsstellungen an der linken Flanke der Heeresgruppe Süd wurde kein Infanteriekorps verwendet.

umfassen und vernichten, gemeinsam mit den Finnen Leningrad einnehmen und Nordrußland vom Feinde säubern. Die Heeresgruppe Mitte sollte die feindlichen Kräfte in Weißrußland nach einem kühnen Vorstoß bis Minsk und zur Landbrücke von Orscha einkreisen und vernichten. Dann sollten etwa die Hälfte der Panzerverbände zur Heeresgruppe Nord abgestellt werden, um diese bei der Säuberung des baltischen Raums und der Einnahme Leningrads zu unterstützen, während die andere Hälfte zum Einsatz in der Ukraine bereitzuhalten war. In der Ukraine hatte die Heeresgruppe Süd den Auftrag, schnell bis nach Kiew und zu den Dnjeprübergängen durchzustoßen, um hier dem Gegner den Rückzug abzuschneiden.

Was anschließend geschehen sollte, wußte niemand, am wenigsten Hitler. Das war vielleicht nicht unbedingt ein besonders erschwerender Umstand, ausgenommen die Tatsache, daß nicht bekannt war, welche Kräfte die Sowjetunion noch im europäischen Zentralrußland oder in Asien zurückhielt oder dort aufstellen konnte. Kein Deutscher hatte eine Ahnung davon, wie es in diesen Gebieten aussah, und die deutschen Invasionstruppen sollten dort, wo vor zwanzig Jahren nur Dörfer gestanden hatten, große Industriestädte und im ehemaligen Steppengebiet fruchtbares kultiviertes Land vorfinden.

5. Kapitel

Japan und Finnland

Die Japaner waren von 1902 bis 1919 zuverlässige Verbündete der Briten gewesen, aber die Weigerung Großbritanniens, den englisch-japanischen Vertrag zu erneuern, und seine Annäherung an die Vereinigten Staaten hatten Tokio nachhaltig verstimmt. Nach 1931 erfolgten die japanischen Invasionen der Mandschurei und Chinas, 1936 unterzeichnete Japan gemeinsam mit Deutschland den »Antikominternpakt«, und drei Jahre später kämpften japanische Truppen gegen Verbände der Roten Armee an den Grenzen der fernöstlichen Seeprovinzen der Sowjetunion. 1940 unterzeichnete Japan Hitlers »Dreierpakt« und verpflichtete sich damit, auf seiten der »Achsenmächte« in den Krieg einzutreten, wenn die Vereinigten Staaten sich auf die Seite Großbritanniens stellen sollten. Dann bemühte sich Japan, seine Stellung an seiner mandschurischen Nordflanke zu sichern und versuchte, die Beziehungen zu Moskau zu verbessern.

Die deutsche Haltung gegenüber Japan war freundlich und reserviert. Es bestand kein besonderes Vertrauensverhältnis zwischen beiden Staaten, und es kam zu keiner engen Zusammenarbeit. Als der japanische Außenminister Matsuoka Ende März 1941 nach Berlin kam, sagte Ribbentrop ihm, eine Zusammenarbeit mit der Sowjetunion sei auf die Dauer unmöglich, und empfahl ihm, bei seinem bevorstehenden Besuch in Moskau politische Gespräche mit der Sowjetunion zu vermeiden. Ribbentrop legte sich nicht weiter fest, als daß er sagte, ein Krieg zwischen Deutschland und der UdSSR sei »möglich«. Für den Fall eines sowjetischen Angriffs gegen Japan versprach er Matsuoka deutsche Hilfe. Der japanische Außenminister nahm die Versicherungen Ribbentrops zur Kenntnis, legte sich seinerseits hinsichtlich des weiteren Vorgehens Japans nicht fest, sondern erklärte, er habe die Absicht, in Moskau Gespräche über einen Nichtangriffspakt zu führen.

Am 4. April startete Matsuoka Hitler einen Besuch ab, der sich an diesem Tage in Hochstimmung befand und sagte, er habe Vorsorge getroffen, daß kein amerikanischer Soldat in Europa landen könne. Für den Fall eines japanischen Krieges gegen die Vereinigten Staaten sagte Hitler seine Hilfe zu. Diese mündlichen Zusagen waren zwar in unverbindlichem Ton gegeben worden, verlangten aber augenscheinlich keine Vorleistungen, nur kam darin zum Ausdruck, daß die Deutschen an einem japanischen Angriff gegen Singapur interessiert waren.[1] Andererseits machte sich in Tokio eine gewisse Nervosität fühlbar, da Japan nach den Bedingungen des »Dreierpakts« verpflichtet war, Deutschland zu Hilfe zu kommen, während die

1 Nazi-Soviet Relations 1939–41, S. 298–315; s. a. *Hubatsch*, Hitlers Weisungen für die Kriegführung 1939–45, Weisung Nr. 24 über Zusammenarbeit mit Japan, S. 103–105.

Deutschen sich hinsichtlich der japanischen Beziehungen zur Sowjetunion zu keiner Hilfeleistung verpflichtet hatten.[2] Am 13. April unterzeichnete Matsuoka in Moskau den sowjetisch-japanischen Neutralitätsvertrag, der in Berlin zwar nicht gerade begeistert begrüßt wurde, doch war man dort der Auffassung, er sei mit dem »Dreierpakt« vereinbar. Fünf Wochen später bat der japanische Botschafter in Berlin, Oshima, der wußte, daß man im diplomatischen Korps ganz offen über die Möglichkeit eines deutschen Angriffs gegen die Sowjetunion sprach, Weizsäcker um nähere Unterrichtung, aber ohne Erfolg.[3]

In einer nachrichtendienstlichen Lagebeurteilung vom 20. Mai teilte Kinzel von der Abteilung Fremde Heere Ost des OKH mit, die Unterzeichnung des sowjetisch-japanischen Vertrags habe die Sowjets nicht veranlaßt, Truppen der Roten Armee aus dem Fernen Osten abzuziehen, während der deutsche Militärattaché in Tokio vier Tage später sogar vermutete, wenn die Vereinigten Staaten infolge des russisch-deutschen Konflikts gezwungen würden, in den Krieg einzutreten, bestünde die Möglichkeit, daß Japan Wladiwostok angriffe.[4]

Als Hitler dann die Sowjetunion angriff, war Japan nicht im voraus von diesem Schritt unterrichtet worden.[5] Die deutschen Beziehungen zu Finnland gestalteten sich ganz anders.

Nach der Unterzeichnung des deutsch-russischen Nichtangriffspakts im August in Moskau hatte die Sowjetunion im Herbst 1939 ihre ersten Forderungen an Finnland gestellt, und die finnische Weigerung, sie zu erfüllen, hatte zu dem vier Monate dauernden Winterkrieg geführt, als dessen Folge Finnland mehr als ein Zehntel seines wertvollsten Gebiets und seiner Rohstoffe an die Sowjetunion verlor. Fast eine halbe Million Finnen wurden heimatlos.

Im Anschluß daran lebte Finnland vom März 1940 bis zum Juni 1941 unter der ständigen Drohung, besetzt und vollständig vernichtet zu werden. Die Sowjetunion drängte auf die Überlassung von Konzessionen in den Nickelminen von Petsamo und verlangte Ausgleichszahlungen für private und öffentliche Vermögenswerte, die in den abgetretenen Gebieten angeblich vernichtet oder von dort abtransportiert worden waren. Moskau mischte sich in die Innen- und Außenpolitik des kleinen Nachbarlandes ein, übte politischen Druck bei den Präsidentenwahlen und bei der Ernennung des Kabinetts aus und verweigerte Finnland das Recht, sich in irgendeiner Form am skandinavischen Verteidigungsbündnis zu beteiligen. Es sah aus, als warte die UdSSR nur auf die Gelegenheit, Finnland zu annektieren, und als werde sie von diesem Vorhaben nur durch das neu geweckte Interesse Hitlers an der Ostsee abgehalten. Im September 1940 mußten die Finnen den in Hangö stationierten sowjetischen Truppen die Benutzung der finnischen Eisenbahn erlauben.[6]

2 *Beloff*, The Foreign Policy of Soviet Russia, Bd. 2, S. 373.
3 Nazi-Soviet Relations 1939–41, S. 342.
4 Nazi Conspiracy and Aggression, Bd. 4, S. 100.
5 Anm. d. Hrsg.: Vgl. dazu die Anmerkung des Hrsg. 42 auf S. 33.
6 Wenige Wochen später erlaubte Finnland deutschen Verwundeten- und Krankentransporten sowie Urlaubern die Durchfahrt auf dem Wege zwischen Norwegen und der Ostsee.

Im Oktober 1940 deutete der deutsche Militärattaché in Helsinki den Finnen die Möglichkeit eines militärischen Zusammenstoßes zwischen Deutschland und der Sowjetunion an, und man spürte deutlich, daß den Deutschen viel daran gelegen war, unter den verschiedensten Vorwänden nähere Beziehungen zu finnischen Militärs anzuknüpfen. Hitler hatte bisher nicht viel vom Kampfwert der finnischen Truppen gehalten und war überrascht, als er hörte, welch hohe Meinung der deutsche Militärattaché von ihnen hatte. Mitte Dezember wurde der finnische General Talvela nach Deutschland eingeladen, und im folgenden Monat hielt der Chef des finnischen Generalstabes, Generalleutnant Heinrichs, vor der deutschen Kriegsakademie in Berlin einen Vortrag über den Winterkrieg. Halder und sein Stab benutzten die Gelegenheit, sich möglichst genau über die militärischen Gegebenheiten in Finnland zu orientieren.[7] Der Generalstabschef der deutschen Norwegen-Armee, Buschenhagen, fuhr immer wieder nach Finnland, angeblich um über Transportprobleme zu sprechen.[8]

Am 26. Mai 1941 hatte Hitler den Sonderbotschafter Schnurre zum finnischen Präsidenten Ryti geschickt, um diesem zu erklären, daß zwar die Möglichkeit bestünde, die Differenzen zwischen Deutschland und der UdSSR auf friedliche Weise beizulegen, man jedoch nicht übersehen dürfe, daß die Sowjetunion eines Tages Finnland angreifen könnte. Ryti soll darauf erklärt haben, daß Finnland sich nicht in einen Krieg zwischen den Großmächten hineinziehen lassen wolle, habe sich jedoch durch die Versicherung Schnurres einigermaßen beruhigen lassen, daß ein sowjetischer Angriff gegen Finnland von Berlin als ein gegen Deutschland gerichteter kriegerischer Akt angesehen werden würde.

Auf Hitlers Einladung kam Heinrichs am 25. Mai mit einem kleinen Stab nach Salzburg, um mit Keitel und Jodl Gespräche zu führen, und traf sich am folgenden Tage in Berlin mit Halder. Jodl, der sagte, er sei kein Optimist, behauptete, der Krieg im Westen sei vorüber, und ein Feldzug im Osten werde mit Sicherheit nur wenige Monate dauern. Er verlangte, Finnland solle im Kriegsfall die Verbände der Roten Armee an der finnischen Grenze binden und die Deutschen bei ihren Operationen gegen Leningrad, Murmansk und Salla unterstüzen.[9]

Die Finnen, die schon so lange am Rande des Krieges und der Vernichtung gelebt hatten, beeilten sich, jede Unterstützung, die Deutschland anbot, anzunehmen. Im Spätsommer 1940 trafen die ersten deutschen Waffenlieferungen in Finnland ein, und Dietls Gebirgsjägerkorps in Nordnorwegen erhielt den Befehl, sich auf den Schutz des Raumes um Petsamo vorzubereiten. Im Dezember und Januar wurde die Armee von Falkenhorsts in Norwegen angewiesen, eine Studie über das Unternehmen »Silberfuchs« anzufertigen, bei dem deutsche und finnische Truppen den Hafen Kandalakscha und die Halbinsel Kola nehmen sollten, um damit die Eisen-

7 *Halder*, Kriegstagebuch, Bd. 2, S. 264, 30. Januar 1941.
8 *Mannerheim*, Memoirs, S. 405.
9 Ebenda, S. 406–408; *Keitel*, Memoirs, S. 156; *Halder*, Kriegstagebuch, Bd. 2, S. 428, 26. Mai 1941; *Erfurth*, Der Finnische Krieg 1941–1944, S. 30–31.

bahnlinie nach Murmansk zu unterbrechen und gleichzeitig nach Südosten bis zum Ladogasee und Onegasee vorzustoßen.

Man stellte fest, daß die Voraussetzungen für das Unternehmen »Silberfuchs«, zu dem starke deutsche Kräfte aus Nordnorwegen nach Südfinnland verlegt werden mußten, ungünstig waren, und zwar aus den verschiedensten Gründen. Die einzige Eisenbahnlinie, die von der Barents-See zum Ladogasee führte, war die in sowjetischen Händen befindliche Eisenbahnlinie nach Murmansk. Die sowjetische Nordmeerflotte war bei Murmansk stationiert, und die britischen Seestreitkräfte waren in diesem Gebiet sehr stark und aktiv. Die deutsche Armee in Norwegen verfügte nur über geringe Luftstreitkräfte, und die Einnahme von Murmansk von See her kam nicht in Frage. Die in Norwegen stationierte deutsche Armee verfügte über nur wenige Fahrzeuge, und es war deshalb unmöglich, rasch stärkere Verbände durch Finnland auf dem Landwege von Norden nach Süden zu verlegen. Außerdem schienen die Schweden nicht bereit zu sein, den Durchmarsch solcher Truppen durch schwedisches Gebiet zu erlauben.

In seiner Weisung für das Unternehmen »Barbarossa« hatte Hitler befohlen, daß die in Norwegen stationierte Armee die Nickelminen von Petsamo gegen einen feindlichen Angriff sichern und die sowjetische Eisenbahnlinie nach Murmansk unterbrechen sollte, da Murmansk der einzige auch im Winter eisfreie sowjetische Hafen war.[10] Da die Finnen nur wenig Interesse für Operationen im Norden zeigten und die deutsche Initiative in diesem Raum begrüßten, beschloß man, den Angriff gegen die Eisenbahnlinie von Murmansk in der Hauptsache von deutschen Truppen führen zu lassen. Aber aus unerklärlichen Gründen befahl Hitler drei voneinander getrennt geführte Vorstöße, deren keiner stark genug war, um sein Ziel zu erreichen.

Im nördlichen Küstenstreifen sollte Dietls Gebirgsjägerkorps mit zwei Divisionen von Norwegen aus gegen das finnische Gebiet bei Petsamo vorgehen und dann an der Küste der Barents-See bis zum Hafen von Murmansk vorstoßen. Etwa 320 Kilometer weiter südlich sollte das XXXVI. Armeekorps unter Feige mit zwei deutschen Infanteriedivisionen und einer finnischen Infanteriedivision aus dem Raum Rovaniemi nach Osten vorstoßen und die Eisenbahnlinie am Weißmeerhafen Kandalakscha unterbrechen. Das finnische III. Korps unter Siilasvuo mit etwas mehr als einer Division sollte einen Entlastungsangriff 160 Kilometer weiter südlich gegen Uchtua und Kem parallel zum Angriff des XXXVI. Korps führen. Die ganze Operation stand unter dem Befehl des Oberbefehlshabers der deutschen Armee in Norwegen, von Falkenhorst, der neben seinem Armeehauptquartier in Norwegen ein vorgeschobenes Stabsquartier in Finnland einrichten sollte. Falkenhorst unterstand dabei dem OKW und nicht dem Feldmarschall von Brauchitsch und dem OKH.

Nun mußten nur noch die Finnen von diesen Plänen unterrichtet werden, die zunächst als für eine hypothetische Lage zutreffend bezeichnet wurden. Am 3. Juni fanden weitere Gespräche mit dem finnischen Generalstab statt, wobei auf deutscher

10 *Hubatsch*, Hitlers Weisungen für die Kriegführung 1939–1945, Weisung Nr. 21, S. 86.

Seite Buschenhagen als Vertreter des OKW auftrat. Der Chef der Abteilung Fremde Heere Ost, Kinzel, vertrat das OKH. Die Finnen erklärten sich bereit, die Verantwortung für die Operationen in Südostfinnland zu übernehmen und, wenn notwendig, nach einer Abruf-Frist von fünf Tagen nordwestlich und südwestlich des Ladogasees anzugreifen. Dazu sollten zunächst sechs Divisionen eingesetzt werden, denen sieben weitere folgen könnten. Aber die Finnen waren nicht bereit, bei ihrem Angriff den Swir zu überschreiten.[11] Alle Truppen im Südosten sollten dem finnischen Oberbefehlshaber Mannerheim unterstellt werden. Mannerheim entstammte einer schwedisch-finnländischen Familie und hatte sich als General in der kaiserlich-russischen Armee und später im Unabhängigkeitskrieg gegen die Bolschewiken ausgezeichnet. Über die Einzelheiten der Abgrenzung der Befehlsbefugnisse Falkenhorsts und Mannerheims wurden keine präzisen Vereinbarungen getroffen.

Am 17. Juni begannen die Finnen im geheimen mobilzumachen, nachdem sie Berlin das Versprechen abgerungen hatten, Deutschland werde die Unabhängigkeit Finnlands garantieren und die ursprünglichen finnischen Grenzen wiederherstellen. Die Finnen wußten also, daß ein Krieg bevorstand, auch wenn ihnen das Datum des Kriegsbeginns noch nicht bekannt war. Einige Quellen deuten darauf hin, daß Helsinki in Berlin gebeten hatte, man möge mit dem Kriegseintritt Finnlands bis sieben Tage nach Beginn des Unternehmens »Barbarossa« warten, um den Eindruck zu erwecken, Finnland sei gegen seinen Willen in den Krieg hineingezogen worden.[11] Aus diesem Grunde gab Finnland am 22. Juni 1941 eine Neutralitätserklärung ab. In der Erwartung eines kurzen Krieges war eine halbe Million Mann, etwa 16 Prozent der Gesamtbevölkerung, mobilgemacht worden.

Die großen Schwierigkeiten, die sich bei der Versorgung und Verschiebung von Truppen, besonders in Nord- und Mittelfinnland, ergaben, kennzeichneten den Krieg im Norden. Der beste und sicherste Versorgungsweg war der Seeweg über die Ostsee, die jedoch im Winter zufror und deshalb nicht benutzt werden konnte. Außerdem fehlte es den Deutschen an Schiffsraum. Auf dem nördlichen Seeweg, der die Barents-See mit dem Atlantik verband, mußte mit britischen Kriegsschiffen und U-Booten gerechnet werden. Von Norwegen nach Kirkenes an der norwegisch-finnischen Grenze führte nur eine einzige Straße, die bei ungünstigem Wetter nicht passierbar war. Die einzige andere Möglichkeit war der Weg durch Schweden über eine Straße und eine Eisenbahnlinie. In Finnland selbst gab es nur wenige Straßen und eine eingleisige Eisenbahn, die zur Versorgung der deutschen Truppen in Mittelfinnland, aber nicht im Norden benutzt werden konnte. Die Bahn verfügte über nur geringes rollendes Material, und da die finnische Eisenbahn die russische Spurweite hatte, konnte dieser Mangel nicht durch Material der Reichsbahn ausgeglichen werden. Auch war es nicht möglich, von Schweden aus durchgehende Züge einzusetzen.

11 Fremde Heere Ost, Chef, Protokoll über die Besprechungen in Finnland vom 3.–6. Juni, *Erfurth*, Der Finnische Krieg 1941–1944, S. 33.
12 Erfurth an OKH Attachéabteilung für Gen St d H Op. Abt., 16. Juni 1941.

6. Kapitel

Der Kriegsausbruch

Die deutschen Truppen sollten am Sonntag, den 22. Juni, im Morgengrauen zum Angriff antreten und die Grenze überschreiten. Kurz vorher begann die Artillerie, Unterkünfte und Stäbe des NKWD und der roten Armee unter Feuer zu nehmen. Schwere Luftangriffe richteten sich gegen Flugplätze, Verschiebebahnhöfe und Häfen, die so weit von der Grenze entfernt waren wie Kronstadt bei Leningrad, Ismail in Bessarabien und Sewastopol auf der Krim. Zwischen 3.00 und 3.30 Uhr morgens wurde die Grenze zwischen der Ostsee und Ungarn an vielen Stellen überschritten, manchmal gegen heftigen Widerstand der Grenzschutztruppen des NKWD, die die Grenzbefestigungen besetzt hatten. Ganze Schwärme von Saboteuren und Störtrupps, zum großen Teil Litauer und Ukrainer, gingen mit den deutschen Truppen vor mit dem Auftrag, Telefonleitungen und Nachrichtenzentralen zu zerstören und an Straßen und Eisenbahnlinien Hinterhalte zu legen.

Auf der sowjetischen Seite herrschte denkbar größte Verwirrung. Mehr als sechzig Flugplätze in den Grenzbezirken wurden in mehreren Anflügen intensiv bombardiert, und vor dem Mittag meldeten die deutsche Luftwaffe die Zerstörung von 800 feindlichen Flugzeugen bei eigenen Verlusten von nur 10 Maschinen.[1] Die wirklichen sowjetischen Verluste lagen viel höher. Die Divisionen der Roten Armee in den Grenzbezirken lagen rückwärts der Verteidigungsstellungen und taten dort normalen Friedensdienst. Die Kommandeure waren zum Teil nicht bei ihrer Truppe, und zahlreiche Divisionsartillerieregimenter und Nachrichtenverbände hielten auf Schießplätzen und Übungsplätzen Ausbildungskurse ab.[2] Die deutsche Luftwaffe hatte die fast unbestrittene Luftüberlegenheit und machte es der Roten Armee so gut wie unmöglich, die zur Front führenden Straßen zu benutzen, während das Befehls- und Kommunikationssystem unmittelbar an der Front völlig zusammenbrach und die dort stationierten sowjetischen Verbände paralysierte. Der Widerstand war nicht aufeinander abgestimmt und schwach. Das Politbüro war durch die überraschend eingetretenen Ereignisse wie gelähmt und hoffte immer noch, den Krieg in letzter Stunde vermeiden zu können. Um 7.15 Uhr vormittags erließ es einen Befehl an die Rote Armee, in dem es den sowjetischen Truppen untersagte, die Grenze nach Deutschland zu überschreiten, und der die Lufttätigkeit über feindlichem Gebiet auf einen nur 150 Kilometer tiefen Raum begrenzte. Die Funkver-

1 *Halder*, Kriegstagebuch, Bd. 3, S. 4, 22. Juni 1941; Istorija, Bd. 2, S. 20.
2 Ebenda, Bd. 2, S. 16.

bindung zum deutschen Außenministerium wurde aufrechterhalten, und Japan wurde ersucht, die Vermittlerrolle zu übernehmen.[3]

Am Nachmittag hatten die höheren Kommandostellen der Roten Armee und der Kreml keine Ahnung mehr von der wirklichen Lage. Dafür war in erster Linie das Zusammenbrechen des Nachrichtennetzes verantwortlich. Die Truppenführer verloren die Verbindung zu ihren Truppen und zu benachbarten Verbänden, und viele Truppenteile und Einheiten wurden führerlos.

In den ersten Kriegstagen wurde das sowjetische Oberkommando umgegliedert, um der Kriegslage gerecht zu werden. Die vierzehn Geburtsjahrgänge der Jahre 1905 bis 1918 wurden mobilgemacht. Der bisherige Verteidigungsminister Timoschenko übernahm vorläufig den Posten des Oberbefehlshabers. Der Militärbezirk Leningrad wurde zur Nordfront erklärt, der baltische Militärbezirk erhielt die Bezeichnung Nordwestfront, der westliche Militärbezirk in Weißrußland bis zu den Pripjetsümpfen wurde zur Westfront, der Militärbezirk Kiew erhielt die Bezeichnung Südwestfront.[4] Der Militärbezirk Odessa wurde zur 9. Armee, die später in die neue Südfront vor Bessarabien eingegliedert wurde. Die Nordwestfront, die Westfront und die Südwestfront mußten die stärksten feindlichen Angriffe auffangen. Die deutsche Heeresgruppe Nord unter Feldmarschall von Leeb im baltischen Raum hatte die Aufgabe, den Gegner zu vernichten, sich mit den Finnen zu vereinigen und das 800 Kilometer entfernte Leningrad zu nehmen. Die Heeresgruppe Nord bestand aus der 18. Armee unter General von Küchler und der 16. Armee unter General Busch und verfügte insgesamt über 20 Infanteriedivisionen, von denen eine als Heeresgruppenreserve zurückgehalten wurde. Später kamen drei Sicherungsdivisionen hinzu. Die unter dem Kommando Hoepners stehende Panzergruppe 4 mit zwei Panzerkorps bestand aus 3 Panzerdivisionen und 3 motorisierten Infanteriedivisionen. Die Heeresgruppe Nord wurde durch eine aus etwa 400 Flugzeugen bestehende und von Keller befehligte Luftflotte unterstützt.[5]

Das Gelände in den baltischen Staaten glich weitgehend demjenigen in Ostpreußen. Es war flach, gelegentlich auch hügelig, zum Teil dicht bewaldet, hatte sandige Hochmoore und zahlreiche Seen und Sümpfe. Der Küstenstreifen bestand aus fruchtbarem Weideland. Je weiter man nach Nordosten kam, desto verlassener und bewaldeter wurde das Gelände. Es gab nur wenige gute Straßen. Die meisten waren schmal, in schlechtem Zustand und durch die reichlichen Regenfälle im Sommer aufgeweicht. Zwei von Osten nach Westen in die Ostsee fließende Flüsse legten sich als Hindernisse quer vor die deutsche Vormarschrichtung. Der erste war der Njemen, etwa 70 Kilometer vor der deutschen Ausgangsstellung außer in der Gegend, wo sein Unterlauf als Memel Ostpreußen erreichte. Das zweite größere

3 *Halder,* Kriegstagebuch, Bd. 3, S. 4; Istorija, Bd. 2, S. 17.
4 Einzelheiten über die sowjetischen Fronten siehe Anhang C.
5 Sowjetische Berichte übertreiben die Stärke der deutschen Heeresgruppe Nord. *Telpuchowski,* Die Sowjetische Geschichte des Großen Vaterländischen Krieges, S. 56; *Shilin,* Die wichtigsten Operationen des Großen Vaterländischen Krieges, S. 56.

Hindernis war die westliche Düna, die etwa 320 Kilometer von der ostpreußischen Grenze entfernt durch Witebsk bis Riga verlief. Mit dem Überschreiten dieses Flusses konnte man den Feind daran hindern, hier eine Verteidigungslinie aufzubauen, und würde die Verbände der Roten Armee südlich des Flusses von ihren rückwärtigen Verbindungen abschneiden.

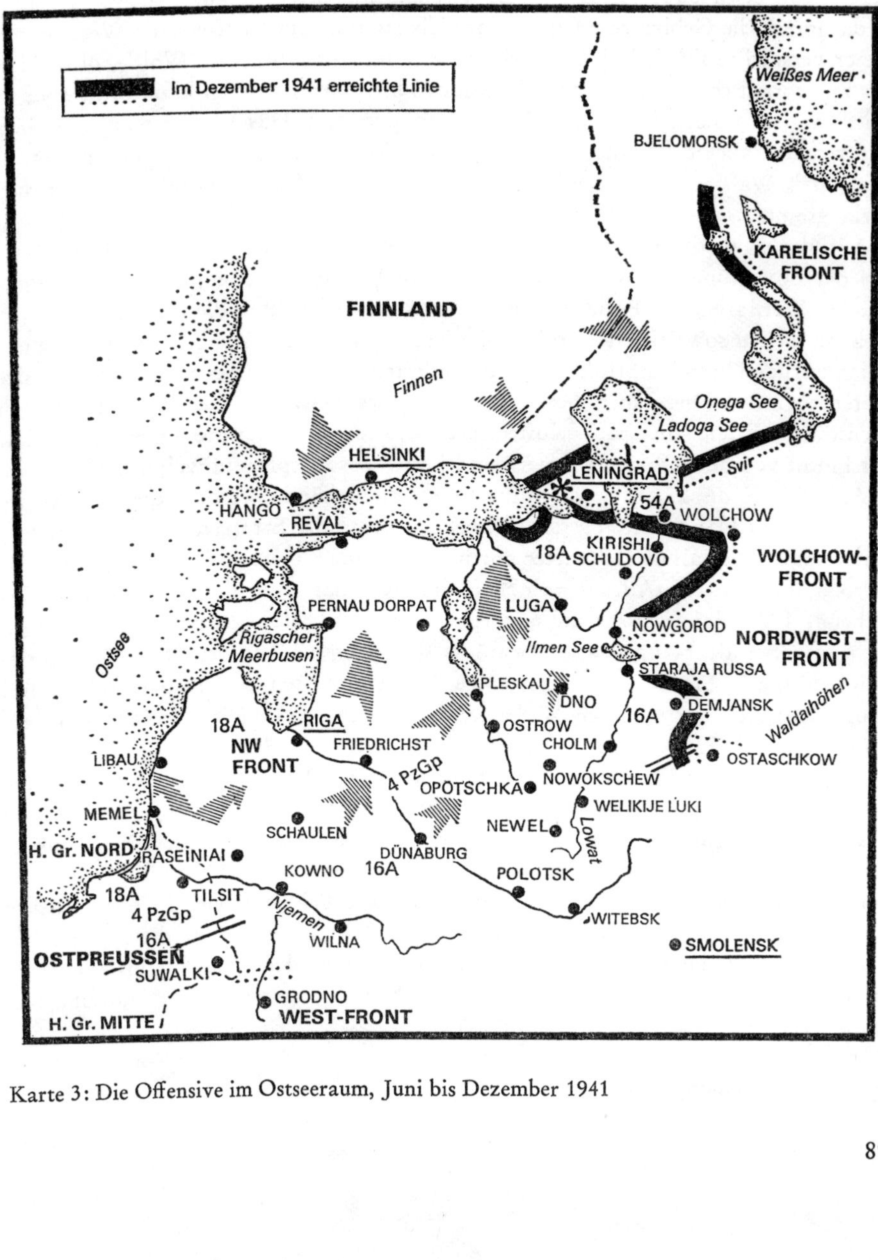

Karte 3: Die Offensive im Ostseeraum, Juni bis Dezember 1941

Die Panzergruppe 4 griff im Abschnitt der 18. Armee in einem schmalen Streifen zwischen dem Unterlauf der Memel und der Grenze an. In der Nacht des 21. Juni errichteten die Panzerdivisionen an der Straßenbrücke bei Tilsit und an zwei nach Dunkelwerden geschlagenen Pontonbrücken Brückenköpfe jenseits des Flusses. Infanterieverbände der 18. Armee wurden den beiden Panzerkorps zugeteilt, um sie bei der Überwindung des dichten Waldgebietes an der Grenze zu unterstützen, und um 3.05 Uhr überschritten Infanterie und Panzer im Schutz des Feuers von etwa 600 Geschützen die Grenze und drangen auf den Waldstraßen in das feindliche Gebiet vor. Der Gegner leistete kaum nennenswerten Widerstand; dieser verstärkte sich jedoch im Verlauf des Tages, besonders im Walde, obwohl es nur zu sporadischen Gefechten und Aktionen kleinerer Gruppen kam, nicht aber zu einem an der ganzen Front koordinierten Widerstand. Das Wetter war freundlich und trocken, aber die Staßen waren schlecht. Schmale sandige Fahrspuren wanden sich durch Waldschluchten und Einschnitte, was das Marschtempo der Deutschen verlangsamte.

Auf der sowjetischen Seite verstopften etwa 80.000 nichtbaltische Einwohner aus der Sowjetunion – die Angehörigen von Soldaten, Bodenpersonal der Flugplätze, Werftarbeiter, Polizisten und Verwaltungsbeamte, die die neubesetzten Gebiete hatten sowjetisieren und russifizieren sollen – die wenigen in die Sowjetunion zurückführenden Straßen und behinderten die Bewegungen der Reserven der Roten Armee.[6] Diese mit der Verwaltung des besetzten Gebiets beauftragten Menschen erlitten schwere Verluste durch deutsche Luftangriffe und wurden auf der Flucht von bewaffneten Litauern und Letten beschimpft und weitergetrieben.

Am Morgen des 23. Juni waren die Infanterieverbände der deutschen 18. Armee an der linken Flanke entlang der Ostseeküste trotz der Strapazen in sommerlicher Hitze schon mehr als 65 Kilometer durch Litauen marschiert und hatten die lettische Grenze überschritten. An der rechten Flanke war das unter dem Befehl Mansteins stehende LVI. Panzerkorps kühn vorgestoßen und hatte die von Dünaburg nach Kowno führende Hauptstraße etwa 130 Kilometer südlich der Düna überschritten. An dieser Straße leisteten wenige Panzereinheiten der Roten Armee und einige Batterien hartnäckigen Widerstand, um den Rückzug zu decken, und verloren etwa 70 Panzer und zahlreiche Geschütze, ehe Manstein das Gefecht am 26. Juni kurz vor Erreichung der Düna abbrach. Dann wurden zwei erbeutete Lastwagen der Roten Armee mit Deutschen und Litauern des von der Abwehr ausgebildeten Lehrregiments »Brandenburg« beladen, als verwundete Rotarmisten getarnt und nach vorn geschickt, um sich den zurückfahrenden feindlichen Kolonnen anzuschließen, welche über die Straßenbrücke bei Dünaburg in nordöstlicher Richtung weiterfuhren. Am anderen Ufer der Düna vertrieben diese Leute die sowjetischen Brückenwachen, und Sprengtrupps hielten den Übergang bis zum Herankommen des LVI. Panzerkorps. Teile des Korps gingen über den Fluß und bil-

6 *Pawlow,* Leningrad 1941, S. 4.

deten nördlich der Stadt einen Brückenkopf.[7] Damit war der erste Übergang über die Düna gesichert.

Am 27. Juni begann Hitler, hocherfreut über die Erfolge Mansteins bei der Errichtung des Brückenkopfs von Dünaburg, zum ersten Mal, sich in die taktische Führung der Truppe einzuschalten. Er schickte Keitel ans Telefon und ließ Halder befehlen, er solle die Vormarschrichtung des XLI. Panzerkorps ändern und alle Panzerverbände hinter Manstein über die Düna gehen lassen.[8] Diesem Befehl fügte er genaue Instruktionen für den Flußübergang bei Jakobstadt bei, der zur Benutzung durch die Infanterieverbände genommen werden sollte.

Von dieser Zeit an war die taktische Führung der deutschen Truppen auf allen Ebenen durch das ständige Umwerfen von gegebenen Befehlen und das Eingreifen höherer Stellen behindert. Nach Hitlers »Weisung Nr. 21« hatte Leeb den Auftrag, den Feind im baltischen Raum zu vernichten, eine Aufgabe, der die Besetzung Leningrads *folgen* sollte. Doch die Weisung des OKH legte die zeitliche Abfolge der Unternehmen nicht so genau fest, und hier lag der Grund für spätere Meinungsverschiedenheiten und gegenseitige Vorwürfe.[9]

Am 7. Juli hatte Hoepner immer noch die Absicht, mit seinen Panzerkorps einen kühnen Vorstoß gegen Leningrad zu unternehmen, wobei Mansteins LVI. Panzerkorps von Osten gegen die Stadt vorgehen sollte, während Reinhardts XLI. Panzerkorps die direkte Straße nach Leningrad über Luga zugeteilt bekam. Feldmarschall von Brauchitsch, der an diesem Tage die Heeresgruppe Nord besuchte, stimmte Hoepners Plan zu.[10] Der Angriffsstreifen des XLI. Panzerkorps verlief mit der Mitte über Luga auf der Hauptstraße, die durch Sumpf- und Waldgebiete führte, in denen das Unterholz so dicht war, daß man nur wenige Meter weit sehen konnte, und wo es unmöglich war, die Straße mit den Fahrzeugen zu verlassen.

Der Vormarsch begann am 10. Juli und stieß auf den hinhaltenden Widerstand sowjetischer Nachhuten. Doch man kam nicht mehr als 12 Kilometer am Tag voran; denn jedes feindliche Widerstandsnest und jeder Panzer, der mit seinem Feuer eine Straßenbiegung deckte, mußten einzeln ausgeschaltet werden. Es fehlte den Deutschen an Infanterie, und in dem unübersichtlichen Waldgelände war es unmöglich, die Überlegenheit der beweglichen Panzerkräfte und deren Feuerkraft zum Tragen zu bringen. Dabei stellte man laufend neue Truppenteile der Roten Armee fest.

Zwei Tage später entschlossen sich Hoepner und Reinhardt mit Zustimmung Leebs, den Vorstoß des XLI. Panzerkorps über Luga abzubrechen und weiter

7 *Leverkuehn,* German Military Intelligence, S. 163; *Chales de Beaulieu,* Der Vorstoß der Panzergruppe 4 auf Leningrad, S. 50.
8 *Halder,* Kriegstagebuch, Bd. 3, S. 20.
9 *Hubatsch,* Hitlers Weisungen für die Kriegführung 1939–1945, S. 86; Aufmarschanweisung Barbarossa, OKH Gen St d H, Op Abt (I), Nr. 050/41g. Kdos, Chefs, 31. Januar, § 4c.
10 *Chales de Beaulieu,* Der Vorstoß der Panzergruppe 4 auf Leningrad, S. 58.

nördlich am Ostufer des Peipussees in Richtung auf die Narwa vorzugehen, um den Angriff gegen Leningrad von Osten her durch das offenere Gelände entlang der Ostseeküste fortzusetzen.[11] Als das XLI. Panzerkorps nach Norden einschwenkte, trennten sich die Angriffsrichtungen der beiden Korps, und es entstand eine mehr als 160 Kilometer breite Lücke, in der bewaldete Sumpfgebiete lagen, die für Panzerfahrzeuge außer auf ein oder zwei Straßen und Fahrspuren unpassierbar waren. Es gab daher keine Möglichkeit mehr für eine Zusammenarbeit der beiden Korps. Die deutschen Infanteriedivisionen waren viele Kilometer zurückgeblieben. Mansteins Korps, das langsam gegen Dnoschtschinado und den Ilmensee vorrückte, war gefährlich exponiert und hatte eine ungeschützte rechte Flanke, die durch einen sowjetischen Aufmarsch frisch herangeführter Verbände südlich des Ilmensees und von Staraja Russa her bedroht wurde.

In seinem ostpreußischen Hauptquartier in Rastenburg ließ sich der »Führer« über den Verlauf der Operationen genau unterrichten und beschäftigte sich mit Einzelheiten, die eigentlich Sache seiner Untergebenen gewesen wären. Man hatte den Vormarsch Hoepners gegen Leningrad bemerkt, und am 11. Juli mittags rief Keitel bei Halder an und besprach mit ihm die tägliche Liste der Beschwerden des »Führers«, wobei die Befürchtung zum Ausdruck kam, daß Hoepner bei seinem zu raschen Vorstoß gegen Leningrad die Verbindung zu den Infanterieverbänden verlieren könnte.[12] Diese besondere Sorge war durchaus begründet; denn gerade das hatte Hoepner vor, und Brauchitsch hatte es vor vier Tagen genehmigt. Am 14. Juli stellte Halder fest, daß zwischen Manstein und Reinhardt eine breite Lücke entstanden war, eine Entwicklung der Lage, die er nicht billigte. Auch dem »Führer« war dieser Umstand nicht entgangen, und Hitler steigerte sich in einen nervösen Erregungszustand, besonders als Manstein an seiner rechten Flanke von Teilen der 11. Armee Morosows angegriffen und zeitweilig zwischen Dnoschtschinado und Ilmensee vollständig abgeschnitten wurde.[13] Die Heeresgruppe Nord, erhielt den Befehl, den Vorstoß Reinhardts gegen Leningrad anzuhalten.

Der Chef des Stabes der Heeresgruppe Nord, Brennecke, erklärte zu Halders Genugtuung, allein das Gelände habe das XLI. Panzerkorps gezwungen, die Angriffsrichtung zu ändern und anstatt über Luga entlang des Peipussees vorzugehen, aber Halder wollte sich offenbar in keine weiteren Diskussionen mit Hitler einlassen, besonders da Brauchitsch am Abend zuvor lange und bissige Vorhaltungen des »Führers« wegen der Durchführung der Operationen in diesem Raum hatte anhören müssen. Brennecke erhielt von Halder daher den Auftrag, seine Gründe zur Vorlage bei Hitler schriftlich niederzulegen. In seinem Tagebuch beschwert sich Halder bitter über die dauernden Eingriffe des »Führers« in Angelegenheiten, über die er nicht ausreichend informiert sei, und sagt, dieser Zustand werde mit der Zeit unerträglich.[14] Derartige Verhältnisse herrschten also schon drei Wochen nach Beginn des Feldzugs.

11 Ebenda, S. 64.
12 *Halder,* Kriegstagebuch, Bd. 3, S. 65.
13 Ebenda, S. 73 und 76.
14 Ebenda, S. 78, 79.

Die Gewaltmärsche der 18. und 16. Armee hatten zahlreiche Schwierigkeiten mit sich gebracht. Da das europäische Rußland sich fächerförmig nach Osten ausweitet, wurde die Front immer breiter, je weiter die deutschen Verbände vorankamen, und deshalb liefen die Angriffsrichtungen der vorgehenden Infanteriedivisionen so weit auseinander, daß Lücken zwischen den einzelnen Verbänden entstanden. Es kam hinzu, daß die Heeresgruppe Nord nach Nordosten gegen Leningrad vorging,

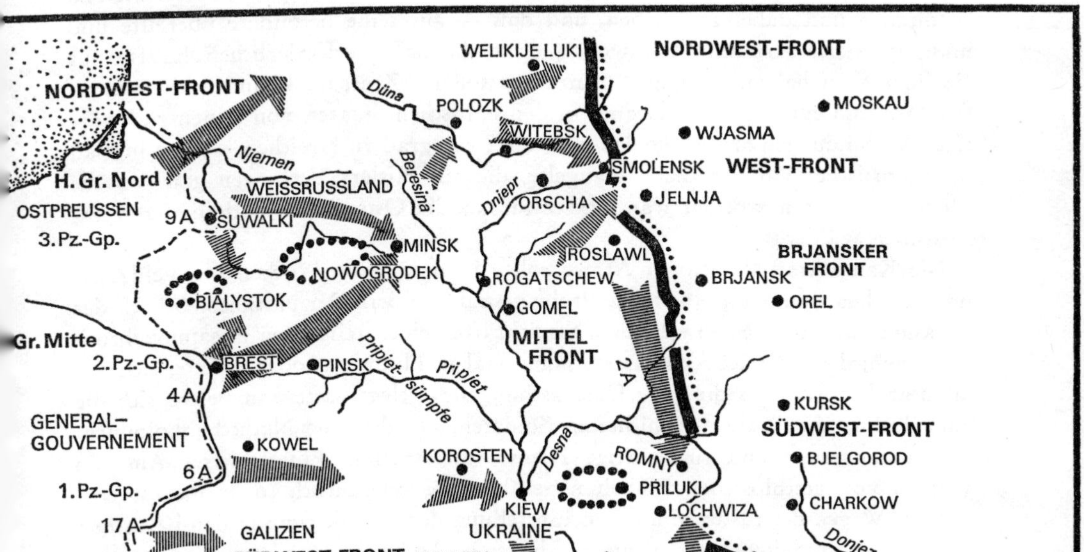

Karte 4: Operationen der Heeresgruppe Mitte und Süd, Juni bis September 1941

während die benachbarte Heeresgruppe Mitte nach Osten gegen Smolensk vorstieß und es unmöglich wurde, die Verbindung zwischen beiden Heeresgruppen an den Flanken aufrechtzuerhalten. Außerdem mischte sich Hitler durch das OKH ständig in die Führung der Verbände Leebs ein und forderte, er solle weitere Divisionen der 18. Armee von der Panzergruppe 4 abzweigen und nach Westen schwenken lassen, um die Inbesitznahme der Ostseehäfen zu beschleunigen.[15]

Eine fundamentale Schwäche des »Führers« war seine Unfähigkeit, Prioritäten zu bestimmen und dabei zu bleiben, und daß er auf seine besondere übereilte und undisziplinierte Art alles tun wollte, ohne die dafür erforderlichen Kräfte zur Verfügung zu haben. Hoepners Panzervorstoß im Zentrum konnte nicht vorankommen, um entweder den Gegner in den baltischen Staaten von seinen rückwärtigen Verbindungen abzuschneiden oder um Leningrad zu erreichen, weil es ihm an infanteristischer Unterstützung mangelte, die auf Hitlers Verlangen ganz an die Flügel verschoben worden war, und zwar an die Ostseeküste und in die weißrussischen Wälder.

Die Kampfkraft der Roten Armee sollte in den ersten Wochen des Feldzuges im baltischen Raum auf eine harte Probe gestellt werden. Der plötzliche Schock der Invasion hatte bei den sowjetischen Streitkräften einen teilweisen Zusammenbruch zur Folge; denn der Rückzug artete manchmal in Flucht aus oder vollzog sich mit allzu großer Eile. Als die erste Überraschung sich gelegt hatte, sammelten sich die zum Teil in die Wälder geflüchteten Soldaten, um deutsche Nachschubkolonnen, Sanitätsfahrzeuge und rückwärtige Dienste anzugreifen. Einige dieser Angriffe wurden von geschlossenen Einheiten geführt, die gelegentlich sogar Panzer einsetzten. Wegen der russenfeindlichen Einstellung der Bevölkerung in den baltischen Staaten dauerten diese Unternehmen nicht lange. An anderer Stelle wurden einzelne geflüchtete Soldaten oder auf dem Rückzug befindliche geschlagene Einheiten der Roten Armee aufgefangen, umgegliedert und erneut ins Gefecht geführt. Obwohl sie im allgemeinen nicht gut kämpften, wurden fehlende Initiative und Geschicklichkeit durch Standhaftigkeit und Härte ausgeglichen, die alle deutschen Offiziere überraschte, die nicht schon im Ersten Weltkrieg an der Ostfront gekämpft hatten.[16] Sowjetische Truppen schlugen sich am besten dort, wo sie nicht durch Panzer oder Sturmgeschütze bedroht wurden, und das war gewöhnlich in Wald- und Sumpfgebieten, aber auch dort erwies sich der Rotarmist als unberechenbar. Deutsche Gefangene und Verwundete, die in sowjetische Hände fielen, wurden im allgemeinen getötet, manchmal auf die grausamste und widerwärtigste Weise.

Am 10. Juli hatte Stalin an der Spitze des neuen Verteidigungsausschusses (GKO) anstelle von Timoschenko das Oberkommando übernommen, und nach Errichtung von drei weiteren Befehlsbereichen fand eine neue Umgliederung der Kommandostruktur statt. Der erste dieser Befehlsbereiche war der nordwestliche Kriegsschauplatz unter Woroschilow, dem Shdanow als politisches Mitglied des Militärsowjets

15 Ebenda, S. 29 und 59.
16 *Blumentritt*, The Fatal Decisions, S. 38–39.

beigegeben war. Dieser Kriegsschauplatz umfaßte die Nordfront, die Nordwestfront sowie die Baltische und die Nordmeerflotte. Der zweite Kriegsschauplatz war der westliche unter Timoschenko mit Bulganin als politischem Mitglied des Militärsowjets. Hierzu gehörten nur die Westfront und die Pinsker Flottille. Drittens gab es den südwestlichen Kriegsschauplatz unter Budjonny, dessen politisches Mitglied des Militärsowjets Chruschtschow war und der die Südwestfront, die Südfront und die Schwarzmeerflotte befehligte. Da es sehr schwierig war, genügend ausgebildete Generalstabsoffiziere zu finden, wurden die Korpsstäbe der Luftwaffe und des Heeres aufgelöst, so daß die Divisionen direkt den Armeestäben unterstanden. Im weiteren Verlauf des Krieges wurden die Korps wieder eingeführt.

Weite Gebiete in den baltischen Staaten und das Gelände vor Leningrad waren für den Einsatz von Panzerverbänden ungeeignet, doch das wurde erst festgestellt, als die Panzergruppe 4 in den Wäldern und Sümpfen am Ilmensee nicht weiterkam. Am 26. Juli besuchte Paulus als Vertreter Halders den aufgebrachten Manstein, der ihm sagte, es wäre wohl das beste, alle Panzer aus dem Abschnitt der Heeresgruppe Nord herauszuziehen, wo ein rascher Vormarsch nicht in Frage käme. Reinhardt und Hoepner waren der gleichen Ansicht und hielten den ganzen Raum am Peipus- und Ilmensee für gänzlich ungeeignet zum Einsatz von Panzern, so daß Halder noch am selben Abend, nachdem Paulus sich bei ihm gemeldet hatte, resigniert bemerkte, die einzige Alternative bestünde darin, Infanterie einzusetzen, wodurch sich die Operationen verlangsamen müßten.[17]

Obwohl die Deutschen als Taktiker den Soldaten aller anderen Nationen immer noch überlegen waren, beherrschten sie die Kriegsführung mit gepanzerten Streitkräften nicht so vollkommen, wie es allgemein angenommen wurde. Hitler, das Oberkommando und viele höhere Offiziere hatten noch nicht die besonderen Eigenarten und die Leistungsfähigkeit der Panzertruppe erkannt. Die Deutschen hatten mit großem Erfolg Panzerverbände massiert im ebenen Gelände Polens, Frankreichs und auf dem gebirgigen, aber im übrigen offenen Terrain des Balkans verwendet, und deshalb glaubten sie, Panzer könnten in allen taktischen Lagen schlachtentscheidend eingesetzt werden, und berücksichtigten zu wenig das Gelände. Man verlangte zu viel von den Panzern, und die Planungen für den Einsatz dieser Truppen, die aus nicht viel mehr bestanden, als daß man bestimmte Linien auf Karten einzeichnete, wurden von Hitler und dem Oberkommando vorgenommen. Die militärischen Operationen hatten den Bereich der praktischen Wirklichkeit verlassen und basierten jetzt auf schlecht begründetem Optimismus.[18]

Auch bei der Beurteilung der politischen Lage hatten die Deutschen Fehler begangen; denn die Sowjetunion hatte nicht die Absicht, die baltischen Staaten unter allen Umständen zu halten.[19]

Der Feldzug im baltischen Raum war schlecht vorbereitet. Halder, der in der

17 *von Manstein*, Lost Victories, S. 198; *Halder*, Kriegstagebuch, Bd. 3, S. 124.
18 *Chales de Beaulieu*, Der Vorstoß der Panzergruppe 4 auf Leningrad, S. 143.
19 Zilin betont die Unzuverlässigkeit der »klassenfeindlichen« Balten: Die wichtigsten Operationen des Großen Vaterländischen Krieges, S. 58.

ersten Zeit der unerwartet großen Erfolge den allgemeinen Kriegszielen des »Führers« zugestimmt zu haben scheint, notierte am 3. Juli, daß der Krieg nach Überschreitung der Düna und des Dnjepr nicht mehr so sehr in der Vernichtung der feindlichen Streitkräfte als vielmehr in der Besetzung der industriell und wirtschaftlich wichtigen Gebiete bestehen werde.[20] Am 18. Juli notierte er einen »neuen Gedanken« Hitlers und betonte, daß es notwendig sei, Leningrad durch den später mißlungenen Vorstoß Mansteins in den Wäldern am Ilmensee »im Südosten abzusperren«. Er fügte hinzu: »Der Gedanke ist richtig«. Am gleichen Tage hatte Hitler entschieden, daß sich Panzerverbände am Angriff gegen Leningrad nicht beteiligen sollten, sondern war zu dem bemerkenswerten Entschluß gekommen, daß die Stadt ebenso wie Moskau durch die Luftwaffe bombardiert und dem Erdboden gleichgemacht werden sollte.[21]

Das Fehlen eines zusammenhängenden strategischen Konzepts führte zu einem Mangel an Vertrauen zur Führung und zu gegenseitigem Mißtrauen unter den Truppenführern. Das unaufhörliche Eingreifen in taktische Einzelheiten hatte schließlich eine allgemeine Unordnung zur Folge. Der »Führer« wollte in seiner Ungeduld überall und auf einmal alles erreichen. Die sorgfältige und bis ins einzelne gehende Planung, die früher den deutschen Generalstab ausgezeichnet hatte, wurde jetzt durch Launen, Intuition, neue Gedanken und darauf folgende, noch neuere Gedanken ersetzt.

Die Heeresgruppe Mitte unter Feldmarschall von Bock hatte den Auftrag, den Gegner in Weißrußland von allen Seiten zu umfassen und zu vernichten. Dazu sollten zwei tiefe Vorstöße unternommen werden, und zwar einer im Norden aus dem Raum Suwalki in Ostpreußen und einer im Süden aus dem Raum Brest-Litowsk entlang des Nordrandes der Pripjetsümpfe. Den Vorstoß im Norden sollte die aus 12 Infanteriedivisionen, 3 motorisierten Infanteriedivisionen und der Panzergruppe 3 des Generals Hoth bestehende 9. Armee unternehmen. Für den Vorstoß im Süden war die 4. Armee des Feldmarschalls von Kluge mit 21 Infanteriedivisionen, 3 motorisierten Infanteriedivisionen, einer Kavalleriedivision und Guderians Panzergruppe 2 vorgesehen. Hoths Panzergruppe bestand aus zwei, Guderians aus drei Panzerkorps, und beide Gruppen waren den Armeen unterstellt.

Der Auftrag der beiden Panzergruppen war es, in zwei Zangenbewegungen tief in den feindlichen Rücken vorzustoßen, und die beiden Zangen sollten sich in einer doppelten Umfassungsbewegung 400 Kilometer ostwärts der Ausgangsstellung tief im russischen Gebiet bei der Haupstadt Weißrußlands, Minsk, vereinigen. Ein Teil der zu Fuß marschierenden Infanteriedivisionen hatte den Auftrag, den Panzergruppen nach Minsk zu folgen, um den umfaßten Gegner am Ausbrechen zu hindern, ein Teil erhielt den Befehl, kürzere Umfassungsvorstöße nördlich und südlich der Fronteinbuchtung bei Bialystok zu unternehmen und einen etwa 160 Kilometer von der deutsch-russischen Grenze entfernten Punkt an der Straße Bialystok-

20 *Halder*, Kriegstagebuch, Bd. 3, S. 38–39.
21 Ebenda, S. 53; Wehrmachtführungsstab Befehl No. 41 1675/41 vom 7. Oktober.

Minsk zu erreichen. Der in den beiden ineinander gelegenen Kesseln eingeschlossene Gegner sollte vernichtet werden, ehe der Vormarsch gegen die Landbrücke von Orscha und Smolensk fortgesetzt wurde. An der Front der Heeresgruppe sollten die beweglichen Operationen bei Smolensk vorläufig aufhören, während die Panzerverbände zur Heeresgruppe Nord abgestellt wurden, um den entscheidenden Angriff gegen Leningrad zu unterstützen.[22] Die Heeresgruppe Mitte wurde von der stärksten Luftflotte 2 unter Feldmarschall Kesselring mit fast 1000 Flugzeugen unterstützt.[23]

Feldmarschall von Bock war mit den ihm Ende Januar erteilten Befehlen nicht einverstanden gewesen, da er glaubte, sein erstes Angriffsziel hätte Smolensk und nicht Minsk sein müssen, und er hatte Brauchitsch gedrängt, den Plan zu ändern. Am 27. März notierte er in seinem Tagebuch, daß das OKH sich nur mit Trivialitäten beschäftigte, und beklagte sich darüber, daß er noch immer keine klare Antwort auf die Frage erhalten habe, ob der Kessel bei Minsk oder bei Smolensk geschlossen werden sollte. Diese Frage blieb sogar noch nach Beginn des Feldzuges offen, und Bock, Guderian und Hoth wußten noch am dritten Kriegstage nicht, welches ihre Angriffsziele waren.[24]

Der erste deutsche Angriff erfolgte gegen die linke Flanke der 11. sowjetischen Armee Morosows an der sowjetischen Nordwestfront und gegen die gesamte sowjetische Westfront in Weißrußland unter dem Befehl des Generals Pawlow. An dieser Front waren drei Armeen vor der Grenze aufmarschiert, und jeder dieser Armeen war ein motorisiertes Korps unterstellt. Weitere motorisierte Verbände und ein Kavalleriekorps wurden in Reserve gehalten.

Hoths Panzergruppe 3 griff neben der zur Heeresgruppe Nord gehörenden Panzergruppe 4 Hoepners von Ostpreußen aus gegen litauisches Gebiet an und erlebte die gleichen Schwierigkeiten bei der Überwindung dicht bewaldeten und fast weglosen, sandigen Geländes. Der feindliche Widerstand war hier entschlossener als im Norden.

Doch auf sowjetischer Seite der Grenze war die Verwirrung am größten. Kesselrings Luftflotte hatte jeden Widerstand der Roten Luftwaffe gebrochen und führte laufende und intensive Bombenangriffe gegen jede Bewegung am Boden. Riesige Scharen von Flüchtlingen, unter ihnen zivile Verwaltungsbeamte und Soldatenfamilien, versuchten, aus dem Kampfgebiet hinauszukommen. Teile der weißrussischen und ukrainischen Bevölkerung stellten sich gegenüber den sowjetischen Kolonisatoren und der Roten Armee feindlich ein, und das Gefühl der Unsicherheit und des Mißtrauens verschärfte sich durch die Tätigkeit der Nationalisten und der von den Deutschen rekrutierten bewaffneten Banden, die das Land unsicher machten.[25]

22 Aufmarschanweisung Barbarossa OKH Gen St d H Op Abt (1) Nr. 050/41 g. Kdos. Chefs, vom 31. Januar 1941, § 4b.
23 2. Luftflotte unter Loerzer mit dem VIII. Fliegerkorps Richthofen und dem I. Flak-Korps unter Axthelm.
24 *von Bock*, Tagebuch, 27. März 1941; *Guderian*, Panzer Leader, S. 158–166.
25 Vergl. *Werth*, Russia at War, S. 145.

Im Rücken der sowjetischen Verbände gelegene Brücken wurden von diesen Störtrupps gesprengt, Eisenbahnlinien unterbrochen und Telefonleitungen zerschnitten. Einheiten der Roten Armee waren in vielen Fällen von den Ereignissen überrascht und offenbar führerlos, und viele von ihnen versteckten sich in den Wäldern, um den Bombenangriffen zu entgehen. Nur die Panzer- und Kavallerietruppenteile waren noch in der Lage, offensiv zu werden.

Die Truppen Pawlows an der Westfront waren fast alle ganz nah an der Grenze in der weiten Frontausbuchtung bei Bialystok aufmarschiert, wo die große Gefahr bestand, daß sie durch die beiden Vorstöße von Suwalki und Brest-Litowsk aus rasch eingeschlossen wurden. Alle drei Armeen standen neben einander dicht an der Grenze wie in einem von den deutschen Truppen gebildeten riesigen aufgesperrten Rachen, der, wenn er zuschnappte, Pawlows Verbände fast vollständig vernichten mußte; denn, wie Kinzel richtig feststellte, war der sowjetische Aufmarsch weder offensiv noch defensiv.[26] Nun faßte Pawlow den Entschluß, der die Vernichtung der sowjetischen Westfront besiegeln sollte. Als er erkannte, daß die vorwärts eingesetzten Verbände von zwei seiner Armeen in der Frontausbuchtung bei Bialystok durch die engere Umfassungsbewegung der deutschen Infanteriedivisionen bedroht waren, und da er wahrscheinlich nicht wußte, daß die tief in seinen Rücken vorstoßenden Panzerverbände Hoths und Guderians sich weit hinter seiner Front vereinigen würden, befahl er alle Front- und Armeereserven nach vorn. Dadurch ließ er in dem entscheidend wichtigen Gebiet von Minsk ein Vakuum entstehen und erleichterte den Deutschen ihr Vorhaben noch dadurch, daß er seine restlichen Truppen nach Westen in den späteren Kessel von Nowogrodek schickte.

Südlich der Fronteinbuchtung bei Bialystok waren Kluges 4. Armee und Guderians Panzergruppe 2, die den südlichen Umfassungsarm der großen Zangenbewegung bildeten, gut vorangekommen. Am frühen Morgen des 22. Juni war ein Infanteriekorps der 4. Armee im Angriff bis nach Brest-Litowsk vorgedrungen, während Geyr von Schweppenburgs XXIV. Panzerkorps südlich der Stadt und Lemelsens XLVII. Panzerkorps nördlich davon den Fluß überschritten hatten. Einige mit Schnorcheln ausgerüstete Panzer durchfuhren den Bug an einer etwa 4 Meter tiefen Stelle. In Brest-Litowsk kam es zu besonders heftigen Straßenkämpfen.

Am Mittag des 26. Juni stand Hoths Panzergruppe 4 nur noch etwa 30 Kilometer nördlich von Minsk, und am gleichen Nachmittag erhielt Guderian, der immer noch weiter nach Osten vorstieß, von der Heeresgruppe Mitte den Befehl, die Masse seiner Gruppe nach Norden einschwenken zu lassen und sich bei Minsk mit Hoth zu vereinigen, um den Kessel zu schließen. Guderian und Hoth gehorchten widerwillig; denn beide wollten noch etwa 320 Kilometer tiefer in feindliches Gebiet vorstoßen, den Feind im Rücken fassen und die Umfassungsarme bei Smolensk vereinigen.[27]

26 Die Westfront verfügte über 24 Schützendivisionen, 2 Kavalleriedivisionen, 6 motorisierte Divisionen und 12 Panzerdivisionen. *Schukow*, Wospominanija i Rasmiślenija, S. 270.

27 *Guderian*, Panzer Leader, S. 158–166; *Hoth*, Panzeroperationen, S. 51 und 62.

In Rastenburg wurden die Meinungsverschiedenheiten und Spannungen zwischen Hitler, dem OKH und der Heeresgruppe Mitte immer schärfer. Der erste Befehl des OKH vom 31. Januar hatte klar ausgesprochen, daß die Zangenbewegung der Panzergruppen gegen Minsk gerichtet sein sollte, aber Feldmarschall von Bock hatte von Anfang an der weiteren Umfassung bis Smolensk den Vorzug gegeben, und am 23. Juni hatte er noch einmal erfolglos versucht, den Befehl in diesem Sinne ändern zu lassen.[28] Hitler wiederum machte sich Sorgen und fürchtete, die Panzergruppen könnten sich in einem so weiten Vorstoß zu sehr verausgaben, und meinte, die sehr starken sowjetischen Verbände, die man auf zwanzig Divisionen schätzte und die jetzt kurz vor der Einschließung in dem Kessel bei Bialystok und Nowogrodek standen, könnten ausbrechen.

Am 25. Juni kam der Wehrmachtadjutant Hitlers, Schmundt, den der »Führer« in aller Eile an die Front geschickt hatte, im Stabsquartier der Heeresgruppe Mitte an und schlug ganz aufgeregt vor, man möge den Kessel schon weit westlich von Minsk bei Nowogrodek schließen. Bock widersetzte sich diesem Vorschlag mit allen ihm zur Verfügung stehenden Argumenten.[29] Am 26. Juni erhielt die Heeresgruppe Mitte die Mitteilung, Guderian müsse weiter nach Osten bis zur Beresina vorstoßen, habe aber zugleich den Auftrag erhalten, die Masse seiner Verbände nach Norden schwenken zu lassen, um die Lücken im Kessel zu schließen. Drei Tage später beklagte sich Halder bitter darüber, daß Brauchitsch aufgrund der Nervosität und der Einmischung von Hitler gezwungen sei, einen weiteren kühnen Vorstoß nach Osten zu untersagen, und daß aus diesem Grund der Vormarsch nach Osten nur noch als gewaltsames Aufklärungsunternehmen angesehen werden könne. Halder hoffte, Guderian werde, auch wenn kein Befehl dafür vorläge, weil das OKH ihn aus Angst vor dem »Führer« nicht erteilen könne, das Richtige tun und den Dnjepr überschreiten.[30]

Diese inzwischen zur Gewohnheit gewordene Art und Weise der Kriegsführung brachte Mißtrauen und Verwirrung in die höheren deutschen Stäbe. Hoth und Guderian waren überzeugt, es sei ihre wichtigste Aufgabe, sich in den Besitz des Dreiecks Witebsk-Orscha-Smolensk und der Landbrücke zu setzen, um den Gegner an der Errichtung einer Verteidigungsstellung am Dnjepr zu hindern.

Der Oberbefehlshaber der Heeresgruppe, Feldmarschall von Bock, mehr Stratege als Taktiker, der 1898 in ein Garderegiment der preußischen Armee eingetreten war, zugleich ein unbequemer Untergebener und Vorgesetzter, teilte ihre Meinung, und nach einem Ferngespräch mit Brauchitsch am 23. Juni, der das eine befohlen hatte, dabei aber hoffte, Bock werde das andere tun, verlangte der letztere, was durchaus verständlich ist, einen schriftlichen Befehl des OKH.[31]

Am ersten Kriegstage hatte Stalin den Chef des Generalstabes Schukow als Vertreter der Stawka zu Kirponos an die Südwestfront geschickt, während drei

28 *von Bock,* Tagebuch.
29 Ebenda, 25. Juni; *Halder,* Kriegstagebuch, Bd. 3, S. 8 u. 10, 25. Juni 1941.
30 Ebenda, S. 25.
31 Ebenda, S. 14; *von Bock,* Tagebuch, 26. Juni.

der fünf Marschälle der Roten Armee, Woroschilow, Schaposchnikow und Kulik, mit dem gleichen Auftrag an die Westfront zu Pawlow gingen. Wie Woroschilow und Budjonny so war auch Kulik als besonderer Günstling Stalins und nicht wegen seiner militärischen Fähigkeiten zum Marschall befördert worden.[32] Schaposchnikow war den Strapazen des Krieges nicht gewachsen und wurde sehr bald krank. Kulik machte sich nach seinem Besuch bei Boldin auf den Weg zur 3. Armee und verschwand für fast eine Woche. Inzwischen schäumte Stalin vor Wut und Sorge. Am 26. Juni ließ er Schukow in Galizien mitteilen, Schaposchnikow sei krank, Kulik verschwunden, und es sei nicht möglich festzustellen, was Pawlow vorhabe.[33] Schukow erhielt den Befehl, nach Moskau zurückzukehren.

In dem riesigen Kessel zwischen Bialystok und Minsk waren mehr als zwanzig sowjetische Divisionen eingeschlossen worden. Pawlow selbst wußte noch nicht, welche Katastrophe sich anbahnte, und am 30. Juni erfuhren Stalin und Timoschenko durch einen abgefangenen deutschen Funkspruch von der Einschließung ihrer Armeen. Als Timoschenko am gleichen Tage über Funk mit Pawlow sprach, fragte er ihn, wie weit die deutsche Behauptung zuträfe, daß zwei Armeen ostwärts von Bialystok eingekesselt seien. Pawlow erwiderte, diese Behauptung käme der Wahrheit sehr nahe.[34] Pawlow, sein Chef des Stabes Klimowskich und einige seiner wichtigsten militärischen Mitarbeiter wurden noch am gleichen Tag nach Moskau zurückbeordert, verhaftet, vor ein Kriegsgericht gestellt und erschossen. Der Politoffizier Pawlows, Fominych, entkam der Bestrafung.

Inzwischen wurden die Beziehungen innerhalb der deutschen obersten Führung immer gespannter, als Ende Juni, acht Tage nach Kriegsbeginn, aus der 4. Armee und den Panzergruppen 2 und 3 die neue 4. Panzerarmee unter Feldmarschall von Kluge gebildet wurde. Kluge, ein energischer Oberbefehlshaber, der keine halben Maßnahmen oder Kompromisse duldete, geriet sehr bald mit den Befehlshabern der Panzergruppen aneinander, besonders mit Guderian, der immer wieder Panzerverbände vom Kessel bei Nowogrodek abzog, um sie am raschen Vorstoß gegen den Dnjepr zu beteiligen.[35] Guderian, der Kluge nicht schätzte, machte persönliche Gründe für die Unstimmigkeiten verantwortlich, aber Hoth war objektiver, und was er sagte, entsprach mehr den Tatsachen, als er nach dem Krieg das Oberkommando dafür kritisierte, daß es so leichtsinnig einen Krieg begonnen habe, ohne die strategischen Pläne schriftlich festzulegen, so daß jede Bewegung aufgrund der täglichen Besprechungen Hitlers mit seinem Stab angeordnet wurde.[36]

Der Stab der deutschen 4. Armee wurde durch den Stab der 2. Armee unter Weichs abgelöst, die zusammen mit der 9. Armee begann, die eingeschlossenen Truppen der Roten Armee zu vernichten und den Kessel zu säubern. Am 3. Juli hatte der Gegner im Raum Bialystok kapituliert, und am 8. Juli zählte man

32 *Schukow,* Wospominanija i Rasmiślenija, S. 515.
33 *Boldin,* Stranizy Zisni und *Schukow,* Wospominanija i Rasmiślenija, S. 268 und 276.
34 Ebenda, S. 280.
35 *Guderian,* Panzer Leader, S. 162; *Halder,* Kriegstagebuch, Bd. 3, S. 46, 6. Juli 1941.
36 *Hoth,* Panzeroperationen, S. 25.

290.000 Gefangene, unter ihnen mehrere Korps- und Divisionskommandeure, 2500 erbeutete oder vernichtete Panzer und 1500 Geschütze. Die Deutschen schätzten, daß 22 Schützendivisionen, 7 Panzerdivisionen und 6 motorisierte Brigaden vernichtet worden waren.[37] Die eingeschlossenen Truppen der Roten Armee bestanden aus der 3. und 10. Armee, Teilen der an den Flanken befindlichen 4. und 11. Armee und dem größten Teil der als Verstärkung herangeführten 13. Armee.[38]

Jetzt begannen die fünf Panzerkorps der 4. Panzerarmee auf einer mehr als 320 Kilometer breiten Front ohne Reserven vorzugehen, so daß es diesem Panzervorstoß an Durchschlagskraft fehlte, der, wie Hoth sagte, wie eine Hand mit ausgestreckten Fingern und nicht wie eine geballte Faust wirke. Es war auch ein Fehler, gegen die Achse Orscha-Smolensk einen Druck auszuüben, denn damit wurde der Feind nur weiter nach Osten getrieben.[39] Schwere Sommerregen setzten ein, und die Straßen und Fahrspuren verwandelten sich über Nacht aus Sand und Staub in grundlose Schlammflüsse, so daß sich das Tempo der deutschen Panzerkolonnen verlangsamte und sie sich weit auseinanderzogen. Dabei verstärkte sich der feindliche Widerstand immer mehr. Die Rote Luftwaffe begann, wieder in den Erdkampf einzugreifen, und die Pioniere der Roten Armee hatten Zeit, alle Brücken zu zerstören.

Am 2. Juli übernahm Timoschenko den Befehl an der sowjetischen Westfront. Die aus vier Armeen bestehende Reservefront Budjonnys, die sich an einer Linie zwischen dem Oberlauf der Düna und dem Oberlauf des Dnjepr eingegraben hatte, wurde Timoschenko unterstellt.[40] Der Westfront standen immer noch fast 1000, allerdings zum großen Teil veraltete Panzer zur Verfügung, und unter der Führung Timoschenkos versteifte sich der sowjetische Widerstand erheblich. Aber die Lage der Sowjettruppen an dieser Front war kritisch und sollte noch ungünstiger werden, besonders da die Kampfmoral der Roten Armee zeitweilig erschüttert war und zahlreiche Soldaten desertierten. Einige der sowjetischen Propagandaberichte nach dem Krieg, die vom Massenheroismus und der Furchtlosigkeit der roten Truppen sprechen, stimmen mit der damaligen Wirklichkeit nicht überein.

Der ehemalige zaristische Kavallerieunteroffizier Gorbatow, ein erfahrener, bewährter Soldat und überzeugter Kommunist, war im Juli 1941 stellvertretender Kommandeur des XXV. Schützenkorps, das mit Konjews 19. Armee aus dem Raum Kiew in die Gegend von Witebsk verlegt worden war. Die einzelnen Truppenteile des Korps waren nacheinander eingetroffen und errichteten jetzt in aller Eile eine Verteidigungsstellung aus Feldbefestigungen. Als bei den am weitesten vorn eingesetzten Teilen der 162. Schützendivision, die einen Teil des Korps bildete, Artilleriestreufeuer einschlug, wendete sich das vorderste Regiment mit etwa 1500 Mann mit seinen Offizieren und Kommissaren zur Flucht und verließ geschlossen das Schlachtfeld. Es gelang Gorbatow durch sein persönliches Beispiel, das Regiment

37 *Halder*, Kriegstagebuch, Bd. 3, S. 56, 9. Juli 1941; von *Bock*, Tagebuch, 8. Juli 1941.
38 Istorija, Bd. 2, S. 37; *Birjusow*, Surowje Gody, S. 24.
39 *Hoth*, Panzeroperationen, S. 78.
40 Istorija, Bd. 2, S. 38.

wieder zum Stehen zu bringen und neu zu gliedern, aber da es unmöglich war, die aufgegebenen Stellungen wieder zu besetzen, ließ er weiter rückwärts eine neue Verteidigungslinie ausbauen. Als auch diese Stellung im Verlauf des Tages Artilleriefeuer erhielt, stellte er befriedigt fest, daß keine Versprengten mehr im rückwärtigen Gebiet auftauchten, und schloß daraus, daß das Regiment seine Standhaftigkeit wiedergewonnen habe und den Artilleriebeschuß in aller Ruhe über sich ergehen lasse. Als er jedoch nach vorn ging, um die Truppe zu beglückwünschen und zu ermutigen, sah er zu seinem Schrecken, daß die Stellung schon lange vorher aufgegeben worden war. Nur der Regimentskommandeur Kostewitsch hielt mit seinem Stab den Regimentsgefechtsstand und meldete, das Regiment habe die Stellung geräumt, als die ersten Granaten einschlugen. Er entschuldigte sich und behauptete, er habe die Truppe nicht zum Gehorsam zwingen können. Gorbatow ließ ihn, wo er war, und begab sich auf die Suche nach den geflüchteten Soldaten.

Es fiel ihm nicht schwer, ihrer Spur zu folgen, denn sie hatten in dem dichten, hohen Gras einen breiten Trampelpfad hinterlassen. Einige Gruppen überholte er, während sie sich nach Osten absetzten, andere saßen um offene Feuerstellen und trockneten ihre Socken. Zum Teil hatten die Mannschaften ihre Waffen fortgeworfen. Gorbatow brachte die Masse des Regiments zum Halten, befahl den Soldaten schimpfend und fluchend, in die alte Stellung zurückzugehen, und überwachte sie beim Vorgehen nach Westen, bis sie außer Sichtweite waren. Dann machte er sich auf den Weg, um auch noch die übrigen zu finden.

Gorbatow, der erst kürzlich aus einem Konzentrationslager an die Front gekommen war, empfand dies alles wie einen bösen Traum. Er glaubte, seinen Augen nicht mehr trauen zu können.[41]

Auf deutscher Seite, besonders bei der Heeresgruppe Mitte, war man sehr siegessicher, und diese Stimmung war besonders deutlich bei den zu Fuß marschierenden Infanterieverbänden. Der Erfolg hing vom Durchhaltevermögen und den Marschleistungen ab. Die 52. Infanteriedivision, die den Panzern Guderians dichtauf folgte, stieß auf einen gut organisierten und bewaffneten Verband von mehreren tausend Rotarmisten, die sich mit ihrem Stabsquartier im Wald versteckt hatten. Aber die Division vermied es sorgfältig, diesen Gegner aus der Ruhe aufzustören, und stieß rasch an ihm vorbei gegen den Dnjepr vor.

Aus den langen und anstrengenden Marschtagen wurden allmählich Wochen. Die Mannschaften gewöhnten sich daran und wurden immer leistungsfähiger, aber nicht die Pferde, die weder patriotische Gefühle noch die Siegeszuversicht kannten. Bei ihnen machte sich das Fehlen des wöchentlichen Rasttages deutlich bemerkbar. Die tägliche Marschleistung betrug oft 50 Kilometer und mehr, die Truppe marschierte unter dichten Staubwolken, es war heiß, und kein Windchen regte sich, denn die hohen Bäume beiderseits der Waldstraßen ließen keinen Windhauch durch. Sie waren von einer dicken Staubschicht bedeckt, und nirgends sah man ein Fleckchen

41 *Gorbatow*, Gody i Woiny, Nowyi Mir, Mai 1964 in der Übersetzung Years of my Life, S. 163–165.

Grün. Die Gesichter der Männer sahen aus wie graue Masken, ihre Uniformen waren durchgeschwitzt und schmutzig, und sie hatten keine Zeit, sich zu waschen oder zu baden. Anders als die Fahrer der Nachschubfahrzeuge begrüßten die zu Fuß marschierenden Infanteristen begeistert jedes Gewitter und jeden Platzregen, der nach der unerträglichen Hitze und dem alles durchdringenden Staub eine gewisse Erleichterung brachte.[42] Irgendwelche Nachrichten kamen nur spärlich durch, und die einzigen, die ihnen etwas von den atemberaubenden Siegen erzählen konnten, waren die Fahrer der Versorgungslastwagen, die damals am besten informierten und beliebtesten Soldaten der deutschen Armee.

Hoth ging mit dem von Rudolf Schmidt geführten XXXIX. Panzerkorps, dem einzigen, das ihm noch zur Verfügung stand, da das LVII. Korps gegen Welikije Luki abgeschwenkt war, von Witebsk nach Osten vor und schloß Smolensk von Norden her ein. Seine Vorhut erreichte am 15. Juli einen Punkt ostwärts der Stadt. Am folgenden Tag nahm die 29. motorisierte Infanteriedivision unter Guderian Smolensk von Süden, und starke Verbände der Roten Armee waren damit zwischen Orscha und Smolensk fast vollständig eingeschlossen. Es blieb jedoch eine Lücke im Süden an der Hauptstraße nach Moskau, die Guderian nicht schließen konnte, obwohl Hoth ihn dringend darum bat, weil die Masse seiner Truppen weit nach Süden auseinandergezogen war und, besonders bei Jelnja, durch heftige Gegenangriffe der Sowjets bedrängt wurden.[43] Kluge scheint sich in diese Operationen kaum eingeschaltet zu haben.

Die Masse der 16. sowjetischen Armee unter Lukin und der 20. Armee unter Kurotschkin, die nach deutschen Quellen schätzungsweise zwischen zehn und fünfzehn Divisionen stark waren, geriet zusammen mit anderen Teilverbänden und Versprengten in den Kessel von Smolensk. Auf der von Smolensk nach Moskau führenden Straße drängten sich vier Fahrzeugkolonnen nebeneinander nach Osten, während Offiziere und Kommissare fieberhaft versuchten, Ordnung in die Verwirrung zu bringen und die Einheiten zusammenzuhalten.

Um Timoschenko seine schwere Aufgabe zu erleichtern und es ihm zu ermöglichen, sich ganz auf den Einsatz der eingeschlossenen Truppen zu konzentrieren, wurde sein aus zwei Armeen bestehender Südflügel aus dem Befehlsbereich der Westfront herausgenommen und als neue Mittelfront dem ehemaligen Befehlshaber der Nordwestfront im baltischen Raum, Kusnezow, unterstellt. Sechzehn Schützendivisionen und vier Panzerdivisionen der Reservefront Bogdanows wurden nach vorn befohlen und bildeten vorübergehend taktische Verbände, sogenannte Gruppen, deren eine unter dem Befehl Rokossowskis stand. Sie führten von Osten Gegenangriffe gegen Smolensk, um in den Kessel hineinzustoßen. Weitere Entlastungsangriffe richteten sich von Norden her gegen Smolensk und gegen Jelnja, und diese Operationen dauerten den ganzen Juli und August noch an und werden in der sowjetischen Literatur als Schlacht von Smolensk bezeichnet.

42 *Rendulic*, Gekämpft Gesiegt Geschlagen, S. 25–26.
43 *Hoth*, Panzeroperationen, S. 97.

Am 5. August brach der letzte sowjetische Widerstand im Kessel von Smolensk zusammen, und das brachte der Roten Armee den Verlust von etwa 300.000 Gefangenen und mehr als 3000 Panzern.[44] Drei Tage darauf räumte Guderian den Kessel bei Roslawl auf, nahm weitere 38.000 Mann gefangen und erbeutete 200 Panzer.[45] Nun wurde das deutsche XXIV. Panzerkorps mit der Stoßrichtung nach Süden gegen den Rücken der neuen Mittelfront Kusnezows westlich und nördlich von Gomel angesetzt. Diese Angriffe vernichteten praktisch die Mittelfront, und am 24. August verlor die Rote Armee weitere 78.000 Gefangene. Alles in allem betrugen die Verluste der sowjetischen Truppen seit Abschluß der Schlacht bei Minsk am 8. Juli bis Anfang September im Bereich der Heeresgruppe Mitte etwa 400.000 Gefangene und mehr als 3300 vernichtete oder erbeutete Panzer. Sowjetische Berichte sprechen davon, daß die Gruppe Rokossowski am 4. und 5. August in den Kessel bei Smolensk eingedrungen sei und es der Masse der eingeschlossenen sowjetischen Truppen ermöglicht habe, sich der Umklammerung zu entziehen.[46] Das ist nicht wahr.

Die Heeresgruppe Mitte hatte den ihr übertragenen Auftrag erledigt und die Masse der sowjetischen Kräfte in Weißrußland vernichtet. Dabei hatte sie etwa 600.000 Gefangene gemacht und mehr als 5000 Panzer vernichtet oder erbeutet. Sie war mehr als 800 Kilometer bis nach Smolensk vorgedrungen und hatte die Linie Düna-Dnjepr überschritten. Nun stand sie etwa 400 Kilometer vor Moskau. Am 3. Juli schrieb Halder begeistert in sein Tagebuch, der Feldzug gegen Rußland sei fast gewonnen. Die Heeresgruppe Süd unter Feldmarschall von Rundstedt bestand aus einer Panzergruppe und der 6. und 17. Armee in Polen. Diese Verbände waren durch ungarisches Gebiet von ihrem in Rumänien aufmarschierten rechten Flügel, der deutschen 11. und der 3. und 4. rumänischen Armee getrennt. Die in Polen aufmarschierten Armeen sollten südlich der Pripjetsümpfe nach Osten in die Ukraine hinein angreifen, während der rumänisch-deutsche Verband durch die Moldau und Bessarabien nach Nordosten vorging, um sich mit ihnen zu vereinigen. Ungarn sollte sich am Feldzug gegen die Sowjetunion beteiligen und eine Anzahl von Brigaden ins Feld stellen, die die Verbindung zwischen der polnischen und der rumänischen Front herstellen sollten. Rundstedt verfügte insgesamt über 14 rumänische und 41 deutsche Divisionen, von denen nur 5 Panzerdivisionen und 3 motorisierte Divisionen waren.[47]

Den Hauptstoß der Heeresgruppe Süd sollten die 6. Armee unter Feldmarschall von Reichenau und die Panzergruppe 1 unter Generaloberst von Kleist führen. Die Gesamtstärke der von Reichenau befehligten Kräfte betrug zwanzig Divisionen, darunter 5 Panzerdivisionen und 3 motorisierte Infanteriedivisionen. Reichenau sollte aus dem Raum südostwärts von Lublin energisch nach Osten vorstoßen, und

44 *von Bock*, Tagebuch, 5. August 1941.
45 *Guderian*, Panzer Leader, S. 186.
46 Istorija, Bd. 2, S. 72; Kratkaja Istorija, S. 76; Kriegstagebuch des OKW, Bd. 1, S. 451 bis 454; *Halder*, Kriegstagebuch, Bd. 3, S. 98, 128 u. 150.
47 OKH Kriegsgliederung, 18. Juni 1941.

dabei hatte die 6. Armee den besonderen Auftrag, die linke Flanke gegen die Pripjetsümpfe abzuschirmen, während das Angriffsziel der Panzergruppe 1 der Raum um Kiew am Dnjepr war. Die Panzergruppe und die ihr folgenden zu Fuß marschierenden Infanteriedivisionen der 6. Armee sollten dann nach Südosten einschwenken und beiderseits des Flusses in Richtung auf das Schwarze Meer vorgehen, um die Dnjeprübergänge in Besitz zu nehmen und einen Rückzug des Gegners nach Osten zu verhindern. Die 17. Armee unter General von Stülpnagel mit 13 Infanteriedivisionen erhielt den Auftrag, an Reichenaus rechtem Flügel über Lwow und Winniza vorzugehen.[48]

Die in Rumänien aufmarschierten Kräfte bestanden aus der deutschen 11. Armee unter General von Schobert mit 7 deutschen Infanteriedivisionen und der rumänischen 3. und 4. Armee; das waren insgesamt etwa 14 rumänische Divisionen. Die deutsche 11. Armee bildete das Zentrum zwischen den beiden rumänischen Armeen, hatte jedoch ein Korps an die rumänische 4. Armee und eine Division zur Sicherung von Ploesti abgestellt. Weitere schwächere Verbände waren rumänischen Truppenteilen angeschlossen. Die Aufgabe der deutschen 11. und der rumänischen 3. Armee bestand lediglich darin, das rumänische Staatsgebiet zu schützen und bis zum siebenten Tag nach Beginn des Feldzugs passiv zu bleiben. Man hoffte, die Truppen der Roten Armee in der Ukraine würden bis dahin entweder eingeschlossen sein oder sich auf dem Rückzug befinden. Dann sollten die 11. und die 3. Armee in die Ukraine vorgehen, um die sowjetischen Kräfte dort zu binden, während die rumänische 4. Armee gegen Odessa vorstieß. Die Heeresgruppe Süd wurde von der aus etwa 600 Flugzeugen bestehenden Luftflotte 4 unterstützt.[49]

Obwohl Stalin ebenso wie Golikow geglaubt hatte, ein deutscher Angriff gegen die Sowjetunion sei höchst unwahrscheinlich, bevor Deutschland Großbritannien nicht geschlagen oder mit diesem Gegner Frieden geschlossen habe, hatte er auch die Auffassung vertreten, daß, wenn es zum Kriege käme, die Deutschen den Hauptstoß gegen die Ukraine richten würden, um sich in den Besitz der ukrainischen Getreidefelder, der Kohle im Donezbecken und des kaukasischen Erdöls zu setzen.[50] Diese Vermutung spiegelte sich im defensiven sowjetischen Aufmarsch im Juni 1941 wider; denn der größte Teil der Roten Armee stand in der Ukraine. Diese Kräfte waren stärker als die Westfront Pawlows und die Nordwestfront Kusnezows zusammen. Die sowjetischen Truppen, die zum Schutz der Ukraine in Galizien und Bessarabien aufmarschiert waren, gliederten sich in die Südwest- und die Südfront. Die Südwestfront stand unter dem Befehl von Kirponos. Ihre vier Armeen hielten ein Gebiet besetzt, das sich grob gesagt von den Pripjetsümpfen bis an den Nordrand der Grenze mit Rumänien erstreckte. Nach der

48 Aufmarschanweisung Barbarossa, OKH Gen St d H. Op Abt (1) Nr. 050/41 g. Kdos Chefs vom 31. Januar 1941, § 4a.
49 Löhrs Luftflotte 4 mit Greims V. und Pflugbeils VI. Fliegerkorps und ein Flak-Korps.
50 *Schukow*, Wospominanija i Rasmyślenija, S. 228.

ersten Kriegswoche war vor der rumänischen Grenze eine neugebildete Südfront unter Tjelenew, bestehend aus zwei Armeen, aufmarschiert. Zu der Südwestfront gehörten 32 Infanteriedivisionen, 3 Kavalleriedivisionen und 8 motorisierte Armeekorps. Tjulenews Südfront war infanteristisch schwach, verfügte aber über nicht weniger als zwei motorisierte Armeekorps vor der Rumänischen Grenze.[51]

Kirponos war der einzige Frontbefehlshaber, der sich sofort von dem ersten Schock erholte, den der deutsche Angriff ausgelöst hatte, und er führte seine Verteidigung sehr geschickt. Dabei wurde er durch die Eigenart des Geländes unterstützt, die Sumpfgebiete südlich des Pripjet und die Wälder Galiziens und der Westukraine. Tjulenews Südfront im Moldauhochland und Bessarabien kam erst Ende Juni ins Gefecht und brachte mit ihren starken motorisierten und Panzerverbänden die deutsche Infanterie und die rumänische Kavallerie in eine schwierige Lage.

In der Nordwestukraine war die Heeresgruppe Süd v. Rundstedts dem Gegner fast unbestritten überlegen. Im Rücken der Roten Armee waren die Störtrupps besonders aktiv, unterbrachen Telefon- und Eisenbahnverbindungen und verursachten damit auf sowjetischer Seite der Grenze einige Verwirrung, da die Führung die Nachrichtenverbindungen verlor. Die Panzergruppe 1 des Generals von Kleist konnte deshalb ohne große Schwierigkeiten eine fast 50 Kilometer breite Lücke in die feindliche Front schlagen.

Am 1. Juli traten die deutsche 11. Armee und die Rumänen an, um den Pruth zu überschreiten und weiter auf den Dnjestr gegen die Truppen der sowjetischen Südfront vorzugehen, die sich ihnen kampfbereit und gut mit Panzern ausgerüstet entgegenstellten. Die Divisionen v. Schoberts waren Infanteriedivisionen und rumänische Kavalleriedivisionen, die nur wenig Unterstützung aus der Luft erhielten. Bei ihrem stetigen Vormarsch legten sie nicht mehr als durchschnittlich 13 Kilometer am Tage zurück, da die gepanzerten Nachhuten der Sowjets sehr beweglich und offensiv kämpften. In dem für die Panzer besonders günstigen, offenen Gelände zwangen sie die gegen sie vorgehenden feindlichen Kolonnen mehrmals am Tage zur Entfaltung und Bereitstellung zum Angriff. Sowjetische Bombenflugzeuge und Jäger griffen in die Erdkämpfe ein, und die häufigen und plötzlichen Regenfälle verwandelten die fette Schwarzerde in einen klebrigen Schlamm, der alle Räder stundenlang festhalten konnte. Sogar Feldgeschütze, die von 12 Pferden gezogen wurden, kamen nicht mehr von der Stelle.[52]

Der Regimentskommandeur des Infanterieregiments 16, von Choltitz, und der italienische Alpinihauptmann Malaparte, der den deutschen Truppen als Verbindungs- und Beobachtungsoffizier beigegeben war, stimmen in ihren Berichten über die Kämpfe in diesem Frontabschnitt überein. Nachdem die Deutschen den Dnjepr und die sogenannte Stalinlinie an der alten sowjetischen Grenze überschritten hat-

51 *Istorija*, Bd. 2, S. 98; *Schukow*, Wospominanija i Rasmišlenija, S. 250; s. a. 50 Let Wooružennych Sil SSSR, S. 251–252.

52 *Malaparte*, The Volga Rises in Europe, S. 52–55 und 157–159.

ten, die nur aus wenigen vereinzelten und jetzt verlassenen Feldbefestigungen bestand, versteifte sich der Widerstand der Roten Armee erheblich, die Nachhuten kämpften geschickt und ließen weder Tote noch Verwundete zurück. Die Sowjets führten energische gepanzerte Gegenangriffe, und die Deutschen mußten feststellen, daß die 3,7-cm-Panzerabwehrgeschütze der Infanterie gegen die schweren sowjetischen Panzer nichts ausrichten konnten, obwohl es sich um veraltete Panzertypen handelte. Bald wich das bewaldete Hügelland der Moldau und Bessarabiens der flachen ukrainischen Steppe, weiten Weizen- und Sonnenblumenfeldern, und die Landschaft wurde nur von den durch hohe Akazien beschirmten ukrainischen Reihendörfern belebt. Vieh und Geflügel liefen noch frei herum, nur die Pferde und die Männer waren verschwunden. Der weite, eintönige Horizont verlieh der Landschaft den Charakter unendlicher Ausdehnung, Verlassenheit und Leere. Die deutsche 11. Armee brauchte nicht weniger als zwei Monate, um in den sich ständig wiederholenden sporadischen Gefechten die 600 Kilometer bis zum Dnjepr zurückzulegen. Die Regimenter marschierten einzeln mit den ihnen zugeteilten schwachen artilleristischen und Panzerabwehrkräften. Choltitz vergleicht diesen Vormarsch mit der Fahrt eines winzigen Schiffs über einen Ozean vom Winde bewegter Kornfelder. Es gab keine weit vorausgeschickte Aufklärung und keine Verbindung zum Nachbarn. Wochenlang sah das Regiment keine anderen Truppen als gelegentlich einige Soldaten der Roten Armee. Oft ging die Funkverbindung zum Divisionsstab für mehrere Tage verloren. Deutsche Panzer oder Flugzeuge ließen sich überhaupt nicht blicken. Ein- oder zweimal kreuzte das Regiment die Spuren rumänischer Truppen, und einmal begegnete es einem motorisierten italienischen Verband, der den Eindruck machte, als unternähme er eine Vergnügungsreise. Der Krieg bestand hier zum größten Teil aus Hitze, Staub und täglichen Regenfällen, aus unaufhörlichen Märschen und gelegentlichen Gefechten. Mit der Munition mußte sparsam umgegangen werden, und das bedeutete, daß Granatwerfer und Geschütze nur selten eingesetzt wurden und man sich vor allem auf das Maschinengewehr verließ. Jeder Soldat fürchtete, verwundet zu werden; denn die Schwerverwundeten wurden auf bespannten Sanitätsfahrzeugen in die Weite zurückgeschickt. Die täglichen Ausfälle lichteten langsam, aber sicher die Reihen, und die Marschroute wurde durch die am Wege zurückgelassenen Soldatengräber gekennzeichnet.[53]

Die Kämpfe südlich des Pripjet in Galizien und der Nordwestukraine waren ganz anders als das, was die Deutschen und Rumänen in Bessarabien und der Südwestukraine erlebten. Die Landschaft glich eher derjenigen Weißrußlands; der Boden war zum Teil kultiviert, aber der größere Teil des Gebiets bestand aus Wald und Heide. Die deutsche Luftwaffe war sehr tätig. Die harten, aber unübersichtlichen Gefechte gingen in den Hunderte von Kilometern rückwärts der deutschen Vorhuten gebildeten Kesseln weiter; denn starke Verbände der Roten Armee hatten sich nicht mehr rechtzeitig absetzen können. An den Straßenrändern lagen zahlreiche sowjetische Fahrzeuge aller Typen, in den Getreidefeldern versteckte sich die

53 *von Choltitz,* Un Soldat parmi des Soldats, S. 98–110.

feindliche Infanterie, und in den Wäldern hörte man das Rasseln der Ketten sowjetischer Panzer. Nachts schlossen sich russische Lastwagen manchmal versehentlich deutschen Kolonnen an. Wenn die Soldaten der Roten Armee Zeit hatten, sich zu orientieren und bereitzustellen, kämpften sie oft mit großer Entschlossenheit und Verbissenheit, auch wenn sie isoliert waren.[54]

In den Sumpfgebieten bei Korosten, in denen die sowjetische 5. Armee kämpfte, waren die Verhältnisse wieder anders. Der General der Panzertruppen Potapow, der den Schutz der Pripjetniederungen ausnutzte, hatte seine Verbände zusammengehalten und verteidigte sich entschlossen in einer zusammenhängenden und gut gegliederten Front gegen die Angriffe der von Reichenau geführten deutschen 6. Armee. Dabei verwendete er mit guter Wirkung seine geschlossen eingesetzte Artillerie. Die deutsche 98. Infanteriedivision war, als sie in Malin am Rande der Pripjetsümpfe eintraf, erstaunt über die dort angerichteten Verwüstungen, die zerstörten Häuser und aufgerissenen Straßen, die von der Heftigkeit der Kämpfe zeugten. Beim Einnehmen der Bereitstellungsräume geriet sie in schweres, gut gezieltes sowjetisches Artilleriefeuer, durch das sie von der Straße und in die Sümpfe getrieben wurde. Überall hörte man die Verwundeten nach den Sanitätern rufen. Als die Division schließlich zum Angriff antrat, mußte sie sich durch Getreidefelder und Gestrüpp vorarbeiten, und obwohl die Infanterie von gepanzerten Sturmgeschützen unterstützt wurde, gab es schwere Verluste. Auch nachdem das Angriffsziel erreicht war, machten sowjetische Scharfschützen den deutschen Soldaten das Leben schwer, und der Gegner suchte systematisch die hohen Kornfelder nach darin liegenden deutschen Verwundeten ab, um sie mit dem Bajonett zu erledigen. Nun steigerte sich die Wut der deutschen Truppen, die hier zum großen Teil zum erstenmal im Gefecht standen, und als der Angriff wieder aufgenommen wurde, kämpften sie mit äußerster Verbissenheit, und auf keiner Seite wurde Pardon gegeben. Nach weniger als zwei Tagen hatte ein Bataillon des Infanterieregiments 282 einhundertsiebzig Gefallene und Verwundete verloren, mehr als ein Viertel seiner ursprünglichen Stärke.[55]

In der zweiten Juliwoche hatte Budjonny seinen neuen Posten als Oberbefehlshaber des südwestlichen Kriegsschauplatzes übernommen, befehligte die Südwestfront und die Südfront, und Chruschtschow war das politische Mitglied seines Militärsowjets. An der Südwestfront von Kirponow und der Südfront von Tjulenew wendete sich das Kriegsglück zuungunsten der Truppen der Roten Armee, und es läßt sich nicht feststellen, ob dies am Versagen der Führung oder an einer Reihe unglücklicher Umstände lag. Zweimal erhielt Budjonny von Moskau die Erlaubnis, sich nach Osten abzusetzen, aber diese Erlaubnis scheint widerwillig gegeben worden zu sein; denn es handelte sich jedesmal nur um ein taktisches Ausweichen, das der gefährlichen Lage nicht gerecht wurde. Am 2. August ging Perwomaijsk verloren, und große Teile der 6. und 12. Armee sowie einige Truppenteile der

54 *Meyer*, Panzergrenadiere, S. 79–82.
55 *Gareis*, Kampf und Ende der Fränkisch-Sudetendeutschen 98. Division, S. 86–104.

18. Armee, insgesamt etwa zwanzig Divisionen, wurden von Osten her in einem großen Kessel bei Uman eingeschlossen. Der sowjetische Widerstand dauerte bis zum 8. August, als die Deutschen 103.000 Gefangene machten, unter ihnen zwei Armeebefehlshaber und sieben Korpsstäbe. Dabei wurden mehr als 300 Panzer und 800 Geschütze erbeutet.[57]

Nun hatte die deutsche Armee an der Ostfront den ersten Teil ihres Auftrags trotz mancher Fehlschläge erledigt. Leningrad war nicht gefallen, die Verbindung mit den Finnen war nicht hergestellt, und starke feindliche Verbände waren aus dem baltischen Raum und der Ukraine nach Osten entkommen. Aber die deutschen Truppen hatten die Landbrücke bei Orscha und Smolensk genommen, die Düna überschritten und standen am oder jenseits des Dnjepr. Jetzt warteten sie auf die weiteren Befehle des »Führers«.

Bei Lagebesprechungen am 23. und 26. Juli betonte Halder, daß es notwendig sei, im Herbst den entscheidenden Vorstoß gegen Moskau zu unternehmen; denn er hielt Hitlers Angriffsziele, Leningrad und die Ukraine, für erst in zweiter Linie wichtig und glaubte, die Befolgung von Hitlers Plan werde dazu führen, daß die deutschen Kräfte sich im Stellungskrieg festfuhren. Erst jetzt kamen Halder ernste Zweifel hinsichtlich der Kriegsziele und der Methoden der deutschen Kriegführung.[58] Feldmarschall von Bock hatte darauf gedrängt, daß die Heeresgruppe Mitte ihre Panzergruppen behielt, um schon frühzeitig gegen Moskau vorzugehen, und diese Auffassung war von Guderian und Hoth energisch unterstützt worden. Zwischen dem 4. und 6. August besuchte der »Führer« die Stabsquartiere der Heeresgruppen Mitte und Süd, um die Ansichten ihrer Befehlshaber und der Befehlshaber der Panzergruppen zu hören, die alle eine sofortige Wiederaufnahme der Offensive gegen Moskau empfahlen. Diese Ratschläge entsprachen nicht Hitlers Auffassung, der sie ablehnte und seinen Generälen eine Lektion über die Bedeutung wirtschaftlicher Fragen im Kriege erteilte.[59] Halder versuchte daraufhin, ihn durch die direkte Frage festzulegen, ob die unmittelbaren Ziele des Führers der militärische Sieg oder die wirtschaftliche Ausbeutung seien, und erhielt die Antwort, der Führer hielte beide Ziele für gleich wichtig und vordringlich.[60]

Am 12. August unterzeichnete Keitel einen Zusatzbefehl zur »Weisung Nr. 34«, in dem die Absicht bestätigt wurde, die Panzerverbände der Heeresgruppe Mitte zu anderer Verwendung abzuziehen und sie gegen Leningrad, die Krim, Charkow, das Donezbecken und den Kaukasus anzusetzen, nachdem die starken feindlichen Kräfte, die an den Flanken der Heeresgruppe Mitte zusammengezogen worden waren, vernichtet seien.[61] Die feindlichen Truppenmassierungen im Pripjetgebiet

56 *Platonow,* Wtoraja Mirowaja Woina, S. 216.
57 *Halder,* Kriegstagebuch, Band 3, S. 163; Istorija, Bd. 2, S. 102; *Platonow,* Wtoraja Mirowaja Woina, S. 217.
58 *Halder,* Kriegstagebuch, Bd. 3, S. 107 u. 103, Fußnote 21.
59 *Warlimont,* Inside Hitler's Headquarters, S. 189; *Guderian,* Panzer Leader, S. 190.
60 *Halder,* Kriegstagebuch, Bd. 3, S. 159; *Warlimont,* Inside Hitler's Headquarters, S. 186.
61 *Hubatsch,* Hitlers Weisungen für die Kriegführung, S. 148–149.

nördlich von Kiew, die immer als sowjetische 5. Armee bezeichnet wurden, sich in Wirklichkeit aber auch aus Teilen anderer sowjetischer Armeen zusammensetzten, sollten nun vernichtet werden.

Am 18. August unternahmen Brauchitsch und Halder den letzten Versuch, die direkte Offensive gegen Moskau durchzusetzen, als sie in einer an Hitler gerichteten Denkschrift ihre Gründe darlegten.[62] Drei Tage darauf wies er diese Vorschläge in einer Gegendenkschrift zurück, in der er gegen Brauchitsch den Vorwurf erhob, das deutsche Heer nicht wirklich zu führen, sondern sich viel zu sehr durch die Ansichten der Heeresgruppenbefehlshaber beeinflussen zu lassen. In seiner Verärgerung schlug Halder Brauchitsch vor, sie beide sollten zurücktreten, aber der Oberbefehlshaber nahm diesen Vorschlag mit wenig Begeisterung auf.[63]

Am 23. August wurde Guderian zum Stab der Heeresgruppe Mitte zu einer Besprechung mit Halder befohlen. Guderian erklärte, er zweifle daran, daß er mit den ihm zur Verfügung stehenden Waffen und Mannschaften in der Lage sei, einen Feldzug in der Ostukraine zu führen und anschließend so rechtzeitig in den Raum von Smolensk zurückzukehren, um sich noch vor Beginn des Winters an einem Vorstoß gegen Moskau beteiligen zu können, und das waren gerade die Töne, die Halder zu hören wünschte. Dies entsprach auch den Auffassungen v. Bocks, und auf Vorschlag des Befehlshabers der Heeresgruppe flog Guderian mit Halder nach Rastenburg zurück, um dem ›Führer‹ seine Ansichten persönlich vorzutragen. Nach Guderians Bericht über dieses Zusammentreffen, das in Gegenwart Keitels, Jodls und Schmundts stattfand, wurde er von Hitler und dessen persönlichem Stab überstimmt. Er berichtet, er sei erstaunt und verletzt gewesen, als Halder, der am folgenden Tage seine Meldung entgegennahm, einen Wutanfall bekam. Halders Tagebucheintrag vom Abend des 24. August zeichnet ein etwas anderes Bild; denn hier schreibt er, Guderian sei durch Hitlers Argumente völlig überzeugt worden und habe sich mit ihnen einverstanden erklärt, da er entschlossen gewesen sei, dem ›Führer‹ zu beweisen, daß er (Guderian) der Mann sei, der auch das scheinbar Unmögliche zustandebringen könne. Augenscheinlich ist es diese plötzliche Kehrtwendung gewesen, die Halders Zorn erregte. So triumphierte Hitler wieder über Halder und das OKH, indem er Zwietracht säte und Guderian zu seinem Werkzeug machte. Die Stoßkraft des deutschen Heeres wurde nach Norden und Süden abgelenkt, anstatt nach Osten und gegen Moskau geführt zu werden.[64]

Auch in Moskau hatte Stalin inzwischen Meinungsverschiedenheiten mit einigen seiner höheren Offiziere. Watutin hatte seinen Posten als erster Stellvertreter des Chefs des Generalstabes aufgegeben und war Chef des Stabes der Nordwestfront geworden. An seine Stelle war Wassilewskij getreten. Bei einer Besprechung am 29. Juli, an der auch der Chef des politischen Zentralkomitees, Mechlin, teilnahm, schlug Schukow nach seinem eigenen Bericht den Rückzug der Südwestfront unter

62 *Warlimont,* Inside Hitler's Headquarters, S. 188–190; *Heusinger,* mündlicher Bericht.
63 Kriegstagebuch des OKW, Bd. 1, S. 1062; *Halder,* Kriegstagebuch, Bd. 3, S. 192.
64 Ebenda, Bd. 3, S. 194–195.

Kirponos von der Dnjeprlinie vor, auch wenn das die Aufgabe Kiews bedeuten sollte. Das löste einen Wutanfall Stalins aus, der rief, das sei Unsinn. Schukows Angebot, das Amt des Chefs des Generalstabes zur Verfügung zu stellen, wurde bereitwillig akzeptiert mit der Erwiderung, Stalin könne auch ganz gut ohne ihn auskommen, selbst wenn es die Rückkehr des kränkelnden Schaposchnikow bedeute.[65] So begab sich Schukow an die Reservefront, während Schaposchnikow vom westlichen Kriegsschauplatz nach Moskau zurückkehrte, um wieder Chef des Generalstabes zu werden. Schukow blieb jedoch Mitglied der Stawka.

Am 14. August war in aller Eile eine aus zwei Armeen bestehende neue Brjansker Front unter Jeremenko errichtet worden, dem die Reste der vernichteten Mittelfront unterstellt wurden. Er hatte den Auftrag, die offene Brjansker Flanke der vor Moskau liegenden Verteidigungsstellungen zu decken, und während Guderians Panzergruppe 2, die damals nur aus zwei Panzerkorps bestand, den Vormarsch nach Süden fortsetzte, erhielt die Brjansker Front Ende August den Befehl, sich auf einen Angriff gegen Guderians Ostflanke vorzubereiten. Dieser Angriff fand nicht statt.

Im Hauptquartier des sowjetischen südwestlichen Kriegsschauplatzes wurden sich Budjonny und Chruschtschow jetzt der Gefährlichkeit der Lage bewußt und suchten am 11. September in Moskau um Erlaubnis nach, sich aus dem Dnjeprbogen bei Kiew nach Osten zurückzuziehen, doch Stalin verweigerte kategorisch seine Genehmigung. Am 13. September wurde Budjonny seines Postens enthoben, und Timoschenko, der immer dort eingesetzt wurde, wo die Lage kritisch war, gab sein doppeltes Amt als Oberbefehlshaber des westlichen Kriegsschauplatzes und Befehlshaber der Westfront auf, um Budjonnys Stelle einzunehmen. Schaposchnikow war offenbar taub gegenüber allen Warnungen vor der bevorstehenden Katastrophe, und Chruschtschow berichtet, er habe am 16. September auf eigene Verantwortung den Chef des Stabes des Kriegsschauplatzes, Bagramian, zu Kirponos geschickt, um diesem vorzuschlagen, sich ohne Befehl zurückzuziehen. Kirponos lehnte den Vorschlag Chruschtschows ab und hielt in dieser Angelegenheit direkt Rückfrage in Moskau. Aber Schaposchnikow – und das bedeutet Stalin – verweigerte bis zum 17. September die Erlaubnis für die sowjetischen Truppen, sich vom Feinde zu lösen und nach Osten zurückzugehen. Aber nun war es mehr als 24 Stunden zu spät. Guderian und Kleist hatten sich bereits am 16. September bei Lochwiza, weit im Rücken der sowjetischen Truppen, vereinigt.

Zwischen dem 16. und 26. September wurden die in dem großen Kessel bei Kiew, der ursprünglich etwa 200 Kilometer breit und ebenso tief war, eingeschlossenen sowjetischen Kräfte von der Infanterie der deutschen 2. und 6. Armee zerschlagen. Kiew wurde am 20. September genommen. 450.000 Gefangene fielen den Deutschen in die Hände. Die 5., 21., 37. und 26. Armee waren zusammen mit Teilen der

65 *Schukow,* Wospominanija i Rasmyšlenija, S. 309–312.

40. und 38. Armee in ihrer Masse vernichtet.[66] Über das Schicksal von Kirponos und seinem Stab ist nichts Genaues bekannt, besonders weil es damals bei den Sowjets üblich war, die höheren Truppenführer aus den Kesseln herauszuholen und ihnen zu befehlen, ihre unglücklichen Truppen im Stich zu lassen. Hier wurde jedoch gemeldet, Kirponos, sein Chef des Stabes Tupikow und das politische Mitglied des Militärsowjet, Burmistenko, seien gefallen, wahrscheinlich bei dem Versuch, aus deutscher Gefangenschaft zu entfliehen.[67]

An der Schwarzmeerküste bereitete sich die deutsche 11. Armee darauf vor, die Krim zu nehmen und die sowjetische Südfront nach Osten zurückzudrängen. Der Oberbefehlshaber der deutschen 11. Armee, General von Schobert, war gefallen, als sein leichtes Aufklärungsflugzeug in einem Minenfeld landete, und sein Nachfolger von Manstein setzte nur ein einziges Korps gegen die Krim an, während die übrigen unter seinem Befehl stehenden Kräfte zusammen mit der rumänischen 3. Armee den Dnjepr überschritten und in Verfolgung der zurückgehenden sowjetischen Südfront entlang der Küste des Asowschen Meers vorstießen.

Die am 6. Oktober in 1. Panzerarmee umbenannte Panzergruppe 1 unter General von Kleist wurde sofort nach ihrem Sieg bei Kiew nach Süden in den Rücken der sowjetischen Südfront umdirigiert, die am 5. Oktober Tscherewitschenko als neuem Befehlshaber unterstellt wurde und damals aus drei Armeen bestand. Aus seinem Versammlungsraum bei Dnjepropetrowsk überschritt Kleist die Samara und ging in südlicher Richtung gegen die zurückgehenden Truppen Tscherewitschenkos vor. Am 6. Oktober nahm er bei Ossipenko an der Schwarzmeerküste die Verbindung mit der 11. Armee auf. Teile der sowjetischen 18. und 9. Armee wurden eingeschlossen, und die Deutschen machten nicht weniger als 106.000 Gefangene.[68]

Die Kämpfe in der Süd- und Ostukraine gestalteten sich anders als die oben von Choltitz und Malaparte geschilderten in der Westukraine. In der Ostukraine verfügten die Deutschen über eine Anzahl motorisierter Verbände und hatten den Vorteil überlegener Beweglichkeit. Die Kampfmoral der Truppen der Roten Armee war so schlecht, daß sich zahlreiche Soldaten in der offenen Steppe kampflos ergaben. Aber die deutschen Verbände waren durch Verluste geschwächt und hätten längere Kampfhandlungen nicht durchstehen können. Sogar die überzeugten Nationalsozialisten der SS-Leibstandarte begannen sich über die strategischen Ziele des Krieges Gedanken zu machen und stellten fest, daß sie oft stundenlang durch das Gelände fahren konnten, ohne einen deutschen Soldaten zu Gesicht zu bekommen. Die Weite und Leere des Landes machte selbst auf die härtesten Krieger einen

66 Kriegstagebuch des OKW, Bd. 1, S. 661, 26. September 1941. Die Auszählung der Kriegsgefangenen und Beute bei den gemeinsamen Operationen der Heeresgruppen Mitte und Süd nach Anfang September ergab das folgende Bild: 665.000 Gefangene, 824 Panzer, 3018 Geschütze und 418 Panzerabwehrgeschütze.

67 Eine Zeitlang glaubte man, Kirponow habe sich das Leben genommen. Vgl. *Leonid Wolynski* und *Werth*, Russia at War, S. 210. Nach neueren Berichten wurde er durch eine Granate getötet. Potapow überlebte die deutsche Gefangenschaft und wurde später mit seinem alten Rang wieder in die Rote Armee aufgenommen.

68 Kriegstagebuch des OKW, Bd. 1, S. 693, 11. Oktober 1941.

deprimierenden Eindruck und schwächte ihre Moral. Die Führer waren, wie Halder schreibt, »übermüdet und belastet von der Unendlichkeit der Aufgabe«.[69]

Nach einer zehn Tage dauernden Schlacht, in der die 11. Armee mehr als 100.000 Gefangene machte und 700 Geschütze erbeutete, erzwang sie am 28 Oktober den Durchbruch auf die Halbinsel Krim, jedoch nur, um vor Sewastopol im Westen und der Halbinsel Kertsch im Osten an einer doppelten Front festgehalten zu werden[70] Da die Sowjets die Luft- und Seeherrschaft in der Hand hatten, sah es aus, als könne sich die Rote Armee in dieser Lage auf unabsehbare Zeit hinaus halten.

Im Mittelabschnitt hatten die Deutschen am 17. Juli das an der direkten Straße nach Moskau gelegene Smolensk genommen und den Kessel bei Smolensk am 6. August gesäubert. Aber erst am 23. August kamen die endgültigen und unwiderruflichen Befehle für die nächste Phase des Feldzuges. Am 5. September, genau dreizehn Tage nachdem der Entschluß gefallen war, die abgekämpften Panzerverbände mehr als 600 Kilometer nach Norden und Süden vorstoßen zu lassen, entschied Hitler, das Kriegsziel in Leningrad sei erreicht und das Gebiet um Leningrad könne von nun an als Kriegsschauplatz zweiten Ranges angesehen werden. Die Hauptaufgabe, so meinte der Führer, sei jetzt der direkte Vorstoß gegen Moskau, um die sowjetische Westfront noch vor Einsetzen der Schlechtwetterperiode zu vernichten. Die Angriffskräfte sollten »in den nächsten acht bis zehn Tagen« zusammengezogen und bereitgestellt werden. Der Heeresgruppe Nord sei zu befehlen, sie habe alle Panzerverbände abzugeben, das heißt, die Panzergruppe 3 Hoths und Teile der Panzergruppe 4 Hoepners, dazu das VIII. Fliegerkorps v. Richthofens. Die unter dem Befehl Guderians stehende Panzergruppe 2 und die 2. Armee des Feldmarschalls von Weichs sollten aus der Ukraine abgezogen und an der Vernichtung der vor Moskau stehenden sowjetischen Westfront beteiligt werden.[71]

Als Hitler die erste Entscheidung traf, seine Streitkräfte über einen von der Ostsee bis zum Schwarzen Meer reichenden, 1600 Kilometer weiten Raum zu verteilen, begründete er sie damit, daß die Einnahme Leningrads, der Krim, der Ukraine, des Donezbeckens und der kaukasischen Ölfelder wichtiger sei als die Eroberung Moskaus und die Vernichtung der sowjetischen Streitkräfte, welche die Hauptstadt verteidigten. Doch am 5. September, als er seine Meinung wieder geändert hatte, hatten die umgruppierten deutschen Truppen noch kaum den Kampf um ihre weitgesteckten Ziele im Norden und Süden begonnen. Am 5. September befanden sich Kiew und der größte Teil der Ost- und Mittelukraine immer noch in der Hand der Roten Armee, und die Einschließung der Flußschleife bei Kiew durch Guderian und Kleist war noch nicht in die Wege geleitet. Die Krim und der Kaukasus waren von den deutschen Truppen noch nicht bedroht. Die Entscheidung, der

69 *Halder*, Kriegstagebuch, Bd. 3, S. 191, 21. August 1941; *Meyer*, Panzergrenadiere, S. 135 und 145.
70 von *Metzsch*, Die Geschichte der 22. Infanterie-Division, S. 29–31.
71 *Halder*, Kriegstagebuch, Bd. 3, S. 215, 5. September 1941.

Heeresgruppe Nord die Feuerkraft der Luftwaffe und der Panzertruppen zu nehmen, sollte zu Operationen führen, die zum Halten gebracht wurden, nachdem sie kaum erst begonnen hatten.

Es ist unmöglich, Hitlers Logik nachzuvollziehen. Daß er die deutschen Kräfte gegen die Ratschläge Halders und Bocks zersplitterte, ist bekannt. Die strategischen Vorteile, die darin gelegen hätten, Leningrad zu isolieren und sich mit den Finnen zu vereinigen, waren fraglich. Auch konnte man keine großen Erfolge erwarten, wenn man Panzerverbände in den bewaldeten Sümpfen am Ilmensee einsetzte.[72] Im offenen Steppengelände der Ukraine sollte Guderians Panzergruppe 2 eine wichtige Rolle bei der Vernichtung der sowjetischen Streitkräfte am Flußbogen von Kiew spielen. Sie war jedoch durch diesen Auftrag zu weit nach Süden gekommen, um rechtzeitig zurückbeordert zu werden und eine ihr entsprechende Aufgabe beim Vormarsch gegen Moskau zu übernehmen. Hitler hatte sich gegen die gewagten, tief in Feindesland hineinführenden taktischen oder strategischen Panzervorstöße gewendet und näher gelegene Angriffsziele bevorzugt. Dabei hatte er die deutschen Truppen abschnittsweise in einer geraden Linie ohne Ausbuchtungen oder exponierte Flanken durch das europäische Rußland vorgehen lassen. Er überschätzte dabei die Bedeutung der sowjetischen Truppen an den Flanken der Heeresgruppe Mitte, Truppen, die auf jeden Fall sehr unbeweglich waren, und änderte, wie Halder sagt, seine Strategie nur, um auf die Taktik des Gegners zu reagieren. Die strategische und wirtschaftliche Bedeutung der Krim, des Donezbeckens und des Kaukasus hatte mit den Argumenten für oder gegen einen Vormarsch nach Moskau nichts zu tun; denn diese Gebiete befanden sich noch immer in sowjetischen Händen, als die Deutschen an die Straße Smolensk-Moskau zurückkehrten. Noch im Juli hatte Hitler geglaubt, der Krieg sei fast gewonnen, aber selbst diese falsche Annahme konnte kaum dazu führen, den Angriff gegen die Westfront Timoschenkos im Juli oder August nicht zu unternehmen. Welches die Logik und die Motive des »Führers« auch gewesen sein mögen, die Folge war es, daß die Heeresgruppe Mitte von Anfang August bis zur ersten Oktoberwoche 320 Kilometer vor Moskau praktisch untätig blieb.[73]

72 Die Ostsee blieb bis zum Kriegsende ein deutsches Meer und wurde von der Luftwaffe und der deutschen Kriegsflotte beherrscht, obwohl die feindlichen Flottenbasen in Leningrad und Kronstadt nicht ausgeschaltet worden waren.

73 Einige deutsche Infanteriedivisionen im Raum Smolensk waren zum Erstaunen der Truppe aus der Front gezogen worden, um bei der Einbringung der Ernte zu helfen. S. a. *Baumann*, Die 35. Infanterie-Division im Zweiten Weltkrieg, S. 100–102.

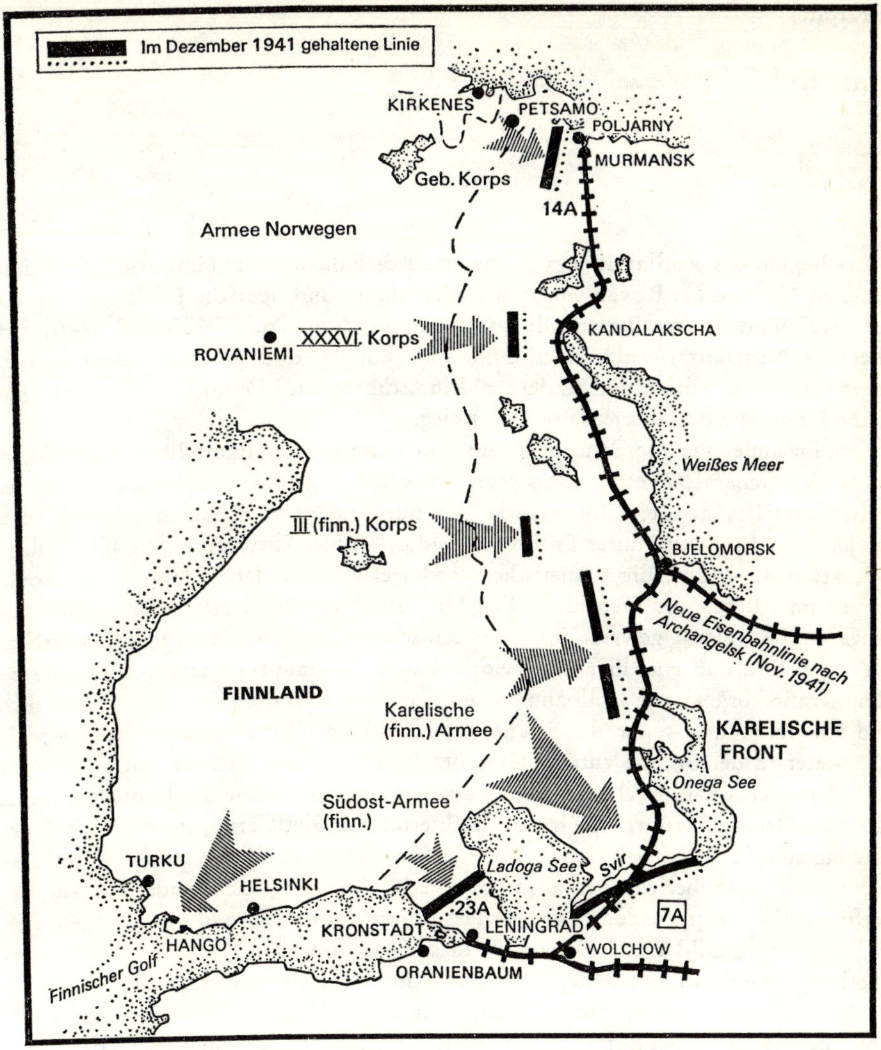

Karte 5: Operationen in Finnland, Juni bis Dezember 1941

7. Kapitel

Finnland

Bei Beginn des Rußlandfeldzuges befand sich Falkenhorsts Hauptquartier schon seit dem 15. Juni bei Rovaniemi in Mittelfinnland, und deutsche Divisionen hatten seit zwei Wochen ihre Bereitstellungsräume eingenommen. Die UdSSR setzte sich über die Neutralitätserklärungen Finnlands hinweg und führte Bombenangriffe gegen Helsinki, Turko und andere südfinnische Städte. Darauf erklärte die finnische Regierung der Sowjetunion den Krieg.

Das im äußersten Norden, im Raum von Petsamo, bereitgestellte Gebirgsjägerkorps des Generals Dietl begann seinen Vorstoß gegen das etwa 100 Kilometer weiter ostwärts gelegene Murmansk, das nur von zwei Schützendivisionen der sowjetischen 14. Armee unter Frolow verteidigt wurde. Aber der Erfolg blieb Dietls Operationen versagt; die sowjetische Nordmeerflotte landete Truppen der Roten Armee im Rücken der Deutschen. Die Luftaufnahmen deutscher Aufklärungsflugzeuge waren schlecht gewesen, und die deutschen Karten waren wertlos. So stellte man z. B. fest, daß eine hier eingezeichnete und als Hauptvormarsch- und Versorgungsstraße vorgesehene Rollbahn gar nicht existierte. Das Gelände war unwirtlich und schwierig, und sogar die erfahrensten Gebirgstruppen legten nicht mehr als 800 Meter in der Stunde zurück. Geschütze und Munition mußten auf Packtieren befördert werden. Eine Unterstützung aus der Luft gab es für die Deutschen nicht. Die erste Gefechtsberührung wirkte ernüchternd auf Dietls Truppen; denn alle Vorteile lagen auf seiten der Roten Armee, die über starke Artillerie, große Munitionsvorräte, die Luftüberlegenheit und gute Verbindungswege zu Lande und zur See verfügte. Die Truppen der Roten Armee waren für die Verteidigung ausgebauter Stellungen ausgebildet und damals für diese Gefechtsart am besten geeignet. Da es Dietl an Feuerkraft mangelte, gelang es ihm nicht, sie aus ihren Stellungen zu werfen. Sehr bald tauchte auch eine dritte, in aller Eile aus Matrosen und im Lande eingezogenen Zivilisten aufgestellte sowjetische Division auf, und Dietls Vormarsch, auf dem er bisher nur 24 Kilometer vorangekommen war, geriet ins Stocken.[1]

Am 1. Juli begann das deutsche XXXVI. Korps unter General Feige seinen Vorstoß gegen Kandalakscha durch unwegsames, bewaldetes Gelände. Es bestand aus einer finnischen und zwei deutschen Divisionen, denen einige Panzer beigegeben waren. In den Wäldern entstanden immer wieder ausgedehnte Brände, und die Truppen kamen nur langsam voran. Dabei erwies sich die SS-Brigade Nord als

1 *Hess*, Eismeerfront 1941, S. 111–118; s. a. *Erfurth*, Der finnische Krieg 1941–1944, S. 48 bis 50.

unerfahren und unzuverlässig.[2] Die finnische 6. Division andererseits ließ sich, obwohl sie nur über schwache artilleristische Kräfte verfügte, durch den heftigen Widerstand des sowjetischen XLII. Schützenkorps augenscheinlich nicht beeindrukken. Als Falkenhorst am 16. Juli im Stabsquartier des XXXVI. Korps erschien und fragte, weshalb man nur so langsam vorankomme, erklärte ihm der Generalstabsoffizier, der ihn in die Lage einwies, die Finnen und Russen seien dem deutschen Soldaten überlegen, der seinen Instinkt für den Waldkampf verloren habe. Angeblich fragte Falkenhorst darauf den Offizier, ob er dem »Führer« mitteilen solle, das XXXVI. Korps könne nicht angreifen, weil es »entartet« sei.[3] Zwei Tage später besuchte Buschenhagen den weiter südlich gelegenen Abschnitt des finnischen III. Korps unter Siilasvuo und war erstaunt zu sehen, wie weit die Finnen vorangekommen waren. Sie hatten mit regimentsstarken Kampfgruppen operiert und waren den Truppen der Roten Armee in den Rücken gekommen. Nach einem Vormarsch über 60 Kilometer hatten sie sogar eine Straße hinter sich her gebaut.

Trotz der hervorragenden Leistungen der Finnen erkannte man, daß man nicht bis an die Murmansker Eisenbahnlinie herankommen würde, besonders da Frolows sowjetische 14. Armee geschickt die ihr zur Verfügung stehenden Nachschubmöglichkeiten auf der Eisenbahn und zur See ausnutzte, um Verstärkungen nach Kandalakscha zu bringen. Am 25. August meldete Siilasvuo Falkenhorst, er werde sein Angriffsziel nicht erreichen können, und bat um Verstärkungen, die möglichst aus einer frischen und für den Waldkampf ausgebildeten finnischen Division bestehen sollten. Schließlich wurde die ganze SS-Brigade Nord Siilasvuo unterstellt, der sie nicht als geschlossenen Verband, sondern in einzelnen Abteilungen aufgeteilt verwenden wollte, die seinen finnischen Regimentskommandeuren zugeteilt werden sollten; denn er glaubte, die SS sei zu schlecht ausgebildet, um selbständig zu operieren. Hier kam es zu einer ersten Meinungsverschiedenheit mit Falkenhorst, der darauf bestand, die deutschen Truppen im geschlossenen Verband einzusetzen. Siilasvuo stellte fest, daß die SS sich ohne finnische Unterstützung der sowjetischen Angriffe nicht erwehren konnte. Trotz dieser Schwierigkeiten wurden bis zum 27. August zwei sowjetische Divisionen bei Kairala geschlagen.

Das Verhältnis zwischen Falkenhorst auf der einen und Mannerheim und Siilasvuo auf der anderen Seite besserte sich den ganzen Sommer über nicht. Immer wieder verlangte Falkenhorst von den Finnen die Übernahme von Aufgaben, die für die deutschen Truppen zu schwierig gewesen wären, und im Oktober weigerten sich die Finnen, seinen Wünschen nachzukommen. Nach ihrer Auffassung verlangten die Deutschen zu viel und taten selbst zu wenig. Besonders die Luftwaffe hatte ihre Zusagen nicht immer eingehalten. Anfang November hatten finnische Truppen im Abschnitt des III. Korps weitere Erfolge erzielt, aber die finnische 3. Division verlor bei einem von den Deutschen angesetzten Angriff bei Kiestinki ein Drittel

2 *Halder*, Kriegstagebuch, Bd. 3, S. 45, 5. Juli 1941.
3 Kriegstagebuch XXXVI. Korps, Nr. 3 22102, 3, S. 110–111.

ihrer Offiziere.[4] Danach lehnte es Siilasvuo ab, weiter vorzugehen, und ähnlich gestalteten sich die Operationen in Finnland während des ganzen Krieges. Die Finnen taten nur, was sie für richtig hielten.

Der deutschen Strategie in Nordfinnland fehlte es ebenso wie in Westrußland und der Ukraine an der klaren und zielbewußten Führung. Es war zwar verständlich, daß Hitler den Raum um Petsamo mit den dort gelegenen Bergwerken verteidigen wollte, berücksichtigt man aber die verfügbaren Kräfte, dann kann man die Richtigkeit des Entschlusses, die nach Murmansk führende Eisenbahnlinie zu unterbrechen, bezweifeln; denn das Kriegsmaterial konnte auch über den Sommerhafen Archangelsk herangebracht werden, der sich, wenn Eisbrecher zur Verfügung standen, auch im Winter offenhalten ließ. Hitler versuchte nun, den Raum um Petsamo und die Gegend bei Salla, wo Finnland am schmalsten war, zu decken, während er drei weit von einander getrennte Vorstöße nach Osten unternehmen ließ. Diese drei Angriffsoperationen schlugen fehl. Eine einzige hätte vielleicht Erfolg gehabt. Schließlich ist der Wert des Feldzugs in Nordfinnland im Rahmen des ganzen Krieges durchaus fragwürdig.

Finnland war ein Kriegsschauplatz des OKW, für den Jodl dem »Führer« verantwortlich war. Die Operationen südlich von Leningrad und des Swir lagen im Zuständigkeitsbereich des OKH unter Brauchitsch und Halder. Falkenhorst befehligte die Truppen in Norwegen und in Finnland, aber die diese Operationen unterstützende 5. Luftflotte war ihm nicht unterstellt. Das OKL unter Göring setzte Teile dieses Verbandes immer wieder für Aufgaben ein, die mit dem Feldzug in Rußland nichts zu tun hatten. Auch die ihm zugeteilten finnischen Korps und Divisionen waren Falkenhorst nicht wirklich unterstellt, denn ihre Befehlshaber hielten enge Fühlung zu Mannerheim, und wenn sie für Aufgaben verwendet werden sollten, die nach ihrer Meinung nicht im finnischen Interesse lagen, hielten sie ihre Truppen einfach an. Die Deutschen wurden oft nicht über die Gründe unterrichtet, die die Finnen veranlaßten, eine Zusammenarbeit zu verweigern. Die gemeinsamen Operationen in Finnland unterschieden sich grundsätzlich von denen in der Ukraine, wo die rumänischen Truppen von den Deutschen befehligt und manchmal recht arrogant behandelt wurden. Aber sie führten die deutschen Befehle immer aus. An anderen Frontabschnitten wurden deutsche Truppen dazu verwendet, die Operationen der deutschen Verbündeten zu unterstützen, aber in Nord- und Mittelfinnland waren oft finnische Truppen das Rückgrat der Deutschen, und so peinlich das auch sein mochte, die Deutschen mußten es sehr bald zugeben.

Die finnischen Soldaten und Zivilisten hatten gehofft, Deutschland werde die UdSSR in einem »Blitzkrieg« besiegen, und nun waren sie von den deutschen Leistungen enttäuscht.[5] Im Südosten gab Mannerheim die ihm zunächst unterstellte 163. Division lieber den Deutschen zurück, als daß er ihnen finnische Truppen

4 *Erfurth,* Der finnische Krieg 1941–1944, S. 73–74.
5 Ebenda, S. 81.
6 *Mannerheim,* Memoirs, S. 429, 443 und 448.

unterstellt hätte, weil er der Ansicht war, die Division sei nicht geeignet, mit den Gegebenheiten dieses Kriegsschauplatzes fertigzuwerden.[6] Aber die deutschen Truppen waren den anderen deutschen Verbänden, die die Welt in Erstaunen versetzt hatten, als sie Rußland überrannten, wahrscheinlich durchaus gleichwertig. In Finnland gelang es ihnen jedoch nicht, mit den hier herrschenden Verhältnissen fertigzuwerden, mit den langen Tagen und kurzen Nächten, in denen sie kaum zum Schlafen kamen, mit dem unwirtlichen Land, seinen Seen und Sümpfen, den Scharen von Mücken, die sie beherbergten, und den endlosen, düster melancholischen Wäldern, die, je länger eine Truppe sich darin aufhalten mußte, desto beängstigender und deprimierender wirkten.[7] Die Finnen fanden sich hier augenscheinlich besser zurecht, ebenso auch die nordrussischen und sibirischen Truppen, die ihnen gegenüberstanden. Es wurden nur wenige Panzer eingesetzt, und in den Wäldern, wo die Sicht schlecht war, blieb die Bedeutung der Luftwaffe und der Artillerie verhältnismäßig gering. Die Transport- und Nachschubfahrzeuge behinderten die Beweglichkeit der Truppe. Der Erfolg hing von den Leistungen des tapferen Infanteristen ab, der alle Geländehindernisse zu Fuß leichter überwinden konnte.

Als Berlin den Finnen anbot, alle deutschen Truppen in Finnland Mannerheim zu unterstellen, lehnten sie das Angebot ab; denn der finnische Oberbefehlshaber wollte nicht gezwungen werden, durch Jodl die Befehle des »Führers« entgegennehmen zu müssen.[8] Finnland befand sich in einer schwierigen und ungewöhnlichen Lage. Es wollte von Deutschland unabhängig bleiben, und die Finnen stellten sich auf den Standpunkt, ihr Krieg gegen die Sowjetunion sei eine rein finnische Angelegenheit. Aus diesem Grunde weigerten sich die Finnen, mit Deutschland ein regelrechtes Bündnis zu schließen. So gelang es ihnen, die Besetzung des finnischen Gebiets zu vermeiden und vor Kriegsende einen Sonderfrieden mit der Sowjetunion auszuhandeln. Andererseits aber war es Selbsttäuschung, wenn dieses unglückliche kleine Volk von nicht mehr als 4 Millionen sich nicht als Verbündeter, sondern als Waffenbruder der Deutschen betrachtete; denn Deutschland versorgte es mit Waffen, Ausrüstung und Getreide.

Bei Kriegsausbruch war aus dem Militärbezirk Leningrad die Nordfront unter Generalleutnant M. M. Popow geworden. Popow befehligte nur drei Feldarmeen; die 14. Armee unter Frolow im hohen Norden auf der Halbinsel Kola zwischen Murmansk und Bjelomorsk, die 7. Armee unter Gorelenko im karelischen Raum zwischen dem Ladogasee und dem Onegasee und die 23. Armee auf der karelischen Landenge nördlich von Leningrad, die zuerst von Pśennikow und dann von Gerasomow befehligt wurde. Am 10. Juli wurden die Nordfront und Sobennikows Nordwestfront zusammengelegt. Die Nordwestfront war als Teil des nordwestlichen Kriegsschauplatzes unter Woroschilow[9] aus den baltischen Staaten in Richtung auf Leningrad zurückgenommen worden. Sechs Wochen später, am 23. August,

7 *Erfurth,* Der finnische Krieg 1941–1944, S. 48 und 61.
8 *Mannerheim,* Memoirs, S. 422–423.
9 Istorija, Bd. 2, S. 62.

hörte der nordwestliche Kriegsschauplatz auf, zu existieren, obwohl die Nordwestfront südostwärts von Leningrad im Raum Wolchow, Ilmensee weiterbestand. Die Nordfront wurde in Popows Leningrader Front und Frolows Karelische Front aufgeteilt. Letztere umfaßte das Gebiet von Murmansk bis zum Onegasee. Popow war verantwortlich für die Verteidigung Leningrads und der karelischen Landenge zwischen dem Finnischen Golf und dem Ladogasee. Sie bestand aus der 23. Armee im Norden, die den Finnen gegenüberlag, und drei Armeen im Süden, die ihren Abschnitt gegen die deutsche Heeresgruppe Nord verteidigten. Außerdem lag die 7. Armee (später die 7. Selbständige Armee) ostwärts des Ladogasees. Am 5. September übergab Popow das Kommando an der Leningrader Front an Woroschilow, der zeitweilig, vom 11. September bis zum 8. Oktober, von Schukow abgelöst wurde.[10]

Die finnischen Hauptkräfte standen im Südosten unter Mannerheim und waren in zwei Armeen gegliedert, die finnisch-karelische Armee unter dem ehemaligen Generalstabschef Heinrichs, bestehend aus dem VI. Armeekorps unter Talvela und dem VII. Armeekorps unter Hägglund mit einer Stärke von etwa 6 Divisionen und aus der manchmal so bezeichneten finnischen Südostarmee, bestehend aus den 8 Divisionen des II. Armeekorps unter Laatikainen und des IV. Armeekorps unter Oesch. Ein Teil der deutschen 163. Infanteriedivision bildete die Reserve. Die den Finnen gegenüberliegenden Truppen der Roten Armee bestanden aus 6 Schützendivisionen der 23. Armee und 4 Schützendivisionen der 7. Armee. Sie waren damit dem Gegner im Verhältnis von fast 2 zu 1 unterlegen.

Am 10. Juli griff Heinrichs die 7. Armee unter Gorelenko westlich des Ladogasees an, drängte sie zurück und kam dabei in einer Woche mehr als 100 Kilometer voran. Obwohl es mancherorts zu sehr heftigen Kämpfen kam, scheint Gorelenko von vornherein die Absicht gehabt zu haben, Gelände aufzugeben; denn er ließ seine Divisionen staffelweise zurückgehen. Im August ging Heinrichs zur Verteidigung über, nachdem er die finnische Grenze von 1939 erreicht und überschritten hatte. Währenddessen war die sowjetische 7. Armee durch die 23. Armee verstärkt worden, und Merezkow hatte das Kommando übernommen. Am 31. Juli wurde Gerasimows 23. Armee westlich des Ladogasees angegriffen, und in der zweiten Augusthälfte entwickelte sich eine großangelegte Offensive, so daß finnische Truppen in nicht ganz drei Wochen das gesamte Gebiet zurückeroberten, das vor 1939 zu Finnland gehört hatte. Da die Finnen jetzt weniger als 50 Kilometer vor den Vorstädten Leningrads standen, schrieb Keitel auf Anweisung Hitlers am 22. August an Mannerheim und bat ihn, den Vormarsch auf beiden Landengen ostwärts und westlich des Ladogasees fortzusetzen, um mit den finnischen Truppen den Swir zu überschreiten und sich im Raum zwischen Swir und Tichwin mit den Kräften Leebs zu vereinigen.

Mannerheim und seine finnischen Truppenbefehlshaber zeigten einen entschiedenen Mangel an Einsatzfreudigkeit. Die Verluste waren nicht gering gewesen. Die

10 Ebenda, Bd. 2, S. 89, 210, 212.

finnische Wirtschaft und das Bevölkerungsreservoir waren zu schwach, um eine so starke Armee längere Zeit zu unterhalten und mit Ersatz zu versorgen. Deshalb wollte Mannerheim einen Teil seiner Soldaten wieder entlassen. In gewissen finnischen Kreisen herrschte außerdem die Ansicht, daß die Finnen ihren Anteil an kriegerischen Leistungen erbracht hätten und man es jetzt begrüßen würde, wenn die Deutschen sich intensiver einsetzen wollten.[11] Obwohl die Finnen politisch und wirtschaftlich von den Deutschen abhängig waren, ließen sie sich nicht von ihnen unter Druck setzen. Als Mannerheim gedrängt wurde, sich mit Leeb zu vereinigen, antwortete er, das könne nicht geschehen, ehe die 163. Infanteriedivision Suvilakhti genommen habe. Da diese Division bei jeder bisher von ihr unternommenen Offensive große Schwierigkeiten gehabt hatte und jetzt steckengeblieben war, mußten die Deutschen ihre Ungeduld noch etwas zügeln. Schließlich ging Mannerheim bis zum Swir vor, hielt seine Truppen aber in dieser Linie an. Seine vordersten Verbände lagen nicht mehr als etwa 145 Kilometer vor Tichwin, und er ließ sich weder durch gute Worte noch durch Druck dazu bewegen, weiter nach Süden vorzustoßen.

Im November 1941 kam es zu gewissen Umstellungen in der deutschen Kommandostruktur, und die deutschen Kräfte in Nord- und Mittelfinnland wurden der neugebildeten Lappland-Armee unterstellt, deren Führung Dietl übernahm. Dietl war ein bayerischer Offizier, der bei Deutschen und Finnen gleich beliebt war und Hitlers Vertrauen besaß.[12] Im Juni 1942 wurde die Lappland-Armee umbenannt und trug jetzt die Bezeichnung 20. Gebirgsarmee.

Dietl wurde sich sehr bald der finnischen Haltung bewußt und zweifelte an der Zuverlässigkeit der finnischen Truppen. Er gab zwar bereitwillig zu, daß der Finne sich in Wald- und Gebirgskämpfen als ausgezeichneter Soldat bewährt hatte, glaubte jedoch, die Finnen unterschätzten die Russen. Er warf den Finnen vor, die offene Schlacht zu vermeiden, und vertrat die Auffassung, daß die Finnen aufgrund ihrer Mentalität und aus Mangel an Ausbildung ihre Stellungen im Fall einer entschlossen geführten sowjetischen Offensive nicht würden halten können. Obwohl er sich hier irrte, hatte Dietl doch insofern recht, als die Finnen nach Möglichkeit blutige Verluste vermeiden wollten. Die Verluste der Deutschen kümmerten sie weniger, und der deutsche Verbindungsoffizier beim finnischen III. Armeekorps meldete, den deutschen Truppen würde bei den größeren Angriffsoperationen zu viel abverlangt.

Obwohl die Beziehungen zwischen den deutschen und finnischen Soldaten gut waren, gab es Spannungen zwischen den Befehlshabern, und nach Auffassung der Deutschen war es nicht leicht, mit den finnischen Waffenbrüdern auszukommen. Die Finnen beschwerten sich darüber, daß die Deutschen ihnen einmal unterstellte finnische Truppen nicht wieder herausgeben wollten. Der energische Siilasvuo operierte weitgehend selbständig und kümmerte sich nur wenig um die Lappland-

11 *Erfurth,* Der finnische Krieg 1941–1944, S. 73 und 74.
12 *Hubatsch,* Hitlers Weisungen für die Kriegführung, S. 167, Durchführungsbestimmungen Nr. 2 zur Weisung 37.

Armee. Am 23. Mai 1942 versuchte Dietl auf recht taktlose Art, die Befehlsgewalt Siilasvuos über seine eigenen Truppen zu beschneiden, und verbot ihm, selbständig Teile seiner Stellung zu räumen. Darauf befahl Siilasvuo am folgenden Tag die Räumung des deutschen Frontabschnitts durch alle finnischen Bataillone und forderte die Deutschen auf, innerhalb von 72 Stunden alle von den Finnen geliehenen Pferde und Fahrzeuge zurückzugeben. Wäre das geschehen, dann hätten die deutschen Truppen endgültig festgesessen. Nur das persönliche Eingreifen und die Bitten Dietls bewogen Siilasvuo schließlich dazu, seine Entscheidung zurückzunehmen.[13]

Nach 1942 stagnierten die Operationen auf dem finnischen Kriegsschauplatz. Im April dieses Jahres griff die sowjetische 14. Armee mit Unterstützung der Flotte gegen Petsamo an, aber die Offensive blieb erfolglos. Anschließend flammten die Kämpfe zwar noch hier und dort auf, aber im allgemeinen blieb die Gefechtstätigkeit auf örtliche Unternehmen beschränkt, und der Frontverlauf veränderte sich kaum mehr.

Durch den Kriegseintritt Finnlands war sowohl für die UdSSR als auch für Großbritannien eine peinliche Lage entstanden. Die Sowjetunion durfte Finnland nicht unbeachtet lassen; denn es bedrohte Leningrad und fesselte Teile der Roten Armee. In Großbritannien und in den Vereinigten Staaten gab es weite Kreise, die mit Finnland sympathisierten, und in beiden Ländern hatte man mit Bestürzung vom Kriegseintritt Finnlands Kenntnis genommen; denn hier wie dort versuchte man, der Sowjetunion zu helfen, die schwer unter der deutschen Invasion zu leiden hatte. Ribbentrop setzte die Finnen unter Druck und verlangte von ihnen, sie sollten die diplomatischen Beziehungen zu Großbritannien abbrechen. Die Finnen taten das, und Ende Juli bombardierten britische Flugzeuge das von den Deutschen besetzte, aber auf finnischem Gebiet liegende Petsamo. Im August erklärte die Sowjetunion durch Vermittlung der Vereinigten Staaten ihre Bereitschaft, mit Finnland Frieden zu schließen und sogar territoriale Zugeständnisse zu machen. Aber dieses Angebot stieß in Helsinki, wo man erwartete, die UdSSR werde in absehbarer Zeit geschlagen sein, auf taube Ohren. Im September und Oktober 1941 warnten Großbritannien und die Vereinigten Staaten Finnland davor, über seine Grenzen von 1939 hinaus vorzustoßen. Besonders die Vereinigten Staaten fürchteten, die Finnen könnten die Eisenbahnlinie nach Murmansk unterbrechen.[14] Finnland seinerseits erklärte, diese Warnungen nicht beachten zu wollen, aber finnische Truppen stießen kaum über die Grenzlinie von 1939 vor. Die diplomatischen Beziehungen der Finnen zu den Vereinigten Staaten bereiteten Ribbentrop einige Sorge, und am 25. November setzte er Helsinki unter Druck und verlangte von den Finnen als Gegenleistung für die deutsche Wirtschaftshilfe den Beitritt zum »Antikominternpakt«. Den Deutschen war die Unterzeichnung des Paktes aus propa-

13 Kriegstagebuch, AOK Lappland, Band 1, 22.–25. Mai 1942, S. 2–3.

14 Die Finnen hatten die Eisenbahnlinie Murmansk–Woldhow im August zwar schon unterbrochen, aber sowjetische Ingenieure arbeiteten bereits an einer Umgehungsstrecke, die Murmansk mit Archangelsk und Moskau verbinden sollte. Sie wurde im November in Betrieb genommen.

gandistischen und innenpolitischen Gründen sehr wichtig, und das wiederum veranlaßte Stalin, Churchill unter Druck zu setzen und von ihm zu fordern, Großbritannien möge gegenüber Finnland eine eindeutige Haltung einnehmen. Die britische Regierung erklärte daraufhin den Finnen, Großbritannien werde Finnland den Krieg erklären, wenn die Finnen nicht bis zum 5. Dezember alle Kampfhandlungen einstellten. Die Finnen beantworteten das Ultimatum nicht, und am 6. Dezember erfolgte die britische Kriegserklärung.[15]

15 *Churchill*, The Grand Alliance, Bd. 3, S. 465, 467–474; *Mannerheim*, Memoirs, S. 434 bis 438.

8. Kapitel

Politische Aspekte

Am Abend des 22. Juni, des Tages, an dem die Sowjetunion angegriffen wurde, hatte Churchill in London eine Rundfunkansprache gehalten, in der er den Krieg gegen die UdSSR als Vorspiel für den Versuch einer Invasion der britischen Inseln bezeichnete und erklärte, Großbritannien und die Sowjetunion kämpften für die gleiche gute Sache.[1] Die Rede wurde auszugsweise in der »Prawda« veröffentlicht, und obwohl die Sowjets sich nicht offiziell zu den Ausführungen Churchills äußerten, wurden sie sowohl von der sowjetischen Regierung als auch von der russischen Bevölkerung mit Befriedigung aufgenommen.[2] Die Stellung von Sir Stafford Cripps besserte sich über Nacht, und auf sowjetische Anregung wurde am 12. Juli eine gemeinsame britisch-sowjetische Erklärung unterzeichnet, in der beide Seiten sich verpflichteten, sich gegenseitig zu unterstützen und keine getrennten Vereinbarungen mit dem gemeinsamen Gegner zu treffen. Eine Woche nach dem deutschen Überfall traf eine britische Militärmission unter der Leitung des Generals MacFarlane in Moskau ein.

In den Vereinigten Staaten vertraten Roosevelt und der Außenminister Cordell Hull eine ganz ähnliche Auffassung wie Churchill und erklärten sich sofort bereit, die UdSSR zu unterstützen. Diese Bereitschaft wurde durchaus nicht von allen Beamten des amerikanischen Außenministeriums oder von allen amerikanischen Politikern und der Öffentlichkeit geteilt, wo man die Sowjetunion als den religionsfeindlichen Unterdrücker der Finnen, der baltischen Völker, der Polen und der Rumänen ansah. Der neue Krieg reinigte die Männer im Kreml noch nicht von ihren Sünden, und die aus Osteuropa stammenden Einwanderer in den Vereinigten Staaten betrachteten die UdSSR auch weiterhin mit großem Mißtrauen. Zu diesem Mißtrauen kam die feindliche Haltung eines großen Teils der amerikanischen Bürger deutscher Herkunft. Viele Amerikaner, deren Ansichten nicht durch ihre persönlichen Bindungen in Europa bestimmt wurden, glaubten, der Kommunismus sei heimtückisch und gefährlich, und die Sowjetunion sei der Feind des Kapitalismus und jeder religiösen und politischen Freiheit. Diese Gefühle wurden von Harry S. Truman und anderen sehr überzeugend zum Ausdruck gebracht, die zwar entschiedene Gegner des Faschismus waren, aber die Ansicht vertraten, daß man den Versicherungen der Sowjetunion unter Stalin ebensowenig glauben dürfe wie denen

1 *Churchill*, The Grand Alliance, Bd. 3, S. 331.
2 Vergl. *Werth*, der damals in Moskau war. *Werth*, Russia at War, S. 161.

Deutschlands unter Hitler. Die Ereignisse der Folgezeit haben die Richtigkeit dieser Auffassung bestätigt.[3]

Da Stalin auf die Rundfunkansprache Churchills nicht reagiert hatte, mußte der britische Premierminister nach einem, wie er sagte, langen und bedrückenden Schweigen den nächsten Schritt tun, und richtete am 7. Juli ein persönliches Schreiben an den Diktator. Stalin, der während der vergangenen zwei Jahre Hitler als treuer Verbündeter tatkräftig unterstützt und ihm sogar Flottenbasen zur Verfügung gestellt hatte, von denen aus deutsche Seestreitkräfte die britische Schiffahrt angreifen konnten, zeigte nichts von der Schüchternheit, die Churchill bei ihm vermutet hatte, sondern schlug in seiner Antwort vor, die Briten sollten in Nordfrankreich und Norwegen sofort eine zweite Front errichten.[4] Innerhalb weniger Wochen wurden aus diesen Vorschlägen dringende Forderungen, die später sogar mit Beschimpfungen gekoppelt waren, als Stalin allmählich zu der Überzeugung kam, die Sowjetunion führe diesen Krieg zur Verteidigung der britischen Inseln, und es gehe ihnen weniger um die Erhaltung der eigenen Existenz oder die Sicherheit der Männer im Kreml.[5] Die englisch-sowjetischen Beziehungen waren schon sehr bald nach Abschluß des Bündnisses alles andere als gut. Stalin respektierte zwar Gewalt und List, sah jedoch Großzügigkeit und Ehrlichkeit als Zeichen der Schwäche an. Die Regierung Churchill und das britische Außenministerium nahmen damals gegenüber der UdSSR eine sehr verständnisvolle Haltung ein, die man schon fast als Beschwichtigungspolitik bezeichnen konnte. Die parteiliche Haltung des britischen Botschafters in Moskau[6] hat ihnen dabei nicht immer genützt. Die Maßnahmen Churchills sind sehr oft von der Furcht diktiert worden, die Sowjetunion könnte aus dem Krieg austreten, und weil er glaubte, im Interesse seines Landes und der freien Welt handeln zu müssen, nahm er die sowjetischen Beschimpfungen und Verleumdungen hin und stellte der UdSSR Kriegsmaterial zur Verfügung, das in Großbritannien dringend gebraucht wurde.

Am 26. Juni hatte Sumner Welles erklärt, die Bestimmungen der amerikanischen Neutralitätserklärung würden gegenüber der Sowjetunion nicht angewendet werden. Die Sowjets reagierten sofort, und am 8. Juli legte der sowjetische Botschafter in Washington, Umanskij, dem amerikanischen Außenministerium eine erstaunlich umfangreiche Liste mit sowjetischen Materialforderungen im Wert von fast $ 2 Milliarden vor. Sie enthielt unter anderem 3000 Jagdflugzeuge und 3000 Bombenflugzeuge.[7] In Washington zögerte man zunächst, die Vereinigten Staaten zu einem so gewaltigen Hilfsprogramm zu verpflichten; denn für den Fall einer raschen Niederlage der Sowjetunion würde das Material den Deutschen in die

3 Diese Kritiker haben Stalin und die Ziele und Methoden des Kommunismus viel realistischer beurteilt als Roosevelt und viele Mitglieder seiner Regierung.
4 *Churchill,* The Grand Alliance, Bd. 3, S. 342; Nazi-Soviet Relations 1939–41, S. 185.
5 *Churchill,* The Grand Alliance, Bd. 3, S. 347.
6 Ebenda, S. 410; *Martell,* The Russian Outlook, S. 46–48; *Churchill,* Bd. 5, Closing the Ring, S. 620.
7 *Feis,* Churchill, Roosevelt, Stalin, S. 10–11.

Hände fallen, und außerdem meinte man, die politische und militärische Lage in der Sowjetunion müsse näher untersucht werden; denn nach Auffassung des Kriegsministers und des Marineministers würde sich die UdSSR wahrscheinlich nicht mehr länger als drei Monate halten können.[8] Die Lagebeurteilungen und Berichte, die der Geheimdienst nach Washington schickte, waren widersprüchlich und ergaben kein klares Bild. Der amerikanische Militärattaché in Moskau, Major Ivan Yeaton, beurteilte die Rote Armee sehr kritisch und war hinsichtlich ihrer Erfolgschancen pessimistisch. Die britischen Generalstabschefs in London rechneten damit, daß die Deutschen in sechs Wochen in Moskau sein würden.[9] Im Gegensatz dazu waren Cripps, MacFarlane und der amerikanische Botschafter Steinhardt optimistischer, wenn Steinhardt auch zugeben mußte, daß es für jeden Ausländer in Moskau sehr schwierig sei, sich eine Vorstellung davon zu machen, was in der Sowjetunion vorgehe.[10] Außerdem war es unmöglich, irgendwelche Angaben über die sowjetischen Pläne und Materialreserven zu bekommen oder sich ein Bild davon zu machen, was bisher geschehen war. Um die Lage zu klären, entschloß sich Roosevelt, seinen persönlichen Sonderbeauftragten in Großbritannien, Harry Hopkins, von London nach Moskau zu schicken, der diese Fragen mit Stalin besprechen sollte.

Im Verlauf seiner Gespräche mit Hopkins im Kreml am 29. und 30. Juli zeigte sich Stalin von der freundlichsten und umgänglichsten Seite und gab sich dabei den Anschein der Offenheit und Ehrlichkeit. Hopkins konnte feststellen, daß Stalin die einzige autoritative Nachrichtenquelle war und daß seine Mitarbeiter in seiner Abwesenheit nicht einmal die unbedeutendsten Nebensächlichkeiten besprechen wollten. Bei der ersten Zusammenkunft bemühte sich Stalin darum, den Vertreter des amerikanischen Präsidenten zu hofieren, eine Haltung, die sich ändern sollte, als die Sowjets feststellten, daß es keine Schwierigkeiten bereitete, die materielle Hilfe der Vereinigten Staaten zu bekommen, und die Gefahr der Niederlage geringer wurde. Über das latente Kriegspotential der Vereinigten Staaten machte sich Stalin keine Illusionen und drängte Hopkins, Amerika solle in den Krieg eintreten. Er sagte, eine bloße Kriegserklärung werde genügen. Deutschland sei so mächtig, daß es auch den gemeinsamen Anstrengungen Rußlands und Großbritanniens nur schwer gelingen werde, es zu schlagen. Stalin behauptete sogar, er werde sich freuen, amerikanische Truppen auf russischem Boden zu begrüßen. Er sagte, bei Kriegsausbruch hätten 180 Divisionen der Roten Armee an der Grenze gestanden. 60 davon seien Panzerdivisionen gewesen. Im Juli hätte man diese Truppen auf 260 Divisionen verstärkt. Für den Mai 1942 rechne er damit, 350 Divisionen ins Feld stellen zu können. Stalin sagte, bei Kriegsbeginn habe die Sowjetunion 24.000 Panzer gehabt und stelle monatlich 1000 neue Panzer her. Nach seinen Angaben verfügte die Rote Armee über mehr als 7000 Jagdflugzeuge und stellte die Industrie monatlich 1800 Militärflugzeuge her.[11]

8 Ebenda, S. 10.
9 *Woodward*, British Foreign Policy, S. 150 u. Fußn.
10 *Sherwood*, The White House Papers, Bd. 1, S. 328.
11 Ebenda, S. 328–343.

Mit dem, was Stalin sagte, verfolgte er natürlich ganz bestimmte Absichten. Er war nicht der Mann, der unnötige Worte machte, und besonders jetzt brauchte er dringend die wirtschaftliche und militärische Hilfe der Vereinigten Staaten, aber nach den Feststellungen der Geheimdienste und aus den Ereignissen der folgenden Monate und Jahre geht hervor, daß Stalin bei dieser Darstellung der Rüstungslage wahrscheinlich die Wahrheit gesprochen hat. In anderer Hinsicht, besonders was die deutschen Streitkräfte anbetraf, waren seine Behauptungen unzutreffend. Er übertrieb absichtlich die Stärke des Gegners, behauptete, die Deutschen verfügten über 70 motorisierte und Panzerdivisionen, und machte zahlreiche andere unrichtige Angaben. Vielleicht hat er das getan, um zu zeigen, wie dringend er Hilfe brauchte, vielleicht aber war das, was er sagte, auch nur das Ergebnis von Schätzungen, und er wollte die Tatsache verschleiern, daß der taktische Nachrichtendienst der Roten Armee versagt hatte. Doch was er auch gesagt haben mochte und wie richtig oder falsch seine Aussagen auch gewesen sein mögen, Hopkins war tief beeindruckt, und durch ihn überzeugte Stalin Roosevelt davon, daß die Sowjetunion in absehbarer Zeit nicht geschlagen werden würde.

Im Fühherbst neigte der amerikanische Nachrichtendienst zu der Auffassung, die Sowjetunion werde den Krieg wahrscheinlich noch einige Zeit fortführen können, wenn sich auch noch nicht sagen lasse, wer ihn gewinnen werde. Nach dem Besuch von Hopkins schickten Roosevelt und Churchill eine gemeinsame Kommission zur Feststellung der sowjetischen Bedürfnisse nach Moskau. Dabei vertrat Averell Harriman, dem das Amt für Militärhilfe in London unterstand, die Vereinigten Staaten, und Lord Beaverbrook war der von Churchill ernannte Vertreter Großbritanniens. Die Verhandlungsführung der Sowjets bei diesem Treffen schokkierte die westlichen Delegationen, obwohl sie dem gewohnten kommunistischen Muster entsprach. Bei der ersten Sitzung am 28. September war die Atmosphäre noch einigermaßen herzlich. Stalin gab einen Überblick über die militärische Lage an der Front, der seinen Gästen nur wenig sagte und in gewisser Weise irreführend war; denn der Diktator verschwieg die eigentlichen Ursachen der sowjetischen Niederlagen und behauptete, sie seien auf die Überlegenheit der deutschen Panzerverbände zurückzuführen.[12] Am zweiten Verhandlungstag hatte sich die Stimmung völlig gewandelt, und die westlichen Besucher spürten sehr deutlich die feindselige und mißtrauische Haltung der Sowjets. Man kam zu keinen Ergebnissen, Stalin zeigte nur geringes Interesse an dem Gespräch und stellte nur in beleidigendem Ton die Behauptung auf, die Sowjetunion trage die ganze Last des Krieges und die angebotene Hilfe werde kaum etwas nützen. Am folgenden Tage vollzog Stalin eine vollständige Kehrtwendung, eine Taktik, die er bei Zusammenkünften

12 Stalin hat die Stärke der Panzerkräfte weit übertrieben, unterschätzte aber die Leistungsfähigkeit der deutschen Infanterie. Andere Argumente, die er vorbrachte, waren vernünftig, wenn auch nicht neu. Zu ihnen gehörten die bekannten Faktoren der Zeit und des Raumes und seine Auffassung, die Deutschen verfügten über zu geringe Kräfte, um einen erfolgreichen Offensivkrieg zu führen und dabei die rückwärtigen Verbindungslinien über so große Entfernungen zu sichern.

mit ausländischen Staatsmännern und ihren Beauftragten immer wieder anwenden sollte. Er setzte sein strahlendstes Lächeln auf, war zuvorkommend, bereit zur Zusammenarbeit, und man einigte sich rasch.[13] Anschließend wurden die Gäste großzügig bewirtet und verließen den Kreml von Wodka umnebelt in bester Laune und mit sich selbst zufrieden, da sie schließlich doch zu einer Vereinbarung gekommen waren, auch wenn das kaum mehr bedeutete, als daß der Kreml bereit war, die Hilfe anzunehmen.[14] Bei dieser Konferenz zeigte der Kreml eine für ihn typische Haltung, daß er nämlich immer bereit war, etwas zu fordern, aber nur selten dazu gebracht werden konnte, Gegenleistungen zu erbringen, und daß alles, was man der UdSSR gab, von ihr als die Erfüllung rechtmäßiger Forderungen angesehen wurde. Bis dahin hatten die Vereinigten Staaten verlangt, daß die Sowjetunion den Mangel an bestimmten Hilfsgütern nachweisen müsse, ehe sie geliefert würden. Doch nun erklärte Stalin, daß solche Angaben nicht gemacht werden würden. Die westlichen Demokratien mußten später feststellen, daß sie das zu liefernde Kriegsmaterial und sonstige Versorgungsgüter auf eigenes Risiko bis in die sowjetischen Häfen zu bringen hatten. Die von den Russen bei diesen Verhandlungen plötzlich vollzogene Kehrtwendung hatte wahrscheinlich einen doppelten Zweck. Erstens sollte sie die westlichen Verhandlungspartner verwirren und ihre Verhandlungsposition schwächen, und zweitens sollten die Delegierten in guter Stimmung abreisen, damit sie die vom Berliner Rundfunk verbreitete Nachricht, die Verhandlungen seien gescheitert, desto entschiedener dementierten. Das Ganze sah nach einem Erpressungsmanöver aus; denn der Diktator hatte auf diese Weise erfahren, welchen Preis der Westen für das Bündnis mit ihm zu zahlen bereit war.

Ein weiterer wichtiger Aspekt der sowjetischen Diplomatie war das besondere Interesse Moskaus an der Grenzziehung in Europa nach dem Kriege und der Macht- und Interessenverteilung in diesem Raum, und zwar schon zu einer Zeit, als die sowjetischen Armeen in Weißrußland und der Ukraine vernichtet waren und die Deutschen sich zum Vorstoß gegen Moskau bereitstellten. Großbritannien als Weltmacht ersten Ranges, der gewaltige Hilfsquellen zur Verfügung standen, war der einzige europäische Staat, von dem man erwarten konnte, daß er nach dem Kriege an die Stelle Deutschlands treten würde, um die sowjetischen Ambitionen auf dem europäischen Kontinent einzudämmen. Schon jetzt begann Moskau, London dazu

13 Nach Sherwood kehrte Beaverbrook als leidenschaftlicher Befürworter einer zweiten Front im Westen aus Rußland zurück und schilderte Stalin als umgänglichen Mann. *Sherwood*, The White House Papers, Bd. 1, S. 389–392. Siehe auch *Gwyer*, Grand Strategy, Bd. 3, S. 155–161; *Churchill*, Bd. 3, The Grand Alliance, S. 415–417. Die britische und die amerikanische Delegation hatten augenscheinlich gehofft, über die sowjetische Rüstungsproduktion und die sowjetischen Bedürfnisse genau informiert zu werden. Sie erhielten aber keine verwertbaren Angaben. Churchill hatte der britischen Delegation den General Ismay beigegeben »mit der Vollmacht, alle (strategischen) Pläne zu besprechen, die die Russen vorbringen könnten.« Aber Stalin gab Ismay nur den Rat, Großbritannien solle im Frieden auch eine starke Armee und nicht nur eine starke Flotte unterhalten. Mit diesem wertvollen Hinweis mußte Churchill sich begnügen.

14 *Feis*, Churchill, Roosevelt, Stalin, S. 16; *Werth*, Russia at War, S. 290–291.

zu drängen, die sowjetischen Grenzen von 1941 anzuerkennen. Das bedeutete auch die Anerkennung des unrechtmäßigen Erwerbs von Gebieten in Bessarabien, der nördlichen Bukowina, den baltischen Staaten, in einem Teil von Finnland und in Polen.[15] In der Frage des polnischen Nationalstaates wurde Stalin gezwungen, seine Haltung zu korrigieren. Da es die vitalen Interessen der Sowjetunion berührte, in welcher Weise ein neues Polen entstehen würde, bot er der polnischen Exilregierung in London an, in die Sowjetunion zu kommen. Wie sich später zeigte, geschah dies wahrscheinlich, um die Aktionsfreiheit der Polen einzudämmen oder völlig zu lähmen.[16] Schon 1941 hatte er ganz bestimmte Pläne mit den ostdeutschen Gebieten zur Sicherung der sowjetischen Machtposition in Mitteleuropa und wollte mit Churchill zu einer in einem Geheimvertrag festgelegten Vereinbarung kommen, um Europa, wie er es im August 1939 mit den Deutschen getan hatte,[17] in Einflußsphären aufzuteilen. Die Auffassungen der Vereinigten Staaten über europäische Fragen betrachtete er als ungerechtfertigte Einmischung, aber die Tatsache, daß Churchill nichts unternehmen wollte, ohne Washington konsultiert zu haben, beeindruckte ihn dennoch.[18] Churchill fürchtete damals – und diese Befürchtungen haben sich später als unbegründet erwiesen –, Stalin betrachte die Anerkennung der sowjetischen Gebietserwerbungen während des Krieges als Preis für die Fortführung des Krieges durch die Sowjetunion, und war deshalb versucht, den gewünschten Vertrag abzuschließen. Aber Roosevelt und Hull widersetzten sich energisch jeder Vorleistung. Während des ganzen Krieges lehnte es Roosevelt ab, sich in europäische Probleme hineinziehen zu lassen; denn nach seiner Auffassung mußte die Entscheidung über politische Grenzen und ähnliche Fragen auf der Friedenskonferenz nach dem Kriege getroffen werden.[19]

Schon in den Anfangsstadien des Krieges hatte es sich gezeigt, eine wie tiefe Kluft zwischen den sowjetischen und den angloamerikanischen Kriegszielen bestand. Churchill, der sich seiner antibolschewistischen Haltung rühmte, hatte damals sehr optimistische Vorstellungen von den Absichten Stalins und seiner Gefolgsleute im Kreml. Obwohl er abstritt, gegen seine Überzeugung gehandelt zu haben, als er sich mit der Sowjetunion verbündete, erklärte er mit beredten Worten, er habe nur ein Ziel, und das sei die Vernichtung Hitlers.[20] Diese lobenswerte Absicht führte jedoch zu einer allzu starken Simplifizierung des britischen Kriegsziels. Stalin und seine Regierung waren nicht weniger entschlossen, Hitler und den Faschismus zu vernichten, aber schon in den ersten Monaten nach Beginn des Konflikts entwikkelten sie genaue Vorstellungen über die Gestaltung eines Nachkriegseuropas und wollten nicht nur den Krieg gewinnen, sondern auch den dann folgenden Frieden.

15 *Eden,* The Reckoning, S. 281–282; *Churchill,* Bd. 3, The Grand Alliance, S. 469; Bd. 4, The Hinge of Fate, S. 292–294.
16 *Feis,* Churchill, Roosevelt, Stalin, S. 31; *Eden,* The Reckoning, S. 271–273.
17 *Feis,* Churchill, Roosevelt, Stalin, S. 26; *Eden,* The Reckoning, S. 289.
18 *Eden,* The Reckoning, S. 300.
19 *Feis,* Churchill, Roosevelt, Stalin, S. 62.
20 *Churchill,* Bd. 3, The Grand Alliance, S. 331.

Für Churchill saß der einzige Feind in Calais, und Rußland war weit. Man mußte daran zweifeln, ob er schon damals im Ernst daran gedacht hat, daß in Europa nach dem Kriege ein bösartiger, größenwahnsinniger Diktator, der ein mächtiges und kriegerisches Land beherrschte, von einem zweiten solchen Diktator abgelöst werden könnte.[21] Die Haltung und die Politik Roosevelts waren in mancher Hinsicht widersprüchlich. Daß er zu Beginn des Krieges entschlossen war, Stalin nicht mit fremden Gebieten zu belohnen, gereicht ihm zur Ehre, aber er und sein Außenminister verfolgten keine klare politische Linie im Hinblick auf Mittel- und Osteuropa, und wenn er seine Vorstellungen von einer europäischen Ordnung nach dem Kriege darauf gründete, daß er glaubte, Stalin werde aufgrund der Beschlüsse oder Wünsche einer Friedenskonferenz besetzte Gebiete räumen, beurteilte er Stalin und die Ziele und Methoden der Sowjetunion falsch. Roosevelt hat es augenscheinlich an Verständnis dafür gefehlt, daß zwischen Außenpolitik und militärischer Strategie ein enger Zusammenhang besteht, und er neigte dazu, die in der Kriegsführung auf ihm lastende politische Verantwortlichkeit auf seine Generalstabschefs und Truppenbefehlshaber abzuwälzen. So kühn und weitblickend seine Maßnahmen zur Bekämpfung des nationalsozialistischen Deutschlands waren und so energisch er sich für die Grundfreiheiten einsetzte, sah er doch keinen Widerspruch darin, daß die Sowjetunion Mitbegründerin jener Organisation war, aus der später die Vereinigten Nationen hervorgingen. Den monarchischen Gedanken lehnte er ab und hegte Vorurteile gegen jeden Staat, der sich nicht als Republik bezeichnete. Imperialismus und Kolonialismus westeuropäischer Prägung waren ihm zuwider. Er war sehr empfindlich, wenn irgend jemand behauptete, er setze amerikanische Hilfsmittel ein, um das britische Weltreich zu stützen. Wie alle großen Männer war Roosevelt ein Egoist und glaubte, er könnte mit der Stärke seiner Persönlichkeit und seiner Überzeugungskraft den ihm feindlich gegenüberstehenden Stalin auf seine Seite ziehen. Aber hier irrte er sich.

Stalin setzt Großbritannien unter erheblichen Druck und verlangte, daß es Finnland, Rumänien und Ungarn den Krieg erklären solle, obwohl keine Differenzen zwischen dem Vereinigten Königreich und diesen Ländern bestanden und eine Kriegserklärung auf den Verlauf der Operationen mit Ausnahme einer weiteren Isolierung Finnlands keinen besonderen Einfluß haben würde.[22] Auf der anderen Seite folgte auf den japanischen Angriff gegen Großbritannien im Pazifik Ende des Jahres keine sowjetische Kriegserklärung an Japan. Der britische Außenminister Eden reiste nach Moskau, um unter anderem auch über diesen Punkt zu sprechen.

21 Ob Churchill zu dieser Zeit die wahre Natur der Sowjetunion Stalins begriffen hatte, muß bezweifelt werden. Das wird auch durch die von Churchill 1938 und 1939 gegenüber Moskau eingenommene Haltung illustriert.

22 Deutschland, Finnland, Italien, Ungarn, die Slowakei und Rumänien befanden sich im Krieg gegen die Sowjetunion. Spanien, das offiziell nicht am Kriege teilnahm, stellte zum Einsatz in Nordrußland einen einzigen Verband, die »Blaue Division«, zur Verfügung. Auch andere ausländische Truppenkontingente wurden, vor allem durch die SS, zur Verwendung gegen die UdSSR in Frankreich, den Niederlanden und dem besetzten Skandinavien rekrutiert. Stärke und Bedeutung dieser Kontingente waren gering.

Die Verhandlungen verliefen nach dem gewohnten Muster. Am ersten Tag der Zusammenkunft, den 16. Dezember, versuchte Stalin, Eden auf ein Gespräch über das Nachkriegseuropa festzulegen. Zu den Themen gehörten die Festlegung der künftigen Grenzen der UdSSR und die Zerstückelung Deutschlands. Es wurden kaum Fortschritte erzielt, aber die Atmosphäre war freundlich. Am zweiten Tag mußte Eden die übliche Schockbehandlung über sich ergehen lassen. Stalin war gereizt und völlig unzugänglich, während Molotow in keiner Frage einlenken wollte. Die Stimmung war kühl und gespannt. Am 19. Dezember, dem dritten Tag der Gespräche, ging der gewohnte dritte Akt über die Bühne, und zu Edens Überraschung zeigte sich der Diktator von der liebenswürdigsten Seite.[23] Bei den Gesprächen dieses letzten Abends brachte Eden die Möglichkeit einer Teilnahme der Sowjetunion am Krieg gegen Japan im kommenden Frühjahr zur Sprache. Aber Stalin bat ihn nur, jetzt Rücksicht darauf zu nehmen, daß die Stimmung bei der sowjetischen Bevölkerung gegen einen solchen Krieg sei.[24] Die Verhandlungsrunde schloß mit dem auch sonst üblichen großartigen Abschiedsessen für Eden.

Der »Führer« in Rastenburg war nicht ohne Grund davon überzeugt, daß es zwischen den Anglo-Amerikanern und den Sowjets keine Zusammenarbeit geben könne, da ihre Systeme einander diametral entgegengesetzt seien und weil der Kreml den Kapitalismus über kurz oder lang vernichten wolle, und zwar ohne Rücksicht darauf, wo er die Formen der Gesellschaftsstruktur bestimme. Er rechnete fest mit dem Auseinanderbrechen des Bündnisses und erwartete, daraus zu profitieren. Großbritannien und die Vereinigten Staaten ihrerseits waren entschlossen, das Bündnis mit der Sowjetunion weder durch die deutsche Propaganda noch durch das sowjetische Mißtrauen und sowjetische Provokationen unterminieren zu lassen.

Als die Deutschen in der Sowjetunion einmarschiert waren, hatten sie Japan nichts von ihren Absichten mitgeteilt, und als japanische Marinebomber die amerikanische Flottenbasis in Pearl Harbour angriffen, war Hitler ebenso überrascht wie die Amerikaner. Als Ribbentrop und der »Führer« einige Zeit vorher mit Matsuoka sprachen, bemühten sie sich darum, die japanischen Energien und Interessen gegen die Briten im Pazifik und im Fernen Osten zu lenken, und man muß annehmen, daß ihre Zusage, im Falle eines amerikanischen Eingreifens Japan zu Hilfe zu kommen, gegeben wurde, um in Tokio aufgetretene Befürchtungen und Zweifel auszuräumen. Es lag ihnen nichts an einem japanischen Angriff gegen die UdSSR oder die Vereinigten Staaten, aber sehr bald nach Beginn des Rußlandfeldzuges scheinen Ribbentrop und das OKH daran interessiert gewesen zu sein, die Japaner zu einem Angriff gegen die sowjetischen Seeprovinzen im Fernen Osten zu bewegen. Am 10. Juli erhielt der deutsche Botschafter in Tokio, Ott, von Ribbentrop die Anweisung, die Japaner zu einem solchen Schritt zu ermutigen, und es sieht aus, als hätten diese den Plan ernsthaft erwogen. Am Tage zuvor, dem 9. Juli, hatte Halder

23 *Eden*, The Reckoning, S. 297–299.
24 Ebenda, S. 301.

mit dem Chef des militärischen Abwehrdienstes, Matzky, gesprochen und dabei kurz angedeutet, Japans Absicht sei immer noch unklar. »Nachdem Japan zunächst von uns auf Singapur eingestellt war, ist es nun neuerdings gegen Rußland angeheizt worden.«[25]

Am 4. August suchte der japanische Militärattaché in Berlin, Generalleutnant Banzai, Matzky auf, und aus Kinzels Akten geht hervor, daß Banzai von der Möglichkeit sprach, Japan könne ungeachtet gewisser Schwierigkeiten und anderer Verpflichtungen Rußland angreifen. Im Falle eines solchen Angriffs der Kwantung-Armee von Mandschukuo aus würden wenigstens 16 in vier Armeen gegliederte Divisionen verwendet werden.[26] Nach Warlimont scheint man später die Sache wieder fallengelassen zu haben, weil die Deutschen so siegesgewiß waren, daß ein von den Japanern vorgetragenes Hilfsangebot abgelehnt wurde.[27] Am 19. August teilten die Japaner dem deutschen Botschafter, General Ott, mit, daß Japan zur Zeit nicht die Absicht habe, in den Krieg einzutreten.

Das war jedoch im Kreml nicht bekannt, und nachdem die Sowjetunion von Deutschland angegriffen war, fürchtete man hier mit gutem Grund eine japanische Intervention. Am 23. Juni fragte der sowjetische Botschafter in Tokio den japanischen Außenminister, ob Japan beabsichtige, sich an das Neutralitätsabkommen zu halten, und die japanische Antwort war unklar. Die Sowjetunion fühlte sich auch weiter durch die Kwantung-Armee bedroht und wollte ihre Streitkräfte im Fernen Osten nicht verringern, bevor die Vereinigten Staaten im Dezember 1941 in den Krieg eintraten. Allerdings wurden während der Schlacht um Moskau sowjetische Kräfte von dort abgezogen. Im August 1941 fürchteten die Sowjets, Japan könnte den Transport amerikanischer Hilfsgüter für die Sowjetunion über Wladiwostok behindern; denn hier sollten monatlich 220.000 Tonnen Lebensmittel eintreffen, die hauptsächlich von amerikanischen Schiffen befördert wurden. Als Japan im Dezember in den Krieg gegen die Vereinigten Staaten eintrat, wurde dieser Versorgungsweg nicht abgeschnitten, weil 120 amerikanische Frachtschiffe auf dem Pazifik jetzt unter sowjetischer Flagge fuhren.[28]

Es hat wenig Sinn, sich im einzelnen darüber Gedanken zu machen, welche Auswirkungen ein japanischer Angriff gegen die Sowjetunion gehabt hätte. Japan war damals eine Militärmacht ersten Ranges. Da die japanischen Heeres- und Marineluftwaffe der sowjetischen Luftwaffe weit überlegen war, wären die sowjetischen Luftstreitkräfte im Fernen Osten sehr schnell vernichtet worden. Andererseits waren die japanischen Panzerkräfte verhältnismäßig schwach, und 16 Infanteriedivisionen hätten kaum genügt, um weit nach Sibirien vorzustoßen. Schlimmstenfalls hätte die Sowjetunion durch eine Intervention Sachalin, Wladiwostok, die industrialisierten Seeprovinzen im Fernen Osten und die Hälfte der aus dem Westen

25 *Halder*, Kriegstagebuch, Bd. 3, S. 56 u. Fn. 2.
26 OKH Gen St d H O Qu IV Nr. 275/41 g. Kdos Chef vom 5. August 1941.
27 *Warlimont*, Inside Hitler's Headquarters, S. 45.
28 Schließlich kamen 47 Prozent aller Hilfslieferungen des Westens an die Sowjetunion über den Pazifik nach Wladiwostok.

kommenden Hilfsgüter verloren. Wenn andererseits Japan seine ganzen Kriegsanstrengungen gegen die UdSSR und nicht gegen die Vereinigten Staaten und Großbritannien gerichtet hätte und im Sommer als Verbündeter Deutschlands in den Krieg eingetreten wäre, dann wäre wahrscheinlich sehr bald die ganze Sowjetunion überrannt worden. Japans Möglichkeiten waren jedoch ohne den Import gewissen strategischen Materials und besonders ohne die Einfuhr von Öl, das nur aus Amerika, Niederländisch Ostindien, Burma oder dem Nahen Osten kommen konnte, beschränkt. Japan hätte ohne die wohlwollende Neutralität Washingtons nicht mit allen ihm zur Verfügung stehenden Kräften am Krieg gegen die Sowjetunion teilnehmen können; denn zum Überleben brauchte es die pazifischen Wasserstraßen. Es ist unvorstellbar, daß die Amerikaner, die damals mit dem verzweifelt um seine Existenz kämpfenden China sympathisierten, Japan auf diese Weise unterstützt hätten. Wirtschaftlich und militärisch sollte das Schicksal Japans von den Vereinigten Staaten entschieden werden.

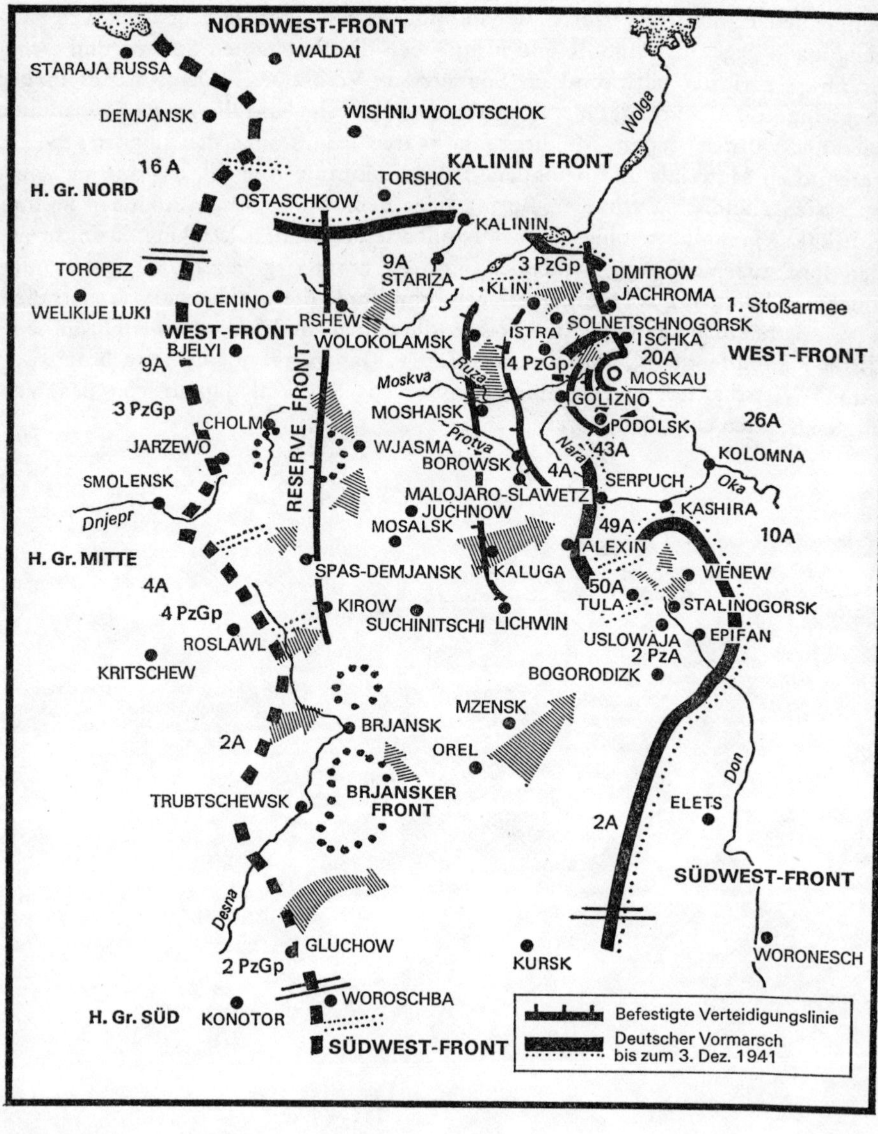

Karte 6: Der Vorstoß gegen Moskau, Oktober bis Dezember 1941

9. Kapitel

Nach Archangelsk und Astrachan

Als Deutschland den Krieg im Osten begann, war das Ersatzheer unter Fromm nur 400.000 Mann stark. Die Kraftstoffreserven reichten für zwei bis drei Monate. Von den ursprünglich vom OKH in Reserve gehaltenen 28 Divisionen waren im Sommer alle bis auf drei eingesetzt worden. Obwohl die deutschen Verluste nur einen Bruchteil der sowjetischen ausmachten, waren auch sie nicht leicht gewesen, und in den zehn Wochen dauernden Kämpfen bis zum 26. August betrug die Verlustziffer 440.000 Mann, von denen 94.000 gefallen waren.[1] Ende August waren erst 217.000 Mann als Ersatz an die Front gegangen, aber es dauerte jeweils eine gewisse Zeit, bis sie bei ihren Einheiten ankamen; denn viele mußten die Front von den Kopfstationen der Eisenbahn aus im Fußmarsch erreichen. Außer im baltischen Raum, der über See versorgt werden konnte, gestaltete sich der Nachschub von Kraftstoff immer schwieriger, weil nicht genügend rollendes Material der sowjetischen Eisenbahnen zur Verfügung stand. Besonders fehlte es an Kesselwagen, und die russischen Strecken ließen sich nicht voll ausnutzen, ehe die Schienen auf die mitteleuropäische Spurweite umgenagelt waren. Die Stärke der deutschen Panzerverbände war durch Verluste und Materialausfälle auf 50 Prozent der Sollstärke zurückgegangen, und es war schwierig, genügend Ersatzteile zu beschaffen, um den durch Staub, Sand und weite Strecken verursachten Verschleiß wettzumachen. Auch die anderen motorisierten Fahrzeuge zeigten sich der hohen Beanspruchung nicht gewachsen, und es fehlten etwa 30 Prozent der benötigten Ersatzteile.[2] Die gesamte Versorgungslage bei Panzern und motorisierten Fahrzeugen verschlechterte sich noch dadurch, daß Hitler beschlossen hatte, in erster Linie neu aufgestellte Divisionen auszurüsten, anstatt die Ausrüstung der schon bestehenden Verbände zu ergänzen.[3]

So ernst auch diese Mängel, wenn sie sich in Zahlen ausdrückten, Brauchitsch und den Befehlshabern der deutschen Heeresgruppen erscheinen mochten, die Lage bei der kämpfenden Truppe, besonders bei den zu Fuß marschierenden Infanterieverbänden, war in Wirklichkeit viel schlechter; denn der Verschleiß bei Mannschaften, Pferden und Ausrüstung ließ sich hier nicht statistisch erfassen. Die Ausfälle und das Absinken der Leistungen warfen schon jetzt ihre Schatten voraus und kündigten eine Wende für das Kriegsglück der Deutschen an. Ende August beschwerte sich

1 *Halder*, Kriegstagebuch, Bd. 3, S. 220.
2 Ebenda, S. 202–203.
3 *Guderian*, Panzer Leader, S. 190.

Guderian darüber, daß die Panzertruppen erschöpft seien und nicht mehr in voller Kriegsstärke zur Verfügung stünden. Als Beispiel nannte er das von Munzel kommandierte Panzerregiment 6, das am 14. September gegenüber einer Sollstärke von 150 Panzern nur noch 10 einsatzfähige Panzer hatte. Die Verluste an Panzerbesatzungen waren bisher nicht schwer gewesen, aber die motorisierten Infanteriekompanien waren durchschnittlich nur noch 50 Mann stark. Dabei stellte man schon jetzt fest, daß es den Ersatzmannschaften an Erfahrung und Härte mangelte. Es gab keine Winterbekleidung und zu wenig Stiefel, Socken und Hemden. Die Versorgung mit Brot geriet ins Stocken, und es fehlte an Frostschutzmitteln für die Kühler der motorisierten Fahrzeuge.[4] So also sah es bei den bevorzugten und gut ausgerüsteten Panzertruppen und motorisierten Verbänden aus. Die Verhältnisse bei der zu Fuß marschierenden Infanterie waren viel schlechter.

Der Kommandeur der 98. Infanteriedivision äußerte sich über die immer bedrohlicher werdenden Anzeichen in seiner Stellungnahme zu einem Befehl des fanatischen Feldmarschalls von Reichenau, in dem es hieß, daß jeder Unterführer auf sein Kartenbrett die Worte »rastlose Verfolgung« schreiben solle. Lange motorisierte Kolonnen blieben im Schlamm stecken. Die Infanterie war erschöpft, und täglich verendeten Dutzende von Pferden im Geschirr. Die gummibereiften, mit Kugellagerachsen versehenen, bespannten Gefechtsfahrzeuge waren den unglaublichen Straßenverhältnissen nicht gewachsen und brachen auseinander. Dagegen hielten die im Lande requirierten Panjewagen scheinbar alles aus. Gute deutsche, ungarische und irische Pferde gingen vor Hunger und Erschöpfung ein, aber die struppigen kleinen russischen Pferde überlebten. Sie fraßen alles, sogar Birkenzweige und das Stroh von den Dächern der Bauernhäuser. Mannschaften der Nachrichtentruppe und Meldereiter verschwanden spurlos in den Wäldern, und bei jeder Rast mußte die Infanterie eine neue Aufgabe übernehmen, das Auskämmen des Unterholzes nach dem sich dort verbergenden Gegner. Die Division wurde in der Folgezeit mehrmals unangenehm daran erinnert, daß sie 100 Tonnen Munition den Partisanen zum Geschenk gemacht hatte, als sie sie, da die Transportmittel fehlten, einem russischen Dorfältesten zur Aufbewahrung übergab. Die Schützenkompanien bestanden nur noch aus 30 bis 40 Mann, und vom 31. Juni bis zum 10. August verlor ein Infanterieregiment 37 Offiziere und 1200 Mann.[5] Am 27. September, als die ersten Ersatzmannschaften eintrafen, fehlten der Division 3800 Mann an der Sollstärke. Von dem Ersatz erhielt ein Bataillon 37 Mann und meldete, das sei nur ein Tropfen auf den heißen Stein.

Am 14. September befand sich die 98. Infanteriedivision wieder auf dem Marsch, ließ die Pripjetsümpfe und Reichenaus 6. Armee der Heeresgruppe Süd hinter sich und folgte Guderian, der sich mit der Heeresgruppe Mitte für den Stoß gegen Moskau bereit machte. Zunächst waren die Soldaten erleichtert, den Schlamm und die Sümpfe hinter sich gelassen zu haben, und der Anblick rollender motorisierter

4 Ebenda, S. 219, 227, 230.
5 *Gareis,* Kampf und Ende der 98. Infanterie-Division, S. 125.

Fahrzeuge gab ihnen das Gefühl, wieder in europäische Verhältnisse zu kommen. Ihre Freude wurde jedoch durch die 40 Kilometer langen Tagemärsche über sandige Landwege, deren Zustand jeder Beschreibung spottete, und den ernüchternden Anblick der strauchelnden Pferde und immer wieder umgeworfenen Fahrzeuge gedämpft. Es war zwar erst September, aber schon setzten unaufhörliche Regenfälle und ein kalter Nordostwind ein, und allnächtlich waren die schäbigen, von Ungeziefer wimmelnden Unterkünfte schon von den motorisierten Truppen besetzt, ehe die Infanterie ihre Marschziele erreicht hatte. Alle Strapazen des Tages waren erträglich, wenn es in der Nacht wenigstens warme Unterkünfte gab, aber wenn diese fehlten, sank die Stimmung der Truppe unter den Nullpunkt. Bald mangelte es an den notwendigsten Dingen, an Rasierklingen, Seife, Zahnpasta, Schnürsenkeln und Nähzeug. Am 23. September kam der erste Rauhreif. Durch den Regen, die Kälte und das Fehlen von Ruhepausen mehrten sich die Erkrankungen, bei denen die Männer unter normalen Verhältnissen in ein Lazarett eingewiesen worden wären. Da es nicht genügend Transportmittel gab, mußten alle einschließlich der Kranken zu Fuß marschieren, und es kam nicht in Frage, jemanden zurückzulassen, weil das Gebiet voller Partisanen war. Ein Tag glich dem anderen, und die lange Kolonne bewegte sich im herabströmenden Regen gehorsam und schweigend voran. Man hörte nichts als das Schnauben der Pferde, das Quietschen der Wagenräder und das ewige Sausen des Windes in den Kronen der Kiefern links und rechts am Wege.[6] Das Ausbleiben von Ersatz an Mannschaften und Material war jedoch nur ein äußeres Zeichen für die kritische Wirtschaftslage in Deutschland. Am 9. Oktober berichtete der Generalquartiermeister Wagner an Halder über die Versorgungslage und meldete, daß es vor allem an Verpflegung, Mannschaftsersatz und Kraftstoff fehle. Alle Kriegsschauplätze brauchten monatlich 90.000 Tonnen Kraftstoff für die motorisierten Fahrzeuge, um die Truppe beweglich zu halten. Dabei blieben Sonderunternehmungen und der Bedarf für die Ausbildung unberücksichtigt. An dieser Menge fehlten 3000 Tonnen. Man rechnete damit, daß die Gummivorräte im März erschöpft sein würden. Die Erfahrungen bei Kiew hatten gezeigt, daß man für die Bewachung, Verteilung und den Transport von 20.000 sowjetischen Kriegsgefangenen eine deutsche Division brauchte, und obwohl der Feind riesige Mengen an brauchbaren Waffen und Ausrüstung auf dem Schlachtfeld zurückgelassen hatte, gab es nicht genügend deutsche Arbeitskommandos, die das Einsammeln und Ordnen der Beute hätten übernehmen können.

Nachdem Hitler, wie er glaubte, seine Flanken durch Säuberungsoperationen in den Räumen Kiew, Welikije Luki, Staraja Russa und Demjansk gesichert hatte, erließ er am 6. September in der »Weisung Nr. 35« den Befehl für den Vorstoß nach Osten, ein Unternehmen, das später die Bezeichnung »Taifun« erhielt.[8] Im europäischen Rußland kam es Ende September oder Anfang Oktober in der Regel zu

6 Ebenda, S. 127–130.
7 *Halder*, Kriegstagebuch, Bd. 3, S. 276.
8 *Hubatsch*, Hitlers Weisungen für die Kriegführung, S. 150–153.

einem Wettersturz. Schwere Regenfälle hemmten jede Bewegung oder zwangen die Truppe zum Anhalten, bis die Fröste im Oktober und November den Boden wieder fest werden ließen. Anfang Dezember fiel meist der erste Schnee, der dann auch liegen blieb. Während des ganzen Winters konnte es zu kurzen Tauperioden kommen, und dann versanken alle Wege und Straßen in Schneematsch und Schlamm. Aus diesem Grunde wurden die Vorbereitungen und die Durchführung der neuen Offensive zu einem Rennen gegen die Zeit.

Die Aufgabe Bocks war es, vor dem Vorstoß nach Moskau und darüber hinaus die sowjetischen Streitkräfte zu vernichten, und die Basis des deutschen Plans bestand in einem Angriff im Mittelabschnitt in der allgemeinen Linie Smolensk–Moskau durch eine doppelte Umfassung mit Panzerkräften. Die beiden Zangen sollten sich bei Wjasma, etwa 130 Kilometer hinter den Verbänden der Roten Armee vereinigen. Das war eine Wiederholung der vorher bei Minsk ausgeführten Zangenbewegung. Die nördliche Zange sollte aus der 9. Armee unter Strauss und der Panzergruppe 3 unter Hoth bestehen. Das waren die Verbände, die vorher in der gleichen Zusammensetzung im Norden gegen Minsk und Smolensk vorgestoßen waren.[9] Zu ihnen gehörten 23 Divisionen, davon 3 Panzerdivisionen und 2 motorisierte Divisionen. Der südliche Umfassungsarm wurde von der 4. Armee unter Kluge und, da Guderian noch weit südlich stand, Hoepners Panzergruppe 4 gebildet, die mit Ausnahme eines Panzerkorps geschlossen von der Heeresgruppe Nord herangeführt worden war. Der 4. Armee war die Panzergruppe 4 unterstellt, und sie bestand aus 22 Divisionen. Davon waren 5 Panzerdivisionen und 2 motorisierte Divisionen.[10] Sobald der Kessel bei Wjasma geschlossen war, sollten die 9. Armee und die Panzergruppe 3 nach Nordosten vorstoßen, so daß ihre Hauptachse westlich von Kalinin verlief und die sowjetischen Verbindungslinien zur Nordwestfront und zum Raum um Leningrad abgeschnitten wurden. Die deutsche 4. Armee mit der Panzergruppe 4 sollte von Roslawl gegen die Linie Wjasma-Juchnow bis nördlich von Moskau vorgehen.

Guderians Panzergruppe 2, die bald darauf in 2. Panzerarmee umbenannt wurde, war mit der 2. Armee unter Weichs aus der Ukraine nach Norden befohlen worden, aber die Zeit für die Zusammenziehung dieser Verbände in dem wichtigen Raum um Smolensk war zu kurz. Aus diesem Grunde wurde beschlossen, daß Guderians Kräfte, die aus drei Panzerkorps und zwei Infanteriekorps bestanden – das waren zusammen 15 1/2 Divisionen mit 5 Panzerdivisionen und 4 motorisierten Divisionen –, aus dem Raum Gluchow in ostwärtiger Richtung gegen Orel und Tula südlich von Moskau angreifen sollten. Als Teil des Vorstoßes nach Norden sollte die linke Flanke Guderians hinter Eremenkos Brjansker Front einschwenken. An Guderians linkem Flügel bildete die 2. Armee unter Weichs mit 8 Divisionen die Verbindung zwischen der 2. Panzerarmee und der 4. Armee und sollte nach Osten

9 Hoth wurde am 8. Oktober von Reinhardt als Oberbefehlshaber der Panzergruppe 3 abgelöst.

10 Alle Einzelheiten über die Kriegsgliederung aus OKH Kriegsgliederung v. 2. Oktober 1941.

vorstoßen, um bei Brjansk die Verbindung zur linken Flanke Guderians herzustellen und die Einschließung der drei Armeen der Brjansker Front unter Eremenko zu vervollständigen. Guderian sollte seine Offensive am 30. September beginnen, während die anderen Armeen zwei Tage später antraten.

In der Nacht vom 22. zum 23. Juli erlebte Moskau den ersten Luftangriff, dem in den nächsten Nächten zwei weitere folgten. Die Deutschen hatten Smolensk erreicht, und im Kreml rechnete man täglich mit dem entscheidenden Vorstoß gegen Moskau. Die sowjetische Regierung hatte verzweifelte Anstrengungen unternommen, um westlich von Moskau mit zivilen Arbeitskommandos, die zu mehr als drei Vierteln aus Frauen bestanden, zwei lineare Feldbefestigungssysteme zu errichten. Die vordere dieser Verteidigungslinien, die sogenannte Wjasma-Linie, war etwa 320 Kilometer lang, während sich die rückwärts davon verlaufende Mischaisker Linie etwa 130 Kilometer westlich von Moskau über ungefähr 260 Kilometer erstreckte. Weitere vier im Halbkreis verlaufende Verteidigungsstellungen schützten Moskau im Westen. Die Verteidigung der Zugänge nach Moskau war Aufgabe des westlichen Kriegsschauplatzes, der bis Mitte September unter dem Befehl von Marschall Timoschenko stand, der dann in die Ukraine versetzt wurde.

Der westliche Kriegsschauplatz erstreckte sich von Ostaschkow im Norden, wo er an die Nordwestfront stieß, bis nach Woroschba im Süden zur Abschnittsgrenze der Südwestfront. Er hatte eine Frontbreite von etwa 720 Kilometern von Norden nach Süden und bestand aus drei Fronten. Die wichtigste war die Westfront unter Konjew, deren Truppen etwa 100 Kilometer westlich von Wjasma aufmarschiert waren. Die Westfront wurde von sechs sowjetischen Armeen verteidigt. Die Reservefront, die zeitweilig wieder Budjonny unterstellt worden war, der bis dahin den südwestlichen Kriegsschauplatz befehligt hatte, bestand aus weiteren sechs Armeen und war hinter Konjews Westfront an der Wjasma-Linie in die Tiefe gegliedert. Die Reservefront hatte außer am äußersten linken Flügel, wo zwei ihrer Armeen die Westfront und die Brjansker Front mit einander verbanden, keine Feindberührung. Aber Budjonny sollte das Kommando nicht lange behalten und wurde abgelöst, sobald sich die ersten Kampfhandlungen ergaben.

Südlich der Reservefront verlief die Brjansker Front unter Eremenkow, die damals aus drei Armeen bestand und mit der Gruppe Ermakow die äußerste linke Flanke deckte. Auf dem westlichen Kriegsschauplatz sind damals angeblich 83 Divisionen, 9 Kavalleriedivisionen und 13 Panzerbrigaden aufmarschiert. Das waren zusammen 1.250.000 Mann, 770 Panzer und 360 Flugzeuge.[11]

Am 30. September griff die Panzergruppe 2 unter Guderian die an der russischen Flanke stehende Gruppe Ermakow mit drei in vorderster Linie eingesetzten Panzerkorps an, die in einem verhältnismäßig schmalen Angriffsstreifen vorgingen. Bei gutem Wetter kamen die Deutschen am ersten Tage angesichts schwerer Bombenangriffe der roten Luftwaffe mehr als 80 Kilometer voran. Die zu Fuß marschieren-

11 *Sokolowski*, Rasgrom Nemezko-Fašistskich Woisk pod Moskwoi, S. 30; *Schukow*, Wospominanija i Ramsmyšlenija, S. 346.

den deutschen Infanterieverbände übernahmen den Flankenschutz und bekämpften die von den Panzerverbänden überrollten Widerstandsnester. Am 3. Oktober fiel das etwa 210 Kilometer im Rücken der Sowjets liegende Orel in die Hände der Deutschen. Inzwischen war das XXXXVII. Panzerkorps unter Lemelsen an der linken Flanke scharf nach Norden eingeschwenkt, um die Verbände der Brjansker Front unter Eremenko von rückwärts einzuschließen. Diese Erfolge hatten die Deutschen nur geringe Verluste gekostet, aber als sich die sowjetischen Befehlshaber von der Überraschung erholt hatten, versteifte sich der Widerstand.

Am 1. Oktober, als die Sowjets erkannt hatten, daß der Angriff Guderians bevorstand, befahl Stalin Leljuschenko zu sich, der als Kommandeur des I. Gardeschützenkorps vorgesehen war, das sich jedoch noch nicht versammelt hatte, und übertrug ihm die Verteidigung von Mzensk. Leljuschenko verließ Moskau mit einem Kraftradregiment, der einzigen sofort verfügbaren Truppe, und unterstellte sich, wie er selbst berichtet, in Tula eine Anzahl von Geschützen der Artillerieschule, die er an städtische Omnibusse anhängen ließ. Er hielt jedoch ständig die telefonische Verbindung mit dem väterlich jovialen Schaposchnikow, der ihm auf Straßen und Eisenbahnlinien Teilverbände und kleinere Abteilungen zuführte. Er bot Leljuschenko außerdem eine Anzahl Katjuscha-Batterien an, und zwar unter der Voraussetzung, daß sie unter keinen Umständen in Feindeshand fallen dürften.[12] Zu den ersten Truppen, die aus Leningrad kommend auf dem Bahnhof von Mzensk eintrafen, gehörten Teile der 1. Panzerbrigade unter Katukow, die vor allem mit KW- und T34-Panzern ausgerüstet waren. Diese Truppen stießen am 6. Oktober zugleich mit ihnen unterstellten Infanterieverbänden auf der Straße nach Tula frontal gegen das deutsche XXIV. Panzerkorps unter Geyr von Schweppenburg an Guderians rechter Flanke. Es entwickelten sich heftige Kämpfe.[13] An der linken Flanke der 2. Panzerarmee Guderians hatte die 17. Panzerdivision schon Brjansk genommen und damit die Verbindungslinien über Straßen und Eisenbahn von Roslawl nach Orel für die Deutschen freigemacht. In derselben Nacht fiel an der Front der Heeresgruppe Mitte der erste Schnee des Winters.

Bewegliche Operationen kamen nun nicht mehr in Frage; denn es schneite weiter, aber der Schnee blieb nicht liegen. Sehr bald verwandelten sich Gelände und Straßen in tiefen Schlamm. Wieder blieben die Fahrzeugkolonnen stecken, und Flugzeuge warfen bündelweise Abschleppseile bei isolierten Einheiten ab, damit sie ihre Räderfahrzeuge von Kettenfahrzeugen flottmachen lassen konnten.

Seit dem 6. Oktober hatte Eremenko mit seiner Brjansker Front jede Verbindung zum sowjetischen Oberkommando in Moskau verloren, und am Abend des 8. Oktober befahl er seinen schon eingeschlossenen Kräften, bei Nacht den Rückzug anzutreten. Einem großen Teil seiner Truppen gelang der Ausbruch. Am 17. Oktober ergaben sich die im Kessel nördlich von Brjansk eingeschlossenen Teile der sowjetischen 50. Armee, aber südlich der Stadt hielten sich die sowjetischen Truppen noch

12 *Leljuschenko,* Sarja Pobedy, S. 43.
13 *Livshits,* Perwaja Gwardeiskaja Tankowaja Brigada w Bojach sa Moskwu, S. 34–68.

bis zum 25. Oktober. Die Brjansker Front verlor sehr viele Versprengte, und die Deutschen nahmen etwa 50.000 Mann gefangen. Der Befehlshaber der 50. Armee, Pjetrow, fiel.

Die deutsche 1. Kavalleriedivision deckte bei Trubtschewsk Guderians linke Flanke und stieß südlich von Brjansk gegen den Kessel vor. Am Abend des 9. Oktober setzten schwere, mit Schlackschnee vermischte Regenfälle ein, und dann regnete es unaufhörlich weiter. Das ganze Gelände verwandelte sich in Sumpf, große Wassermassen strömten wild durch die Wälder und rissen tiefe Gräben in den aufgeweichten Boden. Der Zustand der Straßen wurde, wie das Kriegstagebuch der Division berichtet, katastrophal. Motorisierte Fahrzeuge konnten nur noch mit Hilfe von Traktoren vorangebracht werden. Die Pferde standen bis zum Bauch im Schlamm, und selbst die leichtesten Karren mußten mit Hilfspferden bespannt werden. Die Versorgung mit Kraftstoff, Verpflegung und Futter für die Pferde brach zusammen. Es gab keine Unterkünfte, und die ostpreußischen Kavalleristen beobachteten gleichgültig, wie ein höherer deutscher Stab in einer von Ungeziefer wimmelnden, aus einem Raum bestehenden Hütte bei Schweinen und Hühnern Quartier bezog. Die Säuberung des Kessels von Brjansk war keine leichte Aufgabe; denn die Wälder waren – anders als in Deutschland – nicht durchforstet, sondern mit dichtem Unterholz bestanden und versumpft. Die darin versteckten Rotarmisten aufzufinden und herauszutreiben war schwierig und brachte hohe Verluste. Gefangene sagten aus, das Stabsquartier der sowjetischen 3. Armee sei ganz in der Nähe untergebracht, aber die 1. Kavalleriedivision konnte es nicht finden.[14]

Etwas weiter nordostwärts, an der rechten Flanke der 4. Armee unter Kluge, war die deutsche 52. Infanteriedivision von Suchinitschi nach Kaluga vorgegangen und hatte den Waldgürtel hinter sich gelassen, als es am 13. Oktober anfing, in Stömen zu regnen. Die ihr noch verbliebenen Gefechtsfahrzeuge kamen nicht mehr weiter; denn ihre Achsen lagen zu tief. Deshalb requirierte man russische Bauernwagen. Die Fahrzeuge wurden entladen und zurückgelassen, und jede Batterie nahm nur zwei leichte Geschütze und zwei Protzen mit, die jeweils von zehn Pferden gezogen wurden, während Ersatzpferde der Marschkolonne folgten. Nach zwei Tagen hatten die Pferde ihre Eisen verloren, konnten aber auf dem weichen Boden auch unbeschlagen vorankommen. Die Infanteristen hatten es nicht so gut; denn ihre Marschstiefel blieben oft im knietiefen Schlamm stecken und lösten sich allmählich auf. Nach dem ersten Tagemarsch blieben die Gefechtsfahrzeuge, so leicht sie auch beladen waren, zurück, und die Truppe erhielt keine Verpflegung und versorgte sich notdürftig mit Tee und Kartoffeln aus dem Lande. In ihrer Ahnungslosigkeit sehnten sich die Soldaten nach dem Frost und dem Beginn des Winters.[15]

Die Lage der sowjetischen Truppen weiter nördlich in der Linie Smolensk–Wjasma war allem Anschein nach verzweifelt. Als die deutsche 9. und 4. Armee zum Hauptangriff nach Osten antraten, war das Wetter gut, und am Ende des

14 *Senger* und *Etterlin*, Die 1. Kavallerie-Division, S. 61–63.
15 *Rendulic*, Gekämpft Gesiegt Geschlagen, S. 74–76.

ersten Angriffstages, des 2. Oktober, waren die 9. Armee unter Strauss und die Panzergruppe 3 unter Hoth schon durchgebrochen. Unter so günstigen Wetterbedingungen und solange der Boden noch fest war, hatten die Panzer mit der ausgezeichneten taktischen Unterstützung des VIII. Fliegerkorps sehr bald den Oberlauf des Dnjepr überschritten und gingen dann weiter gegen Wjasma vor.

Südlich der Achse Smolensk-Wjasma mußten sich die sowjetische 24. Armee unter Rakutin und die 23. Armee unter Sobennikow an der Reservefront Budjonnys gegen den Schwerpunkt des Angriffs der deutschen 4. Armee unter Kluge und der Panzergruppe 4 unter Hoepner verteidigen, aber der Widerstand brach unter den heftigen deutschen Schlägen zusammen. In weniger als zwei Tagen war die Gruppe Hoepner durch die Wjasma-Linie durchgebrochen, nahm am 4. Oktober Spas-Demensk und Kirow und am folgenden Tage Juchnow und Mosalsk.

In der gleichen Nacht meldete Budjonny, daß die Lage sehr ernst sei, da Hoepner ihm in den Rücken gekommen war und die russische Verteidigungsstellung von Süden nach Norden aufrollte. Die Ereignisse eilten wieder den Befehlen voraus, jede Verbindung zur Westfront und zur Reservefront ging verloren, und eine Einwirkung der höheren Führung auf die Truppe war damit unmöglich gemacht.[16] Am 7. Oktober waren die Hauptkräfte von den Panzergruppen 3 und 4 im Raum westlich von Wjasma eingeschlossen. Sie setzten den Widerstand fort und trugen damit zur Verteidigung Moskaus bei, aber die Verteidigung wurde weder entschlossen geführt noch konnte sie lange aufrecht erhalten werden; denn nach weniger als einer Woche hatten die Deutschen mehr als 650.000 Gefangene gemacht. Schätzungsweise wurden mindestens 45 Divisionen vernichtet.[17]

In Moskau brach eine allgemeine Panik aus. Die Folge war der große Exodus am 16. Oktober. Zurückströmende Flüchtlinge blockierten die Straßen. Obwohl Stalin, das Oberkommando und die Stawka in der Stadt blieben, erhielten viele Regierungsbehörden und das diplomatische Korps die Anweisung, nach Kuibyschew ins Innere des Landes auszuweichen. Zahlreiche Beamte und ihre Familien schlossen sich mit und ohne Erlaubnis den Flüchtlingen an. Es kam zu Plünderungen, und auch die britische Botschaft wurde ausgeraubt. Am 19. Oktober erklärte das Oberkommando den Belagerungszustand.[18]

Am 5. Oktober hatte Stalin in Leningrad angerufen und die Rückkehr Schukows befohlen. Ein Entsatz der im großen Kessel bei Wjasma eingeschlossenen Truppen war zu keiner Zeit in Erwägung gezogen worden, da, so wie Schukow gesagt hatte, für diese Aufgabe keine Kräfte zur Verfügung standen und man beschloß, alle verfügbaren Verbände in die Verteidigungsstellungen bei Moschaisk vor Moskau

16 Istorija, Bd. 2, S. 238–239; auch *Konev*, Voenno-Istoricheskii Zhurnal, Oktober 1966, S. 56 ff.
17 *Hoth*, Panzeroperationen, S. 136; Kriegstagebuch des OKW, Bd. 1, S. 702; *von Bock*, Tagebuch, 19. Oktober 1941.
18 Kratkaja Istorija, S. 115; *Werth*, Russia at War, S. 236–238; *Eden*, The Reckoning, S. 302; *Samsonow*, Die große Schlacht vor Moskau, S. 70.

zu werfen.[19] Am 10. Oktober übernahm Schukow zunächst das Kommando über die Reservefront und dann auch über die Westfront. Beide Fronten wurden einem gemeinsamen Stab unterstellt. Der bisherige Befehlshaber der Westfront Konjew wurde zum Stellvertreter Schukows ernannt, Sokolowski übernahm das Amt des Generalstabschefs und Bulganin das des politischen Mitglieds des Militärsowjets. Konjew sollte nicht lange an diesem Posten bleiben, da nordwestlich von Moskau eine neue Krise entstand, wo die unter dem Befehl Reinhardts stehende Panzergruppe 3 auf dem Vorstoß nach Nordosten am 14. Oktober in Kalinin eingedrungen war. Am 17. Oktober wurde bei Kalinin unter Konjew eine neue Front errichtet. Sie bestand aus drei Armeen und einer Einsatzgruppe unter Watutin. Diese Stellungen erstreckten sich im rechten Winkel zur Westfront vom Raum Kalinin im Osten bis zu den Ostaschkow-Seen im Westen.[20]

Als es sich Mitte Oktober endlich aufklärte, zeigten die täglichen Lagekarten im Hauptquartier v. Brauchitschs sehr befriedigende Fortschritte, aber das entsprach nicht der wirklichen Lage. Man wußte, daß Guderians Kräfte nicht vorankamen und sich scheinbar bei Mzensk festgefahren hatten, aber man war sich nicht klar darüber, daß das Wetter sehr bald jede Bewegung unmöglich machen würde. Am 14. Oktober unterzeichnete Brauchitsch einen Befehl des OKH, der natürlich von Hitler ausging, in dem der weitere Verlauf der Operationen der Heeresgruppe Mitte vorgezeichnet wurde. Moskau sollte eingeschlossen, aber nicht genommen werden. Jedes Kapitulationsangebot war zurückzuweisen.[21] Die militärischen Befehle, die dieser eigenartigen Prämisse folgten, waren ebenso unsinnig und beinhalteten die völlige Zerstreuung der Kräfte, die zur Zerschlagung der Westfront und zur Einnahme von Moskau versammelt worden waren. Die deutsche 2. Armee unter Weichs sollte von Kursk nach Woronesch verlegt werden, während Guderians 2. Panzerarmee den Auftrag erhielt, Tula zu nehmen und Moskau von Südosten einzuschließen. Kluges 4. Armee wurde angesetzt, um die Kräfte der Roten Armee westlich von Moskau zu binden, während die Panzergruppe 3 unter Reinhardt und die Panzergruppe 4 unter Hoepner die Hauptstadt von Nordosten einschließen sollten. Die 9. Armee unter Strauss erhielt den Befehl, aus der Linie Kalinin – Stariza direkt nach Norden gegen die Waldai-Höhen vorzustoßen, um die Heeresgruppe Nord zu unterstützen. Diese Operationen hätten die Verbände der Heeresgruppe Mitte über eine etwa 960 Kilometer breite Front verteilt. Feldmarschall von Bock protestierte gegen den Plan Brauchitschs, denn er wollte Moskau auf dem kürzesten und direktesten Wege angreifen.[22]

Nach Mitte Oktober hatten die immer schlechter werdenden Wetterverhältnisse das Tempo des deutschen Vormarsches vor Moskau verlangsamt, wie das auch bei

19 *Schukow,* Wospominanija i Rasmyšlenija, S. 355.
20 Istorija, Bd. 2, S. 245.
21 Fernschreiben OKH Gen St d H Op Abt (IM) Nr. 1571/41 g. Kdos Chefs vom 12. Oktober 1941
22 *von Bock,* Tagebuch, 7. Oktober 1941.

der 2. Panzerarmee unter Guderian im Raum Mzensk geschehen war, wo der Winter schon zehn Tage früher angefangen hatte. Nun spielten sich vor Moskau die gleichen Szenen ab. Die Hauptstraße zwischen Smolensk und Moskau wurde unbefahrbar, und jeder Verkehr mit Räderfahrzeugen kam auf den weiten Schlammflächen zum Erliegen. Nur Kettenfahrzeuge und Panjewagen blieben beweglich. Ganze Divisionen wurden angehalten, und die einzelnen Truppenteile und Einheiten waren über Hunderte von Kilometern auseinandergezogen. Tausende von Pferden gingen an Überanstrengung und aus Futtermangel zugrunde, und Geschütze und schwere Fahrzeuge blieben in dem klebrigen Morast stecken. Die Panzerabwehrgeschütze ließen sich nicht mehr nach vorn bringen, um feindliche Panzer zu bekämpfen, die hier wieder in großer Zahl eingesetzt wurden, und viele Nachrichtenfahrzeuge fanden nicht mehr den Anschluß an die Stäbe, zu denen sie gehörten. Die Versorgung der Truppe brach zusammen, und es gab nicht genug Transportflugzeuge, um mehr als das Allernotwendigste heranzubringen. Selbst wenn es gelang, Räderfahrzeuge mit Hilfe von Zugmaschinen wieder flottzumachen, verbrauchten diese bei den unmöglichen Straßenverhältnissen die geringen Kraftstoffvorräte viel zu früh. Versprengte Abteilungen gerieten in Gefahr, zu verhungern.

Die 4. Armee unter Kluge lag mit etwa 36 Divisionen an der Nara westlich von Moskau und war nicht weit vorangekommen. Anstatt die sowjetischen Kräfte zu fesseln, war sie nun selbst gefesselt. Die 98. fränkisch-sudetendeutsche Division war nach einem Marsch über 850 Kilometer durch die Ukraine sehr bald nach der Schlacht bei Wjasma zur 4. Armee gestoßen und hatte sich von Malojaroslawez bis etwa 90 Kilometer vor Moskau durchgekämpft und die Verfolgung bis in die Schlammperiode des Oktober hinein fortgesetzt, als die 17. Panzerdivision jenseits der Protwa zum Halten kam. Hier war der Himmel verhangen, und Regen und Schneeschauer wechselten unaufhörlich ab. Aber da die Panzerverbände zurückgeblieben waren, erfreute sich die Infanterie nachts der Wärme in den elenden Hütten, während die Panzerbesatzungen, deren Fahrzeuge im Schlamm steckengeblieben waren, es draußen in der Kälte aushalten mußten. Es dauerte Wochen, bevor ein Teil dieser motorisierten Truppen wieder beweglich wurde, und bis dahin kam es häufig zu Gefechten mit versprengten Einheiten der Roten Armee und Partisanen. Versorgungskolonnen konnten nur mit Hilfe erbeuteter sowjetischer Traktoren beweglich gehalten werden. Die Nachhuten der Roten Armee in diesem Gebiet kämpften geschickt und ließen zahlreiche Kampfgruppen in den Wäldern und Büschen zurück.

An der Nara versteifte sich der sowjetische Widerstand, und unter den Gefangenen stellte man viele Mongolen und Kalmücken fest. Gerüchtweise verlautete, aktive sibirische und Fallschirmtruppen seien an die Front geworfen worden. Das Regiment 289, dessen Kompanien kaum noch Zugstärke hatten, nahm die Höhen bei Tschernischai, wurde aber im Gegenangriff wieder zurückgeworfen. So etwas war zu Beginn des Feldzuges nicht vorgekommen; denn damals gelang es dem Gegner nie, die deutsche Infanterie aus einer einmal besetzten Stellung zu vertreiben. Das Regiment 290 nahm, unterstützt von Sturmgeschützen, die Stellung wieder, wurde jedoch von den Panzern abgeschnitten, und sofort traten ganze Schwärme hurraschreiender Bolschewiken zum Gegenangriff an und warfen das Regiment zum zweiten Mal aus der Stellung. Die Deutschen erlitten Verluste durch Granatwerfer und Raketen, aber die schwache Splitterwirkung der russischen Geschosse rettete manchem deutschen Soldaten das Leben. Die sowjetische Überlegenheit an Artillerie und automatischen Waffen verursachte schwere Verluste. Die 98. Division vermerkte in ihrem Kriegstagebuch, daß der sowjetische Gegner zumindest bei der Munitionsversorgung keine Schwierigkeiten hatte.

Die russischen T34 hinterließen bei der deutschen Infanterie einen bleibenden Eindruck. Bei einem Angriff gegen die Trennungslinie zwischen dem Infanterieregiment 289 und dem Infanterieregiment 290 entstand eine Panik, und der Regimentskommandeur konnte seine Truppen nur durch persönliches Eingreifen dazu bewegen, in die Stellungen zurückzugehen. Erst als deutsche Panzer und 8,8 cm-Geschütze die russischen Panzer abschossen, atmete die Infanterie wieder auf. Doch kam es an mehreren Stellen zu Einbrüchen sowjetischer Panzer in die deutschen Stellungen. Weil die T34 aber nur selten von Infanterie begleitet waren, fuhren sie planlos im Gelände umher, erreichten kaum etwas und wurden von den Deutschen abgeschossen oder zum Zurückgehen gezwungen.

Die deutschen Regimentsstäbe, Schreiber, Funker, Pioniere und Pakschützen wurden überall auch infanteristisch eingesetzt. Die Mannschaften der nur 20 Mann starken Infanteriekompanien, geführt von Oberleutnanten oder Feldwebeln, hatten monatelang keine Gelegenheit gehabt, sich zu waschen oder die Bekleidung zu wechseln. Sie waren schmutzig und unrasiert. Von Läusen gequält lagen sie den ganzen Tag verkrampft und steifgefroren in den engen, mit Wasser gefüllten Schützenlöchern. Die Füße waren vor Kälte erstarrt, und die Ausfälle durch Krankheit waren größer als die Verluste durch Feindeinwirkung. Es regnete unaufhörlich, und die Luftwaffe schien mit den Jägern und Bombern der Roten Armee, die die deutschen Stellungen aus der niedrigen Wolkendecke herabstoßend mit Bomben und Maschinengewehren angriffen, nicht fertig werden zu können. Ein Offizier schrieb, daß die Stimmung der Truppe noch 70 Kilometer vor Moskau gut sei; denn die Soldaten konnten es sich nicht vorstellen, daß es ihren Kameraden überall ebenso schlecht ging. Am 2. November meldete ein Regimentskommandeur, daß seine Soldaten, ohne eine Ruhepause und ohne neu ausgerüstet zu werden, keinen Kampfwert mehr besäßen, und am 5. November kam Feldmarschall von Kluge selbst zur Division, um sich von ihrem Zustand zu überzeugen, aber auch nach diesem Besuch mußte die Division in der vordersten Linie bleiben; denn die Verhältnisse waren hier nicht schlechter als bei vielen anderen Infanterieverbänden.[23]

Beim Vormarsch gegen Moskau hielt die deutsche 35. Infanteriedivision die rechte Flanke der 9. Armee, aber am 19. Oktober blieb die Masse der Division wegen des anhaltenden Regens und Tauwetters stecken. Nur die Infanterie, deren Schützen-

23 *Gareis*, Kampf und Ende der 98. Division, S. 142–160.

kompanien nur noch etwa 30 Mann stark waren, schleppte sich durch den knietiefen Schlamm weiter nach Osten. Alle Motorfahrzeuge, Nachrichtenfahrzeuge, die schwere Artillerie und die Gepäckwagen blieben zurück. Wenige leichte Geschütze konnten noch mitgeführt werden. Jedes einzelne Geschütz und jede Lafette wurden von nicht weniger als 24 Pferden langsam und mit großer Mühe nach vorn gebracht. Ärzte und Sanitäter begleiteten die Infanterie auf Panjewagen, und man versuchte, von Gschatzk aus den Nachschub auf Packtieren und Karren nach vorne zu bringen. Am 20. Oktober überschritt die Infanterie die Rusa und stieß dabei auf schwachen feindlichen Widerstand. Der Gegner verfügte nur über wenige Geschütze, war aber reichlich mit Munition ausgestattet. Zwischen dem 24. und dem 26. Oktober sah es aus, als werde der sowjetische Widerstand zusammenbrechen, und am 27. Oktober wurde Wolokolamsk genommen. Vier Tage später hatte die 35. Infanteriedivision, die jetzt nur noch aus zwei sehr schwachen Regimentern bestand, 1800 Gefangene gemacht und in fünf Tagen 20 Kilometer in äußerst schwierigem und versumpftem Gelände zurückgelegt. Am 31. Oktober wurde eine vierzehntägige Ruhepause befohlen, um in dieser Zeit Artillerie und Munition nach vorn zu bringen.[24]

Bis Ende Oktober ging die Heeresgruppe Mitte unter Feldmarschall von Bock befehlsgemäß langsam weiter vor. Die 4. Armee unter Kluge hatte an der Linie Serpuchow-Wolokolamsk den Fluß Nara erreicht, während die 9. Armee unter Strauss sich nach heftigen Kämpfen in den Besitz des Gebiets nördlich von Rschew gesetzt hatte. Weiter südlich nahm die 2. Panzerarmee unter Guderian am 24. Oktober Mzensk. Da jedoch das XXIV. Panzerkorps aus Kraftstoffmangel nicht geschlossen gegen Tula vorgehen konnte, wurden einige Panzer mit dem vorhandenen Kraftstoff aufgetankt, und eine improvisierte Panzerbrigade unter Eberbach erhielt den Auftrag, die Stadt im Handstreich zu nehmen. Der Angriff gegen Ermakows 50. Armee, die Tula verteidigte, mißlang, und die Deutschen erlitten hohe Verluste an Panzern.

Mit dem Wetterumschwung ließ auch die Heftigkeit der deutschen Angriffe schlagartig nach, und die Rote Armee kam zu einer langersehnten Ruhepause. Schon Ende Oktober hatte das sowjetische Oberkommando den Eindruck, daß die Lage sich stabilisiert habe, und begann, einen Teil der Truppen aus der Front zu ziehen, um ihre Ausbildung zu vervollständigen, den Soldaten eine gewisse Erholung zu gönnen und Reserven zu bilden. Mit fieberhafter Eile ging man daran, die enormen Verluste auszugleichen, die die Rote Armee in den ersten beiden Oktoberwochen bei Wjasma und Brjansk erlitten hatte, und den Widerstand gegen den nächsten deutschen Ansturm zu organisieren.

Zum erstenmal im Zweiten Weltkriege war eine deutsche Offensive zum Halten gezwungen worden, und zwar geschah dies in den beiden letzten Oktoberwochen durch Regen und Schlamm. Sowjetische Historiker sprechen verächtlich von angeblich falschen deutschen Darstellungen und behaupten, die Heeresgruppe des Feld-

24 *Baumann,* Die 35. Infanterie-Division, S. 114–117.

marschalls von Bock sei durch den Kampfgeist und die Geschicklichkeit der Roten Armee aufgehalten worden.[25]

Ende Oktober versteifte sich der Widerstand der Roten Armee, und westlich und südlich von Moskau wehrten sich die sowjetischen Truppen erbittert gegen alle deutschen Angriffe. Ein genaues Quellenstudium zeigt jedoch, daß die deutsche Offensive, die zunächst ebenso rasch und mit ebenso spektakulären Erfolgen zu gelingen versprach wie die Offensiven im Spätsommer, zweifellos nur deswegen ins Stocken geriet, weil Wetter und Gelände unüberwindliche Schwierigkeiten boten. In den ersten zwei Wochen der »Taifun«-Offensive verloren die sowjetischen Verteidiger vor der Front der Heeresgruppe Mitte fast 700.000 Mann bei verhältnismäßig geringen deutschen Verlusten. Wäre das Wetter noch weitere drei Wochen trocken, milde und klar geblieben, dann wäre die Heeresgruppe mit Sicherheit bis nach Moskau gekommen. Die bisher so ungewöhnlichen deutschen Erfolge gegenüber den Polen, den Franzosen, den Briten und der Roten Armee waren durch die überlegene Beweglichkeit und Feuerkraft, die Massierung von starken Panzerkräften und den geschlossenen Einsatz taktischer Luftstreitkräfte, durch gute Nachrichtenverbindungen und eine überlegene Führung ermöglicht worden. Mit der Beweglichkeit ging nun auch die Feuerkraft verloren, und das deutsche taktische Konzept des »Blitzkrieges« ließ sich nicht mehr anwenden.

Die unglaublich schwierigen Verhältnisse in Rußland und der unendliche Schlamm brachten alle Räder zu Stehen und vernichteten die Pferdebestände. Kettenfahrzeuge ließen sich noch verwenden, aber nur in beschränktem Umfang und bei stark erhöhtem Kraftstoffverbrauch. Da die Kraftstoffversorgung zusammenbrach, fielen auch sie bald aus. Transportflugzeuge standen nicht in genügender Zahl zur Verfügung, und die niedrige Wolkendecke und schlechte Sicht erschwerten das Fortführen einer Luftoffensive und die Versorgung der Heeresverbände aus der Luft. Die deutsche Infanterie marschierte durch knietiefen, ja manchmal sogar gürteltiefen Schlamm und Wasser weiter, aber sie war nicht mehr Teil einer alle Waffen umfassenden, gut gegliederten und leistungsfähigen Kriegsmaschine. Ohne Unterstützung durch Panzer oder Flugzeuge und mit nur wenigen Geschützen und Granatwerfern konnte die Infanterie, die zum Teil sogar ihre Panzerabwehrgeschütze hatte zurücklassen müssen, unter großen Anstrengungen nur wenige Kilometer am Tage zurücklegen. Es fehlten die Unterstützung durch Feuer, die Versorgung mit Munition, Ausrüstung, Verpflegung, Bekleidung und Unterkünften, und die ärztliche Betreuung war sehr mangelhaft, weil auch das Notwendigste nicht mehr an die Front gebracht werden konnte. Ganz plötzlich, fast über Nacht, hing der deutsche Erfolg beim Vorstoß gegen Moskau nur noch von den Leistungen allein kämpfender, erschöpfter und geschwächter Vorhutbataillone ab, während die übrigen Teile der deutschen Armeen und fliegenden Verbände machtlos und unbeweglich zusahen.

25 Istorija, Bd. 2, S. 252; *Samsonow,* Die Große Schlacht vor Moskau, S. 80.
26 *Kesselring,* Soldat bis zum letzten Tag, S. 129.

Der den Deutschen von den sowjetischen Truppen geleistete Widerstand war nicht überall gleich stark. Vor Tula und an der Nara, wo neue russische Verbände eintrafen, war die Abwehr entschlossen und hart. Bei Wolokolamsk leistete der Gegner kaum Widerstand, und große Teile der kaukasischen Kavallerieverbände ergaben sich. In der zweiten Oktoberhälfte hatte die Rote Armee es nur noch mit Teilen der deutschen Kampfverbände zu tun. Selbstverständlich hatte die Rote Armee im Hinblick auf ihre Beweglichkeit mit den gleichen Problemen zu kämpfen wie die Deutschen, aber die Heeresgruppe Mitte befand sich am Ende einer 1600 Kilometer langen Versorgungslinie, während die Verteidiger knappe 70 Kilometer vor ihrer Versorgungsbasis standen. Alles, was die Bewegung behindert, begünstigt notwendigerweise die Verteidigung.

Natürlich wäre es falsch, nur das Wetter oder ungünstige Umstände für die deutschen Rückschläge verantwortlich zu machen. Der Hauptfehler lag in der falschen Beurteilung der Lage und darin, daß die Operationen nicht rechtzeitig angesetzt worden waren; denn die »Taifun«-Offensive begann zu spät im Jahr, als man schon mit dem Einsetzen einer Schlechtwetterperiode rechnen mußte. Eine weitere Ursache war der Mangel an Verständnis für die Auswirkungen der Wetterverhältnisse und des Geländes in Rußland auf bewegliche Operationen und die dritte das Problem einer unzureichenden Versorgung mit Nachschubgütern aller Art. Die deutschen Truppen waren überfordert worden, besonders die Infanterie, und man hatte die Mannschaftsstärken der Einheiten und Truppenteile zu weit absinken lassen. In einer Denkschrift vom 6. November 1941, in der der Ernst der Lage eher beschönigt als übertrieben wurde, hieß es, die Gefechtsstärke der 101 Infanteriedivisionen an der Ostfront (ohne Finnland) komme etwa derjenigen von 65 kriegsstarken Divisionen gleich. Die 17 Panzerdivisionen entsprachen etwa 6 kriegsstarken Panzerdivisionen. Die Gefechtsstärke der insgesamt 136 an der Ostfront eingesetzten Divisionen entsprach nach dieser Denkschrift derjenigen von 83 Divisionen.[27]

In der Ukraine stieß die geschwächte Heeresgruppe Süd unter Rundstedt weiter nach Osten gegen das Donjezbecken und den Kaukasus vor. Nachdem sie einige Verbände an die Heeresgruppe Mitte und an anderen Kriegsschauplätzen hatte abgeben müssen, bestand sie jetzt nur noch aus 40 deutschen Divisionen mit 2 Panzerdivisionen und 2 motorisierten Divisionen und einer Anzahl rumänischer, italienischer, ungarischer und slowakischer Verbände.[28] Die Versorgungs- und Kraftstofflage verschlechterte sich ständig aufgrund des Mangels an motorisierten Transportmitteln, weil die Eisenbahnbrücken über den Dnjepr zerstört und die 11. Armee unter Manstein und Teile der rumänischen 3. Armee auf der Krim in harte Kämpfe verwickelt waren. Die Panzergruppe 1 unter Kleist, die neuerdings die Bezeichnung 1. Panzerarmee trug, ließ nach der erfolgreichen Kesselschlacht zwischen Saporoshje

27 Gen St d H Org Abt (I) Nr. 731/41 g. Kdos vom 6. November 1941. (Kriegstagebuch des OKW, Bd. 2, S. 1074–1075.)

28 OKH Kriegsgliederung vom 2. Oktober 1941.

und Ossipenko ihre Kraftstoffreserven sammeln und zentral verwalten und stieß weiter gegen Rostow vor.

Hitler, der sich immer wieder in die Leitung der Operationen einmischte, befahl der 17. und 6. Armee, weiter in südostwärtiger Richtung vorzugehen, um die 1. Panzerarmee unter Kleist zu unterstützen und enge Verbindung mit ihr zu halten, obwohl Halder ihn warnte und sagte, damit werde die rechte Flanke der Heeresgruppe Mitte entblößt und eine Lücke zwischen der 6. und der 2. Armee entstehen.[29] Die deutschen Armeen gingen in der Tat nicht parallel nebeneinander, sondern fächerförmig vor, so daß sich die Entstehung von Lücken nicht vermeiden ließ. Die 2. Armee unter Weichs hingegen wurde ständig nach Südosten und Osten gezogen, um die Verbindung zu der südlich von ihr angreifenden 6. Armee nicht abreißen zu lassen, und konnte daher Guderian, der nördlich von ihr operierte, nicht unterstützen. Guderians 2. Panzerarmee setzte die Offensive in nordostwärtiger Richtung gegen Moskau fort und entblößte dabei gefährlich ihre rechte Flanke, die Weichs nicht mehr decken konnte.

Rundstedt führte seine Verbände gegen die Südwestfront unter Timoschenko mit vier Armeen und die Südfront unter Tscherewitschenko mit drei Armeen. Die 1. Panzerarmee kam infolge der ungünstigen Wetterverhältnisse, der schwierigen Kraftstofflage und des sich versteifenden sowjetischen Widerstandes auf dem Vormarsch von Taganrog nach Rostow nur langsam voran. Der Generalquartiermeister Wagner bemerkte dazu, die Panzerkolonnen Kleists seien zu »Panjekolonnen« geworden, denn die deutschen Truppen hatten sich jetzt weitgehend mit russischen Fahrzeugen und Pferden beweglich gemacht.[30]

Der Angriff gegen Rostow begann am 16. November bei etwa –20°, und die geschwächten und durch ihre Erfahrungen ernüchterten deutschen Truppen wußten, daß dies ein gefährliches Unternehmen war. Viele Truppenbefehlshaber meinten, Rostow könne wohl genommen, aber nicht gehalten werden. Die Leibstandarte »Adolf Hitler« drang bei ihrem Angriff entlang der Hauptstraße, der Sultan Saly Chaussee, in die Stadt ein und mußte sich in außergewöhnlich harten Kämpfen jeden Fußbreit Boden erkämpfen. Die T34-Panzer überrollten im Gegenangriff die Panzerabwehrgeschütze der 60. motorisierten Infanteriedivision, als seien sie nur Schrott. Der Boden war so hart gefroren, daß man auch mit Sprengladungen nur flache Deckungslöcher für die Feuerstellungen ausheben konnte. Die Deutschen erlitten schwere Verluste, aber am 20. November war Rostow genommen, und 10.000 sowjetische Gefangene befanden sich in deutscher Hand.

Damit waren die Kämpfe noch lange nicht zu Ende. Die 56. selbständige Armee unter Remesow führte einen Gegenangriff über den Don gegen Rostow und versuchte, die Stadt von Westen her abzuschneiden. Die deutschen Verteidiger waren überrascht, als sie sahen, wie die mit Wodka angeheizten Rotarmisten mit lautem Hurragebrüll und singend, manchmal sogar Arm in Arm, in der Abenddämmerung

29 *Halder*, Kriegstagebuch, Bd. 3, S. 295.
30 *Elisabeth Wagner*, Der Generalquartiermeister, S. 212.

vor ihnen auftauchten, bis sie in den Minenfeldern gezwungen wurden, auseinanderzugehen. Viele der ersten Angreifer fielen reihenweise im deutschen Maschinengewehrfeuer, während die nachfolgenden über die Gefallenen kletterten und weiterstürmten. Das Gefecht dauerte bis tief in die Nacht, und als es am nächsten Morgen hell wurde und die Sonne plötzlich durch die Wolken brach, lagen die Gefallenen in Haufen übereinander auf dem Eis des Flusses. Hier und da bewegte sich noch einer, aber die meisten lagen still und wurden allmählich vom Schnee zugedeckt. Nur reiterlose Pferde galoppierten wie wild auf dem Schlachtfeld umher.[31]

Die eigentliche Gefahr für die Truppen Rundstedts waren jedoch nicht die wiederholten Gegenangriffe der 56. selbständigen Armee, sondern sie kam aus nördlicher Richtung. In der ersten Novemberwoche waren die Südwestfront und die Südfront unter Timoschenko zum Südwestlichen Kriegsschauplatz vereinigt worden. Man hatte den Plan für einen Gegenangriff gebilligt, bei dem der deutsche Gegner bei Rostow von der 56. selbständigen Armee unter Remesow gefesselt werden sollte, während die Südfront unter Tscherewitschenko einen Flankenstoß durchführte, um die 1. Panzerarmee von der Heeresgruppe Süd abzuschneiden. Die in der Nähe von Rostow liegende 60. motorisierte Infanteriedivision wurde aus dem Raum nordostwärts der Stadt angegriffen, und die Deutschen erkannten, daß es hier um die Entscheidung ging. Man befahl den allgemeinen Rückzug vom Don, und die Deutschen hatten am 28. November gerade Rostow aufgegeben, als der Gegenbefehl des »Führers« sie wie ein Blitz aus heiterem Himmel traf.[32]

Schon seit einigen Monaten glaubte Rundstedt nicht mehr an den baldigen Zusammenbruch beim Gegner und hatte am 27. Oktober darauf gedrängt, die Operationen bei Rostow für eine gewisse Zeit anzuhalten, da die Truppe erschöpft sei und ohne aufgefrischt und umgegliedert zu werden keine neuen Angriffsziele mehr erreichen könne. Am 3. November schlug er vergeblich vor, alle weiteren Vorhaben bis zum nächsten Frühjahr aufzuschieben.[33] Als die sowjetische Südfront damit begann, die 1. Panzerarmee einzuschließen, befahl Rundstedt den Rückzug in einem Zuge bis auf die Mius-Linie, um sich ganz vom Feinde zu lösen. Das OKH stimmte seinem Entschluß zu. Am Abend des 30. November, als Hitler seinen Durchhaltebefehl erlassen hatte, bat Rundstedt um seine Ablösung, und an seine Stelle trat als besser lenkbarer Untergebener der bisherige Befehlshaber der 6. Armee, Feldmarschall von Reichenau.[34] Aber die Übernahme des Kommandos durch einen neuen Befehlshaber konnte die taktische Lage nicht verändern, und da die Truppe sich bereits auf dem Rückzug befand, mußte dieser von Reichenau und Hitler hingenommen werden. Der »Führer« bestand jedoch starr darauf, daß Kleist eine Auffangstellung besetzte, die nur etwa 10 Kilometer vorwärts der Mius-Stellung lag. Reichenau, der bereitwillig auf die Wünsche des »Führers« einging, stimmte zu.

31 *Meyer*, Panzergrenadiere, S. 152.
32 Ebenda, S. 155.
33 Kriegstagebuch des Oberkommandos der Heeresgruppe Süd, 3. 11. 1941.
34 Ebenda, 30. November 1941; *Halder*, Kriegstagebuch, Bd. 3, S. 319.

Was jetzt geschah, wiederholte sich während des ganzen Krieges immer wieder. Vorwärts des Mius entstand ein fürchterliches Durcheinander, da alle motorisierten Fahrzeuge, die in die rückwärtige Stellung vorausgeschickt worden waren, jetzt den Befehl erhielten, wieder nach Osten zu fahren. Am 1. Dezember um 11.00 Uhr morgens besprach Halder die Lage telefonisch mit dem Chef des Stabes der Heeresgruppe Süd, von Sodenstern. Reichenau schaltete sich ein und erklärte, die Entscheidung des »Führers« sei ganz richtig, und er übernähme die Verantwortung, obwohl Kleist glaubte, er werde die Auffangstellung nicht halten können.

Eine Stunde später sprach Halder mit Kleists Chef des Stabes, Oberst Zeitzler, der ihm eine kurze und anschauliche Schilderung des geschwächten Zustandes der drei Panzerdivisionen gab. Er sagte, bei der 13. Panzerdivision seien der Divisionskommandeur und ein ausgezeichneter Regimentskommandeur mit ihren Nerven am Ende. Die 1. Panzerarmee hielt die Besetzung der Auffangstellung für nutzlos und wollte nicht einsehen, weshalb ihre Verbände nur 10 Kilometer vor einer viel günstigeren Stellung haltmachen sollten. Halder besprach die Angelegenheit noch einmal telefonisch mit Sodenstern, der versuchte, Reichenau von seinem Standpunkt zu überzeugen. Aber Reichenau weigerte sich nachzugeben. Um 14.00 Uhr entschloß sich Halder zu dem ungewöhnlichen Schritt, Jodl einzuschalten, und bat ihn, mit dem »Führer« zu sprechen. Um 15.30 Uhr meldete sich Brauchitsch bei Hitler, und während er noch bei ihm war, rief Reichenau an und meldete, die Russen seien in der Auffangstellung im Abschnitt der SS-Leibstandarte durchgebrochen. Er bat um die Erlaubnis, seine Truppen auf die Mius-Stellung zurückzunehmen, und erhielt sie sofort. Der erboste Halder vermerkte in seinem Kriegstagebuch, man sei nun wieder dort, wo man am vergangenen Abend gestanden habe, doch inzwischen habe man Zeit und Energie vergeudet und Rundstedt verloren.[35]

Die 1. Panzerarmee ging auf ihre Ausgangsstellungen am gefrorenen Mius bei Taganrog zurück und grub sich dort, so gut es gehen wollte, ein. Beim Ausbau der Stellungen wurden auch zivile Arbeitskommandos eingesetzt. Hier sollten die deutschen Truppen bis zum nächsten Sommer bleiben.

Der Rückzug von Rostow war durchaus keine größere Niederlage, seine Bedeutung lag vielmehr darin, daß die deutschen Truppen im Zweiten Weltkrieg hier zum erstenmal zum Aufgeben einer Offensive gezwungen wurden, und hier erfolgte die erste gut vorbereitete und ausgeführte Gegenoffensive der Roten Armee.

Im Raum Leningrad hatte Hitler den Vorschlag Leebs zurückgewiesen, unter Ausnutzung günstigen Wetters im Herbst die deutschen Stellungen am Südufer des Ladogasees zu verbessern. Er befahl stattdessen den Vorstoß gegen Tichwin, um sich in den Besitz der dortigen Bauxitvorkommen zu setzen, und die Verbindungsaufnahme mit den Finnen am Swir. Am 8. November wurde Tichwin genommen. Damit hatte Leeb sich verausgabt, an ein weiteres Vorgehen war nicht mehr zu denken, und da die Finnen nicht dazu zu bewegen waren, über den Swir vorzustoßen, ließ sich schon jetzt erkennen, daß sich die exponierte Frontausbuchtung nicht würde

35 Ebenda, S. 321–322.

halten lassen. Das belagerte Leningrad war auf Hungerrationen gesetzt, und die am Bahnhof von Woybokalo lagernden Mehlvorräte konnten wegen des sich auf dem See bildenden Eises nicht mit Lastkähnen herangebracht werden. Doch am 18. November war das Eis endlich stark genug, und vier Tage später fuhren die ersten Lastwagenkolonnen über den See nach Leningrad. Man durfte nun nicht mehr damit rechnen, daß eine Hungersnot im Winter Leningrad zur Kapitulation zwingen würde.

Zum erstenmal hatte man auf deutscher Seite bei den Stäben der Heeresgruppen den Eindruck, die Lage sei in ein kritisches Stadium geraten. Offensichtlich verfügte die Rote Armee trotz schwerer Verluste immer noch über ein gutes Eisenbahnnetz, eine intakte Nachschuborganisation, genügend Ersatzmannschaften und reichliche Hilfsquellen aller Art. Der Feldzug des Jahres 1941 sollte in den Frontabschnitten bei Rostow, Tichwin und Moskau entschieden werden.

Das Wetter und der Mangel an Reserven jeder Art hielten die Heeresgruppe Mitte vor Moskau fest. Hier ging es um die Entscheidung, entweder den Angriff gegen Moskau fortzusetzen oder den Rückzug anzutreten; denn es kam nicht in Frage, die gegenwärtigen Stellungen zu halten, wo die Truppe unerträglichen Witterungseinflüssen und feindlichen Angriffen ausgesetzt sein würde.

Der Befehlshaber des Ersatzheeres Fromm sagte Brauchitsch in vorsichtiger Form, seiner Ansicht nach sei es jetzt Zeit, den Sowjets Friedensvorschläge zu unterbreiten. Hitler war natürlich davon überzeugt, daß der sowjetische Gegner am Ende seiner Kräfte sei, und Brauchitsch und Halder stimmten ihm zu, obwohl sie mit den militärischen Entscheidungen des »Führers« nicht immer einverstanden waren.

An der linken Flanke der 9. Armee, etwa 160 Kilometer nordwestlich von Moskau, lag die Rheinisch-Westfälische 6. Infanterie-Division. Sie hatte von Beginn des Feldzuges bis Ende November etwa 3000 Mann verloren. Das waren verhältnismäßig geringe Verluste. Aber wie bei allen anderen Divisionen waren auch ihre Truppenteile bei Beginn des kalten Wetters auf etwa 160 Kilometer auseinandergezogen. Im Oktober war die Versorgung völlig zusammengebrochen. Die erste Munitionsausstattung war fast verschossen, und es gab keinen Stacheldraht. Die Verpflegung kam nicht mehr nach vorn, aber die Division konnte sich aus dem Lande verpflegen, und damit war die Versorgungslage bei ihr günstiger als bei anderen Truppenteilen. Sie ließ requirierte russische Pferde schlachten, und sechs Wochen lang bekamen die Soldaten kaum etwas anderes zu essen als Pferdefleisch und geringe Mengen von gefrorenen und wieder aufgetauten Kartoffeln. Die Feldbäckereien stellten Brot aus selbstgedroschenem Roggen her, und alle Truppenteile und Einheiten schickten eigene Fouragierkommandos aus, um Pferde, Verpflegung und Futter zu requirieren. Nach Einsetzen des Frostes wurden die Nachschubfahrzeuge allmählich wieder flottgemacht, und schließlich brachte man mit Hilfe von Panjefahrzeugen täglich 15 Tonnen heran, die Hälfte des Mindestbedarfs von 30 Tonnen. Mitte November war die Munitionsausstattung zum Teil wieder aufgefüllt, aber der herangebrachte Kraftstoff mußte ausschließlich dazu verwendet werden, die viele Kilometer zurückgebliebenen motorisierten Fahrzeuge aufzutanken und nachzuziehen. Aus Mangel an Pferden konnten nicht alle Geschütze nach vorn gebracht werden, da man für jedes Geschütz 14 Pferde brauchte. Voller Neid mußten die Artilleristen feststellen, daß die Rote Armee ihre Geschütze mit Traktoren beweglich hielt. Außerdem stellte sich sehr bald heraus, daß der sowjetische Gegner bei den jüngsten Niederlagen zwar die Masse seiner leichten Artillerie verloren hatte, aber doch noch über zahlreiche mittlere und schwere Geschütze verfügte und die Feldgeschütze durch mittelschwere Granatwerfer ersetzt hatte.

Das kalte Wetter überraschte die Truppe noch in ihren Sommeruniformen, obwohl zehn Prozent der Winterbekleidung für die Division Anfang November auf der Bahnstation von Smolensk eingetroffen war. Die Verwundeten mußten unbeschreibliche Qualen ertragen; denn sie wurden über die holperigen, zerfahrenen Rollbahnen auf ungefederten Panjewagen unter behelfsmäßigen Strohdächern und auf Stroh gebettet nach rückwärts gebracht.

Die Verhältnisse bei den anderen Divisionen waren ähnlich. Vielen ging es noch schlechter als der 6. Infanteriedivision. Seit Anfang November war die Temperatur im Raum vor Moskau ständig gesunken, und der gefrorene Boden war jetzt fest. Es dauerte jedoch einige Zeit, bis die Artillerie und die anderen Fahrzeuge herangebracht werden konnten, die weit rückwärts der Front steckengeblieben waren und bis zu den Achsen in der gefrorenen Erde festsaßen. Es standen viel zu wenige motorisierte Fahrzeuge zur Verfügung, und obwohl die Eisenbahn bis Brjansk, Wjasma und Rschew heranführte, war ihre Kapazität noch viel zu gering, denn die Arbeit an den Strecken war noch nicht beendet.[36] Mit zunehmender Kälte nahmen die Strapazen zu, und die Stimmung der Truppe verschlechterte sich. Die festgefrorenen Fahrzeuge und Geschütze mußten mit Picken losgeschlagen werden, und viele wurden bei dem Versuch, sie herauszuziehen, so stark beschädigt, daß sie nicht mehr repariert werden konnten. Wenn die Kühler nicht abgedeckt wurden, gefror das Kühlwasser sogar bei laufendem Motor, und während der Rasten zündeten die Fahrer Feuer unter den Lastwagen und Panzern an. Das Öl in den Rückstoßvorrichtungen der Geschütze wurde fest, und auch Maschinengewehre und automatische Gewehre versagten in der Kälte. Nur die Granatwerfer blieben einsatzbereit. Optische Geräte wie Zieleinrichtungen und Rundblickfernrohre beschlugen und konnten daher nicht verwendet werden. Auch die Kettenfahrzeuge rutschten, wenn sie keine Stollen hatten, auf den vereisten Straßen hin und her. Im weichen Schnee ließen sich die schmalspurigen deutschen Panzer nur sehr schwer lenken, und ihre taktische Beweglichkeit war erheblich herabgesetzt. Durch die schlechte und oft gefrorene Verpflegung mehrten sich die Magenerkrankungen. Es gab keine weißen Tarnanzüge, und viele Truppenteile hatten noch keine Winterbekleidung empfangen. Ebenso fehlte es an Unterwäsche und brauchbarem Schuhwerk. Die Soldaten mußten sich gegenseitig genau beobachten, um bei den ersten Anzeichen von Erfrierungen etwas unternehmen zu können, und die Verwundeten starben dort, wo sie gefallen waren, und zwar nicht an ihren Verwundungen, sondern infolge des

36 *Grossmann,* Geschichte der Rheinisch-Westfälischen 6. Infanterie-Division, S. 81–86.

Schocks und der Erfrierungen, die nach größeren Blutverlusten viel leichter eintraten.[37]

Am 7. November entschloß man sich, die Offensive gegen Moskau wieder aufzunehmen, aber zunächst wollte man nur näher an die Stadt heranrücken. Die 4. Armee unter Kluge lag westlich von Moskau und sollte zunächst an der Linie der Nara und Oka zwischen der Moskwa und Alexin haltmachen, während die Panzergruppe 4 unter Hoepner, die Kluge unterstellt worden war, links von der 4. Armee nach Nordosten vorstieß, um Moskau von Norden her einzuschließen. Die Panzergruppe 3 unter Reinhardt wurde aus dem Raum Kalinin nach Süden neben die Panzergruppe 4 verschoben, unterstand jedoch der 9. Armee unter Strauss, die den Flankenschutz im Norden übernahm. Die 2. Panzerarmee unter Guderian sollte noch einmal aus dem Raum Tula in nordostwärtiger Richtung gegen Kaschira und Kolomna, in den Raum ostwärts von Moskau, vorstoßen. Die 2. Armee unter Weichs, die vorübergehend von Rudolf Schmidt befehligt wurde, hatte den Auftrag, die Südflanke der 2. Panzerarmee zu schützen.

Die deutsche Offensive begann am 15. November bei klarem Frostwetter.[38] Reinhardts Panzergruppe 3 und Teile der 9. Armee gingen gegen den linken Flügel der Kalininfront unter Konjew vor und griffen in Richtung auf Klin an. Am folgenden Tage richtete die Panzergruppe 4 unter Hoepner einen Angriff gegen den rechten Flügel der Westfront unter Schukow mit der Stoßrichtung auf Istra, und am 18. November trat die 2. Panzerarmee unter Guderian aus dem Raum um Tula an. Die deutsche 4. Armee unter Kluge war bis dahin in ihren Stellungen im Zentrum liegengeblieben. Die Panzergruppen 3 und 4 an der Nordflanke hatten gewisse Erfolge zu verzeichnen, nahmen am 24. November Klin und am 25. November Solnetschnogorsk. Nach drei Tagen hatten die Panzergruppen den Raum unmittelbar nördlich von Moskau bei Dimitrow und Jachroma erreicht und den Moskwa-Wolga-Kanal überschritten. Damit befanden sie sich weniger als 40 Kilometer vor den nordwestlichen Vorstädten der sowjetischen Hauptstadt.

Weiter südostwärts kam die 2. Panzerarmee unter Guderian nur sehr langsam voran. Bei einer Besprechung am 13. November im Hauptquartier der Heeresgruppe an der Orscha, an der auch Halder teilnahm, erhielt die Panzerarmee zur Überraschung und ganz gegen die Auffassungen von Guderians Generalstabschef von Liebenstein viel zu weite Angriffsziele wie zum Beispiel die 640 Kilometer vor Orel und 320 Kilometer ostwärts von Moskau gelegene Industriestadt Gorki.[39] Guderian hatte inzwischen in Erfahrung gebracht, daß sibirische Verbände bei Rjasan und Kolomna an seiner offenen Südostflanke ausgebildet wurden und daß eine Division

37 *Baumann*, Die 35. Infanterie-Division, S. 135–137.

38 Die Heeresgruppe Mitte unter Feldmarschall von Bock bestand (ohne 2. Armee) aus 13 Panzerdivisionen, 7 motorisierten Divisionen und 38 Infanteriedivisionen, OKH Kriegsgliederung vom 4. November. Mitte November standen vor Moskau die folgenden sowjetischen Kräfte: 60 Schützendivisionen, 14 Kavalleriedivisionen und 17 Panzerbrigaden. *Sokolowski*, Rasgrom Nemezko-Fašistkich Voisk pod Moskwoi, S. 67–78, und Voenno-Istoricheskii Zhurnal, März 1967, S. 69 ff.

39 *Guderian*, Panzer Leader, S. 247.

schon in Uslowaja eingetroffen war. Die geschwächten deutschen Infanteriedivisionen konnten sich der Gegenangriffe dieser frischen sowjetischen Truppen, die von T34-Panzern unterstützt wurden, nicht mehr erwehren, und es entstand eine Panik. Guderian berichtet, das sei der erste Fall dieser Art seit Beginn des Feldzuges gewesen.[40] Am Nachmittag des 23. November stattete Guderian dem Feldmarschall von Bock einen Besuch ab, um ihm zu melden, daß die Truppe völlig erschöpft sei. Bock gab diese Meldung in Gegenwart von Guderian telefonisch an Brauchitsch weiter, aber im Verlauf des Gesprächs stellte es sich heraus, daß der Oberbefehlshaber des Heeres von sich aus keine Entscheidung treffen durfte. Nach Guderians Darstellung blieben auch weitere Versuche, durch einen Verbindungsoffizier des OKH auf Halder einzuwirken, ohne Erfolg.[41] Nun gab Bock alle Hoffnung auf, die ihm befohlenen weitgesteckten Angriffsziele zu erreichen, und versuchte nur noch, seine Stellungen bei Tula so gut es ging auszubauen. Aber auch das wurde ihm verwehrt.

Bisher hatte Bock seine Truppen vom vorgeschobenen Gefechtsstand der Heeresgruppe aus unbarmherzig vorangetrieben, aber am 1. Dezember hielt er ein weiteres Vorankommen nicht mehr für möglich. Er wies Brauchitsch und Halder auf den geschwächten Zustand seiner Verbände hin, die jetzt die gut ausgebauten feindlichen Stellungen frontal angreifen mußten. Halder konnte nur erwidern, daß die Schwierigkeiten bekannt seien, daß dies jedoch der letzte nennenswerte gegnerische Widerstand sein werde.[42]

Im Raum ostwärts von Moskau wurden inzwischen weitere 9 sowjetische Reservearmeen aufgestellt.[43]

Reinhardts Panzergruppe 3 und Hoepners Panzergruppe 4 kamen nördlich der Stadt weiter voran, aber die neu eintreffenden sowjetischen Truppen verteidigten sich energisch. Vergeblich rief Hoepner jeden Tag bei Kluge an und bat ihn, von der Nara aus zum Angriff gegen den Raum westlich von Moskau anzutreten. Aus unerfindlichen Gründen zögerte Kluge, der die Sache mehrmals mit Blumentritt und Bock besprach.[44] Er begann seinen Angriff erst am 1. Dezember, und auch dann nur mit zwei Armeekorps.

Moskau wurde durch den Vorstoß der Panzergruppen 3 und 4 unter Reinhardt und Hoepner nördlich der Stadt am unmittelbarsten bedroht. Um dieser Bedrohung zu begegnen, brachten die Sowjets in aller Eile die Reservearmeen aus dem Osten zur Verstärkung heran. Die 7. und die 8. Gardedivision, die als erste in den nördlichen Vorstädten Moskaus eintrafen, bildeten den Kern einer neuen, unter dem Kommando Wlasows stehenden sowjetischen 20. Armee. Die 1. Stoßarmee unter Kusnezow kam aus dem Raum Sagorsk und griff zwischen Dimitrow und dem Ikschasee an. Die Panzergruppen Reinhardts und Hoepners wurden von diesen neu

40 Ebenda, S. 249.
41 Ebenda, S. 252; von *Bock*, Tagebuch, 23. November; *Halder*, Kriegstagebuch, Bd. 3, S. 326.
42 Ebenda, S. 322.
43 Istorija, Bd. 2, S. 271.
44 *Halder*, Kriegstagebuch, Bd. 3, S. 322; *Westphal*, The Fatal Decisions; Blumentritt, S. 60.

eingetroffenen Armeen 27 Kilometer nordwestlich der Stadt zum Halten gezwungen, und am 3. Dezember führten die Verbände der Roten Armee bereits Gegenangriffe mit starken Kräften.

Entschlossener Widerstand sowjetischer Truppen bei Tula, Stalinogorsk und Wenew brachten die Offensive Guderians zum Stehen, und nur eine Division stand noch für den Angriff gegen die Brücken über die Oka bei Kaschira zur Verfügung.

Am 3. Dezember stellte Kluge auf eigene Verantwortung die Offensive ein und befahl den Rückzug der 258. Infanteriedivision, da er glaubte, ihre Sicherheit nicht weiter gefährden zu dürfen. Er meldete, seine Truppen hätten kolossale blutige Verluste hinnehmen müssen.[45] Am gleichen Tage rief Bock bei Jodl an, um sich zu vergewissern, daß der »Führer« über die Lage an der Front genau unterrichtet würde. Am 4. Dezember wurden die Deutschen gezwungen, sich über die Nara zurückzuziehen, um nicht in einen Kessel zu geraten. Am Tage darauf stellte Bock mit Zustimmung des OKH die Offensive ein, und Brauchitsch beschloß, sein Amt zur Verfügung zu stellen und den Abschied zu nehmen.[46]

Am 6. Dezember hielt der »Führer« eine Besprechung über die jetzt zu treffenden Maßnahmen ab. In Wirklichkeit sah sich Hitler in die Enge getrieben. Die von ihm bei dieser Gelegenheit vorgebrachten Ideen und Entschlüsse sollten den weiteren Verlauf des ganzen Krieges bestimmen und besiegelten zugleich das Schicksal von drei aufeinander folgenden Chefs des Generalstabes. Der »Führer« hatte den Kopf voller Zahlen, die zum großen Teil völlig falsch waren. Er bezifferte die deutschen Verluste auf eine halbe Million Mann, während es in Wirklichkeit 800.000 waren, und die sowjetischen Verluste auf 8 bis 10 Millionen Mann.[47] Er behauptete, die Deutschen seien in jeder Beziehung im Vorteil, und erläuterte mehrere kaum realisierbare Projekte zur Freistellung von Mannschaften für die Ostfront. Unter anderem wollte er die Fahrer ausgefallener Kraftfahrzeuge zu Kampfverbänden zusammenfassen, die rückwärtigen Dienste auskämmen und deutsche Arbeitskommandos durch Kriegsgefangene ersetzen. Auf keinen Fall sollten die in Skandinavien oder Westeuropa eingesetzten deutschen militärischen Kräfte geschwächt werden. Die Russen hätten ihre Stellungen vor Moskau gehalten, und das würden jetzt auch die Deutschen tun. Obwohl er später seine Meinung ändern sollte, weigerte der »Führer« sich, die Front zu verkürzen, und er erlaubte nicht, irgendwelche Stellungen aufzugeben, ehe rückwärtige Stellungen ausgebaut seien. Immer noch dachte er an die Kohle im Donezbecken und das Erdöl bei Maikop und hatte das Vorhaben, Rostow noch in diesem Winter zurückzuerobern, nicht aufgegeben.[48]

45 Kriegstagebuch des Oberkommandos der Heeresgruppe Mitte, 3. Dezember 1941, S. 886 bis 889.

46 *Halder*, Kriegstagebuch, Bd. 3, S. 328, *Keitel;* Memoirs, S. 163.

47 Wahrscheinlich betrugen die sowjetischen Verluste damals mindestens 5 bis 6 Millionen Mann. Bis 31. Dezember 1941 hatte die Heeresgruppe Mitte allein angeblich 1.912.376 sowjetische Gefangene eingebracht. (Heeresgruppe Mitte H 3/158 Gefangene und Beutemeldung vom 4. Januar 1942.) Insgesamt wurden mehr als 3 Millionen Kriegsgefangene gezählt.

48 *Halder*, Kriegstagebuch, Bd. 3, S. 329–331.

Am folgenden Tage weigerte sich der »Führer«, die geringfügigsten Ausweichbewegungen zuzulassen, und Halder beklagte sich darüber, wie tief das Niveau bei der deutschen Führung gesunken sei. Er schrieb, der Oberbefehlshaber des Heeres von Brauchitsch sei nur der Briefträger des »Führers«, und Hitler erteile den Heeresgruppen direkte Befehle. Am schlimmsten sei es, daß niemand im Oberkommando (und damit meinte Halder den »Führer«) etwas über die wirklichen Verhältnisse an der Front wisse. Im Oberkommando glaube man, man könne durch Flickwerk hier und dort die Lage stabilisieren, während in Wirklichkeit weitreichende und schwerwiegende Entscheidungen getroffen werden müßten. Eine dieser Entscheidungen war nach Halders Auffassung die Zurücknahme der Heeresgruppe Mitte bis zur Linie Ostaschkow–Rusa.[49] Halders Kritik und seine Vorschläge waren berechtigt und vernünftig. Doch muß man auch daran denken, daß nicht nur Hitler die Verantwortung dafür trug, daß die Heeresgruppe Mitte sich jetzt in einer gefährlich exponierten, ja fast verzweifelten Lage befand, und es hat den Anschein, als seien Brauchitsch, Halder und Bock nicht weniger als Hitler selbst entschlossen gewesen, so spät im Jahr noch bis nach Moskau zu kommen.

Am 8. Dezember erklärte sich der »Führer« widerwillig damit einverstanden, die Offensive abzubrechen, und erließ die »Weisung Nr. 39«, in der der überraschend frühe Beginn strengen Winterwetters als Grund für die Einstellung der Offensive angegeben wurde.[50] Von jetzt an war die Lage der deutschen Truppen an der Ostfront äußerst kritisch, und in den folgenden Monaten blieben sie in der Defensive, gingen gelegentlich zurück und mußten darum kämpfen, die Katastrophe abzuwenden. Die sowjetische Gegenoffensive begann nicht am 6. Dezember, als die deutschen Angriffe sich allmählich erschöpften, sondern sie hatte schon seit Wochen begonnen und steigerte sich erst jetzt zu voller Stärke.

Nach der ersten deutschen Niederlage bei Rostow hatte der »Führer« einen Wutanfall bekommen. Rundstedts Rücktrittsgesuch genehmigt und seine Ablösung durch Reichenau befohlen. Mit seinem militärischen Adjutanten Schmundt flog er nach Mariupol, um seinen Parteifreund Sepp Dietrich, den Kommandeur der SS-Leibstandarte, zu besuchen und von ihm ein, wie er hoffte, zutreffendes Bild von der Lage zu erhalten. Er wurde enttäuscht, denn die SS war überzeugt, daß sie die weiter vorn gelegene Stellung nicht hätte halten können. Bei seiner Rückkehr richtete sich Hitlers Wut jedoch gegen seinen früheren Freund und Anhänger Reichenau, der überraschenderweise durch seine Kritik an Brauchitsch und Rundstedt Mißfallen erregte.[51] Das nächste Opfer war der Oberbefehlshaber des Heeres, Feldmarschall von Brauchitsch. Nach Keitel hatte der »Führer«, so sehr er sich auch darum bemühen mochte, es seinen Stab nicht merken zu lassen, schon lange erkannt, daß die Deutschen kurz vor der Katastrophe standen, und suchte nach Sündenböcken. Nach den vorhandenen Quellen hat es jedoch eher den Anschein, als sei Hitler davon

49 Ebenda, S. 332–333.
50 *Hubatsch*, Hitlers Weisungen für die Kriegführung, S. 171.
51 *Keitel*, Memoirs, S. 161–162.

überzeugt gewesen, es fehle den höheren Truppenführern an Begeisterung, Willenskraft und dem militärischen Können, um mit den zahlreichen Schwierigkeiten fertigzuwerden. Einige von ihnen hatten sich des noch viel schwereren Vergehens schuldig gemacht, an der Intuition und dem Genie des »Führers« zu zweifeln, und deshalb mußten sie gehen.

Seit Anfang Dezember war die Stellung Brauchitschs immer unhaltbarer geworden. Unter dem Druck der Ereignisse und den ständigen Vorwürfen Hitlers wurde er krank, und am 15. Dezember kehrte er vollkommen niedergeschlagen von einem Besuch bei der Heeresgruppe Mitte zurück, denn er sah keine Möglichkeit mehr, die Truppe aus ihrer ungünstigen Stellung herauszuziehen.[52] Schon seit einiger Zeit hatte Hitler dem Oberkommando des Heeres die kalte Schulter gezeigt, und bei der Entlassung und Ablösung Rundstedts konsultierte er nicht einmal seinen Oberbefehlshaber.[53]

Am 16. Dezember schickte Hitler seinen Wehrmachtsadjutanten Schmundt zur Heeresgruppe Mitte, um sich dort über die Lage zu orientieren. Bock sagte Schmundt, der »Führer« werde zwischen zwei Möglichkeiten wählen müssen. Er könne entweder den Angriff gegen Moskau fortsetzen und dabei riskieren, seine Truppen in Stücke schlagen zu lassen, oder er könne in der Verteidigung bleiben. Wenn er sich für die Verteidigung entscheide, müsse er daran denken, daß weder die gegenwärtig besetzte noch die rückwärtige Stellung ausgebaut worden sei, und man müsse daher daran zweifeln, ob die Deutschen ihre Stellungen würden halten können. Als Beispiel nannte Bock die 267. Division, die am gleichen Tage zum Ausweichen gezwungen worden war und dabei ihre gesamte Artillerie verloren hatte.[54] Wie üblich konnte der klarblickende Bock die Lage richtig darstellen und beurteilen, ohne jedoch zu einer bestimmten Entscheidung darüber zu kommen, was getan werden mußte. Die Lagebeurteilung Bocks führte dann zu dem Befehl vom 20. Dezember, in dem angeordnet wurde, daß die gegenwärtigen Stellungen fanatisch zu verteidigen und zu halten seien.[55]

Im Kriegstagebuch der Heeresgruppe Mitte aus dieser schicksalsschweren Zeit wird der Offensivgeist der Roten Armee als nicht gut entwickelt beurteilt, und die deutschen Fehlschläge werden in erster Linie auf den körperlichen Zustand und die Stimmung der Truppe zurückgeführt, deren Leistungsfähigkeit weit überschätzt worden war. Als zweiter Grund wird die Furcht der Soldaten, in russische Kriegsgefangenschaft zu geraten, angeführt. Die dritte Ursache war angeblich die Verringerung der Gefechtsstärken, der vierte der Mangel an Kraftstoff und sonstigem Nachschub und der fünfte der Ausfall eines sehr großen Teils der guten Pferde.[56] Feldmarschall von Bock drückt sich in seinem persönlichen Kriegstagebuch knapper

52 *Halder*, Kriegstagebuch, Bd. 3, S. 348.
53 *Warlimont*, Inside Hitler's Headquarters, S. 194; *Goebbels*, Tagebuch (engl. Ausg.), S. 92, 20. März 1942.
54 Kriegstagebuch des Oberkommandos der Heeresgruppe Mitte, 16. Dezember 1941, S. 999.
55 OKH Gen St d H Op Abt (I) Nr. 32061/41 g. Kdos vom 20. Dezember 1941.
56 Kriegstagebuch des Oberkommandos der Heeresgruppe Mitte, S. 1008.

aus und schreibt, die Ursachen für die Rückschläge seien der Schlamm, das Versagen des Eisenbahnnetzes und die Unterschätzung des Gegners gewesen.[57]

Am 19. Dezember wurde Brauchitsch nach einer letzten, in scharfem Ton geführten Besprechung entlassen und ging in den Ruhestand. Jetzt übernahm Hitler auch die Aufgaben des Oberbefehlshabers des Heeres. Am Tage zuvor hatte sich der Oberbefehlshaber der Heeresgruppe Mitte, Feldmarschall von Bock, der schon lange an einer Magenerkrankung litt, die sich durch körperliche Strapazen und nervliche Überbelastung verschlimmert hatte, krank gemeldet und war von dem bisherigen Befehlshaber der 4. Armee, Feldmarschall von Kluge abgelöst worden.

Am 19. Dezember befahl Hitler Halder zu sich, teilte ihm die Veränderungen in der Kommandostruktur mit und sagte, die Führung der Operationen sei keine große Angelegenheit, und jeder könne diese Aufgabe übernehmen.[58] Hier komme es vor allem auf politische Wachsamkeit und Entschlossenheit an. Der »Führer« habe sich entschlossen, ohne Rücksicht auf offene Flanken kein Zurückgehen mehr zu dulden, und Halder mußte sich die üblichen Vorwürfe anhören, bei denen Hitler das Heer mit der Luftwaffe verglich und behauptete, die Leistungen des Heeres seien geringer als die der Luftwaffe. Das deutsche Heer habe es versäumt, die ungünstigen Wetterverhältnisse zu berücksichtigen, und der Chef des Generalstabes solle aufhören, von Rückzügen zu sprechen, da es keine rückwärtigen Stellungen gebe, die man besetzen könne. Solche Stellungen könnten auch wegen der Kälte nicht ausgebaut werden. Vielleicht wäre es klüger gewesen, wenn Halder jetzt sein Amt zur Verfügung gestellt hätte, aber vielleicht fühlte er sich für die schwierige Lage des deutschen Heeres im Osten ebenso verantwortlich wie Hitler und Brauchitsch. Angeblich hatte Brauchitsch ihn dringend gebeten, an seinem Posten zu bleiben, da nur er in der Lage sei, die Truppen aus ihren gefährlich exponierten Stellungen zurückzuführen.[59]

Seit Beginn des Krieges gegen die Sowjetunion beschränkte sich die militärische Verantwortung des Oberbefehlshabers des deutschen Heeres auf die Ostfront mit Ausnahme Finnlands. Alle anderen Fronten waren zu Kriegsschauplätzen des OKW erklärt worden. Sie waren dem »Führer« direkt unterstellt, der die Operationen durch Jodl und den Wehrmachtsführungsstab leiten ließ. Dieses direkte Unterstellungsverhältnis unter Hitler galt jedoch nur für das deutsche Heer auf den Kriegsschauplätzen des OKW; denn alle Verbände der Luftwaffe und der Kriegsmarine im Osten und im Westen unterstanden direkt den Oberbefehlshabern dieser Wehrmachtteile. Anders als das OKL und das OKM hatte das OKH deshalb schon vorher einen ganz wesentlichen Teil seines Zuständigkeitsbereichs eingebüßt. Als Hitler die Absicht äußerte, selbst Oberbefehlshaber des deutschen Heeres zu werden, wollte er damit die operative und in manchen Fällen sogar die taktische Führung über die Köpfe der Befehlshaber der Heeresgruppen im Osten hinweg übernehmen. Für die

57 von *Bock*, Tagebuch, 7. Dezember 1941.
58 *Halder*, Hitler as War Lord, S. 51.
59 *Halder*, Kriegstagebuch, Bd. 3, S. 354, Fn. 2.

zahlreichen anderen Aufgaben Brauchitschs hatte Hitler kein Interesse und übertrug sie dem Chef des OKW Keitel.

Nach dem Kommandowechsel haben Halder und seine Nachfolger im Amt des Chefs des Generalstabes kaum noch etwas mit den außerhalb des Bereichs des Generalstabes liegenden Aufgaben zu tun gehabt, und Keitel übernahm die Verantwortung für die Bewaffnung, Ausrüstung und Verwaltung des Heeres und des Ersatzheeres. Auf diese Weise verlor der Chef des Generalstabes den direkten Kontakt zu allen übrigen Abteilungen des OKH, während Keitel neben seiner Aufgabe als Chef des OKW im Auftrag Hitlers alle Angelegenheiten bearbeitete, die das deutsche Heer betrafen.[60] Halder wurde zum ausführenden Organ Hitlers an der Ostfront, und er sowie seine Nachfolger mußten es sich manchmal gefallen lassen, daß Keitel und Jodl sich auch in die Leitung der Operationen in Rußland einmischten. Hitler ließ das zu, und Keitel und Jodl hatten die Aufgabe, unerwünschten Ratschlägen des Chefs des Generalstabes entgegenzuwirken.

Das Heerespersonalamt unter dem jüngeren Keitel (Bodewin), der zu Brauchitschs Zeiten für alle Beförderungen und Ernennungen verantwortlich gewesen war, wurde dem »Führer« selbst unterstellt, und im Herbst übernahm der Wehrmachtadjutant Hitlers, Schmundt, diese so besonders wichtige Abteilung.

Das deutsche Heer hatte jetzt im Gegensatz zu den beiden anderen Wehrmachtteilen keinen wirklichen Oberbefehlshaber mehr.

60 *Mueller-Hillebrand*, Das Heer, Bd. 3, 10. Kapitel.

10. Kapitel

Torheiten und Fehler

Am 8. Dezember griff Japan sehr zur Überraschung des »Führers« die pazifische Flotte der Vereinigten Staaten in Pearl Harbor und die britische Kronkolonie in Hongkong an.[1] Ursprünglich hatten die Deutschen die Vereinigten Staaten nicht in den Krieg hineinziehen wollen, aber am 29. November telegraphierte der japanische Botschafter in Berlin, General Oshima, nach Tokio und teilte mit, die deutsche Haltung gegenüber den Vereinigten Staaten habe sich erheblich versteift. Im Frühjahr hatte Hitler dem japanischen Außenminister Matsuoka versichert, wenn Japan in einen Krieg gegen die Vereinigten Staaten verwickelt werden sollte, werde Deutschland sich sofort an dem Krieg beteiligen, und Ende November wiederholte Ribbentrop diese Zusage gegenüber Oshima. In den letzten sechs Monaten hatte sich Tokio standhaft geweigert, an der Seite Deutschlands in den Krieg gegen die Sowjetunion einzutreten, doch am Montag, den 8. Dezember, ersuchte Oshima Ribbentrop dringend, die Deutschen sollten sich gemäß ihrer mündlichen Zusage am Kriege gegen die Vereinigten Staaten beteiligen. Außer durch die mündlich gegebenen Versprechen Hitlers und Ribbentrops waren weder Deutschland noch Italien verpflichtet, Japan zu Hilfe zu kommen; denn der Dreimächtepakt sah nicht vor, daß die beiden anderen Mächte Japan bei seinem Angriff gegen die Vereinigten Staaten unterstützten, und Japan hatte vor dem Angriff gegen Pearl Harbor keinen der beiden Bündnispartner konsultiert. Man könnte annehmen, Hitler hätte den Vereinigten Staaten nur dann den Krieg erklären wollen, wenn Japan bereit gewesen wäre, in den Krieg gegen die UdSSR einzutreten. Überraschenderweise hat der Diktator jedoch augenscheinlich keine Vorbehalte gemacht und keine Bedingungen gestellt.

Tokio begann diesen Krieg, weil sich die Vereinigten Staaten der japanischen Expansion in Indochina und China widersetzten und weil die Vereinigten Staaten, Großbritannien und Niederländisch-Ostindien Japan wirtschaftliche Sanktionen auferlegten. Tokio brauchte Öl und wollte seine politischen und territorialen Ambitionen in Südostasien befriedigen, und das Kabinett Tojo machte in der Beurteilung der Lage einen katastrophalen Fehler, als es die militärische und wirtschaftliche Stärke Deutschlands überschätzte und diejenige der Vereinigten Staaten grob unterschätzte. Die strategischen Kriegsziele bestanden in nichts mehr als in der Ergreifung der Ölvorräte in Niederländisch-Ostindien und Burma und der Sicherung der japa-

1 Am 7. Dezember Ortszeit in den Vereinigten Staaten und Hawai, am 8. Dezember nach der Ortszeit in Japan und Hongkong.

nischen Eroberungen in Südostasien und dem pazifischen Raum. Japan hatte nicht die Absicht, in Indien oder Australien Truppen zu landen, und hatte keine Pläne, die Vereinigten Staaten oder Großbritannien zu besiegen. Die Japaner verfolgten eine opportunistische Strategie auf kurze Sicht, die sich auf ein falsches Vertrauen zur deutschen Stärke stützte. Als die japanischen Flugzeugträger aus den japanischen Gewässern ausliefen, sah es aus, als werde Moskau demnächst fallen.

Jeder Versuch, die Politik des »Führers« gegenüber den Vereinigten Staaten logisch zu analysieren, muß scheitern.[2] Hitler war Europäer, und es ist zu bezweifeln, daß er vor 1941 sehr viel an die Neue Welt gedacht hat. Die amerikanische Friedensarmee hat ihn wahrscheinlich nicht besonders beeindruckt. Noch 1940 und 1941 hatte er sich gegenüber den Vereinigten Staaten sehr zurückhaltend gezeigt, deren Kriegsbereitschaft ständig wuchs, und er hatte sich dem Drängen Raeders, diesem freiere Hand gegenüber der Kriegs- und Handelsflotte der Vereinigten Staaten zu geben, energisch widersetzt, weil er eine Verschlechterung der deutsch-amerikanischen Beziehungen fürchtete.

Als Hitler das Potential der Vereinigten Staaten unterschätzte, beging er einen für Deutschland verhängnisvollen Fehler. Er hielt Japan für die stärkste Seemacht der Welt und wollte auf den Rat Raeders die Japaner veranlassen, gegen die Briten im Pazifik vorzugehen und damit die Aufmerksamkeit und die Energien der Vereinigten Staaten an diesen von Europa weit entfernten Kriegsschauplatz fesseln. Raeder wollte die Vereinigten Staaten jedoch nicht in den Krieg hineinziehen. Hitler konnte, wie er das auch tat, annehmen, daß die Vereinigten Staaten gegenüber Deutschland eine unversöhnliche und feindliche Haltung einnahmen. Sie versorgten die Feinde Deutschlands mit Waffen, Ausrüstung und Rohmaterial, stellten Kriegsschiffe zur Sicherung britischer Geleitzüge im Atlantik zur Verfügung und stationierten Truppen in Island. Früher oder später mußten sie sich aktiv am Kriege beteiligen. Es war jedoch ein Fehler des »Führers«, dieses Ereignis vorwegzunehmen. Mit Ausnahme ihrer U-Boote war die deutsche Flotte außerhalb der Ostsee viel zu schwach, um entscheidend in den Krieg einzugreifen. Das deutsche Heer und die Luftwaffe waren bis an die Grenze ihrer Leistungsfähigkeit beansprucht, und die Vereinigten Staaten lagen weit außerhalb der Reichweite deutscher Flugzeuge. Aus diesem Grunde konnte Deutschland gegen die Vereinigten Staaten keinen Krieg führen. Vielleicht hatte Hitler eine amerikanische Kriegserklärung an Deutschland erwartet, obwohl es nichts gibt, worauf er diese Erwartung hätte stützen können, und war entschlossen, aus Prestigegründen den ersten Schlag zu führen. Wie viele andere Deutsche so war auch Hitler begeistert von den japanischen Erfolgen in den

2 Anm. d. Hrsg.: Die Rolle des Faktors Amerika in Hitlers Politik und Strategie ist umstritten. Die neuere Forschung neigt dazu, die Rolle der USA in Hitlers politischen und strategischen Kalkulationen sehr viel höher zu veranschlagen. Vgl. dazu Andreas Hillgruber: Der Faktor Amerika in Hitlers Strategie 1938–1941. In: Aus Politik und Zeitgeschichte. Beilage zur Wochenzeitung »Das Parlament« B 19/66 vom 11. Mai 1966, und Holger H. Herwig: Prelude to Weltblitzkrieg: Germany's Naval Policy towards the United States of America, 1939–1941, in: Journal of Modern History 43 (1971), S. 649 ff.

ersten Kriegstagen. Was auch seine Gründe gewesen sein mögen, in seiner Reichstagsrede am 11. Dezember gab er die Kriegserklärung an die Vereinigten Staaten bekannt.

Mit dieser Kriegserklärung verlor Deutschland endgültig und unwiderruflich jede Aussicht, den Krieg gegen die Sowjetunion zu gewinnen.

In den letzten sieben Monaten des Jahres 1941 war aus einem europäischen Krieg ein Weltkrieg geworden. Im Mai war Deutschland noch unbestrittener Beherrscher Europas gewesen, und die UdSSR hatte sich bemüht, seinen Wünschen nachzukommen. Großbritannien mit seinen reichen Hilfsquellen und der rasch wachsenden Luftwaffe und Flotte hatte die Zusage der Vereinigten Staaten für materielle Hilfe und hätte den Krieg auf fast unbegrenzte Zeit fortsetzen können. Aber seine Bemühungen, sich als Landmacht zu behaupten, waren wenig überzeugend, denn es schien nicht bereit oder fähig zu sein, eine starke Armee ins Feld zu stellen. Deutschland konnte durch eine Seeblockade oder durch Bombenangriffe nicht geschlagen werden, und bevor das deutsche Heer nicht auf dem europäischen Festland vernichtet war, ließ sich das Reich augenscheinlich nicht schlagen.

Als Hitler die Sowjetunion angriff, brach er das der deutschen Wehrmacht gegebene Versprechen, keinen Zweifrontenkrieg führen zu wollen. Seine übertriebene Achtung vor der britischen Militärmacht war so groß, und er fürchtete jeden noch so geringen örtlichen Rückschlag so sehr, daß er 54 Divisionen zur Verteidigung Westeuropas und des Balkans zurückbehielt. Außerdem blieben etwa 40 Prozent der einsatzfähigen deutschen Luftwaffenverbände zur Verteidigung des Reichs und des besetzten Teils von Europa gegen Angriffe der Royal Air Force im Westen. Während der »Führer« das britische Kriegspotential zu dieser Zeit überschätzte, unterschätzte er bei weitem dasjenige der Sowjetunion. Sein Angriff gegen die UdSSR sollte nur ein kurzes Vorspiel für die viel schwierigere Aufgabe sein, das britische Commonwealth und das britische Weltreich zu besiegen, und auch die meisten höheren Offiziere des deutschen Heeres haben augenscheinlich in diesen Vorstellungen gelebt. Als das Land, in das er so leichtsinnig vorgestoßen war, seine Panzer im Schlamm versinken ließ und das Blut der deutschen Soldaten forderte, wurde aus dem, wie er gehofft hatte, leicht zu gewinnenden Sommerfeldzug zuerst ein großes kriegerisches Unternehmen und dann ein erbittertes Ringen, ein alle Kräfte beanspruchender »Kreuzzug« gegen die Bolschewiken, der, mit sich steigerndem Fanatismus ausgefochten, Hitler gegenüber allen anderen Überlegungen blind machte. Diese blinde Wut nahm ihm die Fähigkeit, vernünftig zu denken, so daß er Napoleon, mit dem er sich gern verglich, nachahmte und seine Rolle als deutsches Staatsoberhaupt mit der eines obersten Kriegsherrn und Truppenführers vertauschte.[3]

Bei Kriegsausbruch schätzte der britische Generalstab, obwohl er die Rote Armee als leistungsfähiger beurteilte als die Abteilung Fremde Heere Ost von Kinzel, die Deutschen könnten sechs Wochen nach Kriegsbeginn Moskau erreicht haben. Feldmarschall von Bock nahm das etwa 300 Kilometer vor Moskau gelegene Smolensk

3 *Halder,* Hitler as War Lord, S. 39.

am 23. Tage, und es ist nicht einzusehen, weshalb die Heeresgruppe Mitte nicht Anfang September auch Moskau hätte nehmen können, da es feststeht, daß die Rote Armee den deutschen Vormarsch zu dieser Zeit nicht aufhalten konnte. Andererseits hätte der Verlust der Hauptstadt, so unangenehm er den Sowjets auch politisch und moralisch gewesen wäre, den Krieg gegen die Sowjetunion nicht entschieden; denn ein großer Teil der sowjetischen Industrie befand sich im Ural und in Sibirien, und der Verlust des Moskauer Industriegebiets hätte die UdSSR nicht ihrer wichtigsten Rüstungsindustrien beraubt. Moskau war natürlich ein Knotenpunkt für die meisten zentralrussischen Eisenbahnlinien, und aus diesem Grund wäre sein Verlust für die Sowjetunion ein schwerer Schaden gewesen, aber die aus dem Ural kommenden Strecken blieben trotzdem mit Wologda, Archangelsk, der finnischen Front, der Westfront, dem Kaspischen Meer und dem Donezbecken verbunden. Außerdem mußte man mit dem guten sowjetischen Improvisationstalent rechnen.[4] Es gibt keinen Grund für die Annahme, daß Stalin nach dem Verlust Moskaus mit den Deutschen Frieden geschlossen hätte, und es ist vielleicht noch unwahrscheinlicher zu glauben, Hitler wäre bereit gewesen, mit ihm zu verhandeln. Eine Niederlage hätte für die Sowjetunion die vollkommene Unterwerfung unter Hitler und höchstwahrscheinlich den Sturz und die Liquidierung Stalins und seiner kommunistischen Hierarchie bedeutet. Unter diesen Umständen darf man kaum daran zweifeln, daß Stalin ohne Rücksicht auf seine territorialen Verluste den Krieg fortgeführt hätte, besonders wenn die Vereinigten Staaten ihn ihrer Hilfe versicherten.[5]

Sein eigenes Oberkommando und sein Generalstab haben Hitler vorgeworfen, daß er sich von Moskau abgewendet und Zeit und Truppen für getrennte Offensiven gegen die Ukraine und Leningrad verschwendet habe. Der Vorstoß in den Raum Leningrad, Demjansk, Tichwin mißlang wegen des dicht bewaldeten und sumpfigen Geländes. Der Vormarsch in die Ukraine brachte den großen Sieg im Frontbogen bei Kiew, bei dem mehrere Armeen vernichtet und 600.000 sowjetische Soldaten gefangengenommen wurden. Wenn aber der deutsche Erfolg an der Vernichtung sowjetischer Armeen zu messen wäre, dann hätten um einen geringeren Preis an Zeit und Mühen die gleichen Erfolge errungen werden können, wenn man dem Plan v. Brauchitschs gefolgt wäre und die Westfront Timoschenkos im Juli und August angegriffen hätte. Dann hätte Hitler Moskau genommen, und Timoschenkos Westfront wäre zum größten Teil oder vollständig vernichtet worden. Andererseits wären dann wahrscheinlich die Verbände Budjonnys auf dem südwestlichen Kriegsschauplatz und die Truppen Kirponows an der Südwestfront intakt geblieben. Aus diesem Grunde war der von Brauchitsch und Halder entworfene Plan dem des »Führers« nur insofern überlegen, als er gewisse größere Erfolge gebracht hätte. Er hätte jedoch nicht die Sowjetunion vor Wintersanfang auf die Knie gezwungen.

Hitler hatte sich bei seiner Kriegführung zu viele weit auseinander liegende Ziele

4 Die sowjetischen Eisenbahnen waren sehr leistungsfähig, aber primitiv gebaut. *Pottgiesser,* Die Reichsbahn im Ostfeldzug, S. 27.

5 *Deutscher,* Stalin, S. 465.

gesetzt. Der Verlust des Raums um Leningrad und des Donezbeckens hätte die sowjetische Kampfmoral und Wirtschaft nicht entscheidend und unmittelbar getroffen. Der Besitz des Donezbeckens erwies sich als für die Deutschen von nur beschränktem Wert. Wie die Dinge lagen, wäre es vielleicht günstiger gewesen, zu Beginn des Krieges einer Strategie zu folgen, bei der die Heeresgruppe Nord an der linken Flanke der Heeresgruppe Mitte direkt nach Osten gegen Kalinin vorgegangen wäre, und zwar im Rahmen eines Vormarsches in breiter Front gegen Moskau unter Auslassung von Leningrad und des nordbaltischen Raumes. Auch die Heeresgruppe Süd hätte sich eng an die rechte Flanke der Heeresgruppe Mitte anlehnen können, um zunächst die Krim und die transkaukasischen Ölgebiete unbeachtet zu lassen. Wäre Kiew Mitte Juli im Handstreich genommen worden, und hätten sich die drei Heeresgruppen in einer geschlossenen Front enger zusammengehalten, dann hätte der deutsche Vorstoß weit über Moskau hinaus bis zur Wolgalinie von Wologda nach Gorki, ja sogar bis Saratow führen können. Obwohl es der Roten Armee zu dieser Zeit an offensiver Beweglichkeit fehlte, wären die deutschen Flanken doch bis zu gewissem Grade durch sowjetische Gegenoffensiven aus der Südostukraine und von Leningrad her verwundbar gewesen, und es ist fraglich, ob die Deutschen einen so großen Frontabschnitt in den Wintermonaten hätten halten können. Andererseits hätte sich die gesamte deutsche Offensive gegen den geländemäßig nicht so schwierigen ukrainischen Raum und das Donezbecken richten und dabei, wie Stalin es erwartete, bis zu den kaukasischen Ölfeldern vorstoßen können. Aber ihre Wegnahme hätte sich nicht sofort ausgewirkt, und um irgendwelchen Nutzen aus den eroberten Gebieten zu ziehen, hätten sie ein Jahr oder länger gehalten werden müssen.

Welche strategischen Ziele die Deutschen auch verfolgt haben mochten, als sie den Krieg im Osten begannen, es fehlte ihnen an den dafür notwendigen Mitteln. Fünfzig Divisionen und 1500 Flugzeuge waren im November zurückgehalten worden, weil man mit einem Zweifrontenkrieg rechnen mußte. Kesselrings Stabsquartier der Luftflotte und ein Fliegerkorps wurden in den Mittelmeerraum verlegt, wo Rommel angesichts einer recht bescheidenen britischen Gegenoffensive in Nordafrika bereits in Schwierigkeiten geraten war. Es fehlten deutsche Truppenreserven, und noch vor Herbstanfang begannen die Verschiebungen der Verbände von einem bedrohten Frontabschnitt zum anderen, von einem Kriegsschauplatz auf den anderen und nach 1942 schließlich von Osten nach Westen und wieder zurück. Die überdehnten Frontabschnitte, die mit dem Vorgehen nach Osten immer breiter wurden, die Tiefe des Eindringens in feindliches Gebiet und Hitlers Befehl, daß die einzelnen Verbände mit ihren Nachbarn ständig Verbindung halten sollten, hatten zur Folge, daß die Angriffstruppen weder in die Tiefe gegliedert waren noch über Reserven verfügten und schließlich den Angriffsschwung verloren. Aus dem gleichen Grunde waren die Überwachung aus der Luft und die taktische Unterstützung durch die Luftwaffe außer an bestimmten Schwerpunkten nur durch schwache Kräfte möglich. Man unternahm nicht den Versuch, strategische Bombenangriffe zu führen oder tiefgegliederte Sperraufgaben zu übernehmen. Die geographischen und klimatischen

Verhältnisse in der UdSSR zeigten allzu deutlich, woran es den Deutschen mangelte, und wenn weite Teile der Sowjetunion überrannt wurden, so bedeutete das noch nicht, daß sie auch gehalten werden konnten.

Die deutschen Reserven an Transportflugzeugen waren gering, und die sowjetischen Eisenbahnen nützten nur wenig. Zu Beginn des Feldzuges mußten alle auf die Eisenbahn verladenen Nachschubgüter an der sowjetischen Grenze umgeladen werden, da die russischen Strecken eine andere Spurweite hatten. Aus diesem Grunde und weil man nur wenig rollendes Material erbeutet hatte, waren die russischen Eisenbahnen zunächst nicht sehr leistungsfähig, und man mußte alle Strecken auf die europäische Spurweite umnageln. Außer in der Ukraine, wo die Rote Armee die Bahnstrecken systematisch zerstört und umgepflügt hatte, ging die Umstellung verhältnismäßig rasch vonstatten, aber auch so war die Kapazität nur sehr gering. Viele Hauptstrecken hatten nur einspurig umgebaut werden können, und die zweispurigen Strecken konnten nur voll ausgenutzt werden, wenn auch die Rangiergleise, Drehscheiben und Reparaturschuppen auf die neue Spurweite umgestellt worden waren. In der Ukraine wurden diese Arbeiten durch den Holzmangel verzögert. Alle Lokomotiven und alles rollende Material mußten von der Reichsbahn aus Deutschland oder anderen westeuropäischen Ländern herbeigeschafft werden, und die deutschen Lokomotiven erwiesen sich als ungeeignet für den Einsatz in Rußland, denn sie konnten nur mit deutscher Kohle oder einer Mischung aus deutscher und Donezkohle betrieben werden. Außerdem hielten sie die strenge Kälte des russischen Winters nicht aus. Zeitweilig waren in dem ersten harten Winter achtzig Prozent der deutschen Lokomotiven ausgefallen.[6] Da alle Eisenbahnbrücken über den Dnjepr zerstört worden waren, mußten die Transportzüge auf dem einen Flußufer entladen, die Güter auf Straßenbrücken oder Fähren über den Fluß gebracht und am anderen Ufer wieder in Waggons verladen werden. Der Winter brachte lediglich den Vorteil, daß man über das Eis eine behelfsmäßige Strecke legen konnte. Ende des Jahres wurden die Partisanen immer aktiver, und eine ihrer Hauptaufgaben bestand darin, die deutschen Eisenbahnlinien und Nachschubzüge zu zerstören.[7]

Die Deutschen hatten bei ihrem Einmarsch nach Rußland jedoch nicht nur unter dem Mangel an Flugzeugen und Eisenbahnmaterial zu leiden, sondern sie waren auch mangelhaft motorisiert, und die vorhandenen Kraftfahrzeuge erwiesen sich meist als ungeeignet.[8] Die Kraftstoffvorräte reichten für drei Monate, die Reifen für zwei.[9] Selbst die Pferde und die bespannten Gefechtsfahrzeuge hielten das Klima und die Beanspruchung auf den zerfahrenen, mit Schlaglöchern übersäten Rollbahnen nicht aus. Fast siebzig Prozent der deutschen Truppen bewältigten die langen Märsche durch Rußland zu Fuß. Im Gegensatz zu den Truppen der Roten

6 *Pottgiesser*, Die Reichsbahn im Ostfeldzug, S. 33–40; OKW/WFStb/Qu (Verw.) Nr. 8/42 v. 4. Januar 1942; siehe auch *Keitel*, Memoirs, S. 176–177.
7 *Pottgiesser*, Die Reichsbahn im Ostfeldzug, S. 85.
8 *Hoth*, Panzeroperationen, S. 45.
9 *Halder*, Kriegstagebuch, Bd. 2, S. 256.

Armee, zu deren Winterausrüstung Filzstiefel, Pelzmützen und wattierte Jacken gehörten, hatten die Deutschen keine Winterbekleidung erhalten, obwohl die Temperatur im Dezember am Tage bis auf minus 25 Grad Celsius fiel. Die Absicht des »Führers«, den Krieg in einem einzigen Feldzug zu beenden und bis auf 60 Divisionen alle Truppen nach Deutschland zurückzuführen, machte nach seiner Ansicht die Ausgabe von Winterbekleidung überflüssig. Angeblich hat er es sogar verboten, über die Ausgabe von Winterbekleidung zu sprechen, weil dies die Truppe hätte beunruhigen können.[10] Halder hatte schon im Juli die Frage der Winterbekleidung und Unterbringung im Winter zur Sprache gebracht. Im August und September begann man mit der Planung und Bereitstellung dieses Materials. Einiges wurde auf der Eisenbahn verladen, aber die Züge kamen nicht weiter als bis nach Westrußland und blieben dort wegen der katastrophalen Verhältnisse auf dem russischen Streckennetz stecken. Die NSDAP veranstaltete dann eine Sammlung von Winterbekleidung unter der deutschen Zivilbevölkerung. Die Partei erntete für ihre Bemühungen das offizielle Lob der Führung, und die deutschen Soldaten wurden mit einer bunten Auswahl von Bekleidungsstücken beglückt, unter anderem sogar mit Damenpelzmänteln und Muffs.

Die deutschen Erfolge waren der geschickten Verwendung des Panzers und des Flugzeugs zu verdanken. Daß die Deutschen ihr Ziel nicht nach dem ersten, blitzartigen Zuschlagen erreichten, lag am Versagen des Nachrichtendienstes auf politischem, wirtschaftlichem, geographischem und militärischem Gebiet und an dem Fehlen eines logischen und realistischen politischen und militärischen Plans. Die deutschen Hilfsmittel und die Vorbereitung des Unternehmens waren unzureichend.

Daß die Sowjets den Feldzug von 1941 überstanden, lag in der Hauptsache an der Weite des Landes und der Strenge des Winters. Als Stalin die nicht sehr tiefgründige Bemerkung machte, kein anderes Land habe so weite Gebiete aufgeben können, ohne den Krieg zu verlieren, mußte er mit der Erwiderung rechnen, daß kein anderes Land über so weite Gebiete verfügt, die es preisgeben könnte. Später verglich die Sowjetunion verächtlich den Widerstand der französischen Armee im Jahre 1940 mit dem der Roten Armee 1941. Wenn jedoch die UdSSR mit ihrer ganzen Bevölkerung, ihrer Industrie und ihrem wirtschaftlichen Reichtum auf einem nur 800 Kilometer tiefen Gebiet zusammengedrängt gewesen wäre, das auf der anderen Seite vom Ozean begrenzt worden wäre, dann hätte sie nichts vor einer raschen und vollständigen Niederlage retten können. Nicht ihre größere Bevölkerungszahl, ihre industrielle Stärke und wirtschaftliche Macht, nicht ihre großen Reserven an Artillerie und Handfeuerwaffen, nicht Stalins brutale Entschlossenheit, nicht der verbissene Widerstand der Roten Armee, keine Hilfe der Vereinigten Staaten oder Großbritanniens hätten das faschistische Deutschland daran hindern können, die Sowjetunion als kommunistischen Staat zu vernichten. Großbritannien und

10 *Elisabeth Wagner*, Der Generalquartiermeister, S. 289; Halder, Kriegstagebuch, Bd. 3, S. 58, 111, 130, 143, 286 und 354.

die Sowjetunion verdankten das Überleben in erster Linie der Geographie und dem Klima und erst in zweiter Linie ihren Leistungen.

Der Einfluß Stalins und die Rolle der Kommunistischen Partei und ihrer Organe dürfen jedoch nicht unterschätzt werden. Für Stalin und seine Mitarbeiter war kein Preis an Menschenleben und Material hoch genug, um den Sieg zu erringen und den Fortbestand des Kommunismus zu sichern, und in dieser Hinsicht war ihr Interesse keineswegs nur durch idealistische Motive begründet; denn die Niederlage bedeutete die Liquidierung der Partei und ihrer Führer. In diesen Zeiten höchster Anspannung war Stalin bereit, sich mit jedem Teil der Bevölkerung zu verbünden und zu identifizieren, den er für seine Zwecke benutzen konnte. Die Menschen wurden zu seinen Brüdern und Schwestern. Die bisher verachtete und als überflüssiges Anhängsel der Kommunistischen Partei angesehene orthodoxe Kirche wurde dazu benutzt, an die religiösen Gefühle zu appellieren, die sich die älteren Menschen noch bewahrt hatten, und der russische Patriotismus wurde beschworen, indem man dem Volk die Helden der russischen Geschichte und die kriegerischen Zaren als leuchtende Vorbilder hinstellte.[11] Viele Insassen der Konzentrationslager und Gefängnisse wurden entlassen und waren in der Hoffnung auf bessere Zeiten bereit, für ihre kommunistischen Herren zu kämpfen, die zu hassen sie gute Gründe hatten. Auch die Kommunistische Partei beteiligte sich an der Aufgabe, die Streitkräfte zusammenzuhalten. Zwar haben viele Soldaten der Roten Armee aus Stolz, Vaterlandsliebe oder Pflichtgefühl tapfer gekämpft, aber der Zusammenhalt und der Erfolg waren eng mit der Furcht verbunden, die das kommunistische System jedem einzelnen einflößte. Der Preis, den der Offizier und Kommissar für sein Versagen bezahlen mußte, konnte Rangverlust, Gefängnis oder die Exekution bedeuten. Der Kommissar, der in deutsche Hände fiel, mußte damit rechnen, erschossen zu werden. Wenn er am Leben bleiben wollte, mußte er Erfolg haben. Und so sorgte er, wenn auch nur aus diesem Grunde, dafür, daß seine Männer ihre Stellung hielten und keinen Pardon gaben. Der von den Deutschen gefangen genommene Rotarmist wurde, gleichgültig auf welche Weise er in Gefangenschaft geraten war, ob verwundet oder unverwundet, nicht mehr als sowjetischer Bürger angesehen. Am Ende des Krieges mußte er mit Haft in einem Konzentrationslager rechnen, um seine Schuld abzubüßen. Noch schlimmer war die sowjetische Praxis, die Familien oder Angehörige in Gefangenschaft geratener Soldaten jahrelang und nur aus dem Grunde ins Gefängnis zu werfen, weil sie Verwandte eines Kriegsgefangenen waren. Deshalb brauchte man sich nicht zu wundern, wenn der sowjetische Soldat apathisch oder fatalistisch und oft durch ein paar hundert Gramm Wodka angeheizt über die Haufen der Gefallenen und Sterbenden kletterte und mit augenscheinlicher Gleichgültigkeit dem sicheren Tod entgegenging.

Die Leistungen der Roten Armee, die 1941 dem angreifenden Gegner Halt gebot, sind durch sowjetische Historiker übertrieben worden. Der Erfolg war hauptsächlich der Geographie und dem Klima und dann der Entschlossenheit Stalins zu verdan-

11 *Stalin,* Reden im Kriege, zitiert in *Deutscher,* Stalin, S. 468; Istorija, Bd. 2, S. 254.

ken. Große Reserven an Menschen und Material und die Verlegung von Industrie in den Ural und nach Sibirien haben es unter anderem ermöglicht, den deutschen Angriff zum Stehen zu bringen. Der den Deutschen von der Roten Armee geleistete Widerstand ist dabei wahrscheinlich nur ein Nebenfaktor gewesen. Damals haben weder Russen noch Deutsche den Kampfwert des Rotarmisten sehr hoch eingeschätzt, und obwohl die wahren Umstände der sowjetischen Niederlagen der Bevölkerung verschwiegen wurden, ließ es sich nicht verbergen, daß die Rote Armee ihrem Gegner unterlegen war, und das erzeugte in der Heimat Angst und Sorge. Aber wenn es den russischen Soldaten auch oft an Kampfmoral mangelte und sie sich massenweise dem Feinde ergaben, kämpfte das Gros der sowjetischen Armee weiter, zwar oft schlecht, aber manchmal mit der größten Entschlossenheit und Hartnäckigkeit, wie das aus den steigenden deutschen Verlustziffern deutlich zu entnehmen war.

Die Tatsache, daß die Kommunistische Partei dem menschlichen Leben einen so geringen Wert beimaß und sich über alle Formen der Menschlichkeit und des Anstandes hinwegsetzte, war einer der entscheidenden Faktoren bei der Rekrutierung und Kontrolle der Partisanenbewegung. Zu Beginn des Krieges war die Zivilbevölkerung den Deutschen nicht feindlich gesonnen, und Weißrussen, Ukrainer, Tataren und Kosaken haben sie zum Teil sogar als Befreier begrüßt. Die Behandlung der Bevölkerung in den besetzten Gebieten durch die Deutschen, kostete diese jedoch einen großen Teil ihrer Beliebtheit, was aber nicht hieß, daß diese Menschen wieder unter die kommunistische Herrschaft zurückkehren wollten. Aber im Herbst setzten sich schwache Partisaneneinheiten, die über Funk mit Moskau in Verbindung waren, in den deutschen rückwärtigen Gebieten fest und nahmen an Stärke und Einfluß zu, indem sie die örtliche Bevölkerung terrorisierten oder es den Deutschen überließen, diese Arbeit für sie zu tun. Wer sich weigerte, mit den Partisanen zusammenzuarbeiten, wurde erschossen und gelegentlich auf die grausamste Art umgebracht, oder es wurden gegen seine in der Sowjetunion lebenden Verwandten Vergeltungsmaßnahmen ergriffen. Sehr bald stellte es sich heraus, daß die Deutschen die Sicherheit der Bevölkerung im rückwärtigen Gebiet nicht garantieren konnten, und zunächst weigerten sie sich auch, den Russen Waffen in die Hand zu geben, mit denen sie sich gegen die Partisanen hätten wehren können. Die Partisanen verübten manchmal Greueltaten gegen Angehörige der Besatzungsmacht, wahrscheinlich aus keinem anderen Grund, als um die Deutschen zu veranlassen, gegen die unschuldige örtliche Bevölkerung vorzugehen. Darin waren sie nur allzu erfolgreich; denn die deutschen Besatzungsbehörden mit ihrer angeborenen arroganten Einstellung, daß Macht gleich Recht sei, befolgten bereitwillig die Befehle des Oberkommandos und des Sicherheitsdienstes, die verlangten, die Disziplin in der Bevölkerung durch Terrormaßnahmen aufrecht zu erhalten.[12] Auf die Angriffe der Partisanen folgten Massenverhaftungen unschuldiger Menschen und Geiselerschießungen, so daß die von bei-

12 Die deutschen zivilen Verwaltungsbeamten des Ostministeriums hießen wegen ihrer braunen Uniformen und arroganten Haltung »Goldfasane«. Die deutschen Soldaten bezeichneten sie aber auch als die braunen Partisanen.

den Seiten bedrohten, unglücklichen Landesbewohner sich lieber in die Wälder verzogen, um sich den Guerillas anzuschließen oder für die Partisanen arbeiteten, während sie offiziell im Dienst der Deutschen standen. 1941 spielten die Partisanen noch keine besondere Rolle. Aber 1942, als deutlich geworden war, daß die UdSSR nicht so bald geschlagen werden würde, und die Stärke der Sowjetmacht wuchs, wurde es so wichtig, am Schluß auf der Seite des Siegers zu stehen, daß immer mehr Menschen sich der Partisanenbewegung anschlossen.

Wahrscheinlich war das Deutschland Hitlers 1941 auch ohne seine Verbündeten stark genug, um der Sowjetunion eine vernichtende Niederlage beizubringen. Aber der Unterschied in der Stärke beider Gegner war nicht sehr groß. Der Sieg über die UdSSR hätte die Mobilisierung der gesamten deutschen Wirtschaft und aller deutschen Reserven verlangt, und dabei hätten keine deutschen Streitkräfte nach Afrika, auf den Balkan, nach Skandinavien und nach Westeuropa abgestellt werden, und es hätte keinen erbitterten Luft- und Seekrieg gegen Großbritannien geben dürfen. Sich auch noch die Vereinigten Staaten zum Feind zu machen, war die letzte Sinnlosigkeit. Ein erfolgreicher Krieg gegen die Sowjetunion hätte in jedem Fall einer langen Vorbereitung bedurft und wäre höchstwahrscheinlich blutig und verlustreich gewesen. Selbst wenn Deutschland seine ganze Stärke gegen die UdSSR eingesetzt hätte, hätte es den Krieg nicht in einem Sommer- und Herbstfeldzug gewinnen können, weil seine motorisierten Truppen und Reserven dazu nicht ausreichten. Der Sieg hätte natürlich vor Jahresende errungen werden können, wenn Japan im Juli dazu gebracht worden wäre, die Waffen gegen die Sowjetunion aufzunehmen, anstatt Ende des Jahres die Vereinigten Staaten und Großbritannien anzugreifen. Aber die Hilfe Japans wäre von der Haltung der Vereinigten Staaten abhängig gewesen.

1941 hatten die Deutschen kostspielige Fehler begangen und die Lage ganz falsch beurteilt. Dafür war Hitler, wenn auch nicht allein, so doch in der Hauptsache verantwortlich. Der folgenschwerste Fehler ist es jedoch gewesen, daß die Deutschen nicht befolgt haben, was Clausewitz über Rußland gelehrt hat, und nicht verstanden, daß Rußland nur von innen besiegt werden kann. Um den Kommunismus endgültig zu vernichten, wäre es notwendig gewesen, daß die Deutschen allen russischen und sowjetischen Völkern die Befreiung von der Unterdrückung durch das kommunistische Regime und eine von Deutschland unabhängige Existenz angeboten hätten. Letzteres lag natürlich nicht in Hitlers Absicht. Die sowjetischen Völker hätten dazu ermutigt werden müssen, die Waffen gegen ihre Regierung zu ergreifen, und die Deutschen hätten die Verbände der Roten Armee auffordern müssen, sich dem Befreiungskreuzzug anzuschließen. Bei Kriegsbeginn führte Kinzel in der Abteilung Fremde Heere Ost den Vorsitz bei einer Besprechung mit russischen Emigranten, zu denen auch einige ehemalige Generäle der zaristischen Armee gehörten, um über den Einsatz russischer Dolmetscher für die deutschen Feldtruppen zu sprechen. Diese Emigranten beantworteten nicht nur die an sie gerichteten Fragen, sondern empfahlen dringend, daß die deutschen Besatzungsstreitkräfte alle sowjetischen Bürger höflich und taktvoll behandeln sollten, und rieten den Deutschen, alles zu tun, um die sowjetischen Kriegsgefangenen auf die deutsche Seite zu ziehen. Nach Auffassung der Emigranten sollten die Kommissare besonders zuvorkommend behandelt werden; denn es werde sich lohnen, sie für sich zu gewinnen. Sie seien »keine so schlechten Kerle, und oft viel klüger als die Offiziere«. Die Emigranten glaubten, viele Kommissare seien keine überzeugten Kommunisten, sondern hätten sich ebenso wie jeder andere dem Regime gefügt. Kinzel nahm von diesen Äußerungen zwar Kenntnis, kommentierte sie jedoch nicht; denn wahrscheinlich wußte er, welches Schicksal die Kommissare erwartete. Die klugen Ratschläge der Emigranten wurden in den Wind geschlagen.

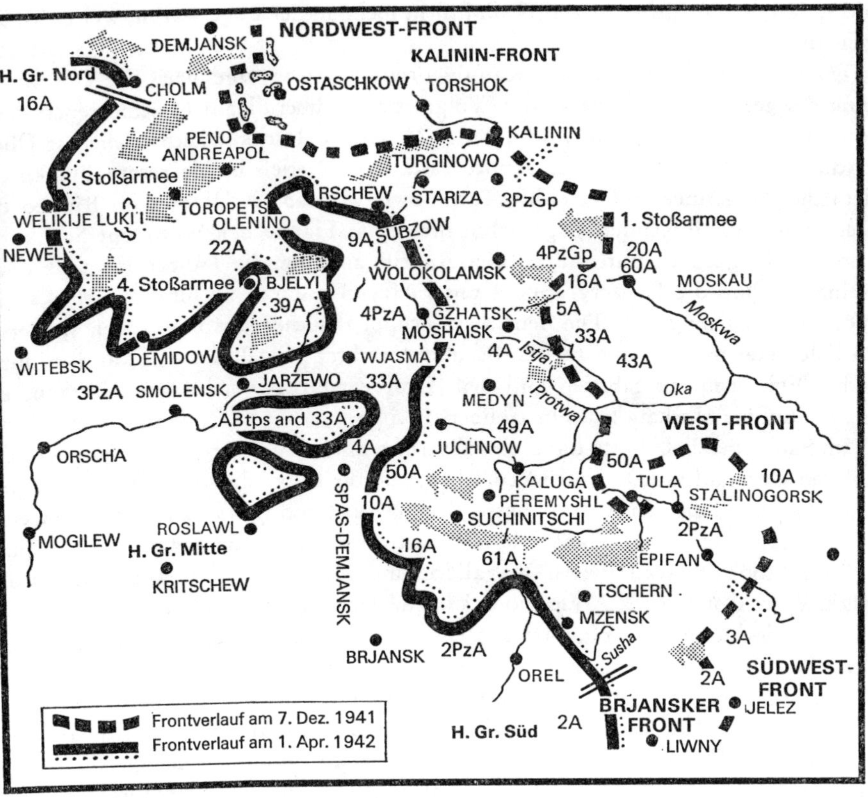

Karte 7: Die sowjetische Gegenoffensive vor Moskau, Dezember 1941 bis April 1942

11. Kapitel

Rückzug von Moskau

Am Abend des 5. Dezember begann der erste einer Reihe sowjetischer Angriffe, deren einziges Ziel es war, Moskau zu retten; denn der Kreml wußte damals noch nicht, daß die Deutschen erschöpft und nicht mehr in der Lage waren, weiter vorzugehen.[1]

Die Offensive begann an der Kalinin-Front Konjews, und nach der Überschreitung des gefrorenen Oberlaufs der Wolga stieß er überall auf entschlossenen deutschen Widerstand außer im Abschnitt der 31. Armee Juschkewitschs. Sehr zur Überraschung der Sowjets kam die Armee rasch voran, stieß in die rechte Flanke der deutschen 9. Armee und erreichte Turginowo, etwa 32 Kilometer im Rücken der Deutschen. Am folgenden Tage nahm die rechte Flanke der Westfront Schukows, von 700 Flugzeugen unterstützt, den Angriff auf, um die Panzergruppe 3 unter Reinhardt und die Panzergruppe 4 unter Hoepner daran zu hindern, Moskau im Nordosten zu umgehen. Die deutschen Truppen wichen aus und zogen sich etwa 24 Kilometer nach Westen zurück. Schukows rechter Flügel, der erst kürzlich durch sechs Divisionen aus Sibirien und dem Ural verstärkt worden war, begann, die Eisenbahnlinie Moskau–Kalinin zu überschreiten.

Im Süden bei Tula hatte die 2. Panzerarmee unter Guderian schon begonnen, sich auf den Oberlauf des Don zurückzuziehen, und ihr folgte die sowjetische 10. Armee unter Golikow, die den Auftrag hatte, Stalinogorsk und Epifan zu nehmen.[2] Weiter südlich hatte die rechte Flanke des südwestlichen Kriegsschauplatzes unter Timoschenko Stoßkeile aus Panzern, Kavallerie und Infanterie gebildet, um tief in den Rücken der deutschen 2. Armee vorzustoßen.[3] Diese Vorstöße begannen am 13. Dezember, blockierten den Hauptrückzugsweg von Jelez nach Liwny, schlossen Teile der 45. Infanteriedivision ein, zersprengten sie und brachten der ausweichenden 95. und 134. Infanteriedivision schwere Verluste bei.[4]

Zum erstenmal in diesem Krieg fielen den Sowjets große Mengen deutschen Kriegsmaterials als Beute in die Hand. Es war im tiefen Schnee steckengeblieben und unbrauchbar geworden. Dazu gehörten zahlreiche Geschütze und motorisierte Fahrzeuge.

Feldmarschall von Brauchitsch, der Hitler vor einer Woche seinen Rücktritt angeboten hatte, war am 13. Dezember mit Feldmarschall von Bock in Smolensk

1 *Wassilewski,* Bitva sa Moskwu, S. 24.
2 Istorija, Bd. 2, S. 280.
3 *Timoschenko,* Bitva sa Moskwu, S. 97.
4 *Guderian,* Panzer Leader, S. 262; *Halder,* Kriegstagebuch, Bd. 3, S. 340.

zusammengekommen. Bock war überzeugt, daß seine Truppen ihre Stellungen nicht länger halten könnten, und glaubte, ein Versuch, dies zu tun, werde mit der Vernichtung seiner Verbände enden. Die Heeresgruppe Mitte mit 67 erschöpften, schwachen Divisionen hielt eine fast 1000 Kilometer breite Front, die zum Teil aus stark exponierten Ausbuchtungen bestand.[5] Wie fast immer hatten die Deutschen keine Reserven, und die rückwärtigen Verbindungen wurden nur durch vier Sicherungsdivisionen geschützt.

Brauchitsch hielt einen Rückzug für unvermeidlich und zeichnete auf der Karte die sogenannte Winterlinie ein, auf welche die Truppen zurückgenommen werden sollten. Sie verlief entlang einer von Norden nach Süden führenden Straße etwa 150 Kilometer weiter rückwärts von einem Punkt ostwärts Wjasma über Subzoff, Gschafsk und Juchnow. Um die breite Front besser zu koordinieren und die Befehlsgebung zu erleichtern, wurden die Panzergruppe 3 unter Reinhardt der Panzergruppe 4 unter Hoepner und Schmidts 2. Armee der 2. Panzer-Armee Guderians unterstellt.

Als das sowjetische Oberkommando erkannte, in einer wie prekären Lage die Deutschen waren, änderte es seinen Plan für die Gegenoffensive, um den Gegner jetzt an beiden Flanken zu umfassen, anstatt einen Frontalangriff an Schukows Westfront führen zu lassen. Der sowjetische Gegenangriff sollte an einer knapp 1000 Kilometer breiten Front unter Beteiligung von nicht weniger als sechzehn Armeen erfolgen. Die Heeresgruppe Mitte sollte durch einen Angriff gegen die beiden Schultern der deutschen Frontausbuchtung vernichtet werden, wobei die Kalininfront Konjews aus dem Raum Kalinin gegen Smolensk und die linke Flanke der Westfront Schukows gemeinsam mit der neu gebildeten Brjansker Front unter Tscherewitschenko, der bereits in heftige Kämpfe gegen Guderian verwickelt war, im großen Bogen südlich Stalinogorsk auf Suchinitschi und dann weiter nach Wjasma und Smolensk vorstoßen sollte. Kurotschkins Nordwestfront erhielt den Auftrag, einen zweiten, aber noch mehr in die Tiefe der feindlichen Stellungen gerichteten Umfassungsstoß westlich des Vorstoßes von Konjew zu führen, und zwar aus dem Raum Demjansk–Ostaschkow, etwa entlang der Grenze zwischen der deutschen Heeresgruppe Mitte und der Heeresgruppe Nord.

Die ganze Gegenoffensive richtete sich jetzt darauf, einen großen, etwa 320 Kilometer tiefen deutschen Kessel zwischen Moskau und Smolensk einzuschließen, wobei ein Stoßkeil links und zwei rechts nebeneinander vorgehen sollten. Währenddessen sollte die rechte Flanke der Westfront im Raum Moskau weiter nach Westen vorstoßen und versuchen, die Deutschen zu binden und am Ausweichen zu hindern. Am 15. Dezember war man in Moskau so optimistisch, und das Politbüro war so sehr davon überzeugt, daß die Gefahr für die Hauptstadt gebannt sei, daß das Zentralkomitee und die wichtigsten Regierungsbehörden den Befehl erhielten, von Kuybyschew nach Moskau zurückzukehren.[6]

5 OKH Kriegsgliederung vom 4. Dezember 1941.

6 Der sowjetische Generalstab war am 17. Oktober in zwei Staffeln geteilt worden. Die

In dem für die Deutschen kritischsten Augenblick hatte Hitler die am gleichen Tage von Brauchitsch vorgelegten Empfehlungen zurückgewiesen. Jeder Rückzug wurde verboten, und am 16. Dezember erhielten alle deutschen Verbände den Befehl, in ihren Stellungen zu bleiben und dort fanatischen Widerstand zu leisten, ohne sich um den Gegner an den Flanken und im Rücken zu kümmern.[7] Der eingeschüchterte und erschöpfte Brauchitsch, den der »Führer« jetzt als Strohkopf bezeichnete, war dem Nervenzusammenbruch nahe und wurde sang- und klanglos entlassen. Das konnte Hitler und der Partei nur recht sein; denn jetzt durfte man sagen, daß Brauchitsch für die Rückschläge vor Rostow und Moskau verantwortlich sei. Für die deutschen Verbündeten war seine Entlassung jedoch eine unangenehme Überraschung.[8]

Ob Hitler mit seinem Befehl, die Stellungen vor Moskau unter allen Umständen zu halten, recht hatte oder nicht, läßt sich nicht sagen. Ein unter schwerem feindlichen Druck erfolgter Rückzug konnte, besonders bei der damals herrschenden grausamen winterlichen Kälte, allzu leicht in eine Flucht ausarten und mit der Vernichtung der Heeresgruppe Mitte enden. Es steht jedoch fest, daß solche militärischen Überlegungen beim »Führer« kaum eine Rolle gespielt haben, sondern er fürchtete eher einen Prestigeverlust. Wahrscheinlich haben auch die meisten deutschen Truppenbefehlshaber den Verteidigungsbefehl Hitlers für richtig gehalten und geglaubt, er habe Deutschland damit vor einer schweren Niederlage bewahrt.

Andererseits sprach vieles dafür, das Gefecht mit der Roten Armee im günstigsten Augenblick abzubrechen und sich möglichst rasch zurückzuziehen, Geschütze und Fahrzeuge, die nicht mitgeführt werden konnten, zurückzulassen, auch wenn das bedeutete, daß man bis nach Wjasma oder Smolensk ausweichen müßte. Wenn es nicht gelang, die Stellungen zu halten oder sich vor einem Rückzug schnell vom Gegner zu lösen, dann konnte der Rückzug nur zur Flucht ausarten, eine verlustreiche und höchst gefährliche Angelegenheit – und gerade das geschah. Trotz verzweifelter Anstrengungen konnte die Heeresgruppe Mitte kaum eine ihrer Stellungen länger als wenige Tage halten und wurde im Verlauf der folgenden fünf Wochen überall 160 bis 320 Kilometer weit zurückgedrängt. Große Mengen von Geschützen und Fahrzeugen gingen verloren, und die Verluste durch Erfrierungen waren höher als die durch Feindeinwirkung. Materialverluste ließen sich damals noch eher ertragen als Mannschaftsverluste.

Die Stellung v. Bocks bildete eine große, ausgedehnte Frontausbuchtung, und da weder das OKH noch die Heeresgruppe Mitte der sowjetischen Offensive irgend-

eine blieb in Moskau und war Wassilewski unterstellt, die zweite nahm Quartier außerhalb der Hauptstadt und unterstand Schaposchnikow. *Schtemenko,* Generalny Schtab w Gody Woiny, S. 40. Am 16. Dezember wurden beide Staffeln wieder zusammengelegt.

7 Op Abt (IM) Nr. 1725/41 g. Kdos Chefs vom 16. Dezember (Chef OKW/WF St/L Nr. 442174/4/g. Kdos C); OKH Gen St d H Op Abt (III) Nr. 1736/41 g. Kdos Chefs vom 18. Dezember 1941; s. a. Op Abt (I) Nr. 32061/41 g. Kdos vom 20. Dezember 1941.

8 Cianos Tagebuch 1939–1943, S. 413.

welche Reserven entgegenstellen konnten, wären solche Reserven nur zu bilden gewesen, wenn man die Front verkürzt hätte.

Aber es gab ein noch überzeugenderes Argument zugunsten eines raschen strategischen Rückzuges. Der Hauptgrund für das Mißlingen des Unternehmens gegen Moskau lag darin, daß die Deutschen mit den Problemen des Raumes und der Beweglichkeit nicht fertig geworden waren. Die deutschen Verbände, die schlecht versorgt und völlig erschöpft am Ende einer langen und ungesicherten Versorgungslinie ohne Unterkünfte und ohne Winterbekleidung angekommen waren, trafen auf gut bekleidete und ausreichend ernährte Soldaten der Roten Armee, die reichlich mit Kriegsmaterial und Munition versorgt waren und deren Basis nur etwa 35 Kilometer weiter rückwärts lag. Außerdem verfügte die Rote Armee über zahlreiche Versorgungslager mit Munition und Lebensmitteln.[9] Sobald es daher feststand, daß die Deutschen Moskau nicht einnehmen würden, war es ein offensichtlicher Fehler, nicht sofort auf Wjasma und Smolensk zurückzugehen. Der Rotarmist, so abgehärtet und wetterfest er sein mochte, war nicht mehr als der deutsche Soldat in der Lage, am Ende einer sich über 320 Kilometer erstreckenden Verfolgung eine größere Schlacht zu liefern. Auch ihm fehlte es an Transportmitteln, und der größte Teil der sowjetischen Truppen verfügte nicht über Kraftfahrzeuge, sondern nur über Pferde und Schlitten. Tiefer Schnee und Schlamm waren für den sowjetischen Soldaten ebensolche Hindernisse wie für den deutschen, und wenn er von seinen Munitions- und Vorratsdepots abgeschnitten war, dann verlor er ebenso schnell seinen Kampfwert wie der deutsche Soldat.

Die offizielle sowjetische Geschichte versucht, die deutschen Berichte ins Lächerliche zu ziehen, nach denen es den klimatischen Verhältnissen, dem Schlamm, dem Schnee und den durch die langen und ungeschützten Verbindungslinien verursachten Versorgungsschwierigkeiten zuzuschreiben war, daß es der Heeresgruppe nicht gelang, Moskau zu nehmen. Die sowjetischen Darstellungen bestreiten das und behaupten, die deutsche Niederlage sei der Überlegenheit des sowjetischen Soldaten und des kommunistischen Systems zuzuschreiben. Wenn es aber darum geht, daß die sowjetische Gegenoffensive im Winter schließlich vor Witebsk, Smolensk und Wjasma zu Stehen gebracht wurde, behaupten die gleichen sowjetischen Historiker logisch und den Tatsachen entsprechend, aber ohne sich zu schämen, daß die Rote Armee nicht durch die Deutschen, sondern durch Erschöpfung, Mangel an Transportmitteln, die klimatischen Verhältnisse, Schlamm und Schnee und die durch eine lange und ungeschützte Nachschublinie verursachten Versorgungsschwierigkeiten aufgehalten worden sei.[10]

Ob Hitler nun recht hatte oder nicht, als er seinen starren Befehl zur Verteidigung gab, der Propagandaapparat der nationalsozialistischen Partei sorgte dafür, daß das deutsche Heer und die Öffentlichkeit davon überzeugt wurden, der Führer habe die Armee gerettet. Das hat der Kriegführung der Deutschen auf die Dauer

9 Istorija, Bd. 2, S. 275.
10 Ebenda, S. 252 u. 331.

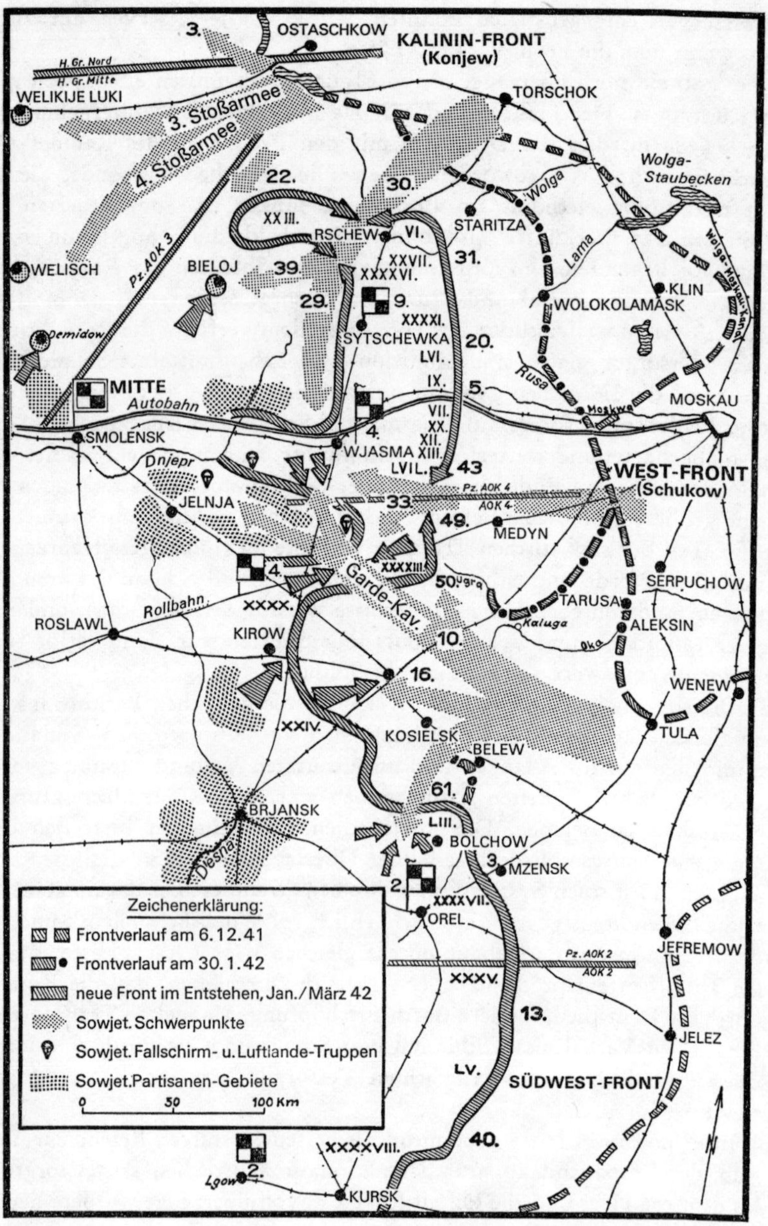

Karte 8: Gegenoffensive der Sowjetarmeen vor Moskau, sowjetisches Bild

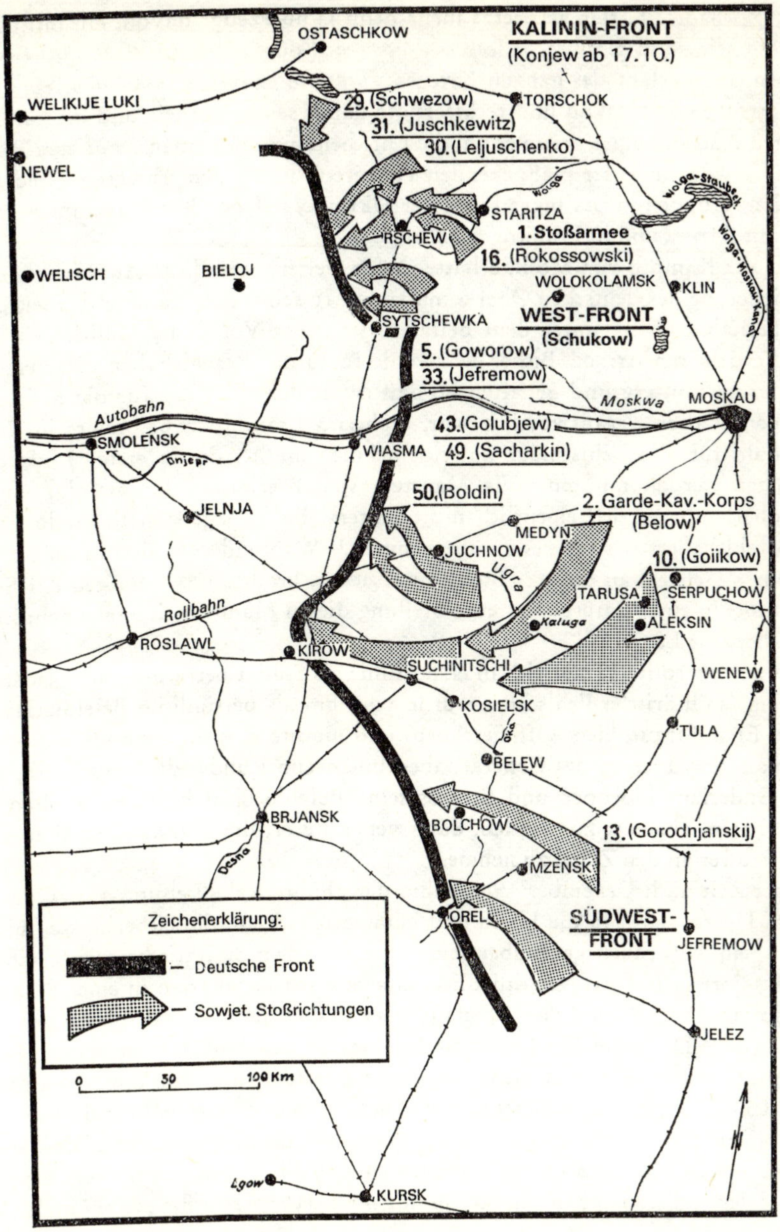

Karte 8a: Der sowjetische Gegenangriff vor Moskau 6. 12. 1941–30. 1. 1942, deutsches Bild

schwer geschadet. Hitler war jetzt mehr denn je überzeugt davon, ein militärisches Genie zu sein, und glaubte, jede Krise lasse sich durch Willenskraft und Starrheit meistern. Im Verlauf des ganzen Krieges erwähnte er immer wieder seinen angeblichen Erfolg vor Moskau und rechtfertigte damit seine Sturheit und oft ganz sinnwidrigen Anordnungen, wenn es um die Entscheidung über einen deutschen Rückzug ging. Das war einer der maßgebenden Faktoren, die zu den schweren Niederlagen deutscher Truppen in Stalingrad und der Ukraine, auf der Krim und im baltischen Raum, in Afrika und in Frankreich beitrugen.

Aber die Kämpfe vor Moskau hatten noch weitere schädliche Auswirkungen auf die Gliederung des deutschen Oberkommandos. In seiner Arroganz und Überheblichkeit übernahm Hitler unter dem Beifall des ganzen Volkes persönlich den Befehl über die deutsche Armee. Bisher war er de facto der Befehlshaber gewesen, hatte sich aber im Hintergrund gehalten, so daß er als der »Führer« für die Erfolge der deutschen Waffen verantwortlich war, während Brauchitsch besonders im Herbst die Schuld für alle Fehlschläge auf sich nehmen mußte, die in erster Linie Hitler angelastet werden müßten. Wie Manstein später erklärte, konnte das deutsche Staatsoberhaupt es sich eigentlich nicht leisten, die untergeordnete Stellung eines Oberbefehlshabers des Heeres zu übernehmen.[11] Während es verhältnismäßig leicht war, einen General an höherer Stelle zu ersetzen, brachte das Versagen des Staatsoberhaupts in einer untergeordneten Stellung diesen Mann in eine sehr peinliche, ja fast lächerliche Lage.

Von nun an sollte Hitler sich in erster Linie als Soldat betrachten, und jeder noch so geringe militärische Fehlschlag wurde von ihm als persönliche Beleidigung aufgefaßt. Er mißtraute dem Offizierskorps und mochte es nicht, besonders die – wie er sie nannte – Herren des Generalstabes, und wenn Rundstedt, Brauchitsch, Bock, Leeb, Guderian, Hoepner und Strauss seine Befehle nicht befolgen wollten oder darum baten, abgelöst zu werden, dann versuchte er, die militärischen Führer nur um so straffer an den Zügel zu nehmen.

In der Zeit nach Dezember 1941 nahm der »Führer« die Leitung aller Operationen des Heeres selbst in die Hand und kümmerte sich um die lächerlichsten Einzelheiten. Sein Mißtrauen gegenüber seinem persönlichen militärischen Stab nahm so groteske Formen an, daß er schließlich seine eigenen Lagekarten in einer Schublade verschloß und befahl, daß der Wortlaut jeder Besprechung stenographisch protokolliert wurde.[12] Der Chef des Generalstabes Halder entschloß sich, an seinem Posten zu bleiben, wurde aber nicht mehr lange dort geduldet; denn hin und wieder wagte er es, dem »Führer« zu widersprechen. Diese früher einmal von Moltke besetzte Stelle wurde zu einem unbedeutenden, untergeordneten Posten, und die Stellung des Chefs des Generalstabes unterschied sich schließlich nicht mehr von derjenigen Keitels oder Jodls, so daß er am Schluß nur noch das Sprachrohr des »Führers« war.

11 *von Manstein,* Lost Victories, S. 287.
12 *Warlimont,* Inside Hitler's Headquarters, S. 199; *Gilbert,* Hitler Directs His War, S. XXI.

Die Nachfolger Halders waren ehrgeizige Offiziere, denen es oft an Haltung, Dienstalter und Erfahrung fehlte, die Hitler jedoch ausgewählt hatte, weil er glaubte, sie würden sich seinem Willen unterordnen.

Im Dezember hatten die beiden starken sowjetischen Umfassungsarmeen damit begonnen, die deutschen Verbände unmittelbar westlich von Moskau einzuschließen. Die Männer der 98. fränkisch-sudetendeutschen Infanteriedivision an der Nara im Abschnitt der 4. Armee kämpften dort, ohne abgelöst zu werden oder zur Ruhe gekommen zu sein. Sie konnten die Lichtbündel der Suchscheinwerfer und das Aufblitzen der Flakgranaten über Moskau deutlich erkennen, als sie am 10. Dezember den Befehl erhielten, sich zur Verteidigung einzurichten. Am 13. Dezember hatten die Truppenkommandeure einen von Brauchitsch erlassenen Geheimbefehl erhalten, nach dem sie das Gefecht abbrechen und sich auf eine Linie 150 Kilometer weiter westlich zurückziehen sollten.

Am folgenden Tage traf ein Führerbefehl ein, der den Befehl vom Vortage für ungültig erklärte. Man erfuhr, daß die deutsche 4. Armee sich in der Gefahr befände, umgangen zu werden, und Teile der Division wurden hinter die Protwa zurückgenommen, um Auffangstellungen vorzubereiten. Am 17. Dezember wurden diese Truppen wieder nach vorn geschickt. Befehle und Gegenbefehle beunruhigten die Truppe, und zum erstenmal wurde ihr Vertrauen zum eigenen Oberkommando erschüttert. Dreimal an einem einzigen Tage erhielten die Pioniere den Auftrag, eine Brücke zur Sprengung vorzubereiten, und dreimal wurde dieser Befehl widerrufen.

Erst am Abend des 19. Dezember kam endlich der Befehl, daß die Truppen in ihren Stellungen bleiben und nicht zurückgehen sollten. Die Offiziere und Mannschaften atmeten erleichtert auf, als endlich eine klare Anweisung eingetroffen war. Der Divisionskommandeur schrieb später, nach seiner Ansicht seien wegen des tiefen Schnees größere Truppenbewegungen unmöglich, und ein vom Feinde beobachteter, unter der Einwirkung feindlicher Artilleriefeuers durchgeführter Rückzug sei undenkbar gewesen. Feldmarschall von Brauchitsch war gegangen, und Hitler hatte selbst das Kommando übernommen. Dem »Führer« brachte man grenzenloses Vertrauen entgegen, und die Stimmung der Truppe besserte sich zusehends.

Die Division verdoppelte ihre Anstrengungen beim Ausbau der Verteidigungsstellungen, obwohl sie ständig aus der Luft angegriffen wurde und an den folgenden beiden Tagen an ihren Flanken heftige Kämpfe stattfanden. Nördlich ihrer Stellungen gelang es den Sowjets, an der nach Moskau führenden Straße einen etwa 10 Kilometer tiefen Einbruch zu erzielen, während zwei bis drei Divisionen an der rechten Flanke die deutschen Linien durchbrachen. Die schlechten Nachrichten verbreiteten sich an der ganzen Front. Nur vier Tage nach Eintreffen des Befehls zur Verteidigung, am 23. Dezember, wurde die 98. Division ebenso wie ihre Nachbarn gezwungen, den Rückzug anzutreten. Am 24. Dezember erreichte sie Borodino an den Ufern der gefrorenen Istja, die weder ein Hindernis war noch Möglichkeiten für den Ausbau einer Verteidigungsstellung bot, und am Heiligen Abend um 19.00 Uhr ging es weiter zurück. Mancher deutsche Soldat sprach von

Napoleons Rückzug 1812, und das russische Denkmal bei Tarutino gab vielen zu denken.[13]

Die ebenfalls in einer Verteidigungsstellung an der Nara liegende 292. Infanteriedivision fühlte sich erleichtert, als der Verteidigungsbefehl eintraf; denn sie hatte geglaubt, den Anstrengungen eines langen Rückzugs nicht mehr gewachsen zu sein. Sie mußte sich aber dennoch vom Feinde lösen, und am Silvesterabend hielt sie einen etwa 13 Kilometer breiten Divisionsabschnitt mit Schützenkompanien, die mit 30 Mann immer noch stärker waren als die der Nachbarverbände. In der Nacht wurde hinter den deutschen Linien ein russischer Offizier erschossen, der mit einem Abhörgerät die deutschen Fernsprechverbindungen angezapft hatte. Was aber die unrasierten, verschmutzten und von Ungeziefer befallenen deutschen Soldaten am meisten beeindruckte, waren die saubere Uniform und die weiße Wäsche des Russen.[14]

Nördlich von Moskau hatte das V. Armeekorps von Ruoff als Teil von Hoepners Panzergruppe 4 den Rückzug angetreten und legte bei Temperaturen von bis zu minus 30° Celsius zwischen 9 und 20 Kilometer am Tage zurück. Drei Wochen hatten die Soldaten keine Gelegenheit zu schlafen, und wußten nicht, wo sie nachts unterkommen würden oder ob die Russen im nächsten Dorf schon auf sie warteten. Die Verluste steigerten sich von Tag zu Tag, aber weder von den benachbarten Truppenteilen noch von den vorgesetzten Dienststellen war irgendwelche Hilfe zu erwarten. Jeder behauptete, selbst bedroht zu sein und um sein Leben kämpfen zu müssen.[15] Zwischen Weihnachten und Neujahr versuchten der Korpskommandeur und sein Stab mit kleinen Kampfgruppen und einzelnen Geschützen Lücken auszufüllen, bedrohten die Offiziere und stellten sie vor das Kriegsgericht. Die Bataillone waren bis auf 50 Mann zusammengeschmolzen, und außer wenigen Haubitzen gab es keine Panzerabwehrwaffen, die etwas gegen die angreifenden T34 hätten ausrichten können. Von einzelnen Geschützen unterstützte Bataillone wurden geopfert, um für das Gros des Korps ein paar Tage Zeit zu gewinnen. Mannschaften und Offiziere waren so erschöpft und apathisch, daß man nicht wagte, sie im Freien rasten zu lassen, damit sie nicht einschliefen und erfroren.

In den sechs Wochen nach Hitlers Befehl zum Aushalten verlor die 35. Infanteriedivision, die seit Juni im Einsatz gestanden hatte, mehr als 2500 Mann – mehr als ein Drittel der Gesamtverluste dieser Division während des ganzen Krieges.[16] Die Division verfügte nur noch über 2,5 cm-Panzerabwehrgeschütze und 6 Feldhaubitzen. Die 23. Division aus Potsdam hatte ihren Kommandeur schon verloren, weil er den Anforderungen des Klimas und den harten Strapazen nicht gewachsen war, hatte nach schweren Verlusten aus neun Bataillonen drei gebildet und war nur noch knappe 1000 Mann stark. Die Divisionsartillerie bestand jetzt nur noch aus einem 5 cm-Panzerabwehrgeschütz und 3 Haubitzen. Die 106. *Westfälisch-Rheinländische*

13 *Gareis,* Kampf und Ende der 98. Division, S. 169–177.
14 *Nitz,* 292. Infanteriedivision, S. 78.
15 Aus einem Brief von *Rudolf Schmidt* vom 27. Januar 1942.
16 *Baumann,* Die 35. Infanteriedivision, S. 143.

Division, ein Eliteverband, hatte fast alle Offiziere verloren, die mit ihr ins Feld gezogen waren, und bestand nur noch aus 500 Mann Infanterie.[17]

Trotz all dieser Schwierigkeiten und Gefahren gab es im V. Armeekorps keine Fälle von Gehorsamsverweigerung und keine Anzeichen einer Meuterei. Aber die deutschen Truppen hatten inzwischen eine panische Angst vor den russischen Panzern entwickelt und mißtrauten den Befehlen und Lageberichten der höheren Dienststellen, die immer wieder behauptet hatten, die Rote Armee sei den Deutschen weit unterlegen. Ein guter Freund des damaligen Kommandeurs des V. Armeekorps Ruoff, Rudolf Schmidt, schrieb am 27. Januar, die Truppe vertraue immer noch dem Oberkommando, auch wenn man schon kritische Stimmen hören könne. Er selbst habe alles defaitistische Gerede und alle Spekulationen darüber verboten, wer für den leichtsinnigen Befehl zum Vormarsch gegen Moskau verantwortlich sei und damit die Truppe in diese schwierige Lage gebracht habe.

Die 6. Rheinisch-Westfälische Division stand im nördlichen Frontabschnitt bei Kalinin und hielt die Flußlinie der Tma im Raum von Stariza, als sie den Rückzug nach Südwesten antrat. Zuerst verlor sie eine Batterie schwerer Feldhaubitzen, weil sie keine geeigneten Zugpferde mehr hatte, und die Kompanien des III. Bataillons des Infanterieregiments 18 hatten je nur noch fünf Maschinengewehre, einen Granatwerfer und wenige Gewehre. Das bewaldete und mit dichtem Gestrüpp bewachsene Gelände war schwierig zu verteidigen, und während die Angriffe der Roten Armee regelmäßig von schwerem Artillerie- und Granatwerferfeuer unterstützt wurden, konnten die wenigen deutschen Geschütze aus Munitionsmangel das Feuer nicht erwidern. Weihnachten wurde nicht gefeiert, nur in der Nähe des Divisionsgefechtsstandes wurde ein feindlicher Angriff abgewehrt, bei dem die russischen Soldaten, augenscheinlich betrunken, Arm in Arm mit lauten Hurrarufen heranstürmten.

Am Neujahrstage lag das Divisionsstabsquartier in dem kleinen Dorf Koledino, wo die fünfzig Offiziere und Mannschaften zwei aus nur einem Raum bestehende Häuser besetzten. Hier wurden Befehle diktiert, Funkgeräte und Fernsprecher bedient, hier wurde geschrieben und gegessen, hier entlauste man sich, und hier schlief man auch. Ein besonderes Problem war der Typhus, aber es gab nicht genug Impfstoff, so daß nur *die über fünfzig Jahre alten Soldaten* geimpft werden konnten. Russische Frauen, die mit Tee und Lebensmitteln bezahlt wurden, räumten den Schnee auf den Straßen. Man dachte nicht daran, gemäß dem vom »Führer« gegebenen Befehl auf dem Rückzug die Dörfer anzustecken; denn die deutschen Truppenführer waren davon überzeugt, daß die Rotarmisten auch ohne weiteres im Freien übernachten könnten, aber der Hauptgrund war der, daß der Rauch der brennenden Hütten die Russen anlockte und feindliche Angriffe auslöste.[18]

Die Luftwaffe beteiligte sich an diesen Kämpfen nur mit schwachen Kräften, da sie durch die schlechten Sichtverhältnisse behindert wurde. Die Luftflotte 2 Kessel-

17 *Dieckhoff,* Die 3. Infanteriedivision, S. 149.
18 *Grossmann,* Geschichte der Rheinisch-Westfälischen 6. Infanteriedivision, S. 92–108.

rings und ein Fliegerkorps hatten den Kriegsschauplatz schon verlassen, und nur noch Richthofens VIII. Fliegerkorps stand zur Unterstützung der Heeresgruppe Mitte zur Verfügung. Das war der einzige fliegende Verband, mit dem die Deutschen jetzt noch rechnen durften. Schwache Kräfte wurden aus Westeuropa und aus Deutschland herangebracht, trafen aber zu spät ein, wurden nicht geschlossen eingesetzt und konnten den Verlauf der Kämpfe kaum beeinflussen.[19] Im großen und ganzen mußte Kluge mit den bereits eingesetzten Truppen auskommen und konnte sich nur dadurch Verstärkungen schaffen, daß er die Stäbe und Nachschubeinheiten auskämmte, Alarmeinheiten aus Pionieren bilden ließ und das Bodenpersonal der Luftwaffe sowie die Sicherheitspolizei im Kampf einsetzte.

Im Süden bei Tula machte sich Guderian Sorgen um die Lage bei der deutschen 2. Armee, deren Stellungen hinter ihm lagen, wo feindliche Verbände sich bei Liwny festgesetzt hatten. Guderians Beziehungen zu Halder und Bock waren alles andere als gut, und er hatte versucht, beide zu übergehen, und Hitler über den jüngeren Keitel und Schmundt schriftliche Meldungen geschickt, in denen er seine Schwierigkeiten darstellte und die Lage so beurteilte, wie er sie sah.[20] Noch drei Tage vor seiner Entlassung war Brauchitsch in Roslawl bei Guderian gewesen und hatte ihm die Erlaubnis gegeben, bis an die Flüsse Suscha und Oka, etwa 13 Kilometer hinter dem Oberlauf des Don, zurückzugehen. Der Gegenbefehl Hitlers traf ein, als der Rückzug schon begonnen hatte. Darin hieß es, er werde 500 Mann zur Verstärkung durch die Luftwaffe nach vorn bringen lassen, die den Vormarsch von sechs sowjetischen Armeen und einem Kavalleriekorps hätten aufhalten müssen. Guderian flog nach Rastenburg und war überzeugt, er würde das Mißverständnis rasch aufklären und den »Führer« überzeugen können. Aber er erlebte eine Enttäuschung; denn Hitler bestand darauf, daß die Stellungen gehalten wurden.

Am Weihnachtsabend wurde die Lage kritisch, als Kluge, der den Befehl über die Heeresgruppe Mitte eben erst übernommen hatte, Guderian beschuldigte, er habe den Rückzug fortgesetzt und damit gegen seine und Hitlers Befehle verstoßen. Kluge behauptete, Guderian habe Tschern freiwillig aufgegeben, und dadurch sei zwischen dem XLIII. Korps und dem Gros der 2. Panzerarmee eine Lücke entstanden. Welches auch die Ursache gewesen sein mochte, in die 40 Kilometer breite Lücke zwischen diesen beiden Verbänden drangen Kräfte der Roten Armee ein, kamen den Deutschen in den Rücken und stießen rasch in Richtung auf Smolensk und Wjasma vor. Dafür wurde Guderian einen Tag nach Weihnachten entlassen, und an seiner Stelle übernahm der bisherige Führer der 2. Armee, General Rudolf Schmidt, das Kommando der 2. Panzerarmee.[21]

Die Guderian unterstellte 29. motorisierte Division hatte am 6. Dezember den Rückzug angetreten und war zügig zurückgegangen. Daß die deutsche Offensive

19 Sechs Infanteriedivisionen wurden im November und Dezember von Westeuropa an die Ostfront verlegt. Zwischen Januar und März wurden weitere siebzehn frische Divisionen gegen fast aufgeriebene Divisionen ausgewechselt.
20 *Guderian,* Panzer Leader, S. 261–263.
21 Ebenda, S. 270; Kriegstagebuch des Oberkommandos der Heeresgruppe Mitte, S. 1075.

keinen Erfolg gehabt hatte und man sich auf dem Rückzug befand, wirkte sich nicht auf Stimmung und Leistungsfähigkeit der Truppe aus. Die Division fürchtete jedoch, durch den scharfen Frost zum Halten gezwungen zu werden, um sich dann gegen überlegene Kräfte der Roten Armee verteidigen zu müssen, die fast stündlich an Stärke zunahmen. Bis zum 12. Dezember war der Rückzug der Division ohne Zwischenfälle verlaufen, aber als sie sich im Raum um Mzensk versammelte, hatte sie große Mengen an Ausrüstung verloren. Die deutsche Kriegserklärung an die Vereinigten Staaten am 11. Dezember wurde von den Männern nicht besonders registriert; denn sie waren im Kampf um das eigene Überleben zu sehr mit sich selbst beschäftigt.[22]

Im Raum Tula, wo die Sowjets die Stellungen der 2. Panzerarmee durchbrochen hatten, kam die Rote Armee sehr schnell vorwärts, und die Rote Luftwaffe war sehr aktiv.[23] Peremyschl fiel am Weihnachtstage, Kaluga am 30. Dezember, der linke Flügel Schukows stieß gegen Juchnow, etwa 110 Kilometer vor Wjasma, vor, und die Russen metzelten die deutschen Verwundeten und Nachzügler nieder, wo sie sie antrafen. Aber zu Beginn des Neuen Jahres machten sich der strenge Frost und die Nachschubschwierigkeiten auch bei den Verbänden der Roten Armee fühlbar. Auch die deutschen Stützpunkte, besonders entlang der Eisenbahnlinie, hielten den russischen Vormarsch auf.[24] Aber nach Meinung des sowjetischen Oberkommandos entwickelte sich der Umfassungsvorstoß aus dem Raum Tula sehr zufriedenstellend, und die Westfront unter Kuroschkin erhielt den Befehl, ihre tiefe Umfassungsbewegung am rechten Flügel von Ostaschkow gegen Witebsk anzusetzen. Das war die äußere rechte Zange, die 320 Kilometer tief in den deutschen Rücken vorstoßen und die Kalininfront unter Konjew und den rechten Flügel der Westfront unter Schukow unterstützen sollte. Am 9. Januar begannen Purkajews 3. Stoßarmee und Eremenkos 4. Stoßarmee der Nordwestfront ihre Offensive aus dem Raum der Seen bei Ostaschkow, kamen aber nur langsam vorwärts, bis Pjeno genommen war. Dann ging die 3. Stoßarmee in westlicher Richtung gegen Cholm und Welikije Luki vor, während der Vorstoß Eremenkos sich nach Südwesten gegen Witebsk richtete. Das Gelände war stark bewaldet, es gab wenige Straßen, und da die Armeen in verschiedenen Richtungen auseinanderstrebten, entstanden große Lücken zwischen ihnen und den Verbänden an ihrer linken Flanke. Ihre Führung und Versorgung wurden immer schwieriger.

Trotzdem erreichten die Truppen der Roten Armee am 15. Januar Andreapol und waren Ende des Monats bei Welikije Luki, Witebsk und Demidow angekommen. Dabei hatten sie eine Strecke von 320 Kilometern durch sehr schwieriges Gelände zurückgelegt. Cholm, das im Abschnitt der deutschen Heeresgruppe Nord lag, konnte angesichts des verzweifelten Widerstands der 281. Sicherungsdivision nicht genommen werden. Inzwischen war der äußerste rechte Umfassungsarm der

22 *Lemelsen,* 29. Division, S. 169–171.
23 Anfang Dezember flog die Rote Luftwaffe in diesem Gebiet in zwanzig Tagen 10.000 Einsätze.
24 Istorija, Bd. 2, S. 319.

Sowjets an Ort und Stelle, aber die Lücke zwischen der rechten und der linken Zange zwischen Demidow und Spas-Demjensk war immer noch mehr als 160 Kilometer breit.[25]

Unter den höheren deutschen Truppenbefehlshabern waren inzwischen weitere Verluste eingetreten. Der Befehlshaber der 9. Armee, Strauß, war erkrankt und Mitte Januar durch Model abgelöst worden. Der neu ernannte Befehlshaber der 4. Armee, Kübler, fühlte sich für diese Stellung nicht geeignet und meldete dies dem »Führer«, der ihn am 20. Januar durch Heinrici ablösen ließ. Am 8. Januar schien ein feindlicher Durchbruch bei Suchinitschi unvermeidlich, und Kluge verlangte von Halder die Aufhebung des Aushaltebefehls und freie Hand, seine Truppen so zu führen, wie er es für richtig halte. Halder konnte die Angelegenheit nur dem »Führer« vortragen. Mittlerweile war bekannt geworden, daß der Befehlshaber der 4. Panzerarmee, Hoepner, ohne Rücksicht auf die Anordnungen Hitlers einem Korps den Rückzug befohlen hatte, um es der Umfassung zu entziehen.[26] Das hatte die sofortige Entlassung Hoepners zur Folge, den Hitler zunächst ohne Gerichtsverfahren degradieren wollte. Aber schließlich besann er sich eines besseren, Hoepner behielt seinen Rang und die seinem Dienstgrad entsprechenden Bezüge.[27] An Hoepners Stelle übernahm Ruoff den Befehl über die 4. Panzerarmee.

Im Zentrum des durch die doppelte sowjetische Umfassungsbewegung entstandenen Kessels hatten drei Armeen der Kalininfront, die die rechte innere Zange Konjews bildeten, den Raum um Rschew erreicht. Ende Januar war die Lage der deutschen Truppen kritisch geworden. Die Verbände der Heeresgruppe Mitte unter Kluge hatten die von Hitler befohlene ursprüngliche Verteidigungslinie nicht halten können, sondern waren 160 bis 240 Kilometer nach Südwesten ausgewichen. Die 9. Armee unter Model und die 4. Panzerarmee unter Ruoff befanden sich im Kessel. Die 4. Armee unter Heinrici hielt den Ausgang des Kessels noch offen und versuchte, den Vorstoß der linken feindlichen Zange aufzuhalten, der die Lücke von Süden her allmählich zu schließen drohte. Die 2. Panzerarmee unter Rudolf Schmidt und die 2. Armee hatten sich der Umklammerung entziehen können und standen jetzt weiter südlich im Raum Orel.

Nun versuchte das sowjetische Oberkommando, die Lücke durch Luftlandetruppen und Partisanen, zwei Luftlandebrigaden und andere Verbände des IV. Luftlandekorps, zusammen 4000 Mann, zu schließen. Die Luftlandetruppen wurden südostwärts und südwestlich von Wjasma abgesetzt und erhielten den Auftrag, die Eisenbahnlinie Smolensk–Wjasma zu unterbrechen und die große Öffnung am Eingang zum Kessel zu schließen. In Suchinitschi, südlich der Öffnung, hielten sich noch 4000 Mann auf Befehl des »Führers«, und da sie seit dem 3. Januar abgeschnitten

25 *Sokolowski,* Rasgrom Nemezko-Faschistskich Woisk pod Moskwoi, S. 311.
26 Die Panzergruppen 3 und 4 wurden am 1. Januar in Panzerarmeen umbenannt. Die Panzergruppe 1 und 2 waren schon am 6. Oktober in Panzerarmeen umbenannt worden.
27 Kriegstagebuch des OKW, Bd. 2, S. 204; *Halder,* Kriegstagebuch, Bd. 3, S. 366 bis 367; *Chales de Beaulieu,* Generaloberst Erich Hoepner, S. 253.

waren, mußten sie aus der Luft versorgt werden. Nicht weit davon, bei Juchnow, standen mehrere Divisionen kurz vor der Einschließung.[28] Die Straße Juchnow–Roslawl war schon unterbrochen, und die Straße und Bahnlinie von Smolensk nach Wjasma waren bedroht. Dies waren die Hauptnachschubwege für die deutsche 9. Armee und die 3. und 4. Panzerarmee.

In der ersten Januarwoche hatte die sowjetische 33. Armee unter Jefremow begonnen, im Raum von Medyn einen Keil zwischen die 4. Panzerarmee und die 4. Armee zu treiben, und Hoepner war entlassen worden, weil er diesen Truppen befohlen hatte, sich der Umfassung durch den Rückzug zu entziehen. Seinem Nachfolger Ruoff war es nicht gelungen, die alten Stellungen wieder zu besetzen, und am 13. Januar mußte Hitler sich mit der neu entstandenen Lage abfinden. Inzwischen war es den Verbänden Jefremows gelungen, die 4. Panzerarmee im Norden und die 4. Armee im Süden voneinander zu trennen, und er war in den offenen Flaschenhals des Kessels südlich von Wjasma eingedrungen, wo er sich mit den Partisanen und Luftlandetruppen vereinigte.

Kluge wurde außerdem aus dem Raum nördlich des Kessels bedroht, wo zwei Armeen Konjews und ein Kavalleriekorps von Rschew rasch nach Süden und Südwesten gegen Wjasma und Jarzewo hinter der 9. Armee und der 4. Panzerarmee durchgestoßen waren. Die Lage hatte sich hier für die Deutschen zur Krise entwickelt, da der Kessel nun fest geschlossen war und die eingeschlossenen Verbände kurz davor standen, endgültig abgeschnitten zu werden.

Aber Mitte Februar veränderte sich die Lage ganz plötzlich. Am 21. Januar hatte das sowjetische Oberkommando die 1. Stoßarmee unter Kusnezow und die 16. Armee unter Rokossowski aus dem Raum westlich von Moskau vorzeitig abgezogen, um die Flanken im Norden und Süden zu verstärken. Dadurch verlor die Offensive der 20. Armee unter Wlassow, die versucht hatte, den deutschen Kessel von Osten nach Westen aufzurollen, an Schwung.[29] Damit verringerte sich der Druck nach Osten gegen die 4. Panzerarmee und die 9. Armee, die sich beide im Kessel befanden. Ganz unerwartet wurden Jefremows 33. Armee, die Luftlandetruppen, Kavallerie und Partisanenverbände, die versuchten, den Kessel zwischen Juchnow und Wjasma zu schließen, energisch von Ruoffs 4. Panzerarmee angegriffen, die am 3. Februar die Verbindung zur deutschen 4. Armee außerhalb des Kessels herstellte und die sowjetischen Truppen von ihren rückwärtigen Verbindungen abschnitt.

Am 5. Februar griff Models 9. Armee zusammen mit eingeschlossenen deutschen Verbänden bei Olenino und Rschew die Einschließungsverbände der Kalininfront Konjews von Osten und Westen an, unterbrach ihre Verbindung zu den Nachbarn, schloß sie ein und vernichtete sie. Nur 5000 Überlebende sollen nach Süden durchgekommen sein.[30] Hitler hatte sich inzwischen gezwungen gesehen, dem allgemeinen Rückzug auf die Winterlinie zuzustimmen, und verlegte die 3. Panzerarmee unter Reinhardt aus dem Kessel nach Witebsk und Smolensk, um dort in der Tiefe

28 *Jenner*, Die 216./272. Niedersächsische Infanteriedivision, S. 47–53.
29 *Schukow*, Wospominanija i Rasmyšlenija, S. 383.

eine Reserve zu bilden. Die 3. Panzerarmee fing sehr bald die gegnerischen Vorstöße gegen Witebsk und Demidow auf, was um so leichter möglich war, als die 4. Stoßarmee unter Eremenko, die jetzt in große Versorgungsschwierigkeiten geraten war, nur sehr langsam und unsicher vorankam. Die bei Suchinitschi eingeschlossenen deutschen Truppen hatten sich schon am 25. Januar aus der Umklammerung befreien können.

Der Schlüsselpunkt dieser Schlacht lag jedoch im Raum Wjasma im Eingang zum Kessel. Am 1. Februar war Schukow Befehlshaber des westlichen Kriegsschauplatzes geworden, behielt aber sein Kommando als Befehlshaber der Westfront. Der neue Kriegsschauplatz umfaßte die Westfront, die Kalininfront und die Brjansker Front. Die Verbände der Roten Armee waren nun zu sehr geschwächt, um den Kessel zu schließen oder den noch zum Teil eingeschlossenen Gegner zu vernichten. Ein Kavalleriekorps und Teile der sowjetischen 39. Armee waren von der 9. Armee unter Model abgeschnitten worden. Die sowjetische 33. Armee, ein Kavalleriekorps, Teile des 4. Luftlandekorps und Partisanen waren am Eingang des Kessels eingeschlossen worden, als die 4. Panzerarmee und die 4. Armee wieder die Verbindung aufnahmen. Trotz verzweifelter Anstrengungen gelang es den Sowjets nicht, sie zu entsetzen, und keine der zahlreichen anderen sowjetischen Armeen konnte zu ihrer Unterstützung herangezogen oder überhaupt in Marsch gesetzt werden; denn sie befanden sich am Ende einer 320 Kilometer langen Versorgungslinie, und das schlechte Wetter sowie der Mangel an Transportmitteln machten eine regelmäßige Heranführung des Nachschubs unmöglich. Außerdem waren die sowjetischen Armeen jetzt so weit von ihren Basen entfernt, daß ihre Operationen auch nicht mehr durch Jagdflugzeuge unterstützt werden konnten.

In dieser Lage gab es nur noch das kommunistische Allheilmittel der politischen Indoktrinierung und des Notbehelfs angesichts des Versagens der Nachschub- und Transportverbände. Damit ließen sich jedoch die dringend benötigte Munition und der Mangel an Verpflegung nicht ausgleichen.[31]

Die eingeschlossenen sowjetischen Verbände wurden jetzt einer nach dem anderen zerschlagen. Im März ließ die Heftigkeit der Kämpfe nach, während sich die Deutschen in gut ausgebauten Stellungen zur Verteidigung eingerichtet hatten. Die rückwärtigen Verbindungen nach Wjasma und Orel waren gesichert. Am 20. März setzte das sowjetische Oberkommando noch einmal eine Offensive an. Dabei erhielt die Kalininfront den Auftrag, den Kessel bei Olenino von dem Kessel bei Rschew zu trennen, während die Westfront mit vier Armeen entlang der Bahnlinie Moskau –Wjasma nach Osten angreifen sollte. Die Offensive begann Ende März, wurde aber Anfang April nach wenigen Tagen wieder aufgegeben, da die Truppen erschöpft waren und der Nachschub sich in der Frühjahrsschlammperiode nicht mehr nach vorn bringen ließ.[32] Die sowjetische Gegenoffensive vor Moskau hatte sich erschöpft.

30 Istorija, Bd. 2, S. 328.
31 Ebenda, S. 327–328.
32 Ebenda, S. 331.

Die sowjetische Winteroffensive gegen die Heeresgruppe Mitte wurde durch andere größere Offensiven in den Räumen Leningrad und am Ilmensee, in der Ukraine und auf der Krim unterstützt.

Im Norden hatte Stalin bei Tichwin die Verteidigungsstellungen wiederhergestellt und Leeb an den Wolchow zurückgedrängt, indem er alle Verbände der Roten Armee in diesem Raum in einer neuen Wolchowfront unter dem Befehl des ehemaligen Chefs des Generalstabes Merezkow zusammenfaßte. Am 7. Januar führte Merezkow zusammen mit der Leningrader Front eine weitere Offensive mit dem Ziel, ein Korps der deutschen 18. Armee einzuschließen. Zunächst war das Unternehmen erfolgreich, aber bei Einsetzen des Tauwetters und nach heftigen deutschen Gegenangriffen blieb sie in den sumpfigen Wäldern des Wolchowkessels stecken. Hier wurde im Frühsommer 1942 die 2. Stoßarmee unter ihrem eben erst eingetroffenen neuen Befehlshaber Wlassow vernichtet. Auch die Heeresgruppe Nord unter Leeb wurde an ihrer Südflanke südlich des Ilmensees angegriffen. Gleichzeitig mit der Offensive Merezkows weiter im Norden griff die Nordwestfront unter Koroschkin am 7. Januar gegen Staraja Russa an und stieß rasch bis in den Rücken der Deutschen vor. Ein deutsches Korps bei Demjansk stand kurz davor, eingeschlossen zu werden, und am 12. Januar bat Leeb um die Erlaubnis, es nach Westen bis hinter den Fluß Lowat zu führen.

Hitler lehnte nach einem langen und ausführlichen Telegrammwechsel das Ersuchen Leebs ab, und zwar mit der Begründung (die er am Tage zuvor schon Kluge gegeben hatte), daß Frontausbuchtungen und Kessel stärkere sowjetische Truppen binden würden, da sich die Rote Armee an der Peripherie dieser Stellungen befinde, während die deutschen Truppen auf der inneren Linie kämpften.[33] Leeb, der dieser neuen Theorie nicht zustimmen konnte, bat um seine Ablösung, und am 17. Januar übernahm der bisherige Oberbefehlshaber der 18. Armee, Küchler, an seiner Stelle das Kommando.

Leebs Befürchtungen erwiesen sich als gerechtfertigt. Am 8. Februar wurden das II. Armeekorps und Teile des X. Armeekorps, zusammen sechs bis sieben deutsche Divisionen, mit etwa 90.000 Mann bei Demjansk in einem etwa 60 mal 35 Kilometer großen Raum eingeschlossen. Demjansk wurde vom »Führer« nun nicht als »Kessel«, sondern als »Festung« bezeichnet, und die eingeschlossenen Truppen wurden aus der Luft versorgt. Schließlich wurde Demjansk durch ein für diese Aufgabe geschaffenes Korps aus fünf Divisionen unter Seydlitz-Kurzbach entsetzt, das am 21. März aus dem Raum südlich Staraja Russa den Vorstoß ansetzte, sich 40 Kilometer durch sowjetisch besetztes Gebiet schlug und einen nur wenige Kilometer breiten Korridor in den Demjansker Kessel öffnete. Diese Frontausbuchtung erhielt nun Verstärkungen durch weitere deutsche Truppen und sollte zu Beginn einer späteren Offensive als Sprungbrett dienen.

Die Versorgung des Kessels von Demjansk sollte sich Ende des Jahres bei Stalin-

33 *Halder,* Kriegstagebuch, Bd. 3, S. 381; Kriegstagebuch des Oberkommandos der Heeresgruppe Nord, 75128/50, S. 1810, 17. Januar 1942.

grad noch als böses Beispiel katastrophal auswirken. Es war ein kostspieliges und sinnloses Unternehmen, das die Ausbildungs- und Transportverbände der Luftwaffe ganz erheblich schwächte. Noch schlimmer war jedoch, daß das Unternehmen Göring – dieser wiederum Hitler – davon überzeugte, man könne starke eingeschlossene Verbände durch die Luft versorgen.[34]

Anfang Januar hatte sich die Lage an der Schwarzmeerküste zeitweilig auf der Mius-Linie stabilisiert. Der neue Oberbefehlshaber der Heeresgruppe Süd, v. Reichenau, starb ganz unerwartet an einem Herzschlag, und am 18. Januar wurde der ehemalige Befehlshaber der Heeresgruppe Mitte, Feldmarschall von Bock, nachdem er von einer Magenerkrankung genesen war, anstelle von Reichenau als Oberbefehlshaber der Heeresgruppe Süd eingesetzt. Der Stellvertreter Halders, General Paulus, wurde Oberbefehlshaber der bisher von Reichenau befehligten 6. Armee.

Die große Offensive Stalins zwischen der Ostsee und dem Schwarzen Meer ließ niemanden zur Ruhe kommen. Am 26. Dezember überschritten zwei Armeen der transkaukasischen Front unter Koslow im Kuban-Gebiet die Straße von Kertsch, landeten auf der Krim und zwangen den deutschen Korpskommandeur, General von Sponeck, zu einem nicht genehmigten Rückzug. Er wurde vor ein Kriegsgericht gestellt, zu Festungshaft verurteilt, und kam später ums Leben.[35] Manstein mußte den Angriff gegen Sewastopol einstellen, um die gelandeten sowjetischen Truppen zu binden.[36]

Timoschenkos südwestlicher Kriegsschauplatz, der sich aus Malinowskis Südfront, Kostenkos Südwestfront und (zeitweilig) Tscherewitschenkos Brjansker Front zusammensetzte, griff nach Westen an. Am 26. Januar war Kostenko und Malinowski an der Grenze zwischen ihren beiden Frontabschnitten ein größerer Durchbruch gelungen. Dabei bildeten sie bei Isjum am Donez einen großen Brückenkopf. Das war eine mehr als 80 Kilometer breite Frontausbuchtung, die sowohl Charkow als auch die Dnjeprübergänge bedrohte. Die 1. Panzerarmee unter Kleist konnte weitere sowjetische Vorstöße erfolgreich abwehren, da die Truppen Timoschenkos inzwischen erschöpft waren.

Die Deutschen hatten sich zuviel zugemutet, als sie ohne ausreichende logistische Vorbereitung noch so spät im Jahr die Linie Archangelsk–Astrachan erreichen wollten. Das ungünstige Wetter und Versorgungsschwierigkeiten ließen den Versuch fehlschlagen. Die dagegen angesetzte sowjetische Offensive wurde mit starken Kräften begonnen, verlor aber, je weiter sie nach Westen vorankam, desto rascher an Schwung.

Das sowjetische Oberkommando hatte die Erfolge der Abwehrkämpfe im Winter überschätzt und die Stärke, Spannkraft und Härte des deutschen Gegners unter-

34 Morzik und Hümmelchen, Die deutschen Transportflieger im Zweiten Weltkrieg, S. 121 bis 146.

35 Anm. d. Hrsg: Zum »Fall Sponeck« vgl. die sehr gründliche Untersuchung von *Eberhard Einbeck:* Das Exempel Graf Sponeck. Ein Beitrag zum Thema Hitler und die Generale. Bremen 1970.

36 Istorija, Bd. 2, S. 307; *von Manstein,* Lost Victories, S. 224–227.

schätzt. Es erinnerte sich an die Niederlage Napoleons im Jahr 1812, war hocherfreut, daß Moskau gerettet worden war, und glaubte, der Gegner könne in einem Winterfeldzug vernichtet werden.[37] Überall wurden Angriffe befohlen, und später hat man Stalin dafür verantwortlich gemacht.[38] Diese Offensiven, für welche die Rote Armee nicht stark genug war, führten zur Zersplitterung und Erschöpfung der Kräfte. Von den zu Beginn des Winterfeldzuges in Reserve gehaltenen neun Armeen war jeweils eine der Nordwestfront, der Kalininfront, der Brjansker Front und der Südwestfront zugeteilt worden. Die Wolchowfront erhielt zwei und die Westfront drei Reservearmeen. Diese erste sowjetische Offensive wurde strategisch unzusammenhängend geführt und war die natürliche Fortsetzung einer ungeordneten und übereilten Verteidigung durch eine Großoffensive, die man ungenügend geplant und vorbereitet hatte. Hätte man alle Energie und alle Reserven zur Vernichtung der Heeresgruppe Mitte eingesetzt, dann wären vielleicht bessere Erfolge erzielt worden.[39]

Trotzdem waren die Unternehmen an den einzelnen Fronten, auch wenn sie sich sehr ehrgeizige Ziele gesetzt hatten, gut geplant und als doppelte Umfassungen in großer Tiefe angesetzt. Sie mißlangen wegen des ungünstigen Wetters und weil es der Roten Armee an den geschlossenen Panzerverbänden fehlte, die diese Umfassungen hätten ausführen müssen. Das Gros der bei den Umfassungsoperationen eingesetzten sowjetischen Truppen bestand aus zu Fuß marschierender Infanterie oder Kavallerie zu Pferde, die von zahlreichen Panzern unterstützt wurde. Diese Truppen legten erstaunlich große Entfernungen zurück. Leistungen und Ausbildungsstand der Roten Armee reichten jedoch nicht aus, um die strategischen und taktischen Aufgaben zu lösen, die ihr gestellt waren. Die taktischen Mängel bei den sowjetischen Truppen waren die auch sonst bei schlecht ausgebildeten Truppenführern und Stäben üblichen. Die Truppen wurden unvorbereitet als Teilverbände ins Gefecht geworfen, und die Truppenführer wurden von ihren Vorgesetzten angetrieben und übereilt nach vorn gehetzt. Die Aufklärung war schlecht, und die Artillerieunterstützung wurde nicht auf die anderen Waffen abgestimmt. Panzer gingen in schwachen Abteilungen und nicht in geschlossenen Brigaden ins Gefecht, und die Verwendung von Luftlandetruppen bei Wjasma und Demjansk brachte keine Erfolge, denn sie wurden innerhalb eines zu weiten Raumes eingesetzt, und die ihnen erteilten Aufträge entsprachen nicht ihrer Leistungsfähigkeit. Auch wenn das sowjetische Oberkommando dem westlichen Kriegsschauplatz neun anstatt fünf Reservearmeen zugeteilt hätte, wäre Schukow wahrscheinlich nicht stark genug gewesen, um die Heeresgruppe Mitte zu vernichten.

Vor Moskau hatten die Deutschen eine schwere Niederlage hinnehmen müssen, aber dieser Rückschlag war nicht entscheidend, und die deutschen Gefechtsverluste in diesem Winter an der Ostfront von 326.000 Mann waren durchaus nicht über-

37 Kratkaja Istorija, S. 136.
38 *Schukow*, Wospominanija i Rasmyšlenija, S. 379–381.
39 Istorija, Bd. 2, S. 359–360.

trieben hoch. Aber diese Zahl erhöhte sich durch die Ausfälle an Kranken, vor allem durch den Typhus, auf 900.000, und das war mehr, als die Deutschen sich leisten konnten.

Die deutschen Berichte neigen dazu, die physischen und geistigen Qualitäten des sowjetischen Gegners zu hoch einzuschätzen, sie unterschätzen jedoch die rückwärtigen Dienste in der Roten Armee. Der Rotarmist war hart, widerstandsfähig und an das Klima gewöhnt. Man darf aber daran zweifeln, ob er in dieser Hinsicht dem deutschen Soldaten überlegen war. Wenn der Rotarmist nichts zu essen hatte, verhungerte er, und wenn er nicht die richtige Bekleidung hatte, erfror er. Sein Gewehr und sein Geschütz brauchten Munition, und sein Pferd mußte gefüttert werden. Der Rotarmist spürte die Kälte nicht weniger als der deutsche Landser, und die Geländeschwierigkeiten bestanden für die Rote Armee ebenso wie für die deutsche. Die sowjetischen Truppen waren allerdings viel zweckmäßiger gekleidet und für den Winterkrieg ausgerüstet als die deutschen, und die administrativen Vorbereitungen waren, wenn auch sehr oft grob improvisiert, den strategischen und taktischen Planungen der Sowjets angemessen. Hier bestand ein Gegensatz zu den Deutschen, die sich oft allzu sehr auf das Kriegsglück verließen.

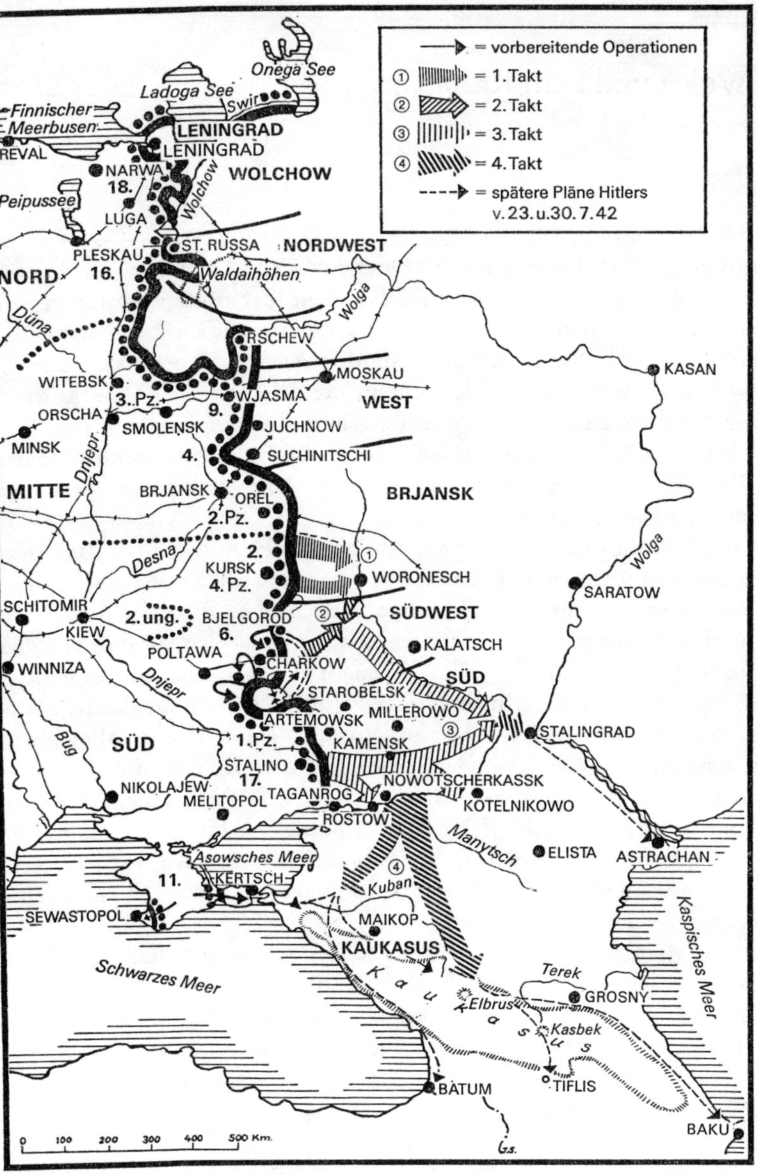

Karte 9: Stalingrad 1942–1943

12. Kapitel

Zur Wolga und zum Kaspischen Meer

Im Winter 1941 hatte Kinzels Abteilung Fremde Heere Ost im OKH ihre Ansichten über Stärke und Leistungsfähigkeit der Roten Armee revidiert. Am 4. November hatte Kinzel in einer nachrichtendienstlichen Lagebeurteilung gesagt, er stimme mit der bisher im Rüstungsamt des Generals Thomas vertretenen Ansicht, die sowjetische Wirtschaft werde nicht in der Lage sein, die Steitkräfte vor dem Sommer 1942 neu auszurüsten, nicht überein und sagte, er glaube, die Rote Armee werde bis zum Mai 30 Kavalleriedivisionen und 150 Schützendivisionen zusammen mit einer Anzahl neuer Panzerverbände ausrüsten können, die amerikanische oder englische Panzer erhalten würden.[1]

Anfang 1942 gab Kinzel eine neue Auflage des Handbuchs für das deutsche Heer über die sowjetischen Streitkräfte heraus, das inhaltlich mit dem vor einem Jahr erschienenen kaum mehr übereinstimmte. Hier hieß es, die Rote Armee sei zu einer so brauchbaren Kampftruppe herangebildet worden, wie man dies vor dem Kriege nicht habe erkennen können. Was am meisten überrasche, sei nicht ihre zahlenmäßige Stärke, es seien vielmehr die gewaltigen Vorräte an Waffen, Ausrüstung, Bekleidung, Panzern und Geschützen, Vorräte, die weit über alles hinausgingen, was es sonst in der Welt gebe. Ganz allgemein war der deutsche Nachrichtendienst überrascht davon, wie schnell das sowjetische Oberkommando seine eigenen Schwächen erkannt und Abhilfe geschaffen hatte. Das Handbuch räumte ein, daß es die sowjetische Organisation und die Fähigkeit der Regierung, des Oberkommandos und der Feldtruppen, durch Improvisationen mit ihren Schwierigkeiten fertigzuwerden, weit unterschätzt habe.[2]

Am 31. März war Halder zu dem Schluß gekommen, daß Kinzel für seinen Posten nicht geeignet sei, und Anfang April wurde er als Chef der Abteilung Fremde Heere Ost durch Gehlen ersetzt, der als Generalstabsoffizier dem Stab Halders angehört hatte und früher sein persönlicher Adjutant gewesen war.[3] Gehlen, ein fähiger Offizier, war Anfang des Krieges Erster Generalstabsoffizier der 213. Infanteriedivision gewesen, aber ebenso wie Kinzel war er kein Nachrichtenspezialist.

Das Selbstvertrauen des »Führers« hatte um diese Zeit gewaltig zugenommen;

1 OKH Qu IV Abt Fremde Heere Ost, Lagebeurteilung vom 4. 11. 1941.
2 Die Kriegswehrmacht der UdSSR OKH Gen St d.H. O Qu IV Abt Fremde Heere Ost (4) Nr. 100/41 g. vom 1. Januar 1942, S. 3–5.
3 *Halder*, Kriegstagebuch, Bd. 3, S. 422.

denn er war überzeugt, er allein habe die sowjetische Gegenoffensive zum Stehen gebracht, und ihm sei es zu verdanken, daß das deutsche Heer den Winter überstanden habe.[4] Bis jetzt war es im deutschen Heer üblich gewesen, größere Offensiven in Form von Kriegsspielen vorzubereiten. Mit der Entlassung von Brauchitsch gab man diese Gepflogenheit auf, und alle Pläne entsprangen von nun an in ihren groben Umrissen und in den Einzelheiten dem fruchtbaren Gehirn des »Führers«.

Am 5. April 1942 unterzeichnete Hitler seine Weisung Nr. 41, einen langen und weitschweifigen Diskurs, in dem er seine Pläne für die Fortführung des Krieges im Osten erläuterte.[5] Nach dieser Weisung kam es jetzt nicht mehr darauf an, die Sowjetunion mit einem Schlage auf die Knie zu zwingen, und es wurden auch keine Termine für die Erreichung der nächsten Operationsziele festgelegt, die darin bestanden, die sowjetischen Streitkräfte zu vernichten und den Gegner »soweit wie möglich« von seinen Rüstungszentren abzuschneiden. Hitler hatte das Interesse an der Einnahme Moskaus verloren und war zu den Ideen zurückgekehrt, die er schon im vergangenen Jahr gehabt hatte. Die wichtigsten Operationen sollten im Süden stattfinden, um den Gegner diesseits des Don zu vernichten und die Ölfelder und Pässe des Kaukasus in die Hand zu nehmen. Leningrad wurde zum Kriegsschauplatz zweiter Ordnung erklärt und sollte eingeschlossen werden, wenn dafür ausreichende Kräfte an anderer Stelle freiwürden.

Mit Beginn des Sommers kam es wieder zu den alten Meinungsverschiedenheiten zwischen dem »Führer« und Halder. Halder zweifelte daran, daß das deutsche Heer zu weiträumigen Operationen mit tiefen strategischen Vorstößen fähig sei, und wollte alle verfügbaren Kräfte solange aufsparen, bis man eine allgemeine Offensive aufnehmen könnte. Wieder empfahl er Offensiven mit begrenztem Ziel im Abschnitt der Heeresgruppe Mitte. Hitler dagegen holte seine Argumente aus dem vergangenen Jahr hervor. Der sowjetische Gegner werde überschätzt, und die Rote Armee habe sich in der Gegenoffensive im Winter verausgabt. Das kaukasische Öl sei ein notwendiger, ja entscheidender Faktor in den Kriegsanstrengungen der Sowjetunion, und der Feind werde alles daransetzen, seine Ölvorräte zu schützen. Die Passivität der Deutschen könne die Haltung der Verbündeten und sogar der Türkei beeinflussen. Diesen alten und abgedroschenen Argumenten fügte der »Führer« ein weiteres hinzu: 1943 könne es zu einer sehr realen Bedrohung durch die Anglo-Amerikaner kommen, und aus diesem Grunde sei es unbedingt notwendig, 1942 im Osten die Entscheidung zu erzwingen. Für jeden Vorschlag, die Heeresgruppe Nord und Mitte aus den beiden großen Frontausbuchtungen bei Demjansk und Rschew-Wjasma herauszuziehen, hatte Hitler taube Ohren und behauptete auch weiterhin, daß eine Frontbegradigung in diesen Räumen zu starke feindliche Kräfte freimachen werde.

Am wichtigsten sei jedoch die Säuberung der Halbinsel Kertsch vom Feinde, die

4 Er bezeichnete die Verteidigung als einen »Erfolg von unerreichter Größe«; *Hubatsch*, Hitlers Weisungen für die Kriegführung, S. 183.

5 Ebenda, S. 183–195; *Warlimont*, Inside Hitler's Headquarters, S. 231.

Einnahme Sewastopols und die Vernichtung der bedrohlichen feindlichen Frontausbuchtung diesseits des Donez bei Isjum.

Die 11. Armee unter Manstein ließ einen großen Teil der deutschen Truppen vor Sewastopol durch Rumänen ablösen und machte die Rumänen für die gesamte Küstenverteidigung verantwortlich. Dann versammelte sie einen aus sechs deutschen und drei rumänischen Divisionen bestehenden Verband für den Angriff gegen Kertsch. Das VIII. Fliegerkorps unter Richthofen war von der Heeresgruppe Mitte auf die Krim verlegt worden, verstärkte dort den der 11. Armee zugeteilten Luftstab, so daß die hier zur Verfügung stehenden Luftstreitkräfte aus 11 Bombengeschwadern, 3 Stukageschwadern und sieben Jagdgeschwadern bestanden, und das war ein sehr starker fliegender Verband. Manstein hatte einen kühnen Plan entwickelt, wollte mit Pioniersturmbooten im Rücken des Feindes landen und mit motorisierten Truppen einen raschen und tiefen Vorstoß bis nach Kertsch unternehmen.

Der sowjetische Gegner auf der Halbinsel Kertsch war den Angriffstruppen um ein Vielfaches an Stärke überlegen. Die Krimfront unter Koslow bestand aus drei Armeen, aber die Verteidigungsstellungen waren nicht genügend in die Tiefe gegliedert. Am 8. Mai brach Manstein nach schweren Vorbereitungsangriffen der Luftwaffe auf einer etwa 5 Kilometer breiten Front durch die feindlichen Stellungen. Am 12. Mai war die Schlacht entschieden, und am 15. Mai waren die Deutschen in der Stadt Kertsch. Der Feind war geflohen und hatte seine gesamte Ausrüstung zurückgelassen. Die deutschen Verluste betrugen nur 7500 Mann, während die Krimfront 170.000 Kriegsgefangene, 1100 Geschütze, 250 Panzer, 3800 motorisierte Fahrzeuge und 300 Flugzeuge verloren hatte. Nur ganz schwache Teile der Roten Armee entkamen über die Straße von Kertsch auf die Halbinsel Taman. Die Besatzung von Sewastopol blieb während der ganzen Zeit untätig.[6]

Wie üblich wurden die sowjetischen Befehlshaber von ihren Posten abberufen, um sich persönlich für ihr Versagen zu verantworten. Koslow und die Armeebefehlshaber Tschernjak und Kolganow wurden mit vielen anderen degradiert. Der Vertreter der Stawka an der Krimfront, Mechlis, wurde zum Korpskommissar degradiert.

Das nächste vorbereitende Säuberungsunternehmen »Fridericus 1« in der Ukraine sollte von der Gruppe Kleist, bestehend aus Kleists 1. Panzerarmee und Hoths 17. Armee, gegen die Frontausbuchtung bei Isjum geführt werden, während die 6. Armee unter Paulus gleichzeitig zum Vorstoß gegen Süden angesetzt wurde.

Nur wenige Tage vor dem geplanten Angriffsbeginn trat Timoschenko auf dem südwestlichen Kriegsschauplatz am 12. Mai aus dem Brückenkopf bei Isjum zur Gegenoffensive in Richtung auf Charkow an.[7]

Die Sowjets hatten geplant, die Südwestfront unter Kostenko konzentrisch gegen die deutsche 6. Armee angreifen zu lassen, und zwar aus dem Raum Wolt-

6 *von Manstein,* Lost Victories, S. 236–238; *Halder,* Kriegstagebuch, Bd. 3, S. 444.
7 Wtoraja Mirowaja Woina, S. 293.

schansk in westlicher Richtung. Die Truppen in der Frontausbuchtung bei Isjum sollten nach Norden vorstoßen, und zwei Armeen unter Malinowski am Südrand der Ausbuchtung erhielten den Auftrag, Kostenko Rückendeckung zu geben.

Der mit 23 Schützendivisionen, 2 Kavalleriekorps und 2 Panzerkorps gegen die elf Divisionen der 6. Armee unter Paulus geführte sowjetische Angriff zwang Paulus zum Ausweichen und zum Einsatz aller Reserven, zu denen auch die beiden Divisionen gehörten, die eben erst in Charkow eingetroffen waren.[8] Am 14. Mai gab die Lage bei der deutschen 6. Armee Anlaß zur Sorge, aber die Südwestfront unter Kostenko, die von der bisher untätig gebliebenen Südfront unter Malinowski nicht unterstützt wurde und durch Fliegermeldungen von bedrohlichen deutschen Panzeransammlungen unterrichtet worden war, erkannte nicht, daß die Zeit für den Einsatz der Panzerkorps gekommen war. Die Gruppe Bodkin, zu der starke Kavallerie gehörte, ging in nordwestlicher Richtung gegen Krasnograd und Poltawa vor und schnitt die Flankenverbindung zwischen der 6. Armee und der Gruppe Kleist ab. Bock nahm diese Entwicklung so ernst, daß er vorschlug, das Unternehmen »Fridericus I« Kleists, das am 18. Mai beginnen sollte, zu verschieben und stattdessen zwei der drei dafür vorgesehenen Panzerdivisionen Paulus zu Hilfe zu schicken. Hitler und Halder lehnten diesen Vorschlag ab.[9]

Am Morgen des 17. Mai griff Kleist mit zwei Panzerdivisionen und einer motorisierten Division, acht deutschen und vier rumänischen Infanteriedivisionen, unterstützt vom IV. Fliegerkorps, die sowjetische Frontausbuchtung von Süden her an. Der Angriff traf die Truppen der Südfront, die zwar heftigen Widerstand leisteten, aber bald seitlich ausweichen mußten, so daß die Deutschen am ersten Tage 40 Kilometer weit vorankamen und am folgenden Tage Isjum einnahmen. Der Versuch einer Gegenoffensive des südwestlichen Kriegsschauplatzes unter Timoschenko schlug fehl. Das Kommando des südwestlichen Kriegsschauplatzes erkannte die Gefahr, daß die Frontausbuchtung von den Deutschen eingeschlossen werden könnte, aber der Vorschlag, nach Osten auszuweichen, wurde vom sowjetischen Oberkommando abgelehnt, das verlangte, die Befehlshaber sollten aktiv gegen Kleist vorgehen, und die Offensive der Südwestfront gegen die 6. Armee müsse weitergeführt werden. Die hart bedrängten Truppen des Generals Paulus verspürten sofort ein Nachlassen des Drucks. Die 6. Armee erhielt den Auftrag, in südlicher Richtung anzugreifen und die Verbindung mit Kleist aufzunehmen, die am 22. Mai hergestellt wurde. Die Kämpfe gingen bis zum 29. Mai weiter, und die eingeschlossenen sowjetischen Truppen, Teile von vier Armeen, wurden zerschlagen.

Die Deutschen verloren bei diesen Kämpfen 20.000 Mann. Die Verluste der Roten Armee betrugen allein an Kriegsgefangenen 214.000 Mann, dazu kamen 1200 Panzer und 2000 Geschütze.[10] Der vorgeschobene Gefechtsstand des südwestlichen Kriegsschauplatzes im Kessel wurde genommen, und der Befehlshaber

8 Istorija, Bd. 2, S. 412.
9 *Halder*, Kriegstagebuch, S. 440.
10 Kriegstagebuch des OKW, Bd. 2, S. 391; sowjetische Quellen sagen nichts über die Verluste der Roten Armee.

der Südwestfront, Kostenko, sowie die Befehlshaber der 6. und der 57. Armee, Gorodnjanski und Podlas, wurden als gefallen gemeldet. Obwohl diese Erfolge zum großen Teil Hitler und Halder zu verdanken waren, wurde Paulus für seinen Anteil am Siege mit dem Ritterkreuz ausgezeichnet, und die nationalsozialistische Partei sowie die Presse rühmten seine Fähigkeiten und Leistungen.

Aber noch waren die Vorbereitungen für den gewaltigen deutschen Vorstoß nach Stalingrad und zum Kaukasus nicht getroffen. Die Krim mußte gesäubert und der Gegner in die kleine Frontausbuchtung bei Woltschansk zurückgedrängt werden. Außerdem war es notwendig, am Ostufer des Oskol, eines Nebenflusses des Donez, einen Brückenkopf zu bilden. Man setzte zwei Unternehmen an. Eines unter dem Decknamen »Wilhelm« sollte von der deutschen 6. Armee im Raum Woltschansk, das zweite Unternehmen »Fridericus II« von der 1. Panzerarmee und Teilen der 6. Armee aus dem Raum südostwärts von Charkow gegen Kupjansk geführt werden. Das erste fand vom 10. bis zum 15. Juni und das zweite vom 22. bis zum 26. Juni statt. Die sowjetischen Truppen zogen sich rasch 50 Kilometer nach Osten zurück, um sich der Einschließung zu entziehen, verloren jedoch dabei weitere 40.000 Gefangene. Das Kommando des südwestlichen Kriegsschauplatzes hatte jetzt jede Initiative verloren, und seine Truppen waren praktisch zerschlagen.

Auf der Krim stand die 11. Armee in der Endphase ihres siegreichen Feldzuges zur Eroberung von Sewastopol.

Der Angriff begann am 7. Juni, unterstützt von starker Artillerie und Luftstreitkräften. Die Kämpfe dauerten mehrere Tage. Stellenweise waren sie außerordentlich hart, besonders dort, wo um die fest eingebauten Festungsgeschütze und die unter den überhängenden Klippen liegenden Stollen gekämpft wurde. In einzelnen Fällen sprengten die Kommissare, anstatt sich zu ergeben, sich selbst, die Verteidiger und die Angreifer mit den Frauen und Kindern, die sich in die Unterstände geflüchtet hatten, in die Luft. Viele andere Einheiten ergaben sich erst, wenn der betreffende Kommandeur gefallen war oder sich das Leben genommen hatte. Manstein meldete ähnliche Fälle wie die »Leibstandarte« im vergangenen Winter bei Rostow, wo Soldaten und Zivilisten mit Frauen und Mädchen Arm in Arm auf die deutschen Linien zugestürmt waren. Die Deutschen verloren etwa 24.000 Mann, und Manstein lehnte es ab, daß die Truppe die in der Stadt und im Hafen noch vom Gegner gehaltenen Stellungen stürmte, um weitere Verluste zu vermeiden. Diese Stellungen wurden mit Bomben angegriffen und unter Artilleriebeschuß genommen, wobei viele Zivilisten ums Leben kamen.

Die Deutschen waren in der Luft soweit überlegen, daß die Schwarzmeerflotte Verstärkungen und Nachschub nur bei Nacht an Land bringen konnte. Schließlich wurde es für die Schiffe unmöglich, Sewastopol anzulaufen, und nach Berichten sowjetischer Historiker wurden nur 4000 Tonnen Nachschub mit U-Booten herangebracht. Auf U-Booten verließen auch alle höheren sowjetischen Offiziere, Beamten und Funktionäre die Stadt, ehe die Deutschen sie gefangennehmen konnten. Die Reste der sowjetischen Küstenarmee schlugen sich bis zur Halbinsel Chersones westlich von Sewastopol durch und hofften vergeblich, von dort auf Schiffen abtransportiert zu werden. Am 4. Juli kapitulierten 30.000 Mann. Im ganzen fielen den Deutschen in dieser Schlacht 90.000 Kriegsgefangene und 460 Geschütze in die Hand. Beim Sturm auf Sewastopol verschossen die Deutschen 46.000 Tonnen Munition und warfen 20.000 Tonnen Bomben ab.[11] In Anerkennung seiner Verdienste um die Siege bei Kertsch und Sewastopol wurde Manstein vom Generaloberst zum Feldmarschall befördert.

Der Sieg Mansteins bei Sewastopol, ein bemerkenswerter Erfolg, wenn man die Schwierigkeit des Geländes, die Standhaftigkeit der Verteidiger und die Stärke der feindlichen Truppen in Rechnung zieht, beflügelte die Phantasie des »Führers«. Er gab seine frühere Absicht, die 11. Armee an den Kuban zu verlegen, auf und beschloß, Manstein und seine siegreichen Truppen sollten sich an der Einnahme von Leningrad beteiligen. Halder, der damals nur noch selten mit Hitler übereinstimmte, erklärte dem »Führer« und anderen, er sei ganz und gar dagegen, Leningrad einzunehmen und zugleich eine große Offensive in der Ukraine und im Kaukasus zu beginnen.[12] Das Fehlen dieses ganzen Heeresverbandes, der aus acht deutschen Divisionen bestanden hatte und als einziger einige Erfahrungen in dem Umgang mit den Rumänen besaß, sollte sich später, als die deutsche 6. Armee vor Stalingrad in eine kritische Lage geriet und die deutschen Truppen am Kaukasus sich in der Gefahr befanden, abgeschnitten zu werden, noch sehr schmerzlich fühlbar machen.

Aber die große Sommeroffensive im Süden hatte schon begonnen.

Am 1. Juni flog Hitler zu einer Besprechung bei der Heeresgruppe Süd nach Poltawa. Dazu nahm er Keitel, Heusinger und Wagner mit. An der Besprechung nahmen Richthofen, Kleist, Ruoff, Mackensen, Weichs, Hoth und Paulus teil. Bock legte seine Pläne für die Sommeroffensive dar, mit denen sich der »Führer«, der sich in bester Stimmung befand, einverstanden erklärte. Wie Paulus nach dem Kriege berichtet hat, wurde Stalingrad selbst als Angriffsziel nicht erwähnt, aber Hitler sagte, wenn Maikop und Grosny nicht genommen werden könnten, sei dieser Krieg verloren.[13]

Das sowjetische Oberkommando sollte durch ein Ablenkungsmanöver veranlaßt werden zu glauben, daß sich der Hauptstoß der Sommeroffensive gegen Moskau richten werde. Goebbels erhielt den Auftrag, gewisse Nachrichten an die ausländische Presse durchsickern zu lassen, während Kluge ganz offensichtliche Vorbereitungen für einen Vorstoß gegen die sowjetische Hauptstadt unter dem Decknamen »Kreml« traf.[14]

Hitler hatte wieder einmal phantastische Vorstellungen, die er Mussolini in einem Brief vom 22. Juni 1942 in glühenden Farben ausmalte. Deutsche Armeen würden

11 Istorija, Bd. 2, S. 408–411; *von Manstein,* Lost Victories, S. 248–259; Kriegstagebuch des OKW, Bd. 2, S. 473.
12 Vgl. *von Manstein,* Lost Victories, S. 261; Kriegstagebuch des OKW, Bd. 2, S. 456; *Halder*, Kriegstagebuch, Bd. 3, S. 485.
13 *Görlitz*, Paulus and Stalingrad, S. 155.
14 Goebbels Diary, 23. Mai 1942, S. 170; Heeresgruppe Kommando Mitte, Ia Nr. 4350/42 g. Kdos Chefs vom 29. Mai 1942 (Kriegstagebuch des OKW, Bd. 2, S. 1276–1277).

den Kaukasus überschreiten und gemeinsam mit den »Achsen«-Steitkräften in Ägypten, die knapp 160 Kilometer vor Alexandria standen, den gesamten bis jetzt von den Briten beherrschten Nahen Osten besetzen. Die vom »Führer« selbst entworfene Weisung Nr. 41 war eine ungeordnete Sammlung unzusammenhängender Gedanken, enthielt viel Unwesentliches und war ein Mischmasch aus Strategie und Taktik. Weder die Stärke des Gegners noch seine Gliederung oder seine Absichten wurden erwähnt, und auch die eigenen Absichten kamen nicht klar zum Ausdruck.

Das allgemeine Operationsziel war die Vernichtung der noch vorhandenen sowjetischen »Wehrkraft«. Die sowjetischen Truppen sollten von ihren Rüstungszentren abgeschnitten werden. Das Wort »Wehrkraft« wurde jedoch nicht näher definiert, und die Weisung sagte nichts darüber, wo sich diese Rüstungszentren befänden. Das besondere Hauptziel der Operationen war die Vernichtung der sowjetischen Streitkräfte westlich des Don, der die Inbesitznahme der kaukasischen Ölfelder und Gebirgspässe folgen sollte, die in die Türkei und nach Iran führten. Die Einnahme von Stalingrad oder das Erreichen der Wolga gehörten nicht zu den allgemeinen oder besonderen Zielen der Offensive.[15]

Die Inbesitznahme der über den Kaukasus führenden Pässe, die zwar notwendig gewesen wäre, wenn der »Führer« die Schwarzmeerhäfen und den Nahen Osten besetzen wollte, hatte bei der Vernichtung des sowjetischen Staates keine besondere Bedeutung. Die Eroberung der kaukasischen Ölfelder brachte den Deutschen offensichtliche Vorteile, und ihr Verlust wäre für die Sowjetunion ein schwerer Schlag gewesen.[16]

1940 förderte die Sowjetunion im ganzen 31 Millionen Tonnen Erdöl, und 1941 steigerte sich die Produktion auf fast 38 Millionen Tonnen.[17] Die größten Ölvorkommen lagen in drei Ölfeldern im Kaukasus, bei Maikop, Grosny und Baku. Das Ölgebiet von Baku war das bei weitem ergiebigste und brachte nach westlichen Schätzungen 80 Prozent der gesamten sowjetischen Förderung.[18] Andererseits ist bekannt, daß diese drei Ölfelder nur ein Teil der bereits 1942 in der Sowjetunion erschlossenen Erdölvorkommen waren; denn auch an der oberen Wolga und bei Kama (ein Gebiet, das nach dem Zweiten Weltkrieg mehr Öl produziert hat als Baku) wurden große Mengen von Erdöl gewonnen, ebenso im Ural, im Norden bei Uchta und ostwärts des Kaspischen Meeres in einem schmalen Landstreifen, der sich durch den ganzen Süden der Sowjetunion zieht.[19] Von der gesamten Ölproduktion des Jahres 1941 verbrauchten die Rote Armee und die Rote Luftflotte weniger als 4,5 Millionen Tonnen.[20]

Soweit das Verteiler- und Transportsystem für das sowjetische Öl bekannt war, wäre es für die strategischen Entscheidungen der Deutschen

15 *Hubatsch*, Hitlers Weisungen für die Kriegführung 1939–45, S. 183–188.
16 Bitwa sa Kawkas, S. 9–26.
17 *Baransky*, Economic Geography of the USSR, S. 23.
18 *Krawtschenko*, Wojennaja Ekonomika SSSR 1941–1945, 2. Kap., Tafel 8.
19 Vgl. z. B. *Schukow*, Wospominanija i Rasmyšlenija, S. 524.
20 *Krawtschenko*, Wojennaja Ekonomika SSSR 1941–1945, 6. Kap. und Tafel 17.

im Osten ein wichtiger Faktor gewesen. 1941 gab es erst wenige Ölleitungen, und die vorhandenen führten nur über verhältnismäßig kurze Strekken und hatten eine geringe Kapazität. Die Hauptleitung, die über etwa 1900 Kilometer von Baku zum Schwarzmeerhafen Batum führte, bestand schon seit dem ersten Weltkrieg, und daneben gab es noch die kürzeren Leitungen von Grosny nach Tuapse am Schwarzen Meer, von Armavir nach Rostow und Trudowuja und von Gurjew am Kaspischen Meer nach Orsk im Nordosten. Nach deutschen Schätzungen gingen außerdem jährlich etwa 9 Millionen Tonnen auf Flußtankschiffen und Lastkähnen die Wolga hinauf. Für die Verteilung von Erdöl und Erdölprodukten im Lande benutzte die Sowjetunion jedoch hauptsächlich die Eisenbahn, die eine Gesamtkapazität von 29 Millionen Tonnen besaß.

Als Oberbefehlshaber des deutschen Heeres hatte Hitler zu seiner Weisung detaillierte und bindende Ausführungsbestimmungen erlassen. Der Feldzug sollte mit drei parallel von Westen nach Osten geführten Vorstößen beginnen, und zwar von Norden nach Süden zeitlich gestaffelt. Das erste am weitesten nördlich durchgeführte Unternehmen war ein von Panzern und Infanterie aus dem Raum Kursk nach Osten geführter Stoß, der die feindlichen Linien durchbrechen und in Richtung auf den Don und Woronesch erfolgen sollte. Dabei stellte Hitler ausdrücklich fest, daß das Ziel des Durchbruchs die Einnahme von Woronesch sei. Die Stadt lag etwa 8 Kilometer jenseits des Don. Die Panzerkräfte sollten sich anschließend nach Südosten wenden, rasch entlang des westlichen Donufers vorgehen, den Gegner von Norden nach Süden aufrollen und mit den Kräften zusammenarbeiten, die aus dem Raum Charkow den zweiten parallelen Vorstoß nach Osten führten. Das Ziel dieser Operationen war die Vernichtung der Kräfte der Roten Armee westlich des Flusses.

Der dritte parallele Vorstoß war im Süden geplant und sollte von Taganrog in ostwärtiger Richtung entlang des Nordufers des unteren Don erfolgen, um sich im Raum von Stalingrad mit den am Oberlauf des Don herabstoßenden deutschen Kräften zu vereinigen. Stalingrad wurde an dieser Stelle der Ausführungsbestimmungen zur Weisung Nr. 41 zum erstenmal erwähnt. Die Einnahme der Stadt gehörte nicht zum strategischen Ziel der Operation, obwohl der »Führer« ausdrücklich verlangte, es sollten alle Anstrengungen unternommen werden, um Stalingrad zu erreichen und das Stadtgebiet wenigstens durch das Feuer der schweren Waffen zu beherrschen, damit der Feind Stalingrad nicht als Industrie- und Kommunikationszentrum verwenden könne.[22]

Stalingrad war eine an der Wolga, etwa 65 Kilometer ostwärts des Don gelegene Industriestadt. Daß Hitler ihre Einnahme verlangte, ließ sich kaum begründen; denn das hätte weder zur Vernichtung der sowjetischen Kräfte westlich des Don beigetragen noch die Eroberung des Kaukasus erleichtert. Aus diesem Grunde stellten sich Halder und Bock gegen den Plan. Die Inbesitznahme der Landbrücke zwischen Don und Wolga bot insofern einen Vorteil, als damit die Nordflanke

21 *Jacobsen,* Der Zweite Weltkrieg in Chronik und Dokumenten, S. 355; Istorija, Bd. 3, S. 434.
22 *Hubatsch,* Hitlers Weisungen für die Kriegführung, Weisung 41, IIC, S. 186.

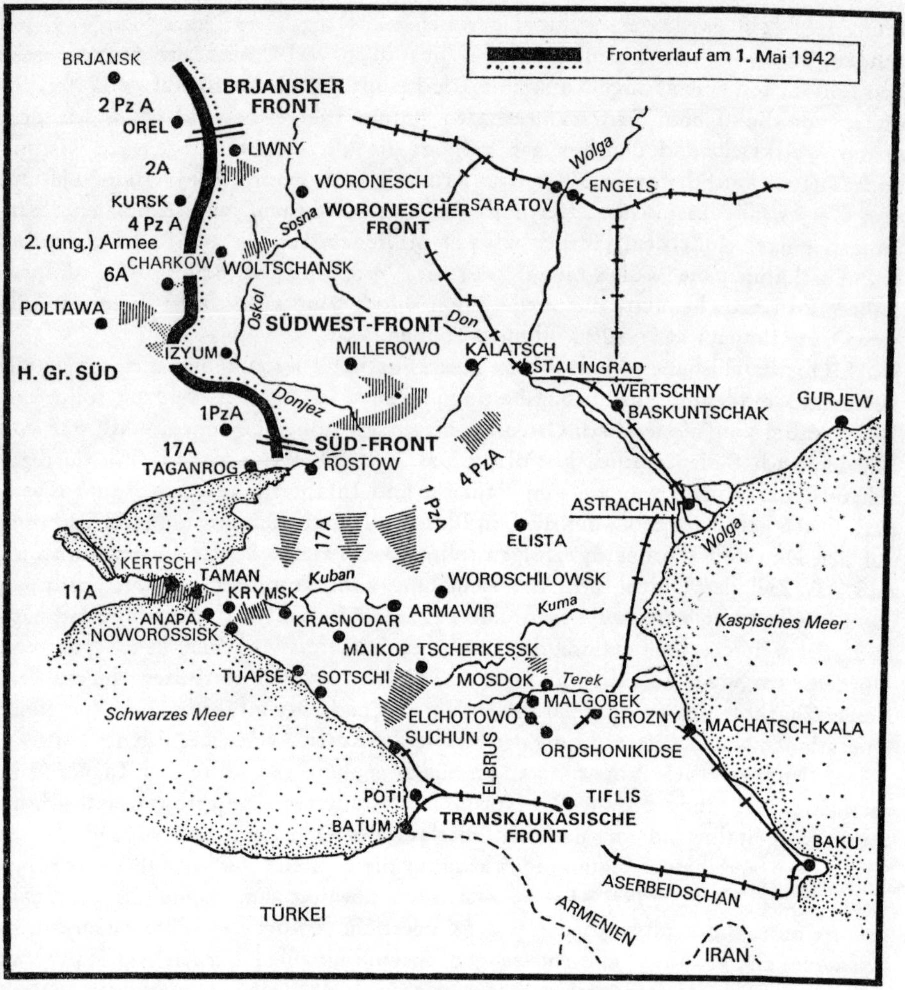

Karte 10: Charkow, Wolga und Kaukasus, Mai bis August 1942

gesichert wurde, und das Unterbrechen des Schiffsverkehrs auf der Wolga war notwendig und wichtig, weil damit die Transporte von Öl und anderen Nachschubgütern nach Norden unterbunden wurden. Es gab jedoch keinen vernünftigen Grund dafür, daß die Landbrücke nicht auch südlich von Stalingrad hätte besetzt werden oder daß man die Wolga nicht auch weiter stromabwärts hätte überschreiten können. Damit hätte man den weiteren Vorteil gehabt, die letzte sowjetische Bahnverbindung nach Astrachan zu unterbrechen. Die Unterbrechung der Bahnlinie bei Stalingrad war nicht entscheidend wichtig; denn man konnte Stalingrad auf einer Nebenlinie über Saratow umgehen.

Wahrscheinlich hat Hitler Stalingrad aus ideologischen Gründen nehmen wollen. Früher hatte die Stadt Zarizin geheißen und war 1918 von den Roten unter Woroschilow, Budjonny und Stalin verteidigt worden, die alle drei behaupteten, für den dort gegen die Weißen erfochtenen Sieg verantwortlich zu sein. Als Stalin zur Macht kam und die Geschichte neu geschrieben werden mußte, wurde die Verteidigung von Zarizin zu einer militärischen Legende, in der Stalin jetzt der einzige Held war. Fünf Jahre später ließ er die Stadt in Stalingrad umbenennen. Die Zerstörung von Stalingrad ist Hitler wahrscheinlich wichtig gewesen, weil es den Namen des sowjetischen Diktators trug und mit Stalins ehrgeizigen Plänen aus der Frühzeit in Verbindung stand, als er nach politischer Macht und militärischem Ruhm strebte.[23]

Bei dem Vorstoß nach Südosten sollte der Oberlauf des Don die linke Grenze bilden. Je weiter die Verbände dabei nach Südosten kamen, desto länger und exponierter würde die Donflanke werden, und die Front der Heeresgruppe Süd, die vor der Offensive von Orel bis Taganrog verlief und 800 Kilometer breit war, sollte sich am Schluß im großen Bogen von Orel nach Stalingrad und dann in den Raum Grosny und entlang der Vorgebirge des Kaukasus bis an das Asowsche Meer auf eine Gesamtbreite von 2100 Kilometer ausdehnen.

Zunächst standen der Heeresgruppe Süd 68 deutsche Divisionen zur Verfügung. Davon waren 9 Panzerdivisionen und 7 motorisierte Divisionen. Bis auf ein Drittel der Infanteriedivisionen waren sie alle auf 80 Prozent der Sollstärke aufgefüllt worden, und nur 15 Divisionen waren aufgrund von Personalmangel und unvollständiger Bewaffnung und Ausrüstung nicht voll einsatzfähig.[24] Im Juli wurde die Gesamtzahl von 68 auf 52 Divisionen herabgesetzt. 96 deutsche Divisionen, unter ihnen viele, die kaum noch regimentsstark waren, blieben bei den Heeresgruppen Nord und Mitte. Da diese beiden Heeresgruppen jedoch eine 2000 Kilometer breite Front halten mußten, dachte man nicht daran, die Heeresgruppe Süd auf ihre Kosten zu verstärken.[25] Hitler war gezwungen gewesen, einige Verbände aus Westeuropa und dem Balkan abzuziehen, da er im Westen aber auf keinen Fall weniger als 43 Divisionen behalten wollte, mußte er seine rumänischen, italienischen und ungarischen Verbündeten unter Druck setzen und von ihnen verlangen, daß

23 *Halder*, Hitler as War Lord, S. 56.
24 Vgl. *Mueller-Hillebrand*, Das Heer, Bd. 3, Tafel 36.
25 *Halder*, Kriegstagebuch, Bd. 3, S. 457.

sie ihre bei der Heeresgruppe Süd kämpfenden Kontigente auf insgesamt 28 Felddivisionen erhöhten.[26] Die Rumänen stellten 12, die Italiener 6 und die Ungarn 10 Divisionen, und es war beabsichtigt, die Gesamtzahl der verbündeten Divisionen schließlich auf 44 erhöhen. Die Beteiligung so vieler nicht-deutscher Verbände gefährdete dann die Sicherheit der ganzen Südostfront.

Die Rumänen hatten die nach dem Wiener Schiedsspruch erfolgte Abtretung rumänischer Gebiete an Ungarn nicht vergessen, und beide Völker waren einander so feindlich gesonnen, daß der »Führer« es für notwendig hielt, zu befehlen, rumänische und ungarische Verbände dürften nicht miteinander in Berührung kommen.

Italiener und Ungarn lehnten aus Nationalstolz die Unterstellung ihrer Verbände unter deutsche Stäbe ab und wollten es nicht zulassen, daß deutsche Truppen als »Korsettstangen« die von ihnen gehaltenen Abschnitte verstärkten. Hitler fehlte es so sehr an Mannschaften, daß er auf die Bedingungen seiner Verbündeten eingehen mußte, und so beteiligten sich Italiener, Ungarn und einige rumänische Truppenteile als selbständige Verbände an der Offensive. Hitler kannte die Grenze der Leistungsfähigkeit seiner Verbündeten, hoffte jedoch, ihnen Defensivaufgaben zuteilen zu können, denen sie gewachsen waren. Er übertrug ihnen deshalb persönlich die Verteidigung der langen und exponierten Nordostflanke am Don.[27]

Nach der Weisung Nr. 41 sollten die Kräfte der Roten Armee westlich des Don durch zwei aus gepanzerten Verbänden bestehende große Zangen vernichtet werden, die von Woronesch und Taganrog vorgingen und sich bei Stalingrad vereinigten. Erst wenn das geschehen war, sollte der Vorstoß in den Kaukasus beginnen. Man hielt sich aber nicht an die geplante Zeitabfolge, und die im Süden zu einer Zangenbewegung angesetzten Panzerkräfte stießen nicht aus der rechten Flanke, sondern aus dem Zentrum vor.

Die Heeresgruppe Süd unter v. Bock erhielt den Auftrag, den Feldzug und die Eröffnungsphasen des Angriffs vorzubereiten. Aber dann sollte sie in zwei neue Heeresgruppen aufgeteilt werden, die Heeresgruppen A und B. Die Heeresgruppe B im Norden unter der Führung von Bocks sollte aus der deutschen 6. Armee und der Gruppe Weichs bestehen. Der Stab der Heeresgruppe A unter Feldmarschall List, der erst vor kurzem auf diesem Kriegsschauplatz eingetroffen war, wurde mit der Führung der 1. Panzerarmee, der deutschen 17. Armee und der italienischen 8. Armee betraut. Da man wußte, daß der sowjetische Gegner nach den Niederlagen bei Charkow und dem folgenden Rückzug seine Kräfte noch nicht wieder geordnet hatte, drängte Hitler auf den Beginn des Feldzuges Mitte Juni, noch ehe alle Truppen bereitgestellt waren. Deshalb sollten die Vorstöße zeitlich nach einander erfolgen, wobei jede Phase der Offensive zu beginnen

26 Die Mannschaftsstärken in den deutschen Feldarmeen (ohne Waffen-SS) waren die folgenden:

	Osten	andere Kriegsschauplätze
22. 6. 1941	: 3.206.000	971.000
1. 7. 1942	: 2.847.000	594.000

Mueller-Hillebrand, Das Heer, Bd. 3, Tafel 38 ff.

27 Weisung Nr. 41, IIC, letzter Abschnitt.

hatte, sobald die dafür vorgesehenen Verbände in ihren Bereitstellungsräumen eingetroffen waren.

Durch die in zeitlichen Abständen erfolgenden Vorstöße wurde es außerdem möglich, daß die Luftwaffe jeden einzelnen Angriff mit konzentrierten Kräften unterstützte. Sie stellte dazu die Luftflotte 4 unter v. Richthofen, bestehend aus einem Flak-Korps, dem IV. Fliegerkorps und dem VIII. Fliegerkorps zur Verfügung. Das letztere sollte eingesetzt werden, sobald es seine Aufgaben beim Angriff gegen Sewastopol erledigt hatte. Die Luftflotte 4 bestand aus 10 Geschwadern einmotoriger Jagdflugzeuge, 8 Geschwadern Langstreckenjägern, 16 Bombengeschwadern und 5 Stukageschwadern.

Die erste Phase der unter dem Decknamen Unternehmen »Blau I« zu führenden Offensive sollte am 28. Juni im Norden im Raum von Kursk durch die aus der 2. Armee (Weichs), der ungarischen 2. Armee unter Generaloberst Jany und der 4. Panzerarmee unter Hoth bestehenden Gruppe Weichs geführt werden. Das waren zusammen sechs ungarische und siebzehn deutsche Divisionen, darunter drei Panzerdivisionen und zwei motorisierte Infanteriedivisionen.

Nach Erreichen des Don sollten die Infanterieverbände entlang des Flußlaufs die Nord- und die Ostflanke halten, während die Panzerverbände unter Hoth rasch nach Süden vorstießen.

Zwei Tage später sollte die 6. Armee unter Paulus mit achtzehn deutschen Divisionen, darunter zwei Panzerdivisionen und eine motorisierte Division, in der zweiten Phase desselben Unternehmens unter dem Decknamen »Blau II« aus dem Raum Charkow unmittelbar südlich der Gruppe Weichs in ostwärtiger Richtung gegen den Don angreifen und nach Einschließung sowjetischer Truppen im Raum Stary Oskol rechts neben Hoth nach Südosten vorgehen. Wenige Tage darauf sollte »Blau III«, auch Unternehmen »Clausewitz« genannt, von der Heeresgruppe A, der 1. Panzerarmee unter Kleist und der Gruppe Ruoff, als letzter Vorstoß ausgeführt werden. Anstatt diesen rechten Umfassungsarm aus dem Raum Taganrog am Unterlauf des Don gegen Stalingrad anzusetzen, erfolgte der Hauptstoß fast 240 Kilometer weiter nördlich bei Artemowsk, weil die Heeresgruppe A nicht genügend Offensivkraft besaß, um sich in einer weiten Umgehungsbewegung ohne Flankenschutz von der 6. Armee zu lösen, und weil es an Brückengeräten fehlte, um über den an seiner Mündung sehr breiten Donez einen Übergang zu bewerkstelligen. Taktische Überlegungen modifizierten also das strategische Konzept der Weisung Nr. 41 erheblich und machten seine Durchführung zum Teil unmöglich.[28] Statt aus einer großzügigen strategischen Umfassung sollte die Offensive jetzt nur noch aus einigen kleineren Einschließungsoperationen bestehen.

Obwohl die Offensive für den Hochsommer geplant war, rechnete man mit Nachschub- und Transportschwierigkeiten. Die Eisenbahn würde für diese Aufgaben nicht ausreichen, und deshalb plante man, die Versorgung durch motorisierte

28 Vgl. *Doerr*, Der Feldzug nach Stalingrad, S. 20; *Philippi* und *Heim*, Der Feldzug gegen Sowjetrußland, S. 132.

Nachschubeinheiten durchführen zu lassen. Aber ebenso wie im vergangenen Sommer fehlte es an Fahrzeugen und Kraftstoff. Alle Infanteriedivisionen kamen nicht schneller voran als das Pferd im Schritt.

Auf sowjetischer Seite war der südwestliche Kriegsschauplatz unter Timoschenko nach der Niederlage bei Charkow schwach und desorganisiert. Umgruppierungen und die unvermeidlichen sowjetischen Umgliederungen in den höheren Stäben folgten. Der Stab des südwestlichen Kriegsschauplatzes war aufgelöst worden, und Timoschenko führte nur noch den Befehl über die Südwestfront, während die Brjansker Front und die Südfront dem sowjetischen Oberkommando direkt unterstanden. Nachdem die Krimfront zerschlagen worden war, wurde eine neue, nordkaukasische Front unter dem Kommando von Budjonny, geschaffen.[29] In Moskau wußte man, daß eine deutsche Offensive bevorstand, und man vermutete, der erste Stoß werde sich gegen die Brjansker Front richten. Aber der sowjetische strategische Nachrichtendienst hielt diesen Angriff nur für die Vorbereitung einer größeren Offensive im Nordosten mit dem Ziel, Moskau zu umgehen und einzuschließen.[30] Die Brjansker Front unter Golikow wurde vom sowjetischen Oberkommando durch vier Panzerkorps, zehn Infanteriedivisionen und vier Panzerbrigaden verstärkt, welche die deutsche Offensive aufhalten sollten. Aber der deutsche Angriff traf die Brjansker und die Südwestfront, die ihr Gleichgewicht noch nicht wiedergewonnen hatten, ganz unvorbereitet.

Am frühen Morgen des 28. Juni ließ Weichs die 4. Panzerarmee unter Hoth, unterstützt durch starke Verbände des VIII. Fliegerkorps, gegen Woronesch antreten, während die deutsche 2. Armee ihre Flanke deckte. Der Angriff richtete sich gegen die Brjansker Front, die den Fehler beging, ihre Panzerkorps in kleinen Gruppen ins Gefecht zu schicken. Zwei Tage darauf griff Paulus die Südwestfront an. Am 2. Juli nahmen die Truppen von Weichs bei Stary Oskol die Verbindung mit den von Paulus geführten Verbänden auf und vollendeten damit die erste taktische Einschließung, bei der zahlreiche Gefangene gemacht wurden. Am 6. Juli hatte die 4. Panzerarmee unter Hoth den Don überschritten und nahm in einem Panzervorstoß Woronesch, nachdem der Feind die Stadt aufgegeben hatte. Das sowjetische Oberkommando, das immer noch glaubte, das strategische Ziel der Deutschen sei Moskau, begann nun, eine Panzerarmee und zwei weitere Schützenarmeen aus ihren Reserven gegen den Raum Woronesch ostwärts des Don vorgehen zu lassen.

In der zweiten Woche des Feldzuges ergaben sich die ersten Meinungsverschiedenheiten zwischen Hitler und Bock, denen weitere folgen sollten. Hitler meinte, der Don solle die linke Flanke schützen, und alle Panzerverbände sollten rasch nach Süden stoßen, während schwache Infanterieverbände die Flußlinie hielten. In der Weisung Nr. 41 und in seinem Befehl an die Heeresgruppe Süd vom 12. April hatte Hitler die Einnahme von Woronesch gefordert, obwohl die Stadt mehrere

29 Istorija, Bd. 2, S. 419.
30 *Wassilewski,* Wojenno Istoričeskii Surnal Nr. 8, August 1965.

Kilometer hinter dem Ostufer des Don gelegen war. Aber am 3. Juli wurde der »Führer« unschlüssig und meinte, es sei vielleicht nicht notwendig, Woronesch zu nehmen. Er überließ es daher Bock, so zu verfahren, wie er es für richtig ansah, vorausgesetzt, daß die Einnahme der Stadt den Panzervorstoß nach Südosten nicht aufhielt. Sehr bald begann sich der »Führer« Sorgen darum zu machen, daß Bock zu langsam vorankäme, und obwohl er bei seinem Besuch in Bocks Hauptquartier liebenswürdig und vernünftig gewesen war, begann er ihn sofort nach seiner Ankunft in Rastenburg wieder zu verdächtigen und zu kritisieren. Der »Führer«, Bock, Sodenstern, Keitel und Halder führten endlose Telefongespräche, und dabei war, wie Halder berichtet, das lange und sinnlose Geschwätz mit Keitel das Schlimmste.[31]

Bock war beunruhigt, weil südlich von ihm feindliche Panzer gemeldet worden waren, und wurde eine Zeitlang am Ostufer des Don aufgehalten. Angesichts der starken sowjetischen Verbände in diesem Raum, die man auf zwanzig Schützendivisionen und zahlreiche Panzerverbände schätzte, und des zunehmenden feindlichen Drucks im Raum Woronesch, zögerte Bock, weiter nach Süden vorzugehen. Es fehlte daher dem schon nach Süden in Marsch gesetzten Korps der 4. Panzerarmee an Schwung, um die feindlichen Truppen, die sich unter dem Druck des Angriffs von Paulus rasch nach Osten zurückzogen, einzuschließen, und es war klar, daß das Gros der sowjetischen Streitkräfte über den Don entkommen würde.

Das OKH befahl der Heeresgruppe A, erst am 7. Juli anzutreten, als es schon zu spät war, die Kräfte der Roten Armee westlich des Don zur Schlacht zu stellen und zu vernichten. Die sowjetische Südwestfront und Südfront, die sich der Gefahr einer Umklammerung von Norden bewußt waren, befanden sich schon auf dem Rückzug, und starke feindliche Kolonnen überquerten, von deutschen Tieffliegern angegriffen, bei Kasansk und Jelansk den Don.[32] Bock kümmerte sich besonders um den Schutz seiner linken Flanke und wurde immer wieder durch Kraftstoffmangel und Wolkenbrüche aufgehalten. Die Gruppe Ruoff war allein zu schwach, um Entscheidendes zu erreichen.

Der »Führer« versuchte verzweifelt, einen Gegner zu vernichten, der sich dem Zugriff der Deutschen immer wieder entzog und fast gar nicht zu existieren schien. Kriegsgefangene höhere sowjetische Offiziere hatten gesagt, westlich des Don stünden keine stärkeren sowjetischen Kräfte mehr, und die Luftaufklärung bestätigte dies. Aber Hitler war überzeugt, die Rote Armee habe sich an den Unterlauf des Don nördlich von Rostow zurückgezogen. Ohne Rücksicht auf seine vorher gegen Stalingrad gerichteten strategischen Pläne und gegen seine früheren Befehle bereitete er sich darauf vor, die feindlichen Kräfte nördlich der Donmündung in einer großen Umfassungsschlacht zu schlagen. Am 13. Juli wurde die 4. Panzerarmee unter Hoth Bock fortgenommen, List unterstellt und erhielt den Befehl, den Don bei Konstantinowka zu überschreiten und nach Westen gegen Rostow und das Asow-

31 *Halder*, Kriegstagebuch, Bd. 3, S. 470–476; *Keitel*, Memoirs, S. 178–179.
32 *Doerr*, Der Feldzug nach Stalingrad, S. 21, Fn. 8.

sche Meer vorzugehen. Die 1. Panzerarmee erhielt den Auftrag, kehrtzumachen, den Donez wieder zu überschreiten und am Nordufer des unteren Don nach Westen vorzustoßen. Die Heeresgruppe B sollte dabei die Nordflanke der Heeresgruppe A schützen. Beide Panzerarmeen traten nach Westen an und kehrten dabei Stalingrad den Rücken. Zeitweilig konnten sie wegen der schweren Regenfälle und aus Kraftstoffmangel nicht vorankommen, doch dann gab die sowjetische Südfront den Widerstand gegen die Gruppe Ruoff ganz plötzlich auf, und die sowjetischen Verbände zogen sich geschickt zurück, nachdem sie bereits große Mengen ihres schweren Geräts in Sicherheit gebracht hatten.

Am 18. Juli wuden alle Befehle noch einmal umgestoßen, und nachdem der »Führer« am Tage zuvor Halders Einwände gegen das sinnlose Zusammenziehen so starker Panzerkräfte verächtlich abgewiesen und die Alternative seines Chefs des Generalstabes, den Unterlauf des Don in breiter Front überschreiten zu lassen, abgelehnt hatte, nahm er jetzt diesen Gedanken als seinen eigenen auf und befahl die Fortsetzung des Vormarsches der Heeresgruppe B gegen Stalingrad.[33]

Bock glaubte nicht, daß der Versuch, die feindlichen Kräfte einzuschließen, Erfolg haben würde, wenn man das Zentrum stark und die Flanken schwach ließe, und das war eine Kritik am OKH. Das OKH zu kritisieren bedeutete Kritik des »Führers«, der Bock eine Woche lang dafür getadelt hatte, daß er die Operationen bei Woronesch verzögert habe.

Am Nachmittag des 13. Juli rief Keitel Bock an und teilte ihm mit, der »Führer« habe nach einem Gespräch mit Halder und ihm beschlossen, das Kommando der Heeresgruppe B Weichs zu übergeben, und er (Keitel) könne Bock nur dringend empfehlen, sich krank zu melden und um die Ablösung zu bitten. Als Bock nach den Gründen für seine Entlassung fragte, sagte Keitel ihm, Hitler sei mit den für die Kraftstoffversorgung der Heeresgruppe B getroffenen Maßnahmen unzufrieden, eine besonders fadenscheinige Begründung, da – wie Bock und Weichs übereinstimmend bestätigten – nur der Generalquartiermeister des OKH für die Kraftstoffversorgung verantwortlich war.[34] Am 15. Juli übernahm Weichs den Befehl über die Heeresgruppe B und übergab das Kommando der 2. Armee an General von Salmuth. Bock mußte, verärgert über die ungerechte Behandlung, seinen Abschied nehmen und wurde auch später nicht wieder verwendet.

Die ersten Operationsziele des Feldzuges waren nicht erreicht worden, aber trotz der bei der Durchführung der strategischen Planung begangenen Fehler und des ständigen Eingreifens von Hitler lag der wirkliche Grund für das Scheitern darin, daß die sowjetische Südwestfront nicht in der Lage war, sich dem Gegner zu stellen und zu kämpfen.[35] Die Angriffsverbände waren nicht schnell genug, um die zurückgehenden Truppen der Roten Armee zu überholen, und diese Unbeweglichkeit lag am Fehlen starker motorisierter Verbände und an den unzureichenden Versorgungs- und Transportmitteln.

33 *Halder*, Kriegstagebuch, Bd. 3, S. 484–485.
34 *von Bock*, Tagebuch, 13–15. Juli 1941; *von Weichs*, Tagebuch, 15. Juli 1941.
35 Kratkaja Istorija, S. 164–165.

Mitte Juli war Hitler zu der Auffassung gelangt, die Kräfte der Roten Armee im Süden seien praktisch vernichtet, so daß Halder in seinem Tagebuch notierte, der »Führer« unterschätze die Kampfkraft des Gegners so sehr, daß dies bereits groteske Formen annehme und es nicht mehr möglich sei, die Operationen vernünftig zu planen.[36] Die strategische und taktische Führung durch Hitler wurde immer unsicherer und stümperhafter. Als er am 13. Juli gegen Halders Rat beschloß, alle verfügbaren Panzerkräfte gegen Rostow einzusetzen, konnte die 6. Armee in Richtung auf Stalingrad nicht mehr weiter vorankommen, obwohl die ungarische 2. Armee die Verteidigung der Donlinie zwischen Woronesch und Pawlowsk übernommen hatte. Auch nachdem die italienische 8. Armee aus dem Süden herangezogen worden war, um den südlich der Ungarn gelegenen Donabschnitt zu übernehmen, besserte sich die Lage bei der 6. Armee nicht wesentlich.

Halder war mit den Plänen des »Führers« nicht einverstanden. Nach tagelangen Diskussionen, während derer das Wetter umschlug und die Panzer wieder zum Stehen brachte, einigte man sich am 19. Juli auf einen Kompromiß, nach dem zwei weitere Korps – eines davon ein Panzerkorps – der 6. Armee unterstellt wurden, und die 1. und 4. Panzerarmee den Auftrag erhielten, den Unterlauf des Don zwischen Rostow und Simljanskaja auf 200 Kilometer breiter Front zu überschreiten.

Es sollte aber zu noch viel ernsteren Schwierigkeiten kommen. Am 11. Juli hatte Hitler die Weisung Nr. 43 unterzeichnet, in der die 11. Armee unter Manstein den Befehl erhielt, die Straße von Kertsch nach Taman und an den Kuban zu überschreiten und die sowjetischen Schwarzmeerhäfen Anapa und Noworossisk in Besitz zu nehmen.[37]

Nur acht Tage später änderte der »Führer« seine Meinung und entschied, daß nur die rumänischen Gebirgsdivisionen nach Taman übersetzen sollten, während die 11. Armee und alle deutschen Divisionen an anderer Stelle zu verwenden seien.[38] Am 23. Juli gab er die Weisung Nr. 45 für das Unternehmen »Braunschweig«, die Offensive gegen den Kaukasus, heraus, in deren Präambel er behauptete, das Ziel der Offensive westlich des Don *sei bereits erreicht* und nur schwache Kräfte der Front Timoschenkos wären über den Don entkommen. Die Weisung war ein unklarer Befehl und keine Direktive.[39] Lists Heeresgruppe A erhielt den Auftrag, den Gegner südlich und südostwärts von Rostow zu vernichten, worauf ihre wichtigste Aufgabe nicht, wie man erwarten könnte, die Inbesitznahme der Ölfelder und der Pässe über den Kaukasus war, sondern die Besetzung der gesamten Ostküste des Schwarzen Meeres, um es damit der feindlichen Schwarzmeerflotte unmöglich zu machen, die hier gelegenen Häfen und Basen anzulaufen. Das war ein völlig neues strategisches Ziel, das von der Weisung Nr. 43 übernommen worden war. Obwohl es hieß, daß die Besetzung der Schwarzmeerküste die wichtigste Aufgabe sei, hinderte dies den Führer nicht daran, die Einnahme von Maikop und Grosny

36 *Halder*, Kriegstagebuch, Bd. 3, S. 489.
37 *Hubatsch*, Hitlers Weisungen für die Kriegführung, (Unternehmen Blücher), S. 192.
38 *Halder*, Kriegstagebuch, Bd. 3, S. 484–486.
39 *Hubatsch*, Hitlers Weisungen für die Kriegführung, S. 196–200.

zu befehlen, die gleichzeitig mit der Besetzung der Schwarzmeerküste erfolgen sollte, und zu verlangen, daß anschließend ein Vorstoß gegen Baku geführt werde. Die Heeresgruppe B unter Weichs sollte Stalingrad nehmen und die Wolga abwärts bis nach Astrachan vorstoßen.

Der Aufmarsch der deutschen Panzerverbände wurde vollkommen umgeworfen, und die Truppe in eine neue Richtung angesetzt. Die 4. Panzerarmee unter Hoth schied aus der Heeresgruppe A unter List aus und wurde der Heeresgruppe B unter Weichs unterstellt. Da sie jedoch neben der 1. Panzerarmee ostwärts von Rostow in einem schmalen Frontabschnitt zusammengezogen war und schon Brückenköpfe jenseits des unteren Don gebildet hatte, mußte sie eine rechtwinkelige Schwenkung ausführen und entlang des Südufers des Don in nordostwärtiger Richtung gegen Stalingrad vorgehen. Auf diese Weise mußte in der Kalmükensteppe zwischen den Heeresgruppen A und B bei ihrem Vormarsch in verschiedene Richtungen, auf dem die eine nach Süden und die andere nach Nordosten vorstieß, eine viele hundert Kilometer breite Lücke entstehen.

Am 4. Juli verfügten die Heeresgruppe A und B über 64 deutsche und 26 alliierte Divisionen.[40] Die sowjetischen Verluste in den zwei bis drei Wochen dauernden Kämpfen betrugen nicht mehr als 80.000 Kriegsgefangene, eine unbedeutende Zahl, wenn man an die Menschenreserven denkt, die der UdSSR zur Verfügung standen.

Aber vom sowjetischen Standpunkt aus war die Lage sehr ernst. Die Brjansker Front unter Golikow und die Südwestfront unter Timoschenko waren aufgerissen worden, und zwischen ihnen bestand eine fast 320 Kilometer breite Lücke. Malinowskis Südfront bildete noch eine durchgehende Linie gegenüber der Gruppe Ruoff. Sie hatte aber seit dem Abend des 7. Juli zu der nördlich von ihr liegenden Südwestfront Timoschenkos jede Verbindung verloren. Der Stab der Südwestfront war nach Kalatsch im Donbogen zurückgenommen worden und hatte keine Verbindung mehr zu den ihm unterstellten Truppen. Das sowjetische Oberkommando hatte, da die Funkverbindungen versagten, vergeblich versucht, der Südfront den Befehl über die Truppen der Südwestfront zu übertragen.[41]

Moskau schickte nun den Befehlshaber der Brjansker Front, Golikow, in den gefährdeten Raum bei Woronesch, während sein Stellvertreter Tschibisow das Kommando übernahm. Wassilewski, der im Hochsommer das Amt des Generalstabschefs von Schaposhnikow übernommen hatte, wurde von der Stawka zu Tschibisow an die Brjansker Front geschickt. Nach Wassilewski verfügte die Brjansker Front damals über 1000 Panzer, davon 800 T34 oder KW-Panzer, und war stark genug, um den Vorstoß der Weichs und Hoth unterstellten Verbände gegen Woronesch abzuwehren. Aber aus den verschiedensten Gründen gelang dies nicht, obwohl die sowjetischen Truppen bei Liwny und Woronesch einen so starken Druck auf den Gegner ausübten, daß Hoth im Norden festgehalten wurde, während er nach der Weisung des »Führers« auf dem rechten Donufer hätte nach Süd-

40 OKH, Kriegsgliederung, 4. Juli 1942.
41 Istorija, Bd. 1, S. 420–422.

osten vorstoßen sollen. Am 5. Juli wurde Wassilewski nach Moskau zurückgerufen, wo Stalin und die Stawka sich zu einer Umgliederung der Kommandostruktur entschlossen, um der neuen Bedrohung zu begegnen.[42]

Am 7. Juli bildete Golikow indessen aus den Truppen der Brjansker Front eine neue Woronescher Front und übernahm selbst das Kommando. Doch sieben Tage später übergab er den Befehl an Watutin, der nach seiner Rückkehr von der Nordwestfront, wo er einen Generalstabsposten innegehabt hatte, wieder stellvertretender Chef des Generalstabes geworden war.[43] Am 12. Juli wurde der Stab der Südwestfront umgegliedert und erhielt die neue Bezeichnung Stalingrader Front. Der Befehlshaber war immer noch Timoschenko, und Chruschtschow war das politische Mitglied seines Stabes. Die Stalingrader Front bestand aus drei aus den Heeresreserven neu aufgestellten Armeen und hielt einen Abschnitt nördlich des Don und im Donbogen.

Timoschenko war zweimal hintereinander bei Charkow und am Donez geschlagen worden und wurde am 23. Juli nach Moskau befohlen. Das Kommando an der Stalingrader Front übernahm an seiner Stelle Gordow. Dieser Kommandowechsel war ein Zeichen der Ungnade Stalins. Obwohl Timoschenko als Vertreter der Stawka und Organisator im Verlauf des Krieges noch einige Male an der Front auftauchte, war sein Stern schon hier im Sinken, und jüngere, wahrscheinlich fähigere Befehlshaber übernahmen einflußreiche militärische Posten.

Jetzt war Stalingrad selbst bedroht, und es kam zu den gleichen Szenen wie im vergangenen Jahr vor Leningrad und Moskau. Zehntausende von Arbeitern bauten einen dreifachen Verteidigungsring westlich der Stadt aus, dessen äußerer Ring fast 480 Kilometer lang war. Mehr als 80 Heimwehr- und Arbeiterbataillone standen schon zur Verfügung, und die Zahl dieser Verbände wuchs ständig, während die einzelnen Bataillone nach einander in die Stellungen rückten und die Feuertaufe erhielten.

Obwohl Rostow am 23. Juli verloren ging, hatte die Südfront unter Malinowski das ungünstige Wetter zu nutzen gewußt, in dem die deutschen Panzer teilweise steckengeblieben waren. Sie hatte ihre Truppen hinter den Unterlauf des Don zurückgenommen, so daß die Front jetzt nach Norden ausgerichtet war. Unmittelbar hinter Malinowski standen die Verbände der Nordkaukasischen Front.

Der Befehlshaber der Heeresgruppe A, Feldmarschall List, hatte seine beiden deutschen und eine rumänische Armee in zwei taktische Gruppen aufgeteilt. Die erste, die Gruppe Ruoff, bestand aus der 17. Armee mit fünf Infanteriedivisionen und Dumitrescus rumänischer 3. Armee mit einer Infanteriedivision und drei Kavalleriedivisionen. Die zweite Gruppe war die 1. Panzerarmee unter Kleist mit drei Panzerdivisionen, zwei motorisierten Infanteriedivisionen, vier Infanteriedivisionen und einer slowakischen Division.[44] Aber der Panzerarmee standen weniger als 400 einsatzbereite Panzer zur Verfügung. Nach Hitlers letzter Weisung

42 *Wassilewski,* Wojenno Istoričeskii Surnal Nr. 8, August 1965.
43 Istorija, Bd. 2, S. 421; *Platonow,* Wtoraja Mirowaja Woina, S. 307.
44 OKH Kriegsgliederung, 5. August 1942.

sollte die Gruppe Ruoff mit dem XLII. Korps, das hauptsächlich aus rumänischen Truppen bestand und die Straße von Kertsch von der Krim her überschreiten sollte, um an den Kuban vorzustoßen und die Schwarzmeerküste in Besitz zu nehmen, die Verbindung aufnehmen. Die 1. Panzerarmee sollte in allgemein südostwärtiger Richtung gegen Woroschilowsk, Grosny und Baku vorgehen und würde sich dabei immer weiter von der 17. Armee entfernen.

List war von seinem Auftrag wenig begeistert. Der fähige und erfahrene Soldat, der sich schon in den Feldzügen in Polen, Frankreich und auf dem Balkan ausgezeichnet hatte, wo an schmalen Fronten gekämpft worden und die deutsche Feuerkraft der des Gegners weit überlegen gewesen war, hatte schon jetzt erhebliche Schwierigkeiten. Die Entfernung von Rostow nach Baku betrug in der Luftlinie mehr als 1100 Kilometer, und die Frontbreite am Kaukasus würde für seine Truppen 1300 Kilometer ausmachen. Der Kaukasus stieg zum Teil bis auf 4500 Meter an und konnte erst erreicht werden, nachdem der Don und die zahlreichen vor dem Gebirge in ost-westlicher Richtung fließenden Flußläufe überschritten waren. Die Ebene unmittelbar südlich des Don bestand aus weiten Kornfeldern und war lange Zeit eine der Hauptkornkammern des alten Rußlands gewesen. Aber die Felder gingen allmählich in eine wasserarme, heiße und trockene Steppe über. List war mit seinen Truppen schon in Versorgungsschwierigkeiten geraten, und die Beweglichkeit seiner Panzer und motorisierten Fahrzeuge war durch akuten Kraftstoffmangel wesentlich eingeschränkt. Der Feind leistete allerdings nur sporadischen und immer schwächer werdenden Widerstand, und die sowjetischen Befehlshaber schienen, welche Befehle sie auch erhalten haben mochten, nicht die Absicht zu haben, sich dem Gegner zu stellen und hart zu kämpfen. Wie üblich konnten die deutschen Truppen, so sehr sie sich auch anstrengen mochten, die rasch zurückgehenden Soldaten der Roten Armee nicht einholen, die mit dem Gelände vertraut nicht durch schweres Gepäck behindert wurden, das sie entweder zurückgelassen oder schon vorher abtransportiert hatten. Am Unterlauf des Don war die Rote Luftwaffe stark und aggressiv, und da List nur noch vom IV. Fliegerkorps unterstützt wurde, das aus zwei Stukageschwadern und drei Jagdgeschwadern bestand, hatte die Rote Luftwaffe fast überall die Luftüberlegenheit, außer in Gebieten, in denen die deutschen Flieger geschlossen eingesetzt wurden.

Am 25. Juli traten die Deutschen aus den drei großen, auf dem jenseitigen Donufer gebildeten Brückenköpfen zum Angriff an. Malinowskis Südfront versuchte, ihre Stellungen zu halten, weil das sowjetische Oberkommando weder hier noch irgendwo anders die Verteidigung so führte, daß der Gegner in das Hinterland gelockt wurde, um ihn dort zu vernichten. Die erschöpften, desorganisierten Truppen der Südfront waren den Stapazen nicht gewachsen und zogen sich rasch zurück. Der deutsche Vormarsch wurde zur Verfolgung, verlangte jedoch von den Soldaten größte Anstrengungen und Entbehrungen. Die zu Fuß marschierende Infanterie legte am Tage durchschnittlich 48 Kilometer zurück, mußte dabei den über die Ufer getretenen Fluß Manytsch überqueren, unendliche Kornfelder und dann die öde Salzsteppe überwinden. Es herrschte eine stickige Hitze, und Mannschaften und Pferde wurden vom Durst und peitschenden Sandstürmen gequält. Panzer und motorisierte Fahrzeuge mußten aus der Luft mit Kraftstoff versorgt werden, und als dies nicht ausreichend geschah, kam der Vormarsch immer wieder zum Stehen. Dennoch ging es verhältnismäßig rasch voran, und die sowjetischen Truppen wurden häufig von den plötzlich auftauchenden Deutschen überrascht. Anfang August begannen sowjetische Techniker mit dem Abbau der Ölraffinerien in Maikop, aber da die Deutschen so rasch herankamen, ließen sich die Anlagen nicht mehr evakuieren, die nun den Sprengkommandos übergeben wurden. Am 5. August fiel Woroschilowsk. Die Deutschen setzten die Verfolgung bis in die Vorgebirge des Kaukasus fort, nahmen die Ölfelder bei Maikop in Besitz, aber es fielen ihnen nur geringe Kraftstoffvorräte in die Hände, und auf den Bahnstrecken fanden sie kaum mehr irgendwelches rollendes Material vor. Die 17. Armee hatte indessen Krasnodar genommen und näherte sich der Halbinsel Taman, doch in den ersten Augustwochen stellte die Nordkaukasische Front fest, daß der deutsche Vorstoß an Schwung verloren hatte.[45] Zugleich verstärkte sich auch der sowjetische Widerstand. In Georgien, Aserbeidschan und Armenien wurden neue Truppen aufgestellt, und es kamen Verstärkungen und Nachschub per Bahn und auf dem Seewege über Astrachan und Machatsch-Kala entlang der Küste des Kaspischen Meeres heran; denn das waren die einzigen Nachschubwege, auf denen der Kaukasus noch mit der Sowjetunion verbunden war. Bei Grosny, Machatsch-Kala und Baku entstanden zahlreiche Verteidigungsstellungen, vor allem entlang der Gebirgsflüsse, an denen sowjetische Pioniere und die Zivilbevölkerung arbeiteten.

An der Westküste hatte die Gruppe Ruoff große Schwierigkeiten, die Halbinsel Taman in Besitz zu nehmen und gegen den großen Kriegsmarinehafen Noworossisk vorzustoßen, der von sowjetischen Marine-Infanteriebrigaden verteidigt wurde. Besonders bei Krymsk kam es im stark bewaldeten Vorgebirge zu heftigen Kämpfen. Am 18. August begann die Schlacht um die Pässe, als zwei Divisionen des XLIX. Gebirgsjägerkorps unter Konrad mehrere Pässe in Besitz nahmen, die nach dem Urteil der Transkaukasischen Front uneinnehmbar waren. Die Gebirgstruppen konnten nicht weiter gegen das an der Küste gelegene Suchum vorstoßen, weil es ihnen an Nachschub fehlte und weil der sowjetische Gegner das sehr schwierige Gelände und die Gebirgsflüsse geschickt auszunutzen wußte. Am 28. August erreichte die Gruppe Ruoff bei Anapa, etwa 48 Kilometer westlich von Noworossisk, die Schwarzmeerküste. List hatte immer noch mit Versorgungsschwierigkeiten zu kämpfen, und die Techniker, die der Truppe gefolgt waren, um die Raffinerien wieder in Betrieb zu nehmen, hatten zunächst kaum die Möglichkeit, von den Truppen zu verwendenden Kraftstoff herzustellen.

Im Südosten stand die 1. Panzerarmee unter Kleist immer noch 100 Kilometer vor Grosny und 560 Kilometer vor Baku. Man hatte versucht, nach Norden gegen Astrachan vorzugehen, und die 16. Infanteriedivision durch die Kalmükensteppe bis nach Elista geschickt. Aber obwohl einige Aufklärungsabteilungen bis zum

45 Istorija, Bd. 2, S. 460.

Kaspischen Meer vordrangen, mußte die Division etwa 160 Kilometer vor Astrachan haltmachen.

Am 30. August begann die 1. Panzerarmee den Fluß Terek zu überschreiten, aber der sowjetische Gegner leistete hier so entschlossenen Widerstand und führte so heftige Gegenangriffe, daß der Schwerpunkt des deutschen Vorstoßes nach Süden gegen Elchotowo und Malgobek verlegt wurde. Es kam zu schweren, auf beiden Seiten verlustreichen Kämpfen. Eine weitere Bedrohung entwickelte sich im Norden, wo rote Kavallerie in der offenen Steppe versuchte, Mosdok einzuschließen. Ende September konnte die 1. Panzerarmee nichts mehr unternehmen und mußte sich zur Verteidigung einrichten, um darauf zu warten, daß der »Führer« sein Versprechen einlöste und weitere Panzerdivisionen aus dem Raum Stalingrad heranführen ließ.

Doch am 25. Oktober leitete man noch einmal ein Unternehmen gegen eine feindliche Gruppierung etwa 110 Kilometer nordwestlich von Ordschonikidse ein. Zwei Panzerdivisionen des III. Panzerkorps unter Mackensen führten einen von allen verfügbaren Kräften des IV. Fliegerkorps unterstützten energischen und überraschenden Angriff durch. Das Erscheinen von Panzern in der Flanke der 37. sowjetischen Armee rief dort höchste Verwirrung hervor, und in zwei Tagen waren die sowjetischen Divisionen zerschlagen.[46] Dann wendeten sich die deutschen Panzer gegen Ordschonikidse und standen am 2. November nur 8 Kilometer vor der Stadt.[47] Jetzt aber fiel schon der erste Schnee, und Kleist mußte an dem am weitesten ostwärts gelegenen Punkt anhalten, der von deutschen Truppen je erreicht worden ist.

Der »Führer« hatte inzwischen List gedrängt, bis an das Schwarze Meer vorzustoßen, um dann entlang der Küste gegen Batum und die türkische Grenze vorzugehen. Damit wäre die Heeresgruppe A auf beiden Seiten des Kaukasus in zwei Teile aufgespalten worden, ohne daß die notwendigen Vorkehrungen für ihre Versorgung getroffen waren. Das XLIX. Gebirgsjägerkorps unter Konrad hatte schon die Pässe bei Santscharo und Kluchor genommen und sich in den Besitz der Südflanke des Elbrusgebirges gesetzt. Aber List wollte nicht das Risiko eines Vorstoßes gegen den Hafen Suchum eingehen, ohne sich auf die Unterstützung durch deutsche Truppen an der Küste im Westen verlassen zu können. Der »Führer« hatte andere Vorstellungen und war sehr unzufrieden mit der Führung des Feldzuges durch List.[48]

Am 31. August war List nach Winniza befohlen worden, wo Hitler sich darüber ärgerte, daß er zu der Besprechung nur eine Karte in kleinem Maßstab ohne Einzeichnungen mitbrachte. Dabei übersah der »Führer« die Tatsache, daß er selbst es verboten hatte, Karten mit Einzeichnungen im Flugzeug mitzuführen. In Lists Gegenwart behielt er jedoch seine Gedanken für sich und hörte nach außen freundlich und verständnisvoll an, was List zu berichten hatte. Sobald der Oberbefehlshaber der Heeresgruppe A aber wieder im Flugzeug saß, um nach Stalino zurück-

46 *Gretschko,* Bitwa sa Kawkas, S. 173–179.
47 *von Mackensen,* Vom Bug zum Kaukasus, S. 106.
48 Kriegstagebuch des OKW, Bd. 2, S. 654 und 658.

zufliegen, fing der »Führer« an, gegen ihn zu wettern.[49] Am 6. September meldete List dem OKH, er könne die Verantwortung für ein weiteres Vorgehen nicht übernehmen, und überzeugte Jodl am folgenden Tage im Stabsquartier seiner Heeresgruppe davon, daß er recht hatte. Diese Besprechung fand im Abschnitt des XLIX. Gebirgsjägerkorps statt und hatte hier keine unmittelbaren Auswirkungen. Aber an anderer Stelle sollte dieser kleine Zwischenfall weitreichende Folgen haben.

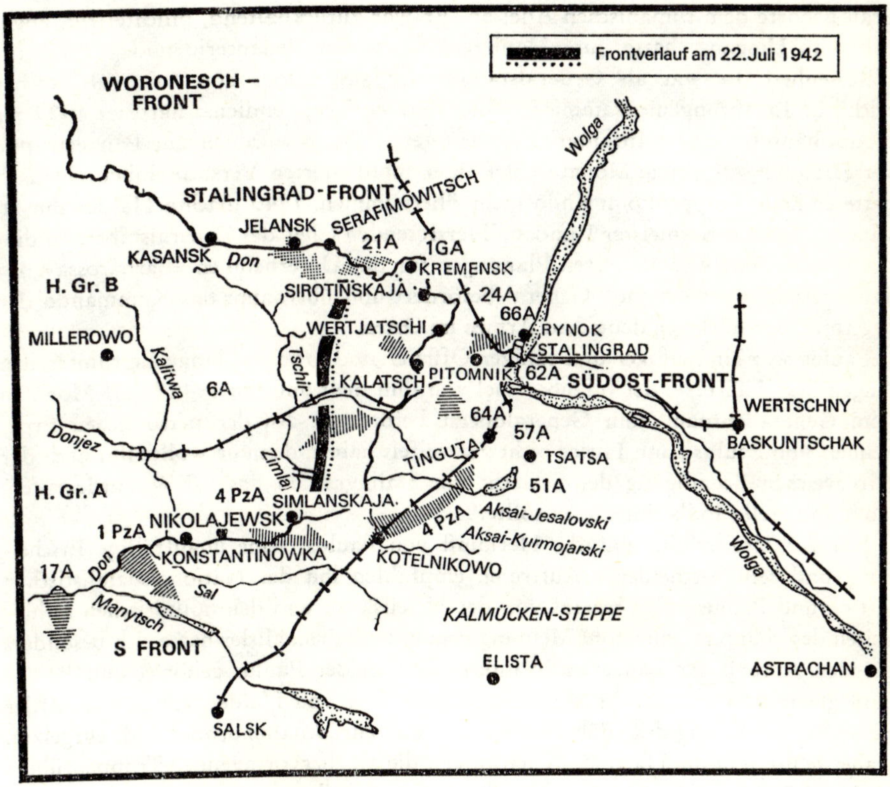

Karte 11: Der Donbogen und die Landbrücke zur Wolga, Juli bis August 1942

49 *Halder*, Kriegstagebuch, Bd. 2, S. 513; *Keitel*, Memoirs, S. 180–181; *Warlimont*, Inside Hitler's Headquarters, S. 256; *Warlimonts* Notiz im Kriegstagebuch des OKW, Bd. 2, S. 662–663.

13. Kapitel

Stalingrad

Paulus stammte aus Hessen und war der Sohn eines kleinen Beamten. Seine Frau gehörte dem rumänischen Adel an. Er war zurückhaltend, pflichteifrig, angenehm im Umgang, hatte gute Manieren, neigte zur Pedanterie und zur Unentschlossenheit. Er war als Generalstabsoffizier ausgebildet und hatte als solcher reichliche Erfahrungen gesammelt. Seinen letzten Truppendienst hatte er 1929 als Hauptmann bei einem Infanterieregiment getan. Dann wurde er zur Panzertruppe versetzt und war einige Monate Chef einer motorisierten Versuchseinheit. Danach hatte er kein Truppenkommando mehr übernommen. 1940 machte Halder ihn zu seinem Oberquartiermeister I und stellvertretenden Chef des Generalstabes. In dieser Stellung leitete er die ersten Planungen für das Unternehmen »Barbarossa«. Im Januar 1942 wurde er zum General befördert und übernahm das Kommando der 6. Armee, der stärksten deutschen Armee im Osten.

Paulus war ein fleißiger und fähiger Offizier und arbeitete lange Zeit unter den Augen des »Führers«, der offenbar viel von ihm hielt und ihn 1942 in elf Monaten vom Generalleutnant zum Generaloberst beförderte. An der persönlichen Ergebenheit von Paulus kann Hitler nicht gezweifelt haben, denn er wollte ihn nach der erfolgreichen Beendigung der Schlacht um Stalingrad in das OKW zurückrufen, wo er die Stelle Jodls einnehmen sollte.[1]

Die verhältnismäßig einfache Herkunft von Paulus, seine unauffällige Erscheinung und sein bescheidenes Auftreten empfahlen ihn der Nationalsozialistischen Partei, und Paulus selbst scheint von der Urteilskraft und den militärischen Fähigkeiten des »Führers« eine hohe Meinung gehabt zu haben. Hitler hatte sich besonders für den Aufbau der Panzerwaffe interessiert, zu der Paulus gehörte, und Paulus muß gewußt haben, daß er nicht nur das Protegé von Halder, sondern auch der besondere Schützling des »Führers« war. Er war zurückhaltend, aber doch ehrgeizig. Dabei fehlte ihm die Härte des Charakters, die ein hervorragender Truppenführer in Zeiten äußerster Anspannung braucht. Halder hat ihn einmal als »unbekümmert« bezeichnet. Richtiger wäre es vielleicht gewesen, ihn passiv zu nennen. Wie Jodl war Paulus zum Gehorchen geboren, und der »Führer«, der es sehr gut verstand, die Charaktereigenschaften seiner Untergebenen zu beurteilen, wollte ihn aus diesem Grunde zum Nachfolger seines ersten ausführenden Organs und militärischen Vertrauten machen.

1 *Warlimont,* Inside Hitler's Headquarters, S. 257; *Keitel,* Memoirs, S. 181; die Aussagen von Paulus nach dem Kriege, *Görlitz,* Paulus and Stalingrad, S. 233 u. Fn. 1.

Als Generalmajor war Paulus 1940 etwa 8 Monate lang Chef des Generalstabes der 6. Armee unter Reichenau gewesen. Reichenau wurde im Juli 1940 zum Feldmarschall befördert, und zwischen beiden bestand ein gewaltiger Unterschied, was ihre Erfahrungen und das Dienstalter anging. Aber der »Führer« war jetzt absoluter Herr und Meister des deutschen Heeres, Dienstalter und Erfahrung spielten keine Rolle, und Paulus wurde über die Köpfe Dutzender von fähigen und kampferfahrenen Korpskommandeuren hinweg befördert und zum Nachfolger von Reichenau ernannt, um die wichtigste Kommandostelle an der ganzen Ostfront zu übernehmen. Bei dieser Aufgabe wurde er von tüchtigen Chefs des Stabes unterstützt; zuerst von Ferdinand Heim und dann von Arthur Schmidt. Besonders Schmidt besaß einen starken Charakter und vertrat selbständige Auffassungen. So hatte Paulus bei den Schlachten um Charkow und beim Unternehmen »Blau« glänzende Erfolge als Armeebefehlshaber.

Der Vorstoß der 6. Armee in den Donbogen und gegen die Wolga kam nur langsam in Schwung, da der Generalquartiermeister Wagner aufgrund von Hitlers Weisung vom 23. Juni die Masse der Transportmittel für den Nachschub von der Heeresgruppe B in den Raum der Heeresgruppe A verlegt hatte. Der einmal begangene Fehler ließ sich nicht schnell korrigieren, und aus diesem Grunde blieb die 6. Armee zehn Tage bewegungsunfähig.

Die sowjetischen Streitkräfte hatten sich inzwischen außer in einem großen Kessel tief im Donbogen auf die andere Donseite zurückgezogen. Timoschenkos Stalingrader Front hatte sich zuerst von Pawlowsk im Norden, wo sie sich an die Woronescher Front Watutins anlehnte, über 700 Kilometer bis an die Sarpa-Seen im Süden erstreckt. Sie war so breit, daß das sowjetische Oberkommando am 5. August beschloß, die Stalingrader Front in zwei Fronten aufzuteilen, eine neue Stalingrader Front unter dem Nachfolger von Timoschenko, Gordow, von Pawlowsk bis zur Wolga, die Stalingrad gar nicht einschloß, und eine Südostfront unter Jeremenko vor Stalingrad und an der exponierten Südflanke bis zur Kalmükensteppe. Später, als die Kämpfe sich auf die Stadt konzentrierten, bedauerte man diese Entscheidung, denn die Verteilung des Kommandos auf zwei Stäbe verursachte einen Mangel an Koordination.[2]

Jeremenko, der wie viele andere sowjetische Generäle früher Unteroffizier bei der Kavallerie gewesen war, hatte nach der Ablösung von Pawlow Ende Juni 1941 wenige Tage den Befehl an der Westfront geführt, dann die Brjansker Front übernommen und war Ende 1941 Befehlshaber der 4. Stoßarmee im Raum Moskau-Kalinin. Noch bevor seine dort erlittene Verwundung ausgeheilt war, verließ er das Lazarett in Moskau und wurde von Stalin an die Südostfront geschickt. Dort traf er mit Chruschtschow und Gordow zusammen, und seine Beziehungen zu dem einen entwickelten sich gut und freundschaftlich, zu dem anderen schlecht.

Gordow war, wenn man Jeremenko glauben soll, damals nervös, aufs äußerste angespannt und pessimistisch. Das ist die Variante einer zweiten ungünstigen Cha-

2 Istorija, Bd. 3, S. 431.

rakterbeschreibung von Gordows Untergebenem, Tschuikow, der seinen Chef als selbstherrlich schildert und behauptet, er habe eine Zuversicht ausgestrahlt, die durch die Lage nicht gerechtfertigt gewesen sei. Es gibt jedoch Hinweise darauf, daß das Hauptvergehen Gordows darin bestand, daß er kein Freund der Kommissare war, Politoffiziere ablehnte und von der kollektiven Verantwortlichkeit nichts wissen wollte. Da nun Chruschtschow das politische Mitglied des Stabes der Stalingrader Front war, beschlossen er und Jeremenko, Gordow zu stürzen.[3] Das kann die Schlagkraft und Zusammenarbeit an den beiden Fronten nur ungünstig beeinflußt haben.

In den letzten beiden Juliwochen rückte Paulus allmählich an den sowjetischen Brückenkopf westlich des Donbogens heran. Die Kämpfe dauerten mehrere Tage, und obwohl es dem Gegner gelang, die Brücke bei Kalatsch zu zerstören, mußte er sich nach dem Verlust von schätzungsweise 35.000 Gefallenen und Gefangenen, fast 270 Panzern und 600 Geschützen ergeben.[4] Dieser vielversprechende Anfang der deutschen Offensive war dem sowjetischen Befehl zu verdanken, die Stellungen vorwärts des Don um jeden Preis zu halten.

In der nächsten Phase des Angriffs sollte der Gegner aus dem Raum weiter nördlich bei Sirotinskaja vertrieben werden, und am 15. August wurden diese sowjetischen Kräfte, die weitere 13.000 Gefangene verloren, über den Don gedrängt. Alle Versuche, den sowjetischen Brückenkopf auf dem westlichen Donufer südlich von Kremensk zu nehmen, schlugen fehl, und dieser kleine Brückenkopf sollte später bei der deutschen Niederlage von den Sowjets als Sprungbrett benutzt werden. An anderer Stelle hielten starke sowjetische Kräfte das Ostufer, und in der heißen, trockenen und deckungslosen Donsteppe bedeutete dies, daß der Angriff über das starke Flußhindernis nur nach sehr sorgfältiger Vorbereitung geführt werden konnte.

Indessen hatte die 4. Panzerarmee unter Hoth südlich des Don die sowjetische 51. Armee unter Trufanow, die nur schwachen Widerstand leistete, in die Kalmükensteppe hinausgetrieben, wo sie eine ständige Bedrohung der deutschen Flanke darstellte, und es gelang den »Achsen«-Truppen, den Fluß Aksai zu überschreiten, der von drei Schützendivisionen der 64. Armee gehalten wurde, die unter Tschuikow als Flankenschutz eingesetzt waren. Diese Divisionen führten starke, aber vergebliche Gegenangriffe gegen die Deutschen, hatten aber gegen das rumänische VI. Korps Erfolge, das zerschlagen worden wäre, wenn die deutschen Verbindungsoffiziere nicht eingegriffen hätten. Dann griff die 4. Panzerarmee in Richtung auf Tinguta, 80 Kilometer vor Stalingrad, an, um damit den weiteren Vorstoß am Westufer der Wolga gegen die Stadt einzuleiten. Bei der Bahnstation Tinguta entwickelte sich eine schwere Panzerschlacht, und die Sowjets leisteten so heftigen Widerstand, daß die 4. Panzerarmee nicht weiter vorankommen konnte, ehe die

3 *Schukow*, Stalingradskaja Epopeja, S. 39–40; Konjew, Sorok Pjatji God, Nowyi Mir, Mai–Juli 1965; Jeremenko, Stalingrad, S. 55–56 und 209–210.

4 *Halder*, Kriegstagebuch, Bd. 3, S. 501, 7. August; Kriegstagebuch des OKW, Bd. 2, S. 277; *Schukow*, Wospominanija i Rasmyšlenija, S. 403.

deutsche 6. Armee, die noch etwa 100 Kilometer weiter westlich festgehalten wurde, den Don überschritten hatte.

Die Wucht der deutschen Vorstöße versetzte das sowjetische Oberkommando in Schrecken, das die Stellungen im Südosten unter allen Umständen halten wollte. Am 28. Juli hatte es den Befehl Nr. 227 mit dem Inhalt »keinen Schritt zurück« erlassen, in dem Stalin in gemäßigtem, ja fast kameradschaftlichem Ton die Truppe vor den Folgen eines weiteren Rückzuges für die Sowjetunion warnte. Nach der großen Niederlage im Donbogen, westlich von Kalatsch, besuchte der sowjetische Chef des Generalstabes Wassilewski am 12. August als Vertreter des sowjetischen Oberkommandos Stalingrad, und zwar nur etwa eine Woche nach der Aufteilung der alten Südwestfront in zwei neue Fronten, und empfahl jetzt die Wiedereinsetzung eines verantwortlichen Stabes für diesen Frontabschnitt. Die Stalingrader Front wurde dem bisherigen Befehlshaber der Südostfront Jeremenko mit dem Auftrag unterstellt, die Befehlsverhältnisse besser zu koordinieren. Gordow blieb bei der Stalingrader Front, und Golikow, der von der Woronescher Front hierher versetzt worden war, übernahm die Südostfront. Gordow und Golikow wurden Jeremenkos Stellvertreter, und der allgegenwärtige Chruschtschow übernahm die Pflichten des politischen Mitglieds für beide Stäbe.

Das erste Angriffsziel der neuen Heeresgruppe B war die Vernichtung der drei sowjetischen Armeen auf der Landbrücke zwischen Don und Wolga, und außerdem sollte der Gegner daran gehindert werden, Verstärkungen in diesen Raum zu bringen. Die 6. Armee unter Paulus sollte einen konzentrischen Angriff führen und, nachdem vier Brücken über den Don geschlagen waren, in ostwärtiger Richtung in einem verhältnismäßig schmalen Angriffsstreifen gegen Stalingrad vorgehen. Die 4. Panzerarmee unter Hoth sollte aus dem höher gelegenen Raum nördlich von Tinguta die feindlichen Stellungen durchbrechen und südlich von Stalingrad die Wolga erreichen. Die auf diese Weise eingeschlossenen sowjetischen Truppen sollten dann vernichtet werden. Kurz bevor die Deutschen zu dieser Offensive antreten konnten, griff die Stalingrader Front am 20. August mit starken Kräften die deutsche Nordflanke aus dem Brückenkopf bei Kremensk an, gewann Gelände und fesselte ein deutsches Korps, bestehend aus einer Panzerdivision und drei Infanteriedivisionen. Aber weiter westlich wurde Gariboldis italienische 8. Armee herangeführt. Sie hatte bisher weiter südlich zur Gruppe Ruoff gehört und sollte jetzt neue Stellungen mit Front nach Norden gegenüber dem Don einnehmen und dort deutsche Truppen ablösen. Die neue Aufgabe erwies sich für die Italiener als nicht ganz einfach; denn am 20. August begannen sowjetische Truppen diese Stellungen anzugreifen und errichteten zwischen Jelansk und Serafimowitsch südlich des Don einen weiteren Brückenkopf.

Das XIV. Panzerkorps unter Wietersheim überschritt, unterstützt durch die Luftflotten v. Richthofens, am 23. August bei Tagesanbruch den Don, überrannte rasch die sowjetischen Verteidigungsstellungen und hatte bei Einbruch der Nacht 80 Kilometer zurückgelegt. Dabei war die 16. Panzerdivision bei Rynok, nördlich von Stalingrad, an der Wolga angekommen. Am 23. und 24. August erfolgten schwere Bombenangriffe gegen Stalingrad, welche die Stadt in einem Flammenmeer zurückließen, und in den nördlichen Vorstädten begannen die Kämpfe.

Das gesamte Nachrichtennetz der Roten Armee brach zusammen, der sowjetische Widerstand war schwach und unzusammenhängend, bis die Truppen sich von dem ersten Schock erholt hatten und Offiziere und Kommissare sie wieder in die Hand bekamen. Als die Funkverbindung mit Moskau wiederhergestellt war, führte Wassilewski von Stalingrad aus ein Gespräch mit dem erregten und verärgerten Stalin, der wegen des Ausfalls der Funkverbindung angenommen hatte, die Deutschen hätten die Stadt genommen. Wie Wassilewski berichtet, hat ihm dieses Gerücht einen unauslöschlichen Eindruck gemacht.[5] Aber am 25. August kam das XIV. Panzerkorps nicht mehr weiter voran und erlitt schwere Verluste. Es befand sich in einem fast 50 Kilometer langen und nur 3,5 Kilometer breiten Korridor und wurde von allen Seiten angegriffen. Kraftstoff und Verpflegung mußten nachts durch gepanzerte Geleitzüge herangebracht werden. Die 6. Armee erwartete indessen, daß der sowjetische Druck nachlassen werde, wenn die 4. Panzerarmee unter Hoth ihr mit einem Vorstoß von Süden zu Hilfe kommen würde.

Aber Hoth wurde in dem von starken Kräften verteidigten und verminten Gebiet nördlich von Tinguta, das einen Abschnitt des inneren Verteidigungsgürtels der Stadt bildete, aufgehalten und mußte den Angriff abbrechen, um einen neuen Vorstoß etwa 30 Kilometer weiter westlich anzusetzen. Doch die Umgruppierung brauchte Zeit, und erst am 3. September konnten die 4. Panzerarmee und die 6. Armee bei Pitomnik die Verbindung aufnehmen. Die Heeresgruppe B, die aus dem Ausweichen der sowjetischen Truppen den falschen Schluß gezogen hatte, diese Kräfte wollten sich auf das Ostufer der Wolga zurückziehen, versuchte von Westen her in die Stadt einzudringen. Aber der Versuch der 4. Panzerarmee mißlang, da der Gegner auf dem höher gelegenen Gelände zu stark und die 6. Armee zu schwach war, den entscheidenden letzten Stoß zu führen.

Den Umfassungsangriffen der 4. Panzerarmee und der 6. Armee war es nicht gelungen, den Feind zwischen Don und Wolga einzuschließen, weil es ihnen an Schwung fehlte. Zu starke deutsche Truppen waren durch über den Don geführte feindliche Flankenangriffe weit westlich von Stalingrad gebunden worden.

Die Evakuierung der 600.000 Einwohner Stalingrads ging weiter. Die Stadt selbst war zu dieser Zeit noch nicht befestigt, aber die durch Brände, Bombenangriffe und Artilleriebeschuß angerichteten Zerstörungen blockierten die Straßen viel wirkungsvoller als irgendwelche künstlich errichteten Sperren. Für die Verteidiger der Stadt war es besonders unangenehm, daß die Deutschen das Stadtgebiet und den Fluß sowohl aus der Luft als auch von den höher gelegenen Kurganhügeln und den Sanddünen im Süden einsehen und jede Bewegung beobachten konnten. Jeder Verkehr über den Fluß zur Heranführung von Nachschub unter feindlicher Beobachtung und feindlichem Feuer mußte sehr bald eingestellt werden.

Ende August wurde Schukow vom sowjetischen Oberkommando zum Stab der

5 *Wasilewski,* Wojenno Istoričeskii Surnal, Nr. 10, Oktober 1965.

Stalingrader Front abgestellt, der gerade von Stalingrad nach Norden auf die Landbrücke zwischen Wolga und Don nach Malaja Iwanowka verlegt worden war.[6] Der Verteidigungsgürtel um Stalingrad war zu einem langen und schmalen Streifen am Westufer der Wolga zusammengeschmolzen, der an seiner breitesten Stelle etwa 15 und an der engsten etwa 6,5 Kilometer tief war. Nördlich der Stadt hielten die Deutschen etwa 8 Kilometer des westlichen Wolgaufers und trennten damit die 66. Armee unter Malinowski im Norden von der 62. Armee Tschuikows in der Stadt. Unmittelbar südlich von Stalingrad neben der 62. Armee lag die 64. Armee unter Schumilow.

Im Juli und August war die Lage zwischen Don und Wolga zeitweilig vollkommen unübersichtlich, und es kam zu Szenen, die an den Sommer 1941 erinnerten. Zahlreiche Truppenteile lösten sich auf, und viele Offiziere und Mannschaften der Roten Armee desertierten, verließen ihre Truppe oder suchten Vorwände, um zurückzugehen. Lange Flüchtlingskolonnen, die Vieh und landwirtschaftliche Geräte mitführten, zogen langsam nach Osten zu den über die Wolga führenden Fähren und Brücken und wurden ständig von Tieffliegern der Luftwaffe mit Maschinengewehren und Bomben angegriffen. Als Tschuikow an seinem neuen Gefechtsstand am Mamajew-Kurgan eintraf, um den Befehl über die 62. Armee zu übernehmen, stellte er fest, daß seine Panzer ohne Befehl über die Wolga nach Osten zurückgegangen waren und die Kommandeure seiner Artillerie-, Panzerabwehr-, Pionier- und Panzertruppenteile – darunter einige Generäle – verschwunden waren. Der Vorgänger von Tschuikow als Befehlshaber der 62. Armee, der ehemalige Kavallerieunteroffizier Lopatin, der sich bisher als tüchtiger Soldat bewährt hatte, war der Verzweiflung und dem Nervenzusammenbruch nahe, und Jeremenko nahm ihn in die Verlustliste auf.

Bezeichnend für die Soldaten der Roten Armee war es, daß man nur selten etwas über ihren Kampfwert sagen konnte. Verbände, die sich an einem Tag zur Flucht wendeten, konnten ohne erkennbare Ursache am nächsten Tage verzweifelten Widerstand leisten, und der Grund für diese Unzuverlässigkeit läßt sich nicht allein mit dem wetterwendischen russischen Volkscharakter erklären. Man muß auch andere Faktoren berücksichtigen wie zum Beispiel die Tatsache, daß ein neuer Befehlshaber es besser verstehen konnte, seine Leute in die Hand zu bekommen, die drakonische Bestrafung von Offizieren und Unteroffizieren, die ihre Pflichten vor dem Feind vernachlässigten, und den Einfluß der Truppen der NKWD. Ein sehr großer Teil der sowjetischen Soldaten – und das traf besonders für die Infanterie zu – wurde damals schlecht oder gar nicht ausgebildet ins Gefecht geschickt, und diese Männer versagten unter dem Schock der Eindrücke der ersten Feindberührung. Nach 48 Stunden hatten sie es meist gelernt,

6 Nach seinem eigenen Bericht kehrte Schukow am 27. August nach seiner Ernennung zum militärischen Stellvertreter Stalins von der Westfront zurück und war vom 29. August an bei der Stalingrader Front. *Schukow,* Wospominanija i Rasmyšlenija, S. 406–417.

7 *Tschiukow,* The Beginning of the Road, S. 85 und 105; *Jeremenko,* Stalingrad, S. 177 bis 178.

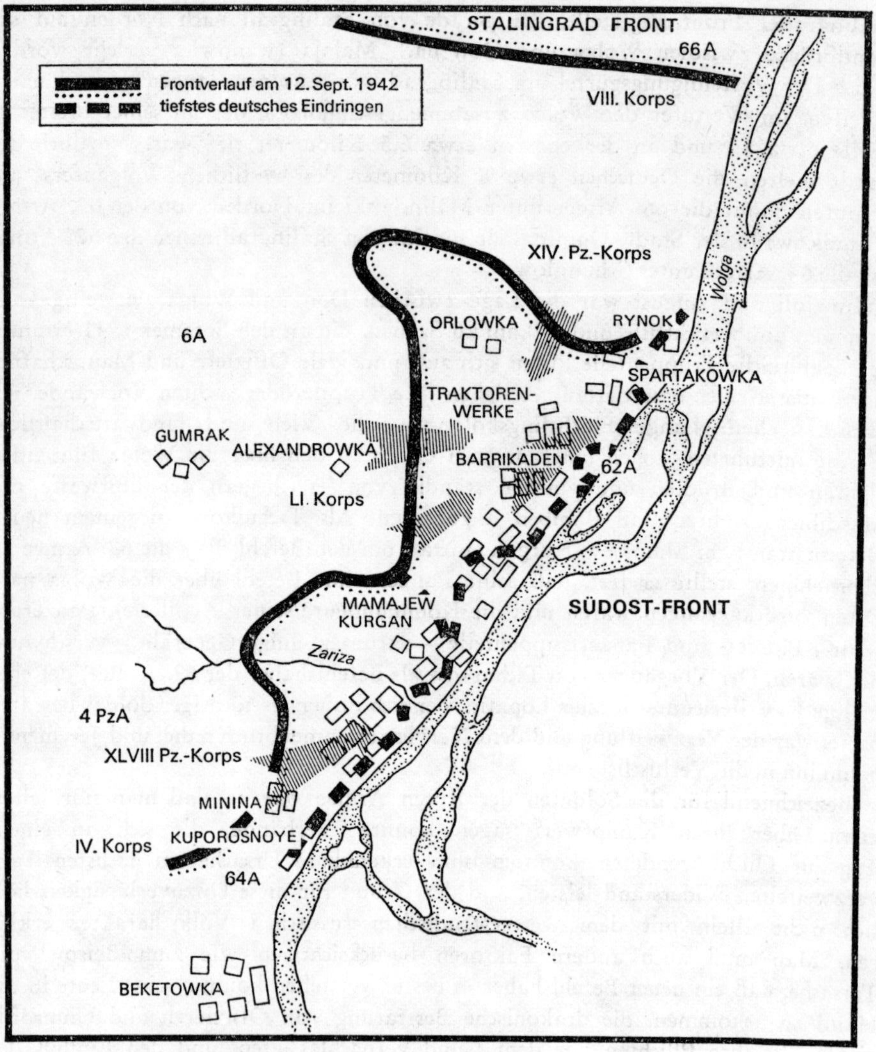

Karte 12: Stalingrad, September 1942

sich zu beherrrschen. Die Kampfmoral des deutschen Soldaten war wie immer sehr gut, und Jeremenko gibt zu, daß dies sogar bei den Kriegsgefangenen erkennbar gewesen sei.

Am 14. September hatte das sowjetische Kriegsglück seinen Tiefpunkt erreicht. Deutsche Flugzeuge verminten die Wolga. Die Altstadt, das Stadtzentrum und der Hauptbahnhof waren gefallen, und deutsche Maschinengewehrtrupps waren in den Hafen eingedrungen, aber die deutschen Divisionen sollten erst noch erfahren, wie schwierig es war, in bebautem Gelände zu kämpfen. Die auf kürzeste Entfernung geführten Straßenkämpfe brachten sehr schwere Verluste für den Angreifer. Wegen der schlechten Beobachtungsmöglichkeiten konnten die Panzer, Geschütze und Granatwerfer der deutschen Infanterie nicht überall wirkungsvollen Feuerschutz geben, und am schwierigsten war es, Einzelziele für Bombenangriffe genau auszumachen, besonders nachdem die sowjetischen Verteidiger sehr bald festgestellt hatten, daß sie am sichersten waren, je näher sie an die deutschen Stellungen herankamen. Die Deutschen waren zahlenmäßig so unterlegen, daß sie nur an sehr schmalen Frontabschnitten angreifen konnten, und die allergrößte Schwierigkeit lag darin, neu besetzte Stadtteile gegen in der Nacht schwarmweise infiltrierende russische Soldaten zu halten.

Am 20. September sagte Paulus, der – wie Richthofen berichtet – die Lage sehr pessimistisch beurteilte, ohne Verstärkungen könne er nichts unternehmen, und er hatte ebenso wie Weichs Bedenken wegen des Flankenschutzes für die Heeresgruppe B, da die deutsche 6. Armee und die 4. Panzerarmee sich vorn in einer weit in den Feind hineinragenden und exponierten Frontausbuchtung befanden. Die Südflanke war ungeschützt, und nur die deutsche 16. motorisierte Infanteriedivision stand draußen in der Kalmükensteppe. Als das rumänische VI. Korps an der Seenkette bei Zaza eine Flankenstellung einnahm, wurde es von verhältnismäßig schwachen sowjetischen Kräften geschlagen. Das bestätigte nur, was die Deutschen schon wußten; die rumänischen Truppen waren, wenn sie nicht im Rahmen eines deutschen Verbandes kämpften, deutschen Kommandostellen unterstanden und von deutschen Truppen unterstützt wurden, unzuverlässig. Auch der sowjetische Gegner hatte das erkannt. Trotzdem sollte der Stab der rumänischen 4. Armee unter Constantinescu den Befehl über das rumänische VI. und VII. Korps übernehmen und der 4. Panzerarmee für die Verteidigung im Süden verantwortlich sein.

Die Nordflanke der Frontausbuchtung von Stalingrad nach Westen bis zum Brückenkopf von Kremensk wurde von drei deutschen Armeekorps gedeckt, und keines von ihnen konnte dafür freigemacht werden, in der Stadt eine Entscheidung zu erzwingen; denn sie wurden von der Landbrücke zwischen Wolga und Don und aus dem Brückenkopf bei Kremensk von überlegenen feindlichen Kräften angegriffen. Westlich von Kremensk war der Schutz der nördlichen Donflanke drei alliierten Armeen anvertraut, der rumänischen 3. Armee unter Dumitrescu, die eben in ihre Stellungen rückte, der italienischen 8. Armee unter Gariboldi und der ungarischen 2. Armee unter Jany. Die italienische 8. Armee war schon vor sowjetischen Erkundungsvorstößen über den Fluß zurückgewichen, und obwohl deutsche Truppen das weitere Vorgehen der Roten Armee aufgehalten hatten, konnten sie den zwischen Jeljansk und Serafimowitsch neu entstandenen Brückenkopf nicht beseitigen.

Es war jedoch Hitlers Absicht, die Trümmer der Stadt Stalingrad vollständig einzunehmen, ehe er sich damit einverstanden erklären wollte, die gefährlichen Bedrohungen an den Flanken auszuschalten.[8] Die Heeresgruppe B mußte jetzt ebenso wie die Heeresgruppe A und die Luftwaffe von der Hand in den Mund leben; denn sie alle befanden sich am Ende einer langen und nicht gesicherten Bahnlinie, die eine Strecke von mehr als 1900 Kilometern durchlief, ehe sie in Schlesien deutschen Boden erreichte. Munition und Kraftstoff für Fahrzeuge und Flugzeuge wurden streng rationiert. Weder der Heeresgruppe B noch dem OKH standen ausreichende Mannschaftsreserven zur Verfügung, und Ende September hatte sich die Heeresgruppe A im Kaukasus festgefahren.

Aber der »Führer« glaubte immer noch an die Unbesiegbarkeit der deutschen Waffen, und seine Intuition, nicht aber sein Verstand sagen ihm, die Rote Armee und die Sowjetunion lägen in ihren letzten Todeszuckungen. Am 6. Oktober betonte ein Befehl der Heeresgruppe B, die Einnahme von ganz Stalingrad sei vom »Führer« als wichtigste Aufgabe der Heeresgruppe befohlen worden, und das erfordere den Einsatz aller verfügbaren Kräfte. Alle anderen Aufgaben waren zweitrangig. Am 14. Oktober erließ der »Führer« einen Befehl, in dem er davon sprach, daß der sowjetische Gegner entscheidend geschwächt sei und die im Oktober 1942 erreichte Linie die Basis oder das Sprungbrett für eine neue deutsche Offensive im Jahre 1943 sein müsse.[9] Von dieser Linie dürfe unter keinen Umständen zurückgewichen werden, und die Befehlshaber der Heeresgruppen seien dem »Führer« persönlich dafür verantwortlich, daß diese Befehle in allen Einzelheiten ausgeführt würden.

Im Raum von Stalingrad hatte das sowjetische Oberkommando wiederum eine Umgliederung und Umbenennung seiner Streitkräfte angeordnet. Am 28. September erhielt die Stalingrader Front, die am Nordufer des Don und über die Landbrücke zwischen Don und Wolga verlief, die neue Bezeichnung Donfront, und Rokossowski wurde zu ihrem Befehlshaber ernannt. Scheltow wurde politisches Mitglied seines Militärsowjets. Die Südostfront erhielt die neue Bezeichnung Stalingrader Front, Jeremenko blieb ihr Befehlshaber, und Chruschtschow das politische Mitglied des Militärsowjets.[10] Beide Fronten wurden dem sowjetischen Oberkommando direkt unterstellt.

Ende September und in der ersten Oktoberhälfte erfolgte der letzte deutsche Versuch, Stalingrad zu nehmen. Um die Verbände in Stalingrad möglichst zu verstärken, begann Paulus die frischeren und noch besser organisierten deutschen Divisionen vom Brückenkopf bei Kremensk und von der Landbrücke zwischen Don und

8 Vgl. Führerbefehl vom 13. September 1942, OKH Gen St d H Op Abt I (S/B) Nr. 420710/42 g. Kdos Chefs.

9 Operationsbefehl Nr. 1 vom 14. Oktober, OKH Gen St d H Op Abt I Nr. 420817/42 g. Kdos Chefs.

10 Istorija, Bd. 2, S. 444.

Wolga nach Stalingrad hereinzuziehen und ließ sie durch die schwer angeschlagenen Truppen ablösen, deren Angriff in den Trümmern der Stadt zum Stehen gekommen war. Auf diese Weise wurden weitere zwölf Divisionen ausgebrannt, und die deutschen Kräfte, die einen Teil der Nordflanke zwischen Kremensk und Stalingrad sicherten, wurden weiter geschwächt. Trotz des Mangels an Artillerie- und Granatwerfermunition begann die letzte deutsche Offensive am 26. September. Der Schwerpunkt des Angriffs richtete sich gegen die Nordhälfte des Abschnitts der 62. Armee und wurde vom LI. Armeekorps unter v. Seydlitz-Kurzbach geführt.

In den ersten Tagen der Offensive kamen die Deutschen nur 400 Meter voran, aber im Oktober drang das LI. Korps im Nordteil der Stadt bis zu den Traktorenwerken und nach Spartakowska vor und erzielte erhebliche Geländegewinne. Nach einer Ruhepause von wenigen Tagen ließ Paulus seine Truppen erneut zum Angriff antreten, erreichte am Abend des 15. Oktober den Fluß und begann in erbitterten Kämpfen die 62. Armee von Norden her aufzurollen. Die Deutschen, besonders die deutsche Infanterie, hatten schwere Verluste. Andererseits waren auch zahlreiche sowjetische Divisionen so stark geschwächt, daß sie in improvisierten Kampfgruppen eingesetzt werden mußten, und ihre Reihen wurden behelfsmäßig mit Nachzüglern, Fabrikarbeitern und anderen Zivilisten aufgefüllt. Zwar flackerten die Kämpfe hier und da wieder auf, aber dies blieb der letzte Versuch, den Paulus und seine erschöpften Truppen unternahmen.

Obwohl die Heeresgruppen A und B seit dem Hochsommer ungeheure Geländegewinne gemacht hatten, war der »Führer« mit dem Verlauf der Operationen nicht zufrieden, und die Beziehungen zwischen ihm, den Armeestäben und den Befehlshabern waren aufs äußerste gespannt. Nach der Entlassung von Brauchitsch hatte Halder in seinem Amt als Chef des Generalstabes bleiben dürfen und wollen. 1942 führte Hitler selbst den Oberbefehl und war allein für alle Planungen und Operationen an der Ostfront und auf den anderen Kriegsschauplätzen verantwortlich. Halder war kaum noch mehr als sein von Zweifeln zerrissenes, oft widerstrebendes ausführendes Organ. Der Feindnachrichtendienst, der Lebensfunke aller Operationen, bedeutete für den »Führer« nichts; denn er glaubte nur, was er glauben wollte, und machte seine strategischen und taktischen Planungen ins Leere. Auch verstand er nichts von den Grundlagen logischer Lagebeurteilungen und Dispositionen im Hinblick auf die Truppenstärken, den Zeitfaktor, den Raum und die Versorgung. Nachdem Brauchitsch und Paulus das OKH verlassen hatten, wurden Kriegsspiele und Planspiele als Teile der Operationsplanung für die Erprobung der Durchführbarkeit bestimmter Projekte fallengelassen, und die »Führerplanung« beschränkte sich auf das Kartenstudium, eine Besprechung oder Konferenz, aber noch häufiger auf einen plötzlichen Impuls und einen telefonischen Anruf.

Der »Führer« hielt sich abwechselnd in Rastenburg oder Winniza, Berlin oder auf dem Berghof auf, und in seiner Abwesenheit mußte der Chef des Generalstabes die Operationen an der Ostfront leiten, so gut es gehen wollte, aber ohne die Vollmacht, Entscheidungen zu treffen. Die Anweisungen des »Führers« an die Oberbefehlshaber der Heeresgruppen waren Befehle und keine Direktiven. Sie gingen so sehr ins Detail und waren so bindend, als sollten sie absichtlich jede Initiative ersticken. Für Ratschläge, geschweige denn Kritik war Hitler nicht zugänglich, und das krankhafte Mißtrauen, das er den militärischen Führern und dem Generalstab entgegenbrachte, war bereits jenseits aller Vernunft. Wichtige, ja sogar lebenswichtige Entscheidungen wurden oft in aller Eile und Aufregung, unter Wutanfällen, Schimpftiraden und sich ständig wiederholenden Monologen getroffen. Die Führung war zu einer flüchtigen Reaktion auf Augenblickseindrücke geworden, und die Funktionen des Kommandos wurden mißachtet.[11] Denn Hitler wollte, wie Speer berichtet, auch die Ratschläge von Persönlichkeiten nicht annehmen, die die Lage noch optimistischer beurteilten als er, und solche Leute gab es nur sehr wenige.[12]

Hitler behauptete, die von Bock verursachte Verzögerung der Operationen bei Woronesch um drei Tage habe das Scheitern des ganzen Feldzuges zur Folge gehabt. Aber Hitler selbst, der immer wieder in einzelne Phasen der Kämpfe eingriff, nahm Bock zwei Panzerdivisionen fort, um sie der Heeresgruppe Mitte zu unterstellen, und zwar als die Truppe sich schon auf dem Marsch donabwärts befand. Hitlers Verlangen, die 1. und die 4. Panzerarmee bei Rostow zusammenzuziehen, verschärfte die Gegensätze zwischen ihm und Halder, und die Verlegung des Gros der 11. Armee unter Manstein in den Raum Leningrad war, wie es sich herausstellte, vollkommen sinnlos. List hätte niemals gegen den Kaukasus vorstoßen dürfen, bevor die Lage im Donbecken und an der unteren Wolga nicht bereinigt war.

An den anderen Frontabschnitten hatte sich die Situation jedoch inzwischen auch weiterentwickelt. Am 5. Juli griffen drei Armeen der sowjetischen Westfront aus dem Raum Suchinitschi gegen Brjansk an, und Ende des Monats führten der rechte Flügel der Westfront und der linke Flügel der Kalininfront einen Angriff gegen Rschew, und beide Offensiven richteten sich gegen die Heeresgruppe Mitte unter Kluge. Kluges Absicht, die ihm zugeteilten Panzerdivisionen zur Klärung der Lage bei Rschew zu verwenden, wurde von Hitler durchkreuzt, der verlangte, sie sollten bei Suchinitschi eingesetzt werden. Am 24. August versuchte Halder bei einer Besprechung mit dem »Führer« durchzusetzen, daß die im Norden der Frontausbuchtung bei Rschew von drei Seiten bedrohte 9. Armee sich zurückziehen dürfe, um die Front zu verkürzen, aber das Gespräch endete mit einer stürmischen Szene, die man als Vorspiel zum endgültigen Bruch zwischen beiden Männern betrachten kann.

Im Raum Leningrad hatte der Oberbefehlshaber der Heeresgruppe Nord, v. Küchler, vorübergehend das Vertrauen Hitlers verloren, und der siegreich aus der Krim zurückgekehrte Manstein war der Mann des Augenblicks. Er erhielt den Auftrag, Leningrad zu nehmen obwohl der »Führer« nicht zögerte, ihm genau

11 *Halder*, Kriegstagebuch, Bd. 3, S. 489.
12 Speer Interrogation Reports, F. D. C. 1, Report 19.

vorzuschreiben, wie dies zu geschehen habe.[13] Doch die sowjetische Wolchowfront führte Ende August schwere Angriffe südlich des Ladogasees, und Hitler rief, ohne sich um Küchler oder Leningrad zu kümmern, am 4. September selbst Manstein an und befahl ihm, die Leitung der Operationen südlich des Ladogasees zu übernehmen. Der Entwurf der Weisung Nr. 47 für den Angriff gegen Leningrad lag bereits in der Vorlagemappe des »Führers«, aber er blieb dort liegen.[14]

Bock war entlassen, und jetzt war List an der Reihe. Das Kriegstagebuch des OKW vermerkt am 30. August, daß der »Führer« mit der Lage bei der Heeresgruppe A sehr unzufrieden sei, und am nächsten Tage wurde List zur Meldung nach Winniza befohlen, wo Hitler ihn zuvorkommend und höflich behandelte. In Wirklichkeit war der übelgelaunte und mißtrauische »Führer« alles andere als zufrieden, und im Verlauf der nächsten Tage festigte sich in ihm der Entschluß, die Hexenjagd fortzusetzen. Ein Teil des Schwarzmeerhafens Noworossisk war genommen, aber im übrigen waren die im Kaukasus kämpfenden Truppen nicht näher an das Schwarze Meer herangekommen. Am 7. September wurde Jodl zur Heeresgruppe A geschickt, um mit List und dem kommandierenden General des XLIX. Gebirgsjägerkorps, Konrad, zu sprechen. Bei seiner Rückkehr am gleichen Abend meldete Jodl, er stimme mit der Lagebeurteilung Lists überein und sei der Auffassung, daß die Heeresgruppe A den ihr gegebenen Auftrag nicht lösen könne. Hitler bekam einen Wutanfall, und die Folge der unbeherrschten Szene war der endgültige Bruch zwischen ihm und dem Wehrmachtsführungsstab. Jodl durfte von nun an bei den Mahlzeiten nicht mehr auf dem Ehrenplatz neben dem »Führer« sitzen, der sich in seiner Kleinlichkeit sogar weigerte, Jodl oder Keitel noch die Hand zu geben. Seit dieser Zeit nahm Hitler die Mahlzeiten allein in seinem düsteren und ungemütlichen Zimmer ein und zeigte sich nicht mehr in der Öffentlichkeit. Die täglichen Lageberichte wurden in Hitlers Unterkunft abgegeben, jede Diskussion war verboten, und die kalte und formelle Atmosphäre wurde durch die Gegenwart der beiden Stenographen vom Dienst nicht aufgelockert, die jedes Wort mitschrieben, das gesprochen wurde. Von jetzt an weigerte sich Hitler auch, irgendjemanden privat zu empfangen.

Jodl zog sich ganz an seinen Schreibtisch zurück. Der Einfluß, den er seit dieser Zeit auf die Kriegführung nahm, war nur noch schädlich; denn jetzt erklärte er sich mit jedem Wort des »Führers« einverstanden und bestärkte ihn in seinen extravaganten Ideen. Am 9. September wurde Feldmarschall List seines Kommandos enthoben, der »Führer« übernahm selbst das Kommando der Heeresgruppe A und behielt es bis zur dritten Novemberwoche. Die persönlichen Beziehungen Hitlers zu seinen Stäben hatten sich entscheidend verschlechtert, und die Lage mußte irgendwie bereinigt werden. Keitel war ebenso in Ungnade gefallen wie Jodl, und es ging das Gerücht, er solle durch Kesselring ersetzt werden. Man glaubte, an Jodls Stelle

13 Kriegstagebuch des OKW, Bd. 2, S. 1290–1292.
14 *Warlimont*, Inside Hitler's Headquarters, S. 254; *von Manstein*, Lost Victories, S. 264 bis 265.

werde Paulus treten, sobald Stalingrad genommen sei, und Halder müsse gehen.[15] Seit der Entlassung von Brauchitsch war die Stellung Halders als Chef des Generalstabes immer unhaltbarer geworden. Vor dem September 1941 hatte das OKH die Operationspläne entworfen und Hitler vorgelegt, und Jodl und das OKW hatten an den Planungen für die größeren Feldzüge wenig oder gar nicht teilgenommen. Mitte 1941 übernahm das OKW die Verantwortung für alle Kriegsschauplätze außer Rußland, obwohl man bedenken muß, daß auf keinem Kriegs-

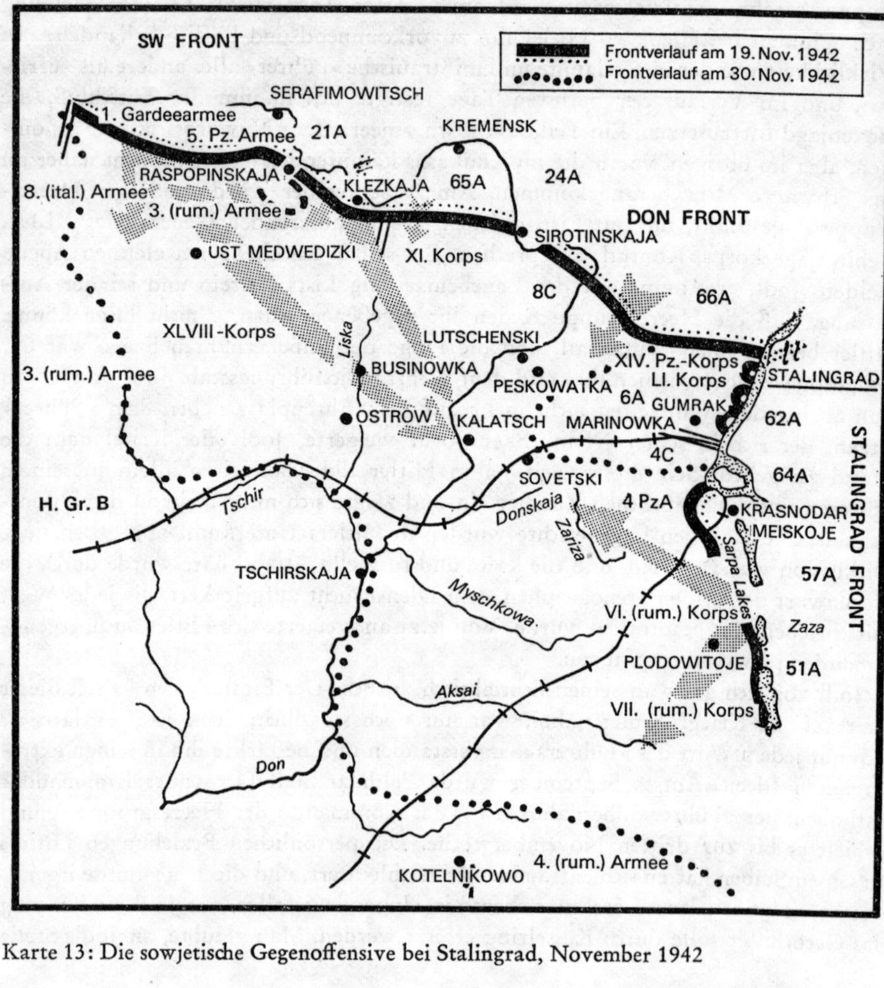

Karte 13: Die sowjetische Gegenoffensive bei Stalingrad, November 1942

15 *Warlimont,* Inside Hitler's Headquarters, S. 256–258; *Halder,* Kriegstagebuch, Bd. 3, S. 518–519 und 528; *Keitel,* Memoirs, S. 180–184.

schauplatz des OKW außer in Afrika und Finnland gekämpft wurde. Nachdem Brauchitsch gegangen war, hatte Keitel gewisse Funktionen des Oberbefehlshabers des Heeres übernommen, und Jodl und das OKW neigten, soweit der »Führer« dies zuließ, dazu, sich in Angelegenheiten zu mischen, für die das OKH zuständig war, und gut gemeinte Ratschläge zu geben. Die persönlichen Beziehungen zwischen Halder und Hitler waren schlecht, weil sie überhaupt nicht zueinander paßten, und angesichts der Charaktereigenschaften von Jodl und Keitel gab es kein engeres persönliches Verhältnis zwischen Halder und den höheren Offizieren des OKW.

Der tüchtige und fleißige Halder, der solange alles gut ging, loyal mitgearbeitet hatte, zweifelte nach Ausbruch des Krieges zwischen Deutschland und der Sowjetunion immer mehr an den militärischen Fähigkeiten des »Führers«. Es hat den Anschein, als habe er seine Zweifel sogar ausgesprochen und sei einer der wenigen gewesen, die das gewagt haben. Aber Hitler wünschte weder Ratschläge noch fachmännisches Können, sondern verlangte blinden Gehorsam und fanatische persönliche Treue. Seine Wahl fiel jetzt auf Zeitzler.

Zeitzler war Infanterist, erst kürzlich zum Generalmajor befördert worden, hatte den Ruf eines sehr energischen Mannes und war als Oberst im OKW Untergebener Jodls gewesen. Er war eng mit dem Adjutanten Hitlers, Schmundt, befreundet und dem »Führer« persönlich bekannt. Als Chef des Stabes der Heeresgruppe D war er im August 1942 an der Abwehr des britisch-kanadischen Unternehmens gegen Dieppe beteiligt gewesen.[16] Hitler wünschte einen Chef des Generalstabes, der optimistisch und jeder Lage gewachsen sein sollte. Er durfte nicht so sein wie Halder, den der »Führer« als Pessimisten und Schwarzseher verurteilte, der mit seinem Jammern die Stimmung bei den Heeresgruppen beeinträchtigte. Er erklärte sich mit Zeitzler einverstanden, und Schmundt und Göring sorgten dafür, daß Zeitzler an die Stelle von Halder rückte. Zeitzler wurde zum General der Infanterie befördert und übersprang dabei ebenso wie Jodl vor ihm den Rang des Generalleutnants. Am 24. September wurde Halder in die Wüste geschickt, und zwar zuerst pensioniert und nach dem Attentat gegen Hitler festgenommen und im Konzentrationslager interniert.

Als dienstälterer, erfahrener Generaloberst hatte sich Halder bis Ende 1941 gegenüber dem OKW und den Befehlshabern der Heeresgruppen durchsetzen können. Sogar die Feldmarschälle hatten sich ihm untergeordnet. Der neue Chef des Generalstabes, der erst 1942 zum Generalmajor befördert worden war, besaß in den Augen der Oberbefehlshaber der Heeresgruppen nicht die Überlegenheit des höheren Dienstalters, der Erfahrung oder der persönlichen Autorität. Als er seine Stelle antrat, erklärte er gegenüber den Angehörigen seines Stabes, die persönliche Treue und das Vertrauen zum Führer seien die Dinge, auf die es ankomme. Damit hatte Zeitzler seine Stellung gesichert. Das Gefolge des Führers fügte sich, und sogar Jodl hoffte, aus der Beliebtheit seines ehemaligen Untergebenen Vorteile zu ziehen.

16 *Picker*, Hitlers Tischgespräche, S. 405.

Durch die Ernennung Zeitzlers litt natürlich auch das Ansehen der Stellung des Chefs des Generalstabes, denn das deutsche Heer war jetzt zum persönlichen Instrument Hitlers geworden, und Zeitzler wurde als Kreatur des »Führers« angesehen. Keitel und Jodl hofften, als ehemaliger Angehöriger des OKW werde Zeitzler sich damit einverstanden erklären, daß das OKW jetzt auch die Verantwortung für die Operationen an der Ostfront übernehme. Aber hier erlebten sie eine Enttäuschung, weil Zeitzler sich sofort von ihnen distanzierte und unter Ausnutzung der schwachen persönlichen Stellung von Jodl die Überschneidungen in der Zuständigkeit für die Ostfront beseitigte, um dabei den von Halder in den letzten neun Monaten an Jodl verlorenen Boden wiederzugewinnen. Nach Möglichkeit schaltete er Keitel und Jodl aus und hielt sie von allen Besprechungen über die Lage an der Ostfront fern.

Gegenüber den Oberbefehlshabern der Heeresgruppen trat Zeitzler zunächst nur als Sprachrohr und Fernsprecher des »Führers« auf. Obwohl er sich im ersten Jahr seiner Amtsführung des Vertrauens von Hitler erfreute, versagte Zeitzler als Chef des Generalstabes. Natürlich hätte niemand unter einem solchen Oberbefehlshaber Erfolg haben können, und Zeitzler hatte vielleicht nicht einen so starken Charakter, wie das in manchen Berichten behauptet wird. Dennoch war er ein fähiger Offizier und besaß, wie Speer berichtet, Rückgrat. Er war offen und trat energisch für seine Überzeugung ein.

Zwar war das Schicksal Deutschlands schon im Dezember 1941 nach der Kriegserklärung an die Vereinigten Staaten von Amerika besiegelt, aber die Auswirkungen des anglo-amerikanischen Bündnisses wurden erst im November 1942 deutlich erkennbar. Im Luft- und Seekrieg waren die Angloamerikaner mächtige Gegner, die starke Luft- und Landstreitkräfte im besetzten Westeuropa und in Skandinavien banden, aber im Landkrieg hatten bisher nur die Briten eine verhältnismäßig kleine Rolle gespielt. Am 2. November traf die Nachricht vom britischen Sieg bei El Alamein ein, wo Montgomery vier deutsche und acht italienische Divisionen schlug, die »Achsen«-Streitkräfte jedoch nur 40.000 Mann verloren, von denen ein Drittel Deutsche waren. Wenige Tage später folgte die anglo-amerikanische Landung in Französisch-Nordafrika. Diese Nachricht erreichte Hitler, als er im Löwenbräukeller in München eine Rede vor seinen alten Parteigenossen hielt, und der einzige Erfolg, von dem er ihnen berichten konnte, war die Blockierung des Schiffsverkehrs auf der Wolga.

Stalin hatte den Fortgang der Schlacht um Stalingrad mit nicht geringer Sorge beobachtet, und während er die Meldungen über die Lage in der zerstörten Stadt sammelte, forderte er Jeremenko immer wieder auf, er solle Tschuikow wirkungsvoller unterstützen und weitere Verstärkungen über den Fluß bringen. Seit Anfang September arbeitete man in Moskau an den Plänen für eine massive Gegenoffensive, und das sowjetische Oberkommando hatte Wassilewski, Woronow und Schukow an die Fronten und zu den Armeestäben geschickt, um sich dort ein Bild von der örtlichen Lage zu machen und die Grundlagen für eine Offensive zu erarbeiten. Es wurde strengste Geheimhaltung gewahrt, und zunächst erfuhren die Stäbe an der

Front nichts von den Plänen und Absichten. Außerhalb des sowjetischen Oberkommandos in Moskau wurde über dieses Vorhaben nichts schriftlich festgelegt, die Ausgangslage wurde nicht in die Karten eingezeichnet, und weder im Funkverkehr noch am Fernsprecher durfte etwas davon erwähnt werden. Alle Vorbereitungen wurden bei den Besuchen der Vertreter des Oberkommandos, die im Flugzeug von Moskau an die Front kamen und wieder nach Moskau zurückkehrten, mündlich abgesprochen. Erst Anfang Oktober schaltete man die Stäbe an der Front in die Planungen ein.[17]

Das wichtigste Unternehmen der Gegenoffensive mit dem Decknamen »Uranus« sah eine doppelte Umfassungsoperation durch zwei mit starken Panzerkräften geführte Vorstöße vor, deren einer von Kletskaja und dem Brückenkopf am Don bei Serafimowitsch in südostwärtiger Richtung erfolgen sollte, während der andere aus dem Raum südlich von Stalingrad im Gebiet von Zaza und den Sarpaseen nach Nordwesten geplant war, und beide Zangen sollten sich bei Kalatsch am Don vereinigen. Diese Vorstöße sollten die große, durch die 6. Armee und die 4. Panzerarmee gebildete Frontausbuchtung isolieren.

Die beiden Schwerpunkte des Angriffs sollten sich gegen die rumänische 3. Armee und das rumänische Korps bei der 4. Panzerarmee richten, weil der Kampfwert der rumänischen Truppen viel geringer als derjenige der Deutschen, die Moral bei den Rumänen schlecht und die Zahl der Deserteure bei den rumänischen Truppenteilen verhältnismäßig hoch waren.

Der Vorstoß von Süden mit dem Ziel, in die Stellungen der 4. Panzerarmee einzubrechen, sollte aus dem Brückenkopf vorwärts der Sarpaseen von der Stalingrader Front geführt werden. Den Vorstoß im Norden sollten Rokossowskis Donfront und eine neugebildete Südwestfront unternehmen, die am 29. Oktober zwischen der Woronescher Front und den Fronten am Don entstanden war. Die neue Front stand unter dem Kommando von Watutin, der von der Woronescher Front hierher versetzt worden war, mit Scheltow als politischem Mitglied des Militärsowjets, der bisher dem Stabe der Donfront angehört hatte. Im übrigen wurde der Stab der neuen Front aus Angehörigen anderer Frontstäbe gebildet.[18] Den aus dem Norden vorstoßenden Kräften der Südwestfront fiel eine wichtigere Aufgabe zu als den Truppen der Donfront.

Die Vorbereitungen der Offensiven der Westfront und der Donfront waren Schukow und die für die Offensive an der Stalingrader Front Wassilewski übertragen worden, und die Generäle flogen immer wieder zwischen Moskau, der Wolga und dem Don hin und her. Die Planungen wurden zum großen Teil nicht in der dünnen Luft eines Großen Hauptquartiers, sondern auf den Gefechtsständen und Beobachtungsstellen der Armeen durchgeführt, in deren Abschnitten die Schwerpunkte des Angriffs liegen sollten. Diese Gefechtsstände lagen gewöhnlich nur etwa einen Kilometer hinter der Hauptkampflinie.

17 *Wassilewski,* Wojenno Istoričeskii Surnal Nr. 10, Oktober 1965.
18 Im Oktober kehrte Golikow an die Woronescher Front zurück und löste dort Watutin ab.

Die im Raum Stalingrad–Don zusammenzuziehenden sowjetischen Kräfte sollten einschließlich der dort schon eingesetzten Truppen mehr als eine Million Mann stark sein, die von 13.500 Geschützen und Granatwerfern und mehr als 100 Raketenbatterien unterstützt wurden. Dazu gehörten mehr als 4 Panzerkorps und 3 motorisierte Korps, 14 Panzerbrigaden und einige selbständige Panzerregimenter.[19]

Die Verschiebung, Bereitstellung und Tarnung dieser Verbände auf der deckungslosen Steppe erforderten große Anstrengungen und Erfindungsgabe, besonders da die Schlammperiode im Herbst die Verwendung von Lastkraftwagen behinderte, Don und Wolga Hochwasser führten und streckenweise über die Ufer getreten waren. Man brauchte deshalb jetzt bis zu vier Stunden, um eine Fähre über die Wolga zu bringen, was unter normalen Umständen nur etwa 40 Minuten dauerte. Nicht weniger als fünfzig neue Fährstellen wurden zwischen Saratow und Astrachan eingerichtet, und jede verfügte über mehrere Fähren. Die sechs Fliegerarmeen, die für das Unternehmen bereitgestellt worden waren, versuchten die deutsche Luftaufklärung über dem Aufmarschgebiet nach Möglichkeit auszuschalten. Alle Truppenbewegungen wurden bei Nacht durchgeführt, es wurde Funkstille befohlen, und die wichtigsten Funkstationen erhielten den Funkverkehr bis zum Beginn der Offensive dort aufrecht, wo sich die betreffenden Stäbe bisher befunden hatten, so daß der deutsche Abhördienst nichts über den Aufmarsch in Erfahrung bringen konnte.

Eines der wichtigsten Transportmittel der Roten Armee waren die Wolgaschiffe, aber der Aufmarsch der Truppen wurde ganz besonders durch den wirksamen Einsatz der zwischen dem Ural und Rjasan liegenden Bahnlinien ermöglicht. Die Schienenwege waren schon seit längerer Zeit bis zur Grenze ihrer Leistungsfähigkeit in Anspruch genommen worden, aber im letzten Stadium wurden die Truppen in einem einzigen großen Unternehmen verladen, bei dem alle vorhandenen Züge nur in einer Richtung fuhren. Ohne Rücksicht auf das Signalsystem ließ man alle zwölf Minuten einen Zug nach Südwesten fahren, und nur mit Laternen ausgerüstete Streckenwärter überwachten den Zugverkehr.[20] Als die Truppenkommandeure an der Front im Oktober mit den Plänen des Oberkommandos bekanntgemacht worden waren, wurden ihre Stellungnahmen dazu nach Moskau gemeldet. Am 3. November nahmen Schukow, Watutin, Woronow, Nowikow, Golowanow und Fedorenko an einer Lagebesprechung teil, bei der alle Truppenkommandeure der Südwestfront bis hinunter zu den Divisionskommandeuren anwesend waren. Am folgenden Tage wurde die Besprechung für die Donfront und am 10. November für die Truppenkommandeure der Stalingrader Front wiederholt.[21] Die Befehle durften jedoch nicht vor dem 18. November, dem Vorabend der Offensive, an die Truppe weitergegeben werden.

19 Istorija, Bd. 3, S. 20.
20 Ebenda, S. 21.
21 *Schukow,* Wospominanija i Rasmyšlenija, S. 436–437.

Am 11. November äußerte Stalin Bedenken wegen des Umfangs der Unterstützung dieser Operationen aus der Luft. Er hielt diese Frage für so wichtig, daß er sogar vorschlug, die ganze Gegenoffensive auf einen späteren Zeitpunkt zu verschieben, wenn Nowikow der Auffassung sei, daß er nicht alle ihm zugeteilten Aufgaben übernehmen könne.[22]

Am 17. November verließ Schukow den Raum Stalingrad und ging an die Kalininfront und die Westfronten, um die Angriffe gegen die deutsche Heeresgruppe Mitte aufeinander abzustimmen, durch welche die beweglichen Reserven des Gegners gebunden werden sollten. Wassilewski blieb bei Stalingrad und hatte den Auftrag, die Operationen aller drei Fronten zu koordinieren.

Er war überrascht, als Stalin ihm am 17. November im Verlauf des täglich geführten Telefongesprächs kaum 48 Stunden vor Beginn der Offensive befahl, nach Moskau zu kommen, um am folgenden Tage vor dem staatlichen Verteidigungsausschuß (GKO) zu erscheinen. Dieser Vorfall war, wie Wassilewski berichtet, bezeichnend für die Führungsmethoden in der Roten Armee. Der Kommandeur des IV. motorisierten Armeekorps, Wolski, hatte an Stalin geschrieben und, wie Stalin behauptete, gesagt, die Vorbereitungen für die Offensive seien unzureichend, und der Angriff werde steckenbleiben. Stalin und der Verteidigungsausschuß wollten zur Bestätigung ihrer Beschlüsse jetzt noch eine letzte Lagebeurteilung hören. Wassilewski vertrat die Auffassung, daß die Offensive unter keinen Umständen verschoben werden dürfe, worauf Stalin sofort Wolski anrufen ließ und dem Kommandeur des IV. motorisierten Korps einige freundliche und beruhigende Worte sagte.[23] Dann erhielt Wassilewski die Anweisung, das IV. motorisierte Korps im Auge zu behalten und seine Beobachtungen Stalin zu melden. Nachdem also Wassilewski und Wolski aufgefordert worden waren, übereinander zu berichten, haben der NKWD und die Militärsowjets zweifellos ihrerseits beide Männer überwacht und ihre Meldungen über deren Verhalten abgegeben.

In der Frontausbuchtung bei Stalingrad führte Paulus indessen getreulich die Befehle Hitlers vom 14. Oktober aus, und die Kämpfe am Wolgaufer gingen weiter. Alle zwanzig deutschen Divisionen der 4. Panzerarmee und der 6. Armee standen ostwärts des für den sowjetischen Angriff gewählten Abschnitts, die Hälfte kämpfte im Stadtgebiet von Stalingrad, und vierzig Prozent der Bataillone waren so erschöpft, daß sie kaum noch einen Kampfwert besaßen. Die Divisionstruppen hatten zudem kaum die Möglichkeit, Artillerie und schweres Gerät zu verlegen, denn die meisten Pferde waren über den Don nach Westen zurückgebracht worden, weil es auf der Steppe an der Wolga kein Futter gab.

Sowjetische Historiker machen sich darüber lustig, daß es in deutschen Berichten heißt, die Gegenoffensive der Roten Armee sei nicht unerwartet erfolgt, und Moskau behauptet, die Offensive habe die Deutschen völlig überrascht. In Wirklichkeit haben die Deutschen damit gerechnet, aber weder das deutsche Oberkommando

22 Ebenda, S. 438–439.
23 *Wassilewski*, Wojenno Istoričeskii Šurnal Nr. 10, Oktober 1965.

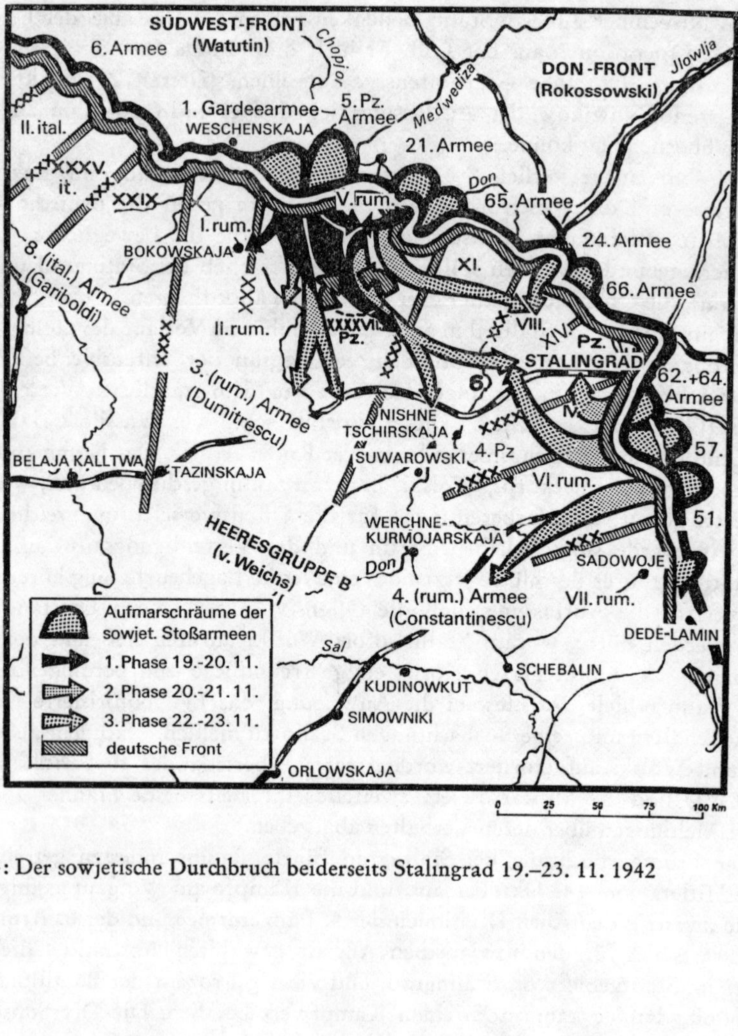

Karte 14: Der sowjetische Durchbruch beiderseits Stalingrad 19.–23. 11. 1942

noch Paulus hatten eine Ahnung davon, wie starke Kräfte dazu aufmarschiert waren.

Greiner und Warlimont berichten davon, wie Halder eine alte Karte von Zarizin aus dem Bürgerkrieg vorgelegt habe, und wie Göring am 28. August bei einer Lagebesprechung in Winniza erschienen sei, um die Aufklärungsmeldungen Richthofens zu verlesen, nach denen nördlich des Don keine Truppenkonzentrationen festgestellt worden seien.[24] Paulus, Halder und sogar Hitler waren sich der Tatsache bewußt, daß die Flanke nördlich des Don verwundbar war, sie aber nicht durch deutsche Truppen verstärkt werden konnte, wenn die Heeresgruppe A nicht aus dem Kaukasus zurückgezogen wurde.[25]

Dumitrescus rumänische 3. Armee, rechts an das deutsche XI. Korps und links an die italienische 8. Armee angelehnt, deckte mit acht Infanteriedivisionen und zwei Kavalleriedivisionen einen etwa 160 Kilometer breiten Abschnitt. Die einzigen zur Verfügung stehenden Panzerabwehrwaffen waren veraltete deutsche 3,7 cm Pak, die gegen die sowjetischen KW- und T34-Panzer nichts ausrichten konnten.[26] Dumitrescu hatte festgestellt, daß auf sowjetischer Seite Verstärkungen herangebracht worden waren und schlug vor, den sowjetischen Brückenkopf bei Serafimowitsch durch einen deutsch-rumänischen Angriff zu zerschlagen und die Russen auf das Nordufer des Don zurückzudrängen. Aber bevor Stalingrad nicht genommen war, standen deutsche Truppen für ein solches Unternehmen nicht zur Verfügung. Ende Oktober waren die Rumänen, nachdem sie durch Deserteure und Kriegsgefangene Nachrichten gesammelt hatten, ausgesprochen nervös geworden, waren aber nicht in der Lage gewesen, schlüssige Beweise dafür vorzulegen, daß eine Offensive unmittelbar bevorstand.

In den ersten Novembertagen setzte der Winter mit scharfem Frost, Schnee und Schlackschnee ein, so daß die Sicht für die Aufklärungsflieger stark behindert war. Erst in der zweiten Novemberwoche stellte die Luftwaffe Anzeichen für Angriffsvorbereitungen gegen die rumänische 3. Armee fest. Am 12. November meldete Richthofen, daß die vorbereiteten Geschützstellungen neuerdings mit Geschützen besetzt worden seien. Eine zweite beunruhigende Tatsache war das Auftauchen stärkerer sowjetischer fliegender Verbände nördlich des Don, und im Oktober und Anfang November sah sich Richthofen gezwungen, seine Aufmerksamkeit dem Raum gegenüber den rumänischen Stellungen Dumitrescus zuzuwenden und Stalingrad zu vernachlässigen. Das VIII. Fliegerkorps, das jetzt nur noch über 400 Flugzeuge verfügte, verlor außer in einzelnen Abschnitten allmählich die Luftüberlegenheit, während der Gegner vier Luftarmeen versammelte, die nach richtigen Schätzungen über 1200 Flugzeuge verfügten.[27]

24 *Greiner,* Die Oberste Wehrmachtführung, S. 401–407; *Warlimont,* Inside Hitler's Headquarters, S. 255.
25 *Greiner,* Die Oberste Wehrmachtführung, S. 411–412; Kriegstagebuch des OKW, Bd. 2, S. 597.
26 OKH Kriegsgliederung, 5. November 1942.
27 Kriegstagebuch des OKW, Bd. 2, S. 1321.

Am 6. November hatte Gehlen von der Abteilung Fremde Heere Ost einen nachrichtendienstlichen Lagebericht verfaßt, aus dem sich nichts Bestimmtes entnehmen ließ. Er machte darin auf feindliche Truppenversammlungen aufmerksam, die entweder zu einem Angriff gegen die Heeresgruppe B oder gegen die Heeresgruppe Mitte bereitgestellt sein könnten. Am 12. November legte Gehlen eine zweite und konkretere Lagebeurteilung vor, in der er den Aufmarsch vor der rumänischen 3. Armee erwähnte und zu dem Schluß kam, ein Angriff über den Don mit dem Ziel, Stalingrad abzuschneiden, stehe unmittelbar bevor. Gehlen hatte gewisse Zweifel daran, ob die Rote Armee hier stark genug sei, um mehr zu tun als die deutschen Flanken zu bedrohen und den Rückzug der deutschen Truppen von Stalingrad zu erzwingen. Eine Bedrohung der Südflanke bei Stalingrad scheint nicht erkannt worden zu sein.[28]

Weichs verfügte nur über ganz geringe Reserven für seine Heeresgruppe. Das XLVIII. Panzerkorps unter Heim, das am 10. November den Befehl erhielt, sich hinter dem Abschnitt der rumänischen 3. Armee zu versammeln, bestand aus der mit tschechischen Panzern ausgerüsteten rumänischen 1. Panzerdivision und der sehr schwachen und bisher vom Unglück verfolgten 22. Panzerdivision. Weichs mußte Heim über den Zustand dieser beiden Truppenteile einige sehr unerfreuliche Dinge sagen.[29] Hitler hatte versprochen, noch die 6. Panzerdivision und zwei Infanteriedivisionen heranzuführen, aber diese Verbände mußten aus Frankreich an die Ostfront verlegt werden und konnten nicht vor Dezember eintreffen. Außerdem würden sie auf der Eisenbahn transportiert werden müssen, und das bedeutete eine zeitweilige Unterbrechung der ohnehin schon mangelhaften Versorgung auf dem überlasteten Schienennetz.

Im November 1942 zeigte es sich zum erstenmal ganz deutlich, daß die Initiative, die bisher bei den Deutschen gelegen hatte, jetzt dem Gegner überlassen werden mußte. Hitler war das deutsche Staatsoberhaupt, der Oberbefehlshaber der gesamten Wehrmacht auf allen Kriegsschauplätzen und der Befehlshaber der Truppen in Rußland. Nachdem er die feindlichen Offensiven am Wolchow, südlich von Leningrad, abgewehrt hatte, erwartete er die nächste sowjetische Offensive, wußte aber nicht genau, ob sie sich gegen die italienische 8. Armee oder die Heeresgruppe Mitte unter Kluge richten werde.[30] Er führte immer noch den Befehl über die Heeresgruppe A, und zwar von Winniza aus, fast 1600 Kilometer vom Schauplatz des Handelns entfernt; denn ein Nachfolger für List war noch nicht ernannt worden.

Ende Oktober verließ der »Führer« sein Hauptquartier in Winniza und ging nach Deutschland, um die Parteireden vorzubereiten, die er in der zweiten Novemberwoche in München halten wollte. Wie oben erwähnt, erreichten ihn dort Nachrichten über eine Reihe von kritischen Entwicklungen. Die Truppen Rommels befanden sich in Ägypten auf dem Rückzug, und am 8. November erfuhr Hitler

28 Ebenda, S. 1305–1307.
29 *von Weichs*, Tagebuch, Band 6, 1942.
30 *von Manstein*, Lost Victories, S. 267–271.

von den anglo-amerikanischen Truppenlandungen in Marokko und Algier. Sofortige Gegenmaßnahmen mußten eingeleitet werden, und zwar mußte Vichy-Frankreich militärisch besetzt und in Tunesien ein Brückenkopf gebildet werden. Stalingrad und die Ostfront blieben sich selbst überlassen. Als die sowjetische Offensive begann, war der »Führer« in Bayern, und es konnten ohne seine Genehmigung keine Gegenmaßnahmen getroffen werden. Am 17. November schickte er ein persönliches Fernschreiben an die Ostfront, das an alle Regimentskommandeure im Raum Stalingrad weitergegeben werden sollte. Darin erklärte Hitler, er kenne die Lage bei den geschwächten deutschen Verbänden, wisse aber auch, daß die Lage bei den Russen noch viel ungünstiger sei. Er erwarte daher von allen Kommandeuren, daß sie die Angriffe mit äußerster Energie vorantreiben.[31]

Am Morgen des 19. November eröffneten die Südwestfront unter Watutin und die Donfront unter Rokossowski mit zusammen etwa fünfzig Divisionen die Offensive gegen die rumänische 3. Armee unter Dumitrescu.[32] Nach intensiver Artillerievorbereitung stellten die Russen das Feuer kurz vor 9.00 Uhr morgens ein, und die Infanterie ging, unterstützt von Panzern, auf dem hart gefrorenen Boden gegen die feindlichen Stellungen vor.

Die Südwestfront unter Watutin sollte den entscheidenden Schlag führen, und der Schwerpunkt lag bei der 1. Gardearmee unter Leljuschenko und der 5. Panzerarmee unter Romanenko, die aus dem Brückenkopf bei Serafimowitsch antraten. Die 21. Armee unter Tschistjakow führte aus dem Raum des Brückenkopfs bei Kletskaja, etwa 45 bis 60 Kilometer weiter ostwärts, einen zweiten Vorstoß. Beide Angriffe der Südwestfront richteten sich gegen die Donbrücke bei Kalatsch, etwa 160 Kilometer vor den sowjetischen Bereitstellungsräumen und 80 Kilometer westlich von Stalingrad. Der rechte Flügel der Donfront unter Rokossowski sollte einen dritten Vorstoß mit schwächeren Kräften nach Südosten führen, und zwar mit dem Ziel, die rumänischen Truppen von ihren deutschen Nachbarn abzuschneiden und den Gegner im kleinen Donbogen einzuschließen.

Die rumänische 3. Armee unter Dumitrescu, die von weit überlegenen feindlichen Kräften angegriffen wurde, begann auseinanderzubrechen, obwohl viele eingeschlossene Verbände tapfer weiterkämpften. Die sowjetischen gepanzerten Vorstöße, unterstützt durch auf die Panzer gesetzte Infanterie, kamen rasch bis hinter die feindlichen Linien voran.

Die Heeresgruppe B, die fälschlicherweise angenommen hatte, der Hauptangriff der Sowjets würde aus dem Raum Kleskaja erfolgen, versuchte, die entstandene Lücke mit Teilen der beweglichen Reserve der 6. Armee, einer Kampfgruppe der 14. Panzerdivision, zu schließen und hier den Durchbruch zu verhindern. Der »Führer« hatte dem XLVIII. Panzerkorps unter Heim erst nach einigem Zögern die Erlaubnis gegeben, in die Schlacht einzugreifen, und auch dieses Korps erhielt den Befehl, in nordostwärtiger Richtung gegen Kletskaja vorzustoßen. Aber ehe der

31 Kriegstagebuch des OKW, Bd. 2, S. 1307.
32 *Rokossowski,* Welikaja Pobjeda na Wolgje, S. 254–256.

Angriff in Schwung gekommen war, wurde es nach Nordwesten abgebogen, um gegen den viel bedrohlicheren Vorstoß der 5. Panzerarmee unter Romanenko eingesetzt zu werden. Das XLVIII. Panzerkorps stieß am 20. November frontal mit der Armee Romanenkos zusammen und wurde nach heftigen Kämpfen bei Ust-Medwedizki zurückgeworfen, wobei die rumänischen Panzerdivisionen vom Rest des Korps abgeschnitten wurden. Dann erhielt das Korps den Befehl zum Rückzug, der jedoch durch einen zweiten Befehl des »Führers« widerrufen wurde, der es in nordwestlicher Richtung ansetzte, um bei Raspopinskaja eingeschlossenen rumänischen Truppen unter General Lascar zu Hilfe zu kommen. Hier stieß es auf weitere sowjetische Panzerverbände, die es in ein Gefecht verwickelten und aufhielten.

Am ersten Tage der sowjetischen Offensive befahl die Heeresgruppe B, nachdem sie erkannt hatte, mit welcher Wucht der sowjetische Angriff geführt wurde, Paulus, das Gefecht in Stalingrad abzubrechen und einen Teil seiner beweglichen Kräfte für den Einsatz gegen die Bedrohungen in seinem Rücken bereitzustellen. Sehr bald nach diesem Befehl überlegte man sich, ob man nicht die ganze 6. Armee aus Stalingrad abziehen und nach Westen verlegen sollte. Hitler, der die Schlacht telefonisch vom Berghof in Berchtesgaden aus leitete, ärgerte sich über den Vorschlag, die 6. Armee zurückzunehmen, und befahl allen Beteiligten, die Ruhe zu bewahren und die Stellung solange zu halten, bis das XLVIII. Panzerkorps, auf das er offenbar große Hoffnungen setzte, seine Aufgabe gelöst haben werde.[33]

Paulus verfügte selbst über drei Panzerdivisionen, deren jede aber nicht mehr als sechzig Panzer hatte. Diese Divisionen machten nun kehrt und gingen nach Westen über den Don, um sich der sowjetischen 5. Panzerarmee entgegenzustellen. Der Stab des XIV. Panzerkorps unter Hube sollte folgen und das Kommando übernehmen. Diese Panzerverbände waren am Abend des 19. November zum Teil aus dem Raum Stalingrad herausgezogen worden, aber der Rückzug gelang nur schrittweise, da es außerordentlich schwierig war, den für die Panzer erforderlichen Kraftstoff aufzutreiben. Schon das Auftanken brauchte Zeit, und deshalb trafen die Panzer einzeln oder in kleinen, nicht organisierten Gruppen auf dem Westufer des Don ein, während ein großer Teil der einsatzfähigen Verbände noch in Stalingrad zurückblieb oder sich auf dem Marsch zum Don befand.

Teile der 14. Panzerdivision waren schon zu dem vergeblichen Vorstoß gegen Kletskaja angetreten, als eine Kampfgruppe der 24. Panzerdivision, die den Don auf der Donbrücke bei Kalatsch überschritten hatte, gegen Businowka vorging, um die Verbindung mit ihnen aufzunehmen. Das gelang jedoch nicht. Die Gruppe bestand nur aus zwei schwachen Panzerabteilungen unter einem Oberstleutnant und einigen Panzerspähwagen, einer Artillerieabteilung und wenigen Panzerabwehr- und Fliegerabwehrgeschützen. Infanteristische Kräfte gehörten nicht zu dieser Kampfgruppe, denn sie waren zurückgelassen worden. Stattdessen alarmierten die Divisionsstäbe die zahlreichen in diesem Raum liegenden Nachschubeinhei-

33 *Zeitzler* in: *Westphal,* The Fatal Decisions, S. 129.

ten, und jeder, der ein Gewehr tragen konnte, mußte sich an dem Unternehmen beteiligen. Aber Fahrer, Schreiber und Gepäckwagenbeifahrer konnten, in Behelfseinheiten zusammengestellt, keine Panzergrenadierbataillone ersetzen.

Am frühen Morgen des 21. November erschienen die Truppen der 5. Panzerarmee unter Romanenko mit starken Panzerkolonnen, motorisierter Infanterie und Kavallerie am Horizont. Ein Gefechtsvorposten in dem kleinen Dorf Majarow, das von einer deutschen Feldbäckereikompanie besetzt war, wurde schnell überrannt, und die 24. Panzerdivision sah sich in das Gefecht verwickelt. Seine gemischte Panzerabteilung ging zum Angriff vor. Das brachte gewisse Erfolge, denn die sowjetische Kavallerie erlitt schwere Verluste, und einige feindliche Panzer wurden abgeschossen. Aber über den Ausgang des Gefechts bestand kein Zweifel; denn ohne Infanterie konnten die deutschen Panzer die Stellungen nicht halten, und ohne Kraftstoff blieben sie in ihren Bewegungen gehemmt.

Starke Kräfte der Roten Armee umgingen den Gegner an den Flanken, offenbar um gegen die Brücke bei Kalatsch vorzustoßen, und die deutschen Panzerbesatzungen waren überrascht zu sehen, wie gut die sowjetische motorisierte Infanterie die eigenen Panzer unterstützte. Das war im ganzen Verlauf des Krieges bisher noch nicht vorgekommen. Während der fünf Tage dauernden Kämpfe, bei denen es dieser Abteilung der 24. Panzerdivision an Munition, Kraftstoff und Verpflegung mangelte, verlor sie selbst 150 Mann an Gefallenen und Verwundeten und meldete, nur 40 feindliche Panzer abgeschossen und der sowjetischen Kavallerie Verluste in Höhe von 400 Mann beigebracht zu haben.[34]

Am 22. November hatte die sowjetische 5. Panzerarmee bereits den Fluß Liska, etwa 100 Kilometer vorwärts des Ausgangspunkts des Angriffs, erreicht und stand kaum noch 40 Kilometer vor Kalatsch. In der gleichen Nacht ging eine motorisierte Abteilung von Ostrow nach Kalatsch vor, nahm im Handstreich die deutsche Brücke über den Don, und der Befehlshaber dieser Abteilung, ein Oberstleutnant Filippow, wurde mit dem Ehrentitel eines Helden der Sowjetunion ausgezeichnet.[35] Das 14. Panzerkorps unter Hube zog sich schließlich über die Lutschenski-Brücke bei Peskowatka an das Ostufer des Don zurück, der inzwischen schon zugefroren war.

Südlich von Stalingrad war indessen die Stalingrader Front zum Angriff gegen das rumänische VI. Korps am Morgen des 20. November aufmarschiert. Die Kommandostruktur in der Roten Armee unterschied sich grundsätzlich von der in westlichen Armeen, und anstatt den Angriff mit Hilfe von Karten, Funk und Verbindungsoffizieren zu führen, richteten alle höheren Befehlshaber, ja sogar der Befehlshaber der Front, ihre Gefechtsstände an Übersichtspunkten angesichts des Gegners ein. Das bedeutete, daß die Regimentskommandeure, die Divisionskommandeure, die Armeebefehlshaber und die Befehlshaber der Front in den Schwerpunkten ein bis zwei Kilometer hinter der Hauptkampflinie den Verlauf der

34 *von Senger* und *Etterlin,* Die 24. Panzerdivision, S. 126–132.
35 Istorija, Bd. 3, S. 33.

Schlacht beobachteten. Dabei war jeder Befehlshaber von seinem Stab begleitet, zu dem auch die Nachrichtensoldaten, die Melder und die Schreiber gehörten. Dazu kamen der jeweilige Artilleriekommandeur und die Kommandeure der wichtigsten Waffengattungen. Der Befehlshaber der Front war außerdem durch Fernsprecher oder Kurzwellenfunk mit Moskau und Stalin verbunden.

Auf einem solchen Gefechtsstand auf einer sich etwa 100 Meter über dem Wasserspiegel der Wolga erhebenden Höhe im Abschnitt der 57. Armee, die einen weiten Überblick über die baumlose Steppe gewährte, erwartete Jeremenko den Angriff, der um 8.00 Uhr beginnen sollte. Um 7.30 Uhr war der Nebel noch so dicht, daß der Angriffsbeginn um eine Stunde verschoben werden mußte. Nachdem sie vergangen war, konnte man noch immer nicht weiter sehen als etwa 200 Meter, und es blieb nichts anderes übrig, als den Angriff um eine weitere Stunde zu verlegen. Infanteristen und Geschützbedienungen lagen schweigend mit geladenen Waffen in der bitteren Kälte in ihren Stellungen. Nicht so die Generalstabsoffiziere des Oberkommandos in Moskau, die immer ungeduldiger zu wissen verlangten, weshalb sich der Angriff verzögere. Um 9.20 Uhr lichtete sich der Nebel allmählich, und die Artillerie erhielt den Befehl, das Feuer um 10.00 Uhr zu eröffnen.

Der artilleristische Feuerplan und die Signale für den Beginn der Offensive waren typisch sowjetisch und absichtlich so einfach, daß auch der dümmste Soldat sie verstehen konnte. Um 10.00 Uhr löste sich eine gewaltige Salve von Katjuscharaketen, die von jedem gesehen und gehört werden konnte, und sie zeigte den Beginn des Vorbereitungsfeuers an. Das Ende der Artillerievorbereitung wurde ebenfalls durch eine Raketensalve signalisiert und bedeutete für Infanterie und Panzer den Befehl, zum Angriff anzutreten. Das, so glaubte Jeremenko, würde jeder verstehen können. Um 10.00 Uhr wurde die erste Raketensalve abgefeuert, doch zu seinem Schrecken hörte Jeremenko ein lautes »Hurra!« und erkannte, daß Oberst Grigorewitsch Russkich seine Befehle durchaus nicht verstanden hatte, denn vor seinen Augen kletterten die Männer der 143. Marineinfanteriebrigade aus ihren Schützenlöchern und stürmten gegen die rumänischen Stellungen vor.[36]

Die weiter links bereitgestellte 51. Armee unter Trufanow war durch den Nebel nicht behindert worden und hatte schon vor etwa 90 Minuten gegen Plodowitoje angegriffen. Der linke Flügel der 64. Armee unter Schumilow sollte vor dem Mittag nicht antreten, denn erst dann konnten genügend starke artilleristische Kräfte zu seiner Unterstützung freigemacht werden. Die Stellungen des rumänischen VI. Korps waren jedoch schon durchbrochen, und die Rumänen gingen, wie es im sowjetischen Bericht heißt, überall zurück, als seien sie führerlos. Die motorisierten sowjetischen Armeekorps drangen rasch nach Nordwesten in Richtung auf Kalatsch vor, während die 51. Armee nach Südwesten gegen den Fluß Aksai und den Unterlauf des Don vorstieß.

Nach dem Augenzeugenbericht eines deutschen Offiziers traf der sowjetische Vorstoß praktisch kaum auf irgendwelchen Widerstand. In den rückwärtigen Ge-

36 *Jeremenko,* Stalingrad, S. 347–350.

bieten entstand sehr bald eine Panik. Viele rumänische Offiziere ließen ihre Mannschaften im Stich und fuhren in Kraftwagen davon. Einige rumänische Truppen begannen zu plündern, andere warfen ihre Waffen fort und trieben große Viehherden vor sich her über die Steppe. Tief gegliederte Verteidigungsstellungen wurden nicht besetzt, und nur die rumänische Kavallerie hielt einigermaßen die Disziplin und stellte sich zum Kampf.

Aber auch die Deutschen im rückwärtigen Gebiet, besonders die Zivilangestellten bei den Versorgungs- und Waffenlagern forderten durch ihr Verhalten die Kritik heraus. Lager mit Winterbekleidung wurden vernichtet, aber Waffenlager blieben intakt. Kraftstoffvorräte wurden angezündet, während die Fahrzeuge aus Kraftstoffmangel im Stich gelassen werden mußten. Mit persönlichem Gepäck beladene Lastwagen rasten nach Norden, während sich die Beamten, auf den Trittbrettern stehend, außen festhielten. Die sowjetischen Truppen marschierten indessen auf den Straßen weiter, und die vorausgeschickten Vorhuten stießen auf keinen Widerstand, bis – wie unser Zeuge berichtet – die Soldaten eines Truppenverbandplatzes, die um ihr eigenes Leben und das der Verwundeten kämpften, den Vormarsch aufhielten.[37]

In dieser höchst unglücklichen Lage mußte die rumänische 4. Armee unter Constantinescu ganz gegen ihren Willen den Befehl über das rumänische VI. und VII. Korps übernehmen.

Am 23. November nahm die Vorhut der Stalingrader Front, das motorisierte Korps unter Wolski, bei Sowjetski an der Hauptbahnlinie westlich von Stalingrad, etwa 20 Kilometer südostwärts von Kalatsch, die Verbindung mit der 5. Panzerarmee auf. Damit waren die 6. Armee und Teile der 4. Panzerarmee zu Lande abgeschnitten, und die ganze Einschließungsoperation hatte weniger als vier Tage in Anspruch genommen.

Auf Hitlers Verlangen und gegen die Wünsche der Heeresgruppe B war das XLVIII. Panzerkorps noch einmal ins Gefecht geschickt worden, diesmal ohne die rumänische Panzerdivision. Der Angriff brachte keinen Erfolg, und das Korps wurde abgeschnitten.

Auf Anweisung der Heeresgruppe B brach es jedoch aus der Umfassung aus und zog sich auf das Westufer des Tschir zurück. Darauf befahl Hitler die Festnahme seines kommandierenden Generals, des Generalleutnants Heim, der aus der Armee ausgestoßen und ins Gefängnis gesteckt wurde.[38]

Der Oberbefehlshaber der Heeresgruppe B Weichs versuchte, im Donbogen an der Tschirlinie eine Reserve zu bilden, um jeden sowjetischen Vorstoß nach Westen aufzuhalten.

Am 19. und 20. November ging im Führerhauptquartier alles drunter und drüber. Hitler war nervös und schien nicht zu wissen, was er tun sollte. Zeitzler und

37 *von Senger* und *Etterlin*, Die 24. Panzerdivision, S. 134–136; *Jeremenko*, Stalingrad, S. 354.
38 Kriegstagebuch des OKW, Bd. 2, S. 83 und Fn.

das OKH machten keine klaren Vorschläge. Die einzige logische Empfehlung, die Jodl vortrug, daß nämlich die Führung der Schlacht Weichs überlassen werden sollte, wurde abgelehnt.[39]

Zur Zeit des sowjetischen Durchbruchs befand sich der Stab der 6. Armee unter Paulus in Golubinskaja am Don, nicht weit von Kalatsch, und am 21. November um die Mittagszeit mußte er sich in aller Eile nach Süden zurückziehen und ein zweites Quartier an der Donbrücke bei Werchnaja Tschirskaja an der Einmündung des Tschir beziehen. Am gleichen Abend traf ein Funkspruch des »Führers« ein, der der 6. Armee befahl, sich zur Rundumverteidigung einzurichten, und anordnete, daß Paulus und sein Stab in das Stadtgebiet von Stalingrad zurückgehen sollten.[40] Am 22. November wurde das Armeestabsquartier der 4. Panzerarmee unter Hoth an den Tschir zurückgenommen, und das deutsche IV. Armeekorps unter Jaenecke, das sich noch in Stalingrad befand, wurde der 6. Armee unterstellt. Darüber, wo die rumänischen Truppen sich befanden und in welchem Zustand sie waren, wußte Hoth augenscheinlich nur sehr wenig.

Nach einer Besprechung mit Hoth flog Paulus am Nachmittag des 22. November zu seinem neuen Gefechtsstand am Flugplatz Gumrak und schickte am gleichen Abend einen Funkspruch an Weichs, in dem er ihm meldete, daß die Munitions- und Kraftstofflage kritisch sei und die 6. Armee nur für sechs Tage Verpflegung habe. Er schlug vor, wenn genügend Nachschub nach Stalingrad eingeflogen werden könne, müsse man versuchen, den Raum zwischen Wolga und Don zu halten. Er bat jedoch um Handlungsfreiheit für den Fall, daß sich die Lage im Süden in der von den Rumänen offen gelassenen Lücke nicht stabilisieren lasse, um dann nach Südwesten auszubrechen.[41]

Man hat behauptet, die Heeresgruppe B habe nicht verstanden, in welchen Schwierigkeiten sich die 6. Armee befand. Es darf jedoch nicht daran gezweifelt werden, daß am 23. November die Lage bekannt war, als Weichs einen Funkspruch nach Rastenburg aufgab und meldete, es sei nicht möglich, ein Zehntel des Bedarfs der 6. Armee auf dem Luftwege heranzuschaffen. Da es unwahrscheinlich war, daß man vor dem 10. Dezember mit einer Entlastungsoperation beginnen konnte, und angesichts der Versorgungslage der 6. Armee wollte er Paulus sofort ausbrechen lassen, obwohl er erkannte, daß dieses Unternehmen hohe Verluste bringen würde, besonders an Waffen und Ausrüstung. Es sei jedoch auf jeden Fall besser, als wenn die Armee ausgehungert werde.[42] Paulus hatte sich am gleichen Tage mit seinen deutschen Armeekorps in Verbindung gesetzt, von denen nur eines vom Gegner angegriffen worden war, und alle Korpskommandeure waren der Auffassung, daß die Stellungen in Stalingrad in dieser Lage aufgegeben werden müßten und man nach Südwesten ausbrechen solle.

39 Ebenda, S. 83.
40 *Greiner*, Die Oberste Wehrmachtführung, S. 423; Kriegstagebuch des OKW, Bd. 2, S. 83 und 999.
41 Funkspruch am 22. November, 18.00 Uhr.
42 Funkspruch am 23. November, 18.45 Uhr.

Mit dem Einverständnis von Weichs schickte Paulus am gleichen Abend einen persönlichen Funkspruch an Hitler mit der Bitte, auf eigene Verantwortung und Initiative handeln zu dürfen. Er wies darauf hin, daß die 6. Armee nur gerettet werden könne, wenn er seine Verbände geschlossen nach Südwesten zurückführe. Die Vorräte an Artillerie- und Panzerabwehrmunition seien zum größten Teil erschöpft, viele Batterien hätten sich schon ganz verschossen, und nur schnelles Handeln könne die 6. Armee davor bewahren, in kürzester Zeit vernichtet zu werden.[43] Dieser in der Nacht nach der Einschließung abgeschickte Funkspruch war eine klare Darstellung der Lage und beschönigte die schwierige Situation in keiner Weise.

Zeitzler hat später gesagt, er habe sich energisch hinter die Argumente von Paulus und Weichs gestellt, und er hat das auch wirklich getan. Allerdings weiß man nicht, ob er dabei so starke Ausdrücke benutzt hat, wie er es behauptet.[44] Nach Zeitzler erklärte sich Hitler am 23. November grundsätzlich mit dem Ausbruch einverstanden, und eine entsprechende Mitteilung ging mündlich an den Chef des Stabes der Heeresgruppe B, Sodenstern.[45] Dafür, daß es später doch nicht gelang, Hitler zu überzeugen, macht Zeitzler in erster Linie Keitel und Jodl verantwortlich, die – wie er behauptet – dem »Führer« das gesagt hätten, was er hören wollte; daß nämlich Paulus an der Wolga bleiben solle, um von dort aus zur nächsten Frühjahrsoffensive anzutreten. Daß sie diesen Rat gegeben haben, ist wahrscheinlich. Der »Führer« hatte sich aber auch schon selbst mit bombastischen Versprechungen festgelegt und behauptet, er werde an der Wolga stehenbleiben, und was Paulus, Weichs oder Zeitzler auch sagen mochten, auf ihn hätte es wahrscheinlich keinen Eindruck gemacht.[46]

Das Schicksal der 6. Armee lag in den Händen Hitlers und hing davon ab, ob seine Generäle sich bereit finden würden, ihm zu gehorchen. Paulus selbst war kein besonders starker Charakter und kein Mann der schnellen Entschlüsse. Die Beziehungen zwischen ihm und seinem Chef des Stabes Schmidt waren gut, aber nicht sehr eng, und Schmidt war von beiden die stärkere Persönlichkeit, was er später in sowjetischer Kriegsgefangenschaft bewiesen hat. Alle fünf Korpskommandeure waren gegen Hitlers Entscheidung, in Stalingrad zu bleiben, aber vier von ihnen befolgten wörtlich den Befehl, die Stellungen nicht aufzugeben.

Der fünfte, der Kommandeur des LI. Korps, Seydlitz-Kurzbach, war Artillerieoffizier und als Kommandeur der 12. Infanteriedivision Hitler aufgefallen, als er Anfang des Jahres mit Erfolg die bei Demjansk eingeschlossenen Truppen entsetzt hatte. Seydlitz-Kurzbach war augenscheinlich dafür vorgesehen, Paulus als Befehlshaber der 6. Armee abzulösen. Er hatte die erstaunliche Fähigkeit, jede Lage sofort richtig zu beurteilen und die richtigen Schlüsse daraus zu ziehen. Außerdem vertrat

43 Funkspruch am 23. November, 21.30 Uhr, Akte AOK 6-75107/3.
44 *Warlimont*, Inside Hitler's Headquarters, S. 284.
45 *Doerr*, Der Feldzug nach Stalingrad, S. 73. Das wird im Tagebuch von Weichs bestätigt.
46 In den Reden im Berliner Sportpalast am 28. September und in München am 8. November verpfändete Hitler seine Ehre dafür, daß er an der Wolga bleiben werde.

er selbständige Ansichten, war tüchtig, wendig und wahrscheinlich auch impulsiv. Schon wenige Stunden nach Beginn der sowjetischen Offensive war Seydlitz zu der Überzeugung gelangt, daß die 6. Armee Stalingrad sofort aufgeben und in südwestlicher Richtung einen Gegenangriff führen müsse, und er versuchte mit allen Mitteln, Paulus von seiner Ansicht zu überzeugen. Als die 6. Armee am 23. November immer noch auf weitere Befehle des »Führers« wartete, teilte Seydlitz Paulus mit, das LI. Korps, das den Nordostabschnitt an der Wolga hielt, habe schon begonnen, sich zurückzuziehen.[47] In einer solchen Lage wäre Paulus berechtigt gewesen, Seydlitz abzulösen, ja sogar festnehmen zu lassen, aber er unternahm nichts.

Was nun folgte, war ein bizarres Schauspiel. Als Hitler am 23. November erfuhr, daß ein Rückzug erfolgt sei, verdächtigte er sofort Paulus, er habe gegen den Führerbefehl gehandelt, und da er Seydlitz für absolut zuverlässig hielt und vielleicht sogar glaubte, er sei vertrauenswürdiger als Paulus, löste Hitler das LI. Korps aus dem Verband der 6. Armee heraus und übertrug Seydlitz die persönliche Verantwortung für die Verteidigung des Nordostabschnitts im Kessel. Danach hatte Paulus keine Verantwortung mehr für den Abschnitt des LI. Korps (und für den später Seydlitz unterstellten Abschnitt des XIV. Panzerkorps) am Wolgaufer.

Ob – wie Zeitzler behauptete – der »Führer« jemals daran gedacht hat, am 24. November Stalingrad aufzugeben oder nicht, die Entscheidung fiel am gleichen Vormittag, als Göring, der an die Versorgung des Kessels bei Demjansk aus der Luft dachte, dem »Führer« garantierte, die Luftwaffe werde die Truppen aus der Luft versorgen.[48] Hitler griff dieses Versprechen bereitwillig auf und erklärte Stalingrad zur Festung, obwohl niemand wußte, wie die Eingeschlossenen in der folgenden Woche verpflegt werden sollten. Die 6. Armee erhielt daher nicht, wie erwartet, die Erlaubnis, aus dem Kessel auszubrechen, sondern den Führerbefehl, die Stellungen an der Wolga zu halten. Am 26. November, fünf Minuten vor Torschluß, wendete sich der »Führer« in einem persönlichen Aufruf an alle Soldaten der 6. Armee und befahl ihnen, die Stellungen zu halten, versprach ihnen jedoch, er werde alles tun, um sie zu unterstützen.[49]

Die in Stalingrad eingeschlossenen Truppen wurden nicht von Sorge oder Verzweiflung ergriffen; denn das Vertrauen der Offiziere und Soldaten zum »Führer« war unerschütterlich, und die meisten von ihnen hatten schon Situationen erlebt, in denen sie kurz vor der Einschließung durch den Gegner gestanden hatte. Außerdem wußten sie nichts von gewissen Tatsachen, die Paulus und seinem Stabe bekannt waren.

Fünf Korpsstäbe, zwanzig deutsche und zwei rumänische Divisionen waren in dem Kessel eingeschlossen, und ihre Gesamtstärke betrug am 25. November schät-

47 LI. Korps Nr. 603/43 g. Kdos vom 25. November 1942.

48 Am 24. November teilte Richthofen der Heeresgruppe B, dem OKH und dem OKL mit, daß er mit der Auffassung der Luftwaffe nicht übereinstimme, und empfahl dringend den Ausbruch der 6. Armee. *von Richthofen*, Tagebuch, 24. November; s. a. *Warlimont*, Inside Hitler's Headquarters, S. 284.

49 Akte AOK Ia 75107/6, Funkspruch 1498, 26. November 1942, 23.55 Uhr.

zungsweise 284.000 Mann. Dazu gehörten aber zweifellos auch einige russische Hilfskräfte. Ihre Ausrüstung bestand aus etwa 1800 Geschützen, 10.000 Kraftfahrzeugen und 8000 Pferden. Die 6. Armee hatte zunächst einen Nachschubbedarf von 750 Tonnen, die, wenn sie eingeflogen worden wären, täglich 380 Einzelflüge von Transportmaschinen erfordert hätten.

Unter Berücksichtigung des Winterwetters und der Tatsache, daß es nur wenige Stunden am Tage hell war, und weil der Flugplatz Tazinskaj schlecht ausgerüstet war, durfte man nicht damit rechnen, daß viele Flugzeuge mehrere Versorgungsflüge am Tage ausführen konnten. Da im russischen Winter durchschnittlich nicht mehr als 35 Prozent der Maschinen einsatzfähig waren, hätte man mehr als 1000 Ju 52 mit je 2 Tonnen Tragkraft für ein solches Unternehmen gebraucht, und zwar unter der Voraussetzung, daß die notwendigen Flugplätze und die erforderliche Bodenorganisation, die Reparaturwerkstätten, die Mannschaften zum Beladen der Flugzeuge und die Transportmittel zum Heranschaffen des Nachschubs zur Verfügung standen.[50] Der Erfolg der Luftbrücke hing außerdem von der Sicherung des Luftraums und der Flugplätze, von günstigem Flugwetter und einer vertretbaren Entfernung zwischen Abflughafen und Landeplätzen ab. Die gesamte Transportflotte der Luftwaffe verfügte zu dieser Zeit über 750 Maschinen vom Typ Ju 52, die über ganz Europa und den afrikanischen Kriegsschauplatz verteilt waren. Die notwendigen Flugplätze und Bodenorganisationen fehlten. Von den sieben Flugplätzen im Kessel waren sechs nicht mehr als behelfsmäßige Landebahnen, und nur der Flugplatz Pitomnik konnte nachts verwendet werden.

Die Luftlage im Südwesten war sehr ungünstig. Die Rote Luftwaffe war aktiv, und man mußte demnächst mit dem Einsetzen strengen Winterwetters rechnen. Göring ließ jedoch auch Bombenflugzeuge als Transportmaschinen einsetzen, aber anstelle des Mindestbedarfs von 500 Tonnen gelang es ihm während der ganzen Zeit, in der die eingeschlossenen Truppen durch die Luft versorgt wurden, im Durchschnitt nur 90 Tonnen täglich einzufliegen. Am 19. Dezember, dem günstigsten Tage des Unternehmens, wurden 290 Tonnen in Stalingrad gelandet. Weichs hatte recht gehabt, als er dem »Führer« am 23. November sagte, die Luftwaffe werde nicht ein Zehntel des Bedarfs der 6. Armee heranbringen können.

Zu dieser Zeit hatte der »Führer« eine sehr hohe Meinung von Manstein und seiner 11. Armee, die bisher als »Feuerwehr« überall dort eingesetzt worden war, wo die Lage kritisch wurde. Nun hatte sie den Befehl erhalten, von Witebsk nach Nowotscherkask im Süden zu gehen, um die hier entstandene bedrohliche Lage zu bereinigen. Der Stab der 11. Armee wurde durch Teile eines deutsch-rumänischen Stabes bei Rostow verstärkt und erhielt die neue Bezeichnung Heeresgruppe Don. Damit wurde eine deutsche Heeresgruppe zum erstenmal geographisch benannt. Auf Befehl Hitlers übernahm Manstein einen großen Teil der Aufgaben von Weichs, wie er auch schon vorher bei Leningrad Küchler hatte ausschalten müssen. Die Aufgabe der Heeresgruppe Don war es, das Vorrücken der sowjetischen Verbände nach

50 *Morzik* und *Hümmelchen*, Die deutschen Transportflieger im Zweiten Weltkrieg, S. 155.

Westen aufzuhalten und den Gegner auf die Stellungen zurückzuwerfen, die er vor der Offensive eingenommen hatte, und dazu gehörte natürlich auch der Entsatz von Stalingrad.

Am 27. November übernahm die Heeresgruppe Don ihre neuen Aufgaben. Die 6. Armee wurde ihr unterstellt, aber das Unterstellungsverhältnis kam nie recht zum Tragen, weil das OKH seinen eigenen Verbindungsstab im Stabsquartier der 6. Armee mit einer direkten Funkverbindung zum OKH unterhielt, der Paulus von den Wünschen des »Führers« unterrichtete und Hitler über die Entwicklung der Lage im Kessel auf dem Laufenden hielt. Die Heeresgruppe Don befehligte außer der 6. Armee die Gruppe Hoth, die Gruppe Hollidt und die rumänische 3. Armee.

Diese Kräfte befanden sich jedoch noch nicht alle im Einsatz, denn die ersten Teile der 6. Panzerdivision waren erst Ende November bei Kotelnikowo eingetroffen, und die 11. und die 17. Panzerdivision befanden sich auf dem Wege von der Heeresgruppe Mitte in den Süden. Die 17. und die 23. Panzerdivision waren noch nicht auf Kriegsstärke aufgefüllt und verfügten jeweils nur über etwa 30 Panzer. Die 22. Panzerdivision war von der sowjetischen 5. Panzerarmee so stark angeschlagen worden, daß sie als nicht mehr kampffähiger Verband aus der Front gezogen wurde.[51] Zum ersten Mal begannen auch die kürzlich aufgestellten Luftwaffendivisionen an der Front zu erscheinen.

Trotz seiner großartigen Bezeichnung als Heeresgruppe war Mansteins Verband alles andere als das, denn er bestand in der Hauptsache aus den bei weitem nicht auf Kriegsstärke aufgefüllten LVII. und LVIII. Panzerkorps. Diese Heeresgruppe ließ sich nicht einmal mit einer kriegsstarken Armee aus dem Jahre 1941 vergleichen. Außer der 6. Panzerdivision waren alle deutschen Verbände viel zu schwach und bestanden zum Teil aus kampfunerfahrenem Bodenpersonal der Luftwaffe, Stabspersonal und Angehörigen von Nachschubeinheiten, die jetzt als Infanterie eingesetzt wurden. Bei den rumänischen Truppen fehlte jeder Zusammenhalt. Sie und die neu aufgestellten Luftwaffenfelddivisionen waren als Offensivverbände ungeeignet. Das Ganze war eine behelfsmäßig in aller Eile zusammengewürfelte Truppe, die ihrer Aufgabe nicht gewachsen war, und in der ersten Dezemberwoche konnte sie bis zum Eintreffen der Panzerverbände den sowjetischen Erkundungsvorstößen über die Flüsse Tschir und Aksai nicht standhalten.

Die der eingeschlossenen 6. Armee am nächsten liegenden Stellungen der »Achsen«-Truppen lagen bei Werchnaja Tschirskaja bei der Donbrücke an der Einmündung des Tschir in den Don. Hier hielten sie einen schwachen Brückenkopf nördlich des Tschir und ostwärts des Don, und die Entfernung vom Tschir nach Marinowska am Südwestrand des Kessels von Stalingrad betrug in der Luftlinie knapp 65 Kilometer. Weil es Anzeichen dafür gab, daß starke sowjetische Truppen nördlich des Tschir aufmarschiert waren und man unter Umständen über die Flüsse Tschir und Don Brücken würde schlagen müssen, entschloß sich Manstein, nicht auf diesem direkten und kürzesten Wege vorzugehen, sondern wählte die Bahnlinie

51 *von Senger* und *Etterlin,* Neither Fear nor Hope, S. 64.

Kotelnikowo–Stalingrad, ostwärts des Don, als Achse für seinen Entlastungsangriff. Dabei hatte er etwa 130 Kilometer vom Gegner besetzte, deckungslose Steppe zu überwinden, die von zahlreichen kleinen, von Osten nach Westen fließenden, in den Don mündenden Flüssen durchquert wurde. Wenn sie zugefroren waren, bildeten die Flußläufe selbst keine Hindernisse. Sie hatten jedoch in die flache Ebene tiefe Schluchten eingeschnitten, sogenannte *balki,* die in steilen, klippenartigen Hängen zu den Flußufern hinunterführten. Das waren starke Panzerhindernisse. Bei der Auswahl der Angriffsrichtung im weit ausholenden Bogen hatte Manstein gehofft, den Feind zu überraschen und schnell nach Nordosten gegen die verhältnismäßig schwache sowjetische 51. Armee voranzukommen.

Manstein glaubte, jede weitere Verzögerung des Angriffs gegen Stalingrad könne dem sowjetischen Oberkommando nur Vorteile bringen, das den Gürtel um den eingeschlossenen Kessel laufend verstärkte. Am 28. November schlug er vor, das deutsche Entsatzunternehmen zu beginnen, ohne auf das Eintreffen aller dafür vorgesehenen Truppen zu warten. Sein erstes Ziel war die Errichtung eines Korridors nach Stalingrad, durch den die belagerte 6. Armee versorgt werden konnte, um ihre Beweglichkeit wiederzugewinnen. Er hoffte, die 6. Armee im Anschluß herausziehen zu können, und in dieser Erwartung ließ er zahlreiche Fahrzeuge mit Kraftstoff und anderen Versorgungsgütern für die 6. Armee beladen.

Das Entsetzungsunternehmen »Wintersturm« sollte aus einem einzigen gepanzerten Vorstoß der Gruppe Hoth bestehen, an dem sich das LVII. Panzerkorps unter Kirchner mit der 6. und 23. Panzerdivision beteiligte, und der von Kotelnikowo über die Landbrücke zwischen Wolga und Don nach Nordosten geführt hätte. Die Aufgabe der in der Frontausbuchtung am Tschir liegenden Gruppe Hollidt und der rumänischen 3. Armee war es, währenddessen den Druck gegen den Feind aufrecht zu erhalten und den Vorstoß dadurch zu unterstützen, daß das XLVIII. Panzerkorps aus dem Raum Werchnaja Tschirskaja gegen Flanke und Rücken des sowjetischen Gegners vor dem LVII. Panzerkorps vorging. Die rumänische 4. Armee sollte dabei die exponierte rechte Flanke des LVII. Korps decken. Paulus erhielt den Auftrag, auf Befehl von Manstein seine gepanzerten und motorisierten Verbände in einem Angriff gegen Südwesten anzusetzen, um mit dem LVII. Panzerkorps die Verbindung herzustellen. Da Hitler jedoch darauf bestand, daß Paulus zugleich das gesamte Gebiet seines Abschnitts im Norden hielt, durfte ein Rückzug der 6. Armee nicht zugelassen werden.[52]

Der Angriff Mansteins sollte am 3. Dezember beginnen, aber Verzögerungen bei der Versammlung auch der geringsten dafür notwendigen Kräfte führten zur mehrfachen Verlegung des Angriffsbeginns. Anfang Dezember begann der Feind, mit starken Kräften gegen den Abschnitt der rumänischen 4. Armee an der rechten Flanke Hoths und gegen die rumänische 3. Armee, die den Brückenkopf zwischen Tschir und Don hielt, zu drücken, und die Lage konnte nur dadurch wiederherge-

52 *von Manstein,* Lost Victories, S. 318–324.

stellt werden, daß für die spätere Offensive vorgesehene deutsche Truppen hier eingesetzt wurden.[53]

Moskau hatte allen Grund, mit der Offensive der Roten Armee zufrieden zu sein. Vor Ende November meldete es die Gefangennahme von 33.000 rumänischen Soldaten, unter denen sich auch der General Lascar befand. Am 3. Dezember genehmigte das sowjetische Oberkommando einen neuen Plan mit dem Decknamen »Saturn« für den Vorstoß der Südwestfront unter Watutin gegen Rostow, während die Donfront und die Stalingrader Front die in Stalingrad eingeschlossenen deutschen Kräfte vernichten sollte. Aber das Unternehmen »Saturn« mußte auf einen späteren Zeitpunkt verschoben werden, da für die Durchführung beider Aufgaben nicht genügend starke Kräfte zur Verfügung standen und die Gruppen Hollidt und Hoth in den Räumen Tormosin und Kotelnikowo dem Oberkommando in Moskau einige Sorgen bereiteten.[54]

Die Donfront unter Rokossowski übernahm die Aufgabe, die in Stalingrad belagerte 6. Armee außer im südlichen Teil des Belagerungsrings, der auch weiterhin von Jeremenko gehalten wurde, zu binden. Die Südwestfront unter Watutin und die Stalingrader Front unter Jeremenko lagen beiderseits des unteren Don mit Front nach Westen zur Abwehr eines deutschen Entlastungsangriffs. Stalin und Wassilewski waren augenscheinlich davon überzeugt, daß ein Vorstoß zur Öffnung des Belagerungsrings, wenn er kam, aus dem Raum Tormosin auf dem kürzesten und direktesten Wege über den Tschir erfolgen werde, und die 5. Stoßarmee unter Popow wurde Watutin unterstellt, um die 5. Panzerarmee unter Romanenko am Nordufer des Tschir zu unterstützen.[55] Beide Armeen unternahmen nun Aufklärungsvorstöße über den Tschir und errichteten dabei mehrere Brückenköpfe, deren jeder von den deutschen Truppen und den wertvollen Panzerreserven des XLVIII. Panzerkorps ausgeschaltet werden mußte. Die Panzerreserven erschöpften sich allmählich, und Knobelsdorff wurde gezwungen, den Tschir aufwärts vorzugehen und dem Don dabei den Rücken zu kehren, um zu verhindern, daß die Verteidigungsstellungen entlang des Tschir sich auflösten.[56]

Südlich des unteren Don stand die Stalingrader Front unter Jeremenko nach Nordosten der 6. Armee und nach Südwesten der Gruppe Hoth gegenüber. Im Südwesten vor Kotelnikowo waren die sowjetischen Stellungen nur durch die aus drei Infanteriedivisionen und zwei Kavalleriedivisionen bestehende 51. Armee unter Trufanow besetzt, und gegen diesen Abschnitt sollte sich die Offensive Mansteins richten.

Am 28. November hatte die Kavallerie Jeremenkos einen Angriff gegen Kotelnikowo geführt und schwere Verluste erlitten, als sie zu ihrer Überraschung von den Panzergrenadieren und Panzern der 6. Panzerdivision, die eben erst mit der

53 Die Krise bei Stalingrad zwang Hitler, das Kommando der Heeresgruppe A am 21. November (an Kleist) abzugeben.
54 Istorija, Bd. 3, S. 43.
55 *Jeremenko*, Stalingrad, S. 393–394.
56 Vgl. *von Mellenthin*, Panzer Battles, S. 175–184.

Eisenbahn herangeführt worden waren, zurückgeschlagen wurde.[57] Dieses Gefecht, das bis zum 3. Dezember dauerte und gegen eben aus der Bretagne eingetroffene kriegsstarke deutsche Verbände geführt wurde, bestätigte den Verdacht Jeremenkos, daß die deutsche Offensive sich gegen seinen Abschnitt richten werde, und er teilte dies über Funk sofort Stalin mit und bat dringend um Verstärkungen.[58] Manstein hatte also Ende November den Vorteil der Überraschung wahrscheinlich schon verloren.

Er ärgerte sich über die Verzögerungen, die ihn zwangen, seine Gegenoffensive immer wieder zu verschieben. Tauwetter im Kaukasus zwang die Räderfahrzeuge der von der Heeresgruppe A heranzuführenden Truppen zum Halten, und die geringe Kapazität der Eisenbahn verzögerte den Aufmarsch noch mehr. Endlich, am 12. Dezember, begann das LVII. Panzerkorps mit nur zwei Panzerdivisionen und zusammen 230 Panzern, die größtenteils zur 6. Panzerdivision gehörten, den Angriff in nordostwärtiger Richtung gegen Stalingrad.

Das Unternehmen kam nur langsam voran, und die Divisionen legten täglich nicht mehr als 20 Kilometer zurück. Der Boden war zunächst hart gefroren, und das erschwerte den Pionieren die Arbeit an den Steilhängen der Flußeinschnitte. Scheibert vom Panzerregiment 11 berichtet, wie seine Kompanie fünf Stunden brauchte, um einen einzigen Übergang zu bewerkstelligen. Am Tage wurden die von der Sonne beschienenen Südhänge so schlüpfrig, daß selbst mit Stollen ausgerüstete Panzer nicht hinaufkamen. Sehr bald ging die Verbindung zwischen Infanterie, Artillerie und Panzern verloren, so daß der Entlastungsstoß der Heeresgruppe Don unter Manstein in Wirklichkeit durch die von einer Sturmgeschützbrigade unterstützten Panzer des Panzerregiments 11 ausgeführt wurde, wobei die 30 Panzer der 23. Panzerdivision den Schutz der rechten Flanke übernahmen. Da die Versorgungsfahrzeuge aus offensichtlichen Gründen mit den Panzern nicht schritthalten konnten, führte jeder Panzer Reservekraftstoff und mehr als die doppelte Munitionsausstattung mit. Einige der mit 5 cm-Langrohrgeschützen ausgerüsteten Panzer III nahmen bis zu 200 Panzergranaten und 7000 Schuß MG-Munition mit. Auf diese Weise rollten die 230 Panzer und Sturmgeschütze unter schwierigsten Verhältnissen dem Feind entgegen.[59]

Am 14. Dezember entwickelte sich im Raum Werchnje-Kumski eine drei Tage dauernde Panzerschlacht, bei der das Panzerregiment 11 nach deutschen Schätzungen sich etwa 400 sowjetischen Panzern gegenübersah. Die Deutschen kämpften ohne Unterstützung durch Infanterie oder Artillerie, und am Schluß war es sehr schwierig, Freund und Feind voneinander zu unterscheiden. Zuerst ging den Panzern die Geschützmunition aus, dann der Kraftstoff, und die Besatzungen mußten sie, einen nach dem anderen, aufgeben. Die vordersten Teile der Angriffstruppen standen etwa 50 Kilometer vor der eingeschlossenen 6. Armee, konnten jedoch den Ring nicht sprengen.

57 *Scheibert,* Nach Stalingrad 48 Kilometer, S. 23.
58 *Jeremenko,* Stalingrad, S. 395–397.
59 *Scheibert,* Nach Stalingrad 48 Kilometer, S. 59, 60, 109, 110 und 143.

Jeremenko hatte Stalin und Wassilewski dringend ersucht, ihm Malinowskis 2. Gardearmee aus Rokossowskis Donfront zur Verfügung zu stellen, und das geschah schließlich mit dem Auftrag, den hart bedrängten Trufanow zu unterstützen. Indessen waren Stalin und die Stawka jedoch damit beschäftigt gewesen, einen wirksameren Gegenschlag gegen die Entlastungsoffensive Mansteins vorzubereiten. Das Unternehmen »Saturn« mit einem Vorstoß über Millerowo gegen Rostow wurde jetzt zugunsten einer Offensive von Watutins Südwestfront und der linken Flanke der Woronescher Front unter Golikow aufgegeben, deren Ziel es sein sollte, in einem Angriff gegen Nischny-Astachow und Morosowsk Mansteins rückwärtige Verbindungen abzuschneiden und die Flugplätze von Tazinskaja und Morosowsk, die für die Versorgung Stalingrads verwendet wurden, zu nehmen. Die dafür vorgesehenen Truppen waren schon bereitgestellt, und am 15. Dezember war man in Moskau zu der Überzeugung gelangt, daß dieses Unternehmen Jeremenko die so dringend erforderliche Entlastung bringen werde.[60]

Am frühen Morgen des 16. Dezember griffen die linke Flanke der Woronescher Front und die rechte Flanke und das Zentrum der Südwestfront die italienische 8. Armee unter Gariboldi an, die am Don eine Stellung zwischen der ungarischen 2. Armee und der Gruppe Hollidt hielt. Am 19. Dezember waren die russischen Angriffstruppen 65 Kilometer vorangekommen, hatten das Versorgungslager Kantemirowka erreicht und dabei Munition, Versorgungszüge und Nachschub aller Art erbeutet. Eine Woche nach Beginn der Offensive hatte die italienische 8. Armee ihre Ausrüstung im Stich gelassen und befand sich auf der Flucht. Die sowjetischen gepanzerten und motorisierten Kräfte, zu denen vier Panzerkorps und ein motorisiertes Korps gehörten, verfolgten die Italiener über die offene Steppe, und den Deutschen standen keine beweglichen Reserven zur Verfügung, um sie daran zu hindern. In fünf Tagen legte ein sowjetisches Panzerkorps 240 Kilometer zurück und führte am Heiligen Abend einen Überraschungsangriff gegen Tazinskaja, 80 Kilometer hinter den Stellungen der Gruppe Hollidt, den wichtigsten Flugplatz, von dem aus die Ju 52 Stalingrad versorgten. Der im dichten Nebel geführte Angriff erfolgte zu einer Zeit, als das Bodenpersonal und die Flugzeugbesatzungen schliefen, und verursachte schwere Verluste an Mannschaften und Flugzeugen.

In seiner Verzweiflung setzte Hollidt an seiner vollkommen ungedeckten linken Flanke einige rumänische Divisionen ein, die den sowjetischen Panzervorstoß aufhalten sollten, aber die Rumänen wurden in kürzester Zeit überrannt. Am 20. Dezember schickte Manstein einen Funkspruch an Zeitzler, in dem er ihn darauf aufmerksam machte, daß ein sowjetischer Vorstoß gegen Rostow die Heeresgruppe A und die Heeresgruppe Don abzuschneiden drohe. Nach den Gepflogenheiten des deutschen Oberkommandos war es jedoch nicht möglich, den Inhalt des Funkspruchs Hitler vorzulegen, weil er an diesem Tage Besprechungen mit den Italienern führte, und bis zum 22. Dezember wurde nichts unternommen. Auch dann teilte man der

60 *Schukow,* Wospominanija i Rasmyšlenija, S. 447 und *Wassilewski,* Voenno-Istoricheskii Zhurnal, März 1966, S. 26–35.

Heeresgruppe Don nur mit, daß die Gruppe Hollidt eine sogenannte Verteidigungslinie zu besetzen habe, aus der die Rote Armee sie schon vor einigen Tagen geworfen hatte.[61]

Hoth ging inzwischen ohne Rücksicht auf die Gefahr in seinem Rücken immer noch gegen Stalingrad vor, und jeder Mann unter seinem Kommando war sich bewußt, welches Risiko er damit auf sich nahm. Am 19. Dezember stand die 6. Panzerdivision an der Myschkowa, etwa 50 Kilometer vor dem Stalingrader Kessel, und war damit trotz aller Anstrengungen kaum näher an Stalingrad herangerückt, als die rumänischen Truppen am Tschir.

Man glaubte jedoch, ein Durchbruch stehe unmittelbar bevor, und am Tage zuvor, den 18. Dezember, hatte Manstein seinen Nachrichtenoffizier, Major Eismann, nach Gumrak geschickt, der mit Paulus und dessen Stab den Ausbruch der 6. Armee aus Stalingrad besprechen sollte. Die Beratungen wurden geführt, als sei die kleine Versammlung ein Kriegsrat. Einige Teilnehmer waren für den Ausbruch. Paulus selbst schien zu schwanken, kam jedoch zu dem Schluß, daß es unmöglich sein werde, auszubrechen, und sagte am Schluß der Besprechung angeblich – als habe er sich die Sache noch einmal überlegt –, der »Führer« habe es ohnedies verboten.[62] Das war in der Tat der springende Punkt. Die Schwäche der 6. Armee lag, wie Schmidt sagte, vor allem in ihrer Unbeweglichkeit und der schlechten Versorgung, und wenn sie nicht den Befehl erhielt, auszubrechen, die Stellungen aufzugeben und die Masse der Ausrüstung zurückzulassen, konnte sie der Gruppe Hoth kaum irgendwie helfen. Paulus verfügte nur noch über 100 Panzer, und ihr Kraftstoffvorrat reichte schätzungsweise noch für 20 bis 30 Kilometer.

Am 19. Dezember ließ Manstein dem »Führer« durch Zeitzler melden, das LVII. Korps könne nicht nach Stalingrad durchstoßen, und es sei daher wichtig, daß die 6. Armee einen Ausbruch unternehme und dabei Stalingrad abschnittsweise räume. Am gleichen Tage wies er die 6. Armee an, die Verbindung mit dem LVII. Panzerkorps aufzunehmen, um eine Nachschubkolonne nach Stalingrad einzuschleusen. In diesem Befehl wurde Paulus nicht angewiesen, irgendeinen Teil des Stalingrader Kessels aufzugeben, es wurde ihm jedoch gesagt, die Lage könne dies unter Umständen notwendig machen.[63] Paulus hat diese Anweisung augenscheinlich nicht als bindenden Befehl aufgefaßt, denn zwei Tage später teilte der Chef des Stabes von Manstein, Schulz, dem Chef des Stabes von Paulus, Schmidt, fernschriftlich mit, die Erlaubnis für den Ausbruch und das Aufgeben von Stalingrad sei noch nicht vom OKH erteilt worden.[64] Der Führer zögerte die endgültige Entscheidung hinaus.

Um der Bedrohung zu begegnen, die durch die Zerschlagung der italienischen 8. Armee entstanden war, gingen das XLVIII. Panzerkorps unter Knobelsdorff und eine Panzerdivision vom unteren Don zur exponierten linken Flanke der

61 *von Manstein*, Lost Victories, S. 344.
62 Ebenda, S. 334.
63 Weisung Ia 0369/42 an 6. Armee, 19. Dezember 1942.
64 Fernschreiben, 21. Dezember 1942, 17.50 Uhr, Akte AOK 6 75107/2.

Gruppe Hollidt, während der Vorstoß Hoths dadurch noch mehr geschwächt wurde, daß die starke 6. Panzerdivision zur Unterstützung der Rumänen am Tschir vom LVII. Panzerkorps abgezogen wurde.

Die harten Gefechte am Fluß Myschkowa zwischen dem LVII. Panzerkorps unter Kirchner, das inzwischen nur noch aus zwei schwachen Panzerdivisionen bestand, und der 2. Gardearmee unter Malinowski gingen weiter. Das Wetter war höchst unangenehm; es taute bei Tage, und nachts sank das Thermometer weit unter Null. Sogar die mit warmer Winterbekleidung ausgestatteten sowjetischen Soldaten erinnerten sich noch lange an die bittere Kälte und Feuchtigkeit, der sie

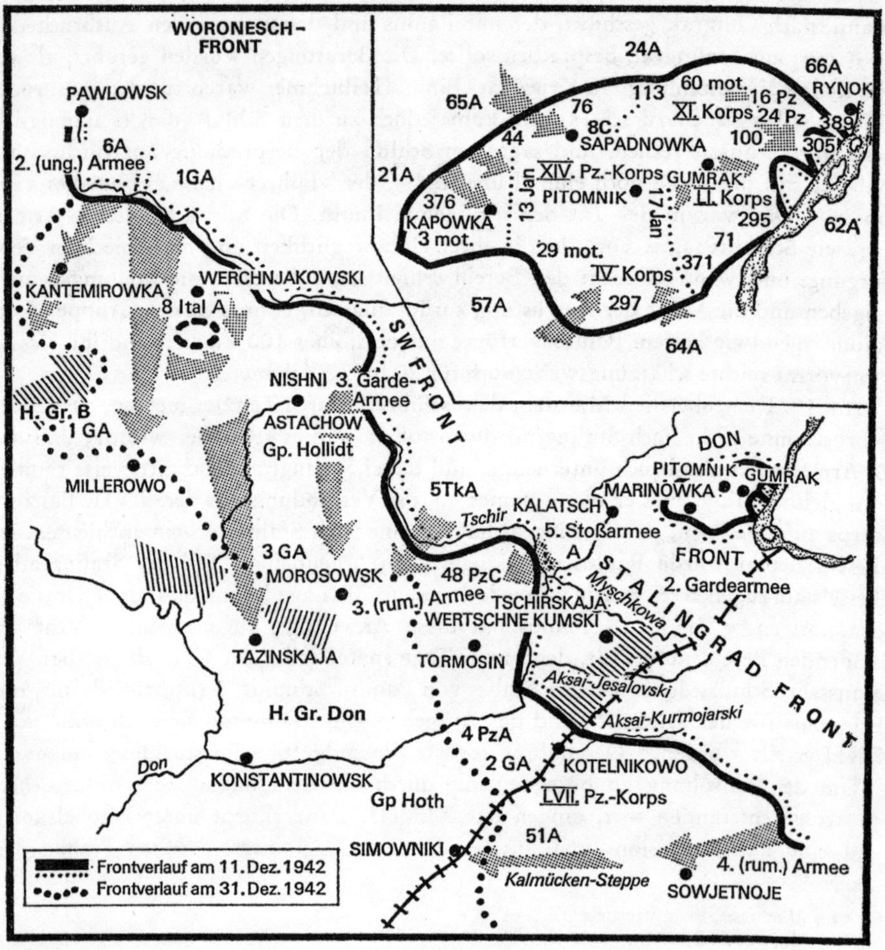

Karte 15: Die Vernichtung der 6. Armee, Dezember 1942 bis Februar 1943

ausgesetzt waren. Die mit Wasser vollgesogenen Filzstiefel boten keinen Schutz mehr, und im offenen, deckungslosen Gelände konnten die Soldaten in den kalten Nächten nirgendwo Unterschlupf finden. Die vorhandenen Unterkünfte wurden dringend für die verwundeten sowjetischen Soldaten gebraucht. Der Zustand der Straßen und des Geländes machte eine regelmäßige Versorgung mit Kraftstoff unmöglich, und steckengebliebene sowjetische Panzer dienten nur noch als Maschinengewehrnester.[65] Die Deutschen hatten noch mehr zu leiden; denn auch ihnen fehlte es an Kraftstoff, weil die Straßen durch das Tauwetter bis auf den Unterbau aufgeweicht waren. Es kam sogar vor, daß deutsche Truppen durch die eigene Luftwaffe im Tiefflug angegriffen wurden, und die Stellungen am Fluß Myschkowa lagen unter schwerem sowjetischen Artillerie- und Raketenfeuer.

Der sowjetische Widerstand versteifte sich täglich zusehends mit dem allmählichen Eintreffen der Armee Malinowskis, und der Kommandeur der 17. Panzerdivision, Senger und Etterlin, der nur noch über 23 Panzer verfügte, mußte feststellen, daß seine geschwächten Panzergrenadierbataillone hohe Verluste hatten. Er rechnete damit, daß die Panzergrenadiere aufgerieben worden seien, noch ehe er an die eingeschlossene 6. Armee herangekommen sei. Hätten die Russen mehr Beweglichkeit und Initiative entwickelt, wäre es ihnen ohne weiteres gelungen, die geschwächte Division einzuschließen, und Senger und Etterlin berichtet, er habe davor gezittert, ein neuer Führerbefehl, der von ihm verlangen könnte, bis zum letzten Mann und zur letzten Patrone zu kämpfen, werde die völlige Vernichtung seiner Division zur Folge haben. Die Männer waren erschöpft und apathisch, und ihre Kräfte nahmen in der Kälte sichtbar ab. Wie üblich hatte die Infanterie am meisten zu leiden, denn sie konnte sich am wenigsten vor der Kälte schützen und kam aus Furcht nicht zum Schlafen – aus Furcht vor sowjetischen Aufklärungsvorstößen und aus Furcht, bei einem plötzlichen Rückzug schlafend den Anschluß zu verpassen. Die Gefallenen konnten nicht mehr beerdigt werden, und oft blieben auch die Verwundeten ohne ärztliche Betreuung. Das Schlimmste war das Fehlen der Unterkünfte, denn die auf der Karte eingezeichneten Dörfer existierten nicht.[66]

Am 24. Dezember war der Aufmarsch der sowjetischen Truppen beendet, und der sowjetische Angriff begann im Ernst. Als erste gingen die zum Schutz der rechten Flanke Hoths eingesetzten rumänischen Truppen zurück, und in den folgenden drei Tagen wurde das LVII. Panzerkorps aus seinen Stellungen an der Myschkowa zuerst auf den Aksai-Jesalowski und dann bis nach Kotelnikowo zurückgeworfen, wo Hoth am 12. Dezember seine Offensive begonnen hatte. Die Heeresgruppe Don stand kurz davor, durch eine doppelte Umfassung mit gepanzerten Vorstößen des motorisierten Korps unter Jeremenko im Süden und des Panzerkorps unter Watutin im Norden eingeschlossen zu werden. Die rückwärtigen Verbindungen der Heeresgruppe A unter Kleist über Rostow waren bedroht.

Am späten Abend des 28. Dezember genehmigte Hitler den Rückzug der Heeres-

65 *Birjusow*, Kogda Gremeli Puški, S. 108.
66 *Senger* und *Etterlin*, Neither Fear nor Hope, S. 74–86.

gruppe Don und der Heeresgruppe A auf die allgemeine Linie Konstantinowsk-Salsk-Armawir, etwa 240 Kilometer westlich von Stalingrad. Aber immer noch behauptete der »Führer«, er wolle Stalingrad entsetzen.

Stalingrad wurde jetzt von sieben Armeen angegriffen. Drei Armeen der Stalingrader Front unter Jeremenko waren zu den vier Armeen der Donfront unter Rokossowski hinzugekommen, und am 1. Januar war die Stalingrader Front unter der Bezeichnung »Südfront« umgegliedert worden. Ehe das Entlastungsunternehmen Mansteins nicht endgültig abgeschlagen war und die 2. Gardearmee unter Malinowski weitere Verbände an die Donfront abstellen konnte, wurde kein stärkerer Angriff gegen die 6. Armee angesetzt.

Am 8. Januar bot Rokossowski den eingeschlossenen deutschen Truppen Übergabebedingungen an, die sie ablehnten. Zwei Tage später begann der erste Angriff mit dem Ziel, den Kessel von Westen nach Osten aufzurollen. Während der sich dabei entwickelnden heftigen Kämpfe bei eisigem Wind und bei Schneesturm sank das Thermometer unter minus 30 Grad Celsius, und die Tagesration der deutschen Soldaten war auf 200 Gramm Pferdefleisch, 75 Gramm Brot und 12 Gramm Margarine oder Schmalz herabgesetzt worden. Es war unmöglich, sich in den steinhart gefrorenen Boden einzugraben.

Die schweren Verluste des ersten Angriffstages wurden dem OKH gemeldet, doch als einzige Reaktion kam am 11. Januar ein Befehl, in dem eine Linie festgelegt wurde, die nicht ohne vorherige Erlaubnis aufgegeben werden durfte.

Eine Woche später, am 17. Januar, war der deutsche Kessel, der sich ursprünglich über ein von Westen nach Osten 65 und von Norden nach Süden etwa 23 Kilometer weites Gebiet erstreckte, auf die Hälfte zusammengeschmolzen, und fünf Flugplätze, unter ihnen der Hauptflugplatz Pitomnik, der einzige, auf dem die Versorgungsflugzeuge auch bei Nacht landen konnten, waren verloren gegangen. Nur noch der Flugplatz bei Gumrak blieb in deutscher Hand, er konnte aber wegen des tiefen Schnees und der zahlreichen Bombenkrater sehr oft nicht angeflogen werden. Von nun an mußte die Besatzung von Stalingrad durch an Fallschirmen oder frei aus dem Flugzeug abgeworfene Nachschubgüter versorgt werden. Bei diesem Manöver waren die Flugzeuge sehr gefährdet, die Sache ging nur sehr langsam vor sich, und die Abwürfe konnten nicht genau gezielt werden. Große Mengen des abgeworfenen Materials fielen deshalb der Roten Armee in die Hände. Die 6. Armee war inzwischen so desorganisiert und unbeweglich, und die Soldaten waren durch Hunger und Kälte so geschwächt und apathisch, daß sie oft nicht mehr die Energie aufbrachten, die Versorgungspakete einzusammeln und zu verteilen.

Als die deutschen Truppen schon länger als acht Wochen in Stalingrad eingeschlossen waren und alle Flugplätze verloren hatten, kam der »Führer«, der sich zu keinem anderen Entschluß durchringen konnte, auf die Idee, die 6. Armee auf eine ganz neue Art aus der Luft zu versorgen. Die Verantwortung für die Luftbrücke wurde dem unfähigen Göring aus der Hand genommen und Feldmarschall Milch übertragen, einem energischen Offizier der Luftwaffe, der am 16. Januar mit seinem Stab in Taganrog eintraf und alle notwendigen Vollmachten erhielt.[67] Milch hat behauptet, wenn man ihn früher mit dieser Aufgabe betraut hätte, dann hätte er weit größere Mengen von Versorgungsgütern nach Stalingrad bringen können. Aber auch das hätte seine Grenzen gehabt und es der 6. Armee nicht ermöglicht, länger Widerstand zu leisten. Auch der Einsatz von noch mehr Flugzeugen hätte die Lage nicht gebessert, wenn diesen Maschinen keine weiteren Flugplätze und das notwendige Bodenpersonal zur Verfügung gestellt worden wären. Zu Beginn des Luftbrückenunternehmens verstopften die in großer Zahl eintreffenden Transportverbände den Flugplatz von Tazinskaja, dessen Bodenorganisation dafür nicht ausreichte.[68]

Aber auch die sowjetische 16. Luftarmee unter Rudenko hatte Verluste. Das deutsche Bombenflugzeug He111 war mit guten Abwehrwaffen ausgerüstet, die von den sowjetischen Jägern respektiert wurden. Aber die Ju52 war ein leichteres Ziel. Nachts flogen die deutschen Transportmaschinen einzeln nach Stalingrad, aber bei niedriger Wolkendecke und schlechter Sicht riskierten sie, von Jagdflugzeugen abgefangen zu werden, und flogen deshalb zu zweit. Bei klarem Wetter flogen sie von Jägern begleitet im Verband. Landung und Start auf den immer wieder schwer bombardierten Flugplätzen in Stalingrad, die mit der Zeit auch in die Reichweite des Artillerie- und Granatwerferfeuers kamen, waren gefährlich. Das Bodenpersonal auf den Flugplätzen im Kessel war durch den Hunger so geschwächt, daß das Ausladen der Flugzeuge und das Einebnen der Bombenkrater auf den Rollfeldern lange Zeit in Anspruch nahm. Schließlich fiel es diesen Mannschaften sogar zu schwer, den weichen Schneeteppich zu räumen, der eine Landung der Flugzeuge auf dem Flugplatz von Gumrak unmöglich machte.

Die Szenen, die sich auf den Flugplätzen abspielten, waren besonders für die jüngeren und unerfahrenen Flugzeugbesatzungen eine große Belastung. Der Geruch der Angst und des Schreckens hing in der Luft, und es mußte streng durchgegriffen werden, um Drückeberger und Deserteure am Besteigen der Flugzeuge zu hindern. Man hatte viele Verwundete an die Flugplätze gebracht, aber die meisten von ihnen durften nicht hoffen, evakuiert zu werden.

Während des Unternehmens verlor die Luftwaffe im ganzen 490 Transportflugzeuge. 165 davon waren als Transportmaschinen eingesetzte Bomber vom Typ He111; etwa 1000 Mann Flugzeugbesatzungen gingen mit den Flugzeugen verloren. Einige dieser Maschinen wurden am Boden zerstört, davon nicht weniger als 70, als Truppen der Roten Armee den Flugplatz Tazinskaja nahmen.[69]

Das Ende konnte nicht mehr weit sein. Munitions- und Verpflegungsvorräte waren erschöpft, und obwohl man 25.000 Verwundete ausgeflogen hatte, lagen in den Ruinen und Kellern noch 12.000 Verwundete in der bitteren Kälte. Am

67 Kriegstagebuch des OKW, Bd. 3, S. 42.
68 *Morzik* und *Hümmelchen,* Die deutschen Transportflieger im Zweiten Weltkrieg, S. 156 bis 159.
69 Ebenda, S. 161–164.

10. Januar oder kurz danach befahl Paulus, der die Kriegsgefangenen nicht mehr verpflegen konnte, sie zur Roten Armee zurückzuschicken. Aber augenscheinlich ist das nicht geschehen. Entweder fürchteten sich die Gefangenen zu gehen, oder die angreifenden sowjetischen Truppen haben sie wieder zurückgeschickt. Am 17. Januar hat die Donfront Paulus angeblich zur Kapitulation aufgefordert und Bedingungen angeboten, die sie nicht einhalten konnte und wollte. Dazu gehörte das Versprechen, die deutschen Verwundeten zu versorgen und alle Kriegsgefangenen nach dem Kriege in die Heimat zurückzuschicken.

Am 22. Januar trat Rokossowski zur letzten Phase seines Angriffs an, und die deutschen Verteidigungsstellungen begannen zu zerbrechen. Manstein war schon außerhalb der Reichweite der Kurzwellenfernsprech- und Fernschreibempfangsgeräte, aber Paulus stand noch in Funkverbindung mit dem OKH. Am Tage des Angriffs von Rokossowski schickte Paulus einen Funkspruch an Zeitzler zur Weitergabe an Hitler, in dem er die Lage seiner Truppen schilderte und fragte, wie er noch führen solle, wenn er weder Munition noch Verpflegung habe.[70] Hitler lehnte es ab, von einer Kapitulation zu sprechen, und weigerte sich sogar noch am 24. Januar, der 6. Armee den Ausbruch in kleinen Gruppen zu erlauben, die zwar die Verbindung mit der Heeresgruppe Don nicht mehr hätten herstellen können, aber hinter den sowjetischen Linien einige Verwirrung zu stiften vermocht hätten.

Am oberen Don hatte inzwischen eine große sowjetische Gegenoffensive begonnen, die noch bedrohlicher zu werden schien als die bisherigen. Am 13. Januar hatte die Woronescher Front unter Golikow die nördlich der italienischen 8. Armee liegenden Stellungen der ungarischen 2. Armee angegriffen und die Reste der vom Unglück verfolgten Heeresgruppe B hinweggefegt. Seit Neujahr wußte die deutsche Öffentlichkeit um den Ernst der Lage, und kaum jemand hoffte noch darauf, daß die bei Stalingrad eingeschlossenen Truppen entsetzt werden könnten. Mitte Januar muß Hitler genau erkannt haben, wie hoffnungslos die Lage war, und konnte nicht mehr behaupten, daß er einen Ausweg finden werde. Die letzte Offensive gegen die Ungarn brachte die Heeresgruppe Don und die Heeresgruppe A in noch größere Gefahr. Manstein war dafür, daß die 6. Armee kapitulierte, und führte am Telefon ein langes Streitgespräch mit dem »Führer«, in dem er sich für die Kapitulation einsetzte.[71] Hitler bestand jedoch darauf, daß die Kämpfe in kleinen Abteilungen noch eine Zeitlang fortgesetzt würden, und behauptete nicht ohne Grund, daß eine Kapitulation vergeblich sein werde, da die Russen sich nicht an irgendwelche Vereinbarungen halten würden.

Kurz vor dem Ende, als nicht einmal mehr die Verwundeten verpflegt werden konnten, beförderte Hitler Paulus am 31. Januar zum Feldmarschall. Vielleicht hoffte er, daß, da seit der Reichsgründung 1871 kein deutscher Feldmarschall in Gefangenschaft geraten war, Paulus den Kampf fortsetzen werde, um seine Gegner wenn nötig durch Selbstmord um die Gefangennahme zu betrügen. Am gleichen

70 Akte H. Gr Don 39694/9, 22. Januar 1943, 16.02 Uhr.
71 *von Manstein,* Lost Victories, S. 360.

Tage drang eine Abteilung der sowjetischen 38. motorisierten Schützenbrigade in das große Lagerhaus in der Nähe des Roten Platzes ein, in dessen Kellern der Stab der 6. Armee untergebracht war, und Paulus und sein Stab wurden gefangen genommen. Die Kämpfe im Süden des Kessels wurden eingestellt. Im Norden setzte eine Gruppe unter dem Kommandeur des XI. Korps, Strecker, den Widerstand bis zum 2. Februar fort.

Das sowjetische Oberkommando behauptete, 91.000 Gefangene gemacht zu haben, darunter 24 Generäle und 2500 Offiziere. Viele von ihnen waren krank oder verwundet. Angeblich wurden 147.000 deutsche Gefallene beerdigt.[72] Sowohl Manstein als auch Paulus haben später behauptet, in Stalingrad seien nicht mehr als 220.000 Mann eingeschlossen gewesen, und nach der Verlustliste des deutschen Oberkommandos verlor die 6. Armee 200.000 Mann an Gefallenen und Gefangenen.[73] Es ist sehr zweifelhaft, ob die sowjetischen Sieger die Kriegsgefangenen jemals ordnungsgemäß gezählt haben, geschweige denn die deutschen Gefallenen auf dem Schlachtfeld, und die sowjetischen Berichte über die Zahl der Gefangenen weichen stark voneinander ab. Schilin schreibt 1956 ganz richtig, daß zwanzig deutsche und zwei rumänische Divisionen vernichtet worden seien, behauptet jedoch, daß 130.000 Gefangene gemacht wurden.[74] Wie das auch gewesen sein mag, ohne Zweifel haben etwa 200.000 deutsche Soldaten in Stalingrad ihr Ende gefunden. Von den angeblich 91.000 Gefangenen sind nur wenige tausend nach Deutschland zurückgekehrt.

Am frühen Morgen des 1. Februar gab Moskau die Kapitulation der deutschen Truppen in Stalingrad bekannt, aber Berlin brachte die Nachricht erst zwei Tage später in einem Kommuniqué, das die Niederlage der 6. Armee unter der vorbildlichen Führung des Feldmarschalls Paulus schilderte, der von einer gewaltigen feindlichen Übermacht bezwungen worden sei. Es wurde eine Staatstrauer von drei Tagen befohlen. Hitler persönlich betrachtete die Angelegenheit allerdings ganz anders und erging sich in wüsten Schimpftiraden gegen Paulus und die mit ihm in Gefangenschaft geratenen Generäle, die er nach dem Kriege vor ein Kriegsgericht stellen wollte. Er sagte, Paulus sei der letzte deutsche Offizier, den er zum Feldmarschall befördert habe. Hitler konnte es ihm nicht verzeihen, daß er am Leben geblieben war, nachdem so viele seiner Männer hatten sterben müssen. Daß der »Führer« selbst für die Katastrophe verantwortlich war, hat er augenscheinlich nicht erkannt, und die Schuld den Generälen und seinen Verbündeten zugeschoben.[75]

Die deutschen Soldaten hatten im eingeschlossenen Stalingrad Furchtbares erlebt. Mit dem Verlust des Flugplatzes Pitomnik waren auch die Hauptvorräte an Munition und Verpflegung verloren gegangen, und unter den Verteidigern entstand eine

72 Istorija, Bd. 3, S. 62.
73 Kriegstagebuch des OKW, Bd. 3, S. 1482; *Mueller-Hillebrandt*, Das Heer, Bd. 3, 12. Kapitel.
74 *Schilin*, Die wichtigsten Operationen des Großen Vaterländischen Krieges, S. 192.
75 *Heiber*, Hitlers Lagebesprechungen, S. 120ff.; *Goebbels*, Diary, 9. März 1943, S. 220.

Panik. Zuerst hatten nur ganz wenige, dann aber hatte ein ganzer Strom von Soldaten die Verteidigungsstellungen verlassen und war nach Osten in die Stadt hineingekommen. Viele dieser Leute waren verwundet und litten unter schweren Erfrierungen. Trotzdem trieb man sie wieder zusammen und ließ sie noch einmal die Stellungen besetzen. Die von den Flugzeugen mit und ohne Fallschirme abgeworfenen Versorgungsgüter waren weit verstreut heruntergefallen und zum großen Teil von deutschen Soldaten geplündert worden, obwohl jeder wußte, daß auf Plünderung die Todesstrafe stand.

Ende Januar war der Gefechtsstand der 24. Panzerdivision in die Traktorenwerke zurückgenommen worden und hatte dort Teile der 389. Infanteriedivision und den Stab des von Strecker kommandierten XI. Korps angetroffen. Am frühen Morgen des 2. Februar begannen hier die am weitesten vorn eingesetzten Truppen, sich dem Gegner zu ergeben. Um 9.00 Uhr vormittags hatten die Russen ihre Gefangenen zusammengetrieben. Sie erlaubten dem Divisionskommandeur Lenski, vor seinen Männern eine letzte Ansprache zu halten, nach der alle mit Ausnahme der dabeistehenden Rotarmisten ein dreifaches »Sieg Heil« auf Deutschland ausbrachten. Dann sprach ein unbekannter sowjetischer General zu den Gefangenen, lobte ihren Mut und versprach ihnen gute Behandlung und Verpflegung sowie das Recht, alle persönlichen Dinge zu behalten. Er sagte, jeder werde nach Beendigung des Krieges rasch in die Heimat zurückgebracht werden.

Dann begannen die langen Hungermärsche. Immer wieder wurden die Kolonnen ausgeraubt, und manchmal nahmen ihnen Soldaten der Roten Armee, häufiger aber Zivilisten, ihre persönlichen Dinge fort. Die Kriegsgefangenen wurden nur leicht bewacht, aber wer wegen Krankheit oder Erschöpfung ausfiel, war der Gnade der marodierenden Banden bewaffneter Zivilisten ausgeliefert, die den Kolonnen folgten. Keiner, der zurückblieb, wurde je wieder gesehen. Schließlich wurden die Gefangenen auf die Eisenbahn verladen und über Saratow, Orenburg und Engels nach Taschkent nördlich der afghanischen Grenze gebracht. Bei jedem Halt wurden die Leichen aus den Viehwagen geworfen, und nur fünfzig Prozent der auf die Bahn Verladenen erreichten den Bestimmungsort.[76]

Die Gegenoffensive der Roten Armee und der Verlust der deutschen 6. Armee bedeuteten die größte Niederlage, die das deutsche Heer bis dahin erlitten hatte, und sie wirkte ausgesprochen ernüchternd auf die Stimmung bei den deutschen Verbündeten. Auch die neutralen Staaten nahmen davon Kenntnis. Nach sowjetischen Berichten war die Schlacht bei Stalingrad der Wendepunkt des Zweiten Weltkriegs, und das soll heißen, daß dieser Sieg eine der Hauptursachen für die endgültige Niederwerfung Hitlerdeutschlands gewesen sei. Das trifft mit Sicherheit nicht zu. Der Verlust der 6. Armee kostete Deutschland zwanzig Divisionen und mehr als 200.000 Mann. Außerdem wurden sechs deutsche Divisionen außerhalb des Einschließungsrings praktisch vernichtet, wobei die Deutschen noch einmal etwa

76 *von Senger* und *Etterlin,* 24. Panzerdivision, S. 144–146.

100.000 Mann einschließlich der Verwundeten verloren.[77] Das waren schmerzliche Verluste. Sie stellten aber nur einen Bruchteil der sowjetischen Verluste von 1941 dar, und es waren Verluste, die das Schicksal einer Nation nicht entscheiden konnten. Zwei rumänische, eine italienische und schließlich eine ungarische Armee waren aufgerieben worden und hatten später kaum noch irgendeinen Kampfwert, aber die Zukunft Deutschlands wurde nicht durch seine verhältnismäßig schwachen Verbündeten entschieden.

Es trifft natürlich zu, daß Stalingrad für den Krieg im Osten den Wendepunkt bedeutete, da zugleich der Kaukasus und der Unterlauf der Wolga vom Gegner gesäubert wurden und er gezwungen wurde, allmählich nach Westen auf das Reich zurückzugehen. Betrachtet man Stalingrad dagegen vor dem Hintergrund des militärischen Ringens auf der ganzen Welt, dann ist es zwar ein Markstein, aber bei weitem nicht eine Ursache für die deutsche Niederlage im Zweiten Weltkrieg. Es war vielmehr eine Auswirkung der starken Überlegenheit der Material- und Menschenreserven der Alliierten gegenüber denjenigen der Achsenmächte. 1942 hatte sich das Gleichgewicht gewaltig zu Ungunsten des viel zu weit über seine Grenzen hinaus exponierten Deutschlands verschoben hatte, und von jetzt an sollte sich das in einer Reihe deutscher Niederlagen erweisen. Stalingrad war die erste, und drei Monate später folgte eine zweite, als im Mai eine Armee der Achsenstreitkräfte in Tunis vernichtet wurde. Hier gingen eine Viertelmillion Soldaten, unter ihnen fast 100.000 Deutsche, in die Gefangenschaft.

Es gab zahlreiche Gründe für die deutsche Niederlage. Die Strategie des »Führers« war allzu ehrgeizig und gründete sich auf unzureichende Hilfsquellen und eine bewußte Unterschätzung der Stärke und des Potentials des Gegners. Hitler begann gleichzeitig zwei Operationen an der Wolga und im Kaukasus, während ihm kaum genügend Truppen zur Verfügung standen, um nur eine einzige durchzuführen. Deshalb wendete er sich an Rumänien, Italien und Ungarn, die Verbände zur Verfügung stellen mußten, um diese Lücke auszufüllen, und tat, was er, wie er im Jahr zuvor gesagt hatte, niemals tun würde, er vertraute die Sicherheit deutscher Truppen seinen Verbündeten an. Zwar hielt er sich für einen großen Feldherrn, aber wie er Goebbels vertraulich mitteilte, war er nicht in der Lage gewesen, mit den Problemen der Beweglichkeit und der Versorgung der Truppe fertigzuwerden.[78] Die deutschen Soldaten mußten daher, wie sie es seit Beginn des Krieges zwischen Rußland und Deutschland getan hatten, auch weiterhin ein gefährliches Leben von der Hand in den Mund führen, und zwar am Ende einer langen und nicht gesicherten Nachschublinie mit wenigen oder gar keinen Reserven. Als die deutsche 6. Armee am 23. November abgeschnitten wurde, verfügte sie über praktisch keine Ersatzteilvorräte, und die Heeresgruppe A mußte ebenso wie die Heeresgruppe Don immer wieder aus Kraftstoffmangel anhalten.

77 Vgl. *Schukow*, Stalingradskaja Epopeja, S. 71 und *Rokossowski*, Welikaja Pobjeda na Wolgje, S. 491.

78 *Goebbels*, Diary, 8. Mai 1943, S. 281

Damit, daß der »Führer« auf der Einnahme der Ruinen von Stalingrad bestand, anstatt die Wolga an anderer Stelle zu blockieren, spielte er den Sowjets in die Hände, weil die Deutschen dadurch in eine sehr verlustreiche Zermürbungsschlacht verwickelt wurden, für die sich die Rote Armee mit ihren rücksichtslosen Befehlshabern und hartnäckig kämpfenden Soldaten besonders gut eignete. Während der sowjetische Soldat dem deutschen in der offenen Feldschlacht weit unterlegen war, wurde er im Grabenkrieg und im Häuserkampf zu einem viel stärkeren und gefährlicheren Feind. Es war Hitlers Torheit, die kampferprobtesten und stärksten Verbände der Heeresgruppe B monatelang im Raum Stalingrad festzuhalten, die sich dort in einer Lage befanden wie ein Mann mit dem Kopf in der Schlinge; denn damit gab er Moskau Zeit, die Vernichtung dieser Truppen in aller Ruhe zu planen und vorzubereiten. In Stalingrad verloren alle deutschen Divisionen einen großen Teil ihrer Kampfkraft und Beweglichkeit, und viele von ihnen wurden völlig aufgerieben.

Nach dem verlorenen Kriege haben zahlreiche deutsche Truppenführer Hitler für die Niederlagen verantwortlich gemacht, die auf die Entlassung von Brauchitsch folgten. Diese Kritik ist ganz und gar berechtigt, und doch muß man daran denken, daß viele dieser Generäle 1942 nicht daran dachten, Hitlers Fähigkeiten als militärischer Führer anzuzweifeln, daß sie fest an seine Genialität glaubten und sich der Unterschätzung der Feinde Deutschlands ebenso schuldig machten wie er. Hitler seinerseits zeigte eine fast pathologische Abneigung und Verachtung gegenüber den deutschen Armeeführern und dem deutschen Generalstab.

Paulus spielte die Rolle, die das Schicksal für ihn bestimmt hatte. Die militärischen Qualitäten und besonderen Merkmale von Paulus glichen in mancher Beziehung denen Jodls, als dessen Nachfolger er vorgesehen war. Er war in erster Linie Generalstabsoffizier, und seine Stärke waren militärische Planungen. Zwar fehlten ihm nicht ganz die Fähigkeiten des Truppenführers, aber er hatte kaum Erfahrungen in der Führung größerer Verbände. Andererseits war er aus weicherem Holz geschnitzt als seine Kameraden. Er war ein langsamer Denker, und es fehlte ihm an Entschlußkraft. Man kann ihn dafür kritisieren, daß er seine Armee nicht am 23. November oder kurz darauf kehrtmachen ließ und sich bewußt und ohne Hitler davon zu unterrichten den Weg aus der Umklammerung freikämpfte. Es ist jedoch undenkbar, daß Paulus so schnell reagiert und gegen Hitlers ausdrücklichen Befehl verstoßen hätte, an der Wolga zu bleiben. Hitler wählte keine Männer für hohe Kommandostellen aus, die selbständig denken konnten, und Paulus war kein Hoepner, der tat, was er wollte, und sagte, was er dachte – und sich damit ins Verderben stürzte.

Hätte Paulus gewußt, daß das Verbleiben der 6. Armee an der Wolga ihre Vernichtung bedeutete, dann hätte er den Befehl Hitlers vielleicht nicht befolgt, und doch fragte er noch am 24. Januar, als die Verteidigung vor seinen Augen zusammenbrach, als jede Hoffnung auf einen Entsatz verloren war und er wußte, daß das Ende in wenigen Tagen kommen werde, Hitler um die Erlaubnis für kleine, organisierte Gruppen, aus dem Belagerungsring auszubrechen, und unternahm nichts, als seine Anfrage unbeantwortet blieb.[79] Man darf auch nicht vergessen, daß das deutsche Heer am 23. November noch keine größere Niederlage erlitten hatte, und daß Paulus wußte, mit welcher Willkür Hitler gegen Männer wie Sponeck und Heim vorgegangen war.

Schließlich läßt sich auch nicht sagen, ob die 6. Armee am 23. November und dann wieder am 19. Dezember noch stark genug gewesen ist, um aus dem Kessel auszubrechen. Darüber kann man nur Vermutungen anstellen. Die Korps waren jedoch im großen und ganzen noch intakt, und wahrscheinlich hätte die 6. Armee in der letzten Novemberwoche unter Zurücklassung des größten Teils ihrer Ausrüstung einen Ausbruch unternehmen können; denn die sowjetischen Kräfte waren noch nicht straff gegliedert und nicht sehr stark. Bis zum 19. Dezember hatte sich die Lage wesentlich verschlechtert, denn ein großer Teil der Pferde der 6. Armee waren geschlachtet worden, und die Versorgungslage war aufs äußerste angespannt. Man weiß aber, daß Jeremenko zu dieser Zeit mit Schwierigkeiten zu kämpfen hatte, und es den sowjetischen gepanzerten und motorisierten Verbänden an Kraftstoff und Verpflegung fehlte. Malinowskis 2. Gardearmee traf mit ersten Teilen am 19. Dezember in diesem Raum ein. Wäre Jeremenko am 19. Dezember von der 6. Armee im Rücken angegriffen worden, als Paulus von dem zu seiner Entlastung herangerückten Armeekorps Hoths nur noch 48 Kilometer trennten, wären vielleicht nicht unerhebliche Teile der 6. Armee, angespornt durch die Aussicht, die Freiheit wiederzugewinnen, noch aus dem Kessel herausgekommen.

79 *von Manstein,* Lost Victories, S. 358–359; Kriegstagebuch des OKW, Bd. 3, S. 66.

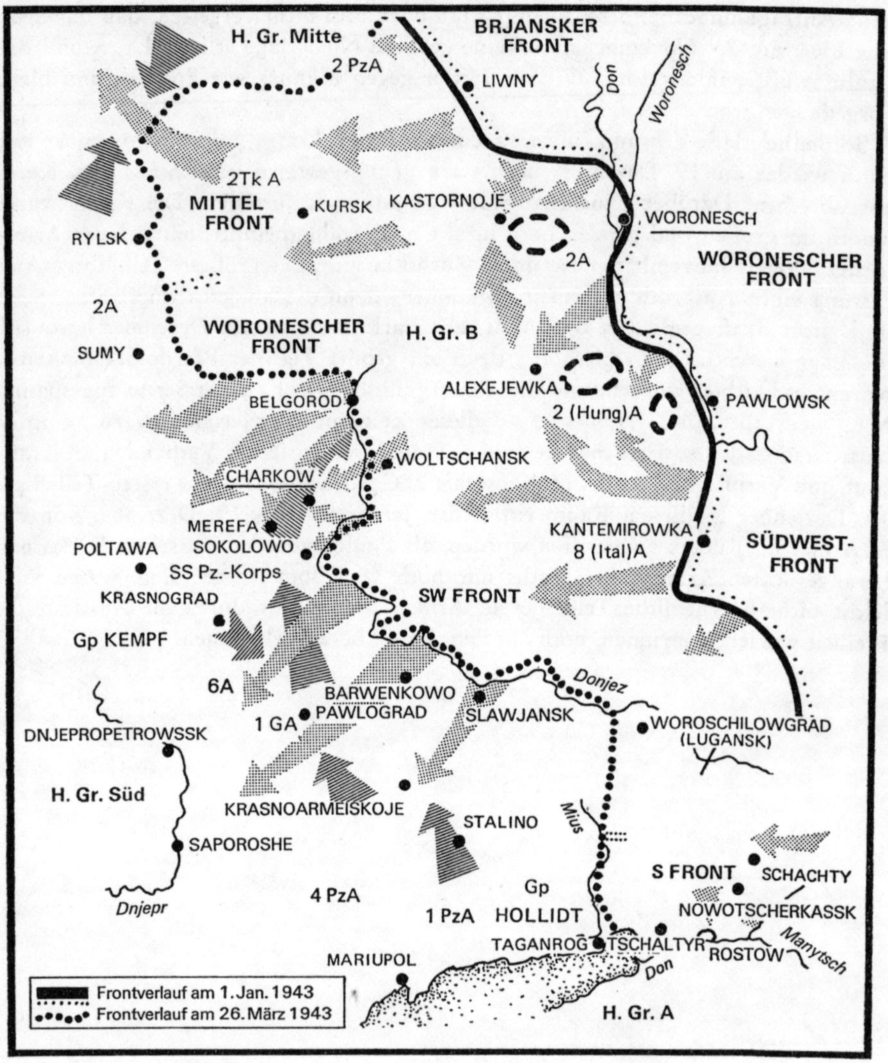

Karte 16: Die sowjetischen Frühjahrsoffensiven, Januar bis März 1943

14. Kapitel

Der deutsche Rückzug in die Ukraine

Die dritte Phase der großen Gegenoffensive, die ihren Höhepunkt in der Vernichtung der deutschen 6. Armee und der Räumung des Kaukasus fand, war der Angriff der Woronescher Front unter Golikow gegen Salmuths deutsche 2. Armee und Janys ungarische 2. Armee. Die ersten Angriffsziele waren Charkow und das Donez-Becken. Die Angriffsoperationen erfolgten auf einer Frontbreite von 480 Kilometern zwischen Liwny und Kantemirowka, an den Flanken wurde Golikow im Norden von der Brjansker Front unter Reiter und im Süden von der Südwestfront unter Watutin unterstützt.

Zwar war der Hauptangriff erst für den 14. Januar angesetzt, aber am 12. Januar gingen die sowjetischen Truppen schon mit starken Kräften zu Aufklärungsvorstößen vor, die den Gegner in solche Verwirrung brachten, daß die Angreifer einen fast fünf Kilometer tiefen Einbruch in die ungarischen Stellungen erzielen konnten. Die Hauptoffensive schloß sich sofort an, und hier wurden zum erstenmal zum Räumen der gegnerischen Minenfelder Minenroller eingesetzt. Nach sowjetischen Berichten waren das Vorbereitungsfeuer und der Einsatz von – aus offener Feuerstellung – schießenden Geschützen so wirksam, daß die feindlichen Artilleriebeobachtungsstellen schon in den ersten Minuten ausgeschaltet wurden und Infanterie und Panzer der Roten Armee fast ohne Verluste durch die feindlichen Stellungen brachen. Am 15. Januar hatten die sowjetischen Verbände die Verteidigungsstellungen der »Achsen«-Streitkräfte, die diese ein Jahr gehalten hatten, ohne sie zu verstärken, überwunden, obwohl die ungarische Panzerdivision mehrere Gegenangriffe führte. Am folgenden Tage brach das Nachrichtensystem an der ungarischen Front zusammen, und die Führung glitt den Verteidigern aus der Hand.[1]

Ein großer Teil der eingeschlossenen Truppen entkam in den schweren Schneestürmen, aber am 27. Januar meldete das sowjetische Oberkommando die Gefangennahme von 86.000 größtenteils ungarischen Soldaten. Zwei Armeekorps der deutschen 2. Armee mit etwa sieben Divisionen wurden abgeschnitten, nachdem Hitler gezögert hatte, der deutschen 2. Armee die Genehmigung für die Räumung von Woronesch und den Rückzug zu geben. Für diese Verbände gab es jedoch keine Wiederholung der Katastrophe von Stalingrad. Woronesch wurde aufgegeben, in Brand gesteckt, und die zahlreichen schwächeren eingeschlossenen Kampfgruppen schlugen sich nach Westen durch. Die meisten überlebten den 190 Kilometer langen

1 *Morosow*, Westlich von Woronesch, S. 94.

Marsch nach Rylsk bei Temperaturen von minus 25 Grad Celsius und nahmen die Verbindung mit den eigenen Hauptkräften auf. Die schweren Waffen gingen fast alle verloren.

Am 21. Januar zeichnete Weichs dem »Führer« ein sehr düsteres Bild. In der deutschen Front war dort, wo bisher die Heeresgruppe B gestanden hatte, eine 320 Kilometer breite Lücke aufgerissen, und Weichs hatte nur wenig Hoffnung, den sowjetischen Vorstoß aufhalten zu können, besonders da die Verbände der Roten Armee ihre Taktik geändert hatten und an allen stärkeren Stützpunkten vorbeistießen. Er fürchtete für die Sicherheit der deutschen 2. Armee und erkannte, daß das sowjetische Oberkommando die Absicht hatte, durch die Lücke nach Südwesten vorzugehen, um der Heeresgruppe Don den Rückweg abzuschneiden.[2] Außer einer Infanteriedivision aus Kluges Heeresgruppe Mitte und dem II. SS-Panzerkorps unter Hausser, das eben erst aus Westeuropa herangeführt wurde, standen keine deutschen Reserven zur Verfügung. Kluge, der von der sowjetischen Kalininfront und der Westfront den ganzen Winter über hart bedrängt worden war und fürchtete, die durchgebrochenen sowjetischen Kräfte könnten nach Norden einschwenken, bat vergeblich um die Erlaubnis, die große Frontausbuchtung bei Rschew zu räumen und auf diese Weise Reserven zu bilden, mit denen man der Bedrohung begegnen könne.[3]

Schukow und Wassilewski waren Ende Januar kurze Zeit an die Woronescher Front befohlen worden, um dort Empfehlungen für die weitere Führung der Operationen zu geben. Auf den Rat Schukows entstand der Plan für ein neues Unternehmen unter dem Decknamen »Stern« zur Säuberung des Raums um Charkow vom Feinde. Wenn man Schtemenko glauben soll, dann war der Generalstab gegenüber diesem Vorhaben skeptisch; denn nach dem Plan sollte Golikow zugleich in zwei verschiedenen Richtungen angreifen, und zwar gegen Kursk und gegen Charkow.[4] Das Unternehmen »Stern« begann am 1. Februar. Die sowjetischen Truppen, die sich beeilten, ihren Vorteil auszunutzen, stießen durch die Lücke vor, Golikows Woronescher Front hielt dabei fast genau die westliche Richtung gegen Kursk und Charkow ein, während die Südwestfront unter Watutin sich gegen Mariupol am Asowschen Meer wendete, um die Verbindungslinien der Heeresgruppe Don unter Manstein und der Heeresgruppe A unter Kleist abzuschneiden, die sich immer noch im Kaukasus befand.

Am 2. Februar fiel Stalingrad. Drei Tage später erreichte die 3. Panzerarmee unter Rybalko den gefrorenen Donez, konnte ihn aber gegen den entschlossenen Widerstand der motorisierten SS-Division »Leibstandarte« vom II. SS-Panzerkorps nicht überschreiten. Kursk, Bjelgorod und Charkow waren unmittelbar bedroht, und Manstein befand sich in großer Gefahr.

Kleists Heeresgruppe A saß immer noch weit im Kaukasus fest. Am 28. Dezem-

2 Kriegstagebuch des OKW, Bd. 3, S. 56.
3 Ebenda, S. 86.
4 *Schtemenko*, Generalnyi Stab w Gody Woiny, S. 97.

ber hatte Zeitzler den »Führer« überredet, einen Teil seiner Operationsziele im sowjetischen Ölgebiet und am Schwarzen Meer aufzugeben, aber weit davon entfernt, der völligen Räumung des Kaukasus zuzustimmen, um das rechte Donufer nördlich von Rostow zu sichern, wollte Hitler nur einen teilweisen Rückzug zulassen, und auch diesen nur staffelweise bis zur Linie Manytschkanal-Kuban, da er beabsichtigte, den Raum Maikop und einen Brückenkopf jenseits der Straße von Kertsch und am unteren Don als feste Basis für einen später wieder bis zum Kaspischen Meer zu führenden Feldzug zu halten.[5]

Die sowjetischen Truppen reagierten nur sehr langsam auf den deutschen Rückzug am unteren Don und im Kaukasus.[6] Die bisherige Stalingrader Front, die seit Anfang Januar die neue Bezeichnung Südfront trug und immer noch von Jeremenko mit Chruschtschow als politischem Mitglied des Militärsowjets kommandiert wurde, deckte einen 150 Kilometer breiten Abschnitt zwischen Don und Manytsch und hatte für die Einnahme von Stalingrad Truppen abstellen müssen.

Der sowjetische Vorstoß im Januar zeigte deutlich, daß die Bedrohung der Heeresgruppe A und der Heeresgruppe Don aus zwei Richtungen kam, von der Südfront unter Jeremenko am Unterlauf des Don und von der Südwestfront unter Watutin aus der Ostukraine. Aber erst am 27. Januar kam Hitler zu dem Entschluß, den endgültigen Rückzug der Heeresgruppe A zu genehmigen.[7] Mackensens 1. Panzerarmee mit einer Panzerdivision und drei Infanteriedivisionen erhielt den Befehl, sich mit Manstein zu vereinigen, der sich westlich des unteren Don zurückziehen durfte. Aber der Rest der Heeresgruppe A mit zusammen etwa zehn deutschen und zehn rumänischen Divisionen und 350.000 Mann erhielt den Auftrag, auf den Taman-Brückenkopf zurückzugehen, wo diese Verbände Manstein in den bevorstehenden schweren Schlachten in der Ukraine kaum helfen konnten. Manstein hatte um die Erlaubnis gebeten, sich bis zur alten Verteidigungslinie am Mius abzusetzen, aber der »Führer« hatte sein Veto eingelegt und damit begründet, daß dieser kleine Teil des Kohlengebiets am Donez für die deutsche Wirtschaft sehr wichtig sei. Doch sehr bald hatte der »Führer« die Lage nicht mehr in der Hand.

Am 2. Februar übernahm Malinowski von Jeremenko das Kommando über die Südfront, und am 4. Februar erreichten seine Truppen die Linie Schatschty–Nowotscherkassk. Vier Tage später stand eine aus Kavallerie und motorisierten Truppen bestehende Kampfgruppe der 44. Armee unter Chomenko bei Rostow, nachdem sie über den zugefrorenen Don von Grosny hierher gekommen war, und schnitt die Stadt von Westen ab. In der Ukraine nahm die Woronescher Front unter Golikow Bjelgorod, Kursk und Woltschansk, erreichte am 11. Februar die Vorstädte von Charkow und kam dort ins Gefecht mit der »Leibstandarte« des SS-Panzerkorps unter Hausser. Der linke Nachbar der Woronescher Front, die Südwestfront,

5 *Westphal*, The Fatal Decisions, S. 156; *von Manstein*, Lost Victories, S. 392–393; Führerbefehl OKW Nr. 552344/42 g. Kdos Chefs WFSt Op, v. 3. Januar 1943.

6 *Gretschko*, Bitwa sa Kawkas, S. 226.

7 *von Manstein*, Lost Victories, S. 398.

überschritt tief im Rücken der Heeresgruppe Don den Donez und ging, von Stalin angetrieben, gegen die Dnjeprübergänge bei Dnjepropetrowsk und Saporoshje vor. Am 5. Februar griff die Südfront Woroschilowgrad an und säuberte es in neun Tage dauernden Häuserkämpfen vom Gegner.

Die Lage der Deutschen war so ernst, daß Manstein und Kluge am 6. Februar nach Ostpreußen gerufen wurden, und bei dieser Besprechung mußte Hitler widerwillig ihrer schon früher vorgebrachten Forderung nachgeben, hinter den Mius zurückzugehen und die Frontausbuchtung bei Rschew zu räumen. Das war die zweite große Frontausbuchtung, die von den deutschen Truppen aufgegeben wurde, da Hitler auch gezwungen gewesen war, den Raum Demjansk zu räumen, um die Lage bei Leningrad zu stabilisieren, wo es der Roten Armee endlich gelungen war, eine in die Stadt hineinführende Landbrücke freizukämpfen.[8] Der Stab der Heeresgruppe B unter Weichs wurde als Reserve aus der Front gezogen, und die ihm unterstellten Truppen wurden zwischen Manstein und Kluge aufgeteilt. Mansteins Heeresgruppe Don erhielt die neue Bezeichnung Heeresgruppe Süd.

Am 17. Februar erschien Hitler in Begleitung von Zeitzler und Jodl beim Stab der Heeresgruppe Süd in Saporoshje, wo die Lage zur Beunruhigung Anlaß gab. Der »Führer« hatte die Absicht gehabt, Manstein zu entlassen.[9] Am Tage zuvor hatte die Gruppe Lanz gegen Hitlers Befehl Charkow aufgegeben und zog sich jetzt nach Südwesten zurück. Um die Lage wiederherzustellen, schlug Manstein vor, gegen die Umfassungskräfte der Sowjets einen Gegenangriff anzusetzen und dabei die aus fünf Divisionen bestehende 4. Panzerarmee unter Hoth – drei dieser Divisionen waren Panzerdivisionen – und das II. SS-Panzerkorps mit zwei, später drei motorisierten Divisionen einzusetzen. Die 4. Panzerarmee sollte aus dem Raum zwischen Saporoshje und Stalino nach Norden gegen die sowjetische Flanke angreifen, während das SS-Panzerkorps aus dem Raum Poltawa seinen Angriff nach Süden führte, um sich dann mit der 4. Panzerarmee zu vereinigen und die vordersten sowjetischen Verbände abzuschneiden. Hoth führte das Unternehmen. Nachdem die Luftflotte 4 unter Richthofen verstärkt worden war, hatte die rote Luftwaffe eine erhebliche taktische Niederlage einstecken müssen.

Für Hitler, der den Verlust von Charkow noch nicht verwunden hatte, war die Wiedereinnahme der Stadt wichtiger als die Vernichtung der feindlichen Kräfte, und er ließ sich kaum davon überzeugen, daß die Heeresgruppe Süd gefährdet sei. Am zweiten Tag der Besprechung stimmte er jedoch widerwillig dem Vorschlag Mansteins für eine Gegenoffensive zu.

Stalin trieb indessen mit Bitten und Drohungen die Südwestfront an den Dnjepr voran. Die Angriffstruppen der Roten Armee waren so rasch vorwärtsgekommen, daß die Verbindung zu Hilfstruppen und Versorgungseinheiten abgerissen war, und auch die Rote Luftwaffe konnte sie nicht mehr unterstützen, weil viele zurückeroberte Flugplätze sich noch nicht wieder verwenden ließen. Die Heranführung

8 Ebenda, S. 406–413.
9 *Goebbel's* Diary, 2. März 1943, S. 199 und 262.

des Nachschubs, der Reserven und der Instandhaltungseinheiten über die weiten Verbindungslinien war sehr schwierig, und viele Verbände hatten so schwere Verluste erlitten, daß sie nur noch einen Bruchteil ihrer ursprünglichen Kampfkraft besaßen.[10]

Am Morgen des 19. Februar griff das II. SS-Panzerkorps unter Hausser aus dem Raum Krasnograd die Flanke der sowjetischen 6. Armee unter Charitonow an und schlug eine 40 Kilometer breite Bresche, durch die die SS-Division »Das Reich« vorstieß und den Gegner auseinandertrieb. Am 22. Februar schnitt das XLVIII. Panzerkorps unter Knobelsdorff im Vorstoß gegen Pawlograd, rechts angelehnt an das LVII. Panzerkorps unter Kirchner, stärkere sowjetische Verbände ab und vereinigte sich mit dem SS-Korps. Dann schwenkten die deutschen Truppen nach Norden gegen Charkow ein. Nur 9000 sowjetische Soldaten gerieten in Gefangenschaft, aber die Heeresgruppe Süd meldete, der Gegner habe 23.000 Gefallene auf dem Schlachtfeld zurückgelassen. Mackensen vernichtete mit dem XL. Panzerkorps unter Heinrici, bestehend aus zwei Panzerdivisionen und einer motorisierten SS-Division, zwischen Krasnoarmeiskoje und Barwenkowo die vorderen Teile einer sowjetischen Panzergruppe, die zum Teil aus Kraftstoffmangel steckengeblieben war.

Die 4. Panzerarmee unter Hoth befand sich immer noch im raschen Vorstoß nach Norden und hatte in diesem Unternehmen bisher 240 Kilometer zurückgelegt. Vom 4. bis zum 6. März nahm sie eine Umgruppierung vor, stieß der Südwestfront von Norden in die Flanke und führte mit starken Kräften einen Angriff gegen den linken Flügel der Woronescher Front bei Charkow. Es entstand eine fast 50 Kilometer breite Lücke, die die Woronescher Front nicht mehr schließen konnte, und am 12. März kämpften die Deutschen in den Straßen von Charkow. Zwei Tage später hatten sie die Stadt von allen Seiten eingeschlossen. Die Lücke wurde immer größer, sowjetische Reserven standen nicht zur Verfügung, und die deutschen Vorstöße näherten sich Bjelgorod, so daß die Mittelfront unter Rokossowski bedroht erschien. Am 18. wurde Bjelgorod von der motorisierten Division »Großdeutschland« genommen. Das sowjetische Oberkommando hatte jetzt erkannt, daß es sich hier nicht mehr um hinhaltende Operationen zur Deckung eines deutschen Rückzuges handelte, sondern daß die Mittelfront und die Woronescher Front davorstanden, abgeschnitten zu werden.

Die Reaktion Stalins war bezeichnend für den Diktator und für das sowjetische System. Er wollte wissen, wer für die bei der Woronescher Front begangenen Fehler verantwortlich sei. Aus politischen und militärischen Gründen mußte der Militärsowjet verstärkt werden, und Chruschtschow wurde jetzt der Woronescher Front zugeteilt. Auch Schukow und Wassilewski wurden hinbefohlen.

Golikow mußte das Kommando an Watutin abgeben.[11] Schukow forderte wei-

10 Istorija, Bd. 3, S. 114 und 118.

11 *Golikow* scheint zeitweilig die Brjansker Front von Reiter übernommen zu haben, der an eine neue Reservefront versetzt worden war. Später wurde Golikow als Befehlshaber der Brjansker Front von Popow abgelöst.

tere drei Armeen von der Reserve des Oberkommandos an.[12] Nach Eintreffen der drei Reservearmeen aus dem Inneren des Landes und nach Beginn der auf das Frühjahrstauwetter folgenden Schlammperiode stabilisierte sich die Lage.

Der begrenzte Gegenangriff der Heeresgruppe Süd nahm der Roten Armee die Initiative, die in Südrußland und der Ukraine nach dem Angriff Watutins über den Don gegen die Rumänen bei ihr gelegen hatte. Angeblich hatte Mansteins gewagter Angriff die sowjetischen Truppen mehr als 40.000 Mann, 600 Panzer und 500 Geschütze gekostet. Nach diesem Erfolg beherrschten die Deutschen den Raum zwischen Donez und Mius an fast der gleichen Linie wie im Winter 1941, aber die der Roten Armee beigebrachten Niederlagen waren nicht entscheidend und wirkten sich nur eine Zeitlang aus. Sie bewahrten jedoch die Heeresgruppe Süd vor der Vernichtung und gaben ihr eine gewisse Erholungspause.

Aufgrund deutscher Fehler ist die sowjetische Strategie im Winter 1942 wahrscheinlich viel erfolgreicher gewesen, als Stalin und das sowjetische Oberkommando gehofft hatten. In der nachstalinistischen Ära ist Stalin scharf dafür kritisiert worden, daß er den gleichen Fehler begangen habe wie im Winter 1941, als er die sowjetische Stärke überschätzte, die des Gegners unterschätzte und die sowjetischen Kräfte durch Angriffe nach Westen auf viel zu breiter Front verzettelte.[13] Man könnte jedoch auch sagen, wenn die Woronescher Front, die Südwestfront und die Südfront in einem geschlossenen Vorstoß nach Südwesten in die Ukraine gegen Dnjepropetrowsk, Saporoshje und die Landenge vor der Krim zusammengefaßt worden wären, hätte man nur begrenzte Erfolge erzielen können. Die Kriegführung wurde auch weiterhin durch das Gelände, die weiten Entfernungen und das Wetter beeinflußt, ja sogar bestimmt. Die erfolgreiche sowjetische Gegenoffensive warf die »Achsen«-Truppen fast 800 Kilometer hinter Stalingrad und noch weiter hinter Grosny zurück. Dann erzielten die Deutschen wieder Erfolge. Eine durch die Kämpfe, die Weite des Raumes und das Wetter geschwächte und organisatorisch durcheinander gebrachte Rote Armee konnte die ermatteten und viel zu schwachen deutschen Divisionen, die sich gegen sie wendeten, nicht aufhalten.

Zu Beginn der sowjetischen Offensive von 1943 zeigte es sich zum ersten Mal, daß im Verhältnis zwischen der deutschen und der sowjetischen Armee hinsichtlich der Gliederung und Stärke Veränderungen eingetreten waren. Die Deutschen verfügten zu Beginn des Krieges über außerordentlich leistungsfähige und gut ausgerüstete Panzer- und motorisierte Truppen, die besten der Welt, die allerdings nur einen verhältnismäßig kleinen Teil der gesamten deutschen Armee ausmachten. Die taktische Unterstützung der deutschen Operationen aus der Luft war ausgezeichnet. Der Roten Armee fehlte es damals nicht an Panzern, Flugzeugen und Ausrüstung, sie war aber durchaus keine moderne motorisierte Armee und konnte sich nicht einmal mit den deutschen zu Fuß marschierenden Infanteriedivisionen messen, deren Geschütze und Versorgungsfahrzeuge noch von Pferden gezogen wurden. Aber

12 *Schukow,* Wospominanija i Rasmyšlenija, S. 464–467.
13 Istorija, Bd. 3, S. 148.

1943 war das Niveau der Gliederung, der Qualität und des Umfangs der Ausrüstung bei den deutschen Truppen nicht verbessert worden, um den Vorsprung gegenüber dem Gegner zu behalten, sondern die Verhältnisse hatten sich verschlechtert.

Im März 1943 fehlten an der Ostfront 470.000 Mann, die notwendig gewesen wären, um die dort eingesetzten Verbände auf Kriegsstärke aufzufüllen, und das deutsche Oberkommando versuchte, aus der Not eine Tugend zu machen. Hitler hatte die fixe Idee, daß es auf die Anzahl der Divisionen ankomme, und ließ ständig neue Verbände aufstellen. Dabei weigerte er sich, die schon vorhandenen Divisionen richtig zu versorgen, zu verstärken oder neu auszurüsten, so daß sie nur noch Rahmenverbände waren, und es gab Panzerdivisionen, die über nicht mehr als 30 bis 40 Panzer verfügten. 1941 war das deutsche Heer mit 3300 Panzern gegen Rußland in den Krieg gegangen. Am 23. Januar 1943 gab es an der ganzen Ostfront nur noch 495 verwendungsfähige deutsche Panzer.[14] Außer wenigen Tigerpanzern waren keine neuen Panzertypen in Dienst gestellt worden, obwohl man den Panzer III und den Panzer IV durch die Anbringung stärkerer Panzerplatten und die Umrüstung auf Langrohrgeschütze mit einer höheren Mündungsgeschwindigkeit verbessert hatte. Auch die Gliederung der Divisionen änderte sich. Die Verbände behielten zwar die Bezeichnung »Division«, verfügten aber über weniger Regimenter, und die Regimenter bestanden aus weniger Bataillonen, was natürlich die Kampfkraft jeder einzelnen Division herabsetzte.

In der Roten Armee waren dagegen ganz wesentliche Verbesserungen eingeführt worden. Die Flugzeuge der Roten Luftwaffe, die zwar den deutschen in der Einzelleistung noch unterlegen waren, hatten sich entschieden verbessert. Die sowjetischen Panzer vom Typ KW und T34 waren den deutschen Panzern III und IV überlegen und wurden in großen Stückzahlen hergestellt. Nach Mitte 1942 wurden die Panzerkorps und die motorisierten Korps in Panzerarmeen zusammengefaßt. Eine der wichtigsten, 1943 in der Roten Armee vorgenommenen Veränderungen war die rasche Durchführung der Motorisierung, die das sowjetische Oberkommando befähigte, mitten im Winter und bei Tauwetter tief hinter die feindlichen Linien durchzustoßen. Das wurde vor allem durch die von den Vereinigten Staaten gelieferten Lastwagen möglich gemacht. Das deutsche Heer, das einmal das bestausgerüstete der Welt gewesen war, war im Lauf von zwei Jahren zu einer unmodernen Streitmacht geworden, die mit veralteten Waffen ausgerüstet war. Dort, wo die Rote Armee den Vierteltonner »Jeep« als Befehls- oder Meldefahrzeug einsetzte, verwendeten die Deutschen noch das Pferd. Das Gegenstück des sechsräderigen Studebaker- oder Dodge-Lastwagens war bei den Deutschen der pferdebespannte Panjewagen. Die Stäbe der deutschen Verbände und die deutschen Soldaten waren den Stäben und den Soldaten der Roten Armee immer noch überlegen, und dennoch war aus dem deutschen Heer, das einmal der Stolz des Reiches gewesen war, eine der ärmsten Armeen der Welt geworden.

14 Kriegstagebuch des OKW, Bd. 3, S. 66.

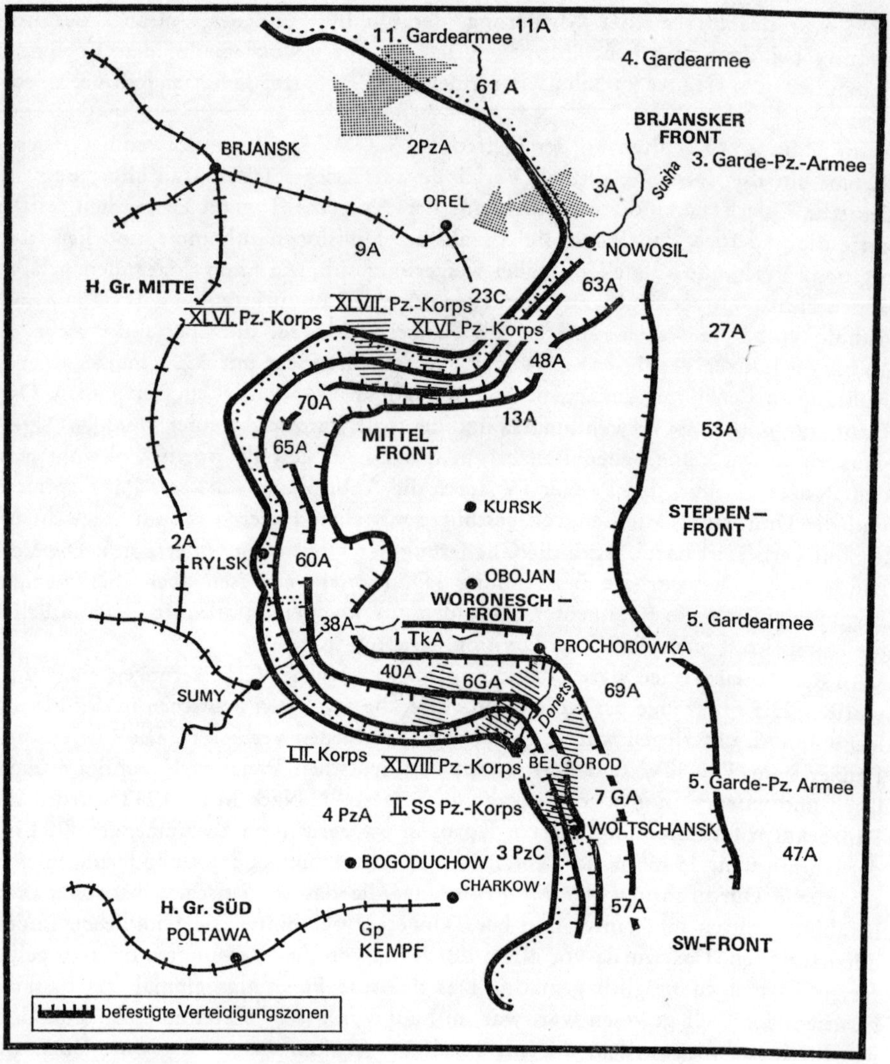

Karte 17: Die Schlacht bei Kursk, Juli 1943

15. Kapitel

Kursk und die sowjetische Gegenoffensive 1943

Die Niederlagen der »Achsen«-Streitkräfte in Stalingrad und Nordafrika und die rasch zunehmende militärische Stärke der Sowjetunion und der anglo-amerikanischen Mächte waren die ersten Anzeichen dafür, daß die »Achsenmächte« den Krieg nicht mehr gewinnen konnten, wenn sich ihre Gegner nicht untereinander verfeindeten. Japan hatte »sein Pulver verschossen« und erlitt im pazifischen Raum schwere Niederlagen, Italien wollte den Krieg gegen die UdSSR praktisch um jeden Preis beenden, und Finnland war bestrebt, sich unter möglichst geringen Verlusten aus dem Unternehmen zurückzuziehen.[1] Antonescu wollte mit den Westmächten Frieden schließen, den Krieg gegen die Sowjetunion jedoch fortsetzen.[2]

Hitler, das OKW und das OKH waren der Auffassung, daß es mit der zunehmenden Gefahr einer Invasion auf dem europäischen Kontinent unmöglich sein werde, 1943 an der Ostfront eine Entscheidung zu erzwingen.[3] Jodl und das OKW befürworteten es im allgemeinen, Verbände aus dem Osten abzuziehen, um die deutschen Kräfte im Westen und im Mittelmeerraum zu stärken. Das OKH hatte andererseits keine Verantwortung und wenig Interesse an den Kriegsschauplätzen außerhalb von Rußland und wollte dem Abzug von Verbänden aus der Ostfront nur freiwillig zustimmen, wenn die Frontbreiten verkürzt und die militärischen Aufgaben begrenzt würden. Hitler weigerte sich, das zu tun, und zwar aus Prestigegründen und weil er fälschlich behauptete, die deutsche Kriegswirtschaft könne auf die Gebiete und Hilfsquellen im Osten nicht verzichten. Auf diese Weise verstärkte sich das Tauziehen innerhalb der deutschen militärischen Führung zwischen Osten und Westen und zwischen dem OKH und dem OKW. Zunächst stimmten jedoch das OKH, das OKW und der »Führer« darin überein, daß das deutsche Heer in Rußland zur Defensive übergehen müsse.

Hitler glaubte, – und er wurde darin durch Zeitzler unterstützt – die beste Verteidigung in Rußland sei eine Offensive mit begrenztem Ziel, die sofort begonnen werden müsse, wenn der durch das Tauwetter aufgeweichte Boden getrocknet sei, und zwar noch bevor Amerikaner und Briten den Angriff gegen Europa begännen. In diesem Glauben war er durch die Erfolge Mansteins in der letzten Schlacht

1 Kriegstagebuch des OKW, Bd. 3, S. 213; *Mannerheim,* Memoirs, S. 460–461.
2 Kriegstagebuch des OKW, Bd. 3, S. 1531–1532.
3 *von Manstein,* Lost Victories, S. 443; *Klink,* Das Gesetz des Handelns »Zitadelle«, S. 57–59.

bei Charkow bestärkt worden.[4] Er hatte die Räumung der Frontausbuchtung bei Rschew nur unter der Bedingung genehmigt, daß die daraus zurückgezogenen Truppen der 9. Armee unter Model für weitere Offensivaufgaben bereitgestellt würden, und er wollte den sowjetischen Gegner angreifen, bevor die Deutschen selbst angegriffen wurden, um die Offensivkraft der Roten Armee, wenn auch nur zeitweilig und teilweise, auszuschalten. Es war notwendig, Gefangene und Beute zu machen, dabei den guten Ruf der deutschen Waffen wieder herzustellen und durch einen schnellen, aber spektakulären Sieg das Vertrauen der Verbündeten wiederzugewinnen. Das werde, wie er sich ausdrückte, wie ein »Fanal« in die Welt hinausleuchten.[5]

Das Unternehmen sollte gegen die sowjetische Frontausbuchtung bei Kursk geführt werden, die sich zwischen zwei deutschen nach Osten vorgewölbten Frontbögen befand. Die nördliche deutsche Frontausbuchtung umschloß Orel, die südliche Charkow. Nach dem Plan von Hitler und Zeitzler sollten die zur Heeresgruppe Mitte gehörende 9. Armee unter Model aus dem Raum Orel nach Süden gegen Kursk und die 4. Panzerarmee unter Hoth sowie die Gruppe Kempf der Heeresgruppe Süd aus dem Raum Charkow nach Norden angreifen, und beide Stoßkeile sollten sich am Schluß vereinigen. Anschließend sollte der bei Kursk eingeschlossene sowjetische Gegner vernichtet werden.

Die Planungen für die Offensive begannen Anfang März, und man beabsichtigte zunächst, die Angriffe Mitte April zu beginnen, aber das Unternehmen wurde verschoben, zum Teil, weil es Verzögerungen beim Aufmarsch gab, und zum Teil, weil Model, auf dessen Urteil Hitler großen Wert legte, glaubte, seine Kräfte seien zu schwach und mehrmals um Verstärkungen bat.

Am 4. Mai hielt Hitler in München eine Besprechung über die Vorbereitung der Offensive ab, die unter dem Decknamen »Zitadelle« geführt werden sollte, an der Kluge, Manstein, Zeitzler und Guderian teilnahmen. Guderian war kurze Zeit vorher wieder zum aktiven Dienst einberufen worden, um das Amt des Inspekteurs der schnellen Truppen zu übernehmen. Model, der nicht an der Besprechung teilnahm, hatte schriftlich einige Einwände vorgebracht. Er behauptete, die sowjetischen Feldbefestigungen seien so stark, daß die Rote Armee den Angriff solange werde aufhalten können, bis neue Reserven herangebracht seien, und obwohl Model nicht ausdrücklich behauptete, den Plänen für die Offensive nicht zuzustimmen, ließ er doch durchblicken, daß er an dem Erfolg zweifelte, weil der Angriff gegen einen so weit überlegenen Gegner geführt werden müsse.

Kluge und Manstein stimmten dem Plan für die Offensive im allgemeinen zu, waren aber gegen einen längeren Aufschub; denn sie meinten, jede Verzögerung könne der Roten Armee nur Vorteile bringen, die, wie man wußte, allwöchentlich Verstärkungen heranführte. Guderian lehnte das Unternehmen »Zitadelle« leiden-

4 Operationsbefehl Nr. 5 – OKH/Gen St d H/Op Abt (vorg. St) Nr. 430/163/43g. Kdos/Chefs vom 13. März 1943, zweiter Satz.
5 Operationsbefehl Nr. 6 – OKH/Gen St d H/Op Abt (1) Nr. 430/246/43 g. Kdos/Chefs vom 15. April 1943.

schaftlich ab, weil er den Verlust zahlreicher Panzer fürchtete, von Panzern, die er zur Ausrüstung der deutschen Truppen in Westeuropa brauchte, und seine Haltung hat augenscheinlich den Zorn seines alten Gegners, des Feldmarschalls von Kluge, erregt, der – wie Guderian berichtet – wenige Tage später einen hysterischen Anfall bekam, ihn zum Duell forderte und Hitler bat, die Rolle des Sekundanten zu übernehmen.[6]

Da Mißerfolge immer Waisenkinder sind, läßt es sich nicht leicht feststellen, wer der geistige Vater des Unternehmens »Zitadelle« gewesen ist. Hitler hatte augenscheinlich gewisse Zweifel.[7] Guderian behauptet, Hitler und Zeitzler seien dafür verantwortlich gewesen, besonders Zeitzler, und sagte, Kluge habe ihnen zugestimmt. Zeitzler berichtete später, die Befehlshaber der Heeresgruppen seien nicht begeistert gewesen, obwohl, wie Mellenthin berichtet, er damals recht zuversichtlich gewesen sei.[8] Keitel war für den Angriff, Jodl dagegen.[9] Man dachte auch an Alternativlösungen wie den Einbruch in die feindlichen Stellungen aus dem Raum der 2. Armee direkt nach Westen anstelle der von Norden und Süden geführten Angriffe, denn damit hätte man es vermieden, die sehr stark ausgebauten feindlichen Verteidigungsstellungen anzugreifen. Aber dieser Gedanke wurde wieder aufgegeben, weil die Angriffstruppen dazu hätten umgegliedert werden müssen und das zu einer weiteren Verzögerung des Angriffsbeginns führen mußte. Man dachte auch daran, die Offensive solange zu verschieben, bis die Rote Armee selbst angriff, um sie dann als Gegenoffensive zu führen, aber für Hitler war diese Version zu passiv. Schließlich wurde die Offensive doch noch verschoben, bis mehr schwere Panzer und Sturmgeschütze herangeführt worden waren.

Der »Führer« war nicht nur besessen von der Zahl der ihm zur Verfügung stehenden Verbände, sondern auch fasziniert von neuen wissenschaftlichen und technologischen Entwicklungen, die, wie er hoffte, sich in diesem Krieg als Deutschlands Rettung erweisen würden. Zunächst hatte er große Hoffnungen auf ein gegen die T34- und KW-Panzer zu verwendendes Hohlgeschoß gesetzt, aber als dieses sich nicht bewährte, dachte er an immer schwerere eigene Panzer. Der Panzer VI, »Tiger«, wog etwa 56 Tonnen, war mit einem 8,8 cm-Geschütz bestückt, und einige Tigerpanzer standen schon im Einsatz. Ein neuer Kampfwagen, der Panzer V oder »Panther« wog etwa 45 Tonnen und war eben erst aus dem Entwicklungsstadium heraus. Gegen den Rat der technischen Fachleute beschloß Hitler, bei dem Unternehmen »Zitadelle« alle verfügbaren schweren Panzer einzusetzen, unter ihnen auch die Panther und die von Porsche entwickelten Tiger und Ferdinand-Sturmgeschütze, die über das Versuchsstadium noch nicht hinaus waren.

Am 1. Juli sprach der »Führer« bei einer Besprechung vor den an dem Unternehmen beteiligten Truppenbefehlshabern bis hinunter zu den Korpskommandeuren. Er begann mit einer Erläuterung der gegenwärtigen Kriegslage, in der er den

6 *Guderian*, Panzer Leader, S. 306–308.
7 Ebenda, S. 308–309.
8 *von Mellenthin*, Panzer Battles, S. 213–216.
9 *Warlimont*, Inside Hitler's Headquarters, S. 334.

Italienern die Schuld für alles Unglück gab. Rumänien und Ungarn seien unzuverlässig, und Finnland sei am Ende seiner Kraft. Deutschland müsse das von deutschen Truppen besetzte Gebiet unter allen Umständen halten, ohne das es nicht existieren könne, und der deutsche Soldat müsse wissen, daß er dort stehen zu bleiben habe, wo er sich befinde. Er werde den Balkan unter keinen Umständen aufgeben. Die dort stehenden italienischen Truppen würden durch deutsche abgelöst werden. Auch Kreta werde gehalten werden, da man es dem Gegner nicht als Luftbasis überlassen dürfe. Er zweifle nicht daran, daß dem deutschen Heer in Rußland noch kritische Zeiten bevorstehen, glaube jedoch, daß die Rote Armee sich im Sommer ruhig verhalten werde, um sich für die nächste Winteroffensive vorzubereiten. Er habe nicht die Absicht, die Frontausbuchtung bei Orel aufzugeben; denn es sei für die Deutschen vorteilhaft, hier starke sowjetische Kräfte zu binden, und er glaube nicht, daß die Rote Armee eine ordnungsgemäße Räumung zulassen werde, da sie die Lehren aus ihrer Nachlässigkeit beim Rückzug der Deutschen aus der Frontausbuchtung bei Rschew gezogen habe.

Der »Führer« lehnte es grundsätzlich ab, einen feindlichen Angriff abzuwarten, um erst dann eine Gegenoffensive zu führen. Er sei überzeugt, Deutschland müsse die Initiative ergreifen und selbst zum Angriff vorgehen. Das Unternehmen »Zitadelle« sei, das müsse er zugeben, ein Glücksspiel, er selbst sei jedoch von seinem Gelingen überzeugt, und er gründe diese Überzeugung auf frühere Erfahrungen, als er gegen die Ratschläge der Militärs selbst beschlossen habe, nach Österreich, in die Tschechoslowakei, nach Polen und in die UdSSR einzumarschieren.[10]

Das wären, so sollte man denken, Gründe genug gewesen, das Unternehmen »Zitadelle« sofort aufzugeben.

Die vorderste Linie der sowjetischen Verteidigungsstellungen hatte sich nicht geändert, seit Manstein die Rote Armee nach den Schlachten bei Charkow zurückgeworfen hatte. Die nördliche Hälfte der Frontausbuchtung bei Kursk war von der Mittelfront unter Rokossowski besetzt. Die Südflanke hielt die Woronescher Front unter Watutin, dem Chruschtschow als politisches Mitglied des Militärsowjets zugeteilt war. Im Norden, an die Mittelfront angelehnt, lagen die Brjansker Front unter Popow und die Westfront unter Sokolowski mit Bulganin als politischem Mitglied des Militärsowjets. Südlich der Woronescher Front schloß sich die Südwestfront an. Das Gros der strategischen Reserve, bestehend aus einer Reservefront, die später die Bezeichnung »Steppenfront« erhielt, befand sich in einer Stellung unmittelbar ostwärts der Frontausbuchtung bei Kursk, aus der sie sowohl gegen Model als auch gegen Manstein Gegenangriffe führen konnte, wo sie jedoch sicher davor war, direkt angegriffen oder zu früh in die Kämpfe um die Frontausbuchtung hineingezogen zu werden.[11]

Die unter dem Kommando Konjews stehende Steppenfront bestand aus fünf

10 *Klink,* Das Gesetz des Handelns »Zitadelle«, S. 197–198, aus den Notizen des Kommandeurs des XXIII. Korps Friessner, eines Augenzeugen.
11 Istorija, Bd. 3, S. 245–248; *Schukow,* Wospominanija i Rasmyšlenija, S. 483.

Armeen, darunter einer Panzerarmee. Die Mittelfront bestand aus sechs Armeen mit einer Panzerarmee, und die Woronescher Front hatte in vorderster Linie vier Armeen eingesetzt und eine weitere Schützenarmee sowie eine Panzerarmee in Reserve.

Das Mitglied des Sowjetischen Staatlichen Verteidigungsausschusses, Malenkow, und die inzwischen zu Marschällen der Sowjetunion beförderten Generäle Wassilewski und Schukow waren den Fronten als Vertreter des Oberkommandos zugeteilt. Die benachbarte Brjansker Front und die Westfront, die beide teilweise die 9. Armee in der Frontausbuchtung bei Orel umfaßten, hatten den Auftrag, eine Offensive gegen Models Rücken vorzubereiten, der durch die Infanterieverbände der deutschen 2. Panzerarmee gesichert wurde.

Die sowjetische Verteidigungsstellung in der Frontausbuchtung bei Kursk bestand aus den für die Rote Armee charakteristischen Feldbefestigungen, einem System parallel geführter Gräben, ähnlich den Schützengräben im Ersten Weltkrieg an der Westfront. Der am weitesten vorne gelegene Verteidigungsgürtel bestand bis zu einer Tiefe von 4,5 Kilometern aus fünf und stellenweise noch mehr hintereinander liegenden Gräben, die alle untereinander verbunden, mit Maschinengewehrnestern, Werferstellungen und Unterständen ausgestattet und größtenteils von zivilen Arbeitskommandos gebaut worden waren. Die zweite Verteidigungszone lag etwa 12 Kilometer hinter der ersten, und die dritte 32 Kilometer hinter der zweiten. Die beiden rückwärtigen Verteidigungsgürtel waren ähnlich ausgebaut wie der erste. Die Frontreserven, die etwa 65 Kilometer hinter dem vorderen Verteidigungssystem lagen, gruben sich ebenso in kilometerlangen, linearen Grabensystemen ein. Die Gräben verliefen über Hunderte von Kilometern durch die Kornfelder und Dörfer und entlang der sanften Hänge der sich aus der Steppe erhebenden Bodenwellen. Die Stärke der Verteidigungsstellen lag in ihren gewaltigen Panzerhindernissen, ausgedehnten Minenfeldern und zahlreichen eingebauten Panzerabwehrgeschützen. Die beiden Hauptfronten verfügten angeblich über 13.000 Geschütze, 6000 Panzerabwehrgeschütze und 1000 Raketenabschußrampen. Das war eine viel stärkere Feuerkraft als die drei Fronten für den Angriff gegen Don und Wolga eingesetzt hatten, und sie war der den Deutschen für die Offensive zur Verfügung stehenden weit überlegen. Nach Schätzungen des deutschen Nachrichtendienstes bestand die Woronescher Front aus 35 Schützendivisionen, 25 Panzerbrigaden und einer Anzahl selbständiger Schützenbrigaden und Panzerregimenter. Die Mittelfront verfügte über 40 Schützendivisionen und 17 Panzerbrigaden. Die sowjetischen Erdtruppen wurden von zwei Luftarmeen mit etwa 2500 Flugzeugen unterstützt.

Auf deutscher Seite wurde die Offensive sehr sorgfältig vorbereitet. Das traf ganz besonders für die Aufklärung und Planung zu, bei der auch die geringsten

12 *Klink,* Das Gesetz des Handelns »Zitadelle«, S. 339–347, faßt die Schätzungen der Abteilung Fremde Heere Ost zusammen. Nach *Schukow* verfügten die sowjetischen Streitkräfte über 1.330.000 Mann, 3600 Panzer und 3100 Flugzeuge. *Schukow,* Wospominanija i Rasmyšlenija, S. 492; s. a. Let Wooružennych Sil SSSR, S. 365 und Voenno-Istoricheskii Zhurnal, Juni 1968, S. 61–68 und Juli 1968, S. 79–92.

Einzelheiten berücksichtigt wurden. Für den gesamten Abschnitt bei Kursk standen Luftaufnahmen zur Verfügung. Die Truppen wurden genau in die Lage beim Gegner eingewiesen, erhielten Zeit, sich auszuruhen, und die einzelnen Truppenteile wurden, wo es notwendig war, mit Ersatzmannschaften aufgefüllt und mit neuen Waffen ausgerüstet. Es blieben nur drei ungelöste Probleme; das Wetter, der Aufenthaltsort und die Stärke der sowjetischen Reserven in der Tiefe und der Termin der anglo-amerikanischen Landung in Europa.

Die Offensive im Süden begann am 4. Juli um 15.00 Uhr an einem heißen und schwülen Nachmittag. Der Himmel war mit Wolken verhangen, und ein Gewitter zog herauf. Nach schweren Bombenangriffen und Ablenkungsvorstößen kam das XLVIII. Panzerkorps unter Knobelsdorff zunächst gegen verhältnismäßig geringen Widerstand gut voran. Die Deutschen glaubten, die Verteidiger seien durch den Angriff überrascht worden, eine Auffassung, die dadurch bestätigt zu werden schien, daß schweres Abwehrfeuer der sowjetischen Artillerie ausblieb. Nach Dunkelwerden führte das II. SS-Panzerkorps einige Vorstöße mit begrenztem Ziel gegen die feindlichen Stellungen, um Beobachtungsstellen in Besitz zu nehmen, die bei der Fortsetzung der Kämpfe am nächsten Tage gebraucht würden, und gegen 22.30 Uhr eröffnete die sowjetische Artillerie im ganzen Abschnitt außergewöhnlich starkes Sperrfeuer.

Es regnete die ganze Nacht durch. Straßen und Fahrspuren wurden völlig aufgeweicht, aber um 5.00 Uhr morgens nahmen die Deutschen mit dem XLVIII. Panzerkorps und dem SS-Panzerkorps den Angriff wieder auf. Das XLVIII. Panzerkorps durchbrach die vordersten Verteidigungsstellungen und erreichte nach zwei Stunden das erste Angriffsziel gegen verhältnismäßig geringen feindlichen Widerstand. Am Vormittag des 5. Juli regnete es wolkenbruchartig, und es strömten solche Wassermassen vom Himmel, daß viele kleine Wasserläufe zu tosenden Strömen wurden, die für die Panzer unüberwindliche Hindernisse bildeten. Dadurch entstand eine Verzögerung von zwölf Stunden, bis die Pioniere die Flüsse überbrücken konnten. Das XLVIII. Panzerkorps meldete außerdem, das ganze Gebiet sei schwer vermint.

Die sowjetischen Panzer hatten den Vorteil, auf höher gelegenem Gelände operieren zu können, und die sowjetische Artillerie verstärkte ständig ihre Feuertätigkeit, die durch massive Bombenangriffe gegen die Geschützstellungen kaum vermindert werden konnte.[13] Rechts vom XLVIII. Panzerkorps, in der Mitte des Angriffsstreifens, hatten die SS-Divisionen unter Hausser am 5. Juli bei Einbruch der Nacht erst die vordersten sowjetischen Verteidigungsstellungen durchbrechen können, und das III. Panzerkorps unter Breith hatte südlich von Bjelgorod einen kleinen Brückenkopf am anderen Donezufer errichtet. Am Ende des zweiten Gefechtstages hatten die Deutschen erst zwei geringfügige Einbrüche erzielt, die nirgends tiefer waren als 10 bis 11 Kilometer, und Hoth schloß daraus, daß die sowjetische Infanterie, anders als man erwartet hatte, gut ausgebildet sei und eine gute Kampf-

13 *von Mellenthin*, Panzer Battles, S. 230–239.

moral habe.[14] Das Gelände, das für gepanzerte Fahrzeuge zwar nicht ungeeignet war, eignete sich besonders gut für die in der Verteidigung stehende Infanterie; denn es war vermint, der Boden war aufgeweicht, und zahlreiche Dörfer und Getreidefelder konnten zur Deckung und Tarnung ausgenutzt werden. Den sowjetischen Schützenverbänden war es daher gelungen, Mannschaften, Geschütze und Ausrüstung in die zweite Verteidigungslinie zurückzunehmen.

Am 6. Juli setzte die 4. Panzerarmee ihren Angriff gegen Obojan auf dem Wege zu dem noch in weiter Entfernung liegenden Kursk fort, und das VIII. Fliegerkorps flog fast 1700 Einsätze, die Hälfte davon mit Stukas, aber die Verbände der deutschen Luftwaffe waren zu schwach, um das XLVIII. Panzerkorps und das II. SS-Panzerkorps angesichts der stetig zunehmenden Stärke des Gegners in der Luft gleichzeitig zu unterstützen. Am 7. Juli begann sich die Schlacht günstiger zu entwickeln; es sah vorübergehend so aus, als werde sich die Manövrierfähigkeit der Angreifer erhöhen, und man könne mit einem großen Durchbruch rechnen.

Am 9. Juli stand das XLVIII. Panzerkorps zwar nur noch 25 Kilometer vor Obojan, aber fast 90 Kilometer vor Kursk. Models 9. Armee mußte bis Kursk noch 150 Kilometer zurücklegen, und der Schwung der deutschen Offensive hatte nachgelassen.Die Verluste waren hoch, und die Soldaten erschöpft. Die Porsche-Panzer vom Typ Tiger und Panther und die Sturmgeschütze Ferdinand, auf die Hitler so große Hoffnungen gesetzt hatte, hatten sich nicht bewährt. Der Tiger war nicht mit Maschinengewehren bestückt und konnte sich daher auf kurze Entfernung nicht verteidigen, und die Panther und Sturmgeschütze waren mit ungeeigneter Munition ausgerüstet worden. Das Fahrgestell des »Panzer V« zeigte immer noch technische Fehler und war sehr leicht in Brand zu schießen. Außerdem waren die schweren Panzer taktisch falsch eingesetzt worden. Anstatt ihre sehr wirksamen, weitreichenden Geschütze auszunutzen, um die mittelschweren Panzer durch Feuer zu unterstützen oder auf größere Entfernung feindliche Einzelziele auszuschalten, hatte man sie in vorderster Linie kämpfen lassen.[15] Dabei hatte man festgestellt, daß der T34 den Tiger auf kurze Entfernung im mit Büschen und Obstbäumen bewachsenen Gelände bei den Dörfern ebenso leicht abschießen konnte wie der Tiger den T34.

Es gelang Watutin nicht, die 1. Panzerarmee unter Katukow zum Gegenangriff anzusetzen, da seine Armee eingegraben war, sich in festen Stellungen verteidigte und jetzt nicht herausgezogen werden konnte. Darauf wurden der Woronescher Front zwei Armeen der Steppenfront zur Verfügung gestellt.

Die 5. Gardepanzerarmee unter Rotmistrow erreichte in Gewaltmärschen über 320 Kilometer den Raum von Prochorowka, wo das II. SS-Panzerkorps nach Osten vorstieß, um freies Gelände zu gewinnen und damit beweglicher zu werden. Am 12. Juli griff Rotmistrow nach starken Bombenangriffen gegen die feindlichen

14 *Klink*, Das Gesetz des Handelns »Zitadelle«, S. 210.
15 Vgl. *Mellenthins* Definition der Begriffe »Panzerkeil« und »Panzerglocke« in Panzer Battles, S. 231–232.

Kräfte das II. SS-Panzerkorps unter Hausser mit 850 Panzern und motorisierter Infanterie an. Die Panzerschlacht bei Prochorowka war eine der größten des Krieges und wurde auf einem schmalen Geländestreifen zwischen dem Fluß Psjel und dem Eisenbahndamm ausgefochten. Das wellige Gelände war von tiefen Bacheinschnitten durchzogen und mit Buschgruppen und Obstgärten bestanden. Es nahmen fast 1300 Panzer, Sturmgeschütze und Schützenpanzer daran teil. Über dem Schlachtfeld lieferten sich die Flugzeuge beider Seiten heftige Luftgefechte, und im Nahkampf waren die neuen schweren deutschen Panzer den sowjetischen T34 kaum überlegen. Die Kämpfe dauerten einige Tage, und die 5. Panzerarmee meldete den Abschuß von 300 deutschen Panzern. Das XLVIII. Panzerkorps unter Knobelsdorff, das am linken Flügel kämpfte, behauptete, die sowjetischen Panzerverluste seien enorm, gab aber auch schwere eigene Verluste zu.[16] Die Kampfkraft der Roten Armee schien keineswegs geschwächt zu sein, sondern verstärkte sich offenbar ständig.

Etwa 150 Kilometer weiter im Norden konnte die 9. Armee unter Model kaum irgendwelche Erfolge verzeichnen. Die Deutschen traten in den frühen Morgenstunden des 5. Juli zum Angriff an, zwölf Stunden nach den Verbänden im Süden, und auf die Bombenangriffe gegen die russischen Geschützstellungen antwortete die Artillerie der Mittelfront mit starkem Sperr- und Störungsfeuer. Kurz nach 5.00 Uhr traten die Panzer und die Infanterie auf Schützenpanzerwagen in südlicher Richtung zum Angriff an, der von Minenräumkommandos in gepanzerten Fahrzeugen und ferngesteuerten Kleinpanzern des Typs Goliath unterstützt wurde, die mit Sprengladungen Gassen in die Minenhindernisse sprengten. Drei Stunden später wurde der Angriff mit Unterstützung von Tigerpanzern und Ferdinand-Sturmgeschützen in einem schmaleren Streifen wieder aufgenommen.

Zunächst war der sowjetische Widerstand schwach, und die Rote Luftwaffe schien sich nicht zum Eingreifen entschließen zu können. Am Ende des ersten Tages war Model recht gut vorangekommen und hatte auf einer etwa 30 Kilometer breiten Front einen fast zehn Kilometer tiefen Einbruch in den ersten Verteidigungsring erzielt. Weiter sollte er jedoch nicht mehr kommen. Am zweiten Tag versteifte sich der feindliche Widerstand sehr rasch, und die deutsche Infanterie erlitt bei der Säuberung der Dörfer und zahlreichen kleinen Waldstücke schwere Verluste. In den ersten beiden Tagen verlor sie mehr als 10.000 Gefallene.

Am 7. Juli ging der 9. Armee die Munition für die Panzergeschütze aus, und Model bat Zeitzler um die sofortige Heranführung von 100.000 Panzergranaten.[17]

Die Deutschen hatten in den Minenfeldern schwere Panzerverluste, und die Rote Armee verlegte weiterhin große Mengen von Minen und verstärkte damit die weiter rückwärts gelegenen Hindernisse, während die Deutschen vorne die Minen räumten. Nach 48 Stunden hatte sich der Schwung der Offensive Models verausgabt, und der Angriff geriet ins Stocken.

16 *von Mellenthin,* Panzer Battles, S. 226 und 229; Kriegstagebuch des OKW, Bd. 3, 12. Juli 1943, S. 772.

17 *Klink,* Das Gesetz des Handelns »Zitadelle«, S. 281.

Am 10. Juli landeten anglo-amerikanische Truppen in Sizilien, und man konnte sofort feststellen, daß die Italiener nicht mehr bereit waren zu kämpfen. Hitler, der fürchtete, der Verlust Italiens und des von den Italienern besetzten Balkans werde seine Südflanke aufreißen, entschloß sich, militärisch einzugreifen und die feindlichen Landungen nicht nur abzuwehren, sondern in Italien und auf dem Balkan auch dafür zu sorgen, daß die italienische Armee weiterkämpfte.

Am 13. Juli wurden Kluge und Manstein nach Ostpreußen befohlen, wo der »Führer« ihnen mitteilte, er habe sich entschlossen, das Unternehmen »Zitadelle« abzubrechen und einige Divisionen, darunter auch das SS-Panzerkorps, nach Westeuropa zu verlegen. Da Manstein glaubte, die Panzerreserven der Roten Armee würden bald erschöpft sein, empfahl er dringend, die Offensive fortzusetzen. Er nahm an, wenn dies nicht geschehe, würden die Sowjets ihre Panzerverbände gegen die lange, von der Heeresgruppe Süd gehaltene Frontausbuchtung bis ins Donezbecken und an das Schwarze Meer vorstoßen lassen.[18] Die Verlegung des SS-Panzerkorps aus dem Abschnitt der Heeresgruppe Süd nach Westeuropa werde die Fortsetzung einer Zermürbungsschlacht unmöglich machen.

Das Unternehmen »Zitadelle« mißlang, weil die Offensive schlecht vorbereitet worden war. Durch den wiederholten Aufschub war das Überraschungsmoment verloren gegangen, und nach den Erfahrungen in Stalingrad hätte man gelernt haben müssen, daß ein Angriff gegen stark ausgebaute Stellungen nur von sehr zweifelhaftem Wert sein konnte, so stark die deutschen Angriffstruppen auch sein mochten. Schon zu Beginn hatte die deutsche Führung gewußt, daß das Unternehmen »Zitadelle« ein Glücksspiel war. Man hatte gehofft, vor der Landung der Anglo-Amerikaner in Europa noch einen schnellen Sieg erringen zu können, aber Hitler und das deutsche Oberkommando ahnten nicht, daß der sowjetische Gegner inzwischen schon fast soweit war, selbst zur Offensive überzugehen.

Hitler und Göring kannten beide nicht die rauhe Wirklichkeit der Schlachten im Osten, und auch Zeitzler hatte keine persönlichen Erfahrungen in der Kriegführung an der Ostfront, wie sie sich in jüngster Zeit entwickelt hatte. Man kann feststellen, daß die Beurteilung der Lage auf dem russischen Kriegsschauplatz desto optimistischer wurde, je weiter die Urteilenden von diesem Kriegsschauplatz entfernt waren. Während Kluge zur Skepsis neigte, glaubte Model nicht an den günstigen Ausgang der Offensive. Die gleiche Tendenz hatte sich im März bei der Heeresgruppe Süd gezeigt, als der Oberbefehlshaber der 4. Panzerarmee Hoth dem Drängen Mansteins und des Oberkommandos auf Wiederaufnahme der Offensive bei Charkow aufgrund des Wetters und der Erschöpfung seiner Truppen nicht hatte nachgeben wollen.[19]

18 *von Manstein,* Lost Victories, S. 448.

19 Die deutschen und sowjetischen Verluste beim Unternehmen »Zitadelle« sind nicht bekannt, müssen aber auf beiden Seiten sehr hoch gewesen sein. Die deutschen Gesamtverluste im Osten von Juli bis Oktober 1943 betrugen 911.000 Mann. *Mueller-Hillebrand,* Das Heer, Bd. 3, Tabelle 55.

Bis 1943 waren die Deutschen im allgemeinen taktisch erfolgreich, versagten jedoch strategisch. Bei Kursk erlitten sie eine strategische Schlappe, weil sie taktisch keinen Erfolg hatten. Das Konzept der Offensive war eine Bankrotterklärung Hitlers und des deutschen Oberkommandos. Nach dem fehlgeschlagenen Unternehmen »Zitadelle« verloren die »Achsen«-Truppen die Initiative an der Ostfront, um sie niemals wieder zu gewinnen.

Die Landungen am 10. Juli bezeichneten den Beginn einer neuen Phase des Krieges; denn jetzt waren die Deutschen endlich gezwungen, an zwei europäischen Fronten zugleich zu kämpfen. Sehr bald sollte die Zeit kommen, da eine ganze Anzahl von deutschen Verbänden ständig von einem Kriegsschauplatz auf den anderen verschoben wurde, um Lücken zu stopfen, und damit der Kampfkraft des deutschen Heeres verlorenging. Es ist natürlich möglich, daß Hitler die anglo-amerikanischen Landungen zum Vorwand genommen hat, um eine Offensive abzubrechen, die keinen Erfolg mehr versprach und an deren Ausgang er selbst

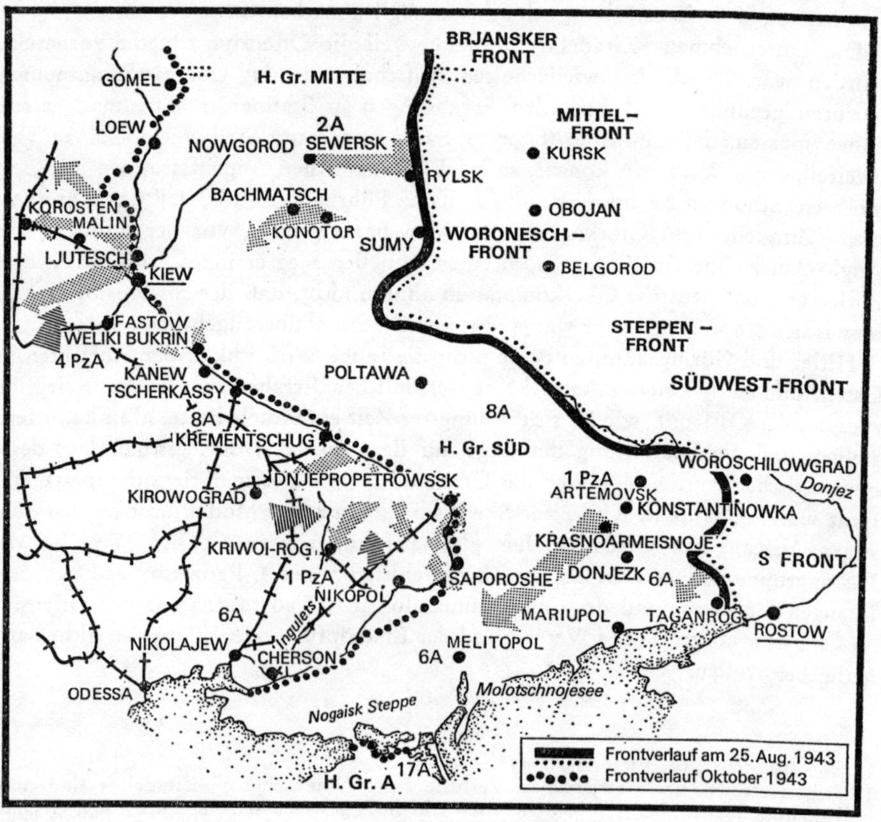

Karte 18: Vom Donez zum Dnjepr, August bis Oktober 1943

zweifelte. Es ist aber wahrscheinlicher, daß er den Angriff tatsächlich aus den von ihm angegebenen Gründen einstellen ließ; denn er fürchtete für die Sicherheit der deutschen Truppen in Italien und auf dem Balkan und wollte diese Gebiete nicht dem Feinde überlassen.[20] Er unterschätzte immer noch die Sowjetunion und wußte nicht, daß die Rote Armee in Kürze zur Sommeroffensive antreten sollte. Andererseits wären Deutschland durch den Verlust Italiens und des Balkans Rohstoffe verlorengegangen, unter anderem auch Erdöl, und der Gegner wäre bis an die deutschen Grenzen vorgerückt. Der »Führer« wußte damals auch nicht, daß die angloamerikanische Invasion in Westeuropa erst in elf Monaten erfolgen sollte.

Die sowjetische Offensive gegen den Rücken der 9. Armee unter Model im Frontbogen bei Orel bestand aus konzentrischen Vorstößen der Westfront unter Sokolowski, der Brjansker Front unter Popow und später der Mittelfront unter Rokossowski.

Nach schwerer Artillerievorbereitung ging die 11. Gardearmee der Westfront im Morgengrauen des 12. Juli gegen die linke Flanke der 9. Armee unter Model vor und legte in den ersten beiden Tagen 20 Kilometer zurück. Der Angriff wurde dann von zwei Armeen der Brjansker Front aus dem Raum ostwärts des Frontbogens bei Orel aufgenommen. Die Deutschen leisteten erbitterten Widerstand, und als einige Divisionen der 9. Armee unter Model kehrtmachten, um die 2. Armee bei der Deckung des Rückens der 9. zu unterstützen, wurde die sowjetische Offensive allmählich zum Stehen gebracht.[21] Zwar war die Rote Armee zeitweilig zum Halten gezwungen worden, aber der Druck verstärkte sich wieder, als die Westfront zwei weitere Armeen heranführte.

Am 25. Juli wurde Mussolini nach einer letzten Audienz beim König von Italien abgesetzt und festgenommen, und die neue unter Marschall Badoglio gebildete italienische Regierung versicherte Kesselring, sie werde den Krieg an Deutschlands Seite weiterführen. Hitler ließ sich jedoch nicht davon überzeugen und beschloß, weitere Verbände, vor allem SS-Divisionen, aus der Ostfront abzuziehen, um sicherzustellen, daß die Deutschen Italien militärisch beherrschten.

Am folgenden Tage befahl er den Oberbefehlshaber der Heeresgruppe Mitte zu sich und erteilte ihm den Auftrag, die Räumung des Frontbogens bei Orel vorzubereiten, um auf diese Weise Truppen für Westeuropa freizubekommen. Kluge protestierte und zählte die Schwierigkeiten auf, die sich daraus für ihn ergeben würden. Weder die im Rücken der deutschen Truppen auszubauende »Hagen-Linie« noch irgendeine Auffangstellung waren vorbereitet, und alle Arbeitskräfte waren damit beschäftigt, die durch die ständigen Regenfälle ausgewaschenen Straßen instand zu setzen. Die russischen Bauern mußten die Roggenernte einbringen, und man konnte sie auch nicht für den Ausbau der rückwärtigen Verteidigungsstellungen einsetzen, weil sie sofort, wenn sie den leisesten Verdacht schöpften, daß ein deutscher Rückzug zu erwarten sei, in die Wälder verschwunden wären. Kluge

20 Kriegstagebuch des OKW, Bd. 3, 11. Juli 1943, S. 769.
21 Istorija, Bd. 3, S. 277.

sagte, der sowjetische Gegner sei an Panzern und Artillerie gewaltig überlegen, und um ihm zuvorzukommen, müsse man methodisch und schrittweise zurückgehen. Dieser Rückzug müsse im Verlauf von zwei bis drei Monaten erfolgen; denn wenn man zu schnell zurückgehe, könnten die deutschen Truppen überrannt werden. Auch die Partisanen seien sehr aktiv. Die Aufgabe von Orel mit seinen Eisenbahnrampen und Verladevorrichtungen werde zudem die Kapazität der Eisenbahn verringern, so daß anstelle von 50 nur noch 18 Züge täglich abgefertigt werden könnten.

Hitler hörte sich diese Einwände verständnisvoll an, bestand jedoch auf einem sofortigen Truppenabzug und sagte Kluge, er, der »Führer«, sei nicht mehr Herr seiner Entschlüsse. Selbst Kluges Empfehlung, die Räumung solle in einem Zeitraum von drei bis vier Wochen und nicht, wie er es zuerst vorgeschlagen hatte, innerhalb von zwei bis drei Monaten durchgeführt werden, stieß auf taube Ohren und wurde nicht genehmigt.[22]

Am 29. Juli um 1.00 Uhr morgens hörten die Deutschen ein über Funk geführtes Telefongespräch zwischen Churchill und Roosevelt ab, in dem die beiden Staatsmänner darüber sprachen, daß Italien beabsichtige, seine bisherigen Bundesgenossen im Stich zu lassen. Das bestätigte Hitlers Befürchtungen, und am 1. August befahl er den sofortigen Rückzug aus dem Frontbogen bei Orel.

Die Lage in der Ukraine bei der Heeresgruppe Süd unter Manstein hatte sich indessen zusehends verschlechtert. Am 17. Juli hatten die Südfront unter Tolbuchin und die Südwestfront unter Malinowski Aufklärungsvorstöße mit stärkeren Kräften über den Mius und den mittleren Donez bei Isjum, etwa 500 Kilometer südostwärts von Orel, gegen die 1. Panzerarmee unter Mackensen und die neu aufgestellte 6. Armee unter Hollidt geführt. Starke deutsche Panzerkräfte, etwa zwei Panzerkorps, waren von der linken Flanke der Heeresgruppe Süd bei Charkow nach Südosten verlegt worden, um die Lage am Mius wiederherzustellen, und wie Manstein später zugab, hatte dieser Entschluß katastrophale Folgen; denn die Kräfte der Roten Armee waren viel stärker, als Hitler und Manstein es nach den Verlusten, die die Sowjets zweifellos in den Schlachten um Kursk hatten hinnehmen müssen, vermuteten.[24] Der nächste sowjetische Schlag fiel im Raum Charkow am ostwärtigen Einfallstor in die Ukraine.

Die sowjetische Offensive gegen Bjelgorod und Charkow wurde von Schukow geplant und durch die Woronescher Front unter Watutin und die Steppenfront unter Konjew zusammen mit dem rechten Flügel der Südwestfront unter Malinowski durchgeführt und durch deren taktische Luftstreitkräfte und 200 Bomber der sowjetischen Weitstrecken-Bomberverbände unterstützt.

Noch während der Kämpfe im Frontbogen bei Orel stießen die Woronescher Front und die Steppenfront am 3. August mit vier Schützenarmeen gegen Bjel-

22 *Heiber*, Hitlers Lagebesprechungen, S. 369 ff.
23 Kriegstagebuch des OKW, Bd. 3, 29. Juli 1943, S. 854; *Churchill*, Bd. 5, Closing the Ring, S. 56.
24 *von Manstein*, Lost Victories, S. 452.

gorod vor, und die Verteidiger wurden völlig von diesem Angriff überrascht. Nach drei Stunden brach der Gegner in die deutschen Stellungen ein, und gegen Mittag waren die 1. Panzerarmee unter Katukow und die 5. Gardepanzerarmee unter Rotmistrow, die beide zur Woronescher Front gehörten, bis tief in den Rücken der deutschen Stellungen vorgestoßen. Am 5. August wurde Bjelgorod genommen, die Panzertruppen legten in fünf Tagen fast 115 Kilometer zurück und schlugen eine 50 Kilometer breite Bresche zwischen die 4. Panzerarmee unter Hoth und die Gruppe Kempf. Bogoduchow fiel am 7. August, denn die Offensive war zeitlich mit dem Unternehmen der Partisanen abgestimmt worden, die die deutschen Bahnverbindungen etwa zwei Tage lang blockierten. Hitler verlangte immer noch, daß Charkow unter allen Umständen gehalten werde, aber am 13. August drangen Kräfte der Steppenfront in die Stadt ein, und am 23. August zogen sich die Deutschen zurück, um nicht eingeschlossen zu werden. Mit dem Eintreffen des III. Panzerkorps unter Breith und der SS-Divisionen »Das Reich«, »Totenkopf« und »Wiking« wurde der sowjetische Angriff zeitweilig zum Stehen gebracht.[25]

Manstein, der vergeblich Handlungsfreiheit verlangte, stellte Hitler in seiner Verzweiflung vor zwei Alternativen. Er forderte entweder Verstärkungen oder die Räumung des Donezbeckens. Am 27. August erschien der »Führer« beim Stab der Heeresgruppe Süd in Winniza, um über die Lage zu sprechen, und obwohl er sich darum bemühte, objektiv zu sein, war er ausweichend und ließ sich nicht auf eine grundsätzliche Entscheidung festlegen. Er bestand darauf, daß das Donezbecken auch weitergehalten werde, und versprach wie üblich, Verstärkungen von der Heeresgruppe Mitte und der Heeresgruppe Nord heranführen zu lassen. Man merkte ihm an, daß er vollkommen mit Italien, dem Balkan und der Bedrohung des Mittelmeerraums durch die Anglo-Amerikaner beschäftigt war.

Manstein, der seinerseits ganz von den Schwierigkeiten in der Ukraine in Anspruch genommen war, kritisierte später den »Führer« und behauptete, er sei nicht in der Lage gewesen, zu erkennen, wo die Prioritäten lagen, und habe Gründe für seine Weigerungen angeführt, die sich später als unzureichend herausgestellt hätten.[26] Aber damals waren diese Gründe sehr triftig. Italien war zusammengebrochen und stand kurz davor, sich auf die Seite der Anglo-Amerikaner zu schlagen. Der Abfall der italienischen Besatzungstruppen auf dem Balkan hätte dort ein großes Vakuum hinterlassen. Jodl berichtete später, der »Führer« habe sich um die Gefahr eines aus dem Mittelmeerraum gegen Südosteuropa geführten Angriffs schwere Sorgen gemacht; denn damit hätten die Balkanstaaten schnell auf die Seite der Feinde Deutschlands gezogen werden können, und es bestand sogar die Möglichkeit, daß die Türkei sich ihnen anschloß. Eine solche Entwicklung habe jedoch den Sieg der Alliierten in greifbare Nähe gerückt. Man verdächtigte schon die Rumänen und glaubte, sie hätten über Madrid und Stockholm Friedensfühler nach

25 Istorija, Bd. 3, S. 290–291.
26 *von Manstein,* Lost Victories, S. 459–460.

dem Westen ausgestreckt, und im September 1943 rechnete man fast täglich mit einer alliierten Landung an der französischen oder holländischen Küste.[27]

Die Schwierigkeiten des »Führers« waren für Manstein ein schlechter Trost. Erst am Tage vor der Besprechung in Winniza hatte die Mittelfront unter Rokossowski eine neue Offensive gegen die Heeresgruppe Mitte begonnen, und am 28. August eilte Kluge nach Ostpreußen zu Hitler, um dagegen zu protestieren, daß die Heeresgruppe Mitte an die Heeresgruppe Süd weitere Truppen abstellen solle. Manstein erhielt daher keine Verstärkungen.

Am 26. August hatte Rokossowski Kluges Heeresgruppe Mitte mit zwei Armeen aus der ehemaligen Westflanke des Frontbogens bei Kursk in westlicher Richtung gegen die 2. Armee unter Weiss angegriffen. Die sowjetischen Truppen gingen auf einer Frontbreite von etwa 100 Kilometern rasch vor, überschritten am 3. September die Desna und bedrohten die Flanken der Heeresgruppe Mitte und der Heeresgruppe Süd.

Mansteins rechte Flanke im Raum des Donez-Beckens wurde gleichzeitig noch einmal angegriffen. In der Zeit zwischen dem 13. und 16. August war die Südwestfront unter Malinowski am mittleren Donez zur Offensive übergegangen, und zwei Tage später griff die Südfront unter Tolbuchin mit starken Kräften über den Mius an. Die deutsche 6. Armee unter Hollidt war in Gefahr, unter dem starken feindlichen Druck auseinanderzubrechen, und am 31. August gab Hitler Manstein die Genehmigung, die 6. Armee und den rechten Flügel der 1. Panzerarmee zurückzunehmen, vorausgesetzt, daß sich keine andere Lösung finde.[28]

Wenige Tage später flogen Manstein und Kluge nach Ostpreußen, um den »Führer« zu bitten, er möge das deutsche Oberkommando umgliedern und dem Chef des Generalstabes die Verantwortung für alle Kriegsschauplätze übertragen. Das hätte die Auflösung des OKW bedeutet, und damit wären die deutschen Streitkräfte wieder so gegliedert gewesen wie zur Zeit der Machtübernahme durch den »Führer«, nur daß jetzt kein höherer Offizier des Heeres mehr Kriegsminister und Oberster Befehlshaber war.

Hitler, der Manstein für zu ehrgeizig hielt, wollte sich nicht darauf einlassen.[29] Schon vorher hatte Manstein in einem Schreiben an Zeitzler vorgeschlagen, man müsse das Risiko eingehen, Westeuropa von Truppen zu entblößen, um genügend Reserven zum Einsatz gegen die Sowjetunion zu haben. Dieser Vorschlag hatte, als er dem »Führer« vorgelegt wurde, augenscheinlich eine sehr stürmische Reaktion ausgelöst.[30]

Am 8. September, dem Tage der italienischen Kapitulation, hielt Hitler in

27 Kriegstagebuch des OKW, Bd. 3, über den Balkan, S. 1394; Rumänien, S. 1532; bevorstehende Errichtung der zweiten Front, S. 956, 961, 976, 1024, 1043, 1065; Eintragungen für 16., 17., 20., 29. August und 7. September; s. a. Goebbel's Diary, 10. Sept. 1943, S. 346.

28 *von Manstein,* Lost Victories, S. 460.

29 Ebenda, S. 461; Beurteilung Mansteins durch Hitler, siehe Goebbel's Diary, 2. März und 23. September 1943, S. 199 und 382.

30 *von Manstein,* Lost Victories, S. 461.

Saporoshje mit Manstein und Kleist eine Besprechung ab, bei der Manstein vergeblich um die Erlaubnis bat, hinter den Dnjepr zurückzugehen. Er wies besonders auf die Gefährdung der Heeresgruppe A unter Kleist auf der Halbinsel Taman und der Krim hin, falls dieser die Stellungen an seiner rechten Flanke nicht halten könne. Hitler, der der Räumung der Halbinsel Taman schon zugestimmt hatte, versprach wie üblich Verstärkungen, wollte aber Manstein nicht erlauben, durch einen Rückzug vom Donez gegen den Dnjepr die Front an seinem rechten Flügel zu verkürzen, da dies, wie er sagte, den Verlust des Industriegebiets im Donez-Becken zur Folge haben werde.

Da die Heeresgruppe Mitte und die Heeresgruppe Nord nicht stark genug waren, den ihnen gegenüberstehenden Gegner zu binden, begann das sowjetische Oberkommando, seine Kräfte in der Ukraine durch die Verlegung von Truppen aus anderen Frontabschnitten zu verstärken.

Wie Schukow nach dem Kriege schrieb, hat Stalin damals dem von Schukow, Wassilewski und Antonow vorgelegten Vorschlag, Umfassungsangriffe zu führen, nicht zugestimmt, sondern einen Angriff auf breiter Front zwischen Welikije Luki und dem Schwarzen Meer verlangt. Der sowjetische Oberste Befehlshaber begegnete ihren Empfehlungen mit der Behauptung, die Rote Armee sei noch nicht stark genug, um weiträumige Umfassungsoperationen durchzuführen, und die vor einem solchen Unternehmen notwendigen Umgruppierungen nähmen zuviel Zeit in Anspruch. Jetzt, so sagte er, komme es darauf an, die Eindringlinge vom sowjetischen Boden zu vertreiben und die Industrie und Landwirtschaft in der Ukraine vor der Vernichtung durch die Truppen Mansteins zu bewahren.[31]

Die Südfront und die Südwestfront führten von Wassilewski auf einander abgestimmte, heftige Angriffe gegen die rechte Flanke der deutschen Heeresgruppe Süd. Malinowskis Südwestfront gewann zunächst in südwestlicher Richtung gegen Konstantinowka und Krasnoarmeisk Gelände, warf die 1. Panzerarmee zurück und bedrohte den Rücken der 6. Armee, so daß Manstein, ob er wollte oder nicht, das Donez-Becken räumen mußte, nachdem er die Industrieanlagen und Rohstoffvorräte soweit wie möglich zerstört hatte. Anfang August hatten die 1. Panzerarmee unter Mackensen am Donez und die 6. Armee unter Hollidt am Mius fast nur noch 50 Kilometer vor Rostow gestanden. Im August und September wurden beide Armeen gezwungen, sich rasch nach Westen gegen den Dnjepr abzusetzen.

Das XXX. Korps unter Fretter-Pico als Teil der 1. Panzerarmee, bestehend aus vier abgekämpften und stark angeschlagenen Infanteriedivisionen, zog sich von Artemowsk über die heiße, trockene Steppe gegen Konstantinowka und Pawlograd zurück und hatte auf diesem Rückzug harte Strapazen zu ertragen. Die Divisionsabschnitte waren bisher 32 oder noch mehr Kilometer breit gewesen, aber der Rückzug wurde von regimentsstarken, aus allen Waffengattungen zusammengesetzten Kampfgruppen durchgeführt, die entlang den Bahnlinien und Hauptstraßen zu Fuß marschieren mußten. Anfangs versuchte das XXX. Korps, zurückgelassene wichtige

31 *Schukow*, Wospominanija i Rasmyšlenija, S. 518 und 522–523.

Industrieanlagen zu zerstören, aber dieses Vorhaben mußte aus Mangel an Mannschaften, Zeit und Mitteln sehr bald aufgegeben werden. Der Korpsstab hatte kaum einen Einfluß auf die Operationen und konnte nur die Rückzugswege und den Zeitplan festlegen, während die einzelnen Regimenter die Absetzbewegungen fast selbständig ausführten.

Dabei wurden sie ständig von sowjetischen Panzern und motorisierter Infanterie bedrängt, die über die weite Ebene hinweg angriffen, so daß die Deutschen am Tage kämpfen und in der Nacht anstrengende Gewaltmärsche durchführen mußten. Wie gewöhnlich fehlte es an Panzerabwehrgeschützen, die Geschützbedienungen waren zu schwach, die schwere 8,8 cm-Kanone erwies sich, sobald sie abgeprotzt war, als sehr unbeweglich, deutsche Artillerie war kaum vorhanden, und die russischen Kanonen und Haubitzen hatten eine größere Reichweite als die deutschen. Die Verluste der Infanterie nahmen ständig zu, und die wenigen Ersatzmannschaften waren schlecht ausgebildet und bestanden großenteils aus älteren oder körperlich nicht für den Fronteinsatz geeigneten Leuten, so daß Fretter-Pico mißmutig feststellte, die Kriegsmarine, die Luftwaffe und die SS sowie die technischen Truppen hätten unter den jährlich eingezogenen Rekruten die erste Wahl, und was übrigbleibe, komme zur Infanterie.

Die Deutschen gingen auch weiter in kleinen Gruppen zurück und mußten sich oft ohne Karten und Kompasse behelfsmäßig orientieren. Jeder Mann wußte, daß er nur im geschlossenen Verband einigermaßen sicher war, und nahm sich in acht, nicht von seinem »Haufen« abgesprengt zu werden. Die zurückgehenden Truppen wurden ständig durch Flugblätter und aus Lautsprechern mit sowjetischer Propaganda überschüttet, aber jeder fürchtete die sowjetische Gefangenschaft mehr als den Tod.[32] Am 8. September nahm die Rote Armee Stalino (Donjezk) und Krasnoarmeiskoje, und zwei Tage später fiel Mariupol.

Obwohl Malinowski gegen die rechte Flanke der Heeresgruppe Süd gut vorankam, wurde Manstein am ernstesten an seiner linken Flanke durch einen in westlicher Richtung geführten Vorstoß der Mittelfront unter Rokossowski zum Dnjepr nördlich von Kiew bedroht. Es schien, als könne die ganze Heeresgruppe Süd von Norden her eingeschlossen werden, aber erst am 15. September konnte Manstein Hitler dazu bewegen, daß er dem Ausweichen hinter den Dnjepr zustimmte, und bis dahin blieb nur noch wenig Zeit, um einen geordneten und einigermaßen gesicherten Rückzug anzutreten.

Die deutschen Truppen mußten sich aus einer etwa 720 Kilometer breiten Front zurückziehen und konnten den Dnjepr nur an fünf Stellen, bei Dnjepropetrowsk, Krementschug, Tscherkassy, Kanjew und Kiew überschreiten, um sich auf der anderen Seite des Flusses wieder auseinanderzuziehen. Dabei bestand die offensichtliche Gefahr, daß der sowjetische Gegner diese Übergänge entweder blockierte oder den Fluß in breiter Front überschritt, bevor die deutschen Verbände wieder gefechtsbereit auseinandergezogen waren. Manstein hatte jedoch das Glück, nicht nur seine

32 *Fretter-Pico,* Mißbrauchte Infanterie, S. 114–119.

Truppen einschließlich von 200.000 Verwundeten zurückführen zu können, sondern es folgten ihm auch – meist gegen ihren Willen – Tausende von ukrainischen Zivilisten; denn er wollte verhindern, daß die Rote Armee diese Leute als Rekruten oder Arbeitskräfte einzog.[33] Auch Vieh und Maschinen wurden mitgeführt, während man versuchte, einen weiten Landstrich vor dem Dnjepr zu verwüsten, damit die sowjetischen Truppen dort weder Vorräte noch Unterkünfte vorfänden.

Die Heeresgruppe Süd hatte zwar die Katastrophe vermeiden können, aber der Rückzug ging nicht ganz glatt vonstatten. Choltitz kritisierte das Verhalten der deutschen stationären Einheiten und Nachschubtruppen, bei denen es auf dem Rückzug oft zu Paniken kam.[34] Auch Fretter-Pico schildert, wie das XXX. Korps die große Stadt Dnjepropetrowsk am Dnjepr erreichte, um festzustellen, daß die deutschen zivilen Verwaltungsbeamten gerade damit beschäftigt waren, Material in Sicherheit zu bringen. Das waren seiner Ansicht nach aber nur Gegenstände, die sie für ihre eigene Bequemlichkeit retten wollten. Die Beamten hatten ganze Karawanen von Lastwagen mit Betten, Möbeln und Verpflegung beladen, während die Brückenkommandos des XXX. Korps aus Mangel an Fahrzeugen nicht weiterkamen. Fretter-Pico beschlagnahmte daher sofort die Fahrzeuge, die er brauchte.[35]

Am 9. September hatte das sowjetische Oberkommando in einer Anweisung an alle Fronten allen Dienstgraden Orden, Medaillen und Belohnungen versprochen, die dazu beitrugen, daß die Desna und der Dnjepr schnell überwunden wurden, und da ein großer Teil des Brückengeräts und der Pontons beim Vormarsch zurückgeblieben war, sollte man sich der an Ort und Stelle vorgefundenen Hilfsmittel bedienen. Sowjetische Historiker haben die Leistungen der Truppen bei diesem Unternehmen übertrieben und behauptet, der Fluß sei bis zu 10 Meter tief und 3500 Meter breit gewesen und habe eine Stromgeschwindigkeit von 2 Metern pro Sekunde gehabt. Sie behaupten, der Fluß sei von den Truppen in Fischerbooten und auf an Ort und Stelle gezimmerten Fähren überquert worden, und einige Soldaten hätten sich sogar auf mit Stroh vollgestopften Regencapes über Wasser gehalten.[36]

Der Fluß war stellenweise wirklich breit und tief, aber streckenweise auch sehr seicht mit vielen Sandbänken und Inseln. 1943 war der Mittellauf zwischen 200 und 1200 Meter breit; Unterholz und Wald reichten manchmal bis ans Ufer, wobei sich im dichten Schilf kleine Boote gut verstecken ließen. Die Rote Armee tat, was jede andere Armee in gleicher Lage auch getan hätte; sie begann nicht nur, Brücken zu schlagen, sondern suchte nach Booten und geeignetem Material zum Bau von Behelfsfähren, und die Zentralfront, die Woronescher Front, die Steppenfront und die Südwestfront überschritten den Fluß vom 22. bis zum 30. September an einer 480 Kilometer breiten Front zwischen dem Pripjet und dem Raum nördlich Saporoshje, wobei sie alle Möglichkeiten geschickt ausnutzten.

Nach dem Scheitern des Unternehmens »Zitadelle« hatte der Chef des deutschen

33 Kriegstagebuch des OKW, Bd. 3, S. 1424–1425.
34 *von Choltitz*, Un Soldat parmi des Soldats, S. 172.
35 *Fretter-Pico*, Mißbrauchte Infanterie, S. 121.
36 Istorija, Bd. 3, S. 324–325.

Generalstabes Zeitzler die Befestigung einer neuen Verteidigungslinie empfohlen, die von Narwa und dem Peipussee nach Weißrußland entlang des Sosh bis Gomel, dann am Dnjepr bis zu einem Punkt nördlich von Saporoshje und schließlich über Melitopol zum Asowschen Meer führen sollte. Diese Linie, bekannt unter der Bezeichnung »Pantherlinie« oder als »Ostwall«, sollte jeden weiteren russischen Vorstoß aufhalten. Der »Führer« hatte bisher immer wieder abgelehnt, diese Stellungen befestigen zu lassen, zum Teil, weil er grundsätzlich gegen den Ausbau rückwärtiger Verteidigungsstellungen war, welche die Truppenführer zu Rückzügen verleiten könnten, und zum Teil weil alles verfügbare Befestigungsmaterial für den Bau des Atlantikwalls benötigt wurde.

Die vorhandenen taktischen Verteidigungsstellungen waren durch Arbeitskommandos oder die rückwärtigen Dienste ausgebaut worden und, wie Fretter-Pico sich beklagte, so falsch angelegt, daß sie praktisch keinen Nutzen hatten.[37] Der Dnjepr hatte als taktisches Hindernis nur einen Wert, wenn er in ganzer Länge unter Beobachtung und Feuer lag, und auch dann nur solange, bis er zugefroren war. Die Kampfkraft der deutschen Verbände hatte sich soweit verringert, daß die einzelnen Truppenteile nicht mehr nach ihrer wirklichen Stärke bezeichnet wurden. Viele Infanteriedivisionen waren nur noch knapp 1000 Mann stark. Da die Heeresgruppe Süd mit 37 solcher Infanteriedivisionen eine Frontbreite von 720 Kilometern decken mußte, hatten die kaum noch regimentsstarken Divisionen jeweils knapp 20 Kilometer breite Abschnitte zu verteidigen und konnten deshalb nicht in die Tiefe gegliedert werden. Manstein hatte noch 17 Panzer- und Panzergrenadierdivisionen, die aber nicht mehr über die notwendige Feuer- und Stoßkraft verfügten; denn die Panzerdivisionen hatten nur noch je 40 bis 50 Panzer, während es den Panzergrenadierdivisionen sowohl an Panzern als auch an Infanterie fehlte.[38] Am 7. September besaß Manstein nach dem Kriegstagebuch des OKW 257 Panzer und 220 Sturmgeschütze.[39]

Der »Führer« hatte zunächst beschlossen, das Donez-Becken zu halten, weil er glaubte, das Industriegebiet und die Kohle seien für die deutsche Wehrwirtschaft unbedingt notwendig. Um diesen Abschnitt zu verteidigen, hatte er die deutschen Truppen soweit auseinandergezogen, daß sie den sowjetischen Angriff nicht mehr abwehren konnten. Als er jedoch das Donez-Becken aufgegeben hatte, behauptete er, die Eisen- und Manganvorkommen im Dnjeprbogen bei Kriwoi Rog und Nikopol seien ebenso wichtig und dürften um keinen Preis aufgegeben werden. Außerdem müsse der Dnjeprbogen gehalten werden, wenn nicht auch die Krim geräumt werde. Hitler, der die schon bekannten Argumente vorbrachte, wollte von einer Räumung der Krim nichts hören, denn wie er glaubte, gefährde ihr Verlust die rumänischen Ölfelder bei Ploesti und werde sich auf die Haltung der Türkei, Rumäniens und Bulgariens entscheidend auswirken.[40]

37 *Fretter-Pico,* Mißbrauchte Infanterie, S. 117.
38 *von Manstein,* Lost Victories, S. 473; OKH Kriegsgliederung vom 5. September 1943.
39 Kriegstagebuch des OKW, Bd. 3, S. 1083.
40 Ebenda, S. 1263 und 1356; *von Manstein,* Lost Victories, S. 503.

Die Heeresgruppe A unter Kleist bestand allein aus der 17. Armee auf der Halbinsel Taman und einer stationären Truppe auf der Krim. Die 17. Armee war ursprünglich 350.000 Mann stark gewesen und hatte mehr als 100.000 Mann an Manstein abgeben müssen. Aber immer noch waren nicht weniger als vierzehn deutsche Infanteriedivisionen und sieben rumänische Divisionen in dem sogenannten »Gotenkopf-Brückenkopf« gebunden, die darauf warteten, daß das Kriegsglück sich zu Deutschlands Gunsten wendete, damit sie sich wieder in den Besitz der kaukasischen Ölfelder setzen könnten. Gegenüber der 17. Armee, die seit Juli unter dem Befehl von Jaenecke stand, der Ruoff abgelöst hatte, lag die nordkaukasische Front unter Petrow.

Der »Führer« hatte die Räumung der Halbinsel Taman nur widerwillig genehmigt und den Befehl dazu fast einen ganzen Monat hinausgezögert.[41] Der Rückzug begann in der zweiten Septemberwoche und vollzog sich in guter Ordnung, obwohl Truppen der Roten Armee von See her landeten und versuchten, die deutschen Truppen zu binden. Die Rote Luftwaffe war sehr aktiv, aber die sowjetische Schwarzmeerflotte unternahm nichts.

Am 20. Oktober 1943 wurden die sowjetischen Fronten noch einmal umbenannt, und zwar galten dann die Bezeichnungen für die Fronten im Süden bis zum Ende des Krieges. Alle Fronten in der Ukraine hießen von jetzt an »Ukrainische Fronten« und wurden von Norden nach Süden durchnummeriert, so daß die Woronescher Front die Bezeichnung 1. Ukrainische Front erhielt. Die Steppenfront wurde die 2., die Südwestfront die 3. und die Südfront die 4. Ukrainische Front. Aus der Mittelfront wurde die Weißrussische Front. Schukow blieb verantwortlich für die Koordinierung des Einsatzes der 1. und 2., und Wassilewski sorgte für die reibungslose Zusammenarbeit zwischen der 3. und 4. Ukrainischen Front.

Die 1. Ukrainische Front unter Watutin erhielt vom Sowjetischen Oberkommando den Auftrag, Kiew am Westufer des Dnjepr zu nehmen. Am 22. September hatte sie in der Dnjeprschleife bei Welikije Luki, etwa 80 Kilometer südlich von Kiew, Fuß gefaßt, und dieser Brückenkopf wurde rasch durch Fallschirmjäger verstärkt. Der Angriff richtete sich gegen die neue deutsche 8. Armee unter Wöhler, deren Stab aus dem der bisherigen Gruppe Kempf gebildet worden war.

Watutin wollte befehlsgemäß aus dem Brückenkopf bei Bukrin, südlich von Kiew, den Hauptstoß führen. Schwächere Kräfte sollten gleichzeitig aus dem Brükkenkopf bei Ljutesch, etwa 32 Kilometer nördlich von Kiew, angreifen.

Der Angriff von Bukrin aus richtete sich gegen die Verteidigungsstellungen des XLVIII. Panzerkorps und begann am 16. Oktober um 6.30 Uhr nach einer zwei Stunden dauernden Artillerievorbereitung, die das Gelände in der Tiefe bis zu den Divisionsgefechtsständen deckte und nach der der Boden aussah wie ein gepflügter Acker. Die sowjetische Infanterie griff, dem langsam vorverlegten Artilleriefeuer folgend, geschlossen in mehreren Wellen und von Panzern unterstützt an, und die

41 OKH/Gen St d H/Op Abt (IS/A) Nr. 430586/43 g. Kdos Chefsache vom 4. September 1943.

Infanteristen stürmten mit lautem Geschrei und Hurrarufen vorwärts. Der erste Angriff wurde abgeschlagen. Am Nachmittag folgte ein zweiter. Am nächsten Tage wurde er mit der gleichen Energie wieder aufgenommen, und so ging es zwei Tage weiter. Aber alle Angriffe waren nicht wendig genug geführt, und nach Ansicht der Deutschen erlitt die Rote Armee ungeheuer schwere Verluste dabei.

Die Verluste des XLVIII. Panzerkorps waren im Vergleich dazu verhältnismäßig gering, aber das Korps war am Ende seiner Kraft. Sein zeitweiliger Führer Choltitz, ein bewährter Frontoffizier, überraschte seinen Stab durch seine freimütig vorgetragenen und ungewöhnlichen Ansichten; denn er sagte voraus, die sowjetischen Massen würden sich wie eine Sturmflut über Deutschland ergießen und es überschwemmen. Dieser bemerkenswerte Offizier begab sich, um unnötiges Blutvergießen zu vermeiden, nach Westen, um selbst mit Hitler zu sprechen, seinen Abschied einzureichen und den »Führer« von der Aussichtslosigkeit des Krieges zu überzeugen.[42]

Da die sowjetischen Truppen, die das XLVIII. Panzerkorps aus dem Brückenkopf Bukrin angegriffen hatten, blutig geschlagen worden waren, mußte Watutin seine Pläne ändern. Durch Schukow und den Generalstab wurden dem Obersten Befehlshaber Stalin neue Vorschläge vorgelegt, die er nach einer Überprüfung und Abstimmung mit den Befehlen für die Weißrussische Front unter Rokossowski genehmigte.[43] Jetzt führte die 1. Ukrainische Front den Hauptstoß aus dem Brükkenkopf Ljutesch, nördlich von Kiew.

Am frühen Morgen des 3. November griffen die Truppen der Roten Armee aus dem Brückenkopf von Ljutesch an und wurden dabei durch einen zweiten Angriff unterstützt, der aus dem Raum der Weißrussischen Front unmittelbar nördlich des ersten Angriffs erfolgte. Trotz niedrig hängender Wolkendecke, und obwohl es schwach regnete, fanden über dem Schlachtfeld Luftkämpfe statt, aber die schlechte Sicht behinderte den Einsatz der schweren Artillerie der Roten Armee. Durch den Regen wurden die Straßen sehr bald aufgeweicht, aber der gegen die 4. Panzerarmee am linken Flügel der Heeresgruppe Süd gerichtete Angriff durch das dichte Waldgelände am Dnjeprufer kam gut voran. Am 6. November drang die sowjetische 8. Armee unter Moskalenko in Kiew ein und besetzte am nächsten Tage den Eisenbahnknotenpunkt Fastow. Die 4. Panzerarmee war jetzt in drei durch breite Lücken voneinander getrennte Gruppen zerschlagen worden. Der Oberbefehlshaber der 4. Panzerarmee, Generaloberst Hoth, der sich während des ganzen Krieges besonders ausgezeichnet hatte, war nach Meinung Hitlers erschöpft und mit verantwortlich für die Niederlage. Er wurde in die Reserve versetzt und nicht wieder an der Front verwendet.

Weiter südostwärts im Dnjeprbogen und vor der Krim waren bei der Heresgruppe Süd unter Manstein weitere Krisen entstanden, nachdem drei sowjetische

42 *von Mellenthin,* Panzer Battles, S. 247–248; *von Choltitz,* Un Soldat parmi des Soldats, S. 172–173.
43 *Schukow,* Wospominanija i Rasmyšlenija, S. 529.

Offensiven eingeleitet worden waren. Die 3. Ukrainische Front unter Malinowski hatte den Befehl erhalten, den deutschen Brückenkopf bei Saporoshje auf dem Ostufer des Dnjepr zu nehmen und das linke Flußufer vom Gegner zu säubern; denn dieser Brückenkopf deckte Nikopol und Kriwoi Rog sowie die einzige zur Krim führende deutsche Eisenbahnlinie.

Der gegen Teile der 1. Panzerdivision unter Mackensen geführte Vorbereitungsangriff war erfolgreich, und am 14. Oktober wurde nach einer 4 Stunden dauernden Schlacht Saporoshje genommen, und die Nordflanke der 6. deutschen Armee unter Hollidt, deren Stellungen Front gegen das Asowsche Meer und die Krim einnahmen, wurde aufgerissen. Auf die Offensive Malinowskis folgte ein Angriff der 4. Ukrainischen Front unter Tolbuchin, der die deutsche 6. Armee in eine bedrängte Lage brachte. Zunächst hatte dieser Angriff nur mäßigen Erfolg und kam am 13. Oktober bis Melitopol. Nach weiteren zehn Tage dauernden Kämpfen wurde die Stadt trotz wiederholter erbitterter Gegenangriffe genommen. Da die deutsche 6. Armee über nur wenige Panzer und Panzerabwehrgeschütze verfügte, konnte sie sich in der offenen Steppe bei Nogaisk auf dem schnellen Rückzug gegen Nikolajew nur mit Mühe der feindlichen Angriffe erwehren und verlor jede Verbindung zur 17. Armee und zur Heeresgruppe A auf der Krim.

Nachdem die Rote Armee die Heeresgruppe A auf der Halbinsel Krim abgeschnitten und die Dnjeprmündung blockiert hatte, befahl das sowjetische Oberkommando die dritte Offensive mit dem Ziel der Vernichtung der beiden deutschen Armeen im Dnjeprbogen. Die 3. Ukrainische Front unter Malinowski sollte zwischen Dnjepropetrowsk und Saporoshje weiter nach Westen angreifen, um die 1. Panzerarmee zu binden, während die 2. Ukrainische Front unter Konjew, die für diese Aufgabe erhebliche Verstärkungen erhalten hatte, von der Dnjeprlinie aus zwischen Dnjepropetrowsk und Krementschug gegen Kirowograd und Kriwoi Rog vorstoßen sollte, um die 1. Panzerarmee in der Flanke zu fassen und ihre rückwärtigen Verbindungen abzuschneiden. Der Angriff der beiden Fronten begann am 16. Oktober.

Der Schwerpunkt von Konjews Angriff richtete sich gegen das LVII. Panzerkorps unter Kirchner an der Abschnittsgrenze zwischen der 8. Armee und der 1. Panzerarmee und erzielte nach einen Tag dauernden heftigen Kämpfen einen Durchbruch in das offene Gelände. Am 29. Oktober standen Rotmistrows Panzer schon vor Kriwoi Rog, 65 Kilometer im Rücken der Deutschen. Am gleichen Tage nahm die 3. Ukrainische Front unter Malinowski Dnjepropetrowsk.

Der Regen hatte sich verstärkt, und der Boden verwandelte sich in grundlosen Schlamm, doch Manstein konnte das Eintreffen der vom OKH versprochenen Panzerdivisionen nicht abwarten. Das XL. Panzerkorps unter Schörner, nur zwei Panzerdivisionen und eine Infanteriedivision, nahm im Gegenangriff, von starken Kräften der Luftwaffe unterstützt, Kriwoi Rog wieder und drängte die 2. Ukrainische Front unter Konjew 32 Kilometer zurück.[44]

44 Ebenda, S. 533.

Nur noch Teile der Westukraine blieben in deutschem Besitz, und die rumänische Grenze von 1941 lag jetzt 240 Kilometer im Rücken der Deutschen. Mit dem Vorstoß der 1. Ukrainischen Front unter Watutin und der Weißrussischen Front unter Rokossowski ostwärts des Raums Kiew hatte sich ein Keil gebildet, der drohte, die deutschen Heeresgruppen Mitte und Süd voneinander zu trennen, Mansteins linke Flanke zu umgehen und die Heeresgruppe Süd nach Rumänien abzudrängen.

Am 4. Januar flog Manstein nach Ostpreußen und wollte noch einmal versuchen, Hitler zu überreden, den Dnjeprbogen endgültig aufzugeben und den Rückzug des rechten Flügels der Heeresgruppe Süd zu befehlen, selbst wenn dies die Räumung der Krim bedeuten sollte. Der »Führer« verschanzte sich hinter den gewohnten Argumenten, sprach von den ungünstigen Auswirkungen auf die Türkei, Rumänien und Bulgarien und weigerte sich, Truppen aus Westeuropa heranzuführen, bevor eine anglo-amerikanische Landung abgeschlagen sei oder bevor die Briten, wie er voraussagte, sich in Portugal gebunden hätten. Er sagte, die Auswirkungen des U-Bootkrieges im Atlantik würden sich noch vor Beginn des Sommers fühlbar machen, und er sei davon überzeugt, daß das Bündnis zwischen Anglo-Amerikanern und Sowjets eines Tages auseinanderbrechen werde.

Weil ihm persönliche Gespräche zuwider waren, bei denen er erwarten mußte, unangenehme Dinge und Auffassungen zu hören, die er nicht hören wollte, erklärte sich der »Führer« nur sehr widerwillig zu einem Privatgespräch mit Manstein und Zeitzler bereit und ließ die Stenographen und andere Ordonnanzen und Gehilfen, die sonst bei den Besprechungen zugegen waren, hinausschicken. Wie Manstein berichtet, schlug er noch einmal vor, Hitler solle das Kommando an der Ostfront einem Berufssoldaten übergeben, und der Chef des Generalstabes solle der einzige militärische Berater und das ausführende Organ des »Führers« sein.[45] Hitler lehnte diesen Vorschlag ab. Damit blieb die Lage auch bei der Heeresgruppe Süd unverändert, die jetzt auf den nächsten Schritt des sowjetischen Oberkommandos wartete.

Die Heeresgruppe Süd war nicht die einzige, deren Lage aufs äußerste bedroht schien. Kluge und sein Stab der Heeresgruppe Mitte in Orscha hatten mit kaum geringeren Schwierigkeiten zu kämpfen als Manstein in der Ukraine. Nachdem das sowjetische Oberkommando das deutsche Unternehmen »Zitadelle« bei Kursk zum Scheitern gebracht hatte, waren sein Selbstvertrauen und sein Wagemut gewachsen, während Kluge angesichts der Verringerung seiner Kampfkraft vor einem Gegenangriff zurückscheute, der seinen Truppen weitere Verluste beibringen mußte. Aus diesem Grund verbot er alle größeren Angriffsoperationen ohne seine ausdrückliche Genehmigung mit Ausnahme von schwachen Aufklärungsvorstößen.

Während des ganzen Sommers hatte die Heeresgruppe Mitte unter ständigem Druck gestanden, zuerst bei Orel und dann vor dem Frontbogen bei Kursk, als Rokossowskis Mittelfront und Watutins Woronescher Front die 2. Armee unter Weiss und die 9. Armee unter Model an Kluges rechter Flanke wie auch die an

45 *von Manstein,* Lost Victories, S. 502–505.

Mansteins linker Flanke stehenden Verbände zurückgedrängt hatten. Im August richteten sich schwere Angriffe gegen Kluges linken Flügel und seinen Mittelabschnitt, die 3. Panzerarmee unter Reinhardt und die 4. Armee unter Heinrici.

Reinhardt hatte sich bei Kluge mehrfach darüber beschwert, daß seine Truppen viel zu breite Abschnitte halten müßten. Reinhardts zwei Reservedivisionen waren nordostwärts von Witebsk voll mit der Abwehr von Partisanenunternehmen beschäftigt. Im Mai war die Verpflegungsstärke der Panzerarmee auf 292.000 Mann und im September auf 230.000 Mann zurückgegangen. Während dieser ganzen Zeit waren keine Verstärkungen oder Ersatzmannschaften eingetroffen. Man hegte auch gewisse Zweifel an der Zuverlässigkeit der aus nichtdeutschen Mannschaften bestehenden 20.000 Mann starken »Osttruppen« der 3. Panzerarmee; denn es mehrten sich die Fälle von Fahnenflucht. Am 17. Juni äußerte sich Reinhardt gegenüber Kluge sehr abfällig über den Ausbildungsstand der vier Luftwaffen-Felddivisionen des II. Luftwaffenkorps unter Schlemm, und er hatte ständige Schwierigkeiten mit diesem Korps wegen der komplizierten Kommandoverhältnisse und des umständlichen Dienstweges, der im Dienstverkehr mit den Verbänden der Luftwaffe eingehalten werden mußte.[46] Die Befürchtungen Reinhardts waren nicht unbegründet.

Das sowjetische Oberkommando war entschlossen, sich in den Besitz der Landbrücke bei Orscha und der Stadt Witebsk zu setzen, die als das Tor zu den baltischen Staaten galt. Die Kalininfront unter Jeremenko und die Baltische Front unter Popow erhielten den Befehl, die Offensive gegen die 3. Panzerarmee in Richtung auf Newel an der Abschnittsgrenze zwischen den deutschen Heeresgruppen wieder aufzunehmen, um Witebsk einzuschließen und einen tiefen Keil zwischen die Heeresgruppe Nord und die Heeresgruppe Mitte zu treiben.[47] Diese Hauptoffensive sollte durch die Westfront unter Rokossowski mit Vorstößen gegen Orscha und Mogilew und die Mittelfront (die spätere Weißrussische Front) unter Rokossowski mit Angriffen gegen Gomel und Bobruisk unterstützt werden.

Am 6. Oktober um 10.00 Uhr begann die Offensive mit einem Angriff der 3. und der 4. Stoßarmee von der Kalininfront, die von Panzern und Flugzeugen unterstützt nebeneinander vorgingen. Die unzureichend ausgebildete und unerfahrene 2. Luftwaffen-Felddivision des Luftwaffenkorps unter Schlemm wurde schon beim ersten Anstoß zerschlagen, bei einigen Truppenteilen kam es zu Panik, und schon nach wenigen Stunden stürmten die sowjetischen Kräfte durch eine breite Lücke in die Tiefe der deutschen Verteidigungsstellungen. Newel wurde genommen, und am folgenden Tage war die Eisenbahnlinie, die beide Heeresgruppen miteinander verband, unterbrochen.

Die Lage bei der 3. Panzerarmee festigte sich zeitweilig nach Eingreifen der 20. Panzerdivision und einer ihr unterstellten Abteilung Tigerpanzer. Göring, der im Versagen der Luftwaffen-Felddivisionen eine Verletzung seiner persönlichen

46 *Heidkämper*, Witebsk, S. 13–18.
47 Die Baltische Front war vorher die Brjansker Front (s. Anh. C).

Ehre erblickte, stellte sofort einige Flakbatterien der Luftwaffe und 600 Flugzeuge zur Verstärkung dieses Abschnitts zur Verfügung.

Die 3. Panzerarmee erkannte jetzt, welche Überraschung es für die Truppen der Roten Armee bedeutet hatte, daß Newel so schnell gefallen war, und daß die Russen sich jetzt umgruppierten, und Reinhardt, der eine Wiederaufnahme der Offensive Jeremenkos fürchtete, bat Kluge vergeblich um die Erlaubnis, gemeinsam mit der benachbarten 16. Armee der Heeresgruppe Nord einen Gegenangriff zu führen, um den Raum Newel zurückzugewinnen.[48]

Kluge waren durch die Kämpfe an der Front der 4. Armee im Raum Orscha und Mogilew die Hände gebunden, und deshalb hatte er Reinhardts Bitte um die Erlaubnis für einen Gegenangriff wahrscheinlich an das OKH weiterleiten wollen. Er vertraute dem OKH jetzt viel weniger als früher; denn am 18. Oktober sagte er den Offizieren seines Stabes, Zeitzler sei sehr erschöpft und habe keinen Einfluß mehr. Nach Kluges Auffassung seien die Tage des Chefs des Generalstabes gezählt.[49]

Vier Tage zuvor hatte Kluge ein ausführliches persönliches Schreiben an den »Führer« gerichtet, in dem er mitteilte, die Kampfmoral seiner Männer sei zwar ungebrochen, sie fühlten sich jedoch isoliert und vernachlässigt angesichts der ihnen gegenüberstehenden Massen sowjetischer Infanterie. Der Heeresgruppe Mitte fehlten 200.000 Mann an der Kriegsstärke, und die jüngsten Verluste seien so hoch gewesen, daß die Kampfkraft der Verbände, gegen die sich der Schwerpunkt des Angriffs gerichtet hatte, besorgniserregend nachgelassen habe. Kluge sagte, der Zustand der wenigen Ersatzmannschaften lasse viel zu wünschen übrig, sie seien schlecht ausgebildet und hätten einen geringen militärischen Wert. Ohne Truppen, Waffen und Reserven könne kein Befehlshaber, so tüchtig er auch sein möge, etwas erreichen.

Kluge versicherte den Führer seiner persönlichen Treue, betonte jedoch, daß man den Gefahren der gegenwärtigen Lage ins Auge sehen müsse, und schloß seinen Brief, indem er sagte, man nehme zwar allgemein an, die Russen hätten mit den gleichen Verlusten und Schwierigkeiten zu kämpfen, dies sei jedoch in Wirklichkeit nicht der Fall, weil die Rote Armee überall zahlenmäßig überlegen sein könne, da sie ihre Kräfte jeweils an den Schwerpunkten ihrer Angriffe zusammenziehe.[50] Kluge erhielt keine Antwort auf diesen Brief, erlitt am 27. Oktober einen Autounfall, wurde verletzt und von dem bisherigen Oberbefehlshaber der 16. Armee, Feldmarschall Busch, abgelöst.

Am 20. Oktober war die Kalininfront unter Jeremenko in 1. Baltische Front umbenannt worden. Die Baltische Front unter Popow wurde zur 2. Baltischen Front, und die Mittelfront unter Rokossowski erhielt die neue Bezeichnung Weißrussische Front.

Am 8. November nahm Jeremenko die Offensive gegen die 3. Panzerarmee mit

48 *Heidkämper*, Witebsk, S. 27–28.
49 Ebenda, S. 34.
50 Ebenda, S. 34–36.

der 3. und 4. Stoßarmee wieder auf und brach im Rücken der deutschen Truppen rasch durch die feindlichen Verteidigungsstellungen. Bei Reinhardt drohte der Verlust von zwei Armeekorps, und deshalb bat er Busch wiederholt um die Erlaubnis, zurückgehen zu dürfen. Busch leitete diese Bitten nur an den »Führer« weiter, der befahl, die Verbände sollten dort stehenbleiben, wo sie standen.[51] Die 1. Baltische Front erweiterte die schon von ihr geschlagene Lücke, bis sie fast 80 Kilometer breit war. Aber obwohl es ihr gelang, am Heiligen Abend die aus Witebsk nach Westen führende Eisenbahnlinie zu unterbrechen, stellten die Deutschen die Lage wieder her und hielten die Stadt.

Zum erstenmal seit Kriegsausbruch konnte man feststellen, daß sich die Moral der deutschen Truppen in diesem Abschnitt verschlechterte. Es wurden einige Fälle von Fahnenflucht gemeldet, eine Erscheinung, die es bisher noch nicht gegeben hatte, und an einzelnen Stellen war es zur panikartigen Flucht gekommen.[52] Am 25. und 26. November hatte die Weißrussische Front unter Rokossowski Gomel vom Feinde gesäubert und war Ende des Monats mit Teilen über die Beresina gegangen.

Im letzten Halbjahr 1943 hatte sich die Lage gegenüber der deutschen Heeresgruppe Nord unter Küchler kaum verändert. Leningrad war wieder durch eine schmale Landbrücke südlich des Ladogasees mit der Sowjetunion verbunden, aber im übrigen standen sich die Gegner noch an der Linie Wolchow–Ilmensee–Lowat gegenüber. Wie bisher hatte es Küchler hier auch jetzt noch mit der Leningrader Front unter Goworow, der Wolchowfront unter Merezkow und der Nordwestfront unter Timoschenko zu tun. Küchler erkannte deutlich, daß er mit einer größeren sowjetischen Offensive rechnen müsse, aber obwohl der »Führer« ihm darin zustimmte, daß die Lage bei der Heeresgruppe Nord sehr leicht kritisch werden könne, war es ihm nicht möglich, Küchler die angeforderten sechs Infanteriedivisionen zu geben.[53] Als die Heeresgruppe Nord am 20. November um die Erlaubnis bat, sich auf die »Pantherlinie« zurückzuziehen, lehnte Hitler das Ersuchen ab.

In den auf das Unternehmen »Zitadelle« folgenden Monaten hatte Deutschland die Initiative auf dem Kriegsschauplatz im Osten vollkommen verloren. Jeder Heeresgruppenoberbefehlshaber forderte von Zeitzler Verstärkungen auf Kosten der anderen, aber die Heranführung von Truppen aus Westeuropa an die Ostfront wurde von Jodl als Eingriff in seinen Zuständigkeitsbereich abgelehnt. Jeder Vorschlag der Befehlshaber, zurückzugehen, um die Fronten zu verkürzen, wurde abgewiesen, und die Befehlshaber wurden mit leeren Versprechungen abgespeist. Der »Führer« wurde zusehends nervöser, und manchmal hatte es den Anschein, als sei er nervlich auf das Höchste angespannt. Der Grundgedanke seiner ganzen Strategie drückte sich in dem Verlangen aus, die Truppe solle ihre jeweiligen Stellungen halten und die Ruhe bewahren. Jeder Befehlshaber, den Hitler verdächtigte, allzu leicht zurückgehen zu wollen, mußte mit dem unversöhnlichen Haß des »Führers« rechnen.

51 Ebenda, S. 50–54.
52 Istorija, Bd. 3, S. 375.
53 Kriegstagebuch des OKW, Bd. 3, S. 1243.

16. Kapitel

Deutschland in auswegloser Lage

Die Lage bei den »Achsenmächten« hatte sich 1943 von Grund auf geändert, und im Dezember stand Deutschland mit seinem Entschluß, ohne Rücksicht auf den Preis, den es dafür zu zahlen hätte, weiterzukämpfen, fast allein da. Ein erschöpftes Finnland betrachtete den Krieg als verloren und reagierte nervös auf jeden Vorschlag, die Heeresgruppe Nord solle sich auf die »Pantherlinie« zurückziehen. Das Königreich Italien war von zwei Besatzungsmächten besetzt und daher in zwei Teile gespalten. Die italienischen Truppen hatten sich aus Rußland und dem Balkan zurückgezogen. Ungarn beobachtete den Abfall Italiens mit Neid. Japan als stärkster Verbündeter Deutschlands verlor bereits sein neu gewonnenes ozeanisches Reich und begann, unter den Hammerschlägen der amerikanischen Kriegsflotte weich zu werden. 1944 erkannte man in Berlin sehr deutlich, daß Tokio sich wegen der deutschen Verluste in Europa schwere Sorgen machte, und versuchte, die eigenen Niederlagen im Fernen Osten zu verschleiern.[1]

1943 war es zu einer Vertrauenskrise zwischen Rumänien und Deutschland gekommen. Anfang des Jahres, am 10. Januar, hatte Hitler Antonescu in einer drei Stunden dauernden Tirade wegen des angeblichen Versagens der rumänischen Truppen bei Stalingrad bittere Vorwürfe gemacht. Antonescu seinerseits hatte ihn auf den Verlust von achtzehn am Don und an der Wolga vernichteten rumänischen Divisionen aufmerksam gemacht, ihm gesagt, daß 200.000 Rumänen gefallen seien und daß drei von vier gefallenen rumänischen Generälen ihren Tod im Nahkampf gefunden hätten. Diese Kavaliersvorwürfe und die harte Kritik der deutschen Truppenführer und Soldaten an den Rumänen waren nicht vergessen, und am 25. Januar ersuchte Rumänien offiziell darum, daß die rumänischen Truppen aus der Gefechtszone abgezogen und in den Raum westlich des Bug verlegt würden. Dazu erklärten sie dem deutschen Oberkommando, keine weiteren Verbände mehr zur Verfügung stellen zu wollen.[2]

Im Februar sah sich der »Führer« veranlaßt, an die deutschen Truppen einen Runderlaß herauszugeben, in dem er sich gegen die verächtliche Behandlung der Verbündeten durch die Deutschen wendete, zugleich schickte er aber eine lange schriftliche Beschwerde an Antonescu und beschuldigte darin die rumänischen Truppen der schlechten Disziplin und Kampfmoral. Die Note wurde entgegengenom-

1 *Heiber*, Hitlers Lagebesprechungen, S. 169; Kriegstagebuch des OKW, Bd. 3, S. 1512 bis 1513.
2 Ebenda, S. 68 und 1508.

men, aber ihr Inhalt durch die Feststellung eines deutsch-rumänischen Untersuchungsausschusses widerlegt; denn der Ausschuß berichtete, die Moral der rumänischen Truppen sei gut. Hitler war gezwungen, seine Beschuldigungen zurückzunehmen, und Antonescu legte dem »Führer« eine Reihe von Beschwerden über die deutsche Kriegsführung vor.[3]

Im Oktober meldete der Befehlshaber der 3. rumänischen Armee Dumitrescu dem Chef des rumänischen Generalstabs Steflea, die deutsche 6. Armee unter Hollidt sei in Wirklichkeit schwach und über eine viel zu breite Front verteilt, und er vertrat mit Recht die Auffassung, daß sie die Krim nicht gegen sowjetische Angriffe werde halten können. Am 25. Oktober sprach Steflea mit Zeitzler über diese Befürchtungen, und drei Tage später traf im Führerhauptquartier eine Note Antonescus ein, in der dieser darauf hinwies, daß auf der Halbinsel Krim auf sieben rumänische nur zwei deutsche Divisionen kämen. Antonescu deutete an, wenn Deutschland entschlossen sei, die Krim zu halten, dann möge es dies allein mit deutschen Truppen tun. Er, Antonescu, habe die Absicht, ohne Rücksicht auf die strategischen Zusammenhänge die rumänischen Truppen von der Krim abzuziehen, da er nicht für ein zweites Stalingrad verantwortlich sein wolle.[4]

Aber auch sonst gab es Schwierigkeiten, die Verständnis und Vertrauen zwischen Deutschen und Rumänen untergruben. Die Beziehungen zwischen Ungarn und Rumänien waren schlecht, besonders nachdem aufgrund des Wiener Schiedsspruchs von 1940 rumänisches Gebiet an Ungarn hatte abgetreten werden müssen, und Bukarest betrachtete die Zusammenziehung ungarischer Truppen an der rumänischen Grenze als eine Bedrohung. Nach Juli 1941 war Bessarabien an Rumänien zurückgegeben worden, aber das Gebiet zwischen Dnjester und Bug, Transnistrien, stand nur unter rumänischer Verwaltung. Die Rumänen sahen jedoch dieses Gebiet als ihnen vom »Führer« zugesprochene Kriegsbeute an. Doch je weiter die Rote Armee nach Westen vordrang, desto schlechter wurden die Beziehungen zwischen Berlin und Bukarest, und der Status dieses Gebiets wurde in Frage gestellt. Die Heeresgruppe Süd mußte sich bald auf die von den Rumänen kontrollierten Verbindungslinien durch Transnistrien stützen, und Berlin unternahm den Versuch, durch die Ernennung des deutschen Generalleutnants Auleb zum Organisator der rückwärtigen Verbindungen in Transnistrien die Dinge einigermaßen in die Hand zu bekommen. Sobald jedoch die Rumänen erkannten, daß sie Transnistrien verlieren könnten, begannen sie, alles dort vorhandene Material nach Rumänien abzutransportieren.

Die Beziehungen Deutschlands zu seinen anderen Verbündeten und zu den Neutralen wurden 1943 ganz erheblich schlechter. Im Herbst begannen die ungarischen Verbände in Rußland, nach eigenem Gutdünken und ohne Rücksprache mit den Deutschen selbständig zu operieren, und am 14. November bat der ungarische Chef des Generalstabes, Szombathelyi, Zeitzler, die drei ungarischen Armeekorps nicht

3 *Heiber*, Hitlers Lagebesprechungen, S. 480.
4 Kriegstagebuch des OKW, Bd. 3, 29. Oktober, S. 1228–1229.

mehr auf dem Schlachtfeld einzusetzen. Nur zwei Monate zuvor hatte der Verteidigungsminister der Marionettenregierung in der Slowakei in Berlin erhebliche Überraschung ausgelöst, als er am 6. September verlangte, die beiden slowakischen Felddivisionen sollten künftig nicht mehr ohne Zustimmung der slowakischen Regierung an den Kampfhandlungen beteiligt werden und keine Aufgaben erhalten, wenn nicht vorher festgestellt worden sei, daß die dazu notwendigen Mittel zur Verfügung ständen. Der Verfasser des Kriegstagebuchs des deutschen OKW vermerkt, der Grund für dieses Verlangen seien wahrscheinlich Zweifel am deutschen Sieg gewesen.[5]

Im Oktober hatte Spanien um die Rückführung der »Blauen Division« gebeten, und Portugal war seinen wirklichen Neigungen gefolgt, als es den Anglo-Amerikanern die Verwendung der Azoren als Basis im Atlantik erlaubte. Die Haltung der Schweden hatte sich von der wohlwollenden zur strikten Neutralität entwickelt, und sie verweigerten den Deutschen jetzt den Durchgang nach Norwegen. Ankara stand unter dem Druck der Anglo-Amerikaner, die die Türkei veranlassen wollten, auf ihrer Seite in den Krieg einzutreten, und der »Führer«, den die kühle Haltung der Türken gegenüber Deutschland beunruhigte, hielt bewegliche Reserven bereit, um an der türkischen Grenze die deutsche Stärke zu demonstrieren. Diese Reserven bestanden allerdings nur aus einer einzigen Panzergrenadierdivision; denn das war alles, was Hitler zu diesem Zweck entbehren konnte.

1943 erkannte die Welt, daß das Kriegsglück Deutschland allmählich verließ. Die deutsche Flotte begann den U-Bootkrieg im Atlantik zu verlieren, und – vor allem aufgrund des Einsatzes der amerikanischen Langstreckenjäger – hatte die Luftwaffe die Luftüberlegenheit am Tage über dem Reichsgebiet schon verloren. Deutsche Städte wurden unter schwersten Verlusten an Menschenleben Tag und Nacht mit Bomben angegriffen. Das deutsche Heer hatte nicht nur seine alte Offensivkraft verloren, sondern es verfügte auch nicht mehr über die notwendigen Truppen, um das besetzte Europa militärisch zu halten. Die deutschen Menschenreserven waren zu gering, um die bestehende Zahl von Feldtruppenteilen mit Ersatz zu versorgen.

Im Oktober hatte Gehlen von der Abteilung Fremde Heere Ost eine Vergleichstabelle über die Truppenstärken an der Ostfront aufgestellt. Darin schätzte er, daß den 2,5 Millionen deutschen Soldaten in Rußland 5,5 Millionen Soldaten der Roten Armee gegenüberstanden. 177 deutsche Divisionen verteidigten eine Front, die von 860 sowjetischen Divisionen und Brigaden angegriffen wurde. Die Rote Armee war nach seiner Schätzung den Verteidigern an Panzern und Geschützen mindestens im Verhältnis drei zu eins überlegen.[6] Gehlens Zahlen stützten sich zwar auf unvollständige Informationen, geben aber ein recht zutreffendes Bild von der Lage unterschätzen den sowjetischen Gegner eher, als daß sie ihn überschätzen, und bringen die zahlenmäßige Überlegenheit noch nicht voll zum Ausdruck.

5 Ebenda, S. 247 und 1059.
6 Org-Abt Gen St d H H1/527 Fr. Heere Ost 81/43 g. Kdos, Lage am 14. Oktober 1943.

Die deutsche Armee war im Juni 1941 mit 153 Divisionen in die Sowjetunion einmarschiert und war zu jener Zeit im Osten etwa 3,2 Millionen Mann stark. Im November 1943 war die Gesamtstärke einschließlich der 20. Armee in Finnland auf 2,85 Millionen Mann zurückgegangen, obwohl die Zahl der deutschen Verbände auf 195 Divisionen gestiegen war. Die deutschen Erdtruppen aller Waffengattungen bei den Heeresgruppen ohne die Versorgungstruppen und die 176.000 Mann der 20. Armee waren nur 2,026 Millionen Mann stark. Die unter deutscher Führung kämpfenden Verbündeten ohne die Finnen stellten nur noch 136.000 Mann. Außerdem gab es 52.000 Mann ausländische Truppen, deren Zuverlässigkeit jedoch angezweifelt werden muß.[7]

Die Ostfront war nur eine der von den Deutschen zu verteidigenden Fronten, und die den einzelnen Fronten vom deutschen Oberkommando beigemessene Bedeutung läßt sich nicht unbedingt an der Zahl der dort eingesetzten Divisionen erkennen, denn viele von ihnen waren durch die schweren Verluste zu schwachen Rahmenverbänden zusammengeschmolzen. Aus diesem Grunde muß man die wirkliche Mannschaftsstärke der auf dem jeweiligen Kriegsschauplatz stehenden Truppen als Maßstab anlegen.

Außer in Italien hatten sich die Anglo-Amerikaner noch nicht mit stärkeren Kräften am Erdkampf in Europa beteiligt, und wie Schukow später behauptete, haben die Operationen auf dem italienischen Kriegsschauplatz keine wesentliche Umgruppierung deutscher Truppen zur Folge gehabt.[8] Andererseits lösten der Abfall Italiens und das daraus entstandene Vakuum auf dem Balkan im Herbst 1943 bei den Deutschen die sehr gut begründete Befürchtung aus, die Anglo-Amerikaner würden nicht nur in Frankreich und den Niederlanden, sondern auch in Südosteuropa Truppen landen, auf diese Weise den Rücken von Mansteins Heeresgruppe Süd bedrohen und Deutschland einer seiner Öl- und Rohstoffquellen berauben. Nach deutscher Auffassung würde die Landung in Frankreich, wie Hitler voraussagte, den Ausgang des ganzen Krieges entscheiden.[9] Als Jodl sich am 2. September weigerte, Truppen aus dem Westen nach Rußland zu verlegen, faßte Warlimont in einer Aktennotiz die Haltung des OKW zusammen, wenn er sagte, alles deute darauf hin, daß ein Angriff im Westen bevorstehe, ein Angriff, der ganz im Gegensatz zur Lage im Osten die Grenzen des Reichs unmittelbar bedrohen werde.[10] Diese Befürchtung zeigte sich acht Wochen später in der von Hitler erlassenen »Weisung« Nr. 51, in der er sagte, die Gefahr im Osten bestehe weiter, aber eine größere Gefahr ziehe im Westen herauf; denn in Osteuropa gebe es genügend Raum zum Manövrieren, ohne daß dabei Deutschland selbst gefährdet

7 Gen StdH (Organisationsabteilung I) Nr. 1/10388/43 geh. vom 14. Dezember 1943; Kriegstagebuch des OKW, Bd. 3, S. 1484.
8 *Schukow*, Wospominanija i Rasmyšlenija, S. 522.
9 *Heiber*, Hitlers Lagebesprechungen, S. 444.
10 Kriegstagebuch des OKW, Bd. 3, 2. September 1943, S. 1043.

werde, während im Falle einer erfolgreichen anglo-amerikanischen Landung eine ganz andere Lage entstehen müsse.[11]

Man könnte mit einiger Berechtigung sagen, Hitler habe die Sowjetunion unterschätzt und sich im Herbst 1943 zu sehr von seiner Furcht vor den Landungen der Alliierten im Westen und auf dem Balkan leiten lassen. Tut man das aber, dann kommt diese Einsicht zu spät. Zwar standen nur 84 Divisionen in Westeuropa außerhalb des Reichsgebiets, aber die Stärke des deutschen Heeres im Westen außerhalb Deutschlands betrug im Herbst 1943 nicht weniger als 2,44 Millionen Mann, während 2,8 Millionen Mann in Rußland kämpften.[12]

Zeitzler und die Befehlshaber der Heeresgruppen an der Ostfront rangen unaufhörlich darum, Verstärkungen aus dem Westen zu erhalten, während Jodl behauptete, die Truppenstärke auf den Kriegsschauplätzen des OKW sei für den zu erwartenden Angriff zu gering. Am 11. September machte der Chef des Stabes des Oberbefehlshabers West das OKW auf die Tatsache aufmerksam, daß er in den zwölf Monaten seit Oktober vergangenen Jahres sechs Panzer- oder Panzergrenadierdivisionen und zweiundzwanzig Infanteriedivisionen nach Rußland habe abstellen müssen, und zwar meist im Austausch gegen durch Verluste geschwächte, abgekämpfte Divisionen. Zehn Panzer- oder Panzergrenadierdivisionen und neun Infanteriedivisionen seien nach Tunis, Italien und auf den Balkan gegangen. Der »Führer«, der es satt hatte, immer wieder die gleichen Beschwerden zu hören, erklärte am gleichen Tage, er werde die Forderungen der streitenden Parteien einschließlich Keitels, Jodls und Zeitzlers nicht mehr beachten, wenn nicht alle Interessenten ihre Anforderungen gleichzeitig vorbrächten.

Im Herbst verfaßte Jodl eine kurze strategische Denkschrift zur Untersuchung der Möglichkeit, ob und wo die Aufgaben des deutschen Heeres reduziert werden könnten, um Truppen zu sparen. Er kam jedoch zu keinem endgültigen Schluß. Der Verlust Finnlands werde, so meinte er, Deutschland den Verlust der Nickelminen und der Ostsee bringen. Die Räumung Norwegens werde den Kriegseintritt Schwedens zur Folge haben. Ebenso wie Hitler behauptete er, es komme darauf an, den Gegner soweit wie möglich von den deutschen Grenzen fernzuhalten, und deswegen müßten Italien, Frankreich und die Niederlande von starken deutschen Truppen gehalten werden. Auch Dänemark habe als Landbrücke nach Norwegen eine besondere Bedeutung. Was den Balkan und den Südosten betraf, glaubte das deutsche Oberkommando, die Küste lasse sich mit weniger Truppen verteidigen als eine weiter im Lande gelegene Verteidigungsstellung.[13]

Der »Führer« war so sehr von der Idee besessen, neue Divisionen aufstellen zu müssen, daß er im Spätherbst 1942 das bisher beim deutschen Heer übliche Verfahren für Ausbildung und Mannschaftsersatz abschaffte. Die Ersatztruppenteile

11 Führer/OKW/WF St/Op. Nr. 662656/43 G. K. Chefs vom 3. November 1943; *Hubatsch*, Hitlers Weisungen für die Kriegführung, S. 233.
12 Kriegstagebuch des OKW, Bd. 3, 31. Dezember 1943, S. 1393–94.
13 Ebenda, S. 832, 1073 und 1091.

in der Heimat, die zu dem von Fromm befehligten Ersatzheer gehörten, bestanden aus einer Anzahl von Ersatzbataillonen, deren jedes den Ersatz für ein Feldregiment zu stellen hatte und für die Einstellung und Ausbildung der Rekruten verantwortlich war, die dann gemeinsam mit Genesenen und Urlaubern in Marschbataillonen zum Feldheer geschickt wurden. Die Ersatzbataillone wurden aus befehls- und verwaltungstechnischen Gründen in Ersatzregimentern und Ersatzdivisionen zusammengefaßt, die den Wehrkreisen als Teile des Ersatzheeres unter Fromm unterstellt waren. Ende 1942 wurden die Zuständigkeiten für Ausbildung und Ersatzgestellung von einander getrennt. Die Ersatzbataillone, Regimenter und Divisionen zogen dabei wie bisher die Wehrpflichtigen ein, während neu gebildete, ihnen angeschlossene Reservebataillone-, Divisionen und Korps die mit der Eisenbahn in das besetzte Europa verlegten Mannschaften ausbildeten. Im Osten wurden aus diesen Reservetruppenteilen in manchen Fällen Feldausbildungsdivisionen, die den Heeresgruppen unterstellt waren.

Im Oktober 1943 gehörten zur Kriegsgliederung des deutschen Heeres deshalb 31 Ersatzdivisionen in Deutschland, die nur eine administrative und keine taktische Bedeutung hatten, und vier Feldausbildungsdivisionen sowie siebzehn Reservedivisionen. Der Bedarf an Mannschaftsersatz war jedoch so groß, daß einige dieser Divisionen früher oder später in Felddivisionen oder stationäre Stellungsdivisionen umgewandelt wurden und an den Kämpfen teilnehmen mußten. 1944 brach das alte deutsche Ausbildungs- und Ersatzsystem vollkommen zusammen, und eine neue Ausbildungsorganisation mußte in der Heimat aufgebaut werden.

Nach damaligen Schätzungen waren Anfang des Jahres 200.000 Mann in Stalingrad geblieben. Die übrigen Verluste an der Ostfront in den zwölf Monaten vom November 1942 bis Oktober 1943 betrugen 1.686.000 Mann. Davon waren nur 1.260.000 Mann ersetzt worden. Von ihnen waren 240.000 Mann gefallen, 993.000 verwundet, 106.000 vermißt und 447.000 krank. Von den Gesamtverlusten des Jahres in Rußland waren mehr als 900.000 Mann endgültig für das deutsche Heer verloren.[14] Obwohl die Gesamtstärke der deutschen Streitkräfte 1943 mehr als 9 Millionen Mann betrug, war es so schwierig, Ersatz zu finden, daß die Bestimmung des Wehrgesetzes, nach der die jüngsten oder einzigen Söhne jeder Familie vom Wehrdienst befreit waren, aufgehoben wurde, und fünfzigjährige Veteranen des I. Weltkrieges wieder eingezogen werden konnten.[15]

Deutschland befand sich drei ganze Jahre im Kriege, ehe der »Führer« sich dazu durchringen konnte, den Ernst der Lage zu erkennen. Am 13. Januar, als es klargeworden war, daß Stalingrad nicht entsetzt werden konnte, wurde eine Verfügung erlassen, die den »totalen Krieg« proklamierte. Mit ihr wurden ähnliche Maßnahmen eingeleitet, wie sie die Sowjetunion und Großbritannien bei Ausbruch der

14 Ebenda, S. 1481–1482; s. a. Gen StdH (Organisationsabteilung I) Nr. 1/10388/43 geh vom 14. Dezember 1943.

15 Kriegstagebuch des OKW, Bd. 3, S. 1572–1573. 1943 gab es mehr als 5 Millionen deutsche Männer zwischen 18 und 48 Jahren in vom Wehrdienst befreiten Berufsstellungen.

Feindseligkeiten ergriffen hatten. Goebbels erhielt Sondervollmachten zur Durchführung aller Maßnahmen im Rahmen des totalen Krieges. Alle Männer im Alter zwischen 16 und 65 Jahren und alle Frauen zwischen 17 und 50 mußten sich als Arbeitskräfte in der Rüstungsindustrie registrieren lassen, und die Zahl der Arbeitsstunden in Verwaltung und Industrie wurde erhöht.[16]

Überall in Deutschland machte sich der Mangel an Arbeitskräften bemerkbar. In den ersten dreißig Monaten des Krieges nach 1939 hatten 7,5 Millionen deutsche Männer ihre Arbeitsplätze in der Industrie verlassen und waren zur Wehrmacht eingezogen worden. Ihre Stellen wurden durch Fremdarbeiter aus den besetzten Gebieten, durch Kriegsgefangene und manchmal durch Insassen von Konzentrationslagern eingenommen. Das alles geschah jedoch unsystematisch, und die 6 Millionen ausländischer Arbeiter, die bis 1943 nach Deutschland gebracht worden waren, bildeten ein Heer von ungelernten, wenig leistungsfähigen und oft feindlich eingestellten Arbeitskräften.[17] Man beabsichtigte, eine weitere Million Fremdarbeiter in der deutschen Industrie zu beschäftigen, und obwohl zur Verpflegungsstärke des Feldheeres in Rußland bereits 300.000 sogenannte »Hiwis«, freiwillige sowjetische Kriegsgefangene, gehörten, schlug man jetzt vor, weitere Kriegsgefangene in den Arbeitsprozeß einzuschalten. Die Stärke und die Aufgaben des Arbeitsdienstes wurden vermehrt, und dieser paramilitärische, zum Teil bewaffnete Verband erhielt den Auftrag, die Bedienungsmannschaften für die leichten Fliegerabwehrgeschütze der Luftwaffe zu stellen. Keitel mußte alle Kategorien der Reserven überprüfen, und besonders, dem OKW unterstellte Kommissionen kämmten die rückwärtigen Dienste nach jungen frontverwendungsfähigen Leuten aus. Man versuchte, zehn Jahrgänge Litauer und Letten nach dem deutschen Wehrgesetz einzuziehen, und auch die SS rekrutierte zahlreiche Nichtdeutsche zum Dienst in ihren Reihen.

Es wurde nichts unternommen, um auch die Frauen in den Arbeitsprozeß in der Rüstungsindustrie einzubeziehen, und diese Arbeitskräfte blieben ungenutzt. Als Milch dem »Führer« vorschlug, Deutschland müsse jetzt dem sowjetischen Beispiel folgen, lehnte dieser den Vorschlag strikt ab und erwiderte, die zarte, langgliederige deutsche Frau lasse sich mit der starkknochigen, untersetzten, primitiven Russin nicht vergleichen.[18] Im Juli 1939 beschäftigte die Industrie knapp 10,5 Millionen deutsche Arbeiter, darunter 2.620.000 Frauen. Danach blieb die Zahl der in der Industrie beschäftigten Frauen die gleiche, aber Ende 1943 war die Gesamtzahl der deutschen Industriearbeiter auf 7,75 Millionen zurückgegangen.[19]

Der Mangel an Menschen und Material machte sich ganz besonders bei den in Rußland stehenden Feldtruppenteilen bemerkbar. Alle Panzergrenadier-, Gebirgs- und leichten Divisionen hatten nur zwei Infanterieregimenter, und einige Infan-

16 *Janssen*, Das Ministerium Speer, S. 119–120.
17 Am 31. Mai 1943 gab es in Deutschland außer 1.620.000 Kriegsgefangenen 4.640.000 ausländische Zivilpersonen. FD 2690/45 Bd. 5, Speer an Hitler, 20. Juli 1944, S. 2–3.
18 *Janssen*, Das Ministerium Speer, S. 130.
19 *Milward*, The German Economy at War, S. 47.

teriedivisionen hatten ihr drittes Infanterieregiment schon abgeben müssen. 1943 verloren die meisten Infanterieregimenter bei den Infanteriedivisionen je ein Bataillon. Nur selten verfügten die Divisionen tatsächlich über die ihnen kriegsstärkemäßig zustehende Zahl von Mannschaften. Nach Einführung des 7,5cm-Panzerabwehrgeschützes bei den Panzerabwehrkompanien und des Hetzer-Sturmgewehrs bei einer Anzahl von Infanteriedivisionen hatte sich die Feuerkraft etwas erhöht. Das neue Maschinengewehr 42 war eine viel bessere Waffe als das alte MG 34, an dessen Stelle es getreten war. Aber die deutsche Artillerie blieb sehr schwach, und allmählich trat der schwere Granatwerfer an die Stelle des Geschützes. In der gesamten deutschen Kriegsgliederung gab es nur eine einzige Artilleriedivision, und es herrschte ständig ein akuter Mangel an Artilleriemunition. Zahlreiche deutsche Verbände wurden jetzt regulär mit sowjetischen, tschechischen, französischen und sogar jugoslawischen Waffen ausgerüstet.[20] Von Juni 1941 bis Juni 1943 hatten die Deutschen im ganzen 8105 Panzer verloren, und es wurde immer schwieriger, die vorhandenen instand zu halten und zu reparieren. Von den im Oktober vorhandenen 2300 Panzern waren nur etwas mehr als ein Drittel einsatzfähig.[21]

Zwar hatte der Ausbildungsstand nachgelassen, aber die Moral der Truppe blieb gut, und das Vertrauen der meisten Soldaten aller Dienstgrade zum »Führer« war noch nicht erschüttert.

Auch die Luftwaffe hielt treu zu Hitler und zeigte den gleichen Kampfgeist wie zu Beginn des Krieges. Görings Ansehen hatte nach Stalingrad gelitten, besonders auch, weil es ihm nicht gelungen war, die feindlichen Luftangriffe gegen die deutschen Städte abzuwehren. Er hatte seinen Schwung verloren und beschäftigte sich nur noch mit nutzlosen Liebhabereien. Aber der unermüdliche Generalinspekteur der Luftwaffe Milch und der Chef des Generalstabs der Luftwaffe Jeschonnek versahen ihre Aufgaben tüchtig und verantwortungsbewußt.[22] In Westeuropa war die Luftwaffe dem Gegner qualitativ und quantitativ unterlegen, und Ende 1943 beherrschte der Langstreckenjäger Mustang P51 unbestritten den ganzen Luftraum über dem Reichsgebiet. In Rußland gelang es den deutschen Fliegern gelegentlich, die örtliche Luftüberlegenheit zu erringen, aber Bombenflugzeuge der Roten Luftwaffe begannen schon mit Angriffen gegen ostdeutsches Gebiet. Die Ausbildung der Luftwaffe litt schwer unter dem Mangel an Flugbenzin. Die Verluste stiegen. Im Juli fielen mehr als 1700 Mann Flugzeugbesatzungen. Im September gingen 1600 Flugzeuge verloren. Davon wurden 60 Prozent durch die Anglo-Amerikaner vernichtet. Im ganzen Jahr 1943 stellte Deutschland 25.000 Militärflugzeuge aller Typen her, 17.400 wurden vernichtet, und 10.600 davon waren Jagdflugzeuge.[23]

20 Kriegstagebuch des OKW, Bd. 3, S. 1577.
21 Ebenda, 5. Juli 1943, S. 750; s. a. Org-Abt Gen StdH, H 1/527 Fr. Heere Ost 81/43 g. Kdos vom 14. Oktober 1943.
22 Jeschonnek nahm sich am 18. August 1943 das Leben. Sein Nachfolger als Chef des Luftstabes wurde Korten.
23 Kriegstagebuch des OKW, Bd. 3, S. 1595 und 1597.

Nach dem Oktober waren viele Luftwaffendivisionen aufgelöst und die Mannschaften in das Heer überführt worden. Aber Flak-Verbände und Fallschirmtruppen gehörten auch weiterhin zur Luftwaffe. Am 1. November unterstanden der Luftwaffe 119.000 Offiziere, 1.970.000 Mann, 430.000 Hilfskräfte aller Art (einschließlich der »Hiwis« und 475.000 Zivilisten, zusammen knapp 3 Millionen.[24] Doch trotz dieser Stärke besaß die deutsche Luftwaffe ebenso wie die Kriegsflotte keine strategische Bedeutung mehr.

Die Rote Armee und die Rote Luftwaffe in Rußland verfügten Ende 1943 nach russischen Berichten über 6.500.000 Mann. Das waren etwa 530 Schützendivisionen und wahrscheinlich ungefähr 140 Panzerbrigaden. Die Artillerie hatte insgesamt etwa 90.000 Geschütze und Granatwerfer zur Verfügung, und es gab 80 sowjetische Artilleriedivisionen und 73 selbständige Artilleriebrigaden.[25] Die sowjetischen Panzerverbände besaßen 5.600 gepanzerte Fahrzeuge, und die Rote Luftwaffe hatte 8800 Militärflugzeuge. Diese Zahlen umfassen nur die an den Fronten gegen die Deutschen und Finnen aufmarschierten Kräfte einschließlich der Feldreserven des Oberkommandos. Die Truppen im Fernen Osten und in den Militärbezirken im Inneren gehörten nicht dazu.[26] Bis zum 20. November 1943 hatte die Rote Armee etwas mehr als 5 Millionen Kriegsgefangene an die Deutschen verloren.[27]

Die sowjetische Rüstungsproduktion war ständig gestiegen. 1941 hatte die UdSSR nur 6000 Panzer erzeugt. 1942 waren es schon 24.700. 1943 produzierten die sowjetischen Rüstungsbetriebe die gleiche Zahl von Panzern, aber die leichten Panzer wurden zu Gunsten des mittleren Panzers T34 aus der Produktion genommen. 1943 wurden daher 3500 leichte Panzer, 4000 mittlere Sturmgeschütze, 14.000 mittlere Panzer T34 und 2500 schwere Panzer der Typen KW1, KW2 und KW 85 hergestellt. 1944 stieg die Gesamtzahl der hergestellten Panzer von 24.000 auf 29.000. 1943 wurden insgesamt 30.000 Militärflugzeuge hergestellt, aber einige Typen wie der Doppeldecker U2 entsprachen nicht den Anforderungen, die man im Westen an ein Militärflugzeug gestellt hatte, und waren auch nicht als Übungs- oder Beobachtungsflugzeuge geeignet. 1944 erhöhte sich die Produktionsziffer auf 32.200 Flugzeuge. 1943 wurden in der Sowjetunion 23.000 Panzergeschütze, 3700 Fliegerabwehrgeschütze und 45.000 Feld- und Panzerabwehrgeschütze hergestellt. Die Produktionsziffer für Feld- und Panzerabwehrgeschütze stieg 1944 wiederum auf 56.000.[28]

1943 stellte die sowjetische Rüstungsindustrie viel mehr Geschütze, Panzer und Flugzeuge her als die deutsche, und in der Qualität waren Geschütze und Panzer den deutschen gleichwertig oder überlegen. Nach 1942 begann die deutsche Rüstungsindustrie jedoch sehr schnell, die der UdSSR zu überholen.

24 Ebenda, S. 1597.
25 Istorija, Bd. 4, S. 20; *Schukow*, Wospominanija i Rasmyšlenija, S. 535.
26 Ebenda, S. 539.
27 Gen Qu Abt Kriegsverwaltung Nr. 11/12115/43 (Qu 5) vom 30. November. Es waren insgesamt 5.078.230 Kriegsgefangene, darunter 30.041 Offiziere.
28 Istorija, Bd. 2, S. 158; Bd. 3, S. 167–172; Bd. 5, S. 10–16.

Die deutsche Wirtschaft und Industrie hatte unter der Komplexität ihrer Organisation gelitten. Die Verantwortlichkeiten überschnitten sich, und es mangelte an der wissenschaftlichen Forschung und Kontrolle. Wirtschaftsminister war Funk, aber die wichtigsten Aufgaben hatte Göring als Leiter des Amts für den Vierjahresplan übernommen. Göring wiederum verlor gegenüber dem tüchtigen Todt an Einfluß, der zunächst Führer der großen paramilitärischen »Organisation Todt« gewesen war und 1940 Minister für Bewaffnung und Munition wurde. Todt und Göring, in geringerem Ausmaß auch Funk, teilten sich in der Verantwortung für die deutsche Rüstungsindustrie. Gewisse Zuständigkeiten mußten sie jedoch an den Chef des WiRüAmts des OKW, Thomas, und an Milch vom OKL abgeben. Auch das OKM hatte, soweit es die Flottenrüstung betraf, ein Mitspracherecht.

1942 arbeiteten 90 Prozent der deutschen Rüstungsbetriebe nur in einer Schicht, und weil die Partei darauf bestand, daß in Deutschland ein verhältnismäßig hoher Lebensstandard erhalten blieb, wurde die Industrie zum großen Teil auch weiter mit der Herstellung von Verbrauchsgütern beschäftigt.[29] Am 10. Januar 1942 wurde für die Schwerindustrie eine Produktionssteigerung angeordnet, und wie Professor Milward glaubt, drückt sich darin vielleicht der Umstand aus, daß der »Führer« und Todt die Rüstungspolitik der »Blitzkriege« aufgegeben hatten und sich nun auf einen Zermürbungskrieg und die dafür erforderliche Tiefenrüstung vorbereiteten.[30] Todt kam jedoch einen Monat später bei einem Flugzeugabsturz ums Leben, und sein Nachfolger als Rüstungsminister wurde der junge Architekt und Untergebene Todts, Speer, ein treuer Anhänger Hitlers. Der »Führer« hat niemals einen geeigneteren Mann zum Minister ernannt.

Als einer der wenigen Männer, die direkten Zugang zum »Führer« hatten, nutzte der energische Speer seine Stellung und seine Gaben sehr bald dazu aus, die deutsche Industrie zu rationalisieren und zu reorganisieren. Funk war für ihn dabei kaum ein Rivale. Es gelang ihm, Göring und das Amt für den Vierjahresplan beiseite zu schieben. Im Mai 1942 wurden Thomas und das WiRüAmt aus dem OKW ausgeschieden, und die Organisation Speers erhielt die bisherigen Befugnisse Keitels und Görings. Milch und der Stellvertreter Speers, Saur, übernahmen gemeinsam die Aufgabe, die Herstellung von Jagdflugzeugen zu überwachen. Die Selbständigkeit der deutschen Kriegsflotte wurde wesentlich eingeschränkt. Die Sauckel unterstehenden Arbeitskräfte blieben jedoch außerhalb des Zuständigkeitsbereichs von Speer.

Nach der Proklamierung des »totalen Krieges« waren zwar die Maßnahmen durchaus noch nicht so total, wie man es hätte erwarten können, aber die deutsche Rüstungsproduktion begann sich sofort in bemerkenswerter Weise zu erhöhen. 1941 stellte die deutsche Flugzeugindustrie nur 11.000 Militärflugzeuge her, und davon waren 10 Prozent Übungsmaschinen. 1942 war die Produktionsziffer auf nur 14.700 gestiegen, aber 1943 waren es 25.200, 10 Prozent davon Übungsflug-

30 Ebenda, S. 56–67.
29 *Milward*, The German Economy at War, S. 93.

zeuge. 1944 überholte die deutsche Flugzeugindustrie die sowjetische und stellte 34.300 Militärflugzeuge her, darunter 3200 Übungsflugzeuge. Dabei muß man allerdings bedenken, daß mehr Jagdflugzeuge als Bomber gebaut wurden.

Bei der Herstellung von Panzern gab es eine ähnliche Steigerung. 1941 wurden 2875 mittlere Panzer und Sturmgeschütze und 2200 leicht gepanzerte Fahrzeuge aller Art gebaut. 1942 produzierte Deutschland 4300 mittlere Panzer und Sturmgeschütze und 1200 Geschütze auf gepanzerter Selbstfahrlafette. 1943 gab es gewisse Schwierigkeiten bei der Erhöhung der Gesamtzahl der hergestellten Panzer, weil der Panzer III aus der Produktion genommen und die Typen V und VI neu aufgelegt wurden, aber immerhin umfaßte die Gesamtproduktion 6700 mittlere, 2500 schwere Panzer und 2600 Geschütze auf gepanzerter Selbstfahrlafette. 1944 näherten sich die Produktionsziffern denen der Sowjetunion. Es wurden 11000 mittlere Panzer und Sturmgeschütze, 1600 Panzerzerstörer und 5200 schwere Panzer hergestellt, zusammen 17.800 mittlere und schwere Panzer und Sturmgeschütze. Dazu kamen 1200 Geschütze auf gepanzerter Selbstfahrlafette und 10.000 leichte gepanzerte Fahrzeuge aller Art. Aber noch mehr fielen die Verbesserungen an den deutschen Panzerfahrzeugen ins Gewicht, durch welche die Unterlegenheit ausgeglichen werden sollte, die 1942 und 1943 gegenüber den sowjetischen Panzern bestanden hatte; denn die Typen »Tiger« und »Königstiger« waren den sowjetischen KW-Panzern überlegen, während der verbesserte Panzer V, der mit einem stärkeren Geschütz ausgerüstete Panzer IV und die Sturmgeschütze dem T34 gleichwertig waren. 1942 erzeugte Deutschland 12.000 Geschütze mit einem Kaliber von 7,5 cm und mehr und 2400 Panzergeschütze. 1944 waren es 40.600 Geschütze und 15.300 Panzergeschütze.[32]

Hitler und seine Berater hatten aus Unwissenheit und Leichtsinn den Ernst der Lage Deutschlands viel zu spät begriffen. Drei Jahre, in denen die Ausrüstung der deutschen Streitkräfte wesentlich hätte verbessert werden können, waren fast ungenützt verstrichen. Trotzdem hatte Deutschlands Rüstungslage sich 1943 im Vergleich zur Sowjetunion erheblich verbessert, und es hatte den Anschein, als werde diese Entwicklung sich fortsetzen. Die Beschaffung der für die Rüstung notwendigen Rohstoffe bereitete immer noch gewisse Schwierigkeiten, denn 47 Prozent des in Deutschland benötigten Eisenerzes mußten eingeführt werden, hauptsächlich aus Schweden und Frankreich. Dazu kamen 100 Prozent des erforderlichen Mangans und Bauxits, deren Hauptlieferanten Rußland und der Balkan waren, 45 Prozent des benötigten Kupfers, das Schweden lieferte, 75 Prozent des Wolframs, das aus Portugal kam, und 100 Prozent des benötigten Chroms, das in der Türkei beschafft werden mußte.[33] Nur etwa 30 Prozent des in Deutschland benötigten Rohöls

31 Der neue sowjetische schwere Panzer »Josef Stalin« war schon in die Produktion gegangen, wurde aber erst Mitte 1944 in Dienst gestellt.

32 Speer Papers, FD 2690/45 Bd. 10 (Flensburg Collection), Statistische Schnellberichte zu Kriegsproduktion; s. a. *Janssen,* Das Ministerium Speer, S. 332–339.

33 *Janssen,* Das Ministerium Speer, S. 374, Fn. 74; *Medlicott,* The Economic Blockade, Bd. 2, Appendix I, S. 665–668.

wurde aus Rumänien importiert, und diese Importe wurden durch Transportschwierigkeiten behindert.[34] 1943 hatte Deutschland hohe Verluste an Menschenleben gehabt, die besonders insofern sehr ernst waren, als ein hoher Prozentsatz erfahrener junger Truppenoffiziere gefallen waren. Allerdings waren diese Verluste, gemessen an der gesamten Bevölkerungszahl, nicht entscheidend und nicht so hoch wie die Menschenverluste der Sowjetunion.

Stalin soll nach seiner Rückkehr aus Teheran seinen höheren Offizieren gesagt haben, wenn Roosevelt sein Versprechen, 1944 in Westeuropa eine zweite Front zu errichten, nicht halte, sei die UdSSR stark genug, um mit Hitlerdeutschland fertig zu werden.[35] Wenn er das wirklich behauptet hat, dann muß man daran zweifeln, ob seine Worte seinem damaligen nüchternen und überlegten Urteil entsprochen haben. 1943 war es der UdSSR gelungen, sich aus einer höchst gefährlichen Lage zu befreien, und sie konnte jetzt zuversichtlicher in die Zukunft blicken. Sie rang nicht mehr nur um das Überleben, und die Zermürbungsschlachten sowie die russischen Winter hatten dem deutschen Heer viel von seiner Offensivkraft genommen. Aber Deutschland war immer noch sehr stark und konnte, wenn es eine Atempause bekam, die Schlagkraft seiner Streitkräfte wieder steigern, wie es das mit der Leistungsfähigkeit der Rüstungsindustrie schon getan hatte. Die Rote Armee hatte es nur mit einem Teil des deutschen Kriegspotentials zu tun, und wenn man die Verteilung der deutschen Streitkräfte und Menschenreserven analysiert, kann man kaum glauben, daß die UdSSR allein in der Lage gewesen wäre, Deutschland niederzuringen. Die Sowjetunion brauchte die anglo-amerikanische Intervention auf dem europäischen Festland ebenso notwendig wie die Briten und Amerikaner die Bindung deutscher Streitkräfte durch die Rote Armee in Rußland; denn ohne eine erste hätte es eine zweite Front nicht geben können. Die Partner dieses seltsamen Bündnisses fürchteten ständig, es könne den deutschen Intrigen gelingen, das Bündnis zu sprengen.

Während die Sowjetunion 1944 32.000 Flugzeuge und 29.000 Panzer herstellte, lag die Produktionsziffer der Anglo-Amerikaner bei 120.000 Militärflugzeugen und mehr als 22.000 Panzern.[36] Die quantitative Überlegenheit der Rüstung der Vereinigten Staaten, des britischen Commonwealth und des Empire sowie der UdSSR ist von einer Quelle auf neun zu zwei geschätzt worden.[37]

Die beiden Westalliierten hatten die neutralen Länder, die gezwungen gewesen waren, die für Deutschlands Rüstungsindustrie so wichtigen strategischen Rohstoffe

34 1943 wurden in Deutschland fast sieben Millionen Tonnen Rohöl und synthetisches Öl erzeugt. Aus Rumänien wurden hauptsächlich auf dem Wasserweg über die Donau weniger als drei Millionen Tonnen importiert.

35 *Schukow*, Wospominanija i Rasmyšlenija, S. 538.

36 Produktionsziffern für 1944: Großbritannien 26.000 Flugzeuge und etwa 5000 Panzer; USA 96.300 Flugzeuge und 17.500 Panzer. 1943 erzeugten die USA 29.500 Panzer. United States in World War II – The Ordonance Department – Procurement and Supply, S. 263; Buying Aircraft – Material Procurement for the Army Air Forces, S. 555; Statistical Digest of the War, HMSO 1951.

37 *Milward*, The German Economy at War, S. 102.

zu liefern, unter starken diplomatischen, wirtschaftlichen und militärischen Druck gesetzt. Das ging sogar so weit, daß sie Rohstoffe ankauften, für die sie selbst keine Verwendung hatten, und als Folge dieser Maßnahmen verringerten sich die Lieferungen aus Spanien, Portugal, Schweden und der Türkei und hörten in manchen Fällen sogar ganz auf.[38]

Hitler mußte sich schließlich mit der Realität abfinden, daß die Errichtung einer zweiten Front am Atlantik oder an der französischen Kanalküste kurz bevorstand. Er setzte seine Hoffnungen jedoch auf die Fähigkeit Deutschlands, die Anglo-Amerikaner in die See zurückzuwerfen, und wenn dies gelungen war, wollte er alle Kräfte gegen die Sowjetunion einsetzen.[39] Am 3. November hatte er in der »Weisung Nr. 51« den deutschen Streitkräften in Westeuropa die absolute Priorität bei der Versorgung mit Mannschaftsersatz und Ausrüstung zugesprochen, und das bedeutete, daß die Ostfront in den nächsten Monaten nichts erhalten sollte.

Wenn man von Februar 1944 an mit einer anglo-amerikanischen Invasion in Frankreich rechnen mußte, so stand es fest, daß noch vor Februar eine sowjetische Winteroffensive gegen die baltischen Staaten und Weißrußland erfolgen würde. Während des ganzen Jahres 1943 hatten Hitler und viele seiner höheren Truppenführer und Stäbe geglaubt, die Rote Armee sei der völligen Erschöpfung nahe, und waren immer wieder davon überrascht gewesen, wie schnell und mit welcher Stärke die sowjetischen Fronten zur Offensive übergegengen waren. Die Ursachen für die deutschen Rückschläge waren 1943 die gleichen, die auch die Niederlagen im Jahr 1942 zur Folge gehabt hatten; Mangel an Nachschub, besonders an Kraftfahrzeugen und Kraftstoff und die starre Defensivstrategie des »Führers«. Durch diese beiden Faktoren verlor Deutschland sowohl die strategische als auch die taktische Initiative. Die höheren militärischen Führer haben Hitler mit Recht vorgeworfen, daß er gefordert habe, jeden Fußbreit Bodens zu halten, und gesagt, wer alles verteidigen wolle, verteidige in Wirklichkeit nichts. Kluge hatte recht, als er dem »Führer« am 14. Oktober sagte, die Sowjets hätten ihre Erfolge nicht so sehr ihrer überwältigenden zahlenmäßigen Überlegenheit zu verdanken, als vielmehr der Beweglichkeit der sowjetischen Truppen und der Fähigkeit, an entscheidender Stelle während der Schlacht Schwerpunkte zu bilden. Sowjetische Historiker vertreten den gleichen Standpunkt.[40]

Deutschland war in eine ausweglose Situation geraten. Es konnte gegen die Koalition der drei Mächte nicht mehr siegen, und die Zeit war gekommen, unter möglichst günstigen Bedingungen Frieden zu suchen. Aber nach ihrem großen Sieg bei Stalingrad waren die Sowjets viel zu stolz, um auf irgendwelche Friedensouvertüren zu hören.[41] Es kann auch sein, daß Stalin an ein viel weiter gestecktes

38 *Medlicott*, The Economic Blockade, Bd. 2, S. 607 und 658.
39 *Heiber*, Hitlers Lagebesprechungen, 20. Dezember 1943, S. 444.
40 Istorija, Bd. 4, S. 21.
41 Anm. d. Hrsg.: Es folgten jedoch im Juni und im September 1943 weitere Friedensinitiativen Stalins. Vgl. hierzu Peter Kleist: Zwischen Hitler und Stalin. Bonn 1950, S. 243 ff.

Ziel dachte, an die Ausdehnung des kommunistischen Einflusses und der sowjetischen Macht bis nach Mittel- und Südosteuropa. Als Japan 1943 – wahrscheinlich auf eigene Initiative – einen Frieden zwischen der UdSSR und Deutschland vorschlug, wurde dieser Vorschlag von Moskau sofort zurückgewiesen.[42]

Goebbels kam im Herbst nach Rastenburg und stellte fest, daß die Stimmung im Führerhauptquartier im Hinblick auf die Gesamtkriegslage sehr gedrückt war, und er versuchte festzustellen, wem Deutschland die ersten Friedensangebote machen solle, den Russen oder den Anglo-Amerikanern. Goebbels selbst drängte Hitler, es mit Stalin zu versuchen. Der »Führer« scheint aber geglaubt zu haben, es sei leichter, sich mit den Engländern zu einigen. Anfang 1944 drängte Goebbels noch mehr auf einen Frieden mit der UdSSR.[43] Der »Führer« lehnte diese Vorschläge ab.

Es wäre undenkbar gewesen, daß die Vereinigten Staaten oder Großbritannien mit Hitler, den Mitgliedern seines Regimes oder seiner politischen Partei Verhandlungen aufgenommen oder Verträge geschlossen hätten, an denen die Sowjetunion nicht beteiligt gewesen wäre. Obwohl Hitler mit Differenzen zwischen den drei Alliierten rechnete, sie gefördert und von ihnen profitiert hätte, muß man bezweifeln, daß er jemals wirklich daran gedacht hat, es könne ein Separatfrieden mit den Anglo-Amerikanern geschlossen werden. Er hatte sich durch die Behandlung der besetzten Teile von Europa mit einem grausigen Schuldkonto belastet und alle Brücken hinter sich verbrannt. Für ihn galt der Grundsatz alles oder nichts, Sieg oder Vernichtung, und er konnte nicht daran zweifeln, welche Behandlung ihm und einem besiegten Deutschland bevorstand. Da er von seiner Mission überzeugt war, kamen Rücktritt oder Selbstmord nicht infrage. Das deutsche Heer hätte ihn und seine Regierung zwar stürzen können und, nachdem es selbst ein neues Staatsoberhaupt eingesetzt hätte, um Frieden bitten können. Aber Hitler hatte sich gegen einen Staatsstreich dadurch gesichert, daß er die Polizei und die Geheimdienste unter Himmler vereinigte und zahlreiche SS-Verbände aufstellte, die dem deutschen Heer nicht unterstanden. Die Luftwaffe und die Kriegsmarine standen treu hinter dem nationalsozialistischen Regime, und der Versuch des Heeres, den »Führer« abzusetzen, hätte zum Bürgerkrieg führen können. Von den Generälen des Heeres in höheren Stellungen hätte man dies auch nicht erwarten können, denn sie verdankten Rang und Stellung dem »Führer«, und die überzeugten Gegner Hitlers unter ihnen waren inzwischen längst entlassen worden. Goebbels schreibt in seinem Tagebuch nach dem Sturz Mussolinis, er sei fest davon überzeugt, daß ein Militärputsch unmöglich sei, wenn man »die Mentalität der deutschen Generäle« in Rechnung ziehe.[44]

Die Generäle standen zum größten Teil auf seiten Hitlers, aber trotzdem war der »Führer« schon seit einiger Zeit mit der Entschlußfreudigkeit und der politi-

42 Bericht des japanischen Außenministers Shigemitsu. Kriegstagebuch des OKW, Bd. 3, S. 1521.

43 Goebbel's Diary, 10. September 1943, S. 341 und 347; Kriegstagebuch des OKW, Bd. 4, S. 57.

44 Goebbel's Diary, 23. September 1943, S. 382–383.

schen Haltung seiner höheren Offiziere unzufrieden und war überzeugt, daß Armeen, deren geistige Grundlage eine starke Staatsideologie sei, denjenigen in bürgerlichen Staaten überlegen seien. Er glaubte, die Rote Armee sei durch die Einführung der politischen Kommissare wesentlich gestärkt worden, und für die letzten achtzehn Monate hatte er sein eigenes Kommissarsystem in die deutsche Wehrmacht eingeführt. Die deutsche Armee wurde mit nationalsozialistischen Führungsoffizieren durchsetzt, obwohl ihre Treue zum »Führer« ebenso unbestritten war wie die der Mehrheit des deutschen Volkes.[45]

Selbst wenn das Heer Hitler und die nationalsozialistische Regierung mit Gewalt beseitigt und zugleich das deutsche Volk auf seine Seite gezogen hätte, dann hätte man im Ausland einer Militärregierung ebensowenig getraut wie dem Hitlerregime, und es ist höchst unwahrscheinlich, daß Deutschlands Gegner nach der Erklärung von Casablanca 1943, in der die bedingungslose Kapitulation gefordert wurde, einem Frieden zugestimmt und dabei auf die Besetzung ganz Deutschlands verzichtet hätten. Der Gedanke, daß sowjetische Truppen deutschen Boden betreten könnten, erfüllte Soldaten und Zivilisten mit Schrecken, weil man die von den Partisanen, den Soldaten der Roten Armee und der NKWD gegenüber Kriegsgefangenen und der Zivilbevölkerung aller Nationalitäten verübten fürchterlichen Unmenschlichkeiten sehr genau kannte. Unter solchen Umständen blieb dem deutschen Volk nichts übrig, als bis zum bitteren Ende weiterzukämpfen.

Hitler hätte im Interesse Deutschlands gehandelt, wenn er dem Rat Mansteins und Kluges gefolgt wäre, auf den Oberbefehl über das Heer und die Wehrmacht zu verzichten. Er wäre dann aber wahrscheinlich am Schluß des Krieges gestürzt worden, und die politische Macht wäre in die Hände seiner Gegner übergegangen. Es hätte ein General zum Oberbefehlshaber des Heeres und der Luftwaffe ernannt werden müssen, aber es gab nur sehr wenige höhere Offiziere, die über die für dieses Amt erforderlichen Kenntnisse und das notwendige selbständige Denken verfügten. Rundstedt, Bock oder Manstein wären jedoch eher geeignet gewesen als die Vertreter der neuen Schule wie Guderian und Rommel, die beide Taktiker waren, denen es an der notwendigen Bildung fehlte und die einen zu geringen Überblick besaßen, um mit dem Oberkommando betraut zu werden.

Um die strategischen Fronten zu verkürzen und Reserven zu bilden, wäre es notwendig gewesen, sich sofort aus den baltischen Staaten, Weißrußland, der Ukraine und der Krim, aus Italien, Frankreich, Skandinavien und dem Balkan zurückzuziehen. Damit wäre es vielleicht auch noch zu so später Stunde möglich gewesen, den Vormarsch der Roten Armee im Osten zum Stehen zu bringen, vorausgesetzt, daß Deutschland nicht an zwei Fronten kämpfen mußte. Aber eine anglo-amerikanische Intervention auf dem europäischen Festland hätte das Schicksal Deutschlands wahrscheinlich dennoch entschieden, wie Hitler das selbst vorausgesehen hatte. Selbst wenn die deutschen Generäle und der Generalstab die

45 Ebenda, 8. Mai 1943, S. 277.

ihnen zustehende Aufgabe, alle Operationen zu leiten, übernommen hätten, hätten sie in dieser Lage wahrscheinlich kaum mehr erreichen können, als den Krieg zu verlängern, ohne das Kriegsglück zu Deutschlands Gunsten zu wenden.

17. Kapitel

Deutsche Niederlagen bei Leningrad und in der Ukraine

Die Strategie des sowjetischen Oberkommandos gründete sich auf die sofortige Wiederaufnahme einer allgemeinen Winteroffensive in der Hoffnung, man werde den Gegner damit überraschen. Dabei beabsichtigte man, sowohl im Raum Leningrad als auch in der Ukraine anzugreifen, um das sowjetische Gebiet bis zur alten Grenze zu den baltischen Staaten und Rumänien vom Feinde zu säubern. Im Mittelabschnitt der Ostfront sollte der Druck aufrecht erhalten werden, um die Deutschen daran zu hindern, daß sie ihre Flanken verstärkten.

Die zweieinhalb Monate vorbereitete Offensive im Norden sollte von Goworows Leningrader Front gegen den linken Flügel der exponierten deutschen 18. Armee geführt werden, und zwar aus dem Brückenkopf bei Oranienbaum und aus dem Raum südlich von Leningrad, während die Wolchowfront unter Merezkow der 18. Armee in die rechte Flanke stieß und den Hauptstoß aus dem Raum nördlich des Ilmensees bei Nowgorod führte. Das Hauptziel der Offensiven bei Leningrad und am Wolchow war die doppelte Umfassung und Vernichtung der 18. Armee unter Lindemann. Weiter im Süden sollte die 2. Baltische Front unter Popow die deutsche 16. Armee in Kämpfe verwickeln und binden.

Die drei Fronten verfügten zusammen über Kräfte in Stärke von 105 Schützendivisionen und 12 Panzerbrigaden. Die Leningrader Front und die Wolchowfront allein waren der deutschen 18. Armee an Panzern und Flugzeugen mindestens im Verhältnis von sechs zu eins überlegen.[1] Auf deutscher Seite hatte der Oberbefehlshaber der Heeresgruppe Nord, v. Küchler, nachdem er während der vergangenen Monate einige Divisionen an Manstein hatte abgeben müssen, vierzig Infanteriedivisionen, eine Panzergrenadierdivision und zwei Gebirgsdivisionen zur Verfügung, um eine 800 Kilometer breite Front in stark bewaldetem, sumpfigen Gelände zu halten.[2]

Im Herbst hatte sich Küchler darauf vorbereitet, auf die »Pantherlinie« nahe der Grenze zwischen den baltischen Staaten und der Sowjetunion von 1940 zurückzugehen, da es beabsichtigt war, das Gebiet systematisch zu räumen, bevor der eigentliche Truppenrückzug begann. Man rechnete mit einem sowjetischen Angriff, obwohl Hitler daran zweifelte, daß er so bald erfolgen werde, wie Küchler glaubte. Küchler hielt es für richtig, den Rückzug auf die »Pantherlinie« zu beginnen, ehe die sowjetischen Truppen zur Offensive angetreten seien, aber Hitler

1 Istorija, Bd. 4, S. 33–34.
2 OKH Kriegsgliederung, 26. Dezember 1943.

weigerte sich, seinem Ersuchen stattzugeben. Er sagte, er wolle das Gebiet nicht freiwillig räumen, weil dies mit Sicherheit den Kriegsaustritt Finnlands zur Folge haben werde.

Am 14. Januar griff Goworow aus dem Brückenkopf bei Oranienbaum an, der von Luftwaffenfelddivisionen eingeschlossen war, die unter dem Befehl des Kommandierenden Generals des III. SS-Panzerkorps, Steiner, standen. Nach schweren Kämpfen begannen die deutschen Verteidiger, Gelände aufzugeben. Einen Tag später griffen sowjetische Truppen aus dem Raum südlich von Leningrad über die Newa an, während andere im Raum Mga einen Ablenkungsangriff führten, sich am 19. Januar mit den die Deutschen umfassenden sowjetischen Verbänden vereinigten und deutsche Truppen bei Peterhof abschnitten.

Weiter im Osten sollte die Wolchowfront unter Merezkow den Mittelabschnitt Lindemanns binden und zugleich in die Südflanke der deutschen 18. Armee stoßen. Die sowjetischen Truppen vor dem Mittelabschnitt der 18. Armee waren so erfolgreich, daß sie das deutsche XXVI. Korps einschließen konnten.

Der Umfassungsangriff der Wolchowfront weiter südlich bei Nowgorod richtete sich ebenfalls gegen eine Luftwaffenfelddivision an der Abschnittsgrenze zwischen der deutschen 16. und 18. Armee. Nach anfänglichen Erfolgen kam er jedoch nur langsam voran, da eine Unterstützung durch sowjetische Flugzeuge und Artillerie infolge schlechten Wetters und schlechter Sicht schwierig war, und die Panzer im sumpfigen Gelände stecken blieben. Südlich von Nowgorod hatten die Truppen der Roten Armee jedoch mehr Erfolg, als sie im Schneesturm den zugefrorenen Ilmensee überschritten und deutsche Truppen im Raum der Stadt Nowgorod abschnitten.

Küchler, der die sowjetische Absicht, die 18. Armee an beiden Flanken zu umfassen, erkannt hatte, drängte den »Führer« vergeblich, ihm zu erlauben, die exponierten Armeekorps bis an eine Auffangstellung an der Rollbahn zurückzunehmen. Trotz seiner energisch vorgebrachten Bitten versprach man ihm jedoch nur eine Panzerdivision der Heeresgruppe Mitte zur Verstärkung. Der »Führer« lehnte es ab, den bei Nowgorod eingeschlossenen Truppen den Ausbruch zu erlauben, und als er diesen Entschluß endlich zurücknahm, war es schon zu spät. Die gleichen Schwierigkeiten ergaben sich beim Zurückgehen auf die Auffangstellung an der Rollbahn, denn als die Erlaubnis eintraf, hatte der Druck des feindlichen Angriffs gegen die deutschen Stellungen sich schon so sehr verstärkt, daß auch die Rollbahn nicht mehr gehalten werden konnte.

Die Verhältnisse im Abschnitt am Wolchow waren schon von jeher für Deutsche und Russen außerordentlich hart gewesen. Während der beiden vergangenen Jahre hatte es hier kaum irgendwelche Bewegungen gegeben, und vielerorts war es in den dichten und sumpfigen Wäldern nur zum Stellungskrieg gekommen. Wohl waren die deutschen Verteidiger bereits an Strapazen gewöhnt, aber die sowjetische Offensive überfiel sie mit einer Heftigkeit, die niemand erwartet hatte, und es kam zu so blutigen Gefechten, wie sie noch kaum einer der daran Beteiligten erlebt hatte.

Am Abend des 19. Januar erhielten die bei Nowgorod eingeschlossenen Truppen der 28. leichten Division den Befehl auszubrechen. Die Schwerverwundeten mußten in den Ruinen der Stadt zurückgelassen werden. Ärzte und Sanitäter blieben freiwillig bei ihnen. Jeder, der eine Waffe tragen konnte, einschließlich der Leichtverwundeten, versuchte sich im Schutz der Dunkelheit zurückzuziehen. An anderer Stelle, weiter im Nordosten, gingen die deutschen Truppen unter schwerem feindlichen Artilleriefeuer zurück, während die Rote Luftwaffe jede Bewegung am Boden mit Maschinengewehren und Bomben angriff. Die deutschen Truppenteile gerieten durcheinander, und Versprengte, Urlauber und Gepäckwagenfahrer wurden in die Kämpfe verwickelt. Die Soldaten litten unter der Nässe, dem Mangel an Schlaf und dem Ausbleiben der Verpflegung. Wenn die Führer der Versorgungseinheiten nicht sehr energisch durchgriffen, um den Kontakt mit der kämpfenden Truppe aufrecht zu erhalten, kamen die Verpflegungsfahrzeuge nicht mehr durch. Die Luftwaffendivisionen lösten sich auf, und in einigen Infanterieregimentern fielen fast alle Regiments- und Bataillonskommandeure oder wurden verwundet. Die Infanteriedivisionen waren schließlich zum Teil nur noch 500 Mann stark. Überall an der Front verbreiteten sich Schreckensgerüchte, und in einigen Fällen kam es zu Panik und Flucht. Die wichtigste deutsche Eisenbahnkopfstation, Gatschina, wo unzählige deutsche Soldaten ihren Heimaturlaub angetreten und auch wieder beendet hatten, wurde von den schweren sowjetischen Schiffsgeschützen aus dem finnischen Golf unter Beschuß genommen und konnte sehr bald nicht mehr verwendet werden.[3]

Am 28. Januar befahl Küchler auf eigene Verantwortung den Rückzug der 18. Armee bis zur Flußlinie der Luga, obwohl er Hitler nicht versprechen konnte, daß es gelingen werde, diese Stellung zu halten. Hitler, der die Tatsache unbeachtet ließ, daß die 18. Armee in ihren ursprünglichen Stellungen eingeschlossen worden wäre, behauptete später, Küchler sei an allem Schuld, da er den Rückzug vorgeschlagen habe.

Am gleichen Tage beschwerte er sich bei der mittäglichen Lagebesprechung bitter bei Zeitzler darüber, daß die Erfahrungen der letzten drei Jahre bewiesen hätten, wenn man eine Stellung aufgebe, um die Front zu verkürzen oder eine besser geeignete Stellung zur Verteidigung auszubauen, die neue Stellung nie habe gehalten werden können.[4] Am 29. Januar wurde Küchler entlassen und durch Model abgelöst, der sich den Ruf eines Löwen in der Verteidigung erworben hatte.

Am 15. Februar mußte Hitler dem Rückzug der Heeresgruppe Nord zustimmen, die das russische Gebiet bis zur »Pantherlinie« räumte. Darauf bat Finnland Moskau um einen Waffenstillstand.

Die Lage bei der deutschen Heeresgruppe Süd in der Ukraine hatte sich sehr rasch verschlechtert. Die Truppen Mansteins befanden sich immer noch in einer sehr ungünstigen Stellung, waren über die ganze Südukraine auseinandergezogen, und der Abschnitt reichte von Koroston bis zum Dnjeprbogen und bot dem Gegner einen schwer zu verteidigenden Frontbogen zum Angriff an. Nikopol und Kriwoi

3 *Pohlmann*, Wolchow, S. 112–125.
4 *Heiber*, Hitlers Lagebesprechungen, S. 532.

Rog mußten auf ausdrücklichen Befehl Hitlers gehalten werden, obwohl die Bergwerke nicht mehr in Betrieb waren und der Verlust des Gebietes die deutsche Wirtschaft nicht vor ein unlösbares Problem gestellt hätte.[5] Die gefährliche Bedrohung entwickelte sich jedoch auch weiterhin an der linken Flanke der Heeresgruppe Süd, wo der sowjetische Frontbogen südwestlich von Kiew, der von der 1. Ukrainischen Front gehalten wurde, leicht die Truppen Mansteins von der Heeresgruppe Mitte unter Busch abschneiden konnte.

Aber auch die Fronten der Roten Armee in der Ukraine hatten ihre Schwierigkeiten. Der Winter hatte im Süden sehr milde begonnen, und das Tauwetter mit Regen und Schlamm begann Ende Dezember viel zu früh für die Jahreszeit. Die rückwärtigen Verbindungslinien der Roten Armee erstreckten sich über 480 Kilometer, und daraus ergaben sich erhebliche Versorgungsschwierigkeiten. Nur 50 Prozent der Kraftfahrzeuge an der Ukrainischen Front waren fahrbereit, und die Mannschaftsstärke der meisten Schützendivisionen in der Westukraine lagen weit unter der Kriegsstärke, obwohl man energische Maßnahmen ergriffen hatte, um die Fehlstellen aufzufüllen, und zahlreiche ukrainische Zivilisten in die Armee eingezogen worden waren. Die Flugplätze hatten durch Regen und Überschwemmungen ganz besonders gelitten.[6]

Ohne sich durch diese Schwierigkeiten abschrecken zu lassen hatte das sowjetische Oberkommando seine Offensive an der ganzen Front immer wieder aufgenommen. Die 1. und die 2. Ukrainische Front erhielten den Befehl, in südwestlicher Richtung parallel gegen Winniza und Perwomaisk vorzustoßen, während die 3. und 4. Ukrainische Front konzentrisch gegen Nikopol und Kriwoi Rog vorgingen. Die erste Phase der Offensive sollte durch die 63 Schützendivisionen der 1. Ukrainischen Front unter Watutin geführt werden.[7]

Am Morgen des 24. Dezember begann der Angriff gegen die 4. Panzerarmee unter Raus, und im Fortschreiten verbreiterte sich die Front der Stoßarmee unter Watutin bis auf 320 Kilometer. Watutins Hauptstoß erfolgte im Zentrum mit zwei Panzerarmeen und drei Schützenarmeen, die nach Südwesten vorstießen, während jeweils zwei an den Flanken angreifende Schützenarmeen fächerförmig gegen Westen und Südwesten vorgingen.

Obwohl der »Führer« nach außenhin die guten persönlichen Beziehungen zu Manstein aufrecht erhielt, war er ihm in Wirklichkeit sehr feindlich gesonnen, und Mansteins Vorschlag, den Dnjeprbogen zu räumen und das Hauptquartier seiner Heeresgruppe von Winniza nach Lemberg zu verlegen, löste bei Gesprächen Hitlers mit Zeitzler, Jodl und anderen die harte Kritik und den bitteren Sarkasmus des »Führers« aus.[8] Manstein hatte Hitler schon vorher um die Erlaubnis gebeten, die

5 Speer hat später gesagt, durch den Verlust von Kriwoi Rog und Nikopol wären keine besonderen Schwierigkeiten entstanden. *Speer* Papers, FD 2690/45, Bd. 12 (Flensburg Collection).
6 Istorija, Bd. 4, S. 57–58.
7 *Schukow,* Wospominanija i Rasmyšlenija, S. 542.
8 *Heiber,* Hitlers Lagebesprechungen, S. 486–487 und 493.

1. Panzerarmee an den linken Flügel zu verlegen und den Dnjeprbogen zu räumen, aber der »Führer« hatte ihm daraufhin nur versprochen, drei Divisionen im Bahntransport heranzuführen, die jeweils von der Heeresgruppe A, der Heeresgruppe Mitte und der Heeresgruppe Nord abgezogen werden sollten. Da diese Divisionen nicht mehr rechtzeitig eintrafen, um zur Abwehr eingesetzt zu werden, ließ Manstein fünf Tage nach Beginn der Offensive Watutins den Stab der 1. Panzerarmee zusammen mit einer Infanteriedivision und drei Panzerdivisionen auf eigene Verantwortung aus dem Dnjeprbogen an seinen linken Flügel rücken. Er fügte sich jedoch insofern der Strategie Hitlers, als die 8. Armee unter Wöhler auch noch weiter einen Teil des Dnjeprbogens westlich der 6. Armee Hollidts hielt, die tief im Frontbogen bei Nikopol stand.

Obwohl die 1. Panzerarmee unter Hube die angegriffene 4. Panzerarmee entlasten und die rechte Hälfte ihres Abschnitts übernehmen sollte, während Raus an der linken Flanke einen breiteren Abschnitt besetzte, mußten beide Armeen vor Watutins Angriff zurückweichen, der die deutsche Eisenbahnverbindung zwischen Lemberg und Odessa bedrohte, die sowohl für den rechten Flügel der Heeresgruppe Süd als auch für die Heeresgruppe A lebenswichtig war. Die 1. Ukrainische Front kämpfte sich weiter voran, zuerst stetig und dann immer rascher.

Am 5. Januar begann die 2. Ukrainische Front unter Konjew im dichten Nebel ihre Offensive. Diesmal richtete sich der Angriff gegen die weiter im Osten stehende deutsche 8. Armee unter Wöhler.[9] Die Offensive der 2. Ukrainischen Front unter Konjew bestand aus einem Vorstoß gegen einen verhältnismäßig schmalen, etwa 100 Kilometer breiten Frontabschnitt zwischen Tcherkassy und Starodub ostwärts des Angriffsstreifens von Watutin und wurde mit der Hauptrichtung nach Südwesten gegen Kirowograd geführt. Man hoffte, dadurch einen Teil der 8. Armee zu umgehen, die das Südufer des Dnjepr zwischen Tscherkassy und Korsum verteidigte, und schließlich die deutschen Verbände von zwei Seiten einzuschließen, indem man sich mit den Kräften Watutins im Rücken der Deutschen vereinigte.[10]

Der erst vor wenigen Tagen aus Deutschland eingetroffene Kommandierende General des XLVII. Panzerkorps, Vormann, berichtet über den Zustand der drei Panzerdivisionen, einer Panzergrenadierdivision und der vier Infanteriedivisionen zur Zeit der Übernahme des Kommandos. Die Panzerdivisionen waren kaum stärker als Panzerregimenter, und die Infanteriedivisionen entsprachen je einem durch schwere Waffen verstärkten Infanterieregiment. Die 2. Fallschirmdivision unter Ramcke war nur noch 3200 Mann stark und verteidigte einen mehr als 20 Kilometer breiten Frontabschnitt. Die 10. Panzergrenadierdivision hielt mit 3700 Mann einen 16 Kilometer breiten Abschnitt. Das Gelände war tief verschneit, und die Temperatur lag unter minus 20 Grad Celsius. Jeder Stellungswechsel eines Infanteristen über wenige hundert Meter bedeutet, daß er sich ein neues Schützen-

9 *von Manstein,* Lost Victories, S. 501–503.
10 Istorija, Bd. 4, S. 61; *Schukow,* Wospominanija i Rasmyšlenija, S. 546.

loch graben und vor dem Artilleriefeuer und der Kälte schützen mußte, und das war bei dem steinhart gefrorenen Boden sehr oft nicht möglich.

Die Kampfmoral der deutschen Truppen blieb gut, aber wie Vormann berichtet, zweifelten viele Soldaten an der Zukunft und dem Ausgang des Krieges. Briefe aus der Heimat sprachen von den verheerenden Bombenangriffen und den immer schärfer werdenden Polizeikontrollen. Wenige konnten die offenbar sinnlosen, augenscheinlich von höchster Stelle kommenden Befehle verstehen. Die meisten wußten, daß man nicht hoffen durfte, von den Gegnern im Westen oder Osten annehmbare Friedensbedingungen zu erhalten, und der »Führer« blieb für alle die letzte Rettung. Für den Feldsoldaten war Hitler der Oberbefehlshaber des Heeres, und in seinen Augen gab es keinen militärischen Führer, der genügend Ansehen besaß, um an des »Führers« Stelle zu treten.[11]

Der deutsche Abhördienst hatte feindliche Funksprüche abgefangen, aus denen hervorging, daß eine Offensive bevorstand. Die Russen machten sich kaum mehr die Mühe, die Angriffsvorbereitungen zu verschleiern. Die Offensive begann in der gewohnten Weise mit einem eine halbe Stunde dauernden, vernichtenden Feuerschlag der Artillerie, auf den schwere Panzer- und Infanterieangriffe folgten. Vormann stellte fest, daß die sowjetische höhere Führung den Angriff zwar gut vorbereitet hatte, die Rote Armee aber immer noch an ihren früheren Schwächen litt. Es fehlte ihr an Beweglichkeit und an einem klar konzipierten Feuerplan der Artillerie. Die unteren Truppenführer zeigten zu wenig Initiative, und die mangelhaft ausgebildete Infanterie, die den Deutschen im Verhältnis acht zu eins überlegen war und zum großen Teil aus frisch eingezogenen Leuten bestand, denen die Deutschen die Bezeichnung »Beutesoldaten« gaben, taugte nicht viel.

Durch die Einbrüche der 1. und 2. Ukrainischen Front ostwärts und westlich des Raumes Korsun war ein deutscher Frontbogen südwestlich von Tscherkassy, der von den Truppen der 1. Panzerarmee und der 8. Armee verteidigt wurde, in eine stark exponierte Lage geraten. Nun erneuerten die Verbände an den Flanken der 1. und 2. Ukrainischen Front die Offensive mit dem Ziel, diesen Frontbogen durch eine doppelte Umfassung einzuschließen. Am 28. Januar, dem gleichen Tage, an dem Hitler alle Heeresgruppen- und Armeeoberbefehlshaber nach Ostpreußen befohlen hatte, um ihnen eine Lektion über die Bedeutung des Nationalsozialismus im deutschen Heer zu erteilen, schnitt diese doppelte Umfassung das XXII. Korps unter Lieb und das XI. Korps unter Stemmermann ab. Vier Infanteriedivisionen, eine SS-Panzerdivision, eine SS-Brigade und andere Truppenteile, zusammen etwa 60.000 Mann, waren von sowjetischen Kräften, bestehend aus etwa siebenundzwanzig Schützendivisionen, vier Panzerkorps und einem motorisierten Korps in dem Kessel eingeschlossen worden.[12]

Die Heeresgruppe Süd bemühte sich sofort, einen Verband zusammenzustellen,

11 *von Vormann*, Tscherkassy, S. 46–51.

12 Istorija, Bd. 4, S. 65 und *Schukow*, Wospominanija i Rasmyšlenija, S. 553, *Konev*, Voenno-Istorieheskii Zhurnal, Februar 1969, S. 48 ff., und Juli 1969, S. 45 ff.

um die eingeschlossenen Truppen herauszuhauen; denn man wußte aus Erfahrung, daß ein Entlastungsangriff desto schwieriger wurde, je länger man ihn hinauszögerte. Alle wichtigen Entscheidungen waren jedoch dem »Führer« vorbehalten. Er wurde durch einen Telefonanruf Zeitzlers um 17.00 über die Einschließung der deutschen Kräfte unterrichtet, und nachdem er ausgerufen hatte, es sei »ein reiner Jammer«, daß die Lage sich so entwickelt habe, begann er, hier eine Division und dort eine Kampfgruppe freizumachen. Ganz unvermittelt sagte er Zeitzler, Infanterie habe keinen Wert mehr auf dem Schlachtfelde, wenn sie nicht durch Panzer oder Sturmgeschütze unterstützt werde.[13] Die 1. Panzerarmee unter Hube sollte die Schlacht gegen die sowjetische 1. Panzerarmee unter Katukow am linken Flügel abbrechen, und die 8. Armee erhielt den Befehl, das XXVII. Panzerkorps unter Vormann für die Entlastungsoperation zur Verfügung zu stellen. Manstein befahl, die 24. Panzerdivision, die im Abschnitt der 6. Armee im Dnjeprbogen stand, heranzuführen. Aber Hitler, der die Operationen an allen Fronten von seinem Schreibtisch aus leitete, ließ sie wieder in ihre alten Stellungen zurückgehen, nachdem sie den Angriff bei Tscherkassy bereits begonnen hatte, weil der Raum um Nikopol bedroht sei. Nach einem Marsch von etwa 800 Kilometern traf die Division dort viel zu spät ein und hatte weder hier noch am Ort ihres letzten Einsatzes etwas ausrichten können.[14]

Auf dem Flugplatz von Korsun gab es bereits einen Lufttransport-Rahmenverband zur Versorgung der im Schlamm steckengebliebenen vordersten Teile der 8. Armee. Dieser Verband wurde jetzt verstärkt, um die eingeschlossenen Truppen täglich mit 80 Tonnen Nachschub zu versorgen. Das Flugwetter war schlecht, denn Schnee und Regen nahmen den Piloten die Sicht.

Wöhler ärgerte sich über die Verzögerungen, die bei der Versammlung der für ein Entlastungsunternehmen heranzuführenden Truppen eintraten, und über die ihm von höherer Stelle befohlene Art des Entlastungsangriffs, der in Form einer viel zu ehrgeizigen, kaum durchführbaren Umfassung mit dem Ziel der Vernichtung des Gegners erfolgen sollte, anstatt es den eigenen Truppen zu ermöglichen, sich aus der Umfassung zu befreien. Am 4. Februar stieß das 3. Panzerkorps unter Breith zu dem links angesetzten Umfassungsvorstoß vor und blieb nach fünf Tagen unter schweren Verlusten in Blut und Schlamm stecken, so daß das Panzerkorps in seine Bereitstellungsräume zurückgenommen werden mußte.

Am 5. Februar hatte die deutsche 8. Armee Stemmermann befohlen, sich bis zum 10. Februar für das Ausbrechen aus dem Kessel bereitzustellen, aber erst am 15. Februar, dem gleichen Tage, an dem er Model erlaubte, sich auf die »Pantherlinie« zurückzuziehen, genehmigte der »Führer« den eingeschlossenen Truppen, den Umfassungsring zu zerbrechen und sich freizukämpfen. Dann begann der ganze Kessel, sich nach Süden zu verlagern, streckenweise über tief verschlammtes

13 *Heiber,* Hitlers Lagebesprechungen, 28. Januar, S. 545–547.
14 *von Manstein,* Lost Victories, S. 515; von *Senger* und *Etterlin,* 24. Panzer-Division, S. 191.

Gelände, dann wieder im Schneesturm, denn das Wetter schlug fast täglich um. Manchmal war es den Truppenkommandeuren gelungen, ihre Verbände zusammenzuhalten und geschlossen zu führen, aber die vielen Versprengten konnten oft nichts anderes tun, als sich dem nächsten Offizier zu unterstellen. Geschütze, Panzer und Fahrzeuge wurden zurückgelassen, und jeder hatte nur noch sein Gewehr oder seine Pistole, um sich gegen die unaufhörlichen Angriffe von Panzern und Infanterie zu verteidigen. Dabei zeichnete sich die SS-Division »Wiking« besonders aus. Der Kessel wurde außerdem ständig unter Artilleriefeuer genommen, und die Verluste stiegen.

Am 17. Februar nahmen die vordersten Teile die Verbindung mit dem III. Panzerkorps auf, und ein hoher Prozentsatz der eingeschlossenen Truppen entkam aus dem Kessel. Alle Kranken und Verwundeten waren ihrem Schicksal überlassen worden. Das schwere Gerät war verloren, und General Stemmermann am 18. Februar gefallen. Die Deutschen behaupteten, 30.000 Mann seien aus dem Kessel herausgekommen, während die Rote Armee meldete, 18.000 Verwundete und Gefangene sowie 50.000 Gefallene seien zurückgeblieben. Wie viele deutsche Soldaten sich bei Tscherkassy auch der Umklammerung hatten entziehen können, die Heeresgruppe Süd hatte auf jeden Fall eine schwere taktische Niederlage erlitten. Sehr viele Überlebende waren am Ende ihrer körperlichen und seelischen Kraft, und zwei kampferprobte Korps waren zerschlagen worden. Ihr Verlust sollte sich in den nun folgenden Kämpfen noch sehr schmerzlich bemerkbar machen.

Nördlich der Stellungen der 4. Panzerarmee unter Raus, die an der linken Flanke der Heeresgruppe Süd stand, war zwischen der Heeresgruppe Süd und der Heeresgruppe Mitte eine breite Lücke entstanden; denn Hitler hatte sich nicht bereitgefunden und war auch gar nicht in der Lage gewesen, im Raum Rowno eine neue Armee zu bilden, wie Manstein es gefordert hatte. Rowno, Luzk und der Eisenbahnknotenpunkt Sdolbunow wurden sehr bald genommen, und am 10. Februar fiel auch Schepetowka.

Vier Wochen früher, am 30. Januar, hatte die 3. Ukrainische Front weiter ostwärts im Dnjeprbogen das XXX. Korps unter Fretter-Pico angegriffen, das mit seinen viel zu schwachen Kräften den feindlichen Schlägen nicht gewachsen war. Das linke Dnjeprufer wurde geräumt, und am 7. Februar fiel Nikopol. Die deutschen Truppen im Dnjeprbogen wichen sehr bald dem feindlichen Druck unter Zurücklassung des gesamten Gepäcks, weil ihre Rückzugslinie gefährdet war. Am 17. Februar begann der Angriff gegen Kriwoi Rog, und fünf Tage später befand sich die Stadt in der Hand sowjetischer Truppen.

Obwohl es in der Ostukraine kaum Partisanen gegeben hatte, war die Westukraine mit ihren Wäldern und der gemischten polnisch-ukrainischen Bevölkerung eine regelrechte Brutstätte für die Partisanenbewegung; denn die Polen betrachteten Deutsche, Russen und Ukrainer als Feinde, während die ukrainischen Partisanen oft gegen die Polen und entweder für oder gegen die Rote Armee kämpften, was davon abhing, ob sie mit den Kommunisten sympathisierten oder nationalistisch eingestellt waren. Die nationalistischen Ukrainer überfielen die Soldaten und

Fahrzeuge der Roten Armee aus dem Hinterhalt, und angeblich wurde der Befehlshaber der 1. Ukrainischen Front Watutin am 29. Februar auf einer Autofahrt mit Chruschtschow bei einem solchen Angriff schwer verwundet und starb sehr bald darauf.[15] Mit ihm verlor die Rote Armee einen ihrer fähigsten Soldaten, einen Befehlshaber, der, wie Schukow berichtet, ein ausgezeichneter Generalstäbler war, sich mündlich und schriftlich glänzend auszudrücken wußte, sich durch eine besondere Gewissenhaftigkeit auszeichnete und dabei die Eigenschaften des Frontsoldaten besaß, der nur ungern seine militärischen Befugnisse mit anderen teilte.[16] Den Posten Watutins übernahm Schukow.

Die sowjetische Strategie in Südrußland und der Ukraine basierte auf einem Vorstoß der 1. Ukrainischen Front unter Schukow nach Süden in den Rücken Mansteins gegen den Dnjestr. Die 2. Ukrainische Front unter Konjew und die 3. Ukrainische Front unter Malinowski sollten parallel in südwestlicher Richtung gegen Jassy und Odessa vorgehen, während die 4. Ukrainische Front zum Angriff gegen die Krim bereitgestellt wurde.

Die bevorstehende Offensive kam für die Heeresgruppe Süd nicht unerwartet; denn während Hitler immer noch mit den Auswirkungen der Schlammperiode rechnete und glaubte, die sowjetischen Truppen seien so erschöpft, daß ihm eine Ruhepause vergönnt sein werde, waren sich die Feldtruppen sehr wohl der Tatsache bewußt, daß die ihnen gegenüberliegenden Verbände der Roten Armee viel beweglicher waren als sie selbst. Die sowjetischen Panzer- und motorisierten Verbände verfügten über viel mehr Kraftfahrzeuge als die deutschen, und während die deutschen motorisierten Truppen an die Straßen gebunden waren, konnten die sowjetischen Truppen, die mit amerikanischen vierrad- und sechsradangetriebenen Lastwagen ausgerüstet waren, fast bei jedem Wetter quer durch das Gelände fahren.

Alle deutschen Truppenteile, die motorisierten wie auch die Infanterieverbände, litten an einem solchen Mangel an Kraftfahrzeugen und Kettenfahrzeugen, daß es ihnen schwerfiel, sich des viel beweglicheren und zahlenmäßig überlegenen Gegners zu erwehren. Auf den Rückzügen in der Ukraine waren viele Panzer und Kraftfahrzeuge verlorengegangen, die aus Mangel an Kraftstoff oder weil sie reparaturbedürftig und daher unbeweglich waren, hatten zurückgelassen werden müssen. Viele mußten auch nur deshalb aufgegeben werden, weil sie im Schlamm steckengeblieben waren und nicht mehr herausgezogen werden konnten. Da die Panzerdivisionen auf dem Rückmarsch auch dort, wo es nicht notwendig gewesen wäre, nur die Straßen benutzten, erhöhten sich die Verluste, so daß die 24. Panzerdivision zu dieser Zeit 1958 Fahrzeuge aller Typen verlor. Das waren mehr als 50 Prozent der Erstausstattung. Wie viele andere Panzerdivisionen mußte sie ihren Nachschub auf pferdebespannte Panjekolonnen umstellen. Am 8. Februar, kurz nach ihrer Rückkehr aus Tscherkassy, waren 335 fahrbereite Fahrzeuge dieser Division im Schlamm steckengeblieben und fielen deshalb aus.[17]

15 *Schukow,* Wospominanija i Rasmyšlenija, S. 557–558.
16 Ebenda, S. 541.
17 *von Senger* und *Etterlin,* 24. Panzer-Division, S. 193–194.

Am 4. März griff Schukow den linken Flügel Mansteins nördlich der 1. Panzerarmee an und war dabei zunächst so erfolgreich, daß die 4.Panzerarmee und Teile der 1. Panzerarmee fast überrannt wurden. Noch am gleichen Tage wurden zwei sowjetische Panzerarmeen aus der Reserve in die Schlacht geworfen. Eine Woche später war der sowjetische Angriff bis in den Raum Tscherny Ostrow, 100 Kilometer in den Rücken der Deutschen vorangekommen, wo er zeitweilig durch Gegenangriffe des III. Panzerkorps unter Breith und des XLVIII. Panzerkorps unter Balck in einem Gefecht zum Stehen gebracht wurde, das, wie Schukow berichtet, ebenso hart war wie die Schlacht bei Kursk. Am 5. März griff die 2. Ukrainische Front unter Konjew südlich der 1. Panzerarmee den linken Flügel der 8. Armee unter Wöhler an.

Hubes starke 1. Panzerarmee befand sich schon in einer sehr gefährlichen Lage und stand kurz vor der Einschließung. An ihrer rechten Flanke stieß Konjew nach Südwesten in Richtung auf die rumänische Grenze vorbei. Schukow bereitete eine Schwenkung seiner linken Flanke vor. Am 28. März war die 1. Panzerarmee unter Hube vollkommen eingeschlossen.

Weiter im Südosten hatte Konjews Front auf 100 Kilometer Breite ohne auf Widerstand zu stoßen den Bug erreicht und überschritt ihn, ohne sich aus der Marschkolonne heraus entfalten zu müssen. Zwei Tage später überschritt sie den Dnjestr. Am 26. März erreichte die 2. Ukrainische Front auf 88 Kilometer Breite den Pruth, und eine Woche später drang Konjew bis nach Pascani in Rumänien ein. Wöhlers 8. Armee und Kleists Heeresgruppe A in der Südukraine waren durch die weite Umgehung in ihrem Rücken von der Vernichtung bedroht.

Kleist mußte jedoch noch mit einer viel unmittelbareren Gefahr rechnen. Die Heeresgruppe A an der Schwarzmeerküste bestand aus der 17. Armee auf der Krim, Dumitrescus rumänischer 3. Armee, hauptsächlich in Transnistrien, und der deutschen 6. Armee unter Hollidt. Die 3. Ukrainische Front hatte am 5. Februar Apostolowo westlich von Nikopol genommen, und zwei Tage später hatte die 4. Ukrainische Front die restlichen deutschen Stellungen am linken Dnjeprufer überrannt. Am 22. Februar hatte Malinowski Kriwoi Rog genommen und die deutsche 6. Armee bis auf die Linie des Flusses Ingul zurückgeworfen. Anfang März hatte die 3. Ukrainische Front jenseits des über seine Ufer getretenen Flusses hart südlich von Kriwoi Rog Brückenköpfe gebildet, wollte hier die 6. Armee frontal binden und mit Panzerkräften einen Umfassungsvorstoß hinter die Heeresgruppe A bis zur Schwarzmeerküste ostwärts von Nikolajew führen.

Der Angriff begann am Morgen des 6. März, und noch am gleichen Abend hatten die Infanteriedivisionen einen Durchbruch erzielt, und die motorisierten- und Kavallerieverbände hatten in das Gefecht eingegriffen. Am 24. März standen Teile der Angreifer auf dem anderen Ufer des Bug. Die Befehle des sowjetischen Oberkommandos an die 3. Ukrainische Front wurden nun geändert und ordneten die Besetzung der Schwarzmeerküste zwischen Nikolajew und Odessa und von Odessa bis zur Donaumündung an.

Am 19. März wurden Manstein und Kleist nach Bayern auf den Obersalzberg befohlen, nur um bei der Abgabe einer Loyalitätserklärung für Hitler zugegen zu sein, die eine Antwort auf die Propaganda darstellen sollte, welche von Seydlitz-Kurzbach und dem von den Kommunisten inspirierten »Nationalkomitee Freies Deutschland« über Moskau verbreitet wurde. Zwar hatten die Oberbefehlshaber der Heeresgruppen den Ernst der Lage in der Ukraine durchaus erkannt, aber der »Führer« hatte keinerlei Beziehungen mehr zur Wirklichkeit. Er lehnte es ab, der 6. Armee den Rückzug über den Bug zu erlauben, zum Teil, weil die deutsche Kriegsmarine darauf bestand, daß Odessa als Versorgungsbasis für die Krim gehalten werden müsse, und zum Teil, um – wie er sagte – die Moral in Rumänien nicht zu gefährden. Er war nicht bereit, über künftige strategische Umgruppierungen zu sprechen, die notwendig werden würden, wenn die Heeresgruppen Mitte und Süd voneinander getrennt werden sollten, und beschäftigte sich mit taktischen Einzelheiten, was der Lage in keiner Weise gerecht wurde.[19] Seit der Niederlage an der Wolga Anfang 1943 hatten die Deutschen die rumänischen und ungarischen Truppen grundsätzlich nicht mehr in der Gefechtszone eingesetzt, aber 1944 sah Hitler sich gezwungen, Horthy und Antonescu dringend um neue Verbände zu bitten, obwohl er wußte, daß die Ungarn sich mit immer stärker werdendem Widerwillen am Kriege beteiligten. Sechs rumänische Divisionen standen auf der Krim, und die rumänische 3. Armee gehörte schon zur Heeresgruppe A. Im Raum Jassy an der alten rumänischen Grenze war eine neue rumänische 4. Armee aufgestellt worden, und die Ungarn hatten versprochen, eine aus zwei Armeekorps bestehende Armee zur Verteidigung der Karpathenpässe aufzustellen.

Der schnelle sowjetische Vorstoß überraschte die Deutschen vollkommen, und große Mengen von Munition und Ausrüstung gingen verloren. Man hatte ursprünglich beabsichtigt, die Buglinie zu befestigen und zu halten, aber die Rote Armee erreichte den Fluß an einigen Stellen noch vor den zurückgehenden deutschen Truppen. Sogar als die 6. Armee schon über den Fluß zurückgegangen war, sah sie sich von den an der rechten Flanke der 3. Ukrainischen Front gegen Tiraspol und Odessa vorgehenden Verbänden durch eine Umfassung bedroht, während Konjews 2. Ukrainische Front weiter westlich eine noch weiter ausholende Flankenbewegung gegen Jassy durchführte.

Hitler hatte dem Vorschlag Hubes, die eingeschlossene 1. Panzerarmee sollte nach Süden ausbrechen und im Dnjestrtal gegen Tiraspol und das Schwarze Meer vorgehen, zugestimmt. Manstein, dessen Plan es gewesen war, die 1. Panzerarmee nach Westen in die allgemeine Richtung auf Lemberg ausbrechen zu lassen, um sich dort mit der 4. Panzerarmee zu vereinigen und gemeinsam mit den Kräften Raus' die Lücke nördlich der Karpathen zu decken, flog am 25. März auf den Berghof zu Hitler, um den Befehl umstellen zu lassen. Der »Führer« stimmte ihm widerwillig zu, überhäufte aber Manstein mit Vorwürfen darüber, daß das deutsche Heer, ohne zu kämpfen, davonlaufe.[20] Ein aus zwei Divisionen bestehendes SS-Panzerkorps

18 *Schukow,* Wospominanija i Rasmyšlenija, S. 558.
19 *von Manstein,* Lost Victories, S. 532–536.
20 Ebenda, S. 539–541.

sollte aus Frankreich an die Ostfront verlegt werden, um Hube bei dem Ausbruch zu unterstützen.

Am 2. April traf in Hubes Stabsquartier ein um 10.00 Uhr datiertes Ultimatum mit Schukows Unterschrift ein, in dem dieser drohte, daß ein Drittel aller deutschen Soldaten, die sich nach Einbruch der Dunkelheit ergeben sollten, erschossen würde, wenn bis dahin nicht jeder bewaffnete Widerstand aufgegeben sei. Es folgte ein zweites Ultimatum, in dem es hieß, jeder deutsche Offizier, der sich nicht sofort ergebe, werde nach der Gefangennahme erschossen werden.[21]

Die in dem Raum Kamenez Podolsk eingeschlossene 1. Panzerarmee bestand aus sechs Panzerdivisionen, einer Panzergrenadierdivision, einer Artilleriedivision und zehn Infanteriedivisionen. Der Mannschaftsbestand all dieser Verbände lag weit unter der Sollstärke. Die 8. Panzerdivision besaß z. B. am 14. März nur noch 32 einsatzfähige Panzer. Dennoch bestand die Panzerarmee aus 200.000 bis 300.000 Mann. Da es unmöglich war, so starke Kräfte aus der Luft zu versorgen, erhielt die Armee die Anweisung, sich aus dem Lande zu verpflegen, und nur Munition, Kraftstoff, Panzerersatzteile und Medikamente wurden mit Ju52 und He111-Maschinen, die bisher die Aufgabe gehabt hatten, die 17. Armee auf der Krim zu versorgen, von einem Flugplatz bei Lemberg in den Kessel eingeflogen.

Am 9. April konnte die ganze Armee nach einem Marsch über etwa 240 Kilometer die Verbindung mit der 4. Panzerarmee südlich von Tarnopol aufnehmen, aber alles schwere Gerät und viele schwere Waffen gingen verloren.

Hitlers neuester Beitrag zur Leitung der Operationen bestand darin, daß er auf der Karte Straßenkreuzungen und Eisenbahnknotenpunkte heraussuchte und befahl, dort Stützpunkte zu errichten, die die rote Flut wie Wellenbrecher aufhalten sollten. Jeder Stützpunkt wurde mit Munition und Verpflegung versorgt, und die zu Befehlshabern dieser kleinen Festungen ernannten Offiziere mußten mit ihrem Leben dafür einstehen, daß sie gehalten wurden. Auf den Verlauf der Kämpfe im Großen hatte diese neue Einrichtung kaum irgendwelche Auswirkungen, denn die sowjetischen Truppen stießen zunächst an den Stützpunkten vorbei, deren Errichtung nur eine Verschwendung von Kräften bedeutete, die dort eingeschlossen an anderer Stelle fehlten. Auch Tarnopol unter der Führung des Generalmajors von Neindorff war vom »Führer« zur Festung erklärt worden, mußte aber dann von der Luftwaffe versorgt werden und bedeutete für diese eine zusätzliche Belastung. Im Belagerungsring um Tarnopol konzentrierten die Sowjets zahlreiche Flak-Einheiten mit einer so starken Feuerkraft, daß zunächst Jagd- und Bombenflugzeuge der Luftwaffe eingesetzt werden mußten, bevor die Transportmaschinen ihre Ladungen abwerfen konnten. Im Morgengrauen und in der Abenddämmerung wurden Transportsegler eingeflogen, um zusätzliche Versorgungsgüter heranzubringen. Aber am 15. April nahm die 1. Ukrainische Front die Festung, und General von Neindorff fiel. Nur ein Teil der Besatzung konnte ausbrechen und sich bis zu den deutschen Linien durchschlagen.

21 Kriegstagebuch 13/Pz AOK1/1a, 2. April 1944.

Am 30. März wurde Manstein in seinem Hauptquartier in Lemberg mit der überraschenden Nachricht geweckt, daß Hitlers Condormaschine in Kürze landen werde, Kleist sei bereits an Bord, und beide Feldmarschälle sollten zum Obersalzberg fliegen, wo sie dann ihrer Posten enthoben wurden. Keiner von beiden erhielt ein neues Kommando. Sie wurden von Generaloberst Model und General Schörner abgelöst, die sich jetzt gerade der Gunst des »Führers« erfreuten. Model hatte Hitler durch die Energie beeindruckt, mit der er die Abwehrschlachten der Heeresgruppe Nord geführt hatte, und auf Schörner war Hitler aufmerksam geworden, als er sich als Kommandierender General des XL. Panzerkorps in den Schlachten bei Kriwoi Rog und Nikopol auszeichnete. In den letzten Monaten war Schörner, ein glühender Anhänger des nationalsozialistischen Regimes, Chef der Abteilung für nationalsozialistische Führung im OKH gewesen.

Beide Heeresgruppen erhielten neue Bezeichnungen. Aus der Heeresgruppe Süd wurde die Heeresgruppe Nordukraine, und die von Schörner übernommene Heeresgruppe A hieß jetzt Heeresgruppe Südukraine. Zum zweitenmal während des Krieges in Rußland folgten die Deutschen hier dem sowjetischen Beispiel und gaben ihren Verbänden geographische Bezeichnungen. Da jedoch beide Heeresgruppen nicht mehr in der Ukraine standen, sollten diese neuen Namen ein Hinweis darauf sein, daß es ihr Auftrag war, das verlorene Gebiet zurückzuerobern.

Anfang April setzten die Frühjahrsschlammperiode und die Überschwemmungen ein, und die deutsche Führung hoffte, die sowjetische Offensive werde zum Stehen kommen, da die Rote Armee ihre Nachschubbasen weit hinter sich gelassen hatte und die Versorgung nicht mehr funktionierte. Das geschah dann auch, nur gelang es Hitler nicht, seinen Brückenkopf am anderen Dnjestrufer zum Schutz von Odessa zu halten. Odessa wurde schließlich von den »Achsen«-Truppen geräumt, nachdem ausführliche Funksprüche zwischen der Heeresgruppe Südukraine und dem OKH gewechselt worden waren. Am 10. April nahmen sowjetische Truppen den Hafen, und die deutsche Marinebasis wurde nach Constanza in Rumänien verlegt.

Die Kampftätigkeit an der ganzen Ostfront ließ nun nach, und nur auf der Krim gingen die Kämpfe weiter.

Die letzte Niederlage der Deutschen in der Ukraine ist wahrscheinlich die schwerste gewesen. Die Krim war von der 17. Armee, deren Oberbefehlshaber Jaenecke sich bei der ordnungsgemäßen Räumung des Kubanbrückenkopfs ausgezeichnet und das Vertrauen Hitlers gewonnen hatte, auf Befehl Hitlers aus politischen und Prestigegründen auch weiter gehalten worden. Im April bestand die 17. Armee nur noch aus zwei Armeekorps, dem XLIX. Gebirgsjägerkorps und dem V. Armeekorps, fünf deutschen Infanteriedivisionen, sechs rumänischen Divisionen und einer Flak-Division.[22] Jaenecke besaß keine Panzerverbände, verfügte aber über zwei Sturmgeschützbrigaden. Schörner, der sich damals des vollsten Vertrauens Hitlers erfreute, hatte Kleist abgelöst, und Wenck war anstelle von Röttiger Chef des

22 *Pickert*, Vom Kubanbrückenkopf bis Sewastopol, S. 142–143.

Generalstabes der Heeresgruppe A geworden. Man wußte, daß Truppen der Roten Armee sich zum Angriff gegen die Krim bereitstellten, aber Schörner, der der 17. Armee einen kurzen Besuch abgestattet hatte, meldete dem OKH am 7. April, daß auf der Halbinsel alles in bester Ordnung sei. Auch Wenck war optimistisch, doch sein Optimismus wurde weder von Jaenecke noch von Zeitzler geteilt.

Am Abend des 9. April hatte Schörner seine Ansichten vollkommen geändert, sagte, er habe volles Vertrauen zum Oberbefehlshaber der 17. Armee, und bat, man möge Jaenecke Handlungsfreiheit gewähren, selbst wenn das zur Räumung der Krim führen sollte, was Schörner vermutete. Hitler weigerte sich, sagte aber, er werde Zeitzler nach Galizien schicken. Am folgenden Nachmittag meldete Schörner, Jaenecke habe bereits auf eigene Verantwortung dem V. Armeekorps befohlen, in Richtung auf die Landenge zurückzugehen, eine Entscheidung, der Schörner zustimmte. Auch Hitler blieb nichts anderes übrig, als sich mit dem Rückzug einverstanden zu erklären. Er befahl jedoch, das XLIX. Korps solle auf jeden Fall an der Landenge bei Perikop stehenbleiben. Am gleichen Tage, den 10. April, drängte Schörner auf die Räumung der Krim.[23]

Stürmisches Wetter auf dem Asowschen Meer und die Verzögerungen bei der Einnahme des Hafens von Odessa verlangsamten die Vorbereitungen für die sowjetische Offensive gegen die Krim. Aber der Hauptangriff begann am 8. April von Norden her mit einem Vorstoß der 4. Ukrainischen Front unter Tolbuchin über die Landenge von Perekop und den Brückenkopf am Faulen Meer, während die selbständige Küstenarmee unter Jeremenko auf der Straße von Kertsch nach Osten vorstieß. Wassilewski und Woroschilow übernahmen die Koordinierung der Operationen. Die sowjetischen Kräfte waren fast 500.000 Mann stark und bestanden aus zweiunddreißig Divisionen mit 560 gepanzerten Fahrzeugen und 1200 Flugzeugen.[24]

Der Haupstoß wurde nicht von Perekop aus geführt, sondern erfolgte von der Küste des Faulen Meeres gegen eine rumänische Division, die unter dem Angriff sehr bald auseinanderbrach. Am 11. April ging das sowjetische XIX. Panzerkorps in die Schlacht, gewann offenes Gelände und stieß über die Steppe gegen Simferopol vor. Indessen verbot der »Führer« vom fernen Berghof aus immer noch jeden Rückzug im Norden, hatte aber dem V. Korps im Osten schließlich das Zugeständnis gemacht, es dürfe sich wenige Kilometer bis an die Meerenge bei Feodosia zurückziehen. Er kann unmöglich irgendwelche Vorstellungen davon gehabt haben, wie sich die Leitung der Operationen durch ihn auf die Truppen im Gefecht auswirkte.

Rückzüge konnten natürlich nicht erfolgreich sein, wenn sie kurzfristig befohlen wurden, denn eine zu spät getroffene Entscheidung mußte fast immer zum Verlust der schweren Ausrüstung und der Artillerie führen, und die Truppe, die weder von der Artillerie unterstützt wurde, noch selbst Munition oder Panzerab-

23 *Hillgruber,* Die Räumung der Krim 1944, S. 32.
24 Istorija, Bd. 4, S. 104; *Vasilevsky,* Voenno-Istoricheskii Zhurnal, Mai 1971, S. 70ff.

wehrgeschütze hatte, gab ihre Stellungen auf und wendete sich zur regellosen Flucht vor den Angriffen sowjetischer Panzer. Die deutschen Verbände im Osten als Divisionen, Regimenter und Bataillone zu bezeichnen war nichts anderes als Selbsttäuschung. Das Grenadierregiment 290 der 98. Division war 200 Mann stark. Das war kaum noch ein Zehntel der Mannschaftsstärke von 1941. Kampferfahrene Infanteristen gab es immer weniger, und viele deutsche Soldaten in den vorderen Stellungen gehörten weder zur Infanterie, noch waren sie als Infanteristen ausgebildet. Bevor diese Leute das Gefecht abbrechen konnten, mußten die Verwundeten, die Hiwis, die Rumänen, das Gepäck, die Flak und alles, was nicht unbedingt in vorderster Linie gebraucht wurde, zurückgebracht werden, und als die 98. Division an jenem Ostermontag, den 10. April, ganz plötzlich den Befehl erhielt, sich am gleichen Abend zurückzuziehen, befanden sich die Pferde, ohne die nichts abtransportiert werden konnte, 32 Kilometer hinter der Front. Da kaum Kraftfahrzeuge zur Verfügung standen, mußte sich die Division zu Fuß absetzen, und dabei folgten ihr dicht auf die feindlichen Panzer und vollmotorisierte sowjetische Verbände.

Um 19.00 Uhr vernichteten die Regimenter ihre schweren Waffen, Infanteriegeschütze, Panzerabwehrgeschütze und Granatwerfer, denn es war unmöglich, sie mitzunehmen. Das geschah, wie der Kommandeur ausdrücklich betonte, schon am ersten Abend des Rückzuges. Sehr bald darauf verloren die Einheiten und Untereinheiten die Verbindung, da sie vom Gegner zersprengt und in die Flucht geschlagen worden waren. Am 13. April bestand das I.Bataillon des Grenadierregiments 290 aus weniger als 30 Mann, denen sich weitere 30 Versprengte aus anderen Truppenteilen angeschlossen hatten, und das Regiment verfügte nur noch über ein schweres und drei leichte Maschinengewehre.[25]

Die Verteidigung war jetzt auseinandergebrochen, und Jaenecke befahl den allgemeinen Rückzug nach Sewastopol, während Hitler versuchte, einen Gegenbefehl zu geben, und behauptete, Jaenecke habe die Nerven verloren. Der Kommandierende General des XLIX. Korps, Konrad, wurde abgelöst, aber Konrad ließ diesen Führerbefehl unbeachtet und versuchte auch weiter, seinen zerschlagenen Verband zu sammeln. Am 12. April erklärte sich Hitler endlich mit dem Rückzug nach Sewastopol einverstanden und erlaubte sogar die Rückführung von nicht zur kämpfenden Truppe gehörenden Teilen. Sewastopol sollte jedoch »bis auf weiteres« verteidigt werden. Zeitzler sagte ganz offen, er glaube, Sewastopol könne nicht gehalten werden, und warnte Schörner vor der Gefahr, daß »russische Panzer noch vor der 17. Armee in Sewastopol sein« könnten.

Auf der Krim kam es nun nicht mehr länger darauf an, welche Stellungen der »Führer« für die »Achsen«-Truppen genehmigte, denn es hatte ein tödliches Rennen eingesetzt, bei dem jeder versuchte, noch vor den Russen in die Festung zu kommen, und die deutsche Kriegsmarine transportierte Teile des V. Korps auf dem Seewege

25 *Gareis,* Kampf und Ende der Fränkisch-Sudetendeutschen 98. Division, S. 364–367, 373–375.

ab. Auf die Rumänen konnte man sich nicht mehr verlassen, und die fünf deutschen Divisionen waren vollkommen zerschlagen und hatten ohne ihre schweren Waffen keinen Kampfwert mehr. Bis zum 16. April hatte die Rote Armee die meisten strategischen Punkte einschließlich von Jalta und Sudak besetzt.

Am 21. April mußte Schörner in die Fußstapfen so vieler seiner Vorgänger treten und begab sich auf den peinlichen Flug nach Berchtesgaden zum Berghof, um Hitler davon zu überzeugen, daß die Krim geräumt werden müsse, aber der »Führer« wies ihn mit der seinen besonderen Günstlingen vorbehaltenen Liebenswürdigkeit ab. Sewastopol müsse unbedingt noch acht Wochen gehalten werden, bis die Anglo-Amerikaner den Versuch unternommen hätten, in Europa zu landen. Daß die deutschen Truppen Sewastopol hielten, sei im übrigen notwendig, um die Türkei aus dem Kriege herauszuhalten; denn die Türken gäben bereits dem Druck der Westmächte nach und verringerten ihre Chromlieferungen an Deutschland. Es folgten die üblichen leeren Versprechungen für die Lieferung von Waffen und Ausrüstung und die Heranführung von Verstärkungen, und Schörner kehrte mit leeren Händen zurück. Auf das Ersuchen von Antonescu mußte sich Hitler jedoch mit der Räumung der Halbinsel durch die rumänischen Truppen einverstanden erklären.[26]

In Sewastopol gingen die zerschlagenen Reste der Divisionen daran, die Verteidigungsanlagen auszubauen. Die Moral der Truppe war überraschend gut, ja die Soldaten waren sogar optimistisch. Sie glaubten sicher, daß die deutsche Kampftruppe folgen werde, wenn die deutschen Einheiten der Kriegsmarine, die Luftwaffe und die Verwaltungseinheiten nach den Rumänen abtransportiert worden seien. In vierzehn Tagen werde der letzte Mann Sewastopol verlassen haben. Man machte sich kaum Sorgen um ein Eingreifen des Gegners mit Luftstreitkräften oder von der See her, denn man glaubte, die Luftwaffe und die deutsche Kriegsmarine seien stark genug, um das zu verhindern. Am 24. April traf der Führerbefehl ein, daß Sewastopol bis zum letzten Mann gehalten werden müsse, und jedes Mitglied der Festungsbesatzung wußte, daß dies das Todesurteil bedeutete.[27] Am gleichen Tage flog der Oberbefehlshaber der 17. Armee Jaenecke, ein Überlebender aus Stalingrad, der seine Truppen nicht opfern wollte, zu Hitler und hatte mit ihm zwei stürmische und peinliche Aussprachen. Der aufgebrachte und erboste »Führer« enthob Jaenecke seines Kommandos und setzte an seine Stelle Allmendinger als Oberbefehlshaber ein.

Der sowjetische Angriff ließ nicht lange auf sich warten. Die Rote Luftwaffe war sehr aktiv geworden, und vor Beginn des entscheidenden Angriffs warfen sie 2000 Tonnen Bomben auf die Festung ab. Am Abend des 7. Mai wurde die Sapunhöhe genommen, und am folgenden Tage drangen die Angreifer in die Stadt ein. Die deutschen Truppen taten, was die Rote Armee vor zwei Jahren getan hatte; Zehntausende zogen sich, gedeckt durch Nachhuten – unter ihnen auch die 98. Infanteriedivision –, auf die offene Halbinsel Chersones zurück, um hier in

26 *Hillgruber,* Die Räumung der Krim 1944, S. 30–31.
27 *Gareis,* Kampf und Ende der Fränkisch-Sudetendeutschen 98. Division, S. 385–387.

der Hoffnung, per Schiff evakuiert zu werden, einen letzten Widerstand zu leisten. Am 9. Mai änderte der »Führer« noch einmal seine Meinung und befahl, die deutschen Truppen abzutransportieren, aber es war zu spät.[28] Am 10. Mai starteten die letzten zwölf Jagdflugzeuge der Luftwaffe und verschwanden in Richtung auf das Festland. Am gleichen Tage ging als übertriebene Version des letzten Führerbefehls, der die desorganisierten Truppenmassen an der unter schweren Bombenangriffen liegenden Küste erreicht hatte, das Gerücht um, ein Transportgeschwader der Luftwaffe und starke Kräfte der Kriegsmarine seien zum Abtransport der hier abgeschnittenen Verbände unterwegs. Aber nichts kam.

In den letzten Tagen entkamen nur noch sehr wenige deutsche Soldaten von der Halbinsel Cersones, und die durch Angriffe der Roten Luftwaffe verursachten Schiffsverluste der Achse waren sehr schwer. 29.000 deutsche und 7000 rumänische Soldaten gingen in die Kriegsgefangenschaft, obwohl die Gesamtverluste der »Achsen«-Streitkräfte sehr viel höher gewesen sein müssen. Wahrscheinlich waren es fast 80.000 Mann.[29] Die Bewaffnung und Ausrüstung ging fast vollständig verloren.

28 Vgl. Kriegstagebuch des OKW, Bd. 4, S. 858.
29 *Hillgruber*, Die Räumung der Krim 1944, S. 72.

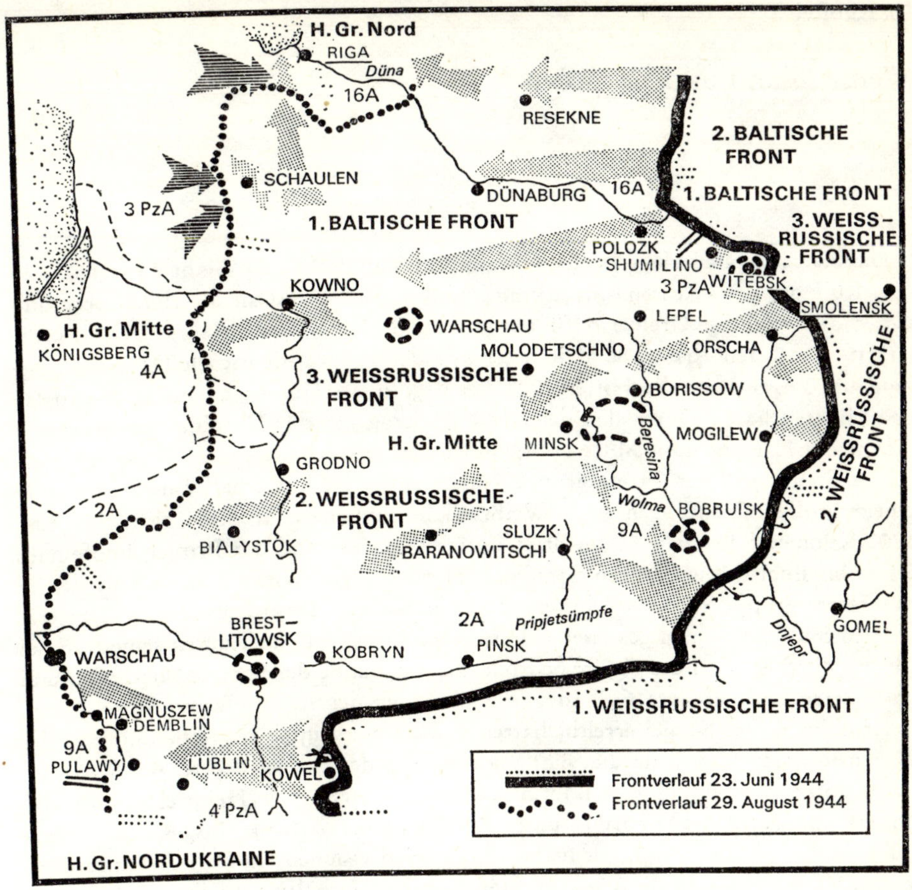

Karte 19: Die Vernichtung der Heeresgruppe Mitte, Juni bis August 1944

18. Kapitel

Weißrußland und Ostpolen

Die deutsche Niederlage in der Ukraine im Winter und Frühjahr 1944 hatte zu dem Rückzug der »Achsen«-Streitkräfte nach Galizien und an die rumänische und tschechoslowakische Grenze geführt. Im April des gleichen Jahres standen die Kräfte der Roten Armee 80 Kilometer vor der russisch-deutschen Demarkationslinie am oberen Bug, die Hitler 1941 bei Beginn des Unternehmens »Barbarossa« überschritten hatte. Durch den deutschen Rückzug aus der Ukraine war die rechte Flanke der Heeresgruppe Mitte vollkommen entblößt worden.

Die Stellungen der Heeresgruppe Mitte unter Feldmarschall Busch ragten in einem großen Frontbogen nach Weißrußland hinein, erstreckten sich über fast 1200 Kilometer aus dem Raum Brest-Litowsk am Südrand der Pripjetsümpfe nach Osten bis Bobruisk und bogen dann nach Norden gegen Witebsk um, wo sie sich an die Heeresgruppe Nord anlehnten. Zwar boten die Pripjetsümpfe an der jetzt offenen Südflanke einen gewissen Schutz, aber Busch war im Rücken seines rechten Flügels durch sowjetische Kräfte bedroht, die am Rande der Sümpfe vorstießen und das festere und offenere Gelände gegenüber der deutschen Heeresgruppe Nordukraine im Raum Kowel erreicht hatten. Die Heeresgruppe Mitte bestand aus der 2. Armee unter Weiss, die die Südflanke entlang des Pripjet deckte, der 9. Armee unter Jordan im Raum von Bobruisk, der 4. Armee unter Heinrici südlich von Orscha und der 3. Panzerarmee unter Reinhardt bei Witebsk. Insgesamt verfügte Busch über achtunddreißig deutsche Infanteriedivisionen und zwei Panzerdivisionen.[1] Die deutschen Truppen mußten hier im Verhältnis zu ihrer Stärke viel zu breite Abschnitte halten, aber mit einer durchschnittlichen Mannschaftsstärke von 2000 Infanteristen pro Division (jedes der sechs Bataillone war etwa 300 Mann stark) war die Heeresgruppe Mitte wahrscheinlich günstiger dran als die Truppen an anderen Frontabschnitten.

Die Moral des sowjetischen Gegners in Weißrußland war augenscheinlich besser als in der Ukraine; die sowjetischen Truppen hatten deshalb hier weniger schwere Verluste, und ihre Verbände hielten besser zusammen; denn die Deutschen meldeten, daß die Infanterie der Roten Armee auch ohne Panzerunterstützung anzugreifen bereit war und ihr Stellungen bis zum letzten Mann verteidigte. Trotz guter Tarnung, Ablenkungsunternehmen und Funkstille hatten die Deutschen das Eintreffen neuer Verbände aus der Krim und die Auffüllung der ihnen gegenüber-

1 OKH Kriegsgliederung, 15. Juni 1944.

liegenden Truppenteile der Roten Armee auf Sollstärke festgestellt. Das waren sichere Anzeichen für eine bevorstehende Offensive.

Unter den Offizieren und Mannschaften auf deutscher Seite herrschte eine Spannung wie nie zuvor, und nach dem 10. Juni teilte Busch dem OKH seine Befürchtungen mit.[2] Seine nachrichtendienstliche Lagebeurteilung wurde zum Teil durch die Auffassungen der Heeresgruppe Nordukraine gestützt, wo Model glaubte, aus der Westukraine seien keine weiteren Angriffe zu erwarten.

Hitler und das OKH waren anderer Ansicht und lehnten die Lagebeurteilung Buschs ab. Die Landung der Anglo-Amerikaner in Westeuropa war längst fällig, und man vermutete, daß die nächste Offensive der Roten Armee zeitlich mit den Landungen im Westen abgestimmt sei. Niemand wußte genau, welche Richtung der nächste sowjetische Angriff nehmen würde, ob gegen die Heeresgruppen Mitte und Nord, um zur Ostsee durchzubrechen, oder ob der Hauptstoß auch weiter aus der Ukraine nach Südwesten geführt werden würde mit dem Ziel, die Balkanstaaten zu besetzen. Politische und wirtschaftliche Überlegungen und seine eigenen Vorurteile waren Hitler immer wichtiger als die Meldungen des militärischen Nachrichtendienstes, und so war er auch diesmal davon überzeugt, daß der Kreml sich in den Besitz des für Deutschland so wertvollen rumänischen Ölgebiets setzen würde, um dann auf dem ganzen Balkan Fuß zu fassen und damit gegenüber seinen anglo-amerikanischen Verbündeten einen militärischen und politischen Vorteil zu erringen.

Die Zusammenziehung starker sowjetischer Kräfte in der Ukraine und auf der Krim schien diese Auffassung zu bestätigen, und deshalb entsprach die Verteilung der deutschen Truppen dem sowjetischen Aufmarsch mit dem Schwerpunkt im Süden, der noch besonders durch die achtzehn Panzer- und Panzergrenadierdivisionen bei den Heeresgruppen Nordukraine und Südukraine verstärkt wurde.[3] Das OKH versuchte, die Befürchtungen Buschs damit zu zerstreuen, daß es behauptete, die Meldungen über die Verstärkung des sowjetischen Zentrums seien Teil eines Verschleierungsplans von Moskau, das die Aufmerksamkeit der Deutschen vom südlichen Frontabschnitt ablenken wolle, wo die Hauptoffensive beabsichtigt sei. Außerdem glaubte das OKH, es lasse sich beweisen, daß sowjetische Verstärkungen im Mittelabschnitt vorgenommen worden seien, um Busch zu binden, während der Hauptstoß aus der Westukraine geführt werden solle. Die vierzig Busch unterstellten Divisionen wurden um weitere sechs verringert, als der »Führer« sich einmischte und Bobruisk, Mogilew, Orscha und Witebsk zu Festungen ausbauen und von Kampfgruppen besetzen ließ. Der Ausbau weiterer rückwärtiger Verteidigungsstellungen an der Beresina wurde verboten.

Bei der Gliederung und dem Aufmarsch der Fronten der Roten Armee in Nord- und Westrußland waren im Frühjahr 1944 gewisse Veränderungen vorgenommen worden. Die Wolchowfront war verschwunden, nachdem ihr Befehlshaber Merezkow

2 *Heidkämper*, Witebsk, S. 144–145 und 147.
3 OKH Kriegsgliederung, 15. Juni 1944.

gegen die Finnen das Kommando der Karelischen Front übernommen hatte. Goworows Leningrader Front war nur noch für den Narwa-Abschnitt nördlich des Peipussees verantwortlich. Im April war südlich des Peipussees aus dem linken Flügel der Leningrader Front eine neue 3. Baltische Front unter Maslennikow gebildet worden. Die 2. Baltische Front blieb im Raum nördlich von Newel, die 1. Baltische Front südlich davon. Anfang des Jahres stand die 2. Baltische Front unter dem Kommando Popows, der dann von Jeremenko abgelöst wurde. Der Befehlshaber der 1. Baltischen Front war Bagramjan. Im April entstand im Raum Smolensk aus der Westfront Sokolowskis eine neue 3. Weißrussische Front unter Tschernjakowski. Sokolowski wurde Chef des Stabes der 1. Ukrainischen Front unter Schukow. Rokossowskis 1. Weißrussische Front stand noch im Raum Gomel. Die 2. Weißrussische Front am Rande der Pripjetsümpfe südlich des Abschnitts von Rokossowskis unter Kurotschkin bestand nur sieben Wochen, wurde Anfang April aufgelöst und zwei Wochen später bei Mogilew, unmittelbar nördlich der 1. Weißrussischen Front unter Rokossowski wieder aufgestellt. Diese neuaufgestellte 2. Weißrussische Front stand unter dem Befehl zunächst von I. E. Petrow und dann von G. F. Sacharow.

Mitte Mai begannen Schukow, Wassilewski und Antonow, der stellvertretende Chef des Generalstabes, den Plan für eine neue Operation unter dem Decknamen »Bagration« auszuarbeiten, mit welcher der von der Heeresgruppe Mitte gehaltene Frontbogen innerhalb von fünfzig Tagen eingeschlossen werden und in deren Verlauf die sowjetischen Kräfte 200 Kilometer in den Rücken des Feindes vorstoßen sollten. Am 20. Mai war ein Entwurf zur Vorlage bei Stalin fertig, der, wenn er genehmigt wurde, gleich an die betreffenden Fronten weitergehen konnte. Am 22. Mai wurde Rokossowski nach Moskau befohlen, und einen Tag später trafen auch Bagramjan und Tschernjakowski ein, begleitet von Mitgliedern ihrer Stäbe, die Lageberichte und ihre eigenen Pläne mitbrachten. Nun begann die Detailarbeit des Generalstabes im Verteidigungsministerium und der Frontstäbe in den Stabsquartieren der Fronten. Als die Planungsarbeit weiter voranging, wurden auch die militärischen Führer der Hilfswaffen und rückwärtigen Dienste daran beteiligt. In häufigen Beratungen und enger Zusammenarbeit wurden sehr bald alle Schwierigkeiten und Streitfragen beseitigt und geklärt, und am 31. Mai genehmigte Stalin den Entwurf der Direktive, die nun an die Fronten weitergegeben wurde.[4]

Alle Fronten wurden erheblich verstärkt, und dabei gingen die stärksten Kontigente zu Rokossowski und Tschernjakowski, an deren Fronten der Schwerpunkt der Offensive liegen sollte. Anfang Juni waren die Angriffstruppen einhundertsechsundsechzig Divisionen stark. Davon sollten einhundertvierundzwanzig Divisionen bei der Offensive verwendet werden. Insgesamt gehörten zu diesen Truppen angeblich 1.200.000 Mann, nicht gerechnet die Verwaltungstruppen und rückwär-

4 *Schukow,* Wospominanija i Rasmyšlenija, S. 569–570, 573–576, auch *Wasilewsky,* Voenno-Istoricheskii Zhurnal, September 1969, S. 47 ff., und *Shtemenko,* ebenda, Februar 1969, S. 72 ff.

tigen Dienste. Die Fronten verfügten über 5200 gepanzerte Fahrzeuge und 6000 Flugzeuge.

Die Marschälle der Sowjetunion Wassilewski und Schukow waren von der Ukraine nach Weißrußland versetzt worden, und dort übernahm Wassilewski die Verantwortung für die Leitung und Koordinierung der 1. Baltischen Front unter Bagramjan und der 3. Weißrussischen Front unter Tschernjakowski, welche die zangenartige Umfassungsbewegung im Norden bei Minsk ausführen sollten, während Schukow der 2. Weißrussischen Front unter Sacharow und der 1. Weißrussischen Front unter Rokossowski zugeteilt wurde, die zu der Zangenbewegung im Süden angesetzt wurden.

Die sowjetische Offensive begann zwei Wochen nach den ersten anglo-amerikanischen Landungen in der Normandie und war absichtlich auf den 22. Juni, den

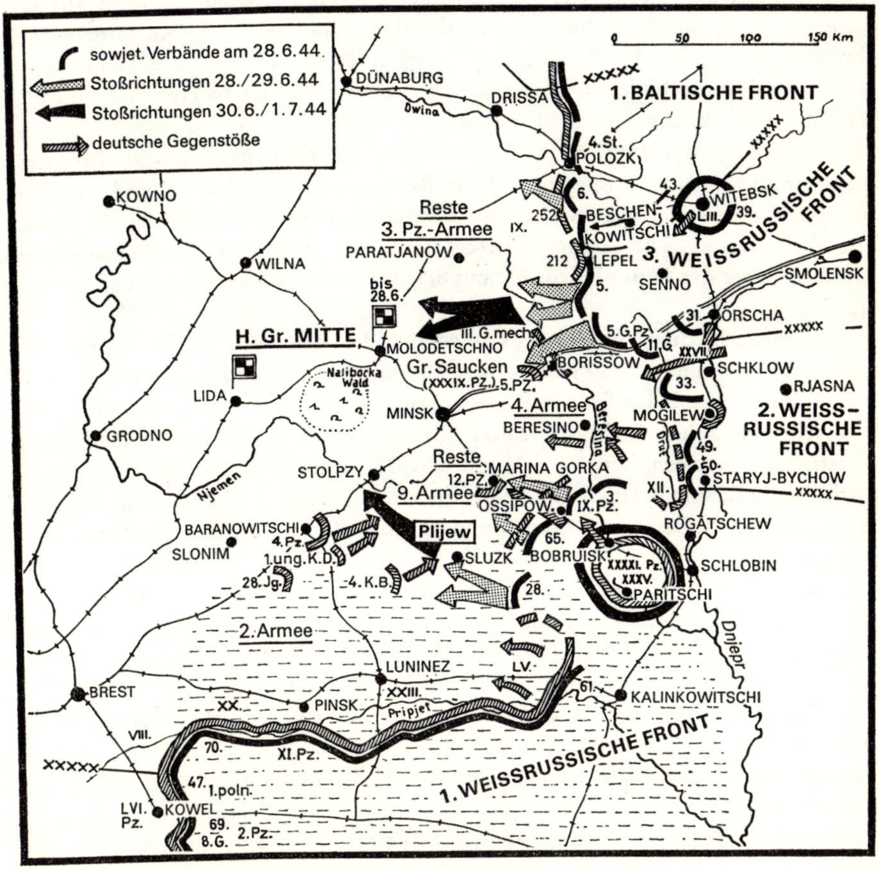

Karte 20: Der sowjetische Stoß in die Tiefe, 28. 6.–1. 7. 1944

dritten Jahrestag des Kriegsbeginns in Rußland, festgesetzt worden. Die Rote Armee eröffnete die Offensive in der für sie charakteristischen Weise und ließ von den Aufklärungstruppen der Fronten und Armeen starke Vorstöße unternehmen. Wo der feindliche Widerstand gering war, traten die Schützendivisionen sofort zum Angriff an, wo die Aufklärungsverbände jedoch nicht vorankamen, wurde schweres Vorbereitungsfeuer der Artillerie angefordert, und der Angriff begann unter dem Schutz eines rasch in die Tiefe der feindlichen Stellungen vorverlegten Feuerschirms, während die Artillerie gleichzeitig bestimmte Punkte unter konzentrierten Beschuß nahm. Die Partisanen in dem von den Deutschen besetzten Weißrußland hatten offenbar gute Arbeit geleistet und einen Teil der feindlichen Reserven gebunden. Sie behaupteten, im Verlauf von nur drei Tagen nicht weniger als 147 deutsche Züge zum Entgleisen gebracht zu haben. Die sowjetischen Truppen hatten auf breiter Front sofort gute Erfolge. Die 1. Baltische Front unter Bagramjan war in dem Bemühen, Witebsk von Norden her einzuschließen, am 23. Juni auf einer Breite von mehr als 50 Kilometern in die linke Flanke der 3. Panzerarmee eingebrochen und dabei 16 Kilometer vorangekommen, obwohl die Deutschen im Raum Schumilino erbitterten Widerstand leisteten und die schweren Regenfälle die Straßen vollkommen aufgeweicht hatten.

Reinhardts Panzerarmee bestand aus drei Infanteriekorps, die neun Infanteriedivisionen in vorderster Linie und zwei in Reserve eingesetzt hatten, und von diesen Divisionen waren vier auf Befehl des »Führers« für die Verteidigung des Raumes Witebsk bestimmt. Die einzige Panzerreserve der Armee waren eine Abteilung Panzerzerstörer des Typs »Hornisse« mit 8,8cm-Geschützen und eine Sturmgeschützbrigade.

Trotz des schlechten Flugwetters, niedriger Wolkendecke und Gewitterregens, führte die Rote Luftwaffe so heftige Angriffe mit Bomben und Maschinengewehren, daß sie mit Recht als mörderisch bezeichnet wurden. Der Chef des Stabes von Reinhardt, Heidkämper, war entsetzt über die unerwartet schnellen Erfolge der sowjetischen Truppen, und am Abend des 23. Juni fand die erste einer Reihe schwieriger und sehr freimütiger Besprechungen statt, in der Reinhardt von Busch verlangte, daß Witebsk sofort geräumt würde. Busch weigerte sich kategorisch, das zu tun.[5]

Am frühen Morgen des 24. Juni traf Zeitzler in Minsk ein, um sich von Busch in die Lage einweisen zu lassen und sofort anschließend zum »Führer« nach Bayern zu fliegen. Um 15.00 Uhr rief Zeitzler vom Obersalzberg aus bei Reinhardt an, der ihm mitteilte, Witebsk werde in Kürze eingeschlossen sein, und jetzt sei die letzte Gelegenheit, das LIII. Korps aus der Stadt herauszuziehen. Als Zeitzler erklärte, Hitler sei gegen die Räumung von Witebsk, weil dies den Verlust großer Mengen von Ausrüstung bedeuten werde, antwortete der Befehlshaber der 3. Panzerarmee, es handele sich hier um den Verlust von fünf Divisionen. Zeitzler bat Reinhardt, am Telefon zu bleiben, bis er noch einmal mit dem »Führer« gesprochen

5 *Heidkämper*, Witebsk, S. 150 und 152.

habe. Nachdem Reinhardt ungeduldig zehn Minuten gewartet hatte, kam Zeitzler wieder an den Apparat und teilte ihm mit, »der Führer hat entschieden, daß Witebsk zu halten ist.« Wenige Minuten später erhielt die Panzerarmee einen Funkspruch vom LIII. Korps in Witebsk, in dem gemeldet wurde, daß die Straße westlich von Witebsk direkt bedroht sei. Dieser Funkspruch wurde an die Heeresgruppe Mitte weitergegeben, und die 3. Panzerarmee bat gleichzeitig um die Erlaubnis, Witebsk räumen zu lassen. Noch in derselben Stunde trug Busch diese Bitte Hitler vor, der ihm befahl, Witebsk zu halten und wenn notwendig, die Zugangsstraße durch einen Gegenangriff wieder zu öffnen.

Sehr zur Überraschung und Verwirrung der 3. Panzerarmee traf nach zwei Stunden um 18.30 Uhr ein Funkspruch des »Führers« ein, in dem dieser befahl, das LIII. Korps solle aus dem eingeschlossenen Witebsk ausbrechen. Eine Division solle jedoch zurückbleiben und die Festung halten. Heidkämper konnte den Sinn dieses Befehls nicht verstehen; denn, wenn ein Korps die Stellungen nicht halten konnte, dann war es sinnlos, eine Division für den Versuch zu opfern. Aber dankbar dafür, daß wenigstens ein Teil der eingeschlossenen Truppen gerettet werden sollte, wurde der Befehl weitergegeben, und die 206. Infanteriedivision unter Generalleutnant Hitter erhielt den Auftrag, in Witebsk zu bleiben.

Am folgenden Tage, den 25. Juni unternahm das LIII. Korps unter Gollwitzer den Versuch, aus Witebsk auszubrechen, aber es erwies sich als außerordentlich schwierig, das Gefecht gegen die feindlichen Einschließungstruppen abzubrechen, die aus verschiedenen Richtungen in die Stadt hineindrängten. Am Nachmittag war Reinhardt, der voller Sorge die Bemühungen von Gollwitzer beobachtete, überrascht und verwirrt, als er von dem mißtrauischen »Führer« den Befehl erhielt, einen Generalstabsoffizier mit dem Fallschirm über Witebsk abspringen zu lassen, um Hitlers schriftlichen Befehl persönlich zu übergeben, in dem er aufgefordert wurde, bis zum letzten Mann zu kämpfen.

Jetzt entstand eine eigenartige Situation. Reinhardt sagte Busch, nachdem der über Funk an das LIII. Korps gegebene Befehl bestätigt worden sei, weigere er sich, in Witebsk auch nur ein einziges Menschenleben mehr aufs Spiel zu setzen. Busch erinnerte Reinhardt daran, welcher Art dieser Befehl sei, von wem er komme und sagte, der »Führer« verlange eine Meldung über den Namen des Offiziers und den Zeitpunkt seines Einsatzes. Der wütende Reinhardt konnte nur erwidern, wenn der »Führer« wirklich darauf bestehe, daß der Befehl ausgeführt werde, dann wolle er, Reinhardt, selbst nach Witebsk fliegen. Eine Stunde später wurde der Befehl zurückgenommen. Während der nächsten Tage verlangte Busch jedoch immer wieder, die 206. Infanteriedivision durch neue Befehle aufzufordern, sie solle bis zum letzten Mann weiterkämpfen.[6]

Am 27. Juni um 9.00 Uhr traf ein letzter Funkspruch vom LIII. Korps ein, der besagte, daß bei den Ausbruchskämpfen etwa 16 Kilometer südwestlich von Witebsk Fortschritte erzielt worden seien. Das Korps beklagte sich jedoch über den

6 Ebenda, S. 153–156 und 159–161.

Mangel an Munition und die Heftigkeit der feindlichen Fliegerangriffe. Dann trat Funkstille ein, und das LIII. Korps mit etwa 35.000 Mann hörte auf zu bestehen.

Von der sowjetischen Seite her gesehen entwickelte sich die Schlacht sehr zufriedenstellend. Die 1. Baltische Front unter Bagramjan hatte Witebsk von Norden eingeschlossen und am 25. Juni mit der 3. Weißrussischen Front die Verbindung aufgenommen. Damit war der Ring um Witebsk geschlossen. Am 23. Juni hatte die 3. Weißrussische Front unter Tschernjakowski Reinhardts rechte Flanke angegriffen, einen Tag später als Bagramjan, und nach drei Tagen schwerer Kämpfe wurde Orscha genommen. Anschließend wogten die Kämpfe hin und her. Das Panzerkorps als Frontreserve war schon eingesetzt. Nördlich von Borissow überschritten Truppen der Roten Armee am 28. Juni die Beresina, die 5. Panzerarmee unter Rotmistrow griff in die Schlacht ein und ging über offenes Gelände entlang der Minsker Straße vor, wobei sie zwischen Reinhardts 3. Panzerarmee und der 4. Armee unter Heinrici einen Keil trieb.

Weiter südlich begann Rokossowskis 1. Weißrussische Front die Offensive am 24. Juni. Da es am Vormittag stark regnete und die Wolkendecke sehr tief hing, war es für die Rote Luftwaffe schwierig, den Angriff zu unterstützen, aber am Spätnachmittag und Abend klärte es sich allmählich auf. Südlich von Bobruisk ging der Angriff flüssig voran, die Panzerkorps gingen noch am gleichen Nachmittag ins Gefecht, und als der Angriff im Rücken des Gegners offenes Gelände gewann, stieß er auf keinen nennenswerten Widerstand mehr. Am 27. Juni war Bobruisk ebenso wie Witebsk eingeschlossen, während die 2. Weißrussische Front schon starke Angriffe gegen Mogilew führte. Die Dnjepr-Flottille unterstützte die Truppen an der Beresina, denn sie hinderte den Gegner an der Benutzung der Brücken und brachte Mannschaften, Geschütze und Pferde über den Fluß. Jetzt stießen sowjetische Panzer- und Kavallerieverbände bereits tief in den Rücken des Gegners vor.[7]

Von seinen ursprünglichen elf Divisionen hatte Reinhardt jetzt nur noch zwei behalten. Die Masse der deutschen 9. Armee war weiter südlich bei Bobruisk eingeschlossen. Im Zentrum zog sich Heinricis 4. Armee, deren Kommando zeitweilig Tippelskirch übernommen hatte, unter dem Druck der 2. Weißrussischen Front Sacharows zurück und war zugleich bedroht von den sowjetischen Panzerkolonnen, die von Nordosten und Südosten gegen Minsk vorgingen, abgeschnitten zu werden.

Hitlers Haltung hatte sich nicht geändert. Es sei nur notwendig, die Stellungen zu halten. Er hatte Busch nicht erlaubt, sich von Witebsk oder irgendwo anders zurückzuziehen, weil dies einen zu schlechten Eindruck auf die Finnen machen werde, die, wie er sagte, am Ladogasee verzweifelt um ihr Leben und die Existenz ihrer Nation kämpften. Am 26. Juni, einen Tag vor der Vernichtung des LIII. Armeekorps, unternahm Busch die weite Reise zum Berghof, um Hitler eindringlich den Ernst der Lage darzustellen, aber er stieß auf wenig Verständnis. Orscha und Mogilew müßten bis zum letzten Mann als Festungen gehalten werden, und

7 Istorija, Bd. 4, S. 171–176.

damit wurden zwei weitere deutsche Divisionen vernichtet. Doch am nächsten Tage erkannte der »Führer« vielleicht zum ersten Mal, daß die Front der Heeresgruppe Mitte weit aufgerissen war, wendete seine Aufmerksamkeit von den Kämpfen in Frankreich ab, verließ sein Ferienheim auf dem Berghof und flog zum Führerhauptquartier nach Ostpreußen. Noch in derselben Nacht versuchte er, die Schwierigkeiten dadurch zu lösen, daß er auf der Karte eine Linie von Polozk nach Lepel und zur Beresina zog, die unter allen Umständen gehalten werden sollte, und der Heeresgruppe Mitte befahl, diese Linie zu verteidigen. Busch seinerseits plante Gegenoffensiven großen Stils, aber niemand wußte, wo er die Truppen dazu hernehmen sollte.[8]

Der Führer befahl den benachbarten Heeresgruppen, je eine Division abzugeben, obwohl diese vier Divisionen, auch wenn sie sofort zur Verfügung gestanden hätten, was nicht der Fall war, die Lage nicht mehr wenden konnten. Widerwillig stimmte er dem Rückzug der 4. und 9. Armee auf die neue Linie zu, wenn sich auch jetzt nicht mehr sagen ließ, ob es möglich sein werde, das Gefecht abzubrechen und sich den beiden aus Panzertruppen bestehenden feindlichen Umfassungsarmen zu entziehen. Keine der drei Armeen bestand mehr als zusammenhängender Kampfverband. Das Gefecht wurde nur noch von Teilverbänden geführt, von Pionier- und Polizeibataillonen, Versorgungstruppen, Alarmeinheiten und paramilitärischen Arbeitskommandos. Am 28. Juni stellte man fest, daß sowjetische Panzer schon die Beresina überschritten hatten und westlich von Lepel standen.

Wie immer in kritischen Lagen erfolgte eine Umbesetzung der Kommandostellen. Es ließ sich jetzt nicht mehr vermeiden, daß auch Feldmarschall Busch seines Kommandos enthoben wurde, obwohl er ebenso wie seine Vorgänger und die anderen Heeresgruppenbefehlshaber keine eigene Initiative hatte entwickeln dürfen und nur den Befehlen des »Führers« gefolgt war. Der inzwischen zum Feldmarschall beförderte und immer noch in Hitlers Gunst stehende Model trat an seine Stelle, blieb aber auch noch Befehlshaber der Heeresgruppe Nordukraine und wurde dort von dem Befehlshaber der 4. Panzerarmee Harpe vertreten. Auch mit der Heeresgruppe Nord war der »Führer« nicht zufrieden, die, da sie unter dem Druck der 1. Baltischen Front Bagramjans stand und für ihre Südflanke fürchtete, den Südflügel zurücknehmen wollte. Hitler war so wenig damit einverstanden, daß er der Heeresgruppe Nord befahl, nicht nur ihre Stellungen zu halten, sondern zur Unterstützung der Heeresgruppe Mitte in südostwärtiger Richtung anzugreifen. Der Oberbefehlshaber der Heeresgruppe Nord, Lindemann, sah sich nicht in der Lage, das zu tun, und wurde sofort vom Befehlshaber der Gruppe Narwa, Friessner, abgelöst.

Feldmarschall Model befehligte nun zwei Heeresgruppen, und da er nicht erst auf die von Hitler versprochenen Divisionen warten wollte, begann er Panzerdivisionen der Heeresgruppe Nordukraine zur Heeresgruppe Mitte zu verlegen. Der Verlust dieser Reserven sollte sich schmerzlich fühlbar machen, als die Heeres-

8 *Heidkämper*, Witebsk, S. 163.

gruppe Nordukraine wenige Wochen später selbst von starken sowjetischen Kräften angegriffen wurde. Ende des Monats erkannte Model, daß die sowjetischen Angriffsziele viel weiter lagen, als man es sich bisher vorgestellt hatte. Das Halten der von Hitler befohlenen Linie stellte sich sehr bald als unmöglich heraus. Am 2. Juli mußte Model zugeben, daß er weder Minsk halten noch viele der eingeschlossenen Teile der 4. und 9. Armee retten könne, und er teilte dem OKH mit, er müsse weitere Verstärkungen bekommen, um den Gegner westlich von Molodetschno und Baranowitschi zum Stehen zu bringen. Wilna selbst erschien bedroht, und gemeinsam mit Zeitzler schlug Model dem »Führer« vor, die Heeresgruppe Nord bis in den Raum westlich von Riga zurückzunehmen.

Der Einsatz der wenigen deutschen Reserven, die noch zusammengekratzt werden konnten, hielt den sowjetischen Vormarsch kaum auf. Die 14. und die 95. Infanteriedivision und die 60. Panzergrenadierdivision wurden in die Schlacht geworfen, und als es der 20. Panzerdivision nicht gelang, eine günstigere Lage zu

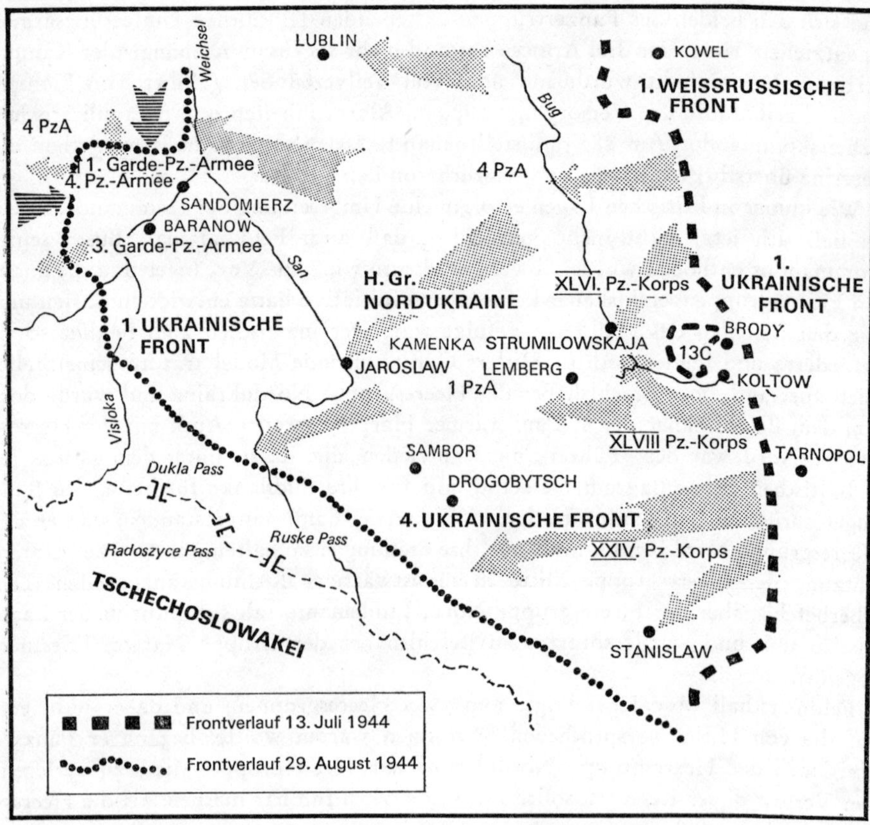

Karte 21: Die Niederlage der Heeresgruppe Nordukraine, Juli bis August 1944

erzwingen, wurde ihr Kommandeur kurzerhand seines Postens enthoben. Den motorisierten Truppen fehlte es an Kraftstoff, das machte weite Märsche unmöglich, und die Eisenbahnverbindungen waren wegen der Angriffe der Roten Luftwaffe und der Partisanentätigkeit umständlich und unsicher. Die tiefen Wälder und Sümpfe boten sich als Schlupfwinkel für Irreguläre und Briganten an, und die von den deutschen Truppen benutzten Straßen waren von Partisanen belagert.

Die drei Armeekorps der deutschen 4. Armee unter Tippelskirch, die frontal von der 2. Weißrussischen Front angegriffen wurden, gingen nach Westen zurück und versuchten zugleich, ihre Flanken zu schützen und die rückwärtigen Verbindungen aufrecht zu erhalten. Endlose Kolonnen, schwere Artillerie, Fliegerabwehrgeschütze, Kraftfahrzeuge und pferdebespannte Wagen, krochen langsam über die gewundene Straße zur Brücke zurück, die über die Beresina führte. Nur wenige deutsche Flugzeuge ließen sich sehen, und die ständigen Angriffe der Roten Luftwaffe brachten den deutschen Truppen schwere Verluste bei. Auch die Brücke über die Beresina wurde durch Bomben zerstört. Während deutsche Pioniere versuchten, sie zu reparieren, versammelten sich große Massen von Truppen und Fahrzeugen am Ostufer, die von der Roten Luftwaffe schwer mit Bomben und Bordwaffen angegriffen wurden.[9]

Am 1. Juli überschritt die 5. Garde-Panzerarmee unter Rotmistrow weiter nördlich bei Borissow die Beresina und nahm drei Tage später die Hauptstadt Weißrußlands, Minsk. Der größte Teil der deutschen 4. Armee und Teile der 9. Armee, zusammen etwa 100.000 Mann, waren in einem großen Kessel ostwärts von Minsk eingeschlossen, und zwischen dem 5. und 11. Juli begann das sowjetische Oberkommando mit der Vernichtung dieser Kräfte, ohne dabei den raschen Vorstoß der Panzerverbände der Roten Armee nach Westen anzuhalten. Der Kessel, in dem die deutsche 4. Armee eingeschlossen war, wurde in zwei Teilkessel aufgespalten. In dem einen führte der Kommandeur der 78. Sturmdivision, Traut, und im anderen der Kommandierende General des XII. Armeekorps, Müller, den Befehl. Am 8. Juli kapitulierte Müller mit seinen Männern, und neun Tage später wurden die hier gefangenen 57.000 deutschen Soldaten durch die Straßen von Moskau geführt. Teilen der 9. Armee gelang es, sich nach Westen bis Baranowitschi durchzuschlagen, und das war in der Hauptsache dem tapferen Einsatz einer Panzerdivision zu verdanken, die im Gegenangriff nach Osten vorstieß, um die Verbindung mit ihnen aufzunehmen.

Von der ganzen Heeresgruppe Mitte blieben nur noch die Flügel übrig. Die 2. Armee stand noch südlich der Pripjetsümpfe, und Reste der 3. Panzerarmee hielten ihre Stellungen im Norden. Etwa 28 Divisionen der Heeresgruppe Mitte waren zerschlagen, und man schätzte die Gesamtverluste auf 300.000 Mann.[10] Eine riesige, 400 Kilometer breite Lücke gähnte in der deutschen Front, und da der Weg in die Baltischen Staaten und nach Ostpreußen jetzt offen zu sein schien,

9 *von Tippelskirch*, Die Geschichte des Zweiten Weltkriegs, S. 535–538.
10 Kriegstagebuch des OKW, Bd. 4, S. 858.

raffte man in aller Eile Grenzschutzverbände und Ausbildungsregimenter aus Ostpreußen zusammen und warf sie zusammen mit dem Wachbataillon des »Führers« in die Lücke. Das Ausmaß dieser deutschen Niederlage entsprach dem der Katastrophe von Stalingrad.

Am 9. Juli flog Model, der die Heeresgruppe Mitte nur zwölf aufreibende Tage lang befehligt hatte, mit Friessner, der selbst erst seit fünf Tagen Befehlshaber der Heeresgruppe Nord war, zu Hitler, um den Diktator zu überreden, er solle Estland aufgeben und Verbände freimachen, um die vielen Lücken zu stopfen. Ihr Vorschlag wurde wieder abgelehnt, zum Teil wegen der Auswirkungen, die das angeblich auf die Finnen haben werde, zum Teil weil die Kriegsmarine dagegen war. Am 12. Juli schickte Friessner eine persönliche Denkschrift an den »Führer«, in der er den Ernst der Lage schilderte, aber Hitler wies das Schreiben als eine Drohung zurück.[11] Während der folgenden Tage wurde die Lage der Heeresgruppen unter Model und Friessner immer ernster. Am 10. Juli griff die 2. Baltische Front unter Jeremenko die 16. Armee an, stieß gegen Resekne nach Westen vor, und eine Woche später begann die 3. Baltische Front unter Maslennikow weiter im Norden einen Angriff in südlicher Richtung gegen den Peipussee. An der Narwa rechnete man täglich mit einer weiteren Offensive der Leningrader Front unter Goworow. Am 15. Juli waren Truppen von der Krim aus der Reserve des Oberkommandos zur 1. Baltischen Front unter Bagramjan abgestellt worden, und in wenigen Tagen ging auch sie zur Offensive über und stieß in nordostwärtiger Richtung in die Lücke zwischen der Heeresgruppe Mitte und der Heeresgruppe Nord durch Litauen nach Lettland vor.

Am 18. Juli begaben sich Model und Friessner noch einmal zum »Führer«. Model bat, die Lücke in Litauen schließen zu lassen, und da er selbst nicht über die Kräfte verfügte, dies zu tun, schlug er sehr zum Ärger von Friessner vor, die Heeresgruppe Nord möge die notwendigen Kräfte zur Verfügung stellen.[12] Aber auch Friessner hatte mit Schwierigkeiten zu kämpfen. Wenn die Heeresgruppe Mitte von der Heeresgruppe Nord abgeschnitten würde, dann drohte die Einschließung für den Fall, daß die Rote Armee zum Riga'schen Meerbusen durchbrach. Aber die Ausdehnung seines südlichen Frontabschnittes und der ständig wachsende sowjetische Druck im Osten bedeuteten, daß er selbst jeden Mann brauchte, um nicht in die Ostsee gedrängt zu werden.

Der nächste sowjetische Schlag sollte weiter südlich in Galizien und Südpolen geführt werden.

Nachdem Watutin tödlich verwundet worden war, hatte Schukow an seiner Stelle vorläufig das Kommando über die 1. Ukrainische Front übernommen. Anfang Mai wurde er von Konjew abgelöst, der bis dahin die 2. Ukrainische Front befehligt hatte.[13] An Konjews Stelle übernahm der bisherige Befehlshaber

11 *Friessner,* Verratene Schlachten, S. 18–22.
12 Ebenda, S. 27.
13 *Schukow,* Wospominanija i Rasmyšlenija, S. 566.

der 3. Ukrainischen Front, Malinowski, das Kommando bei der 2. Ukrainischen Front, und an seine Stelle trat Tolbuchin von der 4. Ukrainischen Front. Nach dem Sieg auf der Krim wurde die 4. Ukrainische Front zeitweilig als Reserve des Oberkommandos zurückgenommen.[14]

Die zweite sowjetische Offensive sollte sich gegen die Heeresgruppe Nordukraine richten. Im Schwerpunkt wurden die 1. Ukrainische Front unter Konjew und der linke Flügel der 1. Weißrussischen Front unter Rokossowski eingesetzt, die zu diesem Zweck besondere Verstärkungen erhielten. Konjew sollte in dem später so benannten Unternehmen Lemberg-Sandomierz gegen die Heeresgruppe Nordukraine vorgehen, um im Verlauf der Offensive Galizien und Südpolen zu überrennen. Rokossowski erhielt den Auftrag, gegen die linke Flanke der Heeresgruppe Nordukraine nach Zentralpolen gegen Lublin und Warschau vorzustoßen.

Die deutsche Heeresgruppe Nordukraine und die Heeresgruppe Mitte standen immer noch unter dem Kommando von Model, der sich bei seinen Besichtigungsreisen durch das Frontgebiet besonders energisch gebärdete, seine Divisionen anzufeuern suchte und oft nur Verwirrung stiftete. Dabei verlor er mancherorts das Vertrauen und die Achtung der ihm unterstellten Truppenführer; denn er kümmerte sich um Einzelheiten, die ihn eigentlich nichts angingen.[15] Die Heeresgruppe Nordukraine unter dem stellvertretenden Oberbefehlshaber Harpe bestand aus der 4. und der 1. Panzerarmee und einer ungarischen Armee an der Südflanke in den Karpathen und war über Südpolen und einen Teil der Tschechoslowakei und Galiziens auseinandergezogen. Zu ihr gehörten 31 deutsche Divisionen, darunter 4 Panzerdivisionen und zwölf ungarische leichte Divisionen oder Brigaden.[16] Aber bei Beginn der nächsten Offensive Konjews waren die Oberbefehlshaber der Heeresgruppe Nordukraine und der 4. Panzerarmee nicht bei ihren Truppen.

Die 1. Ukrainische Front bestand im ersten Treffen aus sechs Schützenarmeen und im zweiten Treffen aus einer Schützenarmee, drei Panzerarmeen und mehreren selbständigen Panzer-, Kavallerie- und Schützenkorps. Das waren insgesamt achtzig Divisionen, darunter sechs Kavalleriedivisionen, zehn Panzer- oder motorisierte Korps und eine Anzahl von Brigaden. Diese Truppen verfügten über 840.000 Mann, 14.000 Geschütze, 1600 Panzer und Schützenpanzer und 2800 Flugzeuge.[17] Am 12. Juli hatte sich die Front zum Angriff gegen Models Heeresgruppe Nordukraine bereitgestellt.

Die Offensive erfolgte in der damals bei der Roten Armee üblichen Weise. Die Schützenarmee und alle Panzer- und Kavallerieverbände wurden in der Tiefe zurückgehalten, um sofort einzugreifen, wenn die sechs Schützenarmeen im ersten Treffen einen Einbruch erzielt hatten. Am Abend des 12. Juli führten die Angreifer starke Aufklärungsvorstöße in Kompanie- und Bataillonsstärke durch, und überall, wo der Gegner weich wurde, stießen die Schützendivisionen nach, ohne die

14 Istorija, Bd. 4, S. 102.
15 *Lange*, Korpsabteilung C, S. 90, s. a. *von Mellenthin,* Panzer Battles, S. 281.
16 OKH Kriegsgliederung, 15. Juli 1944.
17 Istorja, Bd. 4, S. 207, auch *Krainyukov,* Voenno-Istoricheskii Zhumal, Juli 1969, S. 73 ff.

Artillerievorbereitung abzuwarten. Wo der Gegner jedoch starken und entschlossenen Widerstand leistete, wurden seine Stellungen mit Bomben angegriffen und mit starkem Artilleriefeuer belegt. Am 14. Juli begann die Offensive an der ganzen Front.

Auf deutscher Seite kam der Angriff nicht unerwartet, und man hatte sich schon am 6. und 7. Juli darauf vorbereitet. Überraschend für die Deutschen war allerdings die überwältigende Stärke der Roten Luftwaffe, die hier zum ersten Mal die absolute Luftüberlegenheit über dem Schlachtfeld hatte.[18]

Am 15. Juli waren zwei sowjetische Panzerarmeen an den Kämpfen beteiligt und hatten den Auftrag, die feindlichen Stellungen zu durchbrechen. Am folgenden Tage schlugen sie bei Koltow einen weniger als 4,5 Kilometer breiten und 16 Kilometer tiefen Korridor durch die feindlichen Stellungen. Durch diese schmale Lücke ergoß sich eine Kolonne von Mannschaften und Fahrzeugen, und beide Panzerarmeen gewannen das offene Gelände. Teile wendeten sich nach Norden, um mit den motorisierten und Kavallerieverbänden südlich Kamenka-Strumilowskaja die Verbindung aufzunehmen, und schlossen dabei das deutsche XIII. Korps bei Brody ein. Die restlichen sowjetischen Kräfte näherten sich am 18. Juli Lemberg, und am gleichen Tage griff die 1. Weißrussische Front unter Rokossowski von Kowel aus in Richtung auf Lublin an.

Das XIII. Korps unter Hauffe im Kessel bei Brody bestand insgesamt aus etwa 40.000 Mann, der 349. Infanteriedivision unter Lasch, der 361. Infanteriedivision unter Lindemann, der 454. Sicherheitsdivision unter Nedtwig, der 14. (galizischen) SS-Grenadierdivision unter Freitag und der Korpsabteilung C unter Lange. Das XIII. Armeekorps war erst vor kurzem von der 4. Panzerarmee zur 1. Panzerarmee überstellt worden.[19]

Erst am Nachmittag des 18. Juni kam der Befehl zum Ausbruch und zur Verbindungsaufnahme mit dem XLVIII. Panzerkorps unter Balck im Süden. Dabei sollten die 1. und die 8. Panzerdivision nach Norden angreifen, um mit dem aus dem Kessel nach Süden ausbrechenden XIII. Korps die Verbindung aufzunehmen. Der westliche Bug und etwa 20 bis 30 Kilometer vom Feinde besetztes Gebiet mußten überwunden werden. Ein Teil dieses Geländes war versumpft und dicht bewaldet. Das Korps mußte damit rechnen, im Vorstoß nach Süden frontal und von beiden Seiten angegriffen zu werden, und aus diesem Grunde wurde je eine deutsche Division als Flankenschutz im Osten und Westen eingesetzt. Die Verbände unter Lange und Lasch hatten den Auftrag, den Ausbruch zu erzwingen, während die 14. (galizische) SS-Grenadierdivision ihnen folgte. Der Kessel war bereits stark zusammengedrückt worden, überall verstopften Nachschub- und Gepäckfahrzeuge die Straßen und Ausgänge und vergrößerten dadurch das Chaos, so daß Lange später, als er die Lage besser beurteilen konnte, sagte, das Unternehmen wäre eher gelungen, wenn man sofort die Fahrzeuge von den Straßen

18 *von Mellenthin*, Panzer Battles, S. 285.
19 *Lange*, Korpsabteilung C, S. 104; *von Mellenthin*, Panzer Battles, S. 285.

geschoben und aufgegeben hätte.[20] Zunächst jedoch versuchte das XIII. Korps, möglichst die gesamte Ausrüstung zu retten.

Mit den Verbänden unter Lange und Lasch an der Spitze begannen die eingeschlossenen Truppen mit den Verwundeten und allen Versorgungs- und Gepäckfahrzeugen den gefährlichen Marsch nach Süden, aber die Sowjets reagierten sofort und griffen den zurückgehenden Gegner mit starken Panzer- und Infanterieverbänden in den Flanken an. Aus seiner Sturmgeschützbrigade und einer Panzerkompanie mit erbeuteten T 34, auf die er die ihm verbliebenen Mannschaften seines Pionierbataillons setzte, um sie als Infanteristen zu verwenden, hatte Lange eine Kampfgruppe gebildet. Dieser Verband kam zusammen mit der zu Fuß marschierenden Infanterie langsam, aber stetig voran, schoß einige sowjetische Panzer ab und erbeutete eine Anzahl noch verwendungsfähiger amerikanischer Panzerzerstörer, die sofort mit eingesetzt wurden. Die Verbindung mit dem XLVIII. Panzerkorps konnte jedoch nicht hergestellt werden; denn dieses war unter schweren Angriffen der Roten Luftwaffe und wegen anderer Zwischenfälle kaum vorangekommen. Schließlich brach wegen des schwierigen Geländes und des unbeschreiblichen Verkehrschaos zum Teil die Funkverbindung zwischen dem XIII. Korps und dem XLVIII. Panzerkorps und zwischen Hauffes Korps und den Divisionstruppenteilen zusammen. Die Verbindung konnte nur noch durch Verbindungsoffiziere und Melder aufrecht erhalten werden.[21]

Durch Feindeinwirkung und Geländeschwierigkeiten fielen sehr bald zahlreiche Fahrzeuge der gepanzerten Kampfgruppe aus, aber am 21. Juli gegen Mittag hatten sich die Angehörigen der Kampfgruppe, jetzt zu Fuß, mit Teilen der 217. Division unter Lange nach Süden durchgeschlagen und waren auf die 1. Panzerdivision gestoßen. Da jedoch die Nachrichtenverbindungen unterbrochen waren, erfuhren weder Lange noch Hauffe oder der Rest der eingeschlossenen Truppen etwas davon. Die sowjetischen Angriffe gegen den Kessel verstärkten sich so sehr, daß er immer enger wurde und sofort etwas hätte unternommen werden müssen, um den Ausbruch zu vollenden. Nachdem Lange am Nachmittag festgestelllt hatte, daß bei den Angehörigen des Stabes des XIII. Korps die Stimmung sehr schlecht war, befahl er den unter seinem Kommando stehenden Truppen, auszubrechen. Mit der Masse der Korpsabteilung C und der 349. Infanteriedivision erzwangen sich Lange und Lasch nach erbitterten Nahkämpfen den Ausweg nach Süden und über die Eisenbahnstrecke Lemberg-Tarnopol.[22]

Das Schicksal der Reste des XIII. Korps war besiegelt. Am folgenden Morgen, den 22. Juli, traf der katholische Divisionspfarrer der 454. Sicherheitsdivision, Bader, den Kommandierenden General Hauffe mit einem Angehörigen seines Stabes zufällig im Wald. Hauffe sagte, der Feind sei zu stark und die Lage hoffnungslos, obwohl er glaubte, daß in der folgenden Nacht noch ein Ausbruchsversuch unter-

20 *Lange*, Korpsabteilung C, S. 106.
21 Ebenda, S. 107 und 109; s. a. *von Mellenthin*, Panzer Battles, S. 286.
22 *Lange*, Korpsabteilung C, S. 110–113.

nommen werden könne. Sie trennten sich wortlos. Am gleichen Nachmittag nahmen die sowjetischen Bomben- und Jagdbombenflugzeuge ihre Angriffe wieder auf, und von allen Seiten hagelten Bomben, Granaten und Raketen auf die eingeschlossenen Truppen nieder. Die deutsche Artillerie war schon lange zum Schweigen gebracht worden, und deutsche Flugzeuge ließen sich nicht blicken. Überall detonierten Munitionslager, und die letzten Kraftstoffvorräte wurden getroffen und verbrannten. Man hörte das Schreien und Wimmern der Verwundeten und Sterbenden. Viele hielten bis zum Schluß durch, aber mancher erlebte das Ende nur noch in stumpfer Verzweiflung oder nahm sich das Leben. An diesem herrlichen Sommerabend ging die Sonne blutig rot hinter den Rauchfahnen unter, die über dem Kessel aufstiegen und die Vernichtung des XIII. Korps anzeigten. Etwa 25.000 deutsche Soldaten waren gefallen, und 17.000, unter ihnen Nedtwig und Lindemann, gerieten in Gefangenschaft.[23]

Die sowjetischen Panzerkräfte setzten indessen ihren Vormarsch nach Westen trotz des deutschen Widerstandes in Lemberg fort. Erst am 27. Juli wurde die Stadt von der Roten Armee besetzt, und am gleichen Tage gaben die Deutschen Stanislaw, etwa 120 Kilometer südostwärts davon, auf.[24]

Die dritte und letzte Phase des Sommerfeldzuges war die Offensive des linken Flügels der 1. Weißrussischen Front unter Rokossowski nördlich des Abschnitts von Konjew, der nur fünf Tage früher als jener zum Angriff angetreten war.

Die tiefe Flanke Rokossowskis am Rand der Pripjetsümpfe war während der Offensive in Weißrußland nur mit schwachen Kräften gedeckt worden, aber dann hatte man am äußersten linken Flügel seiner Front südlich der Sümpfe bei Kowel starke Kräfte versammelt. Als diese Kräfte gegen den Raum Kowel vorgingen, wurde Rokossowskis Front in zwei Abschnitte aufgespalten, von denen der eine nördlich, der andere südlich der Pripjetsümpfe lag.

Die Zusammenziehung dieser sowjetischen Kräfte überraschte offenbar die Deutschen, als Rokossowskis linker Flügel am 18. Juli, nur wenige Tage nachdem die 1. Ukrainische Front nach Süden angegriffen hatte, unterstützt von 1400 Flugzeugen der 6. Luftarmee auf breiter Front nach Westen vorging, auf dem Vorstoß nach Polen den Bug an mehreren Stellen überschritt und in die linke Flanke der 4. Panzerarmee stieß. Die Heeresgruppe Nordukraine unter Model war nach dem Angriff der 1. Ukrainischen Front ganz nach Süden auseinandergezogen und hatte die in Reserve gehaltenen Panzerdivisionen auf dessen Befehl an die Heeresgruppe Mitte abgeben müssen.[25] Rokossowski hatte die Pripjetsümpfe nun schon hinter sich gelassen, und seine 1. Weißrussische Front deckte nicht mehr den riesigen Frontabschnitt, der durch den Sumpfgürtel geteilt wurde. Die deutsche 2. Armee unter Weiss im Raum Brest war von drei Seiten bedroht. Die Deutschen versuchten, Brest-Litowsk zu halten, das jedoch am 28. Juli fiel.

23 Ebenda, S. 115–116.
24 *Schukow*, Wospominanija i Rasmyšlenija, S. 591.
25 Diese Truppenverschiebung war nach Schukow in Moskau bereits bekannt. Wospominanija i Rasmyšlenija, S. 585.

Am gleichen Tage brach die 1. Baltische Front unter Bagramjan zur Ostseeküste wenige Kilometer westlich von Riga durch und schnitt die Heeresgruppe Nord von der Heeresgruppe Mitte ab.

Am 20. Juli unternahm der Chef des Stabes des Ersatzheeres unter Fromm, Graf Stauffenberg, das Bombenattentat gegen Hitler im Führerhauptquartier in Rastenburg, und es folgte der vergebliche Versuch der Regierungsübernahme in Berlin. Die Bombe zerstörte die vorübergehend als Besprechungsraum benutzte Baracke, ohne den Mann zu töten, für den sie bestimmt war. Schmundt, Korten, Brandt und ein Stenograph starben an ihren Verletzungen, während die anderen Anwesenden mit leichteren Verwundungen davonkamen. Hitler blieb fast unverletzt.

Dann begann eine Säuberung zur Liquidierung nicht nur der Verschwörer, sondern auch all jener, die gewußt hatten, daß es eine Verschwörung gab. Das deutsche Heer und der Generalstab wurden dadurch getroffen, und viele aktive und pensionierte höhere Offiziere wurden festgenommen und wegen ihrer Beteiligung oder auch nur des Verdachts einer Beteiligung hingerichtet, während andere sich der Festnahme durch Selbstmord entzogen. Zu den Opfern gehörten Beck, Canaris, Hoepner, Rommel, von der Schulenburg, Fromm, von Kluge, Wagner und viele andere. Der ehemalige Chef des Generalstabes und Chef der Operationsabteilung Heusinger sowie Stieff wurden festgenommen. Die Säuberung erfaßte das ganze Oberkommando und den Generalstab, wobei sogar jüngere Offiziere verhaftet oder entlassen wurden. Den Befehl über das Ersatzheer erhielt Himmler, und die bisher von Canaris geleitete »Abwehr« wurde aufgelöst. Ihre Funktionen übernahm die SS Himmlers, die von nun an auch für den taktischen Nachrichtendienst verantwortlich war.

Die von Rachsucht diktierten Säuberungsmaßnahmen sollten nicht nur den letzten Rest des Widerstandes, sondern auch die Unabhängigkeit und Initiative der höheren militärischen Führer und ihrer Stäbe zerbrechen. Es wurden Militärgerichte zusammengestellt, um verdächtige höhere Offiziere abzuurteilen und aus dem Heer auszustoßen, so daß sie vor das Volksgericht gestellt werden konnten. Dabei waren einige Mitglieder dieser Militärgerichte kaum weniger an dem Putsch beteiligt gewesen als diejenigen, die sie jetzt verurteilen sollten.

Mit Ausnahme einiger höherer Truppenführer und Regierungsbeamten in seiner Nähe, die Gelegenheit gehabt hatten, die Eigenarten seines Charakters direkt zu beobachten, standen die meisten Deutschen hinter Adolf Hitler, und die Nachricht von dem Attentatsversuch wurde im ganzen Reich mit Abscheu und Schrecken aufgenommen. Unter den Verschwörern befanden sich, wie man in der Folgezeit in Deutschland erkannt hat, viele tapfere und ehrenwerte Männer und Frauen, aber 1944 erblickten sogar die Bevölkerungsteile, die ihre Zweifel an der Klugheit und Ehrlichkeit der Führung unter Hitler hatten, in der nationalen Einheit und Solidarität mit dem nationalsozialistischen Regime die einzige Hoffnung gegen die gewaltige Flut des roten Terrors, der Barbarei und Bestialität, welche die östlichen Gebiete Deutschlands zu überschwemmen drohte. Sie standen bis zum Schluß hinter

Hitler, und erst nachdem er gestürzt worden war, gab ihm das deutsche Volk fast geschlossen die Schuld für die Katastrophe.

Politisch bestätigte das Bombenattentat den Verbündeten Deutschlands, was sie bereits wußten, daß die deutsche Niederlage sicher war. Der Attentatsversuch und die folgende Säuberung erschütterten das deutsche Heer bis in seine Grundfesten. Die Offiziershierarchie verlor einen großen Teil der Achtung und des Vertrauens der deutschen Öffentlichkeit und der Feldtruppen. Man hörte auf das Geflüster vom Verrat, das sich schon nach der katastrophalen Niederlage der Heeresgruppe Mitte zu verbreiten begann, und glaubte daran.[26] Im Heer selbst gab es häufig Spannungen und Mißtrauen zwischen den militärischen Führern und den nationalsozialistischen Führungsoffizieren, die von nun an ihre Kommandeure mit wachsamen Augen beobachteten. Es gab jetzt Fälle, in denen Offiziere festgenommen oder degradiert wurden, weil ihre eigenen Untergebenen sie anonym denunzierten.[27]

Auf diese Weise waren das Oberkommando und die militärische Organisation von innen her zerrüttet worden, und zwar zum Zeitpunkt der bisher größten Krise in diesem Krieg, als die deutschen Armeen in Frankreich schon geschlagen waren und die ganze Heeresgruppe Mitte im Osten kurz vor dem Zusammenbruch stand.

Außerdem hatte Hitler ganz unerwartet Zeitzler entlassen, der, obwohl er, soweit man weiß, nicht in die Verschwörung verwickelt war, in den Augen seines Meisters die Verantwortung für die Schuld des OKH und des Generalstabes trug. Zeitzler war schon seit einiger Zeit krank gewesen, wurde nun in Unehren entlassen und von Guderian, dem bisherigen Generalinspekteur der schnellen Truppen, abgelöst, der für das Amt des Chefs des Generalstabes besser geeignet war als Zeitzler, nur daß Hitler diese Stellung ausgehöhlt hatte, und der Generalstabschef nichts anderes mehr war als sein ausführendes Organ, das als Telefonist die Verbindung zwischen dem Oberbefehlshaber und den Befehlshabern der Heeresgruppen aufrecht erhalten mußte. Jeder Rest von Autorität und Eigeninitiative, die ursprünglich mit diesem Amt verbunden waren, war ihm jetzt genommen worden.[28] Zwischen Guderian einerseits und Model und Friessner andererseits scheint es sofort zu Differenzen gekommen zu sein. Friessner drängte immer noch darauf, Estland zu räumen, und Model wollte seine offene Südflanke offensiv decken, indem er die 2. Armee unter Weiss aus dem Raum Brest herauszog und die Reserven hinter der Weichsel bereitstellte. Guderian machte sich die irrealen Vorstellungen des »Führers« zu eigen, als er behauptete zu glauben, die Lage könne wiederhergestellt werden, wenn man zwei oder drei Divisionen aus Rumänien herausziehe.

Am 24. Juli erließ Hitler einen Befehl, nach dem die Heeresgruppen Nord und Mitte bleiben sollten, wo sie waren, während Friessner mit dem Befehlshaber der Heeresgruppe Südukraine, Schörner, dem besonderen Liebling des nationalsoziali-

26 Kriegstagebuch des OKW, Bd. 4, S. 858.
27 *Guderian,* Panzer Leader, S. 408.
28 Ebenda, S. 342–343 und 351.

stischen Regimes, ausgetauscht wurde. Zum Trost wurde Friessner zum Generaloberst befördert und an eine, wie man glaubte, ruhigere Front versetzt.[29]

Das sowjetische Oberkommando hatte die 1. Weißrussische Front unter Rokossowski und die 1. Ukrainische Front unter Konjew inzwischen angewiesen, den Vormarsch nach Westen fortzusetzen und die Weichsel auf einer Frontbreite von 215 Kilometern zwischen Warschau und der Einmündung der Wisloka in die Weichsel zu überschreiten. Die 1. Ukrainische Front unter Konjew war jedoch durch dieses Unternehmen überfordert.

Weiter im Norden stand die 2. Panzerarmee unter Radziewski in der Warschauer Vorstadt Praga und hatte schon versucht, über die Eisenbahnbrücke nach Warschau hineinzukommen, als dort am 1. August der Aufstand begann. Die polnische Exilregierung in London, die nicht ohne Grund den Absichten der Sowjetunion gegenüber einem befreiten Polen mißtraute, hatte die polnische patriotische Untergrundarmee, die sogenannte *Armia Krajova*, unterstützt und ihre Operationen geleitet. Diese vaterländische Befreiungsarmee hatte Funksprüche der 4. Panzerarmee aufgefangen, aus denen hervorging, daß die Deutschen beabsichtigten, sich über die Weichsel zurückzuziehen, und versuchte dann, Warschau noch vor der Roten Armee in die Hand zu bekommen, um die Deutschen zu vertreiben und bei der Sowjetunion den Eindruck zu erwecken, sie habe es hier mit starken militärischen und politischen polnischen Kräften zu tun.

Der Aufstand ist vielleicht, wie es die Sowjetunion behauptete, zeitlich auf den Besuch des Ministerpräsidenten der polnischen Exilregierung, Mikolajzcyk, in Moskau abgestimmt worden, um ihm bei seinen Verhandlungen im Kreml den Rücken zu stärken. Die sowjetische Regierung beklagte sich mit Recht darüber, daß sie von dem Aufstand erst unterrichtet worden sei, nachdem er begonnen hatte. Es stimmt aber auch, daß das sowjetische Oberkommando schon Flugblätter hatte abwerfen lassen, in denen das polnische Volk aufgefordert wurde, gegen die Deutschen zu den Waffen zu greifen, und daß Radio Moskau am 29. Juli Warschau aufforderte, das gleiche zu tun.[30] Die UdSSR verlangte jedoch, daß ein solcher Aufstand ausschließlich im Einvernehmen mit der Sowjetunion und im Interesse der Kommunisten erfolgen und nicht von einer nationalistischen und kapitalistischen Emigrantenorganisation geführt werden sollte, die von den Briten unterstützt wurde, einer Organisation, die ebenso rabiat anti-kommunistisch und anti-russisch war wie anti-deutsch; denn die Polen waren im Verlauf der vergangenen vier Jahre sowohl von den deutschen Faschisten als auch von den sowjetischen Kommunisten in grausam barbarischer Weise mißhandelt worden.

Der Kreml hatte wie üblich in weiser Voraussicht eine polnische Armee aufgestellt, ausgebildet, ideologisch geschult und durch sowjetische Offiziere und politische Funktionäre überwachen lassen. Diese von Berling, einem ehemaligen Offizier

29 Ebenda, S. 354, s. a. *Friessner*, Verratene Schlachten, S. 28–29.
30 *Bor-Komorowski*, The Secret Army, S. 212; *Feis*, Churchill Roosevelt Stalin, S. 380; *Churchill*, Bd. 6, Triumph and Tragedy, S. 114; *Schukow*, Wospominanija i Rasmyšlenija, S. 585; Istorija, Bd. 4, S. 238–239.

der alten polnischen Armee geführten Truppen sollten eine doppelte Aufgabe erfüllen. Sie sollten den Kaderverband für neue, auf polnischem Boden auszuhebende Streitkräfte bilden, die auf sowjetischer Seite kämpften und Polizeikräfte stellten, auf die sich das kommunistische Marionettenregime stützen konnte, das Moskau als Opposition gegen die Londoner Exilregierung in Lublin einsetzen wollte. Die Armee Berlings rekrutierte sich aus Gefängnisinsassen, Kriegsgefangenen und Insassen von Konzentrationslagern, und da es in der Sowjetunion viel gefangene Ausländer gab, stellte sie ähnliche tschechoslowakische und baltische Verbände auf.

Am 1. August begann der Befehlshaber der vaterländischen polnischen Befreiungsarmee, Bor-Komorowski, seinen Aufstand, der die rückwärtigen Verbindungen von Teilen der deutschen 9. Armee unter Vormann, die nach ihrer Niederlage bei Bobruisk als Reserve zurückgenommen und erst kürzlich wieder an die Front gebracht worden war, bedrohte. Der polnische Aufstand, bei dem es den polnischen Kräften an Waffen und Munition fehlte, war zunächst schlecht organisiert, verbreitete sich jedoch fast spontan, und die Bevölkerung zeigte großen Heroismus; denn sie kämpfte nicht nur, um sich von dem alten Eindringling zu befreien, sondern auch, um die Zukunft der Nation gegen einen neuen Eindringling zu sichern.[31]

Die sowjetische Regierung war sich über die Haltung und die Ziele der polnischen Exilregierung völlig im Klaren, und da sie den Briten mißtraute, wünschte sie nicht, daß der Aufstand gelang. Wenn sie die Aufständischen mit allen verfügbaren Mitteln unterstützt und es ihnen ermöglicht hätte, Warschau im August in die Hand zu bekommen, dann wäre für die Sowjets das Problem entstanden, mit einer auf etwa 35.000 Mann geschätzten, hauptsächlich mit deutschen Waffen ausgerüsteten vaterländischen Armee fertig zu werden, einer Bürgerwehr, deren Existenz für die Regierung in Lublin sehr unangenehm gewesen wäre. Der Kreml war zu diesem Zeitpunkt noch nicht bereit, die Rote Armee gegen polnische Patrioten einzusetzen. Auch wollte er es noch nicht auf eine Machtprobe mit dem Westen hinsichtlich der Zukunft Polens ankommen lassen. Moskau tat deshalb zunächst so, als gäbe es gar keinen Aufstand, behauptete dann, die Befreiungsarmee sympathisiere mit den Deutschen, und sagte schließlich, ihre Führer seien kriminell und verantwortungslos, da sie nutzlos das Leben polnischer Menschen opferten. Mit diesen Argumenten begründete Stalin seine Untätigkeit.

Die Haltung der sowjetischen Regierung und Truppenführer verleiht der Behauptung Gewicht, der Kreml habe es bewußt zugelassen, daß die Deutschen den Aufstand der Patrioten niederschlugen. Am 16. August teilte Moskau der britischen Regierung mit, es wolle nichts mit dem Aufstand zu tun haben, und am 19. August lehnte es das britische und amerikanische Ersuchen ab, Flugplätze auf sowjetischem Boden zur Verfügung zu stellen, um die Aufständischen von dort aus mit Waffen, Munition und Medikamenten zu versorgen. Am 22. August bezeichnete Stalin

31 Anm. d. Hrsg.: Zu der sehr komplizierten Geschichte des Warschauer Aufstandes vgl. die umfassend angelegte Darstellung von *Hanns von Krannhals:* Der Warschauer Aufstand 1944. Frankfurt a.M. 1964.

die polnische Befreiungsarmee in einer Botschaft an Churchill und Roosevelt als eine Gruppe Krimineller.[32] Erst am 10. September, als der Aufstand fast niedergeschlagen war, leitete das sowjetische Oberkommando gewisse Maßnahmen ein, die den Anschein erwecken sollten, es unterstütze die polnischen Freiheitskämpfer.

Zwei mit Funkgeräten ausgerüstete Offiziere der Roten Armee sprangen mit Fallschirmen über der Stadt ab und stellten sich Bor-Komorowski als Verbindungsoffiziere zu Rokossowski zur Verfügung, aber es kam wenig dabei heraus, da ihre Funksprüche von den Russen nicht beantwortet wurden.[33] Wahrscheinlich sollten diese Verbindungsoffiziere als Spione Material über die vaterländische Organisation sammeln; denn wenig früher, am 17. Juli, wurden bei Wilna nach sowjetischen Beteuerungen der Freundschaft und Dankbarkeit alle Führer und Stäbe der Befreiungsarmee zu einer Stabsbesprechung mit dem Befehlshaber der 3. Weißrussischen Front, Tschernjakowski, eingeladen. Keiner von ihnen kehrte zurück. Man hatte unter den herrschenden Umständen nichts anderes von den Sowjets erwarten können, und ihre Haltung nach der Besetzung Polens und der Einsetzung der Lubliner Regierung bestätigte ihre Absichten. Wer bei dem Aufstand eine führende Rolle gespielt hatte oder mit den Emigranten in London in Beziehung stand, verschwand entweder oder wurde per Eisenbahn in das Innere Rußlands abgeschoben. Die meisten dieser Leute wurden nie wieder gesehen.[34]

Man hat behauptet, Hitler habe sich geweigert, das deutsche Heer mit der Niederwerfung des Aufstandes zu beauftragen und diese Aufgabe Himmler übertragen, der den Befehl an von dem Bach-Zelewski weitergab. Zwölf SS-Polizeikompanien, das Regiment unter dem Kommando von Dirlewanger, das aus deutschen Kriminellen bestand, und die weißrussische Brigade unter Kaminski, die sich zum größten Teil aus Kriegsgefangenen Rotarmisten zusammensetzte, begingen unter der Führung deutscher Vorgesetzter unbeschreibliche Grausamkeiten gegen die polnische Bevölkerung. Die deutschen Truppen trieben bei ihrem Vorgehen gegen die polnischen Linien polnische Frauen und Kinder vor sich her. Polnische Kranke und Verwundete, Männer und Frauen, wurden aus den Krankenhäusern getrieben und massenweise erschossen. Mord und Vergewaltigung waren an der Tagesordnung. Guderian behauptet, bei Hitler dagegen protestiert und verlangt zu haben, daß diese Truppen zurückgezogen würden, und in seinem später angefertigtem Bericht versucht er, die Verantwortung des deutschen Heeres und der Waffen-SS für diese Greueltaten abzustreiten.[35] Die vaterländische Befreiungsarmee kämpfte indessen in den Kellern und der Kanalisation der Stadt noch den ganzen August und September über weiter. Die letzten Freiheitskämpfer ergaben sich erst am 2. Oktober.

Im Winter 1943 und im Frühjahr 1944 war die Stärke der deutschen Verbände

32 Ebenda, S. 274; *Churchill*, Bd. 6, Triumph and Tragedy, S. 118–120.
33 *Bor-Komorowski*, The Secret Army, S. 342–346.
34 *Churchill*, Bd. 6, Triumph and Tragedy, S. 434–436.
35 *Guderian*, Panzer Leader, S. 355–356, s. a. *Bor-Komorowski*, The Secret Army, S. 234 bis 235 und 331.

an der Ostfront verringert worden, da zahlreiche Divisionen zur Verstärkung der deutschen Truppen in den Westen und den Mittelmeerraum verlegt worden waren. Am 1. Juli 1944, als die Alliierten in der Normandie gelandet waren und Rom eingenommen hatten, standen 164 deutsche Divisionen des Heeres, der Luftwaffe und der SS im Osten. Einige dieser Divisionen waren kaum stärker als ein Regiment. Im Westen und im Mittelmeerraum standen 121 deutsche Divisionen.[36] Im Dezember verfügten die Deutschen in Frankreich und den Niederlanden über nur 650 Panzer und 220 Sturmgeschütze. Im Juni 1944 hatte sich dieser Bestand auf 1550 Panzer und 300 Sturmgeschütze erhöht.

Der »Führer« nahm jedoch noch weitere Umgruppierungen und Umbesetzungen in den höheren Kommandostellen vor. In Frankreich war die deutsche Front zusammengebrochen, und Model wurde in den Westen versetzt. Am 16. August übernahm Reinhardt an seiner Stelle den Befehl über die Heeresgruppe Mitte. Anfang September wurde Harpe als Befehlshaber der Heeresgruppe Nordukraine bestätigt.

Am 25. August waren die Anglo-Amerikaner in Paris und gingen gegen die Westgrenzen Deutschlands vor. Nun beschloß der »Führer«, im Westen die größten Anstrengungen zu unternehmen und im Reichsgebiet Angriffstruppen zusammenzustellen, die den Westalliierten westlich der deutschen Grenze einen vernichtenden Schlag versetzen sollten. Dann wollte er sich nach Osten wenden, um der herankommenden Roten Armee entgegenzutreten.

36 *Mueller-Hillebrandt,* Das Heer, Bd. 3, Tabelle 62.

19. Kapitel

Finnland scheidet aus dem Krieg aus

Schon im November 1941 hatte Finnland seine Begeisterung für den Krieg verloren. Im Dezember erlitten die Deutschen einen schweren Rückschlag vor Moskau, die Vereinigten Staaten befanden sich im Kriege, und Helsinki konnte nicht mehr damit rechnen, daß die Sowjetunion in einem kurzen Feldzug geschlagen würde. Als Heinrichs im nächsten Frühjahr nach Ostpreußen kam, um Halder zu besuchen, stellte er fest, daß der deutsche Chef des Generalstabes müde und deprimiert war und den Krieg als für die Deutschen zu verlustreich ansah.[1] Dennoch ließen die Finnen Ende 1941 die über Schweden ausgestreckten sowjetischen Friedensfühler unbeachtet. Die Deutschen setzten Finnland unter Druck und verlangten ein weiteres Unternehmen zur Blockierung der nach Murmansk führenden Eisenbahnlinie, aber die Vereinigten Staaten, die sich mit Finnland nicht im Kriege befanden, versuchten ihrerseits, die Finnen mit Druckmaßnahmen davon abzuhalten.

Die Kriegslage entwickelte sich nach Ende 1942 immer ungünstiger für Deutschland. Mit großer Sorge nahm man in Helsinki von dem amerikanischen Landungen und Siegen in Afrika, der Kapitulation Italiens, den schweren Niederlagen bei Stalingrad und Kursk und der alliierten Bomberoffensive Kenntnis und kam zu dem richtigen Schluß, daß Deutschland den Krieg schon verloren habe. Die finnische Regierung entschloß sich, so bald wie möglich Frieden zu schließen.

Der fünfundsiebzigjährige Oberbefehlshaber Mannerheim hatte zuverlässige und tüchtige Mitarbeiter wie Heinrichs, Oesch und Siilasvuo, war aber der unbestrittene Herr der finnischen Streitkräfte und hatte eine starke politische Stellung. Bis zum gewissen Grade war er ein Freund der Deutschen und stand sich gut mit Hitler, aber in erster Linie war er finnischer Patriot. Hitler und das OKW gaben sich große Mühe, dem alternden Marschall den Hof zu machen und ihm gefällig zu sein, damit Finnland im Kriege blieb, aber obwohl sie gute persönliche Beziehungen mit ihm unterhielten, gelang es ihnen nicht, die Haltung der Finnen zu Deutschlands Gunsten zu ändern. Während Mannerheim Mitte 1941 gute Gründe hatte, optimistisch zu sein, begann er schon im Dezember desselben Jahres am günstigen Ausgang des Krieges zu zweifeln. Der bei Mannerheim akkreditierte deutsche Verbindungsoffizier Erfurth meinte, niemand in Mannerheims Stabe könne den Feldmarschall beeinflussen. Für Mannerheim standen die Interessen Finnlands, wie er sie verstand, an erster Stelle, und daher entschloß er sich zu einer Politik der Obstruktion und Passivität.

1 *Mannerheim,* Memoirs, S. 442.

Im Herbst 1943 hatte Finnland mehr als 350.000 Mann unter den Waffen, denen etwa 180.000 sowjetische Soldaten gegenüberlagen, während die deutsche 20. Gebirgsarmee mit mehr als 180.000 Mann den ihr gegenüberstehenden Kräften der Roten Armee zahlenmäßig im Verhältnis zwei zu eins überlegen war. So unangenehm den Deutschen die Unentschlossenheit Mannerheims auch sein mochte, sie konnten ohne Zustimmung der Finnen und ohne deren Unterstützung nicht angreifen. Erfurth und der Oberbefehlshaber der 20. Armee, Dietl, meldeten, Helsinki könne sich nicht dazu entschließen, die nach Murmansk führende Eisenbahnlinie abzuschneiden und die an der finnischen Front eingesetzten sowjetischen Armeen zu vernichten, weil sie fürchteten, die Vereinigten Staaten zu verärgern. Die Murmansker Eisenbahnlinie war für die sowjetischen Kriegsanstrengungen nicht unbedingt lebenswichtig, und selbst wenn die sowjetische 7. und 23. Armee vernichtet worden wären, dann hätte das nur auf Kosten schwerer finnischer Verluste geschehen können, ohne den Ausgang des Krieges entscheidend zu beeinflussen; denn Deutschlands Schicksal war schon besiegelt.

Man mußte jedoch damit rechnen, daß die Bedingungen eines von den Sowjets diktierten Friedens unannehmbar sein würden, und im Juli 1943 wies Finnland einen weiteren Vorschlag Moskaus zurück. Auch die noch im Lande stehende 20. Gebirgsarmee unter Dietl bedeutete für die Finnen eine Belastung.

Am 28. September befahl Hitler der 20. Gebirgsarmee, sich für den Fall des Kriegsaustritts der Finnen darauf vorzubereiten, Nordfinnland und die Nickelminen von Petsamo zu halten. Vergeblich wendete sich Dietl dagegen und erklärte Jodl, dieser Befehl sei unrealistisch; denn er wisse, daß er Nordfinnland nicht lange werde halten können, und da man nicht länger mit der Neutralität Schwedens rechnen dürfe, fürchte er, hier mit seinen Truppen abgeschnitten zu werden.[2]

Im Januar 1944 wurde die Heeresgruppe Nord durch die sowjetische Offensive südlich von Leningrad gegen die baltischen Staaten zurückgedrängt, damit wurden die Finnen isoliert, und ihre Nervosität steigerte sich. Mitte Februar ging eine finnische Delegation nach Moskau, aber die sowjetischen Friedensbedingungen waren so hart, so daß die Finnen sie ablehnten. Hitler ergriff Gegenmaßnahmen und kürzte die Waffen- und Getreidelieferungen an Finnland.

Stalin hatte sich schon im Dezember 1943 in Teheran auf das Drängen Roosevelt und Churchills bereit erklärt, den Finnen die nationale Unabhängigkeit zu belassen, war aber entschlossen, Finnland zum Austritt aus dem Kriege zu zwingen. Die sowjetische 21. Armee mit sechs Schützendivisionen unter Gusew und ein Artilleriekorps wurden auf dem Seewege von Oranienbaum in den Raum nördlich von Leningrad verlegt, und die 7. Armee unter Krutikow am linken Flügel der Karelischen Front wurde durch weitere neun Schützendivisionen und eine Artilleriedivision verstärkt. Die Leningrader Front unter Goworow, dessen politisches Mitglied des Militärsowjets Shdanow war, stellte sich auf der Karelischen Land-

2 *Hubatsch,* Hitlers Weisungen für die Kriegführung, S. 231, Weisung Nr. 50; Kriegstagebuch des OKW, Bd. 4, S. 1148–1149, 28. September 1943.

enge nördlich von Leningrad bereit. Sie bestand links aus der neu eingetroffenen 21. Armee mit zehn Divisionen und rechts aus der 23. Armee unter Tscherepanow mit acht Divisionen. Der linke Flügel der Karelischen Front unter Merezkow bestand aus der 7. Armee unter Krutikow mit vierzehn Schützendivisionen am Swir zwischen dem Ladogasee und dem Onegasee und der 32. Armee unter Gorelenko mit nur drei Divisionen nördlich des Onegasees. Für diese Offensive sollten die Leningrader Front und die Karelische Front etwa fünfundvierzig Divisionen und einige Panzer- und Marineinfanteriebrigaden einsetzen, zusammen fast eine halbe Million Mann, 800 Panzer und Schützenpanzer und etwa 1500 Flugzeuge. Man schätzt, daß für das Unternehmen etwa 10.000 Geschütze und Granatwerfer sowie einige schwere Schiffsgeschütze der Baltischen Flotte zur Verfügung standen.[3]

Der Hauptstoß des sowjetischen Angriffs sollte im Abschnitt der 21. Armee auf der karelischen Landenge gegen Viborg geführt werden, während die 23. Armee versuchen sollte, die Masse der feindlichen Kräfte gegen den Ladogasee und die kleinen Seen im finnischen Hinterland zu drängen. Es gelang jedoch Goworow nicht, die Engstelle ostwärts von Viborg zu gewinnen und dort den finnischen Truppen den Rückzug abzuschneiden.

Die 50 Kilometer breite karelische Landenge wurde durch das III. Korps unter Siilasvuo und das IV. Korps unter Laatikainen verteidigt. Das waren drei Infanteriedivisionen und eine Brigade in vorderster Linie, während zwei Divisionen und eine Kavalleriebrigade in der Tiefe der Verteidigungsstellungen eingesetzt waren. Die finnischen Verteidigungsstellungen bestanden aus zwei Verteidigungszonen. Vorn befanden sich eine erste und eine etwa 16 Kilometer weiter rückwärts angelegte zweite Linie. Die rückwärtige Verteidigungszone bestand aus einer dritten, 50 Kilometer weiter rückwärts, unmittelbar ostwärts von Viborg quer über die Landenge verlaufenden Verteidigungslinie. Eine vierte, unvollständige Verteidigungslinie lag an der Grenze von 1940 und hieß deshalb die »Moskaulinie«. Die drei vordersten Verteidigungslinien waren taktisch günstig ausgewählt und gegliedert, bestanden allerdings nur aus mit Betonbunkern verstärkten Feldstellungen. Das sowjetische Oberkommando machte sich keine Illusionen über die Härte der bevorstehenden Kämpfe, und neuere sowjetische historische Berichte betonen die Geschicklichkeit und gute Anpassungsfähigkeit der finnischen Soldaten in Wäldern und Sümpfen sowie den Mut und die Tapferkeit der Finnen in dieser letzten entscheidenden Schlacht.[4]

Die Anglo-Amerikaner waren gerade in der Normandie gelandet, und das sowjetische Oberkommando stand kurz vor der großen Offensive in Weißrußland. Die UdSSR wollte Finnland zwar zum Austritt aus dem Kriege zwingen, aber nach sowjetischen Berichten hatte sie auch noch andere Ziele; denn es lag ihr daran, die Aufmerksamkeit der Deutschen von der weißrussischen Front abzulenken, den

3 Istorija, Bd. 4, S. 157; *Erfurth*, Der Finnische Krieg 1941–1944, S. 242–243.
4 Istorija, Bd. 4, S. 156.

Raum Leningrad zu sichern und die Kirowstraße sowie den aus der Ostsee in das Weiße Meer führenden Kanal zu öffnen und wieder selbst zu verwenden.

Einige Zeit vor Angriffsbeginn hielten die Sowjets wie üblich Funkstille ein, und die Finnen wurden mehr von dem Umfang der Offensive als von ihrem Zeitpunkt überrascht – und besonders durch die Tatsache, daß ihre 10. Division so schnell überrannt wurde.[5] Am 9. Juni führte die sowjetische Luftwaffe schwere Bombenangriffe, und am folgenden Tage überschritt die sowjetische 21. Armee nach einer so massiven Artillerievorbereitung, wie sie die Finnen bisher noch nicht erlebt hatten, die Sestra und erzielte einen 16 Kilometer tiefen Einbruch in die finnischen Verteidigungsstellungen.

24 Stunden später schloß sich die 23. sowjetische Armee am rechten Flügel dem Angriff an, und am 13. Juni hatten die Sowjets die zweite Verteidigungslinie erreicht. Hier nahmen die Finnen fälschlich an, der sowjetische Hauptstoß werde sich gegen das Zentrum richten, während er in Wirklichkeit an der Küstenstraße im Westen erfolgte. Mit Unterstützung eines Durchbruchs-Artilleriekorps schlugen die sowjetischen Truppen eine zwölf Kilometer breite Lücke in die Verteidigungsanlagen. Am 18. Juni näherten sich sowjetische Truppen Viborg.

Wenige Tage zuvor hatten die Finnen Deutschland gebeten, das Waffenembargo aufzuheben (das verhängt worden war, nachdem Helsinki den Sowjets Friedensangebote gemacht hatte) und sechs deutsche Divisionen zur Verfügung zu stellen, um finnische Truppen an dem bisher ruhigen Frontabschnitt in Karelien abzulösen, damit weitere finnische Verbände nach Westen in den Raum Viborg verlegt werden könnten. Besonders die sowjetischen Panzer bedeuteten eine gefährliche Bedrohung. Hitler hatte zwar keine deutschen Truppen übrig, stellte jedoch die 122. Infanteriedivision und eine Brigade mit etwa 30 Geschützen auf gepanzerter Selbstfahrlafette zur Verfügung. Die Unterstützung durch die Luftwaffe wurde verstärkt, und die Deutschen brachten mit Flugzeugen und Schnellbooten 9000 Panzerfäuste und 5000 Panzerschreck-Granaten für die Panzerabwehr heran. Weniger willkommen war den Finnen der Besuch von Ribbentrop, der von dem finnischen Präsidenten Ryti verlangte, er solle als Gegenleistung einen Vertrag unterschreiben, wonach Finnland sich verpflichtete, keinen Separatfrieden zu schließen.[6] Das war dann eine der Ursachen für den Abbruch der diplomatischen Beziehungen zwischen den Vereinigten Staaten und Finnland.

Die Finnen hatten bereits ihre einzige Panzerdivision eingesetzt und begannen, Verbände aus Karelien ostwärts des Ladogasees in den Raum Viborg zu verlegen. Um die Operationen des III. und IV. Korps aufeinander abzustimmen, erhielt Oesch das Oberkommando über beide, und nach finnischen Berichten waren die sich jetzt entwickelnden Kämpfe die heftigsten des ganzen Krieges. Die finnische 10. Di-

5 *Erfurth,* Der Finnische Krieg 1941–1944, S. 227; *Oesch,* Finnlands Entscheidungskampf 1944, S. 67.

6 *Mannerheim,* Memoirs, S. 481–483; *Erfurth,* Der Finnische Krieg 1941–1944, S. 241 bis 242.

vision, gegen die sich der Hauptstoß der sowjetischen Offensive gerichtet hatte, war jetzt zwar nicht mehr voll einsatzfähig, aber die anderen Divisionen konnten sich ordnungsgemäß bis in den Raum nördlich von Viborg zurückziehen. Diesen Erfolg hatten sie zum Teil der Tatsache zu verdanken, daß es den Sowjets mißlang, die engste Stelle auf dem Isthmus abzuriegeln. Am 20. Juni mußte Viborg aufgegeben werden, aber sehr bald darauf kam die sowjetische Offensive zum Stehen.

Am 21. Juni führte Merezkow seinen Angriff in Ostkarelien gegen die geschwächten finnischen Stellungen am Swir ostwärts des Ladogasees und nördlich des Onegasees. Die Finnen hatten zu diesem Zeitpunkt bereits begonnen, ihre Stellungen zu räumen. Das finnische V. Korps war auf die karelische Landenge verlegt worden, um als Verstärkung gegen den Angriff Goworows eingesetzt zu werden, und deshalb führten das VI. Korps und die Gruppe Olenez (Aunus) die Nachhutgefechte gegen die 7. Armee am Swir, während das II. Korps den Raum Welikaja Guba nördlich des Onegasees gegen die sowjetische 32. Armee verteidigte.

Die Finnen verminten und verwüsteten das Gebiet, das sie zurückließen, blieben aber ständig mit dem Feind in Berührung, und die Kämpfe waren zeitweilig sehr hart. Innerhalb von sechs Wochen gaben sie fast das ganze 1941 eroberte Gebiet wieder auf. Ende Juli ließ der Druck der Roten Armee nach, als sowjetische Verbände abgezogen und nach Süden in die baltischen Staaten verlegt wurden, wo die deutschen Verteidigungsstellungen in der weißrussischen Offensive aufgerissen worden waren. Die Deutschen gaben deshalb die Unterstützung der Finnen vollkommen auf, und am 29. Juli forderte Hitler die 122. Infanteriedivision zurück.

Nach der deutschen Niederlage in Weißrußland und im baltischen Raum und nach der mißlungenen Abwehr der alliierten Landung in der Normandie, sahen sich die Finnen in ihrer Annahme bestätigt, daß die militärische Stärke Deutschlands rasch abnahm, und waren verärgert darüber, daß Deutschland die Verpflichtungen nicht einhielt, die es in dem Abkommen zwischen Ryti und Ribbentrop übernommen hatte. Ryti trat am 4. August zurück, und an seiner Stelle wurde Mannerheim Präsident. Damit sahen sich die Finnen in die Lage versetzt, den vom vorigen Präsidenten mit den Deutschen geschlossenen Vertrag zu kündigen. Die Deutschen schickten zunächst den Oberbefehlshaber der Heeresgruppe Nord, Schörner, der zuvor die 6. Gebirgsdivision und das XIX. Gebirgskorps in Nordfinnland kommandiert hatte, nach Finnland. Ihm folgte Keitel, um Mannerheim das Eichenlaub zum Ritterkreuz und Heinrichs das Ritterkreuz des Eisernen Kreuzes zu verleihen. Mehr hatten sie nicht anzubieten.

Bei der Verleihung teilte Mannerheim dem überraschten und leicht schockierten Keitel mit, Finnland habe bei den Kämpfen im Sommer 60.000 Mann verloren und könne sich höhere Verluste nicht leisten. Die von Ryti gemachte Zusage, Finnland werde sich auch weiter am Kriege beteiligen, sei nicht länger gültig. Sofort nach Bekanntwerden der Nachricht, daß es zwischen rumänischen und deutschen Truppen zu Kämpfen gekommen war, nachdem Rumänien um Frieden gebeten hatte, ersuchte Finnland die Sowjetunion am 25. August um die Bekanntgabe der sowjetischen Friedensbedingungen. Moskau erklärte sich bereit, eine finnische Delegation zu empfangen, und zwar unter der Bedingung, daß Finnland alle Beziehungen zu Deutschland abbräche und alle fremden Truppen bis zum 15. September aus Finnland abgezogen würden.

Der deutsche Oberbefehlshaber in Nordfinnland, Dietl, war am 23. Juni tödlich mit dem Flugzeug verunglückt, und an seiner Stelle hatte Rendulic das Kommando übernommen, ein fähiger österreichischer Offizier, der sich nach Aussagen Guderians gut mit Hitler stand. Rendulic war ein höflicher, aber nach außen harter Mann, und als er Mannerheim bei einem Besuch aufforderte, er möge nicht dem sowjetischen Druck nachgeben und die Waffen gegen die Deutschen aufnehmen, hatte Mannerheim – zu Recht oder zu Unrecht – den Eindruck, diese Aufforderung sei eine versteckte Drohung. [7] Die Deutschen hatten 1940 und 1941 ganz Europa in Schrecken versetzt und konnten 1943 noch damit rechnen, in Italien und Rumänien respektvoll angehört zu werden. Aber in Finnland klang auch die leiseste Andeutung einer plumpen Drohung nicht mehr überzeugend; denn die isolierte 20. Gebirgsarmee konnte nicht verstärkt werden und war den Finnen im Verhältnis von zwei zu eins unterlegen.

In der ersten Septemberwoche begannen die Deutschen, ihre Munitions- und Nachschublager abzutransportieren, es stellte sich jedoch sehr bald heraus, daß sie das Land bis Mitte des Monats nicht räumen konnten, ohne den größten Teil der schweren Ausrüstung zurückzulassen. Das sowjetische Oberkommando zeigte indessen kaum ein Interesse daran, die deutschen Streitkräfte durch den Einsatz von Truppen der Roten Armee zu binden. Die Beziehungen zwischen Deutschen und Finnen blieben jedoch recht gut, bis der deutsche Marinestab Hitler dazu überredete, der Besetzung der finnischen Marinebasis von Suursaari zuzustimmen. Der Angriff erfolgte am Morgen des 15. September. Entgegen allen Erwartungen eröffnete die finnische Garnison das Feuer, und auch die Rote Luftwaffe griff in die Kämpfe ein, so daß die Deutschen mit schweren Verlusten abgeschlagen wurden.

Mit dem Angriff gegen Suursaari spielte Hitler den Sowjets in die Hände und befreite die Finnen aus einer peinlichen Lage. Mannerheim zögerte nicht, das auszunutzen. Er befahl alle finnischen Schiffe in die Häfen und verlangte den sofortigen Abzug der Truppen von Rendulic. Trotzdem kam es zu keinen weiteren Feindseligkeiten mehr. Rendulic erkannte, daß die Finnen schwer von Moskau unter Druck gesetzt wurden, sich aktiver an der Vertreibung der 20. Gebirgsarmee zu beteiligen. Aber als die Finnen den deutschen Truppen folgten, die sich nach Norwegen zurückzogen, betrachtete er dies nur als eine Beschwichtigungsmaßnahme gegenüber den Sowjets. Der Rückzug vollzog sich ohne Zwischenfälle, bis die deutschen Truppen von dem tüchtigen und individualistischen Siilasvuo, dem Befehlshaber der finnischen Verbände, die der 20. Armee folgten, weitergedrängt wurden. In der Nähe der Küstenstadt Tornio kam es zu Gefechten, und dabei wurde das ganze Gebiet, wie das im Kriege nicht anders möglich ist, verwüstet. In der Stadt Rovaniemi entstanden Zerstörungen, als ein Munitionszug gesprengt

7 *Mannerheim,* Memoirs, S. 495–496; *Rendulic,* Gekämpft – Gesiegt – Geschlagen, S. 284.

wurde. Das sowjetische Oberkommando zeigte keine Neigung, in Finnland einzumarschieren oder die Truppen von Rendulic zu verfolgen. Erst am 15. Oktober setzten sich sowjetische Truppen in Marsch, um das Gebiet von Petsamo zu besetzen.

Damit endete der Krieg in Finnland, der den Finnen Gesamtverluste von 200.000 Mann, darunter 55.000 Gefallene, brachte. Außerdem verlor Finnland wichtige Gebiete sowie Rohstoffe und mußte übermäßig hohe Reparationen zahlen.

Finnland hatte zu den Waffen gegriffen, um die im Winterkrieg verloren gegangenen finnischen Gebiete zurückzuerobern. Wahrscheinlich hatten die Finnen gehofft, am Schluß des Krieges noch mehr zu bekommen. Aber die UdSSR trug einen großen Teil der Verantwortung dafür, daß sich diese kleine Nation dem Antikomintern-Feldzug der Deutschen angeschlossen hatte; denn in der Friedenszeit nach dem Winterkrieg schurigelte und erpreßte Moskau die Finnen und bedrohte sie mit der Vernichtung. Sie waren in einer verzweifelten Lage und erinnerten sich daran, daß Stalin 1939 spöttisch über den Wunsch der Finnen, sich aus einem Kriege zwischen Deutschland und der Sowjetunion herauszuhalten, gesagt hatte, die geographische Lage lasse dies nicht zu. Für Finnland war Deutschland das kleinere von zwei Übeln.

Finnland hatte das Glück, als selbständige Nation weiter bestehen zu können, und hat dies seiner eigenen Energie und Entschlußkraft, seiner Lage an der Ostsee und dem besonderen Interesse zu verdanken, welches die Vereinigten Staaten und Großbritannien an seiner Zukunft zeigten.

Zwar spielte der Krieg in Finnland im Rahmen des Ringens Hitlers um das Überleben gegen seine drei Hauptfeinde nur eine geringe Rolle, jedoch muß er als Teil der deutschen Strategie in Skandinavien betrachtet werden. Nicht ganz zu Unrecht glaubte Hitler, die Besetzung Dänemarks und Norwegens sichere die Ostsee und die deutsche Nordflanke sowie den Zugang zum schwedischen Eisenerz und zum finnischen Nickel. Die deutsche Rüstungsindustrie brauchte Eisenerz und Nikkel, konnte diese Rohstoffe aber auch anderswo bekommen. Ob die Sicherung der Rohstoffquellen es rechtfertigte, eine halbe Million deutscher Soldaten den ganzen Krieg über untätig in Norwegen und Finnland zu binden, ist mehr als fraglich.

Norwegen war von einem Armeekorps erobert worden, konnte aber nur von einer Armee gehalten werden, so sehr fürchtete der »Führer« eine anglo-amerikanische Landung und so schwierig waren Truppenverschiebungen an der norwegischen Küste. Zugegebenermaßen hatten sich die Deutschen durch die Besetzung Norwegens Luftbasen verschafft, von denen aus sie die nach Rußland fahrenden Geleitzüge und die zum Nordatlantik hin offenen Häfen angreifen konnten, aber diese beiden Umstände waren nicht kriegsentscheidend. In den Jahren 1942 bis 1944 waren eine halbe Million erstklassiger deutscher und finnischer Truppen durch halb soviele sowjetische Soldaten gebunden, deren militärischer Wert verhältnismäßig gering war.

Finnlands Kriegseintritt war für die Sowjetunion nur insofern unangenehm, als dadurch sowjetische Truppen gebunden wurden. Als es sich jedoch herausstellte, daß die Finnen kein Interesse daran hatten, die Deutschen bei der Einnahme von Leningrad zu unterstützen oder den Swir zu überschreiten, zog das sowjetische Oberkommando einen Teil seiner Truppen von der finnischen Front ab.

Die deutsche 20. Gebirgsarmee, die schließlich auf drei Korps mit fast 200.000 Mann gebracht worden war, unternahm kaum etwas und erreichte nicht mehr als die Sicherung von Petsamo, das niemals wirklich ernsthaft bedroht wurde. Hitlers Verlangen, die Eisenbahnlinie nach Murmansk zu unterbrechen, war nicht ganz logisch, solange die Bahnlinie nach Archangelsk noch in Betrieb war. Die Besetzung des Raums Murmansk–Archangelsk hätte 1941 für die Sowjets sehr unangenehme Folgen gehabt, aber diese Nordflanke an der Küste konnte nur in Besitz genommen werden, wenn Leningrad gefallen wäre. Hitler hätte Leningrad leicht und rasch einnehmen können, aber nicht mit den wenigen Divisionen, die er der Heeresgruppe Nord unter Leeb zur Verfügung gestellt hatte. Der Erfolg blieb ihm versagt, weil er nicht in der Lage war, hinsichtlich der Prioritäten die richtige Entscheidung zu fällen und seine Strategie nach den Kräften einzurichten, die ihm zur Verfügung standen.

20. Kapitel

Rumänien und Ungarn

Das rumänische Öl war für die deutsche Kriegswirtschaft zwar nicht unbedingt lebenswichtig, stellte aber doch einen sehr wesentlichen Teil der für die Kriegsanstrengungen des Reichs notwendigen Versorgungsgüter dar. 1943 lieferte Rumänien an Deutschland und direkt an die deutschen Feldtruppen 2,4 Millionen Tonnen Mineralöl und Ölprodukte.[1] Am 5. April, kurz vor dem sowjetischen Angriff gegen die Krim, begannen im Mittelmeerraum stationierte Bombenflugzeuge der Vereinigten Staaten eine Reihe von Angriffen gegen die Ölfelder von Ploesti und den Schiffsverkehr auf der Donau, und dadurch wurde die rumänische Ölproduktion bis zum 20. Mai auf die Hälfte verringert.[2] Am 21. April hatte die Türkei ihre Chromlieferungen an Deutschland eingestellt.

Anfang desselben Monats hatte der sowjetische Außenminister Molotow in einer Rundfunkansprache – wie er behauptete, mit Zustimmung der anglo-amerikanischen Mächte – den Rumänen versichert, die Sowjetunion habe gegenüber Rumänien bis auf das Verlangen der Rückgabe Bessarabiens keine territorialen Ansprüche und beabsichtige nicht, in die Gesellschaftsordnung dieses kapitalistischen Staates einzugreifen. Ohne daß es die Deutschen wußten, begannen am 20. April in Kairo Friedensgespräche mit Vertretern der Vereinigten Staaten, Großbritanniens und der Sowjetunion, und dabei überreichte der sowjetische Botschafter Nowikow dem rumänischen Prinzen Stirbey seine aus sechs Punkten bestehenden Friedensbedingungen. Auf Veranlassung Nowikows waren Abschriften dieses Dokuments dem Führer der rumänischen Opposition und der Kleinbauernpartei, Maniu, übergeben worden. Rumänien wünschte zwar den Frieden, bat jedoch darum, daß anglo-amerikanische Verbände auf dem Luftwege in das Land gebracht würden, um dessen Zukunft zu sichern. Am 19. April machte Maniu Gegenvorschläge, aber nach längeren Verzögerungen brach Antonescu die Verhandlungen am 15. Mai ab, denn die Bedingungen waren für ihn unannehmbar. Allerdings wurden in Stockholm weitere vor den Deutschen und den Westmächten geheim gehaltene Gespräche geführt.[3]

Der rumänische Adel, die Intelligenz und andere in der Opposition stehende Teile der Bevölkerung waren entschlossen, aus dem Krieg auszutreten, ob Anto-

1 *Hillgruber,* Hitler, König Carol und Marschall Antonescu, S. 200–201, 249–250 (Mitt. Klugkist); Kriegstagebuch des OKW, Bd. 4, S. 942.
2 *Hillgruber,* Hitler, König Carol und Marschall Antonescu, S. 189.
3 Ebenda, S. 194–195.

nescu damit einverstanden war oder nicht. Durch die Versprechungen Moskaus beruhigt, begannen sie, auf den Sturz Antonescus und den Bruch mit Deutschland hinzuarbeiten, obwohl das für viele von ihnen die Liquidierung oder den langsamen Tod in sowjetischen Konzentrationslagern bedeutete.

Die deutsch-rumänischen Beziehungen, die sich 1943 erheblich verschlechtert hatten, wurden 1944 nicht besser. Antonescu hatte die Gleichstellung rumänischer und deutscher Kommandostellen gefordert und verlangt, daß deutsche Truppen, die an von rumänischen Verbänden gehaltenen Frontabschnitten eingesetzt wurden, rumänischen Befehlshabern unterstellt würden.

Aus der Tatsache, daß deutsche Truppen der Heeresgruppe Südukraine auf rumänischem Boden standen, ergaben sich zahlreiche Schwierigkeiten bei der Versorgung und Finanzierung, und das wiederum erzeugte Probleme beim Ausgleich der Handelsbilanz und belastete die rumänische Wirtschaft. Die Rumänen verlangten deutsche Waffen und Ausrüstung, die sie nicht bezahlen konnten, und die Deutschland nicht liefern konnte oder wollte. Am dringendsten brauchten die Rumänen Fliegerabwehrverbände. Die Spannungen erhöhten sich noch dadurch, daß eine große Zahl von Osttruppen, Hiwis und 125.000 volksdeutsche Flüchtlinge aus Transnistrien nach Rumänien gekommen waren.

Die deutschen Befehlshaber und Truppen, die sich inzwischen an die hohen Anforderungen gewöhnt hatten, die der totale Krieg an sie stellte, beobachteten mit zunehmendem Unwillen die im rumänischen Temperament begründete Haltung dieses Verbündeten und besonders die offensichtliche Indifferenz und Apathie, mit der sich die Rumänen auf Verlauf und Ausgang des Krieges einstellten. Der »Führer« weigerte sich jedoch, Schörner energischer durchgreifen zu lassen, um die Kriegstüchtigkeit der in seinem Frontabschnitt liegenden Truppen zu erhöhen, weil er fürchtete, Deutschland außenpolitisch damit zu schaden.

Die diplomatische und militärische Organisation der Deutschen in Rumänien war komplex und unübersichtlich. Der deutsche Gesandte in Bukarest, von Killinger, war dem Außenministerium Ribbentrops direkt verantwortlich. Seine Aufgabe war jedoch so schwierig geworden, daß ein zweiter Repräsentant, Clodius, ernannt wurde, um die wichtigen Verhandlungen mit Antonescu und dem rumänischen Außenminister zu führen, während Killinger die laufenden Angelegenheiten erledigen mußte. Dem deutschen Gesandten war Spalcke als Militärattaché beigegeben. Chef der deutschen Militärmission war Hansen, der alle in Rumänien stationierten deutschen Nachschubverbände befehligte und seine Befehle vom OKW über Jodl oder Keitel erhielt. Gerstenberg war als Luftattaché und Chef der Mission der Luftwaffe sowohl der Gesandtschaft als auch Göring verantwortlich. Er befehligte das Bodenpersonal der Luftwaffe und die beiden in Rumänien stationierten Flak-Divisionen und war sowohl für die Fliegerabwehr als auch für die örtliche Verteidigung in Ploesti zuständig. Die Heeresgruppe Südukraine unter Schörner andererseits unterstand weder Bukarest noch dem OKW, sondern stand unter dem Befehl des OKH, und zwar direkt unter Hitler oder dem in seinem Auftrag handelnden Guderian.

Da Antonescu für die rumänischen Befehlshaber die gleichen Befugnisse verlangte, konnten größere rumänische Verbände nicht mehr kleineren deutschen Verbänden zugeteilt oder unterstellt werden. Schörner war gezwungen, an einen rumänischen Armeeoberbefehlshaber das Kommando über zwei Armeen am rechten Flügel zu übertragen. Eine dieser Armeen war eine deutsche, doch mußte dies geschehen, damit ein deutscher Befehlshaber eine rumänische Armee am linken Flügel befehligen konnte. Damit waren zum erstenmal im Kriege deutsche Korps und Divisionen auch de facto und nicht nur nominell einem rumänischen Befehlshaber unterstellt.

Die Versorgung der deutschen Truppen war abhängig von den rumänischen und ungarischen Eisenbahnen, die beide nur über eine begrenzte Kapazität verfügten, und zwar noch mehr, weil sie schlecht verwaltet wurden. Wegen der tief verwurzelten Feindschaft zwischen Rumänen und Ungarn machten diese beiden Länder bei der Überstellung rollenden Materials über die Grenze große Schwierigkeiten, und es kam oft vor, daß die Luftwaffe an den Eisenbahnstrecken Erkundungsflüge über Hunderte von Kilometern durchführen mußte, um in dem Eisenbahnnetz verloren gegangene deutsche Transportzüge zu suchen. In Deutschland verladene Nachschubgüter brauchten bis zur Front zwei bis drei Wochen, und die Bahnen waren so unpünktlich, daß deutsche Verbände und Verstärkungen den Weg zwischen Ungarn und Bessarabien schneller auf der Straße zurücklegten, wenn sie von einem Sammelpunkt zum nächsten marschierten.[4]

Als Friessner gegen Schörner ausgetauscht und an die angeblich ruhigere Front nach Rumänien geschickt wurde, mußte er feststellen, daß die unter seinem Kommando stehenden Offiziere auf das äußerste über die neue und seltsame Haltung ihrer rumänischen Waffenbrüder beunruhigt waren. Bessarabien und die Moldau waren vom Kriege noch unberührt, und die rumänischen Behörden unternahmen, selbst wenn man ihren Hang zur Korruption und ihre Unfähigkeit berücksichtigte, nichts, um in diesen Gebieten den Erfordernissen des Krieges gerecht zu werden. Die Auswirkungen der Mobilmachungsmaßnahmen Antonescus waren kaum zu spüren, und man befolgte ganz offensichtlich seine Befehle nicht mehr. Häufig übersah man ganz einfach die deutschen Truppen, und wichtige rumänische Truppenbefehlshaber und Stäbe, manchmal sogar den deutschen Feldtruppen unterstellte, wurden von Bukarest aus versetzt, ohne die Deutschen davon in Kenntnis zu setzen oder zu konsultieren. Noch vor zwei Jahren wäre das undenkbar gewesen. Viele der neu ernannten rumänischen Offiziere waren gegenüber dem Regime feindlich eingestellt, und es gab Gründe genug für die Annahme, daß einige von ihnen sich darauf vorbereiteten, mit den vordringenden sowjetischen Truppen die Verbindung aufzunehmen, während andere, denen der Westen lieber war als der Osten, auf die Unterstützung der Anglo-Amerikaner zu hoffen schienen. Diese Befürchtungen und Vermutungen meldete Friessner nach Rastenburg.[5]

4 *Rehm,* Jassy, S. 14; *Friessner,* Verratene Schlachten, S. 48.
5 Ebenda, S. 53–56.

Der »Führer« wurde jedoch durch das OKW in ganz anderem Sinne unterrichtet. Am 2. April, vierzehn Tage bevor sich die Rumänen an den geheimen Friedensgesprächen in Kairo beteiligten, hatte Hansen betont, die rumänischen Führer und das Volk seien entschlossen, den Krieg fortzuführen, und der Vertreter Jodls, Poleck, der zwei Tage später Bukarest einen Besuch abstattete, bestätigte dies.[6] Gerstenberg vertrat in seinen Meldungen an Göring ganz ähnliche Auffassungen und behauptete, wie Friessner berichtet, er sei davon überzeugt, er könne einen Staatsstreich in Bukarest mit einer Flak-Batterie der Luftwaffe niederwerfen. Obwohl der junge König Michael und seine Mutter mit Großbritannien sympathisierten und man wußte, daß der königliche Palast eine Zentrale der gegen die »Achse« gerichteten Intrigen war, glaubte man, daß Antonescu ganz auf seiten Hitlers stehe und während des ganzen Krieges bewiesen habe, daß er auf Kosten der rumänischen Interessen den Deutschen alle möglichen Vorteile einräumte. Killinger betrachtete Friessners Befürchtungen als grundlos; denn er war überzeugt, das ganze Land stehe geschlossen hinter Antonescu. In diesem Sinne berichtete er an das deutsche Außenministerium.

Er konnte Ribbentrop jedoch nicht überzeugen, der verlangte, der »Führer« solle eine Panzerdivision in die rumänische Hauptstadt legen, die für die Sicherheit Antonescus und seiner Regierung sorgen müsse. Guderian, dem eine solche Division nicht zur Verfügung stand, schlug, da er bei anderer Gelegenheit Verbände mit Jodl ausgetauscht hatte und der Auffassung war, Bukarest liege im Verantwortungsbereich des OKW, vor, eine SS-Polizeidivision aus Jugoslawien für diese Aufgabe heranzuziehen. Jodl lehnte das ab, und dabei blieb es.[7]

Wahrscheinlich war sich Hitler selbst der Haltung Antonescus nicht ganz sicher, denn als der rumänische Politiker am 5. August mit dem Außenminister Mihai Antonescu und dem rumänischen Chef des Generalstabes Steflea nach Rastenburg kam, fragte Hitler ihn direkt, ob Rumänien sich bis zum Ende am Kriege beteiligen werde. Welches auch Antonescus wahre Haltung gewesen sein mochte, der »Führer« scheint mit dem Ergebnis der Besprechung zufrieden gewesen zu sein. Antonescu machte auch auf Guderian und Friessner den Eindruck eines ehrlichen Mannes.[8]

Auch in Bulgarien fühlten die Deutschen sich nicht sicher. Bulgarien befand sich im Kriege mit den Vereinigten Staaten und Großbritannien, nicht aber mit der UdSSR. Es hatte Teile Griechenlands und Jugoslawiens besetzt und stand ganz im deutschen Lager, obwohl den Bulgaren nach seinem Ursprung, seiner Sprache und Kultur vieles mit den Russen verbindet. Der Chef der deutschen Militärmission in Bulgarien, von Jungenfeldt, meldete Guderian, aus der Moral und allgemeinen Haltung der bulgarischen Truppen lasse sich entnehmen, daß sich irgendwas unter der Oberfläche zusammenbraue.[9] Der bulgarische König Boris, ein überzeugter Anhänger der »Achse« und Gegner des Kommunismus, war vor einiger Zeit

6 *Hillgruber*, Hitler, König Carol und Marschall Antonescu, S. 186.
7 *Guderian*, Panzer Leader, S. 365–366.
8 Ebenda, S. 365; *Friessner*, Verratene Schlachten, S. 72.
9 *Guderian*, Panzer Leader, S. 366.

unter – wie die Deutschen meinten – mysteriösen Umständen gestorben. Am 2. August hatte die Türkei die diplomatischen Beziehungen zu Deutschland abgebrochen, und es bestand die Möglichkeit, daß Rumänien im Rücken angegriffen wurde.

Als Friessner in Rumänien eintraf, stellte er fest, daß Hitler, Göring und Guderian immer wieder deutsche Truppen aus Rumänien abzogen, um andere Heeresgruppen zu verstärken. Ein Luftwaffengeschwader war nach Lettland verlegt worden. Von den neun Panzerdivisionen, die zunächst Schörner zur Verfügung gestanden hatten, waren einige bereits bei der Heeresgruppe Mitte, und weitere drei Panzerdivisionen, eine Panzergrenadierdivision und zwei Infanteriedivisionen hatten schon ihre Marschbefehle. Es blieben nur noch eine Panzerdivision, eine Panzergrenadierdivision und eine rumänische Panzerdivision.

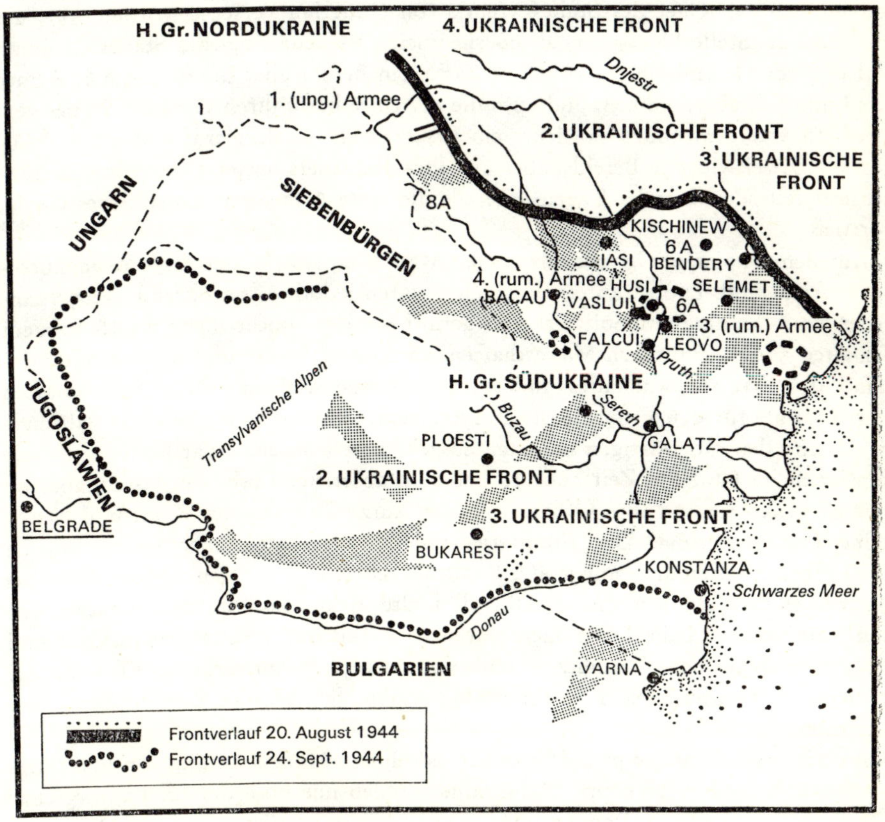

Karte 22: Rumänien, August bis September 1944

Friessner verfügte jetzt nur noch über zwei deutsche und zwei rumänische Armeen, die taktisch in zwei Gruppen aufgeteilt waren; die Gruppe Dumitrescu in Ostbessarabien unter dem Befehlshaber der rumänischen 3. Armee Dumitrescu setzte sich aus der rumänischen 3. Armee und der deutschen 6. Armee unter Fretter-Pico zusammen. Sie hielt eine Verteidigungsstellung am unteren Dnjestr mit Ausnahme einiger Brückenköpfe, welche die Rote Armee schon diesseits des Flusses gebildet hatte. Die Gruppe Wöhler weiter westlich in der Bukowina und Moldau bestand aus der deutschen 8. Armee unter Wöhler und der rumänischen 4. Armee unter Racovitza. Insgesamt verfügte Friessner über dreiundzwanzig deutsche und dreiundzwanzig rumänische Divisionen mit mehr als 800.000 Mann. Von ihnen waren 360.000 Deutsche.[10]

Die deutschen Verbände der Heeresgruppe Südukraine waren keineswegs voll gefechtsbereit. Als Friessner am 25. Juli den Oberbefehl übernahm, mußte er feststellen, daß sein Chef des Stabes Wenck von Guderian versetzt worden war, um im OKH die Stelle Heusingers zu übernehmen. Der neue Chef des Stabes Grolman traf erst am 31. Juli ein. Fretter-Pico hatte den Befehl über die deutsche 6. Armee erst Ende Juli übernommen, und auch die 6. Armee hatte ihren Chef des Stabes verloren. Er war verwundet worden. Sein Ersatzmann Gaedcke traf erst am 17. August ein. Zwei wichtige Befehlshaber und ihre Stabschefs hatten ihre neuen Stellungen erst seit Wochen oder Tagen inne, als die Rote Armee auf rumänisches Gebiet vorstieß.

Auf dem Papier sah es aus, als sei die Mannschaftsstärke der Divisionen durchaus befriedigend. Die Infanteriedivisionen waren jedoch erst während der vergangenen zwei Monate auf Sollstärke aufgefüllt worden. Nicht mehr als 15 Prozent der alten kampferfahrenen Mannschaften waren noch übrig, und der Ausbildungsstand des Ersatzes war alles andere als zufriedenstellend. Viele Mannschaften waren zu alt für den Frontdienst, und zahlreiche andere waren aus Verwaltungsstellen und den rückwärtigen Diensten ausgekämmt worden. Zwar hätten sich viele von ihnen im Lauf der Zeit noch zu guten Infanteristen ausbilden lassen, aber im August waren sie und ihre Offiziere erst zu kurze Zeit an der Front und hatten keine Fronterfahrung. Die Infanteriedivisionen verfügten über jeweils bis zu 6000 Pferde, hatten aber nur je 400 Kraftfahrzeuge, und auf dem Marsch sahen sie aus wie endlose Panjekolonnen. Überall fehlte es an Geschützen, Granatwerfern und Munition, und die Divisionen waren zum Teil mit veralteten deutschen und erbeuteten russischen Geschützen und Granatwerfern ausgerüstet. Obwohl die sowjetischen Geschütze sehr leistungsfähig waren, fehlte es an Zugmaschinen und Munition.[11]

Am schmerzlichsten empfand Friessner jedoch den Mangel an Panzern und Flugzeugen. Bei der Heeresgruppe Südukraine standen nur noch die 10. Panzergrenadierdivision und die 13. Panzerdivision. Die letztere verfügte über nur 40 Panzer.

10 OKH Kriegsgliederung, 15. Juli 1944; *Friessner,* Verratene Schlachten, S. 48.
11 *Rehm,* Jassy, S. 24; *Kissel,* Die Katastrophe in Rumänien 1944, S. 29.

Mehr als die Hälfte der am 19. August vorhandenen 120 einsatzfähigen Panzer gehörte zu der rumänischen Panzerdivision. Daneben standen den Deutschen allerdings noch 280 Sturmgeschütze zur Verfügung. Die Luftflotten unter Dessloch waren für die Unterstützung der Heeresgruppe Südukraine aus der Luft verantwortlich und bestand aus zwei Flak-Divisionen und einem Fliegerkorps, das am 19. August über weniger als 300 einsatzfähige Flugzeuge verfügte. Von ihnen waren etwa 50 erstklassige Tagjäger (Me109). Keine der beiden Flak-Divisionen hatte irgendwelche Erfahrungen in der Panzerbekämpfung oder im Erdeinsatz, und die Geschützbedienungen waren zur Hälfte Rumänen.[12]

Friessner, der sich um die politische Lage und die innere Sicherheit in Rumänien mehr Sorgen machte als um die unmittelbare Bedrohung durch die Truppen der Roten Armee vor seiner Front, schlug Hitler vor, ihm das Kommando über die Verbände aller Wehrmachtteile in seinem Abschnitt zu übertragen, und verlangte, daß keine Truppen mehr als Verstärkungen für andere Heeresgruppen aus Rumänien abgezogen würden. Nach dem Besuch Antonescus in Ostpreußen am 5. und 6. August und durch den Ton der Berichte des deutschen Gesandten in Bukarest hatte sich Hitler augenscheinlich soweit beruhigen lassen, daß er Friessners Befürchtungen kaum beachtete und Keitel befahl, dem Chef der Operationsabteilung von Friessner, Trotha, zu sagen, die Aufgabe der Heeresgruppe Südukraine sei es, ihre Stellungen zu halten und nicht, sich um das rückwärtige Gebiet zu kümmern.[13] Im Frühsommer hatte das deutsche Oberkommando angenommen, die sowjetische Hauptoffensive werde sich gegen den Balkan richten und nicht gegen die deutsche Front in Weißrußland. Als sich das jedoch als falsch herausstellte und der Angriff sich gegen die Heeresgruppe Mitte unter Busch wendete und gut vorankam, war man davon überzeugt, die Rote Armee habe sich vorübergehend verausgabt, und man könne mit einer Atempause rechnen. Auf keinen Fall glaubte man, daß unmittelbar auf die Offensive in Weißrußland ein neuer stärkerer Angriff auf dem Balkan folgen werde.

Im Juli hatte Rumänien schon enge Fühlung mit der Sowjetunion aufgenommen, und im August bestand bei einigen rumänischen Truppenteilen nördlich des Dnjestr eine direkte Verbindung zu den Truppen der Roten Armee, die durch Meldegänger aufrecht erhalten wurde, die nachts die Linien in beiden Richtungen überquerten. Der vorbereitende Schritt für den Bruch mit Deutschland bestand darin, daß wichtige rumänische Truppenbefehlshaber, von denen man annahm, daß sie ihren alten Freunden die Treue halten würden, aus ihren Stellungen entfernt wurden. Außerdem wurden Maßnahmen getroffen, um deutsche Truppenbefehlshaber zu isolieren und ihnen den Einfluß auf rumänische Verbände zu entziehen. Der Oberbefehlshaber der rumänischen 4. Armee Racovitza, der wahrscheinlich in dieses Vorhaben eingeweiht war, wurde plötzlich durch Avramescu abgelöst, und zwar nur wenige Tage vor Beginn der sowjetischen Offensive. Er kehrte nach Bukarest zurück und

12 Ebenda, S. 35–37.
13 *Friessner*, Verratene Schlachten, S. 57.

wurde hier Chef der Operationsabteilung des Generalstabes. Weder Friessner noch Wöhler wurden unterrichtet. Am 22. August, unmittelbar nach Beginn des sowjetischen Angriffs, wurde Avramescu von dem Chef des rumänischen Generalstabes, Steflea, abgelöst. Aldea, ein Vertrauter des jungen Königs Michael, stand nach dem 21. August in ständigem Kontakt mit der 2. Ukrainischen Front unter Malinowski.[14]

Für die sowjetische Offensive gegen Rumänien hatten sich die 3. Ukrainische Front unter Tolbuchin in Anlehnung an das Schwarze Meer und die 2. Ukrainische Front unter Malinowski weiter im Lande bereitgestellt und sollten gemeinsam an einer etwa 400 Kilometer breiten Front angreifen. Die Angriffstruppen der Roten Armee bestanden aus neunzig Schützendivisionen, sechs Panzer- und motorisierten Korps mit 1400 Panzern und Schützenpanzern und 1700 Flugzeugen. Ihre Mannschaftsstärke war insgesamt angeblich 900.000 Mann, von denen mehr als ein Drittel in den drei Monaten vor Juni desselben Jahres eingezogene ukrainische Rekruten waren. Timoschenko, dessen Ruhm verglichen mit dem Schukows und Wassilewskis damals schon verblaßte, hatte die Aufgabe, als Vertreter des Oberkommandos die Operationen beider Fronten zu koordinieren.[15]

Die Offensive sollte dem üblichen Muster entsprechen. Dabei sollten die ersten Einbrüche an den von rumänischen Verbänden gehaltenen Frontabschnitten erzielt werden, um die deutsche 6. Armee einzuschließen, deren Abschnitt zwischen dem der 3. und 4. rumänischen Armee gelegen war. In der Anlage glich die Schlacht in mancher Hinsicht derjenigen, bei der die deutsche 6. Armee in Stalingrad vernichtet worden war, aber hier setzte man nicht voraus, daß die Rumänen kämpfen würden. Am Abend des 19. August meldeten die Deutschen Lichtsignale und Leuchtfallschirme auf sowjetischer Seite, die von den Rumänen beantwortet wurden, und stellten fest, daß mehr rumänische Soldaten zum Gegner überliefen als gewöhnlich.

Am Morgen des 20. August versuchte die 3. Ukrainische Front nach einem kurzen, aber massiven Feuerschlag der Artillerie, die 6. Armee vor Kischinew zu binden, während andere sowjetische Truppen links davon in die Stellungen der rumänischen 3. Armee einbrachen. Zwei Divisionen der rumänischen 3. Armee verschwanden, und der rechte Flügel der 6. Armee wurde mit starken Kräften angegriffen. Viel weiter westlich, links von dem Abschnitt der deutschen 6. Armee brach die 2. Ukrainische Front unter Malinowski rasch durch die Stellungen der rumänischen 4. Armee nordwestlich von Jassy. Mehrere rumänische Divisionen gaben den Kampf auf und ließen die deutschen Truppen allein auf dem Schlachtfeld zurück. Am Nachmittag griff die sowjetische 6. Panzerarmee unter Krawtschenko in das Gefecht ein, nahm Jassy und erreichte am folgenden Tage offenes Gelände.

Die Deutschen nahmen immer noch an, der Angriff der 3. Ukrainischen Front im Osten sei ein Ablenkungsunternehmen, aber am Abend des 21. August hatte die 3. Ukrainische Front einen Keil zwischen die 6. deutsche und die 3. rumänische

14 *Hillgruber*, Hitler, König Carol und Marschall Antonescu, S. 221.
15 Istorija, Bd. 4, S. 260–266.

Armee getrieben, und am folgenden Tage schlossen die Verbände am linken Flügel der 3. Ukrainischen Front die Rumänen unter Dumitrescu ein und drängten sie gegen die Küste. Die sowjetische Offensive wurde durch massive Angriffe weit überlegener sowjetischer Luftstreitkräfte unterstützt.[16]

Jetzt erkannte man auch deutlich, daß die meisten rumänischen Truppenteile dem Gegner kampflos wichen, und Antonescu mußte das bei seinem Zusammentreffen mit Friessner am zweiten Tage der Offensive auch zugeben.[17] Es trafen aber noch beunruhigendere Nachrichten ein. Rumänische Truppen hatten deutsche Verbindungsstäbe und Einheiten entwaffnet, deutsche Telefonverbindungen zerschnitten und weigerten sich, Befehle zu befolgen, die nicht aus Bukarest kamen. Mit anderen Worten, die Befehle der Deutschen wurden mehr oder weniger höflich zurückgewiesen. Deutsche Truppenteile hatten zum Teil gar nicht festgestellt, daß der Feind bereits viele Kilometer hinter ihrem Rücken stand. Am 21. August sagten die Männer der rumänischen 5. Kavalleriedivision, sie seien aus dem Heeresdienst entlassen worden, verließen das Schlachtfeld unter Zurücklassung ihrer Waffen, und die deutsche 79. Infanteriedivision bei Jassy erkannte die wirkliche Lage erst, als sie Gefechtslärm und sowjetische Luftangriffe 20 Kilometer weiter rückwärts feststellte. Die deutsche 3. Gebirgsdivision wurde von mehreren hundert Soldaten in rumänischer Uniform angegriffen, die so energisch vorgingen, daß man vermutete, es seien Soldaten der Roten Armee.[18]

Die Stellungen der »Achsen«-Truppen waren zerschlagen, und am 21. August erließ Friessner, der wußte, in welcher Gefahr sich die 6. Armee befand, wenn sie nicht auf das Westufer des Pruth zurückging, auf eigene Verantwortung den Rückzugsbefehl.[19] Motorisierte Einheiten mit schweren Flak-Geschützen, die im Erdkampf eingesetzt werden sollten, wurden zurückgeschickt, um die Pruthübergänge zu schützen, am folgenden Tage wurden die Rumänen aus der Kommandostruktur ausgeschlossen, und die 6. Armee unterstellte sich direkt der Heeresgruppe.

Am Abend des 21. August erhielten die sowjetischen Fronten den Befehl, die Einschließung der deutschen 6. Armee und der deutschen Verbände an der rechten Flanke der Gruppe Wöhler zu vollenden, indem sie die Zangenbewegung gegen Husi, hart westlich des Pruth, durchführten.[20] Panzer und motorisierte Gruppen gingen rasch auf den wenigen guten Straßen im Flußtal nach Südosten vor und besetzten einen großen Teil des westlichen Pruthufers, etwa 65 Kilometer im Rükken der 6. Armee, ehe der deutsche Rückzug wirklich begonnen hatte. Am 23. August waren sechs Korpsstäbe und die Masse von zwanzig Divisionen in einem großen Kessel zwischen Dnjestr und Pruth fast vollständig eingeschlossen. Der Stab

16 Im Kriegstagebuch der Heeresgruppe Südukraine heißt es am 21. August: »Unerhört stark sei die feindliche Luftwaffe. Sie mache, was sie wolle.«

17 *Friessner*, Verratene Schlachten, S. 72.

18 *Rehm*, Jassy, S. 45–46; *Klatt*, Die 3. Gebirgsdivision 1939–1945, S. 283–287.

19 *Friessner*, Verratene Schlachten, S. 69; Kriegstagebuch des Oberkommandos der Heeresgruppe Südukraine, Band 4, Teil 1, S. 27.

20 Kratkaja Istorija, S. 390.

der 6. Armee befand sich ebenso wie der Stab von Paulus vor zwei Jahren außerhalb des Kessels. Am 24. August vereinigten sich die Truppen Malinowskis und Tolbuchins im Raum Husi–Leowo.

Da die Verbände der Roten Armee auch weiter rasch nach Süden und Südwesten vorstießen, hatte Friessner jetzt die dreifache Aufgabe, die zahlreichen deutschen militärischen und zivilen Behörden in Rumänien zu evakuieren und zu verteidigen und eine neue Front aufzubauen, um die Sowjets daran zu hindern, weiter in westlicher Richtung nach Ungarn vorzustoßen. Zugleich mußte er die 6. Armee aus dem Kessel ostwärts des Pruth herausziehen. Es blieben ihm nur achtundsiebzig Sturmgeschütze und fünfundvierzig Panzer.[21]

Nachdem Antonescu am Abend des 23. August beim König gewesen war, um ihn über die Kriegslage zu unterrichten, wurden er, der Kriegsminister Pantazi und der Innenminister Vasiliu festgenommen. Der Chef der rumänischen Geheimpolizei Christescu, den das lange Verweilen Antonescus bei der Audienz beunruhigte, meldete der deutschen Gesandtschaft sofort seine Vermutungen, aber Killinger wollte ihm nicht glauben und meinte, er sehe zu schwarz. Doch um 22.00 Uhr gab der König die Bildung einer neuen Regierung unter Sanatescu bekannt und teilte dem Volk in einer Rundfunkansprache mit, der Krieg sei beendet und die rumänischen Truppen seien angewiesen, die Feindseligkeiten einzustellen. Den deutschen Truppen wollte man vierzehn Tage Zeit geben, das Land zu räumen.[22]

Um 23.00 Uhr rief Friessner Hitler an, um ihm zu melden, daß die Heeresgruppe Südukraine den Befehl über alle deutschen Truppen in Rumänien übernommen habe, und der »Führer« erklärte sich mit dieser Maßnahme einverstanden. Als Friessner empfahl, alle deutschen Truppen und Einrichtungen sofort nach Ungarn zu evakuieren, machte Hitler den Gegenvorschlag, Friessner solle den König und seine von Hitler so bezeichnete Verräterclique festnehmen und einen geeigneten rumänischen General als Staatsoberhaupt einsetzen. Friessner lehnte das ab und sagte, es sei unmöglich. Darauf erhielt er die Anweisung, auf weitere Befehle zu warten, die in einer Stunde folgen würden. Die augenscheinliche Unbekümmertheit des »Führers« erweckte in Friessner das Gefühl, Hitler habe die Dringlichkeit und den Ernst der Lage nicht begriffen.

Die Nachrichtenverbindungen zur deutschen Gesandtschaft waren unterbrochen, aber Gerstenberg konnte am Abend des 23. August noch über eine militärische Leitung mit dem Chef des Generalstabes der Luftwaffe Kreipe sprechen, dem er die Lage augenscheinlich zu optimistisch schilderte; denn er schlug einen Stuka-Angriff gegen die Hauptstadt und ihre Besetzung durch die in Ploesti stehende Flak-Division vor. Göring berichtete dem »Führer« mündlich von diesem Gespräch. Im Verlauf der Nacht wies Jodl Hansen, den Chef der deutschen Militärmission in Rumä-

21 Kriegstagebuch des Oberkommandos der Heeresgruppe Südukraine, Band 4, Teil 1, S. 27.

22 *Hillgruber*, Hitler, König Carol und Marschall Antonescu, S. 216; Kriegstagebuch des Oberkommandos der Heeresgruppe Südukraine, Band 4, Teil 1, S. 49–50.

nien, an, Bukarest mit dem Rest der 5. Flak-Division zu besetzen und zugleich die Ölleitungen und Eisenbahnlinien zu sichern. Außerdem befahl Jodl, daß mit den abtrünnigen Rumänen nicht verhandelt werden dürfe.[23]

Am Morgen des 24. August waren die deutsche Gesandtschaft und alle von Deutschen besetzten Gebäude in Bukarest von rumänischen Truppen eingeschlossen, und um 10.30 Uhr eröffneten sie das Feuer auf Dienststellen der Luftwaffe. Nach Verhandlungen durch Unterhändler erhielt Gerstenberg die Genehmigung, die Hauptstadt unter der Bedingung zu verlassen, daß er der 5. Flak-Division, die unter dem Befehl des SS-Brigadeführers Hoffmeyer von Ploesti nach Süden marschierte, den Befehl gäbe umzukehren. Dieser Verband wurde dann dadurch daran gehindert, in die Hauptstadt einzurücken, weil die Lage sich an anderer Stelle erheblich verschlechterte und weil in Bukarest eine Anzahl rumänischer Panzer standen, darunter auch einige des Typs Tiger VI. Die Lage der zahlreichen über das Land verstreuten militärischen Dienststellen, Flugplätze, Materiallager und Lazarette wurde sehr unangenehm, weil ihnen fast nur rumänische Nachrichtenverbindungen zur Verfügung standen und sie mit rumänischen Arbeitskräften, Transportmitteln und Versorgungsgütern unterhalten wurden und auf den guten Willen der Rumänen angewiesen waren. Es wurden einige Zwischenfälle aus dem rückwärtigen Gebiet gemeldet, bei denen es zu Kämpfen zwischen deutschen und rumänischen Truppen gekommen war. Am 25. August flogen 150 deutsche Flugzeuge einen Bombenangriff gegen Bukarest, und das gab den Rumänen den Vorwand, auf den sie gewartet hatten; denn sofort nach dem Angriff erklärte die neue rumänische Regierung Deutschland den Krieg.

Friessner mußte jetzt in aller Eile schwierige Entscheidungen treffen. Nachdem die Deutschen sich mit den Rumänen im Kriege befanden, würde der Rückzug noch schwieriger sein. Ihm standen weder Flugzeuge noch Panzer oder Reserven zur Verfügung, um die 6. Armee und das IV. Armeekorps der 8. Armee aus dem Kessel zu befreien, und in dieser ausweglosen Lage entschloß er sich, die eingeschlossenen Truppen sich selbst zu überlassen, die mit eigenen Kräften einen Ausbruch unternehmen sollten. Dem Oberbefehlshaber der 6. Armee, Fretter-Pico, verbot er, zu seiner eingeschlossenen Armee zurückzukehren.[24] Dann ging Friessner daran, alle verfügbaren Kräfte zur Verteidigung Ungarns zu versammeln.

Der Rückzug der im Kessel eingeschlossenen Truppen hatte ordnungsgemäß begonnen, nur gelang es den Korps an den Flanken nicht, sich vom Feinde zu lösen. Die 79. Division gab ihre Stellungen, die sie in monatelanger Arbeit ausgebaut hatte, in den frühen Morgenstunden des 21. August nur sehr ungern auf. Weitere Divisionen folgten am nächsten Abend. Viele Geschütze mußten schon am ersten Tage gesprengt werden, da die Pferde sie nicht aus dem tiefen Schlamm herausziehen konnten. Der Rückzug bot an den verschiedenen Frontabschnitten

23 *Hillgruber,* Hitler, König Carol und Marschall Antonescu, S. 218; *Friessner,* Verratene Schlachten, S. 87–90.
24 Ebenda, S. 82; *Fretter-Pico,* Mißbrauchte Infanterie, S. 135.

jeweils ein ganz anderes Bild. Zum Teil blieben die Verbände unter der Führung ihrer Offiziere zusammen, zum Teil lösten sie sich aber auch auf, und die Disziplin ging schon sehr bald verloren.

Das IV. Armeekorps unter Mieth, das ursprünglich aus der 79. und 376. Infanteriedivision und der rumänischen 11. Division bestanden hatte und zur Gruppe Wöhler gehörte, lag westlich des Pruth bei Jassy und wurde parallel zum Fluß nach Süden zurückgedrängt. In seinem Vorstoß nach Süden umging Malinowski sehr bald das Korps im Westen, so daß Mieth den Anschluß an die 8. Armee verlor und zusammen mit der 6. Armee eingeschlossen wurde.

Am 21. August hatte die 79. Division ihre Stellungen schon aufgegeben und die beiden bei Jassy eingesetzten Bataillone mitgenommen, die eigentlich in der Stadt hätten bleiben sollen, um sie als Festung zu verteidigen. Man besetzte eine neue, ungünstig gelegene Zwischenstellung südlich des Flusses Bahliu und hielt sie zu lange gegen die sowjetischen Aufklärungsvorstöße; denn man wartete auf den Befehl, sich auf die weiter rückwärts vorbereitete Trajan-Stellung zurückzuziehen. In der kühlen und klaren Morgenluft konnte man die etwa 150 Kilometer weiter westlich gelegenen Karpathen deutlich erkennen, aber als die Sonne am wolkenlosen Himmel aufgegangen war, breitete sich sehr bald eine sengende Hitze aus, und auch an den folgenden Tagen war es nicht anders. Die Luft flimmerte in Staub und Hitze, und die Beobachtung des Geländes auf weite Entfernung wurde fast unmöglich.

Obwohl es Mieth gelang, sein Korps zusammenzuhalten, hatte er kaum Verbindung zu seinen Nachbarn an den Flanken, und am 22. August wurde das Korps auf die Trajan-Stellungen zurückgeworfen. Trotz unaufhörlicher Kämpfe und stetig wachsender Verluste waren die Truppen noch fest in der Hand ihrer Offiziere. An jenem langen und heißen Tag traf die Meldung ein, daß feindliche Panzer etwa 32 Kilometer weiter rückwärts bei Trestina Fahrzeugkolonnen angriffen, und zwar auf dem Rückzugswege des Korps nach Husi, und daß feindliche Flugzeuge jede Bewegung auf Straßen und Rollbahnen mit Bomben und Maschinengewehrfeuer belegten. Seit dem 21. August hatte die Luftwaffe nicht mehr in die Kämpfe eingegriffen, und man sah höchstens noch manchmal ein vereinzeltes Aufklärungsflugzeug.

Seit Beginn der sowjetischen Offensive waren den deutschen Funkstellen keine Frequenzen mehr zugeteilt worden, und der Funkverkehr wurde immer schwieriger, je mehr die Entfernungen zunahmen. Eine zentrale Führung der Schlacht war nicht mehr möglich. Die Divisionskommandeure mußten sich nach dem Gefechtslärm über den Verlauf der Kämpfe orientieren oder nahmen die Verbindung zu ihren Nachbarn auf, wenn sie diese finden konnten.[25]

Die rumänische 11. Division bestand noch, befolgte aber nicht mehr die Anordnungen des IV. Korps, und am 22. August besuchte der Kommandeur der 79. Infanteriedivision, Weinknecht, auf Anordnung von Mieth den rumänischen Divisions-

25 *Rehm,* Jassy, S. 47–55 und 130.

kommandeur, um die Rumänen zu veranlassen, sich an den Kämpfen zu beteiligen und ihren Einsatz mit dem der deutschen Truppen zu koordinieren. Bei ihrem Gespräch wurden die beiden Divisionskommandeure dadurch überrascht, daß ganze Horden rumänischer Soldaten mit ihren Offizieren in panischer Flucht zurückströmten und behaupteten, sie würden von Panzern angegriffen, obwohl man nirgends Motorengeräusch vernehmen konnte. Wutentbrannt schlug der rumänische Divisionskommandeur, der mit dem deutschen Eisernen Kreuz ausgezeichnet worden war, mit der Reitpeitsche um sich und versuchte, die Lage wiederherzustellen. Aber am nächsten Tage erschien er mit Tränen in den Augen auf dem Divisionsgefechtsstand von Weinknecht und teilte diesem mit, daß seine Division sich aus dem Staube gemacht habe.[26]

Am 23. August, einem schwülheißen Sommertag, ging der Rückzug weiter, aber die Division hatte keine Ahnung, daß sie sich immer noch im Kessel befand. In der kurzen vergangenen Nacht hatten das Aufblitzen des Mündungsfeuers und das Donnern der Artillerieeinschläge im Osten und Südosten schwere Kämpfe angezeigt, aber im Westen war es dunkel und absolut still geblieben. An der Front war der Feind jedoch viel kühner und griff mit Panzern und auf Lastwagen nach vorn gebrachter Infanterie an. Aber die Angriffe wurden von der deutschen Artillerie aus offener Feuerstellung abgewehrt.

Eigentlich hätte das IV. Korps sich nach Südwesten zurückziehen müssen, aber alle Straßen und Fahrspuren gingen im Flußtal des Pruth nach Südosten. Die Straßen waren zum großen Teil durch zerstörte oder verlassene Fahrzeuge blokkiert, und es war sehr schwierig, die Truppe neben den Straßen durch das bewaldete und bergige Gelände zu führen.

Am 24. August waren die deutschen Truppen durch die Hitze und die Anstrengungen des Marsches erschöpft. Die Verwundeten befanden sich in einem bejammernswerten Zustand, denn sie wurden ohne ärztliche Versorgung auf rumänischen Bauernwagen mitgeführt, viele von ihnen waren bewußtlos oder im Delirium, und manche lagen im Sterben. Die Moral der Truppe war jedoch noch immer gut, aber am gleichen Tage erfuhr man durch einen zufällig aufgefangenen Funkspruch, daß der Gegner das rückwärts gelegene Divisionsstabsquartier und die Nachschubkolonnen bei Husi mit Panzern angegriffen und zerschlagen hatte. Mit Munitionsnachschub konnte jetzt nicht mehr gerechnet werden. Eine Zeitlang mußten sich die Soldaten hauptsächlich von dem Mais ernähren, den sie auf den Feldern einsammelten.

Am 25. August befahl das Korps seinen Truppen, alle Fahrzeuge zu verbrennen und überzählige Pferde zu erschießen, aber der Befehl wurde nicht befolgt, weil 600 Verwundete bei der Divisionskolonne mitgeführt werden mußten. Indessen hatten sich Teile von fünf Infanteriedivisionen hart nördlich von Husi versammelt, die hier wegen der durch sumpfiges Gelände führenden blockierten Straßen fest-

26 Ebenda, S. 56 und 65.

saßen und nicht in der Lage waren, die schon von Truppen der Roten Armee besetzte Stadt Husi und die nach Süden führende Straße in Besitz zu nehmen.[27]

Am späten Abend des 27. August, nachdem jeder organisierte deutsche Widerstand ostwärts des Pruth aufgehört hatte, beschloß Mieth die Marschrichtung seiner drei Divisionen zu ändern und nach Westen über den Fluß Berlad hinweg anzugreifen. Nach Überschreiten des Flusses sollten schwere Waffen und Ausrüstung vernichtet werden, und die Offiziere und Mannschaften erhielten den Befehl, sich in kleinen Gruppen so gut es ging bis zu den noch etwa 110 Kilometer entfernten Karpathen durchzuschlagen. Eine Aufklärung gegen den Feind gab es nicht mehr. Die frischesten Truppen, zwei Pionierkompanien und vier noch verbliebene Sturmgeschütze, sollten die Angriffsspitze bilden. Die Infanterie war vollkommen erschöpft, und die Soldaten lagen im tiefen Schlaf. Wenn man sie wecken und dazu bewegen konnte, sich wieder in Marsch zu setzen, dann durfte man bestenfalls hoffen, daß sie der Vorhut in breiter Front folgten. Die Fahrzeuge mit den Verwundeten sollten sich der ersten Welle anschließen.

Noch in der gleichen Nacht, vor Morgengrauen am 28. August, wurde Mieths Stab des IV. Armeekorps von sowjetischen Truppen überrannt.

Weinknecht entschloß sich, den Fluß wie befohlen zu überschreiten, aber da es sich als fast unmöglich erwies, die Männer wieder auf die Beine zu bringen, kam es zu Verzögerungen, und die ersten Truppen waren nicht vor Hellwerden zum Abmarsch bereit. In der Nacht erschien Mieth allein auf Weinknechts Gefechtsstand in einem rumänischen Bauernhaus. Erschöpfung und überspannte Nerven führten zu einer scharfen Auseinandersetzung zwischen den beiden Offizieren.

Am Morgen überschritten die Reste der 79. Infanteriedivision mit Teilen anderer Divisionen unter sowjetischem Artillerie- und Granatwerferbeschuß den Berlad. Mieth starb wahrscheinlich im Nahkampf an Herzschlag. Auf dem Westufer des Flusses in der Nähe des Dorfes Chitcani hörte die 79. Infanteriedivision am Abend des 29. August auf zu bestehen.[28] Nur ein Mann der eingeschlossenen Division schlug sich durch und kam zwölf Tage später in Ungarn an.[29]

Anderswo im Kessel ostwärts des Pruth gingen der Rückzug und die Ausbruchsversuche nicht so geordnet vor sich. Sobald die Truppen sich in Bewegung gesetzt hatten, kreuzten sich die Kolonnen, die Truppenteile gerieten durcheinander und fluteten ungeordnet nach Westen auf die Flußübergänge des Pruth zurück. Jede Kontrolle durch eine gemeinsame höhere Führung ging im Verlauf des weiteren Rückzuges verloren, obwohl die meisten Soldaten noch ihre leichten Waffen bei sich hatten und die Verwundeten in Panjewagen mitführten. Die Geschützbedienungen der Artillerie ritten zum Teil auf Zugpferden mit abgeschnittenen Strängen, und die wenigen noch mitgeführten Geschütze gingen, wenn es die Lage erforderte, auf

27 Ebenda, S. 57–84 und 98–108.

28 Die Luftwaffe meldete am 21. August noch 700 Mann und 70 Fahrzeuge westlich des Sereth, 40 Kilometer südwestlich von Bacau. Kriegstagebuch des Oberkommandos der Heeresgruppe Südukraine, Band 4, Teil 1, S. 102–106.

29 *Rehm*, Jassy, S. 96 und 115–129.

Befehl eines Offiziers am Straßenrand in Stellung, um das Feuer auf einzelne sowjetische Panzer zu eröffnen, die die Kolonne beunruhigten. Die Korpskommandeure ließen sich zwar sehen, hatten aber kaum noch einen Einfluß auf ihre Truppen. Immer wieder wurden die zurückflutenden deutschen Verbände von sowjetischen Fliegern angegriffen, und das massierte Feuer der feindlichen Artillerie und Raketenbatterien trieb sie von den Straßen in die Wälder, wo sie Deckung zu finden hofften. In den Wäldern und Sümpfen ging der Zusammenhalt der Einheiten und Truppenteile vollends verloren, und die Männer erreichten den Pruth in kleinen, oft führerlosen Gruppen, nur um festzustellen, daß Einheiten der Roten Armee das andere Ufer schon besetzt hatten.

Es dauerte nicht lange, und Zehntausende von deutschen Soldaten säumten das Ostufer. Der kommandierende General des LII. Korps, Buschenhagen, versuchte, kleine Kampfgruppen Offizieren und Unteroffizieren zu unterstellen, und der kommandierende General des XLIV. Korps, Müller, hielt kurz vor dem Versuch, den Fluß zu überschreiten und damit aus dem Kessel auszubrechen, eine Besprechung mit 200 Offizieren ab.[30] Immer wieder tauchten Unterhändler der Roten Armee mit der weißen Flagge auf, sie wurden aber gewöhnlich zurückgeschickt oder durch einzelne Gewehrschüsse vertrieben. Aber der Parlamentär der 3. Ukrainischen Front Tolbuchins, der gekommen war, um mit dem deutschen kommandierenden General zu sprechen, beklagte sich darüber, daß er keinen Verantwortlichen hatte finden können.[31]

Nicht marschfähige Verwundete waren jetzt zusammen mit allem schweren Gerät zurückgelassen worden. Einige Soldaten warfen sogar ihre Waffen fort und ergaben sich. Aber die meisten waren entschlossen, noch irgendwie herauszukommen. Wo sich ihnen der sowjetische Gegner entgegenstellte, versuchten diese verzweifelten Leute, die sehr wohl wußten, daß dies die letzte Chance war, die Freiheit zu gewinnen, durch das feindliche Infanterie- und Artilleriefeuer zu laufen, den Pruth zu überqueren und in den Wäldern unterzutauchen. Für jeden, der es schaffte, war der Besitz einer sowjetischen Karte und sowjetischer Handfeuerwaffen, für die es immer reichlich Munition gab, von großer Wichtigkeit.

Viele kleine Abteilungen, darunter auch einige Generäle, die den Marsch in Gruppen zu zwanzig oder dreißig Mann angetreten hatten, schrumpften im Lauf der Wochen immer mehr zusammen, bis nur noch zwei oder drei übrig geblieben waren, gelangten nach langen und gefahrvollen Fußmärschen über die Karpathen nach Ungarn und konnten sich erst wieder hinter der 400 Kilometer weiter rückwärts gelegenen deutschen Verteidigungsstellung sicher fühlen. Die Rote Armee veranstaltete ein großangelegtes Treiben auf die deutschen Versprengten, und die rumänische Bevölkerung half ihnen manchmal, verriet sie aber auch gelegentlich an ihre sowjetischen Verfolger. Das sowjetische Oberkommando setzte zahlreiche Flugzeuge ein, errichtete Straßensperren an allen wichtigen Punkten und ließ die Wäl-

30 *Kissel,* Die Katastrophe in Rumänien 1944, S. 256–261.
31 Istorija, Bd. 4, S. 272.

der systematisch durchkämmen. Die Zivilbevölkerung wurde mit drakonischen Strafen bedroht, falls sie sich weigerte, die deutschen Nachzügler auszuliefern. Die Flugzeuge warfen Flugblätter ab, die den flüchtigen Soldaten die falsche Nachricht übermittelten, Deutschland sei bereits besetzt und der Krieg fast beendet. Allen, die sich freiwillig ergaben, versprach man gute Behandlung und baldige Zurückführung in die Heimat. Nur sehr wenigen gelang es, sich zu den eigenen Linien durchzuschlagen.

Als die deutschen Kessel beiderseits des Pruth am 29. August vom Gegner gesäubert worden waren, meldete das sowjetische Oberkommando, die Deutschen hätten 106.000 Gefangene und 150.000 Gefallene verloren.[32] Die wirklichen deutschen Verluste werden sich wahrscheinlich niemals feststellen lassen, vielleicht waren es nicht mehr als 180.000. Die Masse dieser Männer verschwand spurlos, und man hat nie wieder etwas von ihnen gehört. Nur das XXIX. Korps mit Teilen der 13. Panzerdivision und der 10. Panzergrenadierdivision entkam aus dem Kessel.

Der Verlust der 6. Armee und von Teilen der 8. Armee war in mancher Hinsicht eine größere Katastrophe als die Vernichtung der ersten 6.Armee bei Stalingrad.

Der Feldzug in Rumänien bestand für die sowjetischen Truppen jetzt nur noch aus der Besetzung von Ost- und Südrumänien bis zu den Karpathen, die in raschen Bewegungen durchgeführt wurde. Dabei kam es zu den fürchterlichsten Exzessen, zu Mord, Vergewaltigungen und Raub durch die sehr oft betrunkene Soldateska, welche ihre niedrigsten Instinkte an der rumänischen Zivilbevölkerung ausließ.

Konstanza war geräumt worden, und ein Teil der deutschen Schwarzmeerflotte versuchte, die Donau aufwärts zu entkommen. Der Rest lief bulgarische Häfen an, und von dort schlugen sich etwa 16.000 Mann über Land nach Westen durch.

Am 30. August nahmen sowjetische Truppen Ploesti und drangen am folgenden Tage in die rumänische Hauptstadt ein. Damit standen sie nur 80 Kilometer vor der bulgarischen Grenze.

Im Garten der deutschen Gesandtschaft hatten etwa 600 Deutsche Schutz gesucht, unter ihnen viele Frauen und Kinder, aber am 1. September wurde der Gesandte angewiesen, die Gebäude zu räumen. Darauf nahm sich Killinger das Leben. Die ranghöheren Angehörigen der Gesandtschaft, unter ihnen Gerstenberg, Hansen und Spalcke, wurden den Sowjets übergeben, und das gleiche Schicksal teilten fast alle deutschen Truppen, die von den Rumänen gefangen genommen wurden. Von den 200.000 Siebenbürger Sachsen und 240.000 Banater Schwaben in Rumänien gelang es nur 60.000 Volksdeutschen, sich bis nach Österreich durchzuschlagen.

Am 23. August war Schukow nach Moskau zurückgerufen worden, um einen Feldzug gegen Bulgarien vorzubereiten, das sich noch nicht mit der Sowjetunion im Kriege befand. Nachdem Schukow politisch und militärisch in die Lage eingewiesen worden war, ging er Ende des Monats zum Stabe der 3. Ukrainischen Front unter

32 Mazulenko, Die Zerschlagung der Heeresgruppe Südukraine, S. 103; *Birjusow,* Surowje Gody, S. 423.

Tolbuchin.[33] Bulgarien war durch die Sowjets direkt bedroht. Am 26. August befahl die bulgarische Regierung, die eine Invasion durch russische und türkische Streitkräfte fürchtete, die Entwaffnung der sich aus Rumänien zurückziehenden Deutschen. Bulgarien räumte außerdem das von bulgarischen Truppen besetzte Thrakien, bestätigte noch einmal seine Neutralität gegenüber der UdSSR und ersuchte die Vereinigten Staaten und Großbritannien um einen Waffenstillstand. Die jetzt nur noch aus drei Schützenarmeen und einem motorisierten Korps bestehende 3. Ukrainische Front unter Tolbuchin überschritt die Grenze in der Dobrudscha zwischen dem Unterlauf der Donau und dem Schwarzen Meer und besetzte sehr schnell das ganze Land, ohne daß die Bulgaren militärischen Widerstand leisteten.

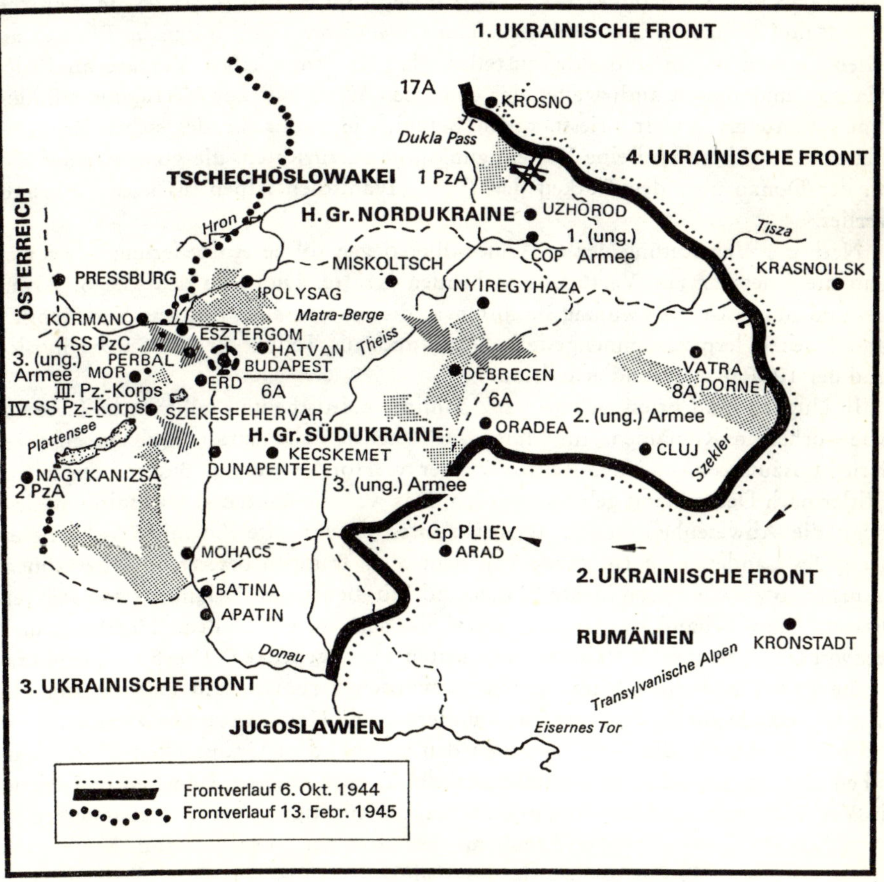

Karte 23: Ungarn, Oktober 1944 bis Februar 1945

33 *Schukow,* Wospominanija i Rasmyšlenija, S. 596–597.

Am 8. September erklärte Bulgarien Deutschland den Krieg, und die auf 450.000 Mann geschätzte bulgarische Armee wurde dem sowjetischen Oberkommando unterstellt. Drei bulgarische Armeen stellten sich für den Feldzug auf dem Balkan bereit.

Hitler war zu dem Schluß gekommen, daß die Besetzung Bulgariens durch die Rote Armee und die starken Vorstöße über die jugoslawische Grenze nach Südwesten nur die Vorbereitungen für einen sowjetischen Hauptstoß gegen das Ägäische Meer oder die Dardanellen sein könnten, und in der zweiten Septemberwoche erklärte er gegenüber höheren deutschen und ungarischen Offizieren, eine Krise zwischen den anglo-amerikanischen und sowjetischen Verbündeten stehe unmittelbar bevor. Die sowjetischen Ambitionen auf dem Balkan und im Mittelmeerraum richteten sich gegen die Interessen Großbritanniens, und deshalb sei er davon überzeugt, daß der Wendepunkt des Krieges erreicht sei.[34] Ungarn sei fest in deutscher Hand, und er habe sich entschlossen, Ungarn und das siebenbürgische Plateau auf jeden Fall zu halten und sicherzustellen, daß die ungarischen Vorräte an Erdöl, Mangan und Bauxit auch weiter der deutschen Wirtschaft zur Verfügung stünden. Am 30. August erhielt Friessner den Befehl, die Südflanke des siebenbürgischen Plateaus zu sichern und eine Verteidigungslinie einzurichten, die vom Eisernen Tor an der Donau über den Rücken der Transsylvanischen Alpen bis nach Kronstadt verlief.

Nach der Vernichtung der 6. Armee überstiegen solche Anforderungen bei weitem die Friessner zur Verfügung stehenden Kräfte. Die neue deutsche 6. Armee bestand nur noch aus zwanzig Bataillonen, die man in aller Eile aus Versprengten und Nachzüglern zusammengestellt hatte, und aus Teilen der 13. Panzerdivision und der 10. Panzergrenadierdivision.

In Ungarn fand Friessner eine ganz ähnliche politische und militärische Lage vor wie vorher in Rumänien. Im März war Ungarn nahe daran gewesen, aus dem Krieg auszutreten, und der Reichsverweser v. Horthy war zu Besprechungen mit Hitler nach Deutschland gebeten worden. Das war die übliche »Führerdiplomatie«; denn die Abwesenheit des Staatsoberhauptes vereinfachte die militärische Besetzung des Landes. Ungarn wurde von deutschen Truppen besetzt, und der Innenminister sowie viele prominente Bürger und Mitglieder des Parlaments wurden verhaftet. Man behandelte Ungarn jetzt als deutschen Vasallen. Horthy wurde gezwungen, Sztójay als Ministerpräsidenten zu akzeptieren. Die Sozialdemokratische Partei und die Kleinbauernpartei wurden verboten, und man begann, die Juden zusammenzutreiben und zu liquidieren. Die Ungarn standen zwischen zwei Feuern. Sie hatten die Wahl zwischen den barbarischen Grausamkeiten der deutschen und der sowjetischen Besatzungsmacht. Ebenso wie die Rumänen hofften sie, in Verhandlungen mit den Anglo-Amerikanern günstigere Friedensbedingungen zu erreichen. Aber als die Rote Armee an den Grenzen Ungarns stand, kam es zur Krise, und am 29. August wurde das Kabinett Sztójay gestürzt und von einer Regierung unter der Führung des Generalobersts Lakatos abgelöst.

34 *Friessner,* Verratene Schlachten, S. 122–125.

Im September kam es zu Spannungen zwischen der deutschen und der ungarischen militärischen Führung. Die Friessner unterstellten ungarischen Verbände machten einen schlechten Eindruck auf ihn, obwohl sie bereit und in der Lage waren, die rumänischen Truppen abzuwehren, die zugleich mit der Roten Armee gegen die ungarischen Grenzen vorgingen.

Wieder verlangten die Ungarn, daß die ungarischen Truppen getrennt von den deutschen Verbänden und als selbständige Truppenteile eingesetzt würden, die nur dem ungarischen Generalstab unterstünden. Nach seinen Erfahrungen in Rumänien wollte Friessner das nicht zulassen, und die unter Heszlenyi neu aufgestellte ungarische 3. Armee wurde auf enge Zusammenarbeit mit deutschen Truppen angewiesen. Als Voraussetzung dafür, daß es sich weiter am Kriege beteiligte, verlangte Ungarn jetzt die Verlegung von fünf Panzerdivisionen auf diesen Kriegsschauplatz. Am 20. September stellten die Deutschen den Ungarn ein Ultimatum, weil diese nicht bereit waren, ungarische Truppen deutschen Befehlshabern zu unterstellen.

Nach dem Ultimatum sah es zunächst so aus, als habe sich Budapest der Gewalt gebeugt, aber in Wirklichkeit sprachen viele Anzeichen dafür, daß es hinter den Kulissen ganz anders aussah. Am 23. September meldete der Verbindungsoffizier des OKW bei der ungarischen Regierung, Greiffenberg, an Friessner, daß der ungarische Generalstab nach seiner Auffassung die Nerven verloren und Befehle herausgegeben habe, nach denen ungarische Verbände verlegt und ungarische Offiziere versetzt worden seien, ohne daß man die deutschen Kommandostellen davon in Kenntnis gesetzt habe. Es lagen auch Berichte vor, nach denen ungarische Offiziersbesprechungen stattgefunden hatten, an denen die Deutschen nicht hatten teilnehmen dürfen. Diese Besprechungen waren oft in unmittelbarer Nähe der deutschen Stäbe abgehalten worden.[35] Obwohl Friessner das nicht wußte, hatte Horthy schon die Verbindung mit den Russen aufgenommen und schickte Ende September eine Waffenstillstandskommission nach Moskau. Guderian berichtet, Horthy habe schon Ende August sein Mißtrauen erregt.[36]

Die Heeresgruppe Südukraine unter Friessner lag in einer langen, sich nach Südwesten erstreckenden Frontausbuchtung, im sogenannten Szekler-Zipfel, und hielt das damalige ungarische Siebenbürgen besetzt. Diese Frontausbuchtung wurde von drei Seiten angegriffen.

Friessner fürchtete, seine Heeresgruppe könnte durch eine doppelte Zangenbewegung von der 4. Ukrainischen Front unter Petrow von Norden und von der 2. Ukrainischen Front unter Malinowski von Süden eingeschlossen werden, die entlang der oberen und unteren Theiß vorgingen. Er befahl deshalb Wöhler, die Front am äußersten Ende der Ausbuchtung etwas zurückzunehmen. Am 9. September suchte er Horthy auf, um diesem die Räumung des ungarischen Siebenbürgens vorzuschlagen. Horthy stimmte dem Vorschlag im allgemeinen zu. Bewaffnet mit dieser generellen Zustimmung flog Friessner am folgenden Tage zu Hitler, um des-

35 Ebenda, S. 140.
36 *Guderian*, Panzer Leader, S. 368.

sen Genehmigung zu erwirken. Sein Ersuchen wurde abgelehnt, und zwar zum Teil, weil der »Führer« glaubte, Ungarn werde von der Roten Armee nicht angegriffen werden, und zum Teil, weil Hitler darauf bestand, die Mangangruben von Vatra Dornei zu halten, obwohl die Bergwerke nicht mehr in Betrieb waren, da die vom Reich dort eingesetzten Arbeitskräfte das Gebiet bereits verlassen hatten.[37]

Alle weiteren Bitten Friessners um Handlungsfreiheit wurden abgelehnt, und immer wieder mischten sich Hitler und Guderian in die Führung der Operationen ein. Als die politische Lage in Budapest sich immer mehr zuspitzte, erhielt Friessner außerdem noch den Befehl, alle Panzerverbände und Panzergrenadiere aus der Front zu nehmen und in die Hauptstadt zu verlegen.[38]

Am 24. September wurde die Heeresgruppe Nordukraine umbenannt und erhielt jetzt die Bezeichnung Heeresgruppe A. Friessners Heeresgruppe Südukraine wurde zur Heeresgruppe Süd.

Die sowjetische Offensive, die am 6. Oktober begann, wurde von Timoschenko geleitet und von Malinowskis 2. Ukrainischer Front zwischen Oradea und Arad mit Unterstützung durch Petrows 4. Ukrainischer Front in den Karpathen durchgeführt. Die Aufgabe von Malinowski war es, die Heeresgruppe Süd einzuschließen und zu vernichten und dabei den Hauptstoß im Raum Debrecen und Nyiregyhaza zu führen. Die 2. Ukrainische Front bestand aus sechs Armeen, darunter einer Panzerarmee, und zwei rumänischen Armeen. Das waren zusammen zweiundvierzig sowjetische Schützendivisionen, zweiundzwanzig rumänische Divisionen, 750 Panzer und Schützenpanzer und 1100 Flugzeuge.[39] Am 12. Oktober fiel Oradea, und die dort zur Verteidigung eingesetzte 76. Infanteriedivision wurde fast vollständig aufgerieben. Auch Klausenburg und alle weiter ostwärts gelegenen Städte gingen verloren. Am 20. Oktober nahm die Rote Armee die drittgrößte Stadt Ungarns, Debrecen, und die motorisierte Kavalleriekampfgruppe Pliew stieß nach Norden gegen Nyiregyhaza in Wöhlers Rücken vor. Die Stadt fiel am 22. Oktober, und nun gingen die sowjetischen Truppen, nachdem sie die rückwärtigen Verbindungen Wöhlers abgeschnitten hatten, gegen die obere Theiß vor.

Zwischen dem 23. und dem 29. Oktober griff das neu auf dem Kriegsschauplatz eingetroffene deutsche III. Panzerkorps unter Breith von Westen her an, während Wöhler nach Westen vorstieß, um die Verbindung mit ihm herzustellen. Dieser konzentrische Angriff gelang und schnitt die sowjetischen Panzer- und Kavallerieverbände ab, die der Infanterie der Roten Armee weit vorausgeeilt waren. Die Deutschen meldeten sowjetische Verluste in Höhe von 25.000 Mann und 600 Panzern.[40] Nyiregyhaza wurde zurückerobert, und die Truppen Wöhlers konnten sicher auf das Westufer der oberen Theiß zurückgenommen werden.

Obwohl die 6. Armee am 27. Oktober aus vier Panzerdivisionen und zwei Pan-

37 *Friessner*, Verratene Schlachten, S. 119–126.
38 Ebenda, S. 132–133 und 139.
39 Istorija, Bd. 4, S. 380.
40 *Friessner*, Verratene Schlachten, S. 153.

zergrenadierdivisionen bestand, verfügte sie nur über 67 Panzer und 58 Sturmgeschütze.

Die deutschen Truppen, die sich im Gegenangriff wieder in den Besitz von Nyiregyhaza und Teilen der Pußta gesetzt hatten, konnten überall feststellen, wie sich die sowjetischen Truppen gegenüber der ungarischen Zivilbevölkerung verhalten hatten. Frauen aller Altersklassen waren vergewaltigt und manchmal ermordet worden. Die marodierenden Soldaten hatten mancherorts die Eltern an die Türpfosten genagelt und hilflos zusehen lassen, wie sie die Kinder grausam verstümmelten.[41] Was die deutschen Truppen hier gesehen hatten, stärkte ihren Kampfesmut, und sie setzten der Roten Armee den bisher verzweifeltsten Widerstand entgegen.[42] Die ungarische Bevölkerung andererseits blieb entweder apathisch oder stand unter dem Einfluß kommunistischer Agitatoren.

Auf jeden Fall waren es die Ungarn leid, sich von den Deutschen noch länger beherrschen zu lassen. Friessner beklagte sich bitter darüber, daß es ihm nicht gelang, die ungarische Führung oder das ungarische Volk vom Ernst der Lage zu überzeugen. In Budapest selbst war es ebenso wie seinerzeit in der rumänischen Stadt Jassy kurz vor der sowjetischen Offensive am 20. August nach außenhin vollkommen ruhig.

Am 1. Oktober war die ungarische Delegation in Moskau eingetroffen, um ein Waffenstillstandsabkommen zu unterzeichnen. Aber drei Tage später hatten die Deutschen von den Verhandlungen Kenntnis erhalten und setzten sich in den Besitz aller ungarischen Kommunikationszentren. Diesmal war Hitler besser vorbereitet als vor wenigen Monaten in Bukarest.[43] Am 15. Oktober gab Horthy im Rundfunk eine Erklärung ab, in der er sagte, Deutschland stehe vor der Niederlage, und für Ungarn sei der Krieg zu Ende. Am nächsten Tage wurde er festgenommen und nach Deutschland gebracht, und die Deutschen setzten eine Marionettenregierung ein. Deutsche Polizei- und Panzerverbände standen in der Hauptstadt und im ungarischen rückwärtigen Gebiet bereit. Durch diese energischen Maßnahmen sicherten die Deutschen zwar ihre eigenen Verbindungslinien, vernichteten aber den letzten Rest des Kampfwillens der ungarischen Militärbefehlshaber und Soldaten, die in großer Zahl zu desertieren begannen. Der Befehlshaber der ungarischen 1. Armee, Miklos, ging am 18. Oktober zur Roten Armee über, nachdem er einen Aufruf erlassen und alle ungarischen Soldaten aufgefordert hatte, die Deutschen als Feinde zu behandeln. Der Oberbefehlshaber der ungarischen 2. Armee, Veres, wurde auf Befehl Friessners festgenommen.

Es war dem sowjetischen Oberkommando nicht entgangen, daß die an der Theiß von Norden nach Süden verlaufenden Verteidigungsstellungen der »Achsen«-Truppen keineswegs stark ausgebaut waren, sondern nur aus einem einfachen Graben-

41 Ebenda, S. 151.
42 Istorija, Bd. 4, S. 407.
43 Kriegstagebuch des Oberkommandos der Heeresgruppe Süd, Band 4, Teil 3 (Entwürfe), 1.–16. Oktober 1944.

system bestanden, dem jede Tiefe fehlte. Es gab an der Donau auch noch von Norden nach Süden verlaufende Feldstellungen, und man hatte damit begonnen, in den östlichen Vorstädten von Budapest einen Verteidigungsring anzulegen. Die deutschen Verbände lagen im linken Teil des Abschnitts der Heeresgruppe Süd, während die nach Süden offene rechte Flanke auch weiterhin von der sehr schwachen ungarischen 3. Armee verteidigt wurde. Zur Heeresgruppe F in Jugoslawien hatte Friessner noch kaum Verbindung, und die Südflanke war stark exponiert, da die sowjetische 2. Ukrainische Front den Unterlauf der Theiß bereits überschritten und sich in den Besitz eines großen Teils der ungarischen Tiefebene zwischen Theiß und Donau gesetzt hatte. Hitler, der noch immer verlangte, daß nicht kampflos zurückgegangen werden dürfe, befahl Friessner, jeden Fußbreit Bodens zu verteidigen.[44]

Aber die Lage entwickelte sich schneller, als die Heeresgruppe Süd darauf reagieren konnte. Das sowjetische Oberkommando hatte Malinowski angewiesen, in nördlicher Richtung in dem Raum zwischen Donau und Theiß Budapest anzugreifen. Am Nachmittag des 29. Oktober wurde die ungarische 3. Armee bei Kecskemet zerschlagen, und sowjetische Truppen stießen im Rücken der deutschen 6. Armee an der Theiß rasch nach Norden vor und kamen dabei bis auf wenige Kilometer an die Vorstädte von Budapest heran. Erst hier wurden sie aufgehalten.

Nun wurde die 2. Ukrainische Front umgruppiert und zog ihre Truppen vor Budapest zurück, so daß Kavallerieverbände der SS nachrücken und das vor der Hauptstadt gelegene Grabensystem besetzen konnten.

Budapest atmete noch einmal auf. Die Läden wurden wieder geöffnet, die Straßenbahn wurde in Betrieb genommen, und das Leben normalisierte sich. Die Soldaten konnten zeitweilig ihre Schützenlöcher verlassen, nach einem kurzen Spaziergang eine Straßenbahn besteigen, um in das Stadtzentrum zu fahren, wie sie das schon vorher in Jassy getan hatten. Zu seiner Empörung erfuhr Friessner, daß ungarische Offiziere ihre Truppen in den Stellungen verließen, um am Abend in die Stadt zu gehen und dort zu übernachten.[45] In Miskolc streikten 20.000 Arbeiter, die zum großen Teil in Rüstungsbetrieben beschäftigt waren, und viele von ihnen nahmen gegenüber den deutschen Truppen eine sehr selbstsichere und manchmal sogar drohende Haltung ein. Nachts wurden die Deutschen vom Fabrikgelände aus und aus den Arbeitersiedlungen beschossen, und ungarische Polizisten und Gendarme verhielten sich vollkommen passiv.[46]

Nachdem der Angriff der sowjetischen 46. Armee gegen die Vorstädte von Budapest abgeschlagen worden war, gruppierte Malinowski seine Kräfte um und stellte sie für eine neue Offensive an viel breiterer Front bereit, und zwar diesmal nördlich von Budapest. Der zweite Angriff begann am 11. November und drängte die 8. Armee unter Wöhler und die linke Flanke der 6. Armee unter Fretter-Pico aus

44 *Friessner,* Verratene Schlachten, S. 150.
45 Ebenda, S. 168.
46 Ebenda, S. 177.

ihren Stellungen an der Theiß bis hinter Miskolc zurück. Am 26. November, als Verbände der Roten Armee schon bis in den Raum nördlich Budapests vorgestoßen waren, lief sich der Angriff in den Matrabergen, nordostwärts von Budapest, fest, und die Offensive wurde vorübergehend angehalten. Dann beschloß man, einen neuen Angriff südlich von Budapest und westlich der Donau anzusetzen.

Anfang November überschritt Tolbuchins 3. Ukrainische Front, nachdem sie zehn Tage zuvor Belgrad genommen hatte, von Jugoslawien aus die ungarische Grenze und begann am 7. November bei Mohacs, Batina und Apatin mit dem Übergang auf das Westufer der Donau. Das ganze Gebiet war überschwemmt, und Tolbuchin erreichte den Plattensee, etwa 100 Kilometer südwestlich von Budapest, erst am 9. Dezember.

Am 12. Dezember gab das sowjetische Oberkommando eine Anweisung für die Einschließung der ungarischen Hauptstadt heraus. Die 2. Ukrainische Front unter Malinowski sollte die deutschen Verteidiger in Pest, am Ostufer des Flusses, binden und die Stadt von Norden her einschließen. Tolbuchins 3. Ukrainische Front erhielt den Befehl, im Raum zwischen dem Plattensee und Budapest in nördlicher Richtung anzugreifen, die Stadt rechts liegen zu lassen und sich etwa 50 Kilometer nordwestlich von Budapest mit der 2. Ukrainischen Front zu vereinigen.[47]

Am 5. Dezember führte die 2. Ukrainische Front unter Malinowski aus dem Raum Hatvan, nordostwärts von Budapest, einen kurzen Angriff mit starken Kräften gegen die Nahtstelle zwischen der deutschen 6. und 8. Armee und erzielte in acht Tagen einen etwa 20 Kilometer tiefen Einbruch. Damit umgingen die sowjetischen Streitkräfte Budapest im Norden und erreichten sehr günstige Ausgangsstellungen für die neue sowjetische Offensive.

Hitler verlangte nicht nur, daß jedes Haus in Budapest verteidigt würde, sondern forderte eine neue Offensive westlich der Donau. Dazu hatte er befohlen, daß Friessner von den im Norden stehenden Heeresgruppen drei Panzerdivisionen und zwei Infanteriedivisionen zugeführt werden sollten.[48]

Der »Führer«, der jetzt ganz mit der Vorbereitung der Ardennenoffensive beschäftigt war, hatte sich in Ungarn zu einem gepanzerten Gegenangriff entschlossen, der aus dem Raum zwischen dem Plattensee und dem Velenczesee nach Südosten gegen die Donau geführt werden sollte. Für dieses Unternehmen waren drei Panzerdivisionen vorgesehen, und die Offensive sollte von dem zur 6. Armee gehörenden III. Panzerkorps unter Breith geführt werden. Ein großer Teil des im Angriff zu überwindenden Geländes bestand jedoch aus Sümpfen und war von Gräben und Kanälen durchzogen. Am 14. Dezember weigerte sich Friessner, die Verantwortung für eine solche Operation zu übernehmen, ehe Frostwetter eingesetzt hatte und der Boden hart gefroren war.[49]

Die sowjetische Offensive nördlich Budapests, aus dem Raum Hatvan an der

47 Istorija, Bd. 4, S. 393–394.
48 *Friessner,* Verratene Schlachten, S. 185–193.
49 Ebenda, S. 193.

Abschnittsgrenze zwischen der 6. und 8. Armee, kam weiter voran, und am 14. Dezember nahmen Truppen der Roten Armee Iplysag.

In kritischer Lage fuhr Friessner an die Front zur 357. Infanteriedivision und der SS-Brigade Dirlewanger, die beide Gelände hatten aufgeben müssen. Als er bei Dirlewangers Brigade eintraf, derselben, die für viele der entsetzlichen Greueltaten verantwortlich war, welche die Deutschen vor wenigen Monaten in Warschau verübt hatten, war er erstaunt über die Lage, die er hier vorfand. Dirlewanger, den Friessner als gewissenlosen Abenteurer bezeichnet, saß mit einem Affen auf der Schulter an seinem Schreibtisch. Weder er noch sein Stab wußten etwas über die Gefechtslage. Nach Friessners Bericht waren die SS-Truppen nichts weiter als eine undisziplinierte Räuberbande. Als Dirlewanger den Rückzug vorschlug, befahl Friessner ihm, die Stellung zu halten. Als Friessner sich am gleichen Abend vergewissern wollte, ob seine Befehle befolgt würden, stellte er fest, daß die Brigade verschwunden war. Er selbst entkam nur mit knapper Not der Gefangennahme.[50]

Guderian, der in Wirklichkeit nur das Sprachrohr des »Führers« war, setzte Friessner ständig unter Druck und verlangte von ihm, er solle endlich zu dem südlich von Budapest geplanten Unternehmen des III. Panzerkorps antreten. Guderian war dabei so ungeduldig, daß es zu erregten Auseinandersetzungen kam, und am 18. Dezember flog Friessner nach Zossen, um persönlich zu begründen, weshalb der Angriff erst nach Beginn des Frostwetters erfolgen könne. Guderian und der Chef der Operationsabteilung Bonin schienen schließlich von den Argumenten Friessners überzeugt zu sein. Friessner erwähnte auch den »Führerbefehl«, wonach jedes Haus in Budapest zu verteidigen war, und gab zu bedenken, daß der größte Teil der Stadt auf der Ostseite der Donau liege und zur Verteidigung dieses Brückenkopfs nicht weniger als vier Divisionen benötigt würden. Er sagte, die Stadt sei nicht als Festung ausgebaut, die Läden seien geöffnet, und das Leben dort gehe wieder seinen gewohnten Gang. Man bereite sich auf Weihnachten vor, und Budapest sei bisher kaum bombardiert oder mit Artillerie beschossen worden. Wenn die Stadt gehalten werden solle, dann müsse nach Friessners Auffassung auch die Zivilbevölkerung evakuiert werden. Guderian versprach, dem »Führer« alle diese Fragen vorzulegen.[51] Friessner kehrte einigermaßen beruhigt nach Ungarn zurück.

Aber schon der folgende Tag brachte weitere Rückschläge für die Deutschen. Der Gegenangriff nördlich von Budapest war fehlgeschlagen, und die Männer der Brigade Dirlewanger waren entweder geflohen oder hatten sich dem Feind ergeben. Jetzt übernahmen der »Führer«, Guderian und das OKH die taktische Leitung der Schlacht. Das III. Panzerkorps unter Breith südlich von Budapest erhielt den Befehl, alle Panzer, Sturmgeschütze, Schützenpanzer und Geschütze auf Selbstfahrlafette in dem Raum Plattensee–Margareten zurückzulassen. Die abgesessene Infanterie ohne Panzer, Fahrzeuge und ohne Unterstützung durch Artillerie wurde nördlich von Budapest gegen Krawtschenkos Panzerarmee ins Gefecht geworfen,

50 Ebenda, S. 194–195.
51 Ebenda, S. 196–197.

und dieser erstaunliche Befehl kam, wie Friessner berichtet, mündlich von dem Panzerspezialisten Guderian. Als der Feind wenige Tage später das III. Panzerkorps angriff und dabei starke Infanterieverbände einsetzte, die das sumpfige und von Gräben durchzogene Gelände überwinden konnten, hatte er keine Schwierigkeiten, das III. Panzerkorps, das den Gegner ohne Infanterie nicht aufhalten konnte, in den Flanken zu umgehen und ihm in den Rücken zu kommen.[52]

Am 20. Dezember nahmen die 2. und 3. Ukrainische Front ihre Offensive zur Einschließung von Budapest wieder auf. Am ersten Tage griff eine Panzerarmee nördlich von Budapest an, erzielte einen 32 Kilometer tiefen Einbruch, und am 24. Dezember erreichte die 2. Ukrainische Front die Donau nördlich von Esztergom. Südwestlich von Budapest stand die 3. Ukrainische Front in schweren Kämpfen gegen die deutsche 6. Armee, als Fretter-Pico am dritten Tage seine Reserven im Raum Szekesfehervar einsetzte. An diesem und dem folgenden Tage führten die Sowjets ihre Panzerkräfte ins Gefecht und erzwangen auf 100 Kilometer breiter Front einen Durchbruch. Am 26. Dezember erreichten sie Esztergom und vereinigten sich mit der 2. Ukrainischen Front. Man hatte Friessner verboten, Truppen aus Budapest abzuziehen, um die Lücke in der Front zu schließen. Vier deutsche Divisionen und eine ungarische Division waren in Budapest eingeschlossen. Am 21. Dezember wurden Friessner und Fretter-Pico von Wöhler und Balck abgelöst.

Nun befahl der »Führer« die Verlegung des IV. SS-Panzerkorps unter Gille von der Heeresgruppe Mitte nach Budapest. Gilles Panzerkorps, das in Preßburg auf die Bahn verladen worden war, wurde bei Komarno, etwa 100 Kilometer nordwestlich von Budapest, ausgeladen und ging zusammen mit der 96. Infanteriedivision mit nur schwacher artilleristischer Unterstützung direkt ins Gefecht. Am 2. Januar drängte es den Gegner etwa 32 Kilometer zurück. Gille brach den Angriff schließlich bei Perbal, knapp 25 Kilometer vor Budapest ab.

Weiter im Süden kam der Angriff des III. Panzerkorps unter Breith gegen Budapest in vier Tage dauernden Kämpfen nur 8,5 Kilometer voran. Dabei verlor Breith 68 seiner 80 einsatzfähigen Panzer.[54]

Das IV. SS-Panzerkorps löste sich inzwischen vom Feinde, marschierte nach Komarn zurück, wurde wieder auf die Bahn verladen und nach Westen abtransportiert. Das täuschte augenscheinlich die Aufklärung der Roten Armee, und als das SS-Korps wenige Tage später plötzlich etwa 65 Kilometer weiter südlich am Plattensee wieder auftauchte, griff es am Abend des 17. Januar das sowjetische 135. Schützenkorps an und vernichtete es fast vollständig. Dann stießen die Panzer der SS rasch nach Osten vor, erreichten am 19. Januar die Donau bei Dunapentele und schnitten die Masse der 3. Ukrainischen Front von ihren rückwärtigen Verbindungen ab. Obwohl das SS-Korps Budapest noch lange nicht erreicht hatte, befand sich

52 Ebenda, S. 198–201; *Fretter-Pico,* Mißbrauchte Infanterie, S. 141–143.
53 Kriegstagebuch des OKW, Bd. 4, S. 977; Istorija, Bd. 4, S. 398–399.
54 Kriegstagebuch des OKW, Bd. 4, S. 1004.

Tolbuchin, wie die offizielle sowjetische Geschichte einräumt, in einer sehr ernsten Lage.[55]

Das SS-Korps konnte seine Lage noch weiter verbessern, als es nach Norden schwenkte und am westlichen Donauufer bis zu einem Punkt etwa 20 Kilometer vor der eingeschlossenen Hauptstadt vorstieß. Der kommandierende General des IX. SS-Gebirgskorps in Budapest, Pfeffer-Wildenbruch, hätte, wenn es ihm befohlen worden wäre, ausbrechen können, aber diese Lösung interessierte Hitler nicht, dem nur daran gelegen war, die ungarische Hauptstadt in der Hand zu behalten. Doch jetzt hatte der Vorstoß des IV. SS-Panzerkorps seinen Schwung verloren, und die Flanken des Korps waren bedroht. Am 27. Januar begannen die 2. Ukrainische Front und die 3. Ukrainische Front, das Panzerkorps anzugreifen, das sich bis zum 7. Februar wieder zurückzog.

Die deutschen Truppen in Budapest durften jetzt nicht mehr hoffen, aus dem Einschließungsring befreit zu werden. Man unternahm zwar einige Versuche, die eingeschlossenen Truppen aus der Luft zu versorgen, und schickte ein Versorgungsschiff die Donau hinunter, das jedoch auf Grund lief. Die ungarischen Truppen desertierten zum großen Teil, aber die Deutschen setzten den Kampf in den Häusern und in der Kanalisation der Stadt entschlossen fort. Nach dem 1. Februar wurden die Brotrationen auf 75 Gramm pro Tag gekürzt, und Unterhändler der Roten Armee, die an die deutschen Linien kamen, um dem Gegner Waffenstillstandsbedingungen anzubieten, wurden nach sowjetischen Berichten niedergeschossen.[56] Am Abend des 11. Februar griffen etwa 16.000 Deutsche, die noch kämpfen und marschieren konnten, nach Nordwesten in Richtung auf Wien an, nachdem sie ihre Verwundeten bei der päpstlichen Nuntiatur zurückgelassen hatten. Zunächst kamen sie einigermaßen voran, ließen den Stadtkern hinter sich und erreichten das etwa 20 Kilometer außerhalb von Budapest gelegene Perbal, in dessen Nähe das IV. SS-Panzerkorps bei seinem Versuch, in die Stadt einzudringen, steckengeblieben war. Hier wurden die Reste der deutschen Truppen fast vollständig aufgerieben. Drei Divisionskommandeure fielen. Nur wenige hundert Mann konnten sich noch bis zu den deutschen Linien durchschlagen.[57]

55 Istorija, Bd. 4, S. 401.
56 Ebenda, S. 403–404; Kriegstagebuch des OKW, Bd. 4, S. 977.
57 Kratkaja Istorija, S. 417.

21. Kapitel

Der Krieg zur See

Die sowjetische Kriegsmarine spielte im Vergleich zur Roten Armee nur eine zweitrangige Rolle. Bis 1935 waren nur wenige Kriegsschiffe gebaut worden, da man der Armee und der Luftwaffe größere Bedeutung als der Flotte zumaß. Nach 1935 bauten die Sowjets zahlreiche U-Boote und leichte Torpedoboote, und 1941 bestand die sowjetische Flotte aus drei Schlachtschiffen (zwei von ihnen stammten aus der Zeit vor dem Ersten Weltkrieg), sieben Kreuzern, 59 Zerstörern, 269 Torpedobooten und 218 U-Booten. Dazu kamen zahlreiche Minenleger, Minenräumboote und Hilfsfahrzeuge.[1] So beeindruckend auch die Zahl der sowjetischen Kriegsschiffe war, hinsichtlich der Ausrüstung, der Ausbildung und der Leistungsfähigkeit war die sowjetische Flotte der deutschen Kriegsmarine weit unterlegen.

Die Rangbezeichnungen der sowjetischen Marineoffiziere und Matrosen entsprachen den bei anderen Kriegsmarinen üblichen, aber die Marinekommissare waren von der Roten Armee abkommandiert und standen in den dort üblichen Kommissardienstgraden.[2] Die sowjetische Kriegsmarine verfügte über mehr als 2500 Flugzeuge, die jedoch eigentlich eine Sonderabteilung der Heeresflieger darstellten und auf Flugplätzen an Land stationiert waren. Das fliegende Personal trug die Uniform der Roten Armee, und auch die Dienstgrade entsprachen denen der Landtruppe. Die Marine-Infanterie war kein integrierender Bestandteil der sowjetischen Seestreitkräfte, obwohl viele Offiziere und Mannschaften später zu Marineinfanteriebrigaden zusammengestellt wurden, die bei den Erdkämpfen wichtige Aufgaben übernahmen.

1941 bestand die sowjetische Kriegsmarine aus vier weit voneinander entfernt gelegenen Flottenkommandos. Die drei größten waren die Baltische Rotbanner-Flotte mit dem Stab in Reval, die Schwarzmeerflotte mit der Basis Sewastopol und die Pazifische Flotte, die in Wladiwostok stationiert war. Die Nordmeerflotte mit der Basis im eisfreien Hafen Poljarny bei Murmansk war viel kleiner als die anderen drei. Außer der in Archangelsk stationierten Weißmeerflotte, die später nur noch als Flottille bezeichnet wurde, gab es die Pinsker Binnenwasserflottille in den Pripjetsümpfen und auf dem Dnjepr mit Basen in Pinsk und Kiew und die Donauflottille mit dem Stab in Ismail.[3]

Im Juni 1941 bestand die Nordmeerflotte unter Golowko aus nur acht Zerstö-

1 50 Let Wooružennych Sil SSSR, S. 240.
2 Nach 1942 erhielten die Kommissare die gleichen Dienstgradbezeichnungen wie die Seeoffiziere.
3 Istorija, Bd. 3, S. 472. Es gab auch eine Düna-Flotille.

rern, fünfzehn U-Booten und weniger als zwanzig anderen leichten Schiffen, die von mehr als 100 Flugzeugen unterstützt wurden.[4] Im Spätsommer kamen noch weitere fünf U-Boote von der Fernostflotte dazu. Die in Archangelsk stationierte Weißmeerflotte, die später dem Kommando der Nordmeerflotte unterstellt wurde, bestand aus etwa zwanzig Torpedobooten und Minenräumbooten.

Im Herbst und Frühwinter 1941 besaß die Nordmeerflotte einen gewissen operativen Spielraum in den Küstengewässern vor Nordnorwegen und Finnland, da Hitlers Strategie sich darauf gründete, Murmansk zu nehmen und die dorthin führende Eisenbahnlinie durch Operationen zu Lande von Finnland aus abzuschneiden. Aus diesem Grunde gab es hier nur schwache deutsche Luft- und Seestreitkräfte. Die Nordmeerflotte beschoß das Küstengebiet hinter dem deutschen Gebirgskorps und ging mit kleineren Kampfgruppen an Land.[5] Einige Angriffe richteten sich gegen die deutsche Küstenschiffahrt vor der norwegischen und finnischen Küste, aber die dabei verwendeten Fahrzeuge operierten sehr ungeschickt und hatten nur wenig Erfolg.

1941 und Anfang 1942 gewannen Murmansk und Archangelsk besondere Bedeutung als Bestimmungshäfen für die herankommenden anglo-amerikanischen Materiallieferungen. Das blieb so, bis sich die japanische Flotte nach Ostern 1942 aus dem Indischen Ozean zurückzog. Die Säuberung der Gewässer im Süden erlaubte die Öffnung und Entwicklung der Versorgungswege über Land in die UdSSR durch den Iran, und der Umfang dieser Lieferungen vergrößerte sich, als das Mittelmeer und der Suezkanal sich für die britischen und amerikanischen Schiffe öffneten. Am Schluß wurde der Versorgungsweg über Persien ebenso wichtig wie die Schiffahrtswege im Norden. Nach dem Kriegseintritt Japans im Dezember 1941 konnten die Versorgungsschiffe der Vereinigten Staaten die sowjetischen Provinzen im Fernen Osten nicht mehr auf dem Seeweg über den Pazifik erreichen. Sowjetische und amerikanische Frachtschiffe, die unter der roten Flagge fuhren, benutzten auch noch weiter den Seeweg über den Pazifik, aber die auf diesem Wege herangebrachten Versorgungsgüter waren sehr lange unterwegs; denn sie mußten durch ganz Sibirien und Zentralrußland auf der Eisenbahn befördert werden. Erst 1943 trafen größere Mengen an Versorgungsgütern in Wladiwostok ein als in Murmansk und Archangelsk.

1941 und 1942 war jedoch der nördliche Seeweg die wichtigste Versorgungsroute für die Sowjetunion. Die Schiffstransporte wurden in Geleitzügen herangebracht, welche die britische Flotte kontrollierte und schützte. Auch die Vereinigten Staaten stellten Kriegsschiffe zum Schutz dieser Geleitzüge zur Verfügung. Der Beitrag der sowjetischen Flotte war sehr gering, obwohl das Operationsgebiet der Nordmeerflotte theoretisch bis zur westlichen Hälfte der Nordmeer-Route ausgedehnt wurde. Flugzeuge der roten Luftwaffe operierten hin und wieder über den als Zufahrtswege benutzten Meeresarmen. Nur wenige sowjetische Frachtschiffe fuhren in diesen

4 *Pitersky*, Die Sowjetflotte im Zweiten Weltkrieg, S. 109.
5 *Vainer*, Sewernyi Flot w Welikoi Otečestwennoi Woine, S. 42.

Geleitzügen mit, obwohl einige von ihnen auch selbständige Fahrten unternahmen, bis sie 1942 und 1943 in den Pazifik verlegt wurden. Die ersten Geleitzüge trafen ohne wesentliche Verluste oder Beschädigungen in Rußland ein.

Im Spätherbst 1941, als sich Hitlers Furcht vor einer britischen Landung in Norwegen verstärkte, begann er sich mehr mit diesem Kriegsschauplatz zu beschäftigen, und im Winter 1941/1942 beschloß er, den nördlichen Versorgungsweg nach Rußland zu sperren.[6] Die Luftwaffe wurde angewiesen, in Nordnorwegen stärkere Kräfte zusammenzuziehen, so daß sie Mitte Februar hier über 175 Flugzeuge verfügte, und die deutsche Flotte sollte U-Boote und andere Kriegsschiffe in diesen Gewässern versammeln. Im Januar traf das neue deutsche Schlachtschiff *Tirpitz* in Trondheim ein, und ihm folgten später der schwere Kreuzer *Admiral Scheer* und der schwere Kreuzer *Admiral Hipper*. Der Verband wurde außerdem durch leichte Kreuzer, Zerstörer und U-Boote verstärkt.[7] Nun wurden die Geleitzüge sowohl von der Luftwaffe als auch von den deutschen Seestreitkräften angegriffen, und die Alliierten erlitten im Sommer 1942 in der Periode der langen Tage schwere Verluste an Kriegs- und Frachtschiffen.[8] Die schwersten Verluste richteten die Flugzeuge und die U-Boote an.

Eine britische Militärmission, der auch Offiziere der britischen Kriegsflotte angehörten, war nach Moskau gegangen. Verbindungsoffiziere der britischen Flotte wurden nach Murmansk, Archangelsk und an das Schwarze Meer geschickt, und sie hatten ebenso wie die als Begleitschutz für die Geleitzüge fahrenden Kriegsschiffe der britischen Kriegsflotte die Gelegenheit, die sowjetischen Seestreitkräfte aus nächster Nähe im Einsatz zu beobachten. Zwischen der britischen und der sowjetischen Flotte gab es jedoch ganz grundlegende Unterschiede, und es ergaben sich Schwierigkeiten bei der Errichtung der Grundlagen für die verständnisvolle Zusammenarbeit.

Die sowjetischen Offiziere und besonders die Kommissare waren mißtrauisch und behinderten manchmal sogar ganz offensichtlich die Arbeit ihrer Verbündeten. Sowjetische Offiziere verstanden kein Englisch, und nur sehr wenige Angehörige der britischen Flottenmission sprachen Russisch. Man muß daran zweifeln, ob viele Briten für die Eigenarten des sowjetischen militärisch-politischen Systems oder für das slawische Temperament Verständnis hatten und auf diese Gegebenheiten Rücksicht nahmen. Die britische Regierung und das britische Außenministerium sind auch nicht genügend auf die Beschwerden dieser Verbindungsoffiziere hinsichtlich der Haltung und der Maßnahmen der Sowjets eingegangen. Es ist daher verständlich, daß die britischen Beobachter nur eine geringe Meinung von der sowjetischen Kriegsflotte hatten und daß man die Leistungen der sowjetischen Seeleute vielleicht nicht immer richtig gewürdigt hat, die sie mit ihren sehr unzureichenden Hilfsmitteln erbrachten.

6 *Hubatsch*, Hitlers Weisungen für die Kriegführung, S. 156 u. 163.
7 *Roskill*, The War at Sea, Bd. 2, 5. Kap.
8 *Churchill*, Bd. 4, The Hinge of Fate, S. 228–247; *Roskill*, The War at Sea, Bd. 3, S. 432–433.

Nach britischer Auffassung spielte die sowjetische Nordmeerflotte nur eine ganz kleine Nebenrolle; denn nur fünf sowjetische Zerstörer begleiteten die Geleitzüge, während 203 britische, amerikanische und polnische Kriegsschiffe an diesem Unternehmen beteiligt waren. Der Bericht der offiziellen sowjetischen Geschichte über die Tätigkeit und Leistungen der Nordmeerflotte andererseits unterscheidet sich ganz wesentlich von den zeitgenössischen Berichten des britischen Admirals Miles, seines Stabes und seiner Verbindungsoffiziere. Sowjetische Historiker behaupten sogar, die Rote Flotte habe diesen Krieg in den arktischen Gewässern *zusammen mit den Flotten der Anglo-Amerikaner* ausgefochten. Das soll heißen, daß die Erfolge beim Heranbringen der Geleitzüge zum großen Teil der wirksamen Unterstützung durch sowjetische Flugzeuge und Schiffe zu verdanken gewesen seien.[9]

Admiral Miles, der General Macfarlane als Chef der britischen Militärmission abgelöst hatte, sagte, die sowjetische Flotte verfügte über ein ungeeignetes hydrophonisches Ortungsgerät zur Feststellung feindlicher U-Boote, habe keine magnetischen Minen besessen, ihre Schiffe nicht wirksam gegen magnetische Minen schützen können, über keine Radargeräte verfügt und keine Ahnung davon gehabt, wie man magnetische oder akustische Minen räumt. Die sowjetische Marine habe augenscheinlich unter einem Minderwertigkeitskomplex gelitten, sich aber andererseits technisch zuviel zugetraut. Die sowjetischen Schiffsbesatzungen hätten die langweilige Routinearbeit verabscheut, und das Minenräumen sei ihnen ebenso wie der Dienst bei den Geleitzügen sehr bald zuviel geworden.[10]

Nach einem anderen britischen Bericht hatte es den Anschein, als fühlten sich die Matrosen der sowjetischen Kriegsmarine im Gegensatz zu den Besatzungen der sowjetischen Frachtschiffe, die sich bei den Geleitzügen in der Arktis als tapfere Männer bewährten, im Hafen viel wohler als auf See. Ihre seemännischen Fähigkeiten werden hier sehr gering eingeschätzt. Gelegentlich kamen sowjetische Kriegsschiffe den Geleitzügen bis vor die Meerenge von Kola entgegen, aber der sowjetische Geleitschutz wurde gewöhnlich mit dem Teil des jeweiligen Geleitzuges weitergeschickt, der für Archangelsk bestimmt war; denn die Briten waren der Auffassung, es würde den sowjetischen Kriegsschiffen gut tun, eine Zeitlang auf hoher See zu bleiben. Bei solchen Gelegenheiten wurde der dienstälteste sowjetische Offizier ohne Rücksicht auf seinen Rang immer dem britischen Befehlshaber unterstellt.[11] Die Briten konnten sich kaum auf die Sowjets verlassen. Deutsche U-Boote lagen vor der Meerenge von Kola in Bereitschaft, und ein Fünftel der anglo-amerikanischen Schiffsverluste trat hier im nordrussischen Küstengebiet ein. Nach britischen Berichten richteten die sowjetische Flotte und die ihr unterstellten Flugzeuge nur wenig gegen die feindlichen U-Boote und Bombenflugzeuge aus, obwohl die Alliierten ständig darauf drängten, daß die Schiffahrtswege vom Gegner freigehalten werden müßten.[12] 1943 gehörten zur Nordmeerflotte angeblich neun Zerstörer, zwei-

9 Istorija, Bd. 3, S. 414; *Golowko,* With the Red Fleet, S. 94 u. 103.
10 *Saunders,* The Soviet Navy, S. 76–77.
11 Ebenda, S. 77–78.
12 *Roskill,* The War at Sea, Bd. 2, S. 119, 127–128 und 134.

undzwanzig U-Boote, sechzehn Minenräumboote, zwanzig U-Bootjäger, sechs Torpedoboote und mehr als 300 Flugzeuge.[13]

Die erste Basis der Baltischen Rotbanner-Flotte war Kronstadt, aber 1940 wurde sie nach Reval verlegt, während man in Kronstadt eine rückwärtige Versorgungsbasis unterhielt. Leichte Geschwader verteilten sich auf das Seegebiet außerhalb des Finnischen Meerbusens und wurden in Libau, Windau und Dünamünde stationiert.[14] Die Baltische Flotte wurde von Tribuz befehligt und bestand nach sowjetischen Berichten aus zwei alten Schlachtschiffen, zwei Kreuzern, vierzig Zerstörern, sechs Torpedobooten, mehr als hundert leichten Torpedobooten und 93 U-Booten. Im Juni 1941 war die deutsche Kriegsflotte fast vollständig gegen Großbritannien eingesetzt, und in der Ostsee lagen nur fünf U-Boote, vierzig leichte Torpedoboote und zehn Minenleger. Die deutschen Seestreitkräfte bildeten ursprünglich einen Teil des Kommandos Ostsee unter Guse, aber zwei weitere Marinestäbe C und D wurden zur Übernahme ständiger Einrichtungen und der Küstenverteidigung an der besetzten Ostseeküste eingerichtet. Im November 1941 wurde der Marinestab C aufgelöst, und der Marinestab D übernahm seine Aufgaben. Als Befehlsstelle für alle Operationen auf See in diesem Gebiet erhielt der Stab die neue Bezeichnung »Ostland«. Sein Befehlshaber war Burchardi und sein Standort Reval. Die Verantwortung für die Operationen in der westlichen Ostsee und später in der ganzen Ostsee übernahm zunächst Schmundt und dann Kummetz als Oberbefehlshaber der Ostseeflotte mit dem Stab in Kiel.

Durch die Überlegenheit der Luftwaffe und den kühnen Einsatz der deutschen Seestreitkräfte erlitten die Sowjets erhebliche Verluste, und die deutsche Flotte verlegte mit Hilfe der Finnen Minensperren und ein Stahlnetz quer durch die Mündung des Finnischen Meerbusens, um dem Gegner die Zufahrt in die offene Ostsee zu verwehren. Im September und Oktober wurden die sowjetischen Garnisonen von den Ostseeinseln vertrieben, und die Sowjetunion räumte die Flottenbasen in Hangö und auf der Insel Odensholm am Ausgang des Finnischen Meerbusens. Kronstadt und Leningrad wurden zu den wichtigsten Flottenbasen, und eine vorgeschobene Basis wurde auf der Insel Lavansaari eingerichtet. Im Dezember fror der Finnische Meerbusen zu, und finnische Truppen griffen über das Eis hinweg die Marinebasen auf den Inseln und die vor Kronstadt liegenden Kriegsschiffe an, deren Besatzungen sich mit Infanteriewaffen, Stacheldraht und durch örtliche Gegenstöße verteidigen mußten.[15]

Im April 1942, nachdem das Eis aufgebrochen war, räumte die sowjetische Flotte von Leningrad nach Kronstadt Minengassen und erweiterte diese bis zur Flottenbasis von Lavansaari. In den Gewässern ostwärts der Minensperren begann die Flotte jetzt mit der Ausbildung der U-Bootbesatzungen. Im Juni ging man energisch an die Beseitigung der deutsch-finnischen Minensperren, und viele sowjetische

13 Istorija, Bd. 3, S. 407.
14 Ebenda, Bd. 1, S. 472.
15 Ebenda, S. 418–419; *Malaparte,* The Volga Rises in Europe, S. 212–213.

U-Boote fuhren in die offene Ostsee hinaus. Aufgrund der schlechten Ausbildung der Besatzungen und der mangelhaften Ausrüstung erreichten sie jedoch nur wenig, und von den 1738 Schiffen der »Achse«, die 1942 in Geleitzügen die Ostsee befuhren, versenkten sie nur 26, während die Deutschen zur gleichen Zeit die Versenkung von zehn sowjetischen U-Booten meldeten.[16] Die RAF und besonders die Unternehmen des Bomber Command brachten der deutschen Schiffahrt und den auf Übungsfahrten in der Danziger Bucht kreuzenden U-Booten höhere Verluste bei als die sowjetische Baltische Flotte.[17]

1943 trat jedoch in der östlichen Ostsee eine radikale Veränderung der Lage ein. Die sowjetische Kriegsflotte verfügte hier jetzt über zwei Schlachtschiffe, zwei Kreuzer, elf Zerstörer, dreiunddreißig Unterseeboote, 57 Minenräumboote, 29 große und 75 kleine Torpedoboote. Die Anzahl der Marineflugzeuge hatte sich von 280 auf 880 erhöht.[18] Diese Verstärkung der Marineluftstreitkräfte war entscheidend; die deutschen Patrouillenboote und Minenleger, zum großen Teil umgebaute Fischereifahrzeuge, waren zu leicht bewaffnet und zu langsam und konnten die Minenfelder und Netzsperren bei Tage nicht mehr überwachen, da sie von starken feindlichen fliegenden Verbänden angegriffen wurden. Die sowjetische Flotte begann, die Minensperren zu räumen und über sie hinaus in die Ostsee vorzustoßen. Durch den vermehrten Einsatz der Roten Luftwaffe, die Kapitulation Finnlands und die Offensiven der Roten Armee in den baltischen Staaten entstand 1944 eine Lage, in der die deutsche Flotte gezwungen wurde, den Finnischen Meerbusen und die östliche Ostsee aufzugeben. Die Masse der sowjetischen Baltischen Flotte blieb in Kronstadt und Leningrad und unterstützte die Operationen zu Lande mit ihrer Schiffsartillerie, während die Deutschen ihre noch im Dienst stehenden schweren Schlachtschiffe zusammen mit Zerstörern und Torpedobooten vor der Küste unter Thiele und Rogge als Kampfverbände einsetzten, um den deutschen Landtruppen bei ihren Kämpfen in den baltischen Staaten artilleristische Unterstützung zu geben.[19]

Im Spätwinter und frühen Frühjahr 1945 beherrschte die deutsche Flotte immer noch die Gewässer vor Kurland und Ostpreußen, und deutsche Transportschiffe ohne Begleitschutz befuhren die heimatlichen Gewässer, ohne viel von sowjetischen U-Booten belästigt zu werden. Vielleicht lag die Masse der Baltischen Rotbanner-Flotte noch im Eis des Finnischen Meerbusens fest, und wahrscheinlich konnte sie nicht auslaufen, weil die Kriegsschiffe zu schwach bemannt waren, denn zahlreiche Offiziere und Mannschaften waren zur Roten Armee versetzt worden. Auf jeden Fall blieben die meisten Schiffe im Finnischen Meerbusen. Die sowjetische Luftwaffe entfaltete jedoch 1945 im baltischen Raum eine sehr lebhafte Kampftätigkeit. In den letzten acht Monaten des Krieges wurden 33 deutsche Schiffe (102.000

16 *Saunders,* The Soviet Navy, S. 62.
17 Ebenda, S. 66; *Roskill,* The War at Sea, Bd. 2, S. 393; Bd. 3, Teil 1, S. 96; Teil 2, S. 140 und 269.
18 Istorija, Bd. 3, S. 416–417.
19 *Doenitz,* Memoirs, S. 399.

Tonnen) in der Ostsee durch U-Boote versenkt, während 57 Handelsschiffe und 34 Kriegsschiffe durch Bomben oder Lufttorpedos verloren gingen.[20] Trotzdem wurden von Januar bis Mai mehr als 1,5 Millionen deutsche Soldaten und Zivilisten sicher aus Kurland, Ostpreußen, Westpreußen und Pommern evakuiert.[21]

Die Schwarzmeerflotte unter Oktjabrski bestand, wie die offizielle sowjetische Geschichte berichtet, 1941 aus einem alten Schlachtschiff, fünf Kreuzern, fünfzehn Zerstörern, etwa fünfzig U-Booten und zahlreichen leichten Torpedobooten und Hilfsfahrzeugen. Diesem starken Verband konnten die Rumänen nur vier Zerstörer, drei Torpedoboote, ein U-Boot und einige Küstenfahrzeuge entgegenstellen.[22] Anfang des Krieges hing die Überlegenheit der Schwarzmeerflotte davon ab, wie weit die deutsche Luftwaffe ihr diese Überlegenheit streitig machte. Sie führte Operationen gegen die feindliche Schiffahrt und beschoß deutsche und rumänische Stellungen und Einrichtungen an der Schwarzmeerküste. Außerdem deckte sie mit Erfolg die Evakuierung von Truppen der Roten Armee und von Teilen der Zivilbevölkerung aus Odessa und transportierte einige sowjetische Verbände von der Krim ab. 1942 verlor die Sowjetunion Sewastopol und konnte auch Noworossisk nicht mehr anlaufen, so daß alle Schiffe nur noch auf die kaukasischen Häfen Tuapse, Poti und Batum angewiesen waren. Nach der Inbesitznahme der Luft- und Flottenbasen auf der Krim hatten die Deutschen die unbestrittene Überlegenheit zur See im Schwarzen Meer. Die deutsche Kriegsmarine brachte etwa 500 kleine Frachtschiffe und leichte Kriegsschiffe, darunter sechs kleine U-Boote vom Typ IIB mit etwa 250 Tonnen Wasserverdrängung die Elbe hinauf nach Dresden, von wo aus sie über Land nach Ingolstadt gebracht und hier auf die Donau gesetzt wurden. Dann fuhren sie die Donau hinunter bis zum Schwarzen Meer und legten dabei insgesamt 2400 Kilometer zurück. Auf diesem Wege wurden 23 Minenräumboote, 16 Torpedoboote, 50 Landungsfahrzeuge und 26 U-Bootjäger in das Schwarze Meer gebracht.[23]

Die Seestreitkräfte der Achse auf diesem Kriegsschauplatz unterstanden ab 1943 dem Oberbefehlshaber der *Marinegruppe Süd* in Sofia, Fricke, dem der *Admiral Schwarzes Meer,* v. Kieseritzky, unterstand (ab November 1943 war es Brinkmann). Es gab vier Marinebefehlshaber, und zwar den *Befehlshaber Kaukasus* in Kertsch, den *Befehlshaber Krim* in Jalta (später Sewastopol), den *Befehlshaber Ukraine* in Mariupol (später Odessa) und das rumänische Ausbildungskommando in Konstanza. Die deutschen Seestreitkräfte im Schwarzen Meer bestanden 1943 aus sechs U-Booten, einer Torpedobootflottille mit 13 leichten Torpedobooten, zwei Minenräumflottillen mit 22 Minenräumbooten, einer *Sperr-Flottille,* drei U-Bootjäger-Flottillen und einigen Flottillen, die aus Landungsfahrzeugen und Transportschiffen bestanden. Die Rumänen verfügten über vier Zerstörer, drei Torpedoboote,

20 *Saunders,* The Soviet Navy, S. 65.
21 *Dönitz,* Memoirs, S. 465. *Dönitz* spricht von mehr als 2.000.000.
22 *Pitersky,* Die Sowjetflotte im Zweiten Weltkrieg, S. 296.
23 *Meister,* Der Seekrieg in den osteuropäischen Gewässern, S. 232; *Dönitz,* Memoirs, S. 388.

drei U-Boote, drei Kanonenboote, drei Minenleger, sieben Feuerlöschboote und fünfzehn schnelle Motorboote.[24]

Zu den Pflichten des britischen Verbindungsoffiziers bei der sowjetischen Schwarzmeerflotte gehörte es, über die Bewegungen der Seestreitkräfte der »Achse« zu berichten und die metereologischen Voraussagen aus dem Mittelmeerraum weiterzugeben. Vergeblich drängte er die sowjetischen Befehlshaber, offensiv gegen die deutschen und rumänischen Schiffe vorzugehen, welche die Küstengewässer vor der Ukraine befuhren. Immer wieder erklärte man ihm, die sowjetischen Kriegsschiffe könnten ohne Unterstützung aus der Luft nicht auslaufen.[25] Nach Auffassung dieser britischen Seeoffiziere war die sowjetische Schwarzmeerflotte unzureichend ausgebildet und ausgerüstet.[26]

1943 hatte die Schwarzmeerflotte vier Kreuzer, acht Zerstörer, 29 U-Boote und 67 leichte Torpedoboote. Außerdem standen ihr etwa 280 Flugzeuge zur Verfügung.[27] Dennoch räumte Kleist zu dieser Zeit den Kubanbrückenkopf, und die deutsche 17. Armee wurde über die Straße von Kertsch gebracht, ohne daß die sowjetischen Seestreitkräfte eingegriffen hätten. Im folgenden April wurde die Masse der »Achsen«-Truppen von der Krim über See evakuiert, und zwar wieder ohne daß die sowjetische Flotte eingegriffen hätte, außer durch Luftangriffe in den letzten Phasen des Rückzuges.

Es gab viele Gründe für den Mangel an Unternehmungsgeist der sowjetischen Kriegsflotte, und sie sind durchaus nicht nur in dem Mangel an seemännischer Erfahrung oder seemännischer Tradition zu suchen. Im Zweiten Weltkrieg war die Ausrüstung der sowjetischen Flotte veraltet und von schlechter Qualität, und im Hinblick auf die Führung, die seemännischen Leistungen und die technische Ausbildung war die sowjetische Kriegsflotte der deutschen weit unterlegen. Erfolgreiche Kommandanten von Kriegsschiffen, besonders von U-Booten und kleineren Fahrzeugen, müssen unbedingt Initiative, Selbstvertrauen und Entschlußkraft besitzen, denn sie operieren oft lange Zeit ganz selbständig. Die sowjetischen Offiziere haben sich zu jener Zeit augenscheinlich nicht besonders durch solche Eigenschaften ausgezeichnet. Zu oft blieben sie passiv und vermieden es, eigene Verantwortung zu übernehmen. Nach dem Urteil britischer Seeoffiziere, die mit ihnen zusammenarbeiteten, schienen sie manchmal im Schatten ihrer politischen Kommissare zu stehen. Auch weniger wichtige Entscheidungen mußten von Moskau genehmigt werden.

Im Hinblick auf den Mangel an Offensivgeist bei den Befehlshabern der sowjetischen Flottenverbände im II. Weltkrieg stellen deutsche Quellen Vermutungen darüber an, ob es Stalins Absicht gewesen sei, seine Kriegsschiffe zu schonen, um den Anglo-Amerikanern nach dem Kriege nicht allzu sehr unterlegen zu sein. Das war sicher nicht der Fall. Viel wahrscheinlicher ist es, daß der Seekrieg den Diktator nicht interessierte und er lediglich wünschte, daß die Materiallieferungen der Alliier-

24 *Hillgruber*, Die Räumung der Krim, S. 119.
25 Istorija, Bd. 3, S. 426–427; *Saunders*, The Soviet Navy, S. 79–82.
26 Ebenda, S. 82.
27 Istorija, Bd. 3, S. 425.

ten die Häfen von Murmansk und Archangelsk erreichten. Da die Sowjetunion in den Jahren 1941 und 1942 allein die Last des Landkrieges zu tragen hatte, hat Stalin – auch wenn die sowjetische Kriegsmarine fähig gewesen wäre, die Aufgabe zu übernehmen, was nicht der Fall war – keinen Grund dafür gehabt, die UdSSR mit der Säuberung der Arktis von deutschen Bombenflugzeugen und U-Booten zu belasten, um damit den Alliierten einen Gefallen zu tun, die nach seiner Auffassung genügend Kriegsschiffe und Flugzeuge dafür besaßen. In der Arktis, der Ostsee und im Schwarzen Meer lag der Schlüssel zur Überlegenheit auf See bei den Luftstreitkräften, und die Sowjetunion konnte in der Ostsee und im Schwarzen Meer erst Anfang 1944 die Luftüberlegenheit erringen.

Wäre es Stalins Absicht gewesen, die deutsche Flotte durch die sowjetischen Seestreitkräfte angreifen zu lassen, dann wäre das ohne Rücksicht auf irgendwelche Verluste geschehen. Man muß jedoch daran zweifeln, daß Stalin mit der sowjetischen Kriegsflotte jemals mehr vorgehabt hat als eine Verstärkung der Roten Armee durch die Mannschaften der Roten Kriegsmarine. Von Juni bis September 1941 wurden sechs jeweils 5000 Mann starke Marine-Infanteriebrigaden aus Mannschaften der Baltischen Flotte zum Einsatz vor Leningrad aufgestellt. Die Zahl dieser Brigaden erhöhte sich später auf neun, und die Baltische Rotbanner-Flotte stellte für den Erdkampf im ganzen 130.000 Offiziere und Mannschaften zur Verfügung. Im Oktober 1941 wurden auf Beschluß des sowjetischen Oberkommandos weitere 23 Marineinfanteriebrigaden aufgestellt, und 390.000 Angehörige der Flotte wurden zur Roten Armee versetzt. 100.000 Offiziere und Mannschaften der Marineinfanteriebrigaden blieben darüber hinaus den Kommandostellen der Kriegsmarine unterstellt. Schließlich gehörten viele dieser Marine-Infanteriebrigaden, nachdem sie erhebliche Verluste erlitten hatten, nur noch dem Namen nach der Marine an, denn sehr oft unterstanden sie Offizieren der Roten Armee und erhielten Verstärkungen aus Zentralsibirien. Diese Rekruten hatten sehr oft das Meer in ihrem ganzen Leben noch nicht gesehen.[28]

28 *Pitersky*, Die Sowjetflotte im Zweiten Weltkrieg, S. 428–429.

22. Kapitel

Das europäische Gleichgewicht

Als Eden im Winter 1941 Moskau besuchte, stellte er fest, daß Stalin schon jetzt wissen wollte, welches der Gewinnanteil der Sowjetunion nach dem Kriege sein werde. Stalin wünschte, daß Großbritannien und die Vereinigten Staaten die sowjetischen Grenzen von 1941 anerkannten und daß die Grenze zwischen Polen und der Sowjetunion entlang der ehemaligen Curzon-Linie verlaufen sollte.[1] Molotow deutete sogar den Wunsch seiner Regierung an, die sowjetischen Grenzen nach dem Kriege bis nach Ostpreußen zu verschieben.[2]

Im Juli des gleichen Jahres hatte der Ministerpräsident der polnischen Exilregierung, General Sikorski, zum Teil auf britische Anregung, Gespräche mit dem sowjetischen Botschafter in London Maiski begonnen, der als Sprecher der UdSSR auftrat. Am 14. August 1941 einigten sie sich über die Aufstellung und Ausrüstung einer polnischen Armee auf sowjetischem Boden, aber die Lösung der Streitfrage, wie die russisch-polnische Grenze nach dem Kriege verlaufen solle, wurde auf später verschoben. Die Haltung der Regierungen Großbritanniens und der Vereinigten Staaten hinsichtlich der polnischen Grenzen war noch nicht ganz klar, gründete sich aber augenscheinlich auf die Auffassung, daß man zwar die Annexion des ehemaligen Ostpolens durch die Sowjetunion nicht anerkennen, aber auch die Wiederherstellung der polnischen Grenzen vom August 1939 nicht garantieren oder unterstützen dürfe, die auch weißrussische und ukrainische Bevölkerungsteile einschlossen.[3] Im Dezember 1941 reiste Sikorski nach Moskau, um eine polnisch-sowjetische Freundschafts- und Beistandserklärung zu unterzeichnen, lehnte es aber ab, über die Neufestsetzung der Grenzen zu sprechen.

Am 8. Januar 1942 hatte Churchill in einem Schreiben an Eden festgestellt, die Auslieferung der Völker der baltischen Staaten, Bessarabiens und der Nordbukowina an die Sowjetunion gegen ihren Willen widerspreche allen Grundsätzen, für welche Großbritannien in diesem Kriege kämpfe. Eine solche Auslieferung entehre die Sache Großbritanniens. Nach Churchills Auffassung kam eine Festlegung der Grenzen vor einer Friedenskonferenz nach dem Kriege nicht in Frage.[4] Am 20. Mai 1942, als Molotow nach London kam, lehnte die Regierung Churchill die Forderung, Großbitannien solle sich mit der sowjetischen Inbesitznahme des ehemaligen

1 *Eden,* The Reckoning, S. 289–291.
2 *Feis,* Churchill Roosevelt Stalin, S. 26.
3 *Churchill,* Bd. 3, The Grand Alliance, S. 348–350.
4 Ebenda, S. 615–616.

Ostpolens einverstanden erklären, als mit dem britisch-polnischen Vertrag von 1939 unvereinbar ab.[5] Diese Auffassungen unterschieden sich von denjenigen, die offensichtlich 1944 von der britischen Regierung zum Ausdruck gebracht worden sind.

Nachdem Stalingrad am 6. Januar 1943 eingeschlossen worden war, gab die Sowjetregierung eine ganz offene und unverblümte Erklärung ab, in der sie sagte, sie betrachte das seinerzeit besetzte Gebiet Ostpolens als sowjetisches Territorium. Die polnische Exilregierung in London protestierte deswegen gegenüber den Regierungen der Vereinigten Staaten und Großbritanniens. Roosevelt legte sich in seiner Antwort nicht fest und sagte, auch er sei der Ansicht, daß die Grenzen in Mitteleuropa nach dem Kriege auf einer Friedenskonferenz festgelegt werden müßten. Augenscheinlich wollte er nicht das Mißfallen der Sowjetunion erregen, die damals gerade in schwere Kämpfe verwickelt war, und zwar im Gegensatz zu den Vereinigten Staaten, die sich bisher kaum an den militärischen Operationen zu Lande gegen Deutschland beteiligt hatten.[6] In den Beziehungen des britischen Außenministeriums zur polnischen Exilregierung in London machte sich damals eine gewisse Ungeduld, ja sogar Unsicherheit bemerkbar, und man warf Sikorski sogar vor, mit seinen zu hohen Ansprüchen Schwierigkeiten zu machen, da er die Beibehaltung der Grenzen verlangte, welche die britische Regierung 1939 garantiert und deren Verletzung zum Kriege gegen Deutschland geführt hatte.[7] Das polnische Verlangen, das Gebiet innerhalb der Vorkriegsgrenzen zurückzuerhalten, wurde in London als unrealistisch angesehen.[8] Indessen hatte Stalin begonnen, aus polnischen Vertrauensleuten in der Sowjetunion die spätere polnische kommunistische Marionettenregierung zu bilden.

Im April 1943 fand man bei Katyn die Massengräber von etwa 12.000 ermordeten polnischen Offizieren[9], von denen man wußte, daß sie 1939 in dem von der Roten Armee besetzten Teil Polens noch am Leben gewesen waren. Man hat nicht feststellen können, ob diese Polen von den Truppen der NKWD oder von SS-Einsatzkommandos ermordet worden sind. Beide Organisationen waren einer solchen Greueltat fähig. Aber die Indizien und die Haltung der UdSSR bei der Entdeckung des Verbrechens geben zu der Vermutung Anlaß, daß die sowjetische Regierung dafür verantwortlich gewesen ist.[10] Aber die Empörung und Verärgerung, denen die Mitglieder der polnischen Exilregierung Ausdruck verliehen, die eine unparteiische Untersuchung forderten, gaben Moskau den lange erhofften Anlaß, sich endgültig von den Polen in London zu trennen. Stalin warf ihnen mit bösen Wor-

5 Ebenda, Bd. 4, The Hinge of Fate, S. 296; Eden, The Reckoning, S. 326–328.
6 *Feis*, Churchill Roosevelt Stalin, S. 191.
7 Anm. d. Hrsg.: Streng genommen hatte Großbritannien 1939 nicht die Grenzen, sondern die Unabhängigkeit Polens garantiert.
8 Ebenda, S. 192.
9 Anm. d. Hrsg.: Von den 15.000 in sowjetische Gefangenschaft geratenen polnischen Offiziere gelten die meisten als »verschollen«. Die Massengräber von Katyn bargen die Leichen von 4139 Offizieren. Die »Liquidierung« auch der meisten übrigen durch die NKWD ist sehr wahrscheinlich.
10 *Churchill*, Bd. 4, The Hinge of Fate, S. 679–681; Goebbels Diary, S. 253 ff.

ten vor, sie reagierten auf eine deutsche Verleumdung, ehe sie der sowjetischen Regierung die Gelegenheit gegeben hätten, die Beschuldigungen zu widerlegen. Ohne sich durch die dringenden Bitten Roosevelts und Churchills beeindrucken zu lassen, brach Stalin am 26. April die diplomatischen Beziehungen zu den Polen ab, und nun war der Weg für die Sowjetunion frei, eine kommunistische Regierung einzusetzen, sobald die Truppen der Roten Armee bis auf polnisches Gebiet vorgestoßen waren. Am 6. Oktober 1943 warnte der polnische Botschafter in Washington den amerikanischen Außenminister Hull und sagte ihm, die Sowjetunion habe die Absicht, Polen durch ihre eigenen polnischen Kommunisten zu beherrschen, und drängte darauf, daß die Vereinigten Staaten und Großbritannien die Integrität Polens garantieren und alles Notwendige unternehmen sollten, amerikanische und britische Truppen in Polen zu stationieren, um damit den Ernst ihrer Haltung zu unterstreichen.[11]

Im Mittsommer des gleichen Jahres starb Sikorski bei einem Flugzeugabsturz, und der Führer der polnischen Bauernpartei Mikolajczyk wurde an seiner Stelle Ministerpräsident in der Exilregierung. Mikolajczyk vertrat eine gemäßigte Haltung, doch als er vor der Abreise Edens zur Außenministerkonferenz in Moskau mit dem britischen Außenminister zusammentraf, war er, wie er selbst berichtet, bestürzt, als er von Eden hörte, es bestehe kaum eine Chance, daß die Sowjetunion die Beziehungen zur polnischen Regierung wieder aufnehmen oder sich damit einverstanden erklären werde, der Exilregierung die Regierungsgeschäfte im befreiten Polen zu übergeben, wenn sie sich nicht damit einverstanden erkläre, die Ostgebiete des früheren Polens aufzugeben. Mikolajczyk soll geantwortet haben, daß die Aufgabe dieses Gebiets nur der Beginn der Erfüllung der russischen Forderungen sein werde.[12]

Auf der Außenministerkonferenz wurde kaum über Polen gesprochen und nichts festgelegt. Hull wollte sich damals noch nicht in diese Angelegenheit hineinziehen lassen, aber Molotow brachte klar zum Ausdruck, daß es Sache der Sowjetunion sei, die polnische Frage zu erledigen, wenn sie auch unter Umständen darauf hören werde, was andere dazu zu sagen hätten. Eden berichtet, er habe nach seiner Rückkehr aus Rußland das britische Außenministerium gebeten, einen Plan für einen Ausgleich zwischen Polen und Rußland zu entwerfen. Das britische Außenministerium habe ihm empfohlen, die Curzon-Linie als Grenze zu akzeptieren. Nur Lemberg sei den Polen zuzusprechen, während Polen im Ausgleich für die verlorenen Ostgebiete Ostpreußen, Danzig und Oberschlesien erhalten solle.[13]

Auf der Konferenz von Teheran im November 1943 gingen Roosevelt und Churchill im einzelnen auf ihre Vorschläge für die gemäß der Atlantik-Charta nach dem Kriege zu errichtende Friedensorganisation ein. Die Absichten Roosevelts und der Regierung der Vereinigten Staaten waren damals nach dem Urteil eines

11 *Feis*, Churchill Roosevelt Stalin, S. 195.
12 *Mikolajczyk*, The Rape of Poland, S. 45, zitiert aus Feis, S. 196.
13 *Eden*, The Reckoning, S. 421–422.

amerikanischen Historikers »tugendhaft und undurchführbar«, diejenigen der Briten dehnbar.[14] Stalin und Molotow stimmten im allgemeinen mit den anglo-amerikanischen Auffassungen über die Sicherheit nach dem Kriege überein, brachten aber zugleich ganz deutlich ihre eigenen territorialen Ansprüche zum Ausdruck. Sie wollten alle Gebiete behalten, welche die Rote Armee vor Juni 1941 besetzt hatte und dazu Teile Ostpreußens mit Königsberg. Churchill und Roosevelt waren sich ihrer Sache nicht sicher, besonders da Roosevelt viel daran gelegen zu sein schien, sich des guten Willens und der Wertschätzung Stalins zu versichern. Roosevelt erklärte dem Diktator, daß nach seiner Auffassung die Zeit noch nicht gekommen sei, in der polnischen Frage endgültige Entscheidungen zu treffen, denn es gab sechs bis sieben Millionen Amerikaner polnischer Abstammung in den Vereinigten Staaten, deren Wählerstimmen er nicht verlieren wollte.

Die Lösung der polnischen Frage wurde deshalb zunächst Stalin und Churchill überlassen, und Stalin sagte, er wolle mit der Curzon-Linie oder der 1939 von Ribbentrop und Molotow festgelegten Grenze zufrieden sein, vorausgesetzt, daß man ihm einen Teil von Ostpreußen gäbe. Die Polen sollten dafür mit deutschem Gebiet bis zur Oder entschädigt werden. Churchill erklärte sich bereit, den Polen in London diese Lösung zu empfehlen, und ging so weit zu sagen, die Polen seien, da die europäischen Mächte Polen zweimal *gerettet* hätten, verpflichtet, dem Gebietsaustausch zuzustimmen, und müßten die Aufgabe übernehmen, *Rußland am Bollwerk der Oder vor künftigen deutschen Angriffen zu schützen.*[15]

Aber die Polen in London ließen sich durch so großartige Worte nicht leicht überzeugen, und die britische Regierung setzte sie unter starken Druck, als Churchill Mikolajczyk erklärte, Großbritannien und die Vereinigten Staaten würden sich wegen der polnischen Grenzen nicht auf einen Krieg gegen die Sowjetunion einlassen.[16] Roosevelt hielt sich ganz bewußt aus der Sache heraus. Stalin deutete an, er sei unter Umständen bereit, die Beziehungen zu den Polen in London wieder aufzunehmen, wenn sie sich von den Elementen trennten, die ihm nicht genehm seien. Aber am 3. März teilte er Harriman mit, daß nach der Befreiung Polens an Stelle der Londoner Exilregierung eine andere Regierung im Lande bestehen werde.[17]

Vom 7. bis zum 14. Juni 1944 nach der Landung der Alliierten in der Normandie stattete Mikolajczyk Roosevelt einen Besuch in Washington ab. Der Präsident versuchte, den polnischen Ministerpräsidenten zu beruhigen, legte sich aber nicht fest, sondern sagte, Stalin sei »ein Realist, aber kein Imperialist«. Er riet den Polen, sich mit Rußland zu verständigen; denn »die Briten und Amerikaner haben nicht die Absicht, gegen Rußland zu kämpfen«. Roosevelt gab Mikolajczyk den Rat, Stalin zu besuchen, und schickte am 17. Juli eine Note nach Moskau, in der er die sowjetische Regierung bat, den polnischen Ministerpräsidenten zu empfangen.[18] Die

14 *Feis,* Churchill Roosevelt Stalin, S. 272.
15 *Churchill,* Bd. 5, Closing the Ring, S. 400.
16 *Mikolajczyk,* The Rape of Poland, S. 51, aus Feis, S. 294–295.
17 *Feis,* Churchill Roosevelt Stalin, S. 298.
18 Ebenda, S. 373–375.

in respektvollem Ton abgefaßte Note und eine drei Tage später eintreffende Mitteilung von Churchill erweckten in Moskau den Eindruck, die Anglo-Amerikaner seien der Auffassung, das Schicksal Polens liege in den Händen Stalins.

Stalin reagierte sofort. Am nächsten Tage, den 21. Juli, wurde aus dem polnischen Nationalrat das Nationale Befreiungskomitee mit Bierut als Präsidenten gebildet, und vier Tage darauf wurde Lublin zur Hauptstadt Polens erklärt. Die sowjetische Regierung beeilte sich, eine Übereinkunft zu unterzeichnen, nach der das Marionettenkomitee mit der Verwaltung des befreiten polnischen Gebiets beauftragt wurde. Das geschah genau zu dem Zeitpunkt, als Mikolajczyk sich auf der Reise nach Moskau befand. Während des Aufenthalts von Mikolajczyk in Moskau begann der Aufstand in Warschau. Da Stalin verlangte, daß Mikolajczyk mit der Lubliner Regierung verhandelte, begannen am 6. August in Moskau Verhandlungen mit den polnischen Kommunisten. Dabei konnte man sich jedoch nicht einigen.

Als Churchill und Eden im Oktober 1944 nach Moskau reisten, wurden Mikolajczyk und zwei seiner Mitglieder, die Stalin genehm waren, aufgefordert, sie zu begleiten. Für die westlichen Politiker war Stalin inzwischen zum guten »Uncle Joe« geworden, und Churchill, der wie Feis schreibt, jetzt ganz plötzlich eine optimistische Haltung einnahm, unterstützte die sowjetischen Vorschläge, und zwar, wie Mikolajczyk berichtet, nicht weil die UdSSR besonders stark war, sondern weil er glaubte, sie habe recht. Mikolajczyk wollte sich jedoch weder mit der Curzon-Linie als Grenze noch mit der Vereinigung der Londoner Exilregierung mit der Lubliner Regierung nach den von Stalin vorgeschlagenen Bedingungen einverstanden erklären und stellte sich ganz klar auf den Standpunkt, daß Polen, auch wenn es gewisse Gebiete im Osten aufgebe, noch keine Garantie dafür besitze, daß es von Moskau unabhängig bleiben werde.[19] Auch auf Lemberg erhoben sowohl die Polen als auch die Russen Ansprüche. Bei all diesen Verhandlungen zeigten nur Stalin und Mikolajczyk Sinn für die Wirklichkeit und Verständnis für das, worum es hier ging. So gut er es auch meinen mochte, Churchill blieb bedauerlicherweise der »Betrogene«.

Nach London zurückgekehrt stellte Mikolajczyk eine Anzahl von Fragen an Churchill und Roosevelt über die Lage Polens nach dem Kriege. Am wichtigsten war die Frage danach, ob Großbritannien und die Vereinigten Staaten bereit seien, das Staatsgebiet und die Unabhängigkeit des neuen Polens zu garantieren. Roosevelt antwortete in höflichem Ton, versprach aber nichts; denn er glaubte, die Garantie der polnischen Grenzen liege innerhalb der Verantwortlichkeit der neuen, nach dem Kriege zu errichtenden Sicherheitsorganisation. Churchill war bereit, die gewünschte Garantie zu geben, aber nur gemeinsam mit der Sowjetunion. Da die Garantie jedoch nach Auffassung von Mikolajczyk Polen gegen die Sowjetunion schützen sollte, war die britische Antwort wertlos. Mikolajczyk trat jetzt zurück.

Am 31. Dezember erkannte Stalin trotz des Ersuchens von Roosevelt, dies nicht zu tun, das Komitee in Lublin als vorläufige polnische Regierung an. Sehr bald

19 Ebenda, S. 453–458.

zeigte es sich, daß Stalin beabsichtigte, Polen auf Kosten Deutschlands noch mehr zu vergrößern und seine Westgrenze an die Oder und die westliche, nicht die östliche Neiße zu verlegen.

Als Roosevelt, Stalin und Churchill im Februar 1945 in Jalta zusammenkamen, wurden keine neuen Polen betreffenden Beschlüsse gefaßt. Die drei Teilnehmer hatten sich öffentlich verpflichtet, die polnische Regierung wegen der Grenzen Polens zu konsultieren und diese Grenzen erst nach dem Kriege auf einer Friedenskonferenz endgültig festzulegen. Beobachter der amerikanischen und der britischen Regierung durften nicht nach Polen reisen, und de facto hatte sich Stalin durch nichts binden lassen.

Im April 1945, unmittelbar nach dem Tode Roosevelts, deutete der stellvertretende Außenminister der UdSSR, Wyschinski, an, daß die Sowjetunion mit den Warschauer Polen einen Beistandspakt abschließen werde, und trotz der Proteste der Vereinigten Staaten und Großbritanniens und ihres Ersuchens, die Sache zu verschieben, wurde der Vertrag am 22. April unterzeichnet. Im Anschluß daran übergab die sowjetische Regierung Danzig, Schlesien und die deutschen Gebiete bis zur westlichen Neiße an die Regierung in Warschau, und zwar unter dem Vorwand, daß die Polen im Auftrage der UdSSR die Verwaltung eines Teils der sowjetisch besetzten Zone Deutschlands übernähmen.[20]

Die Haltung Churchills gegenüber Stalin, der Sowjetunion und dem Kommunismus hat sich während des Krieges immer wieder geändert. Bei Kriegsbeginn hatte er alle Zweifel daran, ob es klug sei, sich mit dem Kommunismus zu verbünden, mit Hilfe der simplen Logik über Bord geworfen, die Feinde Hitlers seien die Freunde Großbritanniens. Seine Beziehungen zur UdSSR und seine Auffassungen der damaligen Zeit wurden augenscheinlich durch Optimismus und kameradschaftliches Vertrauen bestimmt. Im August 1943 erklärte Churchill in einem Gespräch mit Harriman, er sehe für die Zukunft blutige Folgen voraus und er halte Stalin für einen anomalen Mann, mit dem es noch große Schwierigkeiten geben könne. Aber während Churchill einerseits einen so düsteren Realismus vertrat, scheint er mit übertriebener Zuversicht daran geglaubt zu haben, persönlich einen entscheidenden Einfluß auf Stalin gewinnen zu können. Noch im Herbst 1944 berichtete Churchill mit einigem Stolz von der Herzlichkeit seiner Gespräche mit Stalin und behauptete sogar, er glaube, Stalin sei nicht Herr seiner Entschlüsse, sondern der Diktator stehe unter dem starken Druck der Partei und der militärischen Extremisten.[21] Diese Behauptung zeigt, wie wenig Churchill die Mentalität Stalins und die Art seiner Regierung verstand.

Aber Anfang Mai 1945, noch vor Kriegsende, sprach Churchill in einem Schrei-

20 Anm. d. Hrsg.: Die Übernahme Schlesiens und Ostpreußens hatte Präsident Bierut schon am 5. Februar 1945 (zur Zeit der Konferenz von Jalta) verkündet, und am 14. März 1945 wurden von der Provisorischen polnischen Regierung auf Grund der ihr von der Sowjetunion übertragenen Gebietshoheit die vier Wojewodschaften Masuren, Oberschlesien, Niederschlesien und Pommern eingerichtet.

21 *Churchill*, Bd. 6, Triumph and Tragedy, S. 207–208.

ben an Eden, der sich damals in San Francisco aufhielt, von den schrecklichen Dingen, die sich während des russischen Vormarsches zur Elbe ereignet hatten, und versuchte, die Amerikaner dazu zu drängen, daß sie gegenüber dem Kreml solange eine härtere Haltung einnähmen, bis man hinsichtlich der Lösung der polnischen Frage und der sowjetischen Besatzungspolitik auf dem Balkan und in Mitteleuropa einen befriedigerenden Eindruck gewonnen habe.[22] Diese klugen Worte kamen vier Jahre zu spät und fanden in den Vereinigten Staaten keine Beachtung.

Die sowjetische Regierung hatte die Führer der polnischen Untergrundbewegung mit dem schriftlichen Versprechen, ihnen freies Geleit gewähren zu wollen, aus ihren Verstecken hervorgelockt, nur um sie dann zu verhaften und zu langen Freiheitsstrafen zu verurteilen. Im Mai 1945 schickte Präsident Truman Hopkins zu Stalin und beauftragte ihn, er solle versuchen, die Schwierigkeiten hinsichtlich Polens zu lösen und die Entlassung der verhafteten Polen zu erwirken. Beide Versuche mißlangen.[23] Am 5. Juli erkannte Großbritannien auf Ersuchen Trumans die neue vorläufige polnische Regierung an. Das war die frühere kommunistische Marionettenregierung aus Lublin. Sehr bald darauf wurde die Anerkennung der polnischen Exilregierung in London zurückgezogen. Das neue Polen und seine Regierung befanden sich vollkommen in Stalins Gewalt.

Wie in Polen so entwickelten sich die Dinge auch im übrigen Mittel- und Osteuropa. Der optimistische Russenfreund Beneš war gegen den Rat von Eden im Dezember 1943 nach Moskau gegangen, um für die Tschechoslowakei einen Vertrag mit der UdSSR zu unterzeichnen. Ein Fünftel seiner Kabinettsposten mußte er mit in Moskau ausgebildeten tschechoslowakischen Kommunisten besetzen, und damit verschaffte Beneš jenem Element Zugang in die Tschechoslowakei, das eines Tages Masaryk und die freie Tschechoslowakei vernichten sollte. Aber damals behauptete Beneš gegenüber Harriman in Moskau, er sei vollkommen zufrieden, und man dürfe den Sowjets und ihren Absichten vertrauen. Stalin und Molotow hatten ihm wiederholt versichert, daß sie, was auch geschehen möge, sich nicht in die tschechoslowakischen inneren Angelegenheiten einmischen würden.[24]

Wir haben schon geschildert, wie Rumänien im August 1944 überrannt wurde. Im April davor hatte Molotow in einer Rundfunkansprache versichert, daß die Sowjetunion nicht die Absicht habe, sich in die inneren Angelegenheiten Rumäniens einzumischen, aber nach der Festnahme Antonescus auf Befehl des rumänischen Königs begannen die Kommunisten, gegen die gemäßigte und schwache Regierung Sanatescu zu intrigieren und zu hetzen. Diese Agitation wurde von Moskau aus durch Anna Pauker und die kommunistische nationaldemokratische Front gelenkt. Die

22 *Feis,* Churchill Roosevelt Stalin, S. 635; *Churchill,* Bd. 6, Triumph and Tragedy, S. 449–452. Und doch wiederholte der von seinen Gefühlen bestimmte Churchill, von dem Eden sagte, er sei von Stalin bezaubert worden, im Juli 1945 in Potsdam immer wieder: »Ich mag diesen Menschen gern.« Eden traf den Kern der Sache besser, wenn er sagte, er bewundere Stalin, wie er es verstehe, mit Churchill umzugehen. *Eden,* The Reckoning, S. 545.

23 Ebenda, S. 505–507; *Sherwood,* The White House Papers, S. 888–890.

24 *Feis,* Churchill Roosevelt Stalin, S. 198 und 290.

Regierung Sanatescu wurde von einer Koalitionsregierung unter Radescu abgelöst, aber Moskau wollte auch diese neue Regierung nicht halten. Das Land mußte ungeheuer hohe Reparationen zahlen, wurde dabei völlig ausgeplündert, und der sowjetische Vorsitzende der alliierten Kontrollkommission in Bukarest, Winogradow, erteilte der rumänischen Regierung Befehle, ohne vorher seine britischen und amerikanischen Kollegen konsultiert zu haben. Am 6. März stattete Wyschinski Bukarest einen Besuch ab, entließ nach einer turbulenten Szene die Regierung Radescu und ersetzte sie durch eine von Groza geführte Regierung, die anzuerkennen Washington und London sich weigerten.

In Bulgarien und Ungarn entwickelte sich die Lage ganz ähnlich. Die Vertreter der Vereinigten Staaten und Großbritanniens bildeten einen Teil der alliierten Kontrollkommission, hatten jedoch keinerlei Einfluß, wurden nicht informiert oder konsultiert. Jugoslawien war die sowjetische Besetzung erspart geblieben, weil die von dem in Moskau ausgebildeten Kommunisten Tito geführten Partisanen am Kampf gegen die Deutschen teilgenommen hatten und man glaubte, daß Tito fest im sowjetischen Lager stünde. In der Tschechoslowakei und Österreich wurden während der Besetzung dieser Länder durch die Sowjets keine westlichen Vertreter zugelassen. Nur in Griechenland hatte das Volk seine Freiheit bewahrt und auch nur, weil britische Truppen dort stationiert waren.

Der Chef des Stabes des Präsidenten der Vereinigten Staaten, Admiral Leahy, stimmte der Beurteilung Churchills durch Joseph E. Davies zu, wenn er Churchill als einen großen Mann bezeichnete, aber in erster Linie als großen Engländer, dem es grundsätzlich mehr darauf ankam, die Stellung Englands in Europa zu bewahren als den Frieden zu erhalten.[25] Auch Hopkins interpretierte das Verhalten Churchills gegenüber Truman im Rahmen der britisch-russischen Rivalität im Kampf um die Macht. Diese beiden Urteile werden von der Geschichte in Frage gestellt werden.

Niemand darf daran zweifeln, daß Churchill ein großer Mann war, und das zeigte sich darin, daß er schon früh die Gefahren des deutschen und italienischen Faschismus erkannte, und das bewiesen seine Energie und seine Fähigkeiten, mit denen er die britischen Kriegsanstrengungen leitete. 1940 übernahm er die Regierung in einem Lande, das noch über sehr starke Hilfskräfte verfügte und unabhängig und frei war. Aber 1945 war dieses selbe Land verarmt und stand ganz unter dem Einfluß der Vereinigten Staaten. Großbritannien hatte schwere Verluste an Schiffen und anderen Vermögenswerten hinnehmen müssen, und 1945 war das Commonwealth und besonders das Vereinigte Königreich wirtschaftlich sehr stark von der amerikanischen Hilfe und dem Handel mit den Vereinigten Staaten abhängig. Dennoch läßt sich der Machtverlust Großbritanniens als Weltmacht und als europäische Macht während des Krieges nicht allein durch diese Verluste an Besitz und Hilfsquellen erklären; denn es war 1945 militärisch und potentiell noch sehr stark, und seine wirtschaftlichen Verluste waren im Vergleich zu denen der Sowjetunion

25 Ebenda, S. 652.

ganz gering. Auch die UdSSR war im Kriege erheblich von der materiellen Hilfe der Vereinigten Staaten abhängig gewesen.[26]

Schon gleich zu Beginn des russisch-deutschen Krieges hatten Churchill und seine Koalitionsregierung sich mit der Sowjetunion verbündet, und unter diesen Umständen hatten sie keine andere Wahl. Aber Churchill verfolgte ein sehr simples Ziel: die Niederwerfung von Hitlerdeutschland, und er ließ es nicht zu, daß irgendwelche anderen Faktoren seine Überlegungen störten. Wegen dieses alles beherrschenden Ziels und weil er fürchtete, daß die Sowjetunion den Kampf aufgeben könnte, nahm er fast widerspruchslos jede Verleumdung und Beleidigung Stalins hin. Später wurde er durch Taktiken zum Handeln gezwungen, die einer Erpressung gleichkamen. Anders als Stalin hat er sich nicht schon in den ersten Tagen des Ringens in die Nachkriegswelt versetzt, um nicht nur den Krieg, sondern auch den darauf folgenden Frieden zu gewinnen.

Man hat behauptet, der überzeugte Antibolschewist Churchill habe sein eigenes Mißtrauen in Schach gehalten und sich zur Zusammenarbeit mit der Sowjetunion gezwungen, um seine Kriegsziele energischer verfolgen zu können. Das trifft vielleicht zu. Aus seinen eigenen schriftlichen Zeugnissen geht jedoch hervor, daß er wenigstens in den ersten Kriegsjahren über das Wesen des Kommunismus und die Ziele und Methoden der sowjetischen Regierung nicht gut unterrichtet war. In seinen Verhandlungen mit Moskau hat er sich sogar noch 1944 augenscheinlich durch Optimismus und Vertrauen leiten lassen, eine Haltung, die durch die Ereignisse und Erfahrungen der Vergangenheit nicht gerechtfertigt war.

Großbritannien, die freie Welt und die Sowjetunion waren den Vereinigten Staaten für die Rolle, die sie im Zweiten Weltkrieg übernommen hatten, zu großem Dank verpflichtet; denn ohne die amerikanische Beteiligung am Kriege hätte dieser Jahrzehnte gedauert. Was jedoch Großbritannien betrifft, so war der Preis für diese Intervention eine Verneinung der britischen Interessen zu Gunsten einer wohlwollenden Politik Washingtons gegenüber einer europäischen oder weltweiten Völkergemeinschaft. Daran trägt Großbritannien eher die Schuld als die Vereinigten Staaten.

Nach 1941 wurde es sogar in Moskau klar, daß die Regierung Churchill nicht bereit war, zu handeln oder in Fragen der Europapolitik klar Stellung zu nehmen, ohne die Regierung Roosevelt vorher zu konsultieren oder ihre Zustimmung eingeholt zu haben. Aus diesem Grunde verlor London allmählich seine Handlungsfreiheit und gab sich offensichtlich damit zufrieden, der Führung der Vereinigten Staaten zu folgen, wobei die Amerikaner die Richtung angaben. Aber oft vermieden es die Vereinigten Staaten ganz bewußt, sich festzulegen und die Initiative zu ergreifen; denn Roosevelt lehnte es damals ab, sich in europäische Angelegenheiten hineinziehen zu lassen. Die Strategie der Anglo-Amerikaner im Kriege richtete sich daher hauptsächlich nach militärischen und nicht nach politischen Gesichtspunkten.

26 Einzelheiten über die anglo-amerikanischen Hilfslieferungen an die Sowjetunion finden sich im Anhang C.

Wenn die britische Regierung über die sowjetischen Absichten und Methoden nicht gut unterrichtet war, dann waren die Regierung der Vereinigten Staaten und viele ihrer politischen und militärischen Berater ausgesprochen falsch unterrichtet. Roosevelt selbst war entschlossen zu einer gutnachbarlichen Politik, welche die Vereinigten Staaten in die Lage versetzen sollte, nach dem Kriege in Harmonie mit der UdSSR zusammenzuleben, und er war sicher, daß es ihm gelingen werde, mit Geduld, Freundschaft und Großherzigkeit das sowjetische Mißtrauen zu neutralisieren und schließlich ganz abzubauen. Persönlich wünschte er ein gutes Verhältnis zu Stalin. Man hat behauptet, daß er keinen Widerspruch darin erblickt habe, daß das Regime des Diktators auf dem Papier der Atlantik-Charta und den Grundfreiheiten zustimmte, und er sowie viele Angehörige seines engsten Kreises neigten dazu, dem britischen Imperialismus mehr zu mißtrauen als dem sowjetischen. Unter seinen engen persönlichen Beratern und Vertretern gab es Leute mit ausgesprochen pro-sowjetischen Neigungen.

Die Tatsache, daß Großbritannien seine politische und militärische Handlungsfreiheit verloren hatte, und das Ausmaß, in dem es bereits von den Vereinigten Staaten abhängig war, waren während des Krieges in Deutschland vollkommen unbekannt.[27] Bis Ende 1942 betrachtete man Großbritannien in Deutschland immer noch als den Hauptgegner. Auch wußte man nichts davon, daß Churchill sich ernstlich darum bemühte, die Forderungen der Sowjets zu erfüllen.

Hitler glaubte ganz sicher, daß es nicht nur für die Völker auf dem europäischen Kontinent, sondern auch für Großbritannien eine große Gefahr bedeuten würde, wenn die Rote Armee den Balkan und Mitteleuropa überrannte, und er war davon überzeugt, daß Großbritannien sich Stalins Ansprüchen wenigstens widersetzen würde. Als die Lage für Deutschland immer kritischer wurde, sagte der »Führer« voraus, daß das Bündnis seiner Feinde sehr schnell auseinanderbrechen werde, was dann auch sehr bald nach Hitlers Tod geschah. Aber erst im Mai 1945 sprach Churchill bei einer Begegnung mit dem Vertreter des Präsidenten Truman, dem erstaunten Davies, in erregter Form über die Gefahr der sowjetischen Vorherrschaft und der Ausbreitung des Kommunismus in Europa. Dabei zeigte er, wie Davies das nannte, einen Mangel an Vertrauen zur Glaubwürdigkeit der sowjetischen Führung.[28] Aber während der Kriegsjahre hatten Churchill und seine Koalitionsregierung es versäumt, einen selbständigen politischen Kurs für Großbritannien vorauszuplanen, einen Kurs, der nicht nur auf die Vernichtung des nationalsozialistischen Deutschlands abzielte, sondern auch darauf gerichtet war, Großbritannien und seine Verbündeten gegen die sowjetische Vorherrschaft abzusichern.

Die Leistungen Großbritanniens im Zweiten Weltkrieg waren trotz der Entschlossenheit und Opferwilligkeit der britischen Bevölkerung nicht so beeindruckend wie in den Kriegsjahren 1914 bis 1918. Die britische Kriegs- und Handelsflotte haben zugegebenermaßen große Leistungen vollbracht, obwohl sie in den ersten

27 *Hubatsch,* Kriegswende 1943, S. 34.
28 *Feis,* Churchill Roosevelt Stalin, S. 651–652.

Kriegsjahren gegen einen in der Luft überlegenen Gegner kämpfen mußten. Nach erbittertem und verlustreichem Ringen war es gelungen, die Bedrohung durch die deutschen U-Boote auszuschalten, obwohl sich die gegen Deutschland gerichtete Wirtschaftsblockade zur See erst gegen Ende des Krieges auswirkte. Die britischen Luftstreitkräfte waren eine wirkungsvolle und mächtige Waffe, aber ob es klug gewesen ist, das Bomber Command dafür zu verwenden, daß es allnächtlich deutsche Städte verwüstete, ohne dabei wesentliche militärische oder strategische Vorteile zu gewinnen, läßt sich bezweifeln. Auf der Prioritätsliste für die Versorgung mit Waffen und Material stand das britische Heer erst an dritter Stelle, und obwohl es voll motorisiert war und seine Kampfmoral und Ausbildung nichts zu wünschen übrig ließen, fehlte es oft an der taktischen Unterstützung aus der Luft, und die Ausrüstung entsprach nicht den Fähigkeiten des britischen Soldaten. Noch 1944 standen nur dreißig britische Felddivisionen in Europa im Einsatz, und ein Teil dieser Divisionen kam aus Kanada und Neuseeland.

Die Schwäche der Stellung Großbritanniens in Europa war zum Teil auf den Mangel an Erdtruppen zurückzuführen; denn der Bestand der britischen Armee an Menschen und Material war über die ganze Welt verteilt. Zu allen indischen und den aus Kolonialtruppen bestehenden Divisionen gehörten auch Kontingente aus dem Vereinigten Königreich. Britische Stammtruppenteile, Verwaltungseinheiten und Stabstruppen waren ebenso wie zahlreiche Felddivisionen über ganz Afrika, den Nahen Osten vom Suezkanal bis zum Iran und Indien von Afghanistan bis China verteilt. Nur in Burma waren britische und indische Truppen in heftige Kämpfe verwickelt. Noch 1943 stand Großbritannien vor der Alternative, entweder eine europäische oder eine Weltmacht zu sein. Um Erfolg zu haben, konnte es nicht beide Aufgaben lösen.

Schon 1943 stellten die Vereinigten Staaten und Großbritannien gemeinsam die größte See- und Luftmacht dar, die es je auf der Welt gegeben hatte. Wenn sie es gewünscht hätten, Hitlerdeutschland eine Niederlage beizubringen und zugleich Europa vor der Vorherrschaft der Sowjetunion zu bewahren, dann führte der Weg nach Europa nicht über die Küste der Normandie, sondern von Italien aus auf den Balkan, vom Bosporus ins Schwarze Meer und von Jütland und Norwegen aus in die Ostsee. Das waren die Landungsunternehmen, die Hitler voraussagte und fürchtete. Die Invasion in Frankreich war, obwohl taktisch alles dafür sprach, politisch und strategisch irrelevant. Die politischen und strategischen Aspekte gegen den Ostseeraum und den Balkan geführter Feldzüge wären Roosevelt jedoch ganz fremd gewesen.

Die Hilfsmittel Großbritanniens allein hätten, auch wenn es seine Landstreitkräfte zusammengezogen hätte, für eine solche Strategie nicht ausgereicht. Sie wären jedoch stark genug gewesen, um auch ohne Teilnahme und Unterstützung der Vereinigten Staaten einen Angriff gegen den Balkan zu führen. Am 24. September 1943 besuchte der Oberbefehlshaber der Heeresgruppe F, Frhr. v. Weichs, den »Führer« in Rastenburg, um ihn darauf aufmerksam zu machen, daß seine Heeresgruppe eine Frontbreite von 5000 Kilometern mit nur zehn zum Teil wenig leistungsfähigen Divisionen halten müßte. Weichs war überzeugt davon, daß er diese Stellungen, wenn er angegriffen würde, nicht halten könnte, und empfahl, den Balkan so schnell wie möglich zu räumen.[29] Die Briten und auch Churchill persönlich waren in Rumänien und Ungarn beliebt. Beide Länder wollten den Krieg möglichst bald beenden. Jugoslawien und Griechenland wurden durch Partisanen unsicher gemacht. Man darf kaum daran zweifeln, daß die Briten, wenn sie ihre Kräfte konzentriert hätten, um den Balkan und Südosteuropa zu überrennen, ohne auf die Haltung ihrer Verbündeten Rücksicht zu nehmen, unter dem Verzicht auf die Teilnahme an einer Landung in der Normandie bei einem solchen Unternehmen Erfolg gehabt hätten. Daß Großbritannien diesen Feldzug nicht unternommen hat, war einer seiner kostspieligsten Fehler.[30]

Weil die britische Regierung sich dem Führungsanspruch der Vereinigten Staaten unterordnete, hatte Großbritannien aufgehört, in den europäischen Angelegenheiten eine wirklich bedeutende Rolle zu spielen. Daß Churchill versuchte, den widerwilligen Roosevelt zum Handeln zu bewegen, genügte nicht. Hier wären eigene Initiative und selbständiges Handeln notwendig gewesen.

29 *von Weichs*, Tagebuch, 24. September 1943.
30 *Hubatsch*, Kriegswende 1943, S. 34.

23. Kapitel

Von der Weichsel zur Oder

Das strategische Ziel des sowjetischen Oberkommandos war es Ende 1944, auf breiter Front in Ostpreußen, Polen, der Tschechoslowakei, Ungarn und Österreich vorzugehen. Dabei sollten die Vorstöße an vier Hauptabschnitten der Front erfolgen; im baltischen Raum, gegen Berlin, gegen Prag und gegen Wien.

Bevor die Offensive in Mitteleuropa beginnen konnte, hielt man es für notwendig, zuerst die Baltischen Staaten vom Feinde zu säubern und dann den Vormarsch in Polen wieder aufzunehmen.[1]

Anfang September hielt die Heeresgruppe Nord unter Schörner eine fast 800 Kilometer breite Front vom Finnischen Meerbusen an der Narva bis zum Raum südwestlich von Riga. Wie sein Vorgänger Friessner wollte auch Schörner Estland räumen, hatte ohne Hitlers Wissen geheime Vorbereitungen dafür getroffen und ostwärts von Riga im Abschnitt der 16. Armee einen Ring von Feldstellungen anlegen lassen, durch welche er die 18. Armee zurücknehmen wollte.[2]

Die sowjetische Offensive gegen die baltischen Staaten wurde von Bagramjans 1. Baltischer Front, Jeremenkos 2. Baltischer Front und Maslennikows 3. Baltischer Front durchgeführt, und Wassilewski als Vertreter des Oberkommandos leitete die Gesamtoperationen. Die Leningrader Front unter Goworow und die 3. Weißrussische Front unter Tschernjakowski führten in den Flanken Entlastungsoperationen.

Die Leningrader Front und die drei Baltischen Fronten verfügten über 133 Schützendivisionen, sechs Panzerkorps und ein motorisiertes Korps mit einer Gesamtstärke von 900.000 Mann, 3000 Panzern und Schützenpanzern und 2600 Flugzeugen.[3] Die Offensive sollte am 14. September beginnen. Die Heeresgruppe Nord bestand aus 32 Divisionen, darunter einer Panzerdivision und zwei Panzergrenadierdivisionen sowie drei SS-Brigaden.[4]

Zunächst machte der Angriff der 1. Baltischen Front unter Bagramjan gute Fortschritte, blieb jedoch am 16. September wenige Kilometer südlich von Riga stecken. Der Bestand der ganzen Heeresgruppe Nord war schwer gefährdet; denn der Korridor südlich von Riga wurde zusehends enger. Nach der widerwillig gegebenen Zustimmung Hitlers erhielt die Gruppe Narwa den Befehl, sich aus Nordestland zurückzuziehen, und die 18. Armee begann, in Richtung auf Riga

1 Istorija, Bd. 4, S. 345.
2 *Guderian*, Panzer Leader, S. 354.
3 Istorija, Bd. 4, S. 344.
4 OKH Kriegsgliederung, 16. September 1944.

auszuweichen. Am 24. September, als sich fast ganz Estland schon in sowjetischen Händen befand, stellte die Rote Armee plötzlich und ganz unerklärlich ihre Angriffe ein.

Am gleichen Tage erließ das sowjetische Oberkommando eine neue Weisung, in der alle bisherigen Pläne umgestoßen wurden. Da die Masse der deutschen Kräfte sich aus Estland in den Raum Riga und nach Kurland zurückgezogen hatte, verlor Moskau das Interesse daran, die Falle bei Riga zu schließen. Die neue Absicht der Russen war es, die Richtung der Hauptoffensive von Norden nach Westen zu verlegen und die 3. Panzerarmee anzugreifen, um die Ostsee bei Memel zu erreichen und die ganze Heeresgruppe Nord in Kurland abzuschneiden.

Bagramjans neuer Angriff begann am 5. Oktober. Der feindliche Widerstand war schwach, obwohl das Gelände die Truppenbewegung erschwerte, da es versumpft und dicht bewaldet war. Ein niedrige Wolkendecke und schlechtes Wetter hatten die Lufttätigkeit und die Beobachtung erschwert und machten es unmöglich, die Panzer vor dem zweiten Tag der Offensive einzusetzen. Dennoch riß der Angriff bald eine breite Lücke in die Verteidigungsstellungen der 3. Panzerarmee, und Bagramjan begann, nach Westen gegen die litauische Ostseeküste vorzugehen. Am 10. Oktober erreichte Bagramjan die Küste hart nördlich von Polangen, drang in die Vorstädte von Memel ein, konnte es aber nicht nehmen.

Mit Ausnahme der 3. Panzerarmee, die nach Süden auf ostpreußisches Gebiet abgedrängt worden war, wurde die ganze Heeresgruppe Nord in Kurland und bei Riga abgeschnitten, und Ostpreußen war schutzlos einem Angriff über die Memel ausgesetzt. Obwohl Guderian ihn dazu drängte, weigerte sich Hitler, die Räumung Kurlands zuzulassen, die über See möglich gewesen wäre; denn er behauptete, dieser Brückenkopf erfülle insofern einen nützlichen Zweck, als feindliche Kräfte durch ihn gebunden würden.[5] Obwohl Memel im Januar 1945 von der Roten Armee genommen wurde, hielten sich die 16. und 18. Armee mit 26 Divisionen noch bis Kriegsende im Brückenkopf Kurland.

Weiter im Süden griff Tschernjakowskis 3. Weißrussische Front den Abschnitt der 4. Armee der Heeresgruppe Mitte in Ostpreußen an, und die Deutschen glaubten, der Angriff richte sich gegen Königsberg.

Hoßbachs 4. Armee unternahm einen Gegenangriff und zerschlug oder vernichtete zuerst am 22. Oktober Teile der 11. Gardearmee unter Galizki bei Gumbinnen und Anfang November weitere sowjetische Truppen bei Goldap. Hier befanden sich Truppen der Roten Armee zum erstenmal auf deutschem Boden und zogen raubend und mordend durch das Land. Die Verwüstungen, die sie anrichteten, ließen die Bevölkerung der ostdeutschen Gebiete das Schlimmste befürchten.[6]

Hitler und Jodl lebten beim OKW in einer Scheinwelt, die mit der Wirklichkeit nichts mehr zu tun hatte. Jodl interessierte sich kaum für den Krieg im Osten und

5 *Guderian*, Panzer Leader, S. 355.
6 Dokumentation der Vertreibung der Deutschen aus Ost–Mitteleuropa, Bd. 1, S. 12 bis 13. (Im folgenden Dokument.)

verbrachte viel Zeit damit, die Versuche Guderians zu vereiteln, der den »Führer« dazu bewegen wollte, Truppen vom Westen in den Osten zu verlegen, und bemühte sich darum, die dem OKH und dem Generalstab des Heeres noch verbliebenen Reste der Selbständigkeit zu zerstören. Sein Gegner Guderian, dessen Vollmachten stark beschnitten worden waren, versuchte, mit ähnlich intriganten Mitteln gegen Jodl vorzugehen. Nicht ohne Grund war er davon überzeugt, daß es günstiger sein werde, deutsches Gebiet an die Westalliierten aufzugeben als an die Rote Armee, aber in seiner Ahnungslosigkeit hinsichtlich der Stärke Deutschlands im Vergleich zu der seiner Gegner konnte er nicht begreifen, daß die Verschiebung der Divisionen aus dem Westen in den Osten oder in umgekehrte Richtung am Ausgang des Krieges nichts mehr ändern konnte.

Ende 1944 war Deutschland nur noch eine schwache Nußschale zwischen den mächtigen Kiefern eines gigantischen Nußknackers. Es war so geschwächt, daß es sich gegen keinen der beiden angreifenden Machtblöcke mehr verteidigen konnte. Ebenso wie der »Führer«, der sich bitter darüber beklagte, daß jetzt nichts mehr in Ordnung sei, erinnerte sich auch Guderian wehmütig an die erfolgreichen Feldzüge zu Beginn des Krieges und behauptete immer wieder zu Unrecht, daß Deutschland nicht mehr über die Soldaten und militärischen Führer verfüge, welche das leisten könnten, was 1940 geleistet worden sei.[7] Das deutsche Heer, das 1941 Hitlers Stolz gewesen war, war 1944 eine schlecht ausgerüstete und mit veralteten Waffen ausgestattete Armee, verfügte über nur schwache fliegende und artilleristische Verbände, war aus Mangel an Fahrzeugen und Kraftstoff unbeweglich und mußte gegen wirklich starke Gegner kämpfen. Es war daher kein Wunder, daß Deutschland nun sehr schnell den Krieg verlor.

Hitler und Jodl waren ganz und gar von der neuen Idee des »Führers« in Anspruch genommen, im November oder Dezember in den Ardennen auf dem westlichen Kriegsschauplatz eine Offensive zu beginnen. Ihr Ziel sollte es sein, die britische 21. Heeresgruppe und die amerikanische 1. Armee einzuschließen und gegen die belgische Küste zu drängen. Die Offensive sollte mit mehr als 25 Divisionen, das war fast die gesamte strategische Reserve der Deutschen, durchgeführt werden, und das Ziel des Unternehmens bestand darin, das Vordringen des Gegners auf deutsches Gebiet von Westen her aufzuhalten und Zeit zu gewinnen. Im Anschluß sollte die strategische Reserve von Westen nach Osten verlegt werden, um entweder Budapest zu retten oder der erwarteten neuen Bedrohung durch die Rote Armee an der Weichsel zu begegnen.

Gehlens Abteilung Fremde Heere Ost beim OKW hatte eine unmittelbar bevorstehende sowjetische Offensive vorausgesagt und schätzte die Stärke der Verbände der Roten Armee, die gegen Ostpreußen und die Weichsel aufmarschiert waren, auf 225 Schützendivisionen und mehr als 22 Panzerkorps. Aufgrund dieser Zahlen berechnete Guderian, daß die Sowjets den Deutschen an Infanterie im Verhältnis elf zu eins, an Panzern im Verhältnis sieben zu eins und an Artillerie im Verhältnis

7 *Guderian*, Panzer Leader, S. 327.

zwanzig zu eins überlegen wären.[8] Am Heiligen Abend reiste der Chef des Generalstabes zu Hitlers Hauptquartier im Westen nach Ziegenberg in Hessen und nahm die nachrichtendienstliche Lagebeurteilung Gehlens mit. Aber das half ihm nichts.

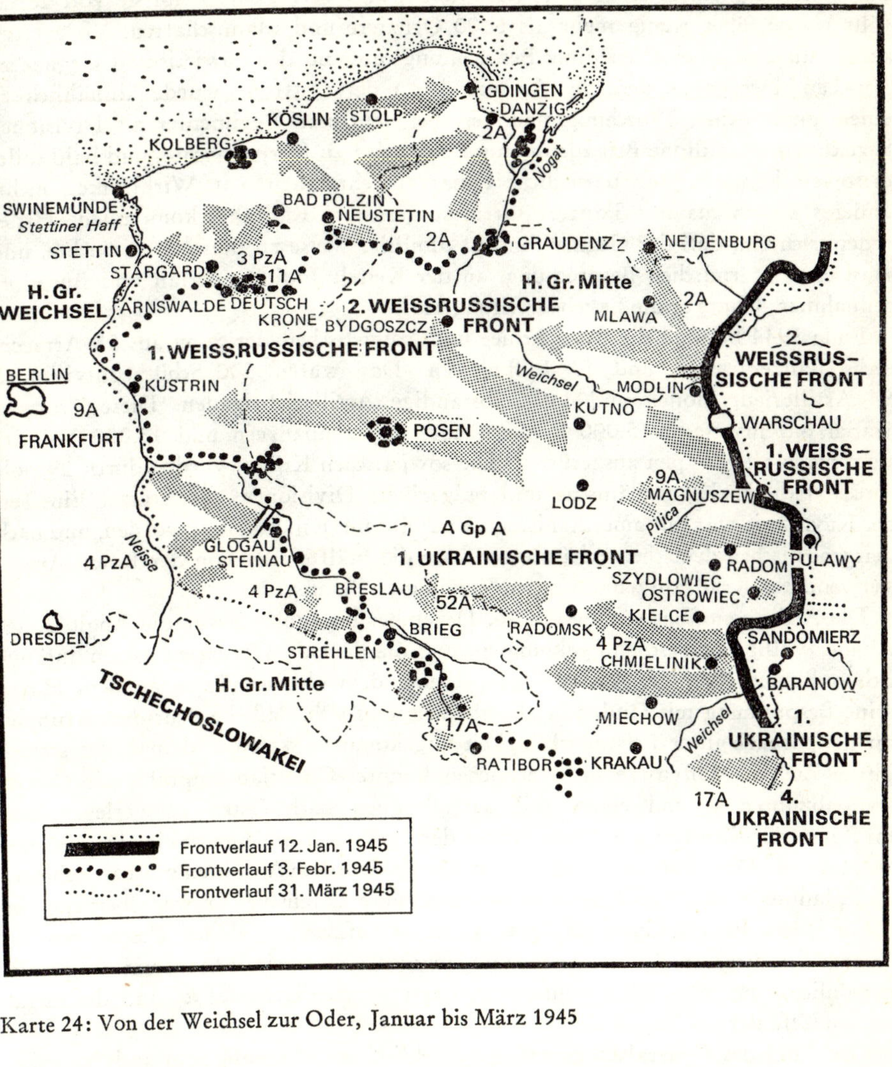

Karte 24: Von der Weichsel zur Oder, Januar bis März 1945

Besessen von der Vorstellung, daß es auf die Anzahl der Divisionen ankäme, hatte Hitler schon seit einiger Zeit immer wieder neue Verbände aufgestellt, anstatt die bestehenden aufzufüllen. Infanteriedivisionen bestanden jetzt nur noch aus sechs Bataillonen, und einige der neu aufgestellten Volksgrenadier-Divisionen hatten nur zwei Regimenter zu je zwei Bataillonen und verfügten, wenn sie voll aufgefüllt waren, über wenig mehr als 6000 Offiziere und Mannschaften. Viele Divisionen im Osten behielten diese Bezeichnung nur, um den sowjetischen Gegner zu täuschen. Der ganze deutsche Aufmarsch an der Ostfront wurde allmählich zu einem gigantischen Täuschungsmanöver, bei dem man Regimenter als Divisionen bezeichnete, Bataillone Brigaden nannte, Brigaden zu Korps machte, und bald sollte es soweit kommen, daß bewegliche Panzerabwehreinheiten in Wirklichkeit nichts anderes waren als mit Panzerfäusten ausgerüstete Radfahrerkompanien. Hitler redete sich ein, daß der Gegner ihn auf ähnliche Weise zu täuschen versuchte, und nach einer stürmischen Besprechung, an der Keitel, Jodl, Guderian und Burgdorf teilnahmen, lehnte er die Lagebeurteilung ab.

Ende 1944 bestand die Rote Armee nach sowjetischen Berichten aus 55 Armeen, sechs Panzerarmeen und 13 Luftarmeen. Das waren 500 Schützendivisionen, 94 Artilleriedivisionen und 149 selbständige Artilleriebrigaden. Diese Truppen waren mit insgesamt 15.000 Panzern und Schützenpanzern und 15.000 Militärflugzeugen aller Typen ausgerüstet.[9] Die sowjetischen Kräfte wurden durch 29 polnische, tschechische, rumänische und bulgarische Divisionen unterstützt. Ein Teil der Kavallerie war mit amerikanischen Vierteltonnern motorisiert worden, und nach zeitgenössischen deutschen Schätzungen kam die Hälfte aller von der Roten Armee verwendeten Kraftfahrzeuge aus den Vereinigten Staaten.[10]

Die Ardennenoffensive, die am 16. Dezember begann, war für die Anglo-Amerikaner völlig überraschend gekommen, und die deutschen Truppen hatten anfänglich recht gute Erfolge. Am Heiligen Abend, dem gleichen Tage, an dem Hitler seine Besprechung mit Guderian abhielt, zeigte es sich, daß die deutschen Truppen an der Grenze ihrer Leistungsfähigkeit angekommen waren und man das strategische Ziel der Offensive nicht erreichen konnte. Guderian empfahl, die Offensive abzubrechen und einen Teil der Truppen nach Osten zu verlegen, um im Raum nördlich von Lodz zum Schutz der Provinz Brandenburg eine neue Armee aufzustellen. Der »Führer« weigerte sich, die sowjetischen Absichten ernst zu nehmen, und glaubte nicht an eine bevorstehende größere Offensive. Er war überzeugt, es sei in jedem Falle leichter, im Osten Gelände aufzugeben als im Westen, wo das Ruhrgebiet direkt bedroht wurde. Die einzigen Gebiete im Osten, um die er sich persönlich kümmerte, waren Budapest, das er verteidigen wollte, und die ungarischen Ölfelder bei Nagykanizsa.

Der Chef des Generalstabes schlug vergeblich die Räumung Kurlands von den dort eingeschlossenen Truppen vor, um mit diesen Kräften eine Reserve zu bilden,

8 Ebenda, S. 382; Istorija, Bd. 5, S. 27 und 57.
9 Ebenda, S. 27.
10 Kriegstagebuch des OKW, Bd. 4, S. 1155 ff.

und bat um die deutschen Divisionen, die aus Finnland, einem Kriegsschauplatz des OKW, herausgezogen wurden. Diese Bitte wurde ihm mit der Begründung abgeschlagen, daß die deutsche Armee im Osten für sich selbst sorgen müsse. Am 31. Dezember und am 9. Januar versuchte er noch einmal, dem »Führer« die Dringlichkeit der Lage klarzumachen.[11] Hitler hatte jedoch schon lange in der von ihm selbst geschaffenen Schattenwelt gelebt, war immer noch von seiner eigenen Genialität überzeugt und erfüllt von einem krankhaften Mißtrauen gegen seine militärischen Untergebenen, die, wie er mit Sicherheit annahm, seine Pläne dadurch zum Scheitern brachten, daß sie seine Befehle nicht bis in alle Einzelheiten befolgten. Er ließ auch weiterhin Befehlshaber und Generalstabsoffiziere festnehmen. Ende November erließ er einen Befehl, der jedem einzelnen Soldaten bekannzugeben war, und verlangte darin, daß jeder Befehlshaber einer Festung, eines befestigten Platzes oder eines Stützpunktes vor dem Rückzug oder dem Ausbrechen aus den Verteidigungsstellungen den Befehl jedem beliebigen Offizier oder Soldaten anzubieten habe. Jeder Offizier oder Soldat, der glaubte, er könne die Verteidigung fortführen, sollte ohne Rücksicht auf seinen Rang das Kommando übernehmen.[12] Mitte Januar, nachdem die von Guderian und Gehlen vorausgesagte sowjetische Offensive begonnen hatte und die deutsche Front im Osten schon aufgerissen war, glaubte Hitler, die militärischen Führer an der Front gingen zurück, weil es ihnen an Willenskraft fehle und weil sie feige seien. Er erließ einen Führerbefehl, der sogar nach den damals bei der deutschen Wehrmacht geltenden Maßstäben bemerkenswert war. Kein Befehlshaber irgendeines Verbandes von der Division aufwärts durfte einen Angriff oder Gegenangriff führen oder sich zurückziehen, ohne seine Absicht vorher auf dem normalen Dienstwege an das deutsche Oberkommando gemeldet zu haben, und zwar so rechtzeitig, daß der »Führer« noch persönlich eingreifen konnte.[13] Das Eingreifen des »Führers« bedeutete gewöhnlich einen Gegenbefehl. Hitler wollte jetzt den Krieg von seinem Bunker aus so führen, daß er jede Truppenbewegung bis hinunter zu den Divisionen persönlich leitete.

Die Bevölkerung der Ostgebiete, und zu ihr gehörten jetzt auch zahlreiche Evakuierte aus den bombardierten Stadtgebieten in Westdeutschland, machte sich über ihr Schicksal keine Illusionen für den Fall, daß sie von den sowjetischen Truppen überrollt werden sollte. Aus Furcht davor wollten die meisten ihre Heimat verlassen und nach Westen fliehen. Die militärischen Befehlshaber, die wußten, daß die zurückflutenden Flüchtlingskolonnen nach Beginn einer sowjetischen Offensive ihre Operationen behindern würden, drängten darauf, daß die der Front am nächsten gelegenen Gebiete sofort geräumt würden. Hitler lehnte diesen Vorschlag als weiteres Anzeichen des Defaitismus ab, und die Gauleiter der Partei erhielten den Befehl, dafür zu sorgen, daß die Bevölkerung an Ort und Stelle blieb. In den ersten Monaten des Jahres 1945 sollte diese Anordnung fürchterliche Folgen haben.

11 *Guderian*, Panzer Leader, S. 384–388.
12 *Hubatsch*, Hitlers Weisungen für die Kriegführung, S. 299; Führerbefehl über die Befehlsführung WF St/Qu 2 Nr. 1409/44 vom 28. November 1944.
13 Ebenda, S. 300, OKW/Wf St/Op (H) Nr. 00688/45 g. Kdos vom 19. Januar 1945.

Anfang Januar bestanden die deutschen Streitkräfte im Osten aus fünf Heeresgruppen. Die in Kurland eingeschlossene Heeresgruppe Nord unter Schörner spielte von jetzt an kaum noch eine Rolle im Kriege. Die Heeresgruppe Mitte unter Reinhardt hielt Ostpreußen und Nordpolen am Narew bis zu seinem Zusammenfluß mit der Weichsel nördlich von Warschau. Die Heeresgruppe A unter Harpe verteidigte eine von Norden nach Süden führende Linie, beginnend im Raum Warschau an der mittleren Weichsel bis zu den Karpathen in der Tschechoslowakei. Die Heeresgruppe Süd unter Wöhler stand in Ungarn, und die Heeresgruppe F unter v. Weichs hielt die Südflanke.

Die neue sowjetische Winteroffensive, welche die Rote Armee in einem großen Sprung von der mittleren Weichsel bis an die Oder 80 Kilometer vor Berlin bringen sollte, richtete sich gegen die siebzig Divisionen der Heeresgruppe Mitte unter Reinhardt und der Heeresgruppe A unter Harpe.[14] Der Hauptstoß der Roten Armee, der von Panzerverbänden und motorisierten Truppen geführt wurde, erfolgte in der allgemeinen Richtung Warschau-Berlin, und gerade in diesem Frontabschnitt waren die deutschen Panzer und Panzergrenadiere am schwächsten. Von den im Osten eingesetzten achtzehn Panzerdivisionen standen sieben in Ungarn, zwei in Kurland, vier in Ostpreußen und nur fünf im Mittelabschnitt vor der Provinz Brandenburg.

Die sowjetische Offensive, die mit Recht als eine der größten strategischen Operationen des Krieges angesehen wird, bestand aus zwei parallel geführten, starken gepanzerten Vorstößen. Der südliche Vorstoß wurde aus dem Brückenkopf bei Baranow an der Weichsel von der 1. Ukrainischen Front gegen Breslau in Schlesien geführt. Den nördlichen Vorstoß unternahm die 1. Weißrussische Front aus den Brückenköpfen bei Pulawy und Magnuszew gegen Posen. Die Stoßrichtungen beider Operationen liefen in Berlin zusammen. Das erste Ziel der Offensive war es, die Oder zu erreichen, um von hier aus in das Herz Deutschlands einzudringen.

Wie Schukow berichtet, wurden er und Rokossowski Ende September nach Moskau befohlen.[15] Nach der dort abgehaltenen Besprechung und vielleicht als deren Folge beschloß Stalin, das Kommando der 1. Weißrussischen Front und der 1. Ukrainischen Front selbst zu übernehmen. Schukow gab die Aufgabe der Koordinierung der Operationen als Vertreter der Stawka ab und wurde Mitte November an Stelle von Rokossowski zum Befehlshaber der 1. Weißrussischen Front ernannt, während Rokossowski Sacharow als Befehlshaber der 2. Weißrussischen Front ablöste. Schukow blieb dabei praktisch auch noch das ranghöchste Mitglied der Stawka und der erste militärische Stellvertreter Stalins.

Im Oktober begannen Schukow und Antonow mit der generalstabsmäßigen Vorbereitung der neuen Offensive. Man hatte für dieses Unternehmen noch keinen

14 OKH Kriegsgliederung, 31. Dezember 1944.
15 *Schukow,* Wospominanija i Rasmyšlenija, S. 600–602, auch *Wassilewsky,* Voenno-Istoricheskii Zhurnal, März 1969, S. 35 ff.

bestimmten Zeitpunkt festgelegt, aber die Verbände erhielten die Anweisung, sich in der Zeit vom 15. bis zum 20. Januar dafür bereitzuhalten.

Schukow hatte besonders auf die neuen Schwierigkeiten hingewiesen, die sich jetzt für die sowjetischen Truppen ergaben, denn die Nachschublinien liefen durch polnisches Gebiet und waren aus diesem Grunde gefährdet. Es gab aber auch noch größere Schwierigkeiten als früher bei der Beschaffung von Nachrichten aus dem rückwärtigen Gebiet des Feindes. Daß diese Schwierigkeiten bestanden, deutete darauf hin, wie gespannt die Beziehungen zwischen der roten Besatzungsarmee und der polnischen Bevölkerung waren.[16]

Die erste Ukrainische Front unter Konjew und die 1. Weißrussische Front unter Schukow bestanden aus je zehn Armeen. Zu ihnen gehörten zwei Panzerarmeen und mehrere Korps. Zusammen umfaßten sie 163 Divisionen mit 6400 Panzern und Schützenpanzern (43 Prozent aller an der Ostfront eingesetzten gepanzerten Fahrzeuge), 4570 Flugzeugen und 2.200.000 Mann.[17] Die Front, an der die Offensive erfolgte, war mehr als 480 Kilometer breit.

Die Offensive der 1. Weißrussischen Front bestand aus drei von einander unabhängigen Operationen. Am weitesten im Norden sollte Warschau doppelt umfaßt werden, und zwar durch einen Teil der Verbände, welche nördlich der polnischen Hauptstadt vorgingen, während weitere Truppen aus der Nordecke des kleinen Brückenkopfs bei Magnuszew angriffen und Warschau von Süden her umfaßten. Das Unternehmen im mittleren Frontabschnitt, das ebenfalls aus dem Brückenkopf bei Magnuszew geführt wurde, war der Hauptstoß nach Westen gegen Lodz und von dort weiter nach Bromberg und Posen. Dabei sollte ein etwa 15 Kilometer breiter Durchbruch erzielt werden. Das dritte Unternehmen war ein Vorstoß aus dem Brückenkopf bei Pulawy gegen Radom im Zusammenwirken mit der rechten Flanke der 1. Ukrainischen Front.

Die 1. Ukrainische Front unter Konjew sollte aus dem Brückenkopf bei Baranow vorgehen, den Feind bei Kielce vernichten und in zwölf Tagen die Linie Radomsk-Czestochowa-Miechow erreichen. Dann sollte ein Vorstoß gegen die Hauptstadt Schlesiens, Breslau, erfolgen. Truppen im Brückenkopf bei Baranow sollten die gegnerischen Stellungen auf nur 30 Kilometer breiter Front durchbrechen. Die Offensive sollte durch Flankenangriffe unterstützt werden, und zwar durch einen nördlich von Szydlowiec und Ostrowiec zur Unterstützung des Angriffs gegen Radom und einen zweiten im Süden gegen Krakau in Zusammenarbeit mit der 4. Ukrainischen Front unter Petrow.[18] Währenddessen sollte Rokossowskis 2. Weißrussische Front aus dem Raum nordostwärts von Warschau nach Nordwesten vorstoßen, das rechte Weichselufer vom Feinde säubern, Marienburg nehmen und bei Danzig die Ostsee erreichen, um auf diese Weise Ostpreußen vom Reich abzuschneiden und zugleich der rechten Flanke Schukows einen gewissen Schutz zu geben.

16 Ebenda, S. 609–611.
17 Istorija, Bd. 5, S. 57.
18 Ebenda, S. 58–61.

Obwohl die Vorbereitungen für eine sowjetische Offensive schon Anfang Dezember abgeschlossen waren, unternahm die Rote Armee noch nichts, aber die Deutschen irrten sich, wenn sie meinten, der Kreml zögere den Beginn der Offensive bewußt hinaus, um damit die Westmächte unter Druck zu setzen und zur Anerken-

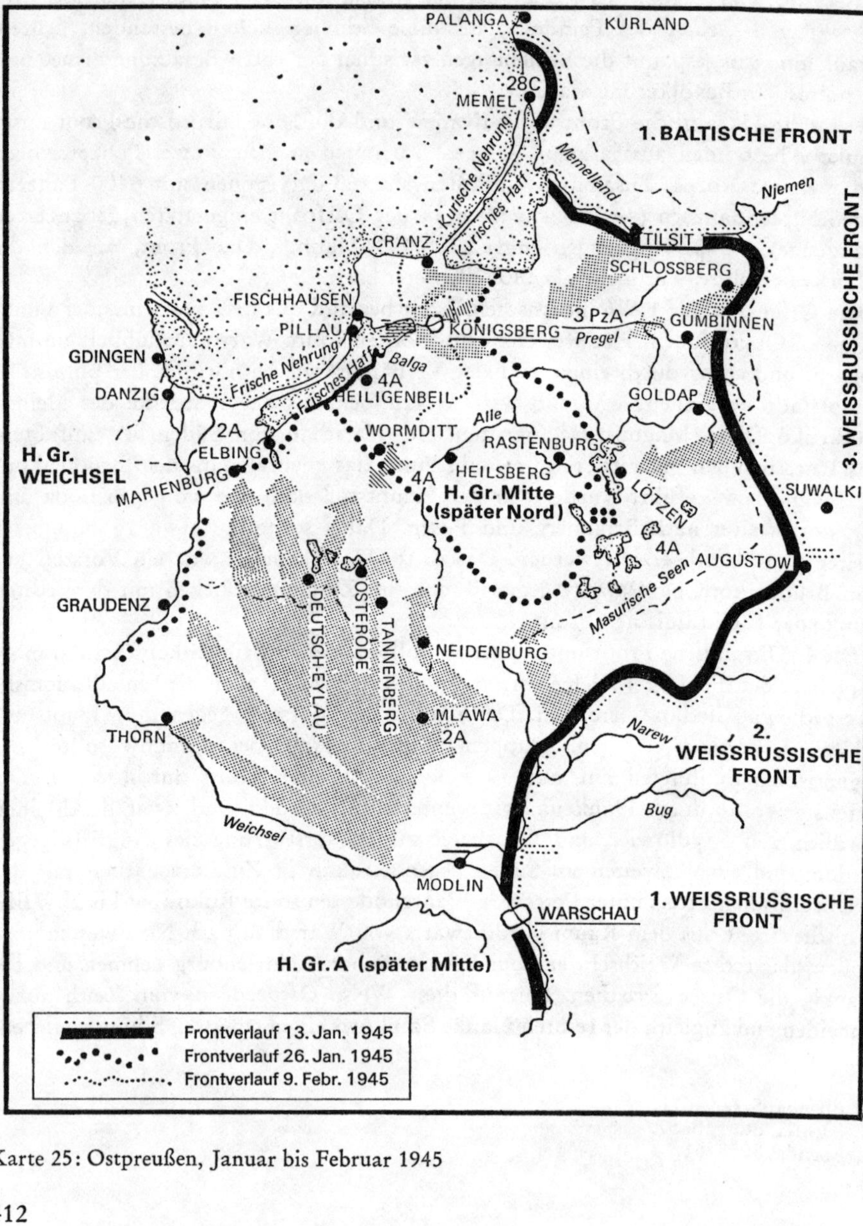

Karte 25: Ostpreußen, Januar bis Februar 1945

nung der polnischen Regierung in Lublin zu veranlassen.[19] Aber der Winter hatte in diesem Jahr besonders spät eingesetzt, und das sowjetische Oberkommando wollte die Offensive nicht während der Schlammperiode beginnen; denn das hätte es unmöglich gemacht, die gepanzerten Verbände einzusetzen und die Überlegenheit der motorisierten Truppen auszunutzen. Für den Einsatz der Artillerie und der Flugzeuge brauchte man außerdem klares Wetter und gute Beobachtungsmöglichkeiten.[20] Schon am 14. Dezember hatte Stalin Harriman mitgeteilt, er wolle eine Gutwetterperiode abwarten, ehe er mit einem größeren Unternehmen beginnen könne.[21] Auch auf deutscher Seite wußte man, daß die Rote Armee bereitstand und auf klares Frostwetter wartete. Diese Feststellungen finden sich in den Kriegstagebüchern aus der damaligen Zeit.[22]

Am 12. Januar trat die 1. Ukrainische Front unter Konjew aus dem Brückenkopf bei Baranow gegen die 4. Panzerarmee unter Graeser zum Angriff an und nahm die vorderen Verteidigungsstellungen der Deutschen, die den Brückenkopf einschlossen, im Handstreich. Um 10.00 Uhr begann das Vorbereitungsfeuer der Artillerie und dauerte knapp zwei Stunden. Die deutschen Nachrichtenverbindungen wurden zerschlagen und die Nachschublinien unterbrochen. Um 11.47 Uhr schwieg die Artillerie, und die Sturmbataillone, die zum Teil aus Sträflingskompanien bestanden, griffen mit Unterstützung durch Panzer und einen doppelten artilleristischen Feuerschirm an. Teile des XXIV. Panzerkorps, das auf ausdrücklichen Befehl Hitler nahe an die Front herangeschoben worden war, wurden in die Schlacht gezogen und durch feindliche Artillerie zerschlagen. Die deutsche taktische Verteidigung war damit lahmgelegt.[23] Schlechtes Wetter hinderte die Rote Luftwaffe daran, mehr als ein paar hundert Einsätze zur Unterstützung der Erdtruppe zu fliegen, aber am Abend des ersten Angriffstages waren die Armeen der 1. Welle bis zu 20 Kilometer tief in die feindlichen Stellungen eingebrochen.

Aber am folgenden Tage versteifte sich der deutsche Widerstand, und das Tempo des sowjetischen Angriffs verlangsamte sich. Am 14. Januar kam der Angriff wieder schneller voran, und am nächsten Tage wurde das XXIV. Panerkorps unter Nehring endgültig geschlagen. Jetzt standen die sowjetischen Truppen im offenen Gelände, nachdem sie in vier Tagen etwa 100 Kilometer vorangekommen waren. Alle deutschen Nachschublinien waren unterbrochen, und die Truppen waren in Unordnung geraten. Das teilweise eingeschlossene XLII. Korps versuchte, sich zurückzuziehen, aber der Korpsstab wurde von sowjetischen Panzern angegriffen, und der Kommandeur Recknagel fiel. Inzwischen hatten die Deutschen ihre Truppen am Rande der Druchbruchsstellen zurückgenommen.

Das Flugwetter hatte sich jetzt soweit gebessert, daß die sowjetische Luftwaffe täglich 300 bis 1700 Einsätze flog. Am 17. Januar war die Warthe überschritten,

19 Kriegstagebuch des OKW, Bd. 4, S. 993.
20 *Konjew,* Sorok Pjatyi God, Nowyi Mir Nr. 5, 1965.
21 *Feis,* Churchill Roosevelt Stalin, S. 478.
22 Kriegstagebuch des OKW, Bd. 4, S. 1002.
23 *Konjew,* Sorok Pjatyi God, Nowyi Mir Nr. 5, 1965; *Guderian,* Panzer Leader, S. 390.

und nach sechs Tagen waren sowjetische Truppen auf 200 Kilometer breiter Front 160 Kilometer tief in feindliches Gebiet vorgestoßen.

Hitler, der sich noch in seinem Hauptquartier in Ziegenberg befand und versuchte, die Ardennenoffensive zu leiten und einen Angriff gegen das Elsaß zu führen, konnte nichts tun, um die Lage zu stabilisieren. Aber am 15. Januar kam er auf seine alte Methode zurück und schwächte einen Frontabschnitt, um den anderen zu verstärken. Die Folge war häufig, daß zwei Frontabschnitte geschwächt wurden, während die Reserven auf der Eisenbahn hin- und herfuhren. Gegen die Empfehlung Guderians befahl Hitler, das Panzerkorps Großdeutschland unter Saucken von der Heeresgruppe Mitte in Ostpreußen nach Lodz zu verlegen, um die Verteidiger von Kielce zu unterstützen, das aber schon von den Truppen Konjews eingenommen war. Als das Korps Sauckens in Lodz aus der Bahn ausgeladen wurde, lag die Stadt bereits unter Feuer.

Die 1. Weißrussische Front unter Schukow griff zwei Tage nach Beginn der Offensive Konjews, am 14. Januar, aus den Brückenköpfen bei Pulawy und Magnuszew an. In dem nur 24 Kilometer breiten und etwa 12 Kilometer tiefen Brückenkopf bei Magnuszew befanden sich nach sowjetischen Berichten am Tage des Angriffsbeginns nicht weniger als 400.000 Mann und 1700 Panzer und Schützenpanzer. Aber die sowjetischen Truppenbefehlshaber versuchten inzwischen kaum noch, ihre Absichten und Maßnahmen zu tarnen. Das Flugwetter war hier ebenso wie im Süden zunächst ungünstig, und nur Artillerie und Panzer konnten der Infanterie Feuerschutz geben.

Die vordersten Bataillone griffen nach kurzer Artillerievorbereitung die deutsche 9. Armee unter Lüttwitz an, die aus nur sieben Infanteriedivisionen und den in Warschau stationierten Truppen bestand.[24] Das sowjetische Unternehmen kam sofort gut voran. Am 15. Januar erzwangen die Truppen der Roten Armee den Übergang über die Pilica, und am 16. Januar fiel Radom. Die 16. Luftarmee, welche die Front Schukows unterstützte, flog nach Eintreten günstigen Wetters 3400 Einsätze, während die Luftwaffe es angeblich auf nur 42 Einsätze brachte.

An der rechten Flanke der 1. Weißrussischen Front wurde Warschau in zügigem Vorgehen von Norden und Süden eingeschlossen, wobei der Schwerpunkt des Angriffs bei der südlichen Zange lag. Das XLVI. Panzerkorps unter Fries, das die Aufgabe hatte, den Gegner vor Posen aufzuhalten, wurde gezwungen, sich aus dem Raum Warschau nach Westen zurückzuziehen, um nicht mit eingeschlossen zu werden. Damit blieb der Zugang nach Posen und zur Oder ungedeckt. Am 17. Januar wurde das vom »Führer« zur Festung erklärte Warschau von den Deutschen geräumt und von der 1. polnischen Armee besetzt.

Am 16. Januar kehrte Hitler nach Berlin zurück, nachdem er befohlen hatte, daß die 6. SS-Panzerarmee unter Sepp Dietrich aus den Ardennen herauszuziehen sei. Unbeeindruckt von der Vernichtung der Heeresgruppe A und der verzweifelten Lage der Heeresgruppe Mitte und ohne an die fürchterlichen Folgen zu denken,

24 OKH Kriegsgliederung, 31. Dezember 1944.

welche sich daraus für Millionen von Deutschen ergäben, schickte er die Masse der aus den Ardennen herausgezogenen Kräfte nach Ungarn zum Schutz der Ölfelder und Raffinerien. Die Räumung Warschaus gegen seinen Befehl erregte seinen Zorn, und in den nun folgenden Tagen ordnete er eine Untersuchung an und befahl die Festnahme einer Anzahl von Generalstabsoffizieren, die nach seiner Ansicht dafür verantwortlich waren.[25] Am 16. Januar wurde Harpe als Oberbefehlshaber der Heeresgruppe A abgelöst und durch den besonderen Liebling des »Führers«, Schörner, ersetzt, während der Österreicher Rendulic an Schörners Stelle die Heeresgruppe Nord übernahm. Auch Lüttwitz mußte gehen. Aber Schörner konnte die Lage an seinem Frontabschnitt nicht mehr ändern.

Die Truppen der 1. Ukrainischen und der 1. Weißrussischen Front strömten indessen weiter nach Westen und setzten die Verfolgung des Gegners Tag und Nacht fort. Starke Panzerkolonnen rollten auf den Straßen voran und trafen dabei nur noch auf geringen Widerstand. Am 19. Januar, sieben Tage nach Beginn der Offensive, überschritten Truppen der Roten Armee die polnisch-schlesische Grenze von 1939 ostwärts von Breslau, angefeuert durch die Versprechungen ihrer Vorgesetzten, nach Überwindung der Oder besonders ausgezeichnet und belohnt zu werden, und der Vormarsch gegen den Fluß entwickelte sich zu einem Wettrennen.[26] Was von der 4. Panzerarmee und der 9. Armee übriggeblieben war, blieb viele Kilometer zurück, und ein großer Kessel bewegte sich langsam nach Westen gegen Glogau an der Oder. Nur die 17. Armee unter Schulz, die mit dem Feind noch kaum in Gefechtsberührung gekommen war, hatte es fertiggebracht, sich einigermaßen geordnet zurückzuziehen, nachdem sie am 19. Januar Krakau aufgegeben hatte, und ging auf den Oberlauf der Oder und den südostwärtigen Teil von Schlesien zurück.

Der Oberbefehlshaber der Heeresgruppe Mitte in Ostpreußen Reinhardt befand sich ebenfalls in einer höchst gefährlichen Lage. Die Heeresgruppe bestand aus der 3. Panzerarmee und der 4. und 2. Armee. Außerdem gehörten zu ihr etwa 200.000 Mann, die den verschiedensten Volkssturm- und Polizeiverbänden angehörten. Reinhardt hatte Hitler vergeblich dringend darum gebeten, den Rückzug der 4. Armee, deren Stellungen sich in einer Frontausbuchtung bis nach Suwaki und Augustowo nach Südosten erstreckten, auf die Masurische Seenkette bei Lötzen zu genehmigen; denn die sowjetischen Fronten waren so beweglich und überlegen, daß sie im Norden und Süden an den Masurischen Seen vorbei in zwei großen Zangenbewegungen gegen Königsberg und Marienburg angreifen konnten, um ganz Ostpreußen einzuschließen.

Rokossowskis 2. Weißrussische Front sollte aus dem Narewbrückenkopf nach Norden angreifen. Der Hauptstoß war dabei in fast genau nördlicher Richtung gegen die deutsche 2. Armee unter Weiß und die Städte Mlawa, Deutsch-Eylau, Osterode und Marienburg zu führen. Dazu waren vier Armeen, eine Panzerarmee

25 *Guderian,* Panzer Leader, S. 393–394.
26 Istorija, Bd. 5, S. 81–82.

und eine Reservearmee vorgesehen. Zwei weitere Armeen und ein Panzerkorps sollten Entlastungsstöße in nördlicher Richtung gegen Thorn und Pommern führen.

Die 3. Weißrussische Front unter Tschernjakowski nördlich der Masurischen Seen sollte in westlicher Richtung nach Ostpreußen gegen die 3. Panzerarmee unter Raus angreifen, entlang des Pregels gegen Königsberg vorgehen und die deutschen Truppen im Memelbereich abschneiden. Im Schwerpunkt des Angriffs sollten vier Armeen und zwei Panzerkorps eingesetzt werden.

Rokossowski begann seine Offensive am 14. Januar bei Schneetreiben und einer Sichtweite von nur 200 Metern. Die ersten Angriffsbataillone kamen so gut voran, daß der Feuerplan der Artillerie aufgegeben wurde. In den ersten Stunden leisteten die Deutschen kaum Widerstand, aber dann führten sie Gegenangriffe in Kompanie- und Bataillonsstärke und kämpften erbittert mit der gewohnten Energie.

Am 15. Januar führte Reinhardt seine Heeresgruppenreserve ins Gefecht, die der 2. Weißrussischen Front Verluste beibrachte und ihren Vormarsch aufhielt. Aber gerade zu diesem Zeitpunkt zog Hitler das Panzerkorps Großdeutschland unter Saucken von Reinhardts Heeresgruppe ab, verlegte es per Bahn zur Heeresgruppe A nach Lodz mit dem Auftrag, die feindlichen Offensiven weiter im Süden aufzuhalten, und als Rokossowski weitere zwei Panzerkorps gegen Reinhardt antreten ließ, kam die russische Offensive wieder in Gang. Am gleichen Tage klärte sich das Wetter überall auf, und die 4. Luftarmee unter Werschinin flog 2500 Einsätze.

Die beiden von Hitler zu Festungen erklärten Städte Mlawa und Modlin wurden genommen, und am 19. Januar war Rokossowski auf 100 Kilometer breiter Front durchgebrochen und 64 Kilometer weit vorgestoßen. Noch am selben Tage überschritten Truppen der Roten Armee von Süden her bei Neidenburg die ostpreußische Grenze von 1939, während die deutsche 2. Armee sich vor ihnen zurückzog, Munitions- und Verpflegungslager im Stich ließ und die Straßen beim Zurückgehen verminte. Am 21. Januar fiel Tannenberg, nachdem die Deutschen die sterblichen Überreste Hindenburgs und seiner Frau entfernt und das monumentale Schlachtdenkmal zerstört hatten.

Nördlich der Masurischen Seen war die 3. Weißrussische Front unter Tschernjakowski in westlicher Richtung nach Ostpreußen vorgestoßen, hatte die 3. Panzerarmee unter Raus am 13. Januar angegriffen und dabei den Nebel, die niedrige Wolkendecke und das Motorengeräusch niedrig fliegender Flugzeuge dazu ausgenutzt, die Bereitstellung der für diesen Angriff vorgesehenen Kräfte zu tarnen. Der Angriff begann um 6.00 Uhr morgens, kam aber trotz des schweren sowjetischen Artilleriefeuers nur langsam voran. Die Orte Schloßberg und Kattenau wurden im Verlauf der Kämpfe mehrmals von sowjetischen Truppen besetzt und von den Deutschen wieder zurückerobert. Am 18. Januar fiel Tilsit. Die deutsche 4. Armee unter Hoßbach war in der exponierten Frontausbuchtung vor den Masurischen Seen noch nicht angegriffen worden, aber die deutsche 2. Armee unter Weiß vor der 2. Weißrussischen Front Rokossowskis stand kurz vor der Vernichtung. Obwohl sie durch Matrosen, Bodenpersonal der Luftwaffe und Volkssturmeinheiten verstärkt worden war, wendeten sich viele Soldaten bald zur Flucht oder gaben den Kampf auf. Einige Stützpunkte wurden, nachdem sie eingeschlossen worden waren, überhaupt nicht verteidigt, und in manchen Fällen wurden ihre Befehlshaber an Ort und Stelle standrechtlich erschossen.

Am Abend des 23. Januar erreichte ein Verband der 2. Weißrussischen Front Elbing an der Ostsee. Die Läden waren noch offen, und die Arbeit in den Fabriken ging noch weiter, als die Panzer mit aufgeblendeten Scheinwerfern die Hauptstraße entlangfuhren. Dann fielen auch Thorn und Marienburg, und am 26. Januar waren die 3. Panzerarmee, die 4. Armee und Teile der 2. Armee in Ostpreußen abgeschnitten. Die Kräfte Rokossowskis hatten in zwölf Tagen 200 Kilometer zurückgelegt.

Reinhardt hatte dringend darum gebeten, Hoßbachs 4. Armee frühzeitig hinter die Masurischen Seen zurückzunehmen, aber Hitler gab erst am 21. Januar die Erlaubnis dazu. Nun erhielt die Armee den Auftrag, rückwärts der 3. Panzerarmee bei Wormditt eine neue Front aufzubauen, die nach Westen blickte, um die Lücke zu decken, die durch das Auseinanderbrechen der 2. Armee entstanden war. Am 22. Januar genehmigte der »Führer« die Räumung von Memel, verlangte aber am nächsten Tage, daß die Stellung bei Lötzen an den Masurischen Seen um jeden Preis gehalten würde. Diese Stellung war durch den sowjetischen Vorstoß bereits umgangen.

Reinhardt war überzeugt, daß er zurückgehen und dabei einen großen Teil der ostpreußischen Bevölkerung mitnehmen müsse, um dann Anschluß an die deutschen Stellungen an der Weichsel und Nogat westlich von Danzig zu gewinnen. Der Befehlshaber der 4. Armee, Hoßbach, war der gleichen Ansicht und zog sich auf Heilsberg hinter die Masurischen Seen zurück, um von dort nach Westen anzugreifen. Am 26. Januar wütete der erzürnte Hitler gegen Reinhardt und Hoßbach, befahl ihre Ablösung und setzte an die Stelle Reinhardts Rendulic von der Heeresgruppe Nord, während Müller die Stelle Hoßbachs übernahm. Rendulic erhielt den ausdrücklichen Befehl, die ostpreußische Hauptstadt Königsberg unter allen Umständen zu halten. Am gleichen Tage befahl Hitler die Umgliederung und Umbenennung der größeren Verbände. Die Heeresgruppe Nord erhielt die Bezeichnung Heeresgruppe Kurland, die bisherige Heeresgruppe Mitte wurde zur neuen Heeresgruppe Nord, und die Heeresgruppe A wurde zur Heeresgruppe Mitte. Eine neue Heeresgruppe Weichsel sollte Danzig und Pommern decken. Zu ihr gehörten die 2. Armee unter Weiß und die 9. Armee unter Busse, die zum größten Teil aus Teilverbänden bestand. Den Befehl über die Heeresgruppe Weichsel übernahm Himmler; denn Hitler war davon überzeugt, Loyalität, Zuverlässigkeit und Fanatismus seien mehr wert als militärische Fähigkeiten und Erfahrungen, welch letztere Qualitäten Himmler völlig fehlten.

Da die Heeresgruppen Kurland und Nord schon vom Reich abgeschnitten waren, lag die Verteidigung im Osten jetzt in den Händen der Heeresgruppe Weichsel, die die Zugänge nach Norddeutschland verteidigte, während die Heeresgruppe Mitte Sachsen, das Sudetenland und die ganze Tschechoslowakei deckte. Die Heeresgruppe Süd stand noch in Ungarn, und deutsche Truppen hielten auch weiterhin den größten Teil von Jugoslawien und Norditalien besetzt. Hitler glaubte, die für das Durchhalten Deutschlands strategisch wichtigsten Gebiete seien die Ölgebiete Ungarns, das Wiener Becken und das Seegebiet der Danziger Bucht, in deren tiefen Gewässern die deutschen U-Bootbesatzungen ausgebildet wurden. 26 Divisionen standen jetzt in Kurland, und 27 Divisionen waren in Ostpreußen abgeschnitten.

Die Schlacht um Ostpreußen näherte sich jetzt ihrem Ende, wenn die deutschen Truppen auch noch einige Monate lang mit äußerster Entschlossenheit Königsberg, das Samland und Teile der Südküste am Frischen Haff halten sollten. Die Sowjets bereiteten sich indessen schon auf die Schlacht um Pommern vor.

Das sowjetische Oberkommando hatte ursprünglich beabsichtigt, die von Weiß befehligte 2. Armee der Heeresgruppe Weichsel und die neuaufgestellte 11. Armee unter Steiner von der 2. Weißrussischen Front unter Rokossowski vernichten zu lassen, aber der am 10. Februar gegen Neustettin unternommene Angriff geriet nach zehn Tage dauernden Kämpfen ins Stocken, viele sowjetische Divisionen waren sehr erschöpft und zum Teil nur noch etwa 4000 Mann stark. Die 2. Weißrussische Front verfügte zu dieser Zeit über etwa 300 Panzer und 45 Schützendivisionen.[27]

Schukows 1. Weißrussische Front, die sich der Oder näherte, war in nördlicher Richtung gegen Westpommern vorgestoßen, um ihre Flanken zu sichern, und hatte gegen geringen feindlichen Widerstand mehr als 45 Kilometer zurückgelegt. Dabei hatte sie feindliche Kräfte bei Deutsch-Krone und Arnswalde vernichtet.

Man entwarf jetzt einen neuen Plan für eine sowjetische Offensive gegen Pommern, an der sich sowohl die 1. als auch die 2. Weißrussische Front beteiligen sollten. Die 2. Weißrussische Front unter Rokossowski sollte ihren Angriff gegen Norden nach Mittel- und Ostpommern wieder aufnehmen und den ersten Hauptstoß gegen Köslin richten. Die 1. Weißrussische Front unter Schukow erhielt den Auftrag, eine Woche später anzugreifen und von Arnswalde in nördlicher Richtung gegen Westpommern vorzugehen, und zwar von Arnswalde aus gegen Kolberg an der Ostsee.

Der Befehlshaber der 3. Panzerarmee Raus war von Ostpreußen kommend in Pommern eingetroffen, denn es war beabsichtigt, daß sein Stab Ende des Monats die Aufgaben des Stabes der neu aufgestellten 11. Armee übernehmen sollte. Nachdem er gesehen hatte, welche Truppen ihm für die Verteidigung Pommerns zur Verfügung standen, besonders die sogenannte Pommerndivision, ein aus Pionieren, Bodenpersonal der Luftwaffe, Marineeinheiten und Volkssturmbataillonen bunt zusammengewürfelter Verband ohne Artillerie, ohne Panzerabwehrwaffen, ohne Nachrichtentruppe und ohne rückwärtige Dienste, zweifelte Raus daran, daß Pommern gehalten werden könne. Auf Befehl des »Führers« sollte Himmler jetzt bei Stargard die Gegenoffensive in Gang setzen, von der sich Guderian so viel versprach, und Himmler teilte Raus mit, er und der »Führer« seien überzeugt, die Offensive bei Stargard werde den Ausgang des ganzen Krieges zu Deutschlands

27 Ebenda, S. 140.

Gunsten entscheiden. Dann ging man daran, die Offiziere für die noch freien Regiments- und Bataillonskommandeursposten auszuwählen. Himmler bestimmte sie ganz einfach nach einer Liste von Offizieren, die sich vom Urlaub auf dem Wege zurück zur Heeresgruppe Kurland befanden. Viele von ihnen wurden in aller Eile in von Himmler zur Verfügung gestellten Kraftfahrzeugen zu ihren Befehlsstellen gebracht, als die Schlacht schon begonnen hatte. Die Gegenoffensive bei Stargard, zu der die deutschen Truppen am 15. Februar angetreten waren, schlug fehl und kam fast unmittelbar nach ihrem Beginn zum Stehen.[28]

Die Truppen der Roten Armee kamen zunächst nur langsam voran, nahmen aber am 28. Februar Neustettin und am 1. März beteiligten sich Teile von Schukows 1. Weißrussischer Front an der Offensive aus dem Raum Arnswalde. Schukow hatte nur drei Armeen an der Oder zurückgelassen und verwendete für den von Arnswalde aus geführten Angriff vier Schützenarmeen, zwei Panzerarmeen und einige selbständige Korps. Daß so viele feindliche Verbände schon im Norden standen, hatte das deutsche Oberkommando nicht geahnt.

Am 5. März erreichte Schukow die Ostsee bei Köslin, und die deutsche 2. Armee war damit abgeschnitten. Dann gingen die sowjetischen Truppen fächerförmig nach Westen gegen Kolberg und nach Osten gegen Gdingen vor.

Wie nicht anders zu erwarten, reagierte der »Führer« auf die neue Lage damit, daß er Kolberg zur Festung erklärte und das Heer zur Rückeroberung von Pommern aufrief. Fünf Panzer- und Panzergrenadierdivisionen wurden von der Heeresgruppe Mitte nach Stettin befohlen, aber der Mangel an Kraftstoff war so groß, daß nur für die Truppenbewegungen im Gefecht genug vorhanden war. Alle größeren Truppenverschiebungen mußten auf der Eisenbahn vorgenommen werden, und die Verbände trafen erst kurz vor Beginn des Angriffs aus dem Raum ostwärts der Oder und des Stettiner Haffs gegen den Brückenkopf in Stettin ein. Alle hier zur Verstärkung ins Gefecht geworfenen deutschen Truppen wurden in der Schlacht aufgerieben.

Inzwischen wurden alle Straßen und Wege von unendlichen Flüchtlingskolonnen aus den baltischen Staaten, Ostpreußen und Pommern, die hauptsächlich aus Frauen und Kindern, ganz jungen und ganz alten Menschen bestanden, blockiert. Auf Bauernwagen und zu Fuß versuchten sie, sich in der bitteren Kälte nach Westen vor dem sowjetischen und polnischen Terror in Sicherheit zu bringen. Viele von ihnen hatten ihre Heimat in den baltischen Staaten und Ostpreußen verlassen und dabei die Kurische Nehrung und die Frische Nehrung überquert. Das waren mehr als 80 Kilometer lange, schmale Landstreifen, die Memel mit Königsberg und Königsberg mit Danzig verbanden. Viele von ihnen starben an Hunger und Entbehrungen und unter den feindlichen Fliegerangriffen. Aber die Kolonnen zogen weiter hinter den unter militärischer Bewachung von Osten nach Westen marschierenden Kriegsgefangenen und Fremdarbeitern her. Manchmal kamen sie unter

28 Schriftlicher Nachlaß des Oberbefehlshabers der 3. Panzerarmee, Raus.

Beschuß, und in einem Fall wurde eine Flüchtlingskolonne von Panzern der Roten Armee überrollt, die sie absichtlich unter ihren Ketten zermalmten.

Die Deutschen verwendeten jetzt zur Panzerabwehr fast ausschließlich Panzerfäuste, und von den 580 in der Schlacht abgeschossenen feindlichen Panzern wurden zwei Drittel durch tapfere Männer und Jugendliche im Nahkampf vernichtet. Panzerabwehrkompanien bestanden aus Männern der Versorgungstruppen auf Motorrädern oder Fahrrädern, die für einen beweglichen Einsatz bereitgehalten wurden. Bei Baldenburg brachen etwa 15 Panzer überraschend durch, aber eine Handvoll über fünfzigjähriger Männer, die ihre Nerven behielten, zwang sie dazu, sich unter Verlusten zurückzuziehen, obwohl diese Männer hier zum ersten Mal feindliche Panzer zu Gesicht bekamen. Am gleichen Tage gegen Mittag traf eine telefonische Meldung von einer Försterei ein, die zu dem Panzerwarnsystem gehörte, daß eine Anzahl sowjetischer Panzer sich in der Nähe bereitgestellt habe. Sofort machte sich eine Radfahrerkompanie aus Baldenburg auf den Weg und vernichtete noch am gleichen Nachmittag sechs feindliche Panzer.

Obwohl das Unternehmen dieser tapferen Irregulären für die kämpfende Truppe sehr wertvoll hätte sein können, ließ sich der deutsche Widerstand außerhalb des Rahmens der regulären Truppe nicht lange fortsetzen. Die lettischen und französischen SS-Divisionen, die nach dem sowjetischen Durchbruch die Verbindung zur 2. Armee verloren hatten, fluteten zum Teil in regelloser, panischer Flucht zurück, und ihr Verhalten drohte, den bisher standhaft kämpfenden Volkssturm zu demoralisieren. Feindliche Soldaten, als baltische oder polnische Flüchtlinge getarnt, versteckten ihre Waffen auf Bauernwagen, schlossen sich den Trecks an und setzten sich dann im Handstreich in den Besitz taktisch wichtiger Orte. In den vom Feind überrannten Gebieten kam es zu blutigen Orgien, bei denen die sowjetischen Soldaten deutsche Zivilisten ermordeten und die Frauen vergewaltigten.

Am Nachmittag des 25. Februar, als die 3. Panzerarmee erfuhr, der »Führer« habe Kolberg zur Festung erklärt, erhob Raus Einspruch dagegen, weil sich in der Stadt zahlreiche Lazarette befanden und sie mit Flüchtlingen überfüllt war. Außerdem fehlten ihm die Mittel, Kolberg zu verteidigen, und es stand ihm kein Stab zur Verfügung, um die Verteidigung zu organisieren. Das OKH teilte ihm darauf mit, ein Oberst werde auf dem Luftwege nach Kolberg kommen, um das Kommando in der Festung zu übernehmen, und zwölf neue Panzerabwehrgeschütze würden von Spandau nach Kolberg geschickt werden. Diese Mitteilung erfolgte, obwohl man wußte, daß alle nach Kolberg führenden Eisenbahnstrecken durch Lazarettzüge und Flüchtlingszüge verstopft waren. In zwei Tagen bauten die Einwohner der Stadt und die Flüchtlinge einen Ring von Feldbefestigungen, und man stellte Kommandos zusammen, um innerhalb und außerhalb der Stadt Menschen und Material für die Verteidigung zu mobilisieren. Niemand wagte, den Anweisungen des Festungskommandanten zu widersprechen, der innerhalb seines Verantwortungsbereichs Herr über Leben und Tod jedes Einzelnen war.[29] Der

29 Ebenda.

Volkssturm in Kolberg führte bis zum 18. März einen verzweifelten Abwehrkampf und deckte dabei den Abtransport der Verwundeten und Flüchtlinge über See.

Am 20. März mußte Himmler seine Stellung als Oberbefehlshaber der Heeresgruppe Weichsel aufgeben, und an seine Stelle trat der bisherige Oberbefehlshaber der 1. Panzerarmee Heinrici. Aber jetzt war der Feldzug in Pommern schon fast vorüber. Am 28 März fiel Gdingen, und Danzig wurde zwei Tage später genommen. Die 2. Weißrussische Front meldete, sie habe 10.000 Gefangene gemacht und 140 Panzer und 45 U-Boote erbeutet. Die deutschen Truppen, die Gdingen und Danzig verteidigt hatten, stellten sich gegen die ihnen gegebenen Befehle und wichen zusammen mit einer großen Masse von Flüchtlingen nach Osten in das Weichseldelta aus, wo sie ihre Stellungen zwischen Weichsel und Nogat bis nach Kriegsende hielten.

Die 2. Weißrussische Front meldete, sie habe vom 10. Februar bis zum 4. April 63.000 Gefangene gemacht, und die 1. Weißrussische Front meldete 28.000 deutsche Gefangene. Durch diesen kurzen Feldzug war die Gefahr eines deutschen Angriffs aus der Nordflanke gebannt, aber die schlecht ausgebildeten und desorganisierten deutschen Truppen waren ohne Flugzeuge und Kraftstoff seit der Ardennenoffensive nirgends mehr in der Lage, mit starken Kräften eine straff organisierte Offensive zu führen. Der schnelle Vormarsch in Pommern versetzte die Rote Luftwaffe in die Lage, die Seewege nach Kurland und Ostpreußen zu bedrohen, und machte weitere zehn sowjetische Armeen für den Angriff gegen Berlin frei.[30]

Die Grausamkeiten und Greueltaten, welche die Rote Armee gegen die deutsche Bevölkerung verübte, unterschieden sich in mancher Hinsicht kaum von dem, was die deutschen SS-Einsatzkommandos in Rußland getan hatten. Sie waren vielleicht noch schrecklicher, denn sie wurden nicht nur von der NKWD verübt, sondern von Offizieren und Mannschaften der regulären sowjetischen Armee. Überall, wo die Truppen der Roten Armee deutsches Gebiet überrannten, kam es zu solchen Ausschreitungen. Manchmal wird versucht, die Plünderungen und Vergewaltigungen durch Soldaten der Roten Armee mit dem Siegestaumel zu entschuldigen, und man erklärt diese Vorkommnisse mit Rassenhaß, schlechter Disziplin und den allgemeinen Verhältnissen im Kriege. Das ist nicht ganz unzutreffend. Die Disziplin der Roten Armee war schlecht, und sie hatte sich nicht gebessert, nachdem Kriminelle zum Dienst bei der Truppe eingezogen worden waren und Bauern die Uniform hatten anziehen müssen, die schon nach einer wenige Wochen dauernden Ausbildungszeit ins Gefecht geschickt wurden.

Andererseits hatten die Truppenbefehlshaber bei den sowjetischen Streitkräften keine Schwierigkeiten, ihre Truppen fest am Zügel zu halten, solange sie sich in der UdSSR befanden, und Vergehen gegen die sowjetische Zivilbevölkerung wurden sofort mit der Todesstrafe geahndet. Aber außerhalb der Sowjetunion scheinen diese Bestimmungen nicht mehr gegolten zu haben. Auch die rumänische und unga-

30. Istorija, Bd. 5, S. 148.

rische Zivilbevölkerung hat schwer gelitten, und diese Haltung der sowjetischen Soldaten blieb nicht auf die Bevölkerung der Feindstaaten beschränkt; denn auch die Polen und Jugoslawen, Verbündete der UdSSR, kamen nicht ungeschoren davon. Die Rote Armee marschierte nur durch den äußersten Nordzipfel von Jugoslawien, aber in kurzer Zeit wurden hier 1200 Fälle von Raub und Plünderung und 121 Fälle von Vergewaltigung gemeldet, wobei außer in zehn Fällen die Opfer der Vergewaltigung jedesmal auch ermordet wurden.[31]

Was die Deutschen, und besonders die SS und die Zivilverwaltung in Osteuropa getan hatten, war abstoßend und scheußlich, besonders die Behandlung der Juden, Zigeuner, Polen und der kriegsgefangenen Soldaten der Roten Armee. Diese Untaten gehörten zu einem von der deutschen Regierung ganz absichtlich und bewußt verfolgten politischen Programm. Aber was die Sowjets 1945 in Deutschland, 1940 in den baltischen Staaten und 1939 in Polen getan hatten, war in jeder Weise ebenso schrecklich. Der Rotarmist war oft primitiv, barbarisch und grausam, und er brauchte, um im Zaum gehalten zu werden, die Bedrohung durch drakonische Strafen. Außerhalb der Sowjetunion war dieser Zwang aufgehoben; denn die sowjetischen Führer und das sowjetische System waren so arrogant, daß sie jeden, der nicht sowjetischer Bürger war, als minderwertig betrachteten und ihm weder Schutz noch Menschenrechte zubilligten.

Die sowjetische Propaganda hatte während des Krieges den Soldaten aller Rangstufen einen unversöhnlichen Haß gegen die Deutschen gepredigt, und das war die besondere Aufgabe der Kommissare und der politischen Mitglieder der Militärsowjets gewesen. Diese Propaganda stützte sich zum Teil auf Lügen, zum Teil aber auch auf Wahrheit. Als die Rote Armee sich den Grenzen Deutschlands näherte, verstärkte sich die Propaganda, und den Soldaten wurde gesagt, der persönliche Besitz und die Frauen der Deutschen seien ihre Beute, und sie hätten sich für in Deutschland begangene Verbrechen nicht vor den Gerichten zu verantworten. Der Schriftsteller Ilja Ehrenburg predigte diesen Rassenhaß mit allen ihm zur Verfügung stehenden Mitteln, und die militärische und nationale Presse forderte den sowjetischen Soldaten auf, die deutsche Bevölkerung nicht zu schonen.

Der eigentliche Grund für diese Haltung läßt sich nicht genau feststellen. Man hat geglaubt, die Sowjetunion habe die deutsche Bevölkerung ostwärts der Oder-Neiße-Linie in den neuen polnischen Gebieten so sehr in Angst und Schrecken versetzen wollen, um sie zur Flucht zu veranlassen, damit sie die Städte und das landwirtschaftliche Gebiet räumte und den Polen überließ. Ein solches Ziel und solche Methoden wären zwar logisch zu begründen, aber diese Annahme läßt sich nicht bestätigen; denn die Sowjets verübten die gleichen Greueltaten auch in dem Gebiet bis zur Elbe, und zwar noch Wochen und Monate nach Kriegsende. Wahrscheinlicher ist es, daß sich diese Politik des Schreckens, die in mancher Beziehung der von Hitler gepredigten glich, auf emotionale und materielle Umstände gründete und bezeichnend für die Diktatur war, die sie anordnete. Stalins Hauptziel war

31 *Djilas,* Conversations with Stalin, S. 82.

es, die sowjetische Rache nicht nur dem deutschen Staat und der deutschen Wirtschaft, sondern dem ganzen deutschen Volk fühlbar zu machen.

Churchill hat zu dieser Zeit augenscheinlich begonnen, an der wahren Natur seines sowjetischen Verbündeten zu zweifeln. Er berichtet über ein Gespräch mit Stalin, in dem der Diktator gesagt hatte, die UdSSR werde 4 Millionen Deutsche als Arbeitskräfte auf unbestimmte Zeit in der Sowjetunion benötigen. Außerdem hatte Stalin mit ihm über die Massenliquidierung von 50.000 kriegsgefangenen deutschen Offizieren gesprochen, und die Haltung Stalins war dabei so grausam und hart gewesen, daß Churchill später daran zweifelte, er habe dies im Scherz sagen können. Schließlich schreibt Churchill auch über die von den Soldaten der Roten Armee verübten fürchterlichen Untaten in Europa.[32]

Ein großer Teil der deutschen Bevölkerung Pommerns blieb zurück, weil diese Leute entweder keine Fluchtmöglichkeiten hatten oder weil sie, mit ihrer Heimat verwurzelt, hofften, die Berichte über die sowjetischen Exzesse seien übertrieben und die Verhältnisse würden sich nach den ersten Tagen der Besetzung wieder normalisieren. Hätten sie gewußt, welcher Terror auf sie wartete und daß sie zwangsweise nach Osten oder Westen deportiert werden würden, dann wäre keiner von ihnen geblieben.

Bis zu dem Zeitpunkt, an dem die NKWD ihr eigenes Kontrollsystem einrichtete, folgten die Truppen der Roten Armee und die kommunistischen Polen keinem bestimmten Verhaltensmuster mit Ausnahme der Tatsache, daß sie alle rücksichtslos plünderten und vergewaltigten. Die überzeugten oder angeblich überzeugten deutschen Kommunisten und Angehörigen des deutschen Proletariats, die mit roten Fahnen auf die Straße gingen, um ihre sowjetischen Brüder willkommen zu heißen, wurden sehr unfreundlich und grob behandelt. Vielen wurden die Wertsachen und Stiefel geraubt, und oft wurden sie anschließend mit Gewehrkolben zu Boden geschlagen. Lazarette wurden geplündert, die Ärzte ermordet und die Krankenschwestern vergewaltigt. Die Verwundeten wurden manchmal durch einen Kopfschuß erledigt oder aus den Fenstern der oberen Stockwerke geworfen.

In manchen Orten wurde jeder Uniformierte und jeder Inhaber eines öffentlichen Amtes wie die Bürgermeister, die Verwaltungsbeamten, die Polizei, die Postbeamten, Eisenbahner und Forstbeamten kurzerhand ermordet. Manchmal wurden auch alle Mitglieder der NSDAP erschossen. In anderen Städten ließ man gerade die Beamten am Leben. Der Adel, die Großgrundbesitzer und die Geistlichen wurden oft mit äußerster Grausamkeit verfolgt und getötet, und es hat Fälle gegeben, in denen die Opfer geblendet, verstümmelt und in Stücke gehackt wurden. Männer und Frauen wurden hinter Pferde gebunden und zu Tode geschleift. Die Opfer der Vergewaltigung wurden vielfach ermordet, und zu ihnen gehörten sogar Kinder unter zehn Jahren. Die Vergewaltigung war nicht nur Privatangelegenheit einzelner Soldaten, sondern wurde hier und dort auch regelrecht organisiert. Frauen wurden zusammengetrieben, in Kasernen oder öffentlichen

32 *Feis,* Churchill Roosevelt Stalin, S. 635.

Gebäuden eine ganze Woche lang eingesperrt und dann wieder auf die Straße gejagt, um einer neuen Gruppe Platz zu machen. Rotarmisten, die für Mord, Sadismus oder Vergewaltigungen nichts übrig hatten, waren oft psychisch instabil und erschossen ohne ersichtlichen Grund deutsche Männer und Frauen.[33]

Sehr bald begannen auch die Verschleppungen. Die sowjetischen Besatzungsbehörden ließen bekannt machen, daß die gesamte männliche Bevölkerung sich zur Arbeit an zerstörten Brücken und Eisenbahnlinien zur Verfügung zu stellen habe. Diese Leute mußten zwei Garnituren Bekleidung und Lebensmittel für vierzehn Tage mitbringen. Das war die Einladung nach Sibirien. Viele Deutsche haben sich auf diese lange Reise begeben. Andere weigerten sich und versuchten unterzutauchen.

Wenn niemand mehr den Aufforderungen folgte, wurden Männer und Frauen zusammengetrieben, aber das geschah ganz willkürlich. Manchmal wurden die Menschen einfach von der Straße geholt, in Kolonnen zusammengestellt, in Marsch gesetzt und landeten wahrscheinlich in Arbeitslagern in der Sowjetunion; denn man hat nie wieder etwas von ihnen gesehen oder gehört. Andere mußten von einem Ende Pommerns zum anderen marschieren, und wer unterwegs ausfiel, wurde erschossen. Schließlich wurden die Überlebenden aus unerklärlichen Gründen wieder zurückgetrieben, nur um bei nächster Gelegenheit noch einmal aufgegriffen zu werden.

Die Maßnahmen der sowjetischen Truppen erfolgten so willkürlich, daß man kaum eine Logik darin erblicken konnte. Es wird berichtet, daß eine pommersche Familie in ihre Heimatstadt Stolp zurückkehrte, um festzustellen, daß ihr Haus von Soldaten der Roten Armee besetzt war. Diese Soldaten benahmen sich korrekt, ja sogar ausnehmend höflich. Sie sagten der Familie, sie könne das Haus wieder beziehen, sobald die Truppe es frei gemacht habe. Als die Familie das Haus nach wenigen Tagen wieder bezog, stellte sie fest, daß im Keller drei Deutsche ermordet worden waren und ein vierter Toter im Nebengebäude lag.[34] Es gab Fälle, in denen sowjetische Truppen sich völlig korrekt verhielten, und andere, in denen sie Deutsche gegen rachsüchtige Polen und Russen verteidigten. Dann wieder kam es vor, daß Polen Deutsche vor den Übergriffen der Rotarmisten schützten.

Keitel in Berlin, der genau wußte, was in den besetzten deutschen Gebieten geschah, beklagte sich indessen darüber, daß die führerlosen und terrorisierten Deutschen den Mut verloren hätten und daß die Helden die verachteten polnischen Arbeiter seien, die ohne irgendwelche Bindungen und ohne Besitz nichts als das nackte Leben zu verlieren hätten und trotzdem gegen die marodierenden Russen kämpften.[35]

Die offizielle sowjetische Geschichte hat später versucht, diese Verbrechen zu vertuschen, und behauptet, solche Dinge seien nur in vereinzelten Fällen vorgekommen. An anderer Stelle spricht sie davon, welche fürchterlichen Verluste an

33 Documents, S. 48–68.
34 *Jahn*, Pommersche Passion, S. 113.
35 Notiz in OKH Gen St d H Op Abt IV, Fremde Heere Ost, 20. 1. 1945.

unschuldigen Menschenleben durch die anglo-amerikanischen Bombenangriffe gegen Deutschland eingetreten seien.[36] Es hat keinen Sinn, zu moralisieren, und jeder Versuch, festzustellen, wer für die Kriegsverbrechen verantwortlich ist, ob diese nun angeblich von Deutschen, Russen oder Angloamerikanern verübt worden sind, muß fehlschlagen. Aber die Tatsachen über die sowjetische Besatzungszeit müssen festgehalten werden.

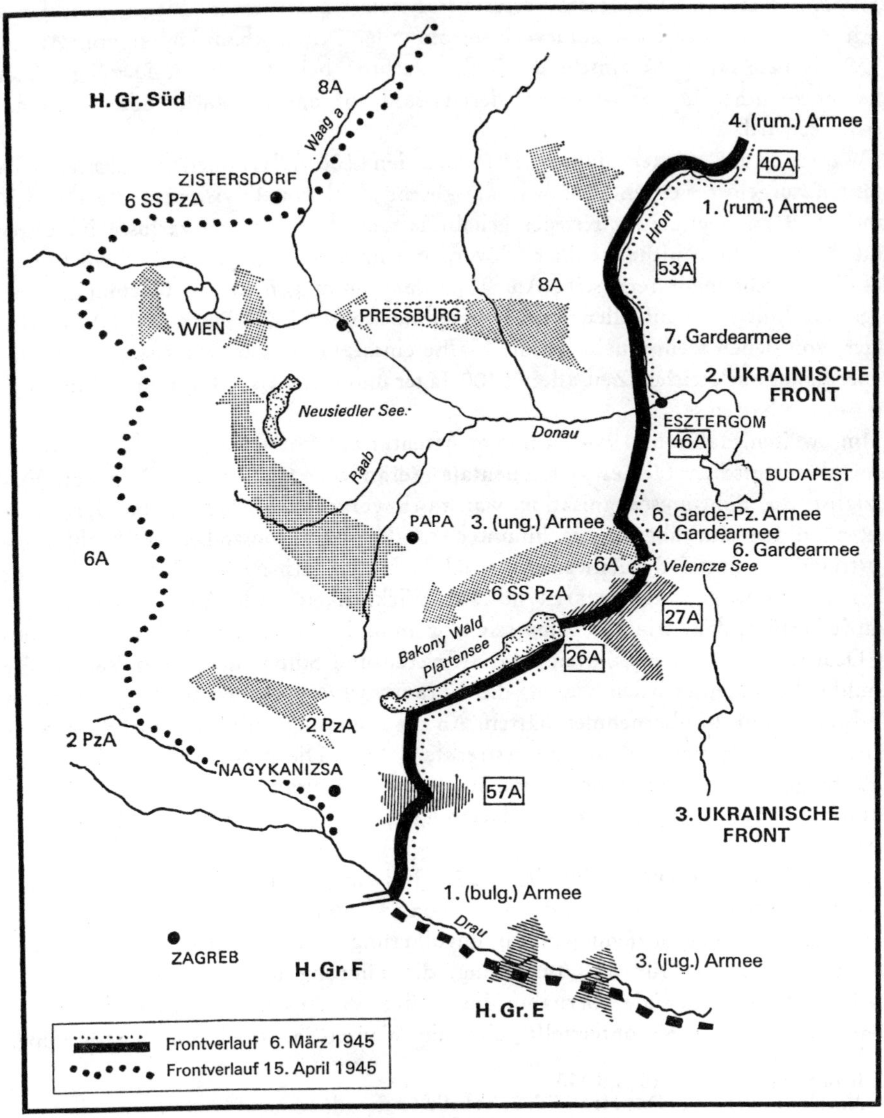

Karte 26: Das Ende in Ungarn und Österreich, März bis April 1945

Im Frühsommer 1944 standen mehr als 1,5 Millionen Soldaten der Wehrmacht in Frankreich und den Niederlanden, aber nur 900.000 Mann gehörten zum deutschen Heer und zur Waffen-SS. An der Ostfront standen zu gleichen Zeit 2.160.000 Mann des Heeres und der Waffen-SS. Von Juni bis November 1944 verlor das deutsche Heer in Rußland, Rumänien und Ungarn 214.000 Gefallene und 626.000 Vermißte. In Frankreich betrugen die Verluste 54.000 Gefallene und 339.000 Vermißte. Die Gesamtverlustziffer von 1,2 Millionen Mann war ebenso hoch wie die deutschen Gesamtverluste auf allen Kriegsschauplätzen von August 1939 bis Februar 1943 einschließlich der Verluste bei Stalingrad. Dazu gehörten aber noch nicht die Verwundeten, deren Zahl auf das Dreifache der Gefallenen geschätzt wird.

Während des ganzen Jahres 1944 wurden 106 Divisionen vernichtet oder mußten aufgelöst werden. Das war die gleiche Zahl von Divisionen, die Deutschland 1939 zu Beginn des Krieges gehabt hatte.[37] Die Materialverluste im Osten und Westen waren nicht weniger schwer, und nach einem solchen Aderlaß konnte das Ende nicht mehr fern sein. Am Tage der Landungen in der Normandie verfügte die Luftwaffe auf allen Kriegsschauplätzen über 2300 Jäger und 700 Nachtjäger, von denen wenig mehr als die Hälfte einsatzfähig war, während die Anglo-Amerikaner zur gleichen Zeit allein 5400 Jäger und mehr als 5000 Bombenflugzeuge im Einsatz hatten.[38]

Im zweiten Halbjahr 1944 nach dem Attentat auf Hitler hatte es in der Gliederung des deutschen Heeres fundamentale Veränderungen gegeben. Die nationalsozialistische Führungsorganisation war rasch vergrößert worden, und ihre Vertreter fanden sich überall bis hinunter zu den Bataillonsstäben. Obwohl diese Vertreter der Partei die Anweisung erhalten hatten, sich nach außen hin nicht als Kommissare zu gebärden, waren sie es in Wirklichkeit doch. Am 1. August 1944 wurde verfügt, daß, wie dies schon seit langem in der Sowjetunion üblich war, auch in Deutschland die Verwandten von Offizieren und Soldaten, die des Verrats für schuldig befunden worden waren, die Verantwortung und Bestrafung für dieses Verbrechen mit zu übernehmen hätten. An die Stelle der militärischen Ehrenbezeigung trat der Hitlergruß mit ausgestrecktem Arm. Die politische Zuverlässigkeit und religiöse Einstellung der Generäle und ihrer Frauen wurden als wichtige Faktoren berücksichtigt, wenn es darum ging, sie in bestimmten Stellungen zu verwenden.

Als der Reichsführer SS Himmler am 20. Juli zum Befehlshaber des Ersatzheeres ernannt worden war, traten an die Stelle von Infanteriedivisionen Volksgrenadierdivisionen, die enge Beziehungen zur Bevölkerung und zur Partei pflegen sollten. Die Verantwortung für die Aushebung, die Führung und die politische Überwachung dieser Verbände übernahm die Waffen-SS. Ausländische Freiwilligenverbände wurden der SS unterstellt, und die Waffen-SS erhielt die Berechtigung,

36 Istorija, Bd. 5, S. 85–86 und 113.
37 *Mueller-Hillebrand*, Das Heer, Bd. 3, Tabelle 65 ff.
38 Ebenda, S. 110, Zitat aus Unterlagen des Gen Qu 6 Abt/OKL.

einen SS-Armeestab und weitere SS-Korpsstäbe zu bilden, wobei Offiziere des Heeres zwangsmäßig zur Waffen-SS versetzt wurden, um in den Stäben der neuaufgestellten Verbände Dienst zu tun. Damit hatten die Partei und die Waffen-SS praktisch die führende Rolle im deutschen Heer übernommen.

Der Volkssturm gehörte weder zum Heer noch zur Wehrmacht, sondern zur Partei und setzte sich aus Männern im Alter zwischen 16 und 60 Jahren zusammen. Der jeweilige Gauleiter der Partei war für die Rekrutierung und Kontrolle der Volkssturmeinheiten verantwortlich und teilte seine Verantwortung mit dem Reichsführer SS, der als Befehlshaber des Ersatzheeres für die militärische Gliederung, die Ausrüstung und die Ausbildung des Volkssturms zuständig war.

Am 19. Februar, einen Tag vor Beginn des Angriffs der 1. Baltischen Front gegen das eingeschlossene Königsberg, griffen die Deutschen selbst von der Stadt und von Samland aus an, um einen Zugang auf dem Landwege freizukämpfen. Mit Unterstützung durch das Feuer der Geschütze deutscher Kriegsschiffe gelang der Angriff, nach drei Tagen war die Landbrücke freigekämpft, und Königsberg konnte sich noch weitere zwei Monate halten. Am 18. Februar, zwei Tage vor der geplanten Offensive, fiel der Befehlshaber der 3. Weißrussischen Front, Tschernjakowski, bei Mehlsack, das Unternehmen mußte verschoben werden, und die sowjetischen Kräfte wurden noch einmal umgegliedert. Wassilewski, der die Operationen beider Fronten als Vertreter des Oberkommandos hätte leiten sollen, übernahm am 21. Februar den Befehl über die 3. Weißrussische Front. Bagramjan, dem es nicht gelungen war, den Entsatz von Königsberg durch den Gegner zu verhindern, fiel vorübergehend in Ungnade, seine 1. Baltische Front wurde als Gruppe Samland in die 3. Weißrussische Front eingegliedert, und er selbst Wassiljewski unterstellt. Als neuer Termin für den Beginn der Offensive wurde der 13. März festgelegt.[39]

Der Oberbefehlshaber der Heeresgruppe Nord, Rendulic, erhielt am 11. März von Hitler den Befehl, wieder das Kommando der Heeresgruppe Kurland zu übernehmen, wo man eine neue sowjetische Offensive erwartete. An die Stelle von Rendulic trat der bisherige Oberbefehlshaber der 2. Armee, Weiß.

Die Lage in Königsberg erschien jetzt hoffnungslos. Das Hauptquartier der Heeresgruppe Nord war aus Ostpreußen herausgenommen worden, und das Kommando über die Gruppe Samland und die Festung Königsberg wurde Müller und dem Stab der 4. Armee übertragen.

Nach schweren Luftangriffen und massiver Artillerievorbereitung gegann der Angriff am 6. April um die Mittagszeit, und am Abend war sowjetische Infanterie bereits in die Stadt eingedrungen. Der Festungskommandant Lasch bat Müller um die Erlaubnis, nach dem Samland zurückzugehen. Das wurde ihm verweigert. Aber am folgenden Tage wurde die Stadt vom Samland abgeschnitten, und Müller befahl Lasch auszubrechen. Doch dazu war es jetzt schon zu spät. Am Abend des 9. April bat Lasch vergeblich um die Erlaubnis zur Kapitulation. Darauf

39 Istorija, Bd. 5, S. 163–168.

kapitulierte Lasch selbständig, und am 10. April wurden die Kämpfe eingestellt. Nur schwache eingeschlossene Abteilungen setzten das Gefecht fort. Der erzürnte »Führer« verurteilte Lasch in Abwesenheit und ohne Gerichtsverfahren zum Tode, und die SS verhaftete seine Familie.[40] Etwa zur gleichen Zeit floh der Gauleiter Koch auf einem Eisbrecher nach Dänemark, die Rote Armee besetzte Königsberg, und die Stadt wurde zum Schauplatz barbarischer Greueltaten.[41]

Am Morgen des 13. April begann die letzte Phase des Angriffs gegen die deutsche Gruppe Samland. Die deutschen Soldaten leisteten fanatischen und verzweifelten Widerstand, der erst nach sechs Tagen gebrochen werden konnte. In dieser Zeit wurden die Stäbe, ein Teil der Truppen und zahlreiche Zivilisten über See evakuiert, ohne daß die sowjetische Ostseeflotte eingriff. Der Feldzug in Ostpreußen hatte 105 Tage gedauert, und die Heeresgruppe Nord, die deutsche Flotte und die Luftwaffe hatten außergewöhnliche Standhaftigkeit bewiesen. Die Sowjets erlitten schwere Verluste. Die 3. und 2. Weißrussische Front verloren in den vier Wochen vor dem 10. Februar 22 bzw. 15 Prozent ihres Mannschaftsbestandes.[42]

Ungeachtet der Tatsache, daß die Sowjets starke Kräfte an der Oder zusammenzogen, um sie hier für den Angriff gegen Berlin bereitzustellen, hatte Hitler an der Südflanke der Ostfront, in Ungarn, eine deutsche Offensive befohlen. Ihr Zweck war, wie er sich einredete, ein rein wirtschaftlicher; denn die ungarischen und österreichischen Ölfelder erzeugten zusammen 80 Prozent des von den Deutschen verbrauchten Mineralöls, und Guderian konnte den »Führer« durch nichts dazu überreden, Truppen an die Oder zu verlegen. Aus diesem Grunde mußte er auch die erst kürzlich aus den Ardennen herausgezogene 6. SS-Panzerarmee unter Sepp Dietrich in Ungarn einsetzen.[43]

Am Abend des 5. März griff die Heeresgruppe E unter Löhr die bulgarischen und jugoslawischen Armeen jenseits der Drau an, während die 2. Panzerarmee unter Angelis einen Angriff gegen sowjetische Verbände südlich des Plattensees führte. Das waren jedoch nur Entlastungsangriffe. Die Hauptoffensive begann am folgenden Tage zwischen dem Plattensee und dem Velencze-See. Dabei gingen die 6. SS-Panzerarmee rechts und die 6. Armee links vor. Der Angriff gewann allmählich an Boden und kam in den ersten beiden Tagen 6,5 Kilometer voran. Nach vier Tagen hatte die SS im ganzen 25 Kilometer zurückgelegt. Dann aber wurde die deutsche Offensive durch die sowjetischen Artilleriereserven zum Stehen gebracht. Am 13. März hatten die deutschen Angriffe an Schwung verloren.

Als das sowjetische Oberkommando erkannte, daß Wöhler sich verausgabt hatte, befahl es eine sowjetische Gegenoffensive. Diese Gegenoffensive sollten die 2. und die 3. Ukrainische Front unter Leitung Timoschenkos als Vertreter des Oberkommandos führen. Zunächst hatte man beabsichtigt, den Hauptstoß von Malinowski gegen Wien führen zu lassen, aber am 9. März änderte das Oberkommando seinen

40 *Lasch*, So fiel Königsberg, S. 84–85, 117.
41 *Dieckert* und *Grossmann*, Der Kampf um Ostpreußen, S. 181; Dokumentation, S. 32.
42 Istorija, Bd. 5, S. 179–180.
43 *Guderian*, Panzer Leader, S. 412–413.

Plan, um die 6. Armee unter Balck und die 6. SS-Panzerarmee unter Dietrich zwischen dem Velencze-See und dem Plattensee einzuschließen und zu vernichten.[44]

Die SS-Verbände gingen an einigen Stellen ganz ungeordnet zurück, und der wütende »Führer« beschloß, diese Truppen, die früher einmal der Stolz der Partei gewesen waren, zu demütigen. Er schickte einen persönlichen Abgesandten nach Ungarn mit dem Auftrag, allen SS-Truppen einschließlich der Leibstandarte »Adolf Hitler« die Armbinden abzunehmen.[45]

Der Korridor, durch den sich die deutschen Truppen zurückziehen konnten, war schließlich nur noch 3,2 Kilometer breit, und durch diese Lücke entkam die Masse der deutschen Verbände, ließ jedoch einen großen Teil der schweren Ausrüstung zurück. Der sowjetische Angriff wurde zur Verfolgung; denn die Deutschen hatten keine Auffangstellungen vorbereitet. Am 25. März fiel Papa, und die sowjetischen Panzer setzten sich nach Nordwesten gegen den Fluß Raab und die österreichische Grenze in Bewegung. Am gleichen Tage wurde Wöhler als Befehlshaber der Heeresgruppe Süd von Rendulic abgelöst, den Hitler für einen besonders fähigen Verteidigungsexperten hielt. Weiter im Norden hatte Malinowskis 2. Ukrainische Front indessen Esztergom und das Hrontal gesäubert und ging gegen Preßburg vor. Am 4. April wurde die Stadt genommen.

Damit war der deutsche Widerstand in Ungarn gebrochen. Die deutsche 6. Armee unter Kreysing im Nordabschnitt zog sich rasch vor der nachstoßenden 2. Ukrainischen Front Malinowskis zurück. Teile der 6. Armee und der 6. SS-Panzerarmee machten gewisse Anstalten, die Raab-Linie zu verteidigen, aber die 3. Ukrainische Front stieß an ihnen vorbei und nach Österreich hinein.

Rendulic übernahm sein neues Kommando erst in der zweiten Aprilwoche. Am 6. April, auf dem Wege von der Heeresgruppe Kurland nach Österreich meldete er sich beim »Führer«, um von ihm in die Lage eingewiesen zu werden und seine Befehle zu erhalten. Rendulic hat später geschildert, wie er im Kraftfahrzeug durch die Trümmer von Berlin zur Reichskanzlei fuhr, die von außen noch intakt zu sein schien. Im Inneren stellte er jedoch schon erhebliche Schäden fest, besonders in der Mosaikhalle. Im Bunker unter der Reichskanzlei, in dem Hitler lebte und arbeitete, wies er seinen neuen Heeresgruppenbefehlshaber persönlich in die Lage ein. In den drei Monaten, die Rendulic ihn nicht mehr gesehen hatte, war Hitlers äußere Erscheinung eine ganz andere geworden. Er ging gebeugt, zog sein linkes Bein nach und hielt sich den linken Arm mit der rechten Hand fest. Aber trotz des körperlichen Verfalls behauptet Rendulic, er sei geistig noch vollkommen auf der Höhe gewesen. Seine Stimme, sein Blick und sein Auftreten seien so klar und sicher gewesen wie eh und je.

Der »Führer« sagte, es erscheine ihm unmöglich, die Russen aufzuhalten, und es sei die Aufgabe von Rendulic, Wien zu halten und dem Gegner das Vordringen in

44 Istorija, Bd. 5, S. 203–205.
45 *Guderian,* Panzer Leader, S. 419.

die Alpen und den Vorstoß in das Donautal aufwärts zu verwehren. Hitler war zu der Überzeugung gelangt, die Russen seien die Hauptgegner, und deshalb müsse das Vordringen der Anglo-Amerikaner nur noch aufgehalten und verzögert werden. Der Führer war angeblich davon überzeugt, daß die deutschen Verteidigungsstellungen an der Oder sehr stark seien, und sagte, er sei sehr zuversichtlich. Rendulic, der glaubte, daß die Ruhe vor dem Mittelabschnitt der Ostfront nur die Stille vor dem Sturm sei, hätte gern mehr über die Umstände gewußt, mit denen Hitler seinen Optimismus begründete, aber der »Führer« wollte sich nicht dazu äußern. Als Rendulic Jodl einen fragenden Blick zuwarf, zuckte dieser nur mit den Schultern.

So setzte der General seine Reise fort, während der »Führer« sich wieder über die längst überholten Lagekarten beugte. Der neue Oberbefehlshaber der Heeresgruppe Süd, die bald die neue Bezeichnung Heeresgruppe Ostmark erhielt, durfte ohne ausdrückliche Erlaubnis des »Führers« nicht einmal die über die Donau führenden Brücken in Wien zerstören, und jede Anordnung und alle Truppenbewegungen in Wien mußten von Berlin genehmigt werden.[46]

Am 1. April hatte das sowjetische Oberkommando seine Befehle für die sofortige Einnahme Wiens gegeben; denn die österreichische Hauptstadt war als Kommunikationszentrum für den von den Deutschen besetzten Teil Europas von großer strategischer Bedeutung. Die Stadt sollte von Osten her von Teilen der 2. Ukrainischen Front Malinowskis eingeschlossen werden, während die 3. Ukrainische Front sie von Süden und Westen angriff. Am 10. April räumten die Verteidiger das Stadtzentrum, und drei Tage später wurde auch der übrige Teil der Stadt von sowjetischen Truppen besetzt. Die schweren Kämpfe gingen indessen weiter; denn Rendulic versuchte, den Gegner möglichst weit im Osten festzuhalten, während er selbst seine Verwundeten nach Westen abtransportierte.

Der Chef des Generalstabes Guderian hatte mit großen Schwierigkeiten zu kämpfen, und die Tage seiner Amtsführung waren gezählt. Sein Chef der Operationsabteilung Wenck war bei einem Autounfall verletzt worden, und der frühere Chefs des Stabes von Models Heeresgruppe B im Westen, Krebs, hatte seinen Posten übernommen. Krebs war mit Burgdorf befreundet, der nach dem Tode von Schmundt Hitlers militärischer Adjutant und Chef des Heerespersonalamts geworden war. Burgdorf war dem »Führer« für die wichtigsten Ernennungen und Beförderungen im Heer verantwortlich und lebte zusammen mit Bormann und Fegelein innerhalb des engsten Kreises in der unmittelbaren Umgebung des »Führers«. Deshalb stand er Hitler viel näher als Guderian, Jodl oder Keitel. Wie Guderian berichtet, wurde auch Krebs in diesen inneren Kreis aufgenommen.

Guderian, der sich schon lange nicht mehr des Vertrauens seines »Führers« erfreute, erregte nur noch seinen Ärger, und deshalb sahen sich der »Führer« und Burgdorf nach einem geeigneten Ersatzmann um. Krebs hatte schon einige Wochen das Amt des Chefs der Operationsabteilung unter Guderian innegehabt und war deshalb

46 *Rendulic*, Gekämpft Gesiegt Geschlagen, S. 367–373.

über die laufenden Operationen im Bilde. Hitler erblickte in ihm zudem ein gehorsames und fügsames ausführendes Organ. Ebenso wie Zeitzler als persönlicher Freund von Schmundt an Halders Stelle gesetzt worden war, so löste auch Krebs auf Anregung von Burgdorf Guderian ab.

Am 1. April wurde Guderian aus einem Amt entlassen, für das er nicht geeignet war und in dem er ebenso wie Zeitzler nichts geleistet hatte. Der Anlaß für die Entlassung war der Umstand, daß es die 9. Armee unter Busse mit ihren fünf Divisionen nicht fertiggebracht hatte, den sowjetischen Brückenkopf am Westufer der Oder bei Küstrin zu vernichten und die eingeschlossenen feindlichen Truppen über den Fluß zurückzuwerfen. Dieser Rückschlag ärgerte Hitler umso mehr, als er dadurch gezwungen wurde, den ehrgeizigen und unrealistischen Plan aufzugeben, mit der Heeresgruppe Weichsel aus dem Raum Frankfurt an der Oder eine Gegenoffensive in den Rücken der 1. Weißrussischen Front zu führen.[47]

Aber auch in Schlesien hatte sich die Lage weiterentwickelt. Der fanatische Schörner hatte die ehemalige Heeresgruppe A, die jetzige Heeresgruppe Mitte am 20. Januar zu einem Zeitpunkt übernommen, als seine drei größten Verbände, die 4. Panzerarmee, die 17. Armee und die 1. Panzerarmee, ungeordnet vor der 1. Ukrainischen Front Konjews aus dem Raum an der oberen Weichsel bei Krakau und aus dem Ostteil der Tschechoslowakei zurückgingen. Im schlesischen Industriegebiet ging die Arbeit auf vollen Touren weiter, und dies waren die einzigen Rüstungsbetriebe, die Deutschland jetzt noch besaß. Schörner standen etwa achtzehn Infanteriedivisionen und Teile von sechs Panzer- und Panzergrenadierdivisionen zur Verfügung. Diese Kräfte reichten nicht aus, um den ihnen angewiesenen Frontabschnitt zu halten. Reserven gab es keine mehr.

Der Vorstoß der Roten Armee nach Schlesien und das Vordringen sowjetischer Kräfte auf schlesisches Gebiet lösten eine Massenflucht der deutschen Bevölkerung aus. Von den 4.700.000 Einwohnern, die Schlesien im Februar 1944 gehabt hatte, befanden sich Mitte April des folgenden Jahres nur noch 620.000 in dieser deutschen Provinz.[48]

Ebenso wie Glogau und Neiße war auch Breslau zur Festung erklärt worden. Der erste Kommandant war Ahlfen, der zweite Niehoff. Als sowjetische Truppen Breslau einschlossen, erhielten die 17. und die 239. Infanteriedivision den Befehl, aus dem Einschließungsring auszubrechen und die Verbindung mit den Hauptkräften aufzunehmen. Nur die 609. Infanteriedivision und einige schwächere Abteilungen blieben in der Festung.[49] Die 609. Division war erst vor wenigen Wochen in Dresden aufgestellt worden, und außer dem Divisonskommandeur gab es im Divisionsstab nur einen Offizier, der schon vorher in einem solchen Stab Dienst getan hatte. Die drei Regimenter waren bunt aus allen möglichen Truppenteilen und Einheiten zusammengewürfelt. Sie bestanden aus Teilen der 269. Infanterie-

47 *Guderian,* Panzer Leader, S. 427–429.
48 Dokumentation, S. 92.
49 *von Ahlfen* und *Niehoff,* So kämpfte Breslau, S. 30–31.

division, Versprengten anderer Verbände des Heeres und der SS, aus Polizeikräften sowie den Stäben und Schülern von Kriegsschulen. Außerdem gab es ein improvisiertes SS-Regiment, das sich aus Ausbildungseinheiten zusammensetzte, ein aus Bodenpersonal bestehendes Luftwaffenregiment und drei aus den verschiedensten Bestandteilen zusammengesetzte Regimenter des Heeres. Die Festungsartillerie bestand aus 32 mit deutschen, sowjetischen, polnischen, jugoslawischen und italienischen Geschützen ausgerüsteten Batterien. An Panzern standen in der Stadt nur fünfzehn Sturmgeschütze der verschiedensten Typen, die mit den verschiedensten Geschützen bestückt waren. Dieser schlecht gegliederte Verband wurde außerdem von 38 je etwa 400 Mann starken Volkssturmbataillonen unterstützt.[50]

Diese alles andere als leistungsfähigen Truppen verteidigten Breslau gegen alle feindlichen Angriffe bis Kriegsende und legten die Waffen erst nieder, als alle anderen deutschen Truppen kapituliert hatten. Die Stadt führte einen verzweifelten Abwehrkampf, und der Widerstandswille der Verteidiger wurde durch Propaganda und Gerüchte genährt, die Hitler, Goebbels und der Gauleiter Hanke in die Welt setzten und durch den deutschen Propagandaapparat verbreiten ließen. Überzeugt davon, daß Breslau ein Bollwerk in der roten Flut darstelle und mit Hilfe von außen rechnen könne, schlugen die Soldaten und die Einwohner alle Angriffe ab.[51] Ein Teil der Verteidiger glaubte immer noch an den »Führer«, andere hofften auf die neuen Wunderwaffen, von denen Hitler gesprochen hatte, um solche Hoffnungen zu nähren. Die wildesten Gerüchte waren im Umlauf. Einige glaubten, deutsche Truppen würden die Festung entsetzen, andere rechneten mit der Befreiung durch amerikanische Streitkräfte nach dem Zerbrechen des feindlichen Bündnisses.

Die Hauptfront der 17. Armee zwischen Striegau und Strehlen hielt sich einige Wochen, und die Einwohner Breslaus konnten allnächtlich in der Ferne das dumpfe Grollen des Artilleriefeuers hören. Das trug natürlich dazu bei, ihre Kampfmoral zu festigen. Die am Nordufer der Oder entlangführende Kaiserstraße wurde geräumt und als Landestreifen für die Flugzeuge benutzt, welche die Stadt mit militärischem Nachschub versorgten. Teile von zwei Fallschirmbataillonen wurden in der Stadt abgesetzt. So gingen die Kämpfe fast drei Monate weiter, und in dieser Zeit hatten die 35.000 Soldaten der Wehrmacht, 15.000 Angehörige des Volkssturms und 80.000 Einwohner 29.000 Mann Verluste. Sehr viele, denen es an jeder militärischen Ausbildung und Erfahrung fehlte, lernten das Kämpfen erst in den Trümmern und Ruinen ihrer Stadt und banden dabei schätzungsweise sieben Divisionen der Roten Armee. Am 6. Mai schickte der Befehlshaber der sowjetischen 6. Armee Glusdowski ein von ihm und seinem Chef des Stabes Panow unterzeichnetes Angebot mit den Kapitulationsbedingungen in die Stadt (das jedoch das politische Mitglied des Militärsowjets nicht unterschrieben hatte). Darin garantierte er den eingeschlossenen Truppen und der Zivilbevölke-

50 Ebenda, S. 36 und 120–127.
51 *von Ahlfen*, Der Kampf um Schlesien, S. 219.

rung die persönliche Sicherheit, die ärztliche Versorgung und die Belassung des persönlichen Besitzes sowie die sofortige Repatriierung der Kriegsgefangenen nach Kriegsende.[52]

Keines dieser Versprechen ist von der Sowjetunion gehalten worden.

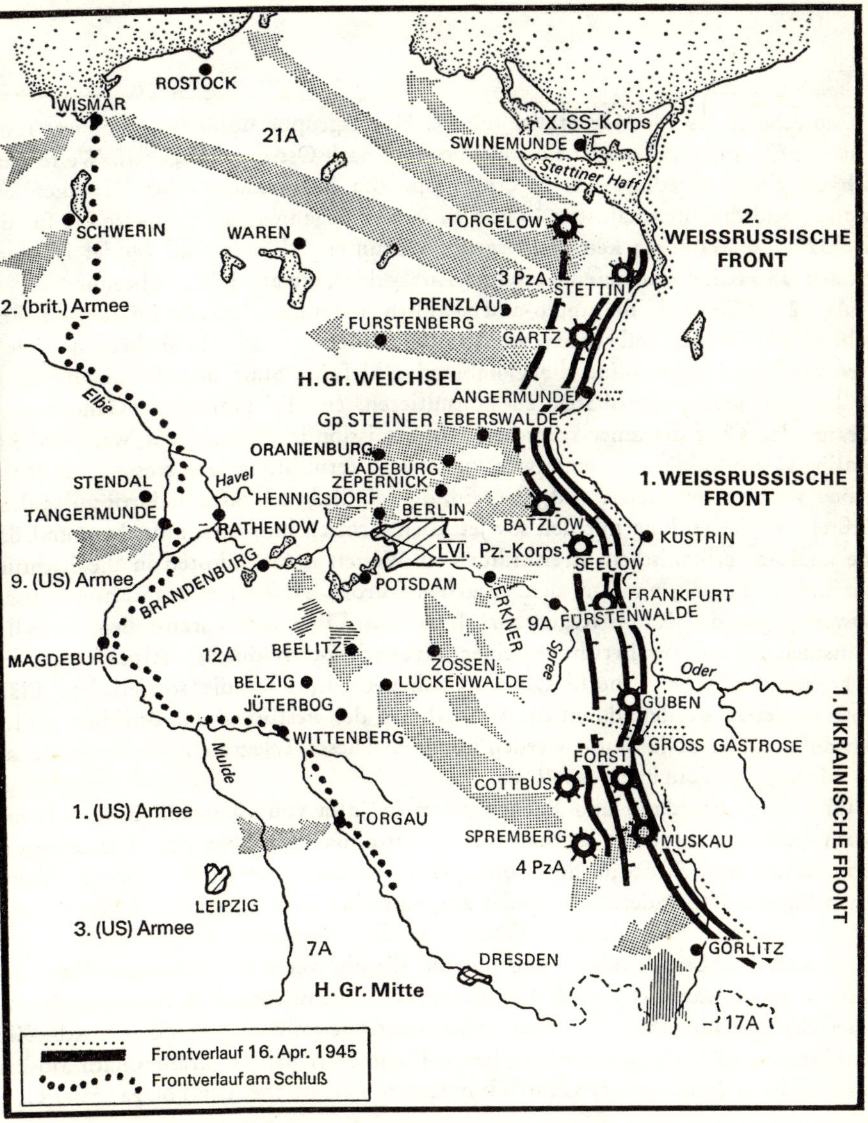

Karte 27: Von der Oder zur Elbe, April bis Mai 1945

52 *von Ahlfen* und *Niehoff*, So kämpfte Breslau, S. 109–110.

24. Kapitel

Berlin

Am Abend des 23. März faßte die 21. Heeresgruppe unter Montgomery festen Fuß am Ostufer des Unterrheins und begann, nach Osten vorzugehen. Weiter südlich erweiterte Bradleys 12. Heeresgruppe die Brückenköpfe bei Remagen und Mainz, und die amerikanische 1. und 9. Armee begannen die doppelte Umfassung der 325.000 Mann starken Heeresgruppe B unter Feldmarschall Model in einem großen, 130 Kilometer tiefen Kessel im Ruhrgebiet, die am 1. April beendet war.

Am 28. März, als die anglo-amerikanischen Truppen bereits im raschen Vorgehen nach Deutschland waren, schickte der alliierte Oberbefehlshaber im Westen, General Eisenhower, ohne die Combined Chiefs of Staff oder seinen britischen stellvertretenden Befehlshaber zu konsultieren, ein Telegramm an Generalmajor Deane, den Chef der amerikanischen Militärmission in Moskau, zur Weitergabe an Stalin. Darin erklärte Eisenhower, nach der Vernichtung des Kessels im Ruhrgebiet werde es seine erste Aufgabe sein, die feindlichen Kräfte dadurch zu spalten, daß er die Verbindung mit den sowjetischen Armeen im Osten aufnehme und daß die anglo-amerikanischen Streitkräfte von Westen nach Südosten in die Richtung auf Erfurt, Leipzig und Dresden vorgehen würden. Außerdem beabsichtigte Eisenhower, gegen den Raum Regensburg-Linz nach Österreich vorzustoßen, um allen deutschen Plänen zur Errichtung einer bayerisch-österreichischen Alpenfestung zuvorzukommen. Der alliierte Oberbefehlshaber bat, über die sowjetischen Pläne unterrichtet zu werden, damit die Maßnahmen der westlichen und östlichen Alliierten aufeinander abgestimmt werden könnten. Dieses Telegramm wurde Stalin am 28. März in Moskau übergeben.[1]

Obwohl Deutschland und Europa schon in Jalta von Churchill, Roosevelt und Stalin politisch aufgeteilt worden waren, hatte man sich über eine Koordinierung der militärischen Strategie der Roten Armee einerseits und der anglo-amerikanischen Streitkräfte andererseits weder ausgesprochen noch geeinigt. Im vergangenen September hatte Montgomery Eisenhower dazu gedrängt, den Vormarsch nach Deutschland zu beschleunigen, und obwohl Eisenhower sich gegen diesen Vorschlag gestellt hatte, waren er und Montgomery sich augenscheinlich darin einig, daß zu jener Zeit die Einnahme von Berlin das wichtigste militärische und politische Ziel sei.[2] Noch am 27. März, einen Tag bevor Eisenhower das Telegramm nach Moskau schickte, hatte Montgomery Churchill in seinem Bericht über den Fortgang der Ope-

1 Message FWD – 18264 (SCAF 252), 28. März 1945.
2 Command Decisions, S. 377–378.

rationen mitgeteilt, daß er gegen die Elbe und Berlin vorgehen werde, und sowohl Churchill als auch Montgomery waren höchst überrascht, als sie vom Telegramm Eisenhowers Kenntnis erhielten.

Churchill war der Auffassung, daß Eisenhower die Grenzen seiner Befugnisse insofern überschritten hätte, als er es auf sich nahm, seine politischen und militärischen Ziele selbst zu bestimmen. Außerdem war Churchill mit der Entscheidung des alliierten Oberbefehlshabers nicht einverstanden, weil er glaubte, die Westalliierten würden sich gegenüber der Sowjetunion, die seit Jalta immer anmaßender geworden war, in einer besseren Verhandlungsposition befinden, wenn sie Berlin vor der Roten Armee einnähmen.[3] Aber Churchills Proteste nützten nichts mehr. Montgomery protestierte bei Eisenhower dagegen, daß die amerikanische 9. Armee aus dem Verband seiner 21. Heeresgruppe herausgelöst wurde und Angriffsziele an der Nordsee und an der Ostseeküste zugewiesen bekam. Aber Eisenhower war der Meinung, Berlin sei kein besonders wichtiges Operationsziel mehr. Die amerikanische 9. Armee erhielt den Befehl, in Richtung auf Berlin bis nach Magdeburg an der Elbe vorzugehen, während alle anderen amerikanischen Streitkräfte nach Süden gegen Süddeutschland und Österreich einschwenkten, wo – wie man irrtümlich annahm – Hitler den Krieg fortsetzen wollte.

Ob Eisenhower Berlin hätte nehmen können oder sollen, das sein erstes Operationsziel gewesen war, ist eine Frage, die nicht in den Rahmen dieses Buches gehört. Er hatte Gründe dafür, es nicht zu tun, Gründe, die er damals für zwingend hielt. Er glaubte, bei einem Vorstoß gegen Berlin hätte er 100.000 Mann an Gefallenen und Verwundeten verloren, und er hatte sich durch eine nachrichtendienstliche Lagebeurteilung täuschen lassen, die aus den starken Gruppierungen deutscher Streitkräfte in Süddeutschland, Österreich und der Tschechoslowakei falsche Folgerungen zog.[4] Das Erstaunliche an dem plötzlichen Wechsel des strategischen Ziels ist es, daß Roosevelt und die amerikanischen Chefs des Generalstabes die Entscheidungen in dieser letzten Phase des Krieges einem einzigen Mann überließen, der sich zwar als Soldat ausgezeichnet hatte, dem es aber damals an politischer Urteilsfähigkeit mangelte und der die Methoden und Ziele der Sowjetunion nicht genau kannte.[5] Die militärischen Ziele hätten unbedingt auf die politische Nachkriegsstrategie abgestimmt werden müssen.[6]

Nachdem General Deane das Telegramm Eisenhowers an Stalin weitergegeben hatte, antwortete dieser sofort und teilte mit, er sei generell mit den amerikanischen Vorschlägen einverstanden. Stalin bestätigte, daß Berlin jetzt nicht mehr seine frühere strategische Bedeutung habe, und erklärte sich deshalb damit einverstanden, daß der sowjetische Hauptstoß gegen Dresden und Leipzig geführt werde,

3 *Churchill,* Bd. 6, Triumph and Tragedy, S. 399–409; *Eisenhower,* Crusade in Europe, S. 433–440.
4 Command Decisions, S. 378.
5 Noch 1948 schrieb Eisenhower über die Sowjetunion, sie sei »frei von dem Stigma, mit Gewalt ein Weltreich aufbauen zu wollen«. *Eisenhower,* Crusade in Europe, S. 499.
6 *Pogue,* The Supreme Command, S. 440.

während im Abschnitt vor Berlin nur Entlastungsangriffe zu erfolgen hätten. Er sagte, die sowjetische Offensive werde in der zweiten Maihälfte erfolgen, obwohl dieser Termin sich noch ändern könne.[7]

Schukow und Konjew wurden zusammen mit ihren für die operativen Planungen verantwortlichen Generalstabsoffizieren nach Moskau befohlen. Sie trafen dort am späten Nachmittag des Ostersonntags, den 1. April, auf dem Luftwege ein und wurden von Stalin in seinem Arbeitszimmer im Kreml empfangen. Bei dieser Besprechung waren die anderen Mitglieder des staatlichen Verteidigungskomitees (GKO) zugegen, ebenso auch der damalige Chef des Generalstabes, Antonow, und der Chef des Direktorats für operative Planung, Schtemenko.

Diese Vorbesprechung ist insofern interessant, weil, wenn man Konjew glauben soll, Schtemenko auf Befehl Stalins ein aus ungenannter Quelle stammendes Telegramm vorlas, das über den anglo-amerikanischen Plan berichtete, Berlin zu nehmen, bevor die Rote Armee es erreichen könne. In diesem Telegramm hieß es, der Plan sehe vor, daß ein Angriffsverband unter Montgomery aus dem Raum nördlich der Ruhr rasch über die norddeutsche Tiefebene vorstoßen solle. Es ist möglich, daß der Bericht den Tatsachen entspricht, es kann aber auch ein nachträglicher Versuch sein, die Doppelzüngigkeit der Sowjets zu rechtfertigen.[8]

Schukow und Konjew erhielten den Befehl, sich auf den Angriffsbeginn am 16. April vorzubereiten. Dabei fiel Schukow die wichtigere Aufgabe zu, und ihm wurde die Masse der für die Einnahme von Berlin und den Vormarsch gegen die Elbe notwendigen Streitkräfte unterstellt, während sich Konjew insofern an der Operation beteiligte, als er Schukow bei dem Unternehmen unterstützen, aber auch den Entlastungsvorstoß gegen Dresden und Leipzig führen sollte. Die Westalliierten wurden erst am 15. April von dem neuen Termin für den Beginn der Offensive unterrichtet, und dann auch nur, weil sie beim Abhören des deutschen Funkverkehrs festgestellt hatten, daß sie unmittelbar bevorstünde.[9] Die Westalliierten wurden auch erst auf eine direkte Anfrage des amerikanischen Botschafters in Moskau unterrichtet, und auch jetzt noch behauptete Stalin, der Hauptstoß werde in südwestlicher Richtung gegen Leipzig erfolgen.

Am 3. April hatten Schukow und Konjew ihre Pläne fertiggestellt, und Stalin stimmte ihnen zu. Für den Hauptstoß gegen Brandenburg und Berlin, den die 1. Weißrussische Front unter Schukow von der Oder aus führen sollte, waren vier Schützenarmeen und zwei Panzerarmeen im Schwerpunkt vorgesehen, während andere Kräfte nördlich und südlich der deutschen Hauptstadt Entlastungsangriffe führen sollten. Die Aufgabe Schukows war es, Berlin zu nehmen und am 15. Tage der Offensive die Elbe zu erreichen. Die weiter südlich bereitgestellte 1. Ukrainische Front Konjews sollte die Neiße überschreiten, den Raum Cottbus und Spremberg

7 Istorija, Bd. 5, S. 257.
8 *Konjew,* Sorok Pjatyi God, Nowyi Mir, Mai 1965; *Schukow,* Waspominanija i Rasmyšlenija, S. 640–643, s. a. *Schtemenko,* Generalnyi Stab w Gody Woiny, S. 329 bis 330.
9 Kriegstagebuch des OKW, 14. u. 15. April, Bd. 4, S. 1240–1242.

nehmen, in nordwestlicher Richtung gegen Wittenberg an der Elbe und Beelitz, südwestlich von Berlin bei Potsdam, vorstoßen. Diese Linie sollte in zwölf Tagen erreicht werden. Ein weiterer Entlastungsvorstoß richtete sich gegen Dresden. Konjews Front bestand aus fünf Armeen und zwei Panzerarmeen.

Die aus drei Schützenarmeen bestehende 2. Weißrussische Front Rokossowskis an der Ostsee sollte eine feindliche Gruppierung bei Stettin vernichten und von dort nach Westen und Nordwesten gegen Mecklenburg vorstoßen. Da der Hauptstoß der Offensive von der 1. Weißrussischen Front unter Schukow geführt werden sollte, wurden die Abschnittsgrenzen neu festgelegt, um die Frontbreite für Schukow im Schwerpunkt von 320 auf 200 Kilometer zu verringern, so daß seine Front jetzt von Angermünde im Norden bis nach Groß-Gastrose im Süden reichte.

Alle drei Fronten waren inzwischen verstärkt worden und verfügten nach sowjetischen Berichten über 2,5 Millionen Mann, 43.000 Geschütze und Granatwerfer, 6200 Panzer und Schützenpanzer und 7500 Flugzeuge aller Typen.[10]

Die 4., 2. und 3. Ukrainische Front weiter im Süden sollten indessen den Druck gegen die feindlichen Stellungen aufrecht erhalten, um die Verschiebung strategischer Reserven von Schörners Heeresgruppe Mitte oder der Heeresgruppe Süd unter Rendulic nach Brandenburg zu verhindern. Die Deutschen waren im Raum um Berlin stärker als man zunächst angenommen hatte, und man erkannte, daß man eigentlich die ganze 1. Weißrussische und die 1. Ukrainische Front gegen Berlin hätte ansetzen müssen. Die Aufgabe Schukows wurde auch noch dadurch erschwert, daß Rokossowski bei Gdingen und Danzig in Kämpfe verwickelt war und seinen Angriff erst vier Tage später beginnen konnte als die beiden anderen Fronten.

Schukow ließ seine Hauptkräfte aus dem Brückenkopf bei Küstrin vor Hellwerden nach einer kurzen Artillerievorbereitung antreten, um den Angriff im Licht massiert eingesetzter Fliegerabwehrscheinwerfer zu führen. Vier Armeen sollten, wenn der erste Durchbruch erzielt war, nachstoßen. Die 2. Garde-Panzerarmee erhielt den Auftrag, Berlin von Norden her einzuschließen, während vier Schützenarmeen von Osten in die Berliner Vorstädte eindringen sollten. Die 1. Garde-Panzerarmee unter Katukow sollte, unterstützt von zwei an der linken Flanke eingesetzten Schützenarmeen, Berlin von Süden her einschließen. Die Aufgabe Schukows war, obwohl er im Brückenkopf bei Küstrin die Oder schon hinter sich hatte, nicht ganz einfach. Das Gelände vor seinem Abschnitt war flach und sumpfig und von zahlreichen Nebenflüssen der Oder, Kanälen und Gräben durchzogen, die vielfach überschwemmt waren. Die deutschen Verteidigungsanlagen in diesem Raum waren gut ausgebaut, und der Gegner hatte von den Hängen der mit starken Kräften verteidigten Stellungen bei Seelow einen guten Überblick über den sowjetischen Brückenkopf. Schukow wollte die Armeen der ersten Angriffswelle in dem kleinen Brückenkopf bereitstellen und unter Verwendung weit überlegener artilleristischer Kräfte, die das Unternehmen durch einen kurzen, aber sehr starken Feuerschlag vorbereiten sollten, ausbrechen. Die 140 Scheinwerfer, die das Schlachtfeld vor

10 Kratkaja Istorija, S. 487.

Morgengrauen beleuchten sollten, waren nicht beweglich einzusetzen, und ihr Licht sollte nicht von den Wolken reflektiert werden, sondern die Lichtkegel sollten parallel zum Erdboden gegen die deutschen Stellungen gerichtet werden, um den Gegner zu blenden.

Am 15. April erläuterte Schukow den Angriffsplan dem Befehlshaber der 3. Armee, Gorbatow, der erst kürzlich mit seinen Truppen aus dem baltischen Raum eingetroffen und in die Reserve der 1. Weißrussischen Front eingegliedert worden war. Gorbatow hat später berichtet, er habe hinsichtlich des Angriffsplans gewisse Vorbehalte gehabt. Er hielt es nicht für richtig, so starke Verbände und so viele Panzer in einem so kleinen Brückenkopf zu versammeln, und zweifelte daran, daß es richtig sei, vor Morgengrauen anzugreifen und die Nacht zum Tage zu machen. Aber er enthielt sich einer Stellungnahme, da er selbst nur die Aufgabe hatte, einen Teil der sowjetischen Südflanke zwischen Küstrin und Frankfurt zu decken.[11]

Seine Zweifel scheinen berechtigt gewesen zu sein, denn der Einsatz der Scheinwerfer erwies sich als Fehlschlag, da sie die durch die Artilleriebeschießung verursachte Rauch- und Staubentwicklung nicht durchdringen konnten. Der Rauch reflektierte das Licht, und die angreifenden Truppen wurden im Vorgehen vom Gegner als Silhouetten erkannt. Die Truppenkommandeure verlangten, daß die Scheinwerfer gelöscht würden. Das geschah aber erst, als irgend jemand anderer diesen Befehl widerrief. Die dann entstehende Verwirrung wirkte sich noch ungünstiger aus; denn die Scheinwerfer wurden immer wieder an- und ausgeschaltet, so daß die Soldaten nachtblind wurden und nichts mehr sehen konnten. Tschuikow, der kein besonderer Freund Schukows war, hat dieses Durcheinander scharf kritisiert und geschildert, wie alle Straßen und Fahrwege von der Infanterie, den Fahrzeugen und Panzern verstopft waren, so daß ihre Bewegungsfreiheit nach allen Richtungen verlorenging.[12]

Am 19. Januar zog das deutsche Oberkommando nach Berlin. Der Wehrmachtführungsstab war von Friedberg in das Lager Maybach in Zossen, das alte Stabsquartier des OKH, verlegt worden. Keitel und Jodl richteten sich allerdings in Berlin-Dahlem ein.[13] Der »Führer« zog in den tiefen unterirdischen Bunker der Reichskanzlei im Stadtzentrum.

Wenn Hitler, der jetzt unter den Ruinen seiner neuen Reichskanzlei lebte, wußte, daß das Ende nahe war, dann ließ er sich das zumindest nicht anmerken. Er hatte zwei Befehle erlassen, nach denen alles Material vernichtet werden sollte, das dem Feinde nützen konnte.[14] Der Vorstoß der amerikanischen 9. Armee gegen Magdeburg, dem die amerikanische 1. und 3. Armee hier und weiter südlich folgten, zeigte an, daß Deutschland in zwei Teile zerschlagen werden würde, und der »Führer«

11 *Gorbatow*, Gody i Voiny, Nowyi Mir, Mai 1964.
12 *Tschuikow*, The End of the Third Reich, S. 143–150.
13 Kriegstagebuch des OKW, Bd. 4, S. 1021 und 1289.
14 OKW/WFSt/Qu II Nr. 00271/45 g. K vom 20. März und Nr. 003132/45 g. Kdos vom 4. April 1945; *Hubatsch*, Hitlers Weisungen für die Kriegführung, S. 303–304.

traf Vorbereitungen dafür, daß der Kampf unabhängig in Nord- und Süddeutschland fortgesetzt werden konnte.[15]

Man hat behauptet, Hitler habe um diese Zeit begonnen, der gleichen Auffassung Ausdruck zu verleihen, zu der Guderian ihn im Jahr zuvor vergeblich zu bekehren versucht hatte. Jetzt sei er entschlossen gewesen, alle verfügbaren Kräfte an die Ostfront gegen die Russen zu führen. Dafür war es aber zu spät. Die Kräfte im Westen, um die Guderian mit Jodl gerungen hatte, waren vernichtet. Weit über alle Kriegsschauplätze verstreut gab es noch gute Divisionen, die zum Teil über reichliche Kampferfahrung verfügten. Sie hatten jetzt nichts zu tun oder standen auf verlorenem Posten zwischen den Kanalinseln und Jugoslawien und zwischen der Arktis und Kreta. Sie lagen in Norwegen, Kurland, Italien und auf dem Balkan.

Nichts deutet darauf hin, daß der »Führer« die militärische Lage soweit überblickte, um auch die Gesamtlage, in der sich Deutschland befand, richtig zu beurteilen. Schon seit langer Zeit war er nicht fähig gewesen, den Tatsachen ins Auge zu sehen und bestimmte Prioritäten festzulegen. Seine Vorstellungen wurden immer illusorischer. Die deutsche Bevölkerung als Ganzes, die nicht wußte, daß Deutschland in Jalta bereits aufgeteilt worden war, erkannte nur allzu deutlich, daß eine Besetzung durch die Westalliierten den harten Bedingungen einer sowjetischen Militärregierung und den barbarischen Grausamkeiten, welche die Bevölkerung in Ostdeutschland hatte ertragen müssen, vorzuziehen sei. Aber menschliche Überlegungen hat Hitler zu dieser Zeit nicht angestellt. Anstatt die Ostfront auf Kosten der Westfront zu verstärken, stellte er Ende März unter Wenck aus acht neugebildeten Divisionen eine neue 12. Armee auf, um Models Heeresgruppe B im Ruhrkessel zu entsetzen und die Anglo-Amerikaner über den Rhein zurückzuwerfen.

Wencks 12. Armee hatte einen verhältnismäßig geringen Kampfwert. Dem Armeestab waren vier erfahrene Korpsstäbe unterstellt, aber nur zwei von ihnen konnten ihre Aufgaben erfüllen, weil es den anderen an Transportmitteln und Funkgeräten fehlte. Einige der neu aufgestellten Divisionen waren Panzer- und Panzergrenadierdivisionen und verfügten über fabrikneue Panzer, Sturmgeschütze, Schützenpanzer und Artillerie. Dazu trugen sie wohlklingende, berühmte Namen wie Scharnhorst, Potsdam und Clausewitz. Ihre Mannschaften waren jedoch zum größten Teil erst kürzlich ausgehobene Rekruten und Angehörige des Reichsarbeitsdienstes. Viele Truppenteile und Einheiten wurden von erfahrenen Offizieren und Unteroffizieren geführt, und dieser Tatsache waren die Erfolge zu verdanken, die Wenck mit seiner Armee zu verzeichnen hatte.

Models Heeresgruppe wurde von den Amerikanern sehr bald vernichtet, und Model nahm sich das Leben. Nachdem Wenck den neuen und eher durchführbaren Befehl erhalten hatte, die im Harz eingeschlossene deutsche 11. Armee herauszuschlagen, ging er mit zwei seiner am besten ausgerüsteten Panzerdivisionen an der

15 Ebenda, S. 308–310.

Spitze nach Südwesten und errang seinen ersten Erfolg gegen die Briten bei einem Überraschungsangriff. Amerikanische und britische Kräfte führten einen Gegenangriff, und sehr bald waren beide Panzerdivisionen fast aufgerieben. Wenck zog sich an die Elbe und Mulde zurück, wo er zu seiner Überraschung feststellte, daß er nicht von anglo-amerikanischen Flugzeugen angegriffen wurde. Die amerikanischen Kräfte schienen ihm nicht über die Elbe folgen zu wollen.

Die Gliederung der deutschen Truppen an der Oder hatte sich kaum verändert. Die jetzt unter dem Kommando von Heinrici im Norden stehende Heeresgruppe Weichsel bestand aus der 3. Panzerarmee und der 9. Armee. Sie verteidigte die Stellungen an der Oder von der Ostsee bis zur Einmündung der Neiße. Dabei stand die 3. Panzerarmee unter Manteuffel in Mecklenburg der 2. Weißrussischen Front unter Rokossowski in Pommern gegenüber, während die 9. Armee unter Busse ihre Stellungen gegen die 1. Weißrussische Front in Brandenburg verteidigte. Gegenüber der 1. Ukrainischen Front Konjews stand die 4. Panzerarmee unter Graeser am linken Flügel von Schörners Heeresgruppe Mitte. Manteuffel verfügte über zehn, Busse über fünfzehn und Graeser über vierzehn Divisionen. Jede Armee hatte nur eine Panzer- oder Panzergrenadierdivision. Hinter Manteuffel und Busse stand als Heeresgruppenreserve das LVI. Panzerkorps unter Weidling. Das waren zusammen fünfzehn schwache Felddivisionen, die gegen eine von 193 Divisionen geführte sowjetische Offensive eingesetzt waren. Es gab keine deutsche strategische Reserve, und die einzige taktische Reserve, das LVI. Panzerkorps unter Weidling, war schon zwischen Manteuffel und Busse aufgeteilt worden.[16]

Der »Führer« war – wieder einmal aufgrund seiner Intuition – davon überzeugt, daß die sowjetische Hauptoffensive, wenn sie komme, sich nicht gegen Berlin, sondern im Süden gegen die Tschechoslowakei richten werde, und am 6. April ließ er drei Panzergrenadierdivisionen der Heeresgruppe Weichsel nach Süden verlegen. Auf die Proteste Heinricis gegen die Schwächung seines Abschnitts erwiderte er, die Rote Armee sei am Ende ihrer Leistungsfähigkeit, und ihre Truppen bestünden nur noch aus jungen Rekruten und entlassenen Kriegsgefangenen. Der »Führer« versprach Verstärkungen und bot Heinrici 137.000 Mann der SS, der Luftwaffe und der Marine an, Truppen, die nur in seiner Einbildung existierten.

Von Januar bis März hatte man sechzehn- und siebzehnjährige deutsche Jugendliche zu den Waffen gerufen, und diese jungen Männer bildeten die Masse aller Verstärkungen und neu aufgestellten Truppenteile. Außer den 45 regulären Divisionen an Oder und Neiße gab es eine große Zahl von Teilverbänden und behelfsmäßig aufgestellten Truppenteilen sowie starke Verbände des Volkssturms. Es gab im ganzen wahrscheinlich mehr als hundert Volkssturmbataillone. Dreißig von ihnen standen schätzungsweise bei Forst und Muskau an der Neiße und weitere dreißig in Berlin. Obwohl sie meist nur mit veralteten und ausländischen Infanteriewaffen ausgerüstet waren, besaßen sie sehr viele Panzerfäuste, und es zeigte sich, daß der Volkssturm seine Waffen im Nahkampf entschlossen einzusetzen bereit

16 Kriegsgliederung OKH vom 12. April 1945.

war.[17] Außer den Volkssturmbataillonen gab es noch bewaffnete Polizeieinheiten und von SS- oder SA-Führern geführte Abteilungen der Hitlerjugend. Diese jungen Leute waren, ob sie nun aus Furcht oder aus Pflichtgefühl handelten, oft bessere Kämpfer als die Männer des Volkssturms.[18]

Torgelow, Stettin, Gartz, Batzlow, Seelow, Frankfurt, Guben, Cottbus, Forst, Muskau, Zossen und Spremberg waren entweder zu Festungen erklärt oder als starke Stützpunkte ausgebaut und die Feldbefestigungen an der Oder mit Hilfe ziviler Arbeitskräfte verstärkt worden. Obwohl diese Feldstellungen eine gewisse Tiefe besaßen, waren es doch nur lineare Verteidigungsanlagen, die parallel zur Oder von Norden nach Süden verliefen. Außerdem gab es einige wenige schlecht ausgebaute Rundum-Verteidigungsstellungen in den Außenbezirken und Vororten von Berlin. Bewegliche Panzerkräfte, welche die durchgebrochenen feindlichen Panzerarmeen hätten vernichten oder aufhalten können, gab es nicht. Ebenso hatte man keinen Plan für die Verteidigung der Hauptstadt ausgearbeitet und für diese Aufgabe keine Truppen bereitgestellt. Die deutsche Artillerie war viel zu schwach, und es standen nur noch knapp 300 Flugzeuge zur Verfügung, um die Operationen der Heeresgruppe Weichsel zu unterstützen.

Am 15. April, dem Tag vor Beginn der sowjetischen Offensive, gab Hitler seinen letzten Tagesbefehl heraus. Darin sagte er den Kämpfern an der Ostfront, welches Schicksal ihre Familien erwarte, wenn sie diese Schlacht verlören und die Bolschewiken Deutschland überrannten. Alte Leute und Kinder würden ermordet werden. Die Frauen und Mädchen würde der Gegner zu Kasernenhuren machen und die ganze übrige Bevölkerung nach Sibirien verschleppen. Hitler versprach, die Verteidiger mit starker Artillerie zu unterstützen, die er nicht besaß, und versicherte seinen Truppen, die Rote Armee werde vor der Reichshauptstadt vernichtet und in einem Blutbad erstickt werden. In dem Befehl wurde jeder deutsche Soldat davor gewarnt, die Anordnungen unbekannter deutscher Offiziere zu befolgen, eine Vorsichtsmaßnahme, die sich als notwendig erwies, weil die Sowjets in Ostpreußen und Pommern mit solchen Täuschungsmanövern gearbeitet hatten.[19] Der Befehl wurde jedoch zu spät herausgegeben, um die Truppen, für die er bestimmt war, noch zu erreichen.

Am Morgen des 14. April ließ jede Division an Schukows Front einen Aufklärungsvorstoß in Bataillonsstärke unternehmen, und dabei stellten die Sowjets fest, daß die deutschen Verteidiger sich bis zu 1,5 Kilometer oder noch weiter zurückgezogen hatten, nachdem die Artillerievorbereitung eingesetzt hatte. Die sowjetischen Truppen schlossen wieder auf, folgten aber nicht der üblichen Praxis und entwickelten die Aufklärungsvorstöße nicht sofort zu einer allgemeinen Offensive weiter.

Die Hauptoffensive der 1. Weißrussischen Front begann zwei Tage später am 16. April vor Morgengrauen. Schukow begab sich auf den Beobachtungs- und

17 *Kissel*, Der deutsche Volkssturm 1944–1945, S. 75–78.
18 *Konjew*, Sorok Pjatyi God, Nowyi Mir, Mai 1965.
19 *Hubatsch*, Hitlers Weisungen für die Kriegführung, S. 310–311.

Gefechtsstand der 8. Gardearmee Tschuikows bei Reitwein, wo man ihn als unerwünschten Gast betrachtete. Nach drei Stunden dauernden schweren Kämpfen erreichten die Angriffsdivisionen die zweite deutsche Verteidigungslinie, wo sich der Widerstand versteifte, besonders vor der Seelowstellung. Die deutsche 9. Armee unter Busse hatte sich an steilen Hängen zur Verteidigung eingerichtet, und geschickt angelegte Panzergräben wurden von 8,8 cm-Flakgeschützen gedeckt.[20] Die Gefangenen, die den Sowjets in die Hände fielen, sagten aus, es sei ein Befehl erlassen worden, nach dem jeder deutsche Soldat, der zurückgehe, an Ort und Stelle zu erschießen sei. Die sowjetischen Truppenführer nahmen deshalb an, sie würden auf dem Wege nach Berlin um jeden Fußbreit Boden zu kämpfen haben. Diese Annahme erwies sich als richtig. Die sowjetischen Frontalangriffe brachten zu hohe Verluste. Deshalb wurden die sowjetischen Verbände in kleine Abteilungen aufgeteilt, die den Auftrag erhielten, sich bis in den Rücken der deutschen Stellungen durchzukämpfen. Nach einem sehr schweren Bombenangriff wurde der Stützpunkt bei Seelow am 17. April genommen. Am 18. April erzielten sowjetische Truppen einen Durchbruch durch die zweite Verteidigungszone. Der entschlossene Widerstand der deutschen Verteidiger, die zum großen Teil der Luftwaffe und dem Volkssturm angehörten, überraschte das sowjetische Oberkommando, und der befohlene Zeitplan Schukows hatte sich bereits um zwei Tage verspätet.[21] Einige der in den Flanken angesetzten sowjetischen Verbände waren noch kaum vorangekommen.

Weiter südlich machte die 1. Ukrainische Front unter Konjew jedoch sehr gute Fortschritte, obwohl er nicht von so starken artilleristischen und Luftstreitkräften unterstützt wurde wie Schukow. Am Vorabend der Offensive hatte er sogar seinen Chef des Stabes, Sokolowski, an die 1. Weißrussische Front abgeben müssen, den der ehemalige Befehlshaber der 4. Ukrainischen Front, Petrow, ablöste, ein Mann, der sich bei der Truppe besser bewährt hatte als am Schreibtisch.

Der Infanterieangriff Konjews über die Neiße erfolgte an einer verhältnismäßig schmalen Front zwischen Forst und Muskau. Anders als beim Angriff der 1. Weißrussischen Front versuchte Konjew nicht, seine Truppen bis zum Tagesanbruch an das Flußufer zu bringen, sondern tarnte seine Angriffsvorbereitungen vor der deutschen Beobachtung hinter dem durch das Artilleriefeuer und die Bombenangriffe verursachten Rauch. Obwohl man zunächst vorgehabt hatte, die deutschen Stellungen vor dem Angriff verhältnismäßig lange mit Artilleriefeuer zu belegen, begannen die ersten Angriffstruppen die Neiße schon nach einem 40 Minuten dauernden Feuerschlag in Booten zu überqueren. Dann wurden Pontonbrücken und Behelfsbrücken geschlagen, und bis zum Abend des 16. April hatten die sowjetischen Pioniere zwanzig feste und siebzehn Pontonbrücken errichtet. Dazu waren eine ganze Anzahl von Fähren in Betrieb. Beide Panzerarmeen hatten am 17. April die Neiße überschritten.

Am 18. April erreichte Konjew trotz des entschlossenen Widerstandes und mit

20 *Schukow,* Wospominanija i Rasmyšlenija, S. 659.
21 *Tschuikow,* The End of the Third Reich, S. 150–158.

Erbitterung geführter Gegenangriffe der 4. Panzerarmee unter Graeser die beiden Stützpunkte Cottbus und Spremberg, konnte aber keine der beiden Städte nehmen. Cottbus blieb als starker südlicher Stützpfeiler der deutschen Front in der Hand der Verteidiger. An Spremberg stieß Konjew im Norden und Süden vorbei und ging dann rasch gegen den Rücken des Feindes vor. Dabei unterbrach er die Verbindung zwischen Schörners Heeresgruppe Mitte und der Heeresgruppe Weichsel.

Das Gelände, das Konjew überwinden mußte, unterschied sich in mancher Hinsicht von dem Kampfgebiet Schukows ostwärts von Berlin. Zwar war es auch von zahlreichen Wasserläufen durchzogen, aber im übrigen war es sandiger und weniger sumpfig und deshalb besser für Panzer geeignet. Andererseits war es dicht bewaldet, und in der Nähe von Berlin lagen mehrere Seen. Konjew konnte trotzdem besser vorankommen als erwartet, denn die ausgedehnten Wälder und Anpflanzungen waren von breiten Schneisen durchzogen, ein Umstand, mit dem jemand, der in den russischen Wäldern aufgewachsen ist, nicht rechnet. Trotzdem erwies es sich als schwierig, die Führung der Truppe in der Hand zu behalten. Ringsum hörte man Gefechtslärm und sah Rauch aufsteigen, konnte sich aber dennoch kaum orientieren, und die ausgedehnten Waldbrände erhöhten die Gefahren und Schwierigkeiten für Panzer und Infanterie. Sowjetische und deutsche Truppen gerieten durcheinander, und ein sowjetischer General, der in seinem »Willys« auf einem holperigen Waldweg entlangfuhr, wurde von deutschen Versprengten beschossen und fiel. Die Leichen der Gefallenen verstopften mancherorts Bäche und Flüsse.

Am Abend des 17. April sprach Stalin über Funk mit dem Stabe der 1. Ukrainischen Front, erklärte, daß die Kräfte Schukows angesichts starken feindlichen Widerstandes nur langsam vorankämen, und schlug vor, ein Teil der Panzerverbände der 1. Weißrussischen Front solle durch die von Konjew geschlagene Lücke von Süden her gegen Berlin vorstoßen. Konjew erwiderte, dadurch werde es zu erheblichen Verzögerungen kommen, und deshalb einigte man sich darauf, daß Konjew seine beiden Panzerarmeen nach Norden gegen Zossen und Potsdam einschwenken lassen sollte.[22]

Die 1. Weißrussische Front Schukows kam auch weiter nur langsam nach Westen voran, denn die Panzer hatten das offene Gelände noch nicht erreicht und mußten schwere Verluste hinnehmen. Nach heftigen Kämpfen in der Nähe von Batzlow erreichte Bogdanows 2. Panzerarmee am Abend des 19. April freies Gelände und kam bei Ladeburg und Zepernick bis an die nördlichen Vorstädte von Berlin heran.

Die deutsche 9. Armee hatte in ihren Verteidigungsstellungen dem starken feindlichen Druck drei Tage lang Widerstand leisten können, bevor die sowjetischen Panzer nördlich von Berlin durchbrachen und die Verbindung zwischen der 9. Armee und der 3. Panzerarmee unter Manteuffel abschnitten. Im Süden war die 9. Armee schon durch Konjews Vorstoß gegen Zossen und Potsdam, der die Nachschublinien Busses unterbrochen hatte, von der Masse der 4. Panzerarmee abgeschnitten. Die 9. Armee konnte Berlin nicht mehr verteidigen und auch die alten

22 *Konjew*, Sorok Pjatyi God, Nowyi Mir, Mai 1965.

Verteidigungsstellungen nicht wieder zurückerobern. Der Krieg war, wie Jodl später sagte, endgültig verloren. Es blieb jetzt nichts anderes mehr übrig, als den Rest der Truppen zurückzunehmen, um sie vor den sowjetischen Konzentrationslagern zu retten. Die meisten deutschen Truppenführer kamen zu diesem Schluß.

Das entsprach jedoch nicht der Lagebeurteilung des »Führers«, und er handelte nicht so, als sei der Krieg verloren, sondern als steigere sich die Intensität der Schlacht zu einem Crescendo und werde bald den kritischen Punkt erreichen. Am 20. April weigerte sich Hitler, den Rückzug der 9. Armee zu genehmigen, und befahl ihr, die Stellungen an der Oder zu halten. Heinrici verlegte deshalb den Stab von Steiners SS-Korps in den Raum Eberswalde, nördlich von Berlin, der dort den Befehl über einige Truppenteile übernehmen und die exponierte Südflanke Manteuffels decken sollte. Als Hitler am 21. April von der Existenz dieses schwachen Verbandes erfuhr, befahl er der Gruppe Steiner, die nach seiner Vorstellung etwa einer Armee entsprach, den Befehl über Teile einer Panzergrenadierdivision und von zwei Infanteriedivisionen zu übernehmen. Steiner sollte mit diesen Kräften nach Südosten angreifen, um die große Lücke zu schließen, durch welche die am rechten Flügel Schukows vorgehenden sowjetischen Truppen strömten, und die Verbindung mit dem LVI. Panzerkorps ostwärts von Berlin aufnehmen. Die Truppen, die er Steiner unterstellte, standen entweder gar nicht zur Verfügung oder waren nur dem Namen nach Divisionen. Steiner verfügte daher höchstens über 15.000 Mann ohne schwere Waffen.

»Führerbefehle« waren an die 9. Armee unter Busse und an die 4. Panzerarmee unter Graeser hinausgegangen und hatten sie beauftragt, die Lücke im Süden, durch welche die Truppen Konjews bereits vorgestoßen waren, zu schließen.

In Berlin stand die 1. Flakdivision, die unter anderem auch die Fliegerabwehr auf den großen Flaktürmen im Tiergarten, am Humboldthain und am Friedrichshain übernommen hatte. Viele der schweren Flakgeschütze konnten auch als Panzerabwehrgeschütze verwendet werden. Dönitz hatte Teile der persönlichen Leibwache Himmlers, des SS-Bataillons Mohnke und ein Marineinfanteriebataillon nach Berlin einfliegen lassen. Außerdem standen hier einige Abteilungen des Heeres, zwei Polizeibataillone, etwa dreißig Volkssturmbataillone und einige Abteilungen der Hitlerjugend. Arbeitskräfte gab es genug.

Am 6. März war der ehemalige Kommandeur der 11. Infanteriedivision, Reymann, von Hitler zum Befehlshaber der Truppen ernannt worden, die Berlin verteidigen sollten. Aber diese Ernennung erwies sich als illusorisch, und es ergaben sich daraus nur Kompetenzstreitigkeiten zwischen Reymann, dem »Führer« und dem Gauleiter von Berlin, Goebbels. Am 19. April änderte der »Führer« seine Meinung, und die Heeresgruppe Weichsel unter Heinrici mußte die Verantwortung für die Verteidigung der Reichshauptstadt übernehmen. Drei Tage später übernahm Hitler selbst die Leitung des Abwehrkampfes in Berlin, und der Pionieroffizier Kuntze sowie der nationalsozialistische Führungsoffizier im OKH Kaether wurden zu seinen Stellvertretern bestimmt.

Am 24. April kam Hitler wieder auf seine erste Idee zurück, für den Raum Berlin einen militärischen Befehlshaber einzusetzen; der Kommandierende General des LVI. Panzerkorps, Weidling, der mit seinen Truppen, südostwärts der Stadt, an der Spree kämpfte, wurde zum Kommandanten von Berlin ernannt und dem »Führer« direkt unterstellt. Das aus Resten der Panzerdivision Müncheberg, der 18. Panzergrenadierdivision, der 11. SS-Panzergrenadierdivision Nordland und der 9. Fallschirmdivision bestehende LVI. Panzerkorps zog sich auf die südlichen und ostwärtigen Vororte von Berlin zurück, und um seine neue Aufgabe übernehmen zu können, übergab Weidling sein Korps dem Kommandeur der Panzerdivision Müncheberg, Mummert.

Weidling und die Truppenkommandeure des LVI. Korps hatten jetzt ständig Schwierigkeiten mit den Kommandos der SS und SA sowie mit Abteilungen der Militärpolizei, den sogenannten fliegenden Kriegsgerichten, die schon in Ostdeutschland sehr aktiv gewesen waren. Einige dieser Kommandos handelten offenbar aus eigener Machtvollkommenheit, andere gehörten zu dem SS-Bataillon Mohnkes.

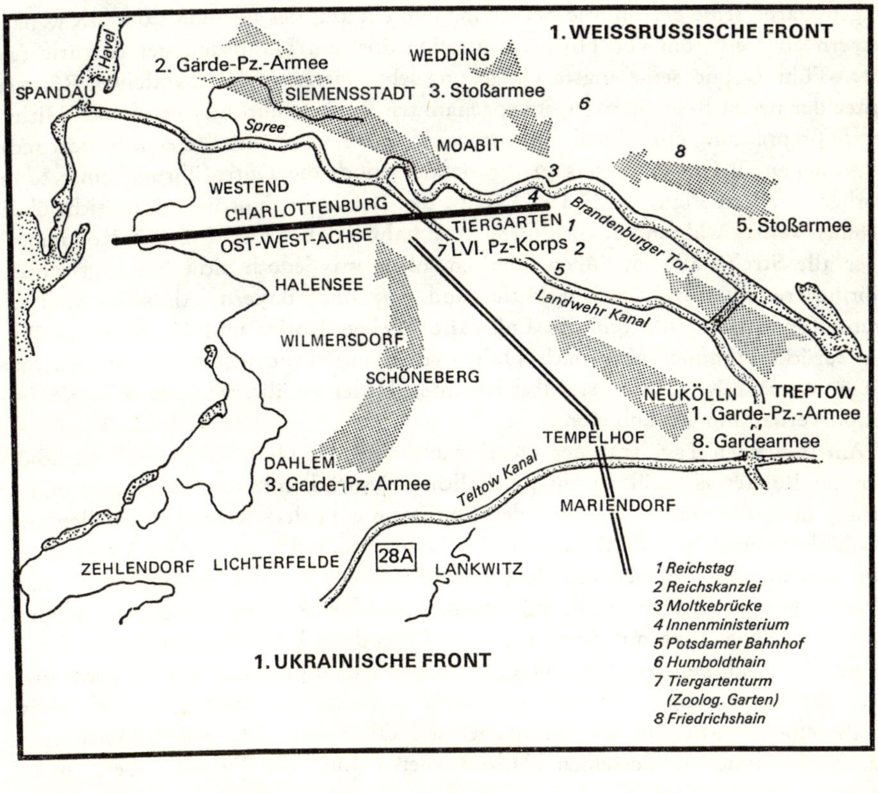

Karte 28: Berlin, April 1945

Sie alle durchkämmten die rückwärtigen Gebiete und griffen Versprengte des Heeres, des Volkssturms und der Hitlerjugend auf, die, wenn sie im Verdacht standen, ohne Befehl zurückgegangen zu sein, an Ort und Stelle erschossen oder erhängt wurden, ohne daß ein Gerichtsverfahren durchgeführt wurde. Angeblich hat Mummert gedroht, jedes derartige Kommando erschießen zu lassen, das es wagen sollte, sich in seinem Abschnitt blicken zu lassen.

Der letzte am 20. April um die Mittagszeit gegen Berlin geführte anglo-amerikanische Fliegerangriff war sehr massiv und dauerte zwei Stunden. Er richtete schwere Schäden an, und anschließend herrschte vollkommene Ruhe in der Stadt.[23] Die Versorgung mit elektrischem Strom und Gas setzte aus, das Abwassersystem war zerstört, und nur noch die Feuerhydranten auf den Straßen lieferten frisches Wasser. Die Lebensmittelvorräte waren fast erschöpft, und die Bevölkerung mußte, um etwas zu essen zu bekommen, stundenlang anstehen.

Der 20. April war der Geburtstag des »Führers«, und Hitler hatte an diesem Tage eigentlich Berlin verlassen und zum Obersalzberg fliegen wollen. Vor zehn Tagen waren seine persönliche Bedienung und ein Teil des Personals des OKW nach Bayern abgereist, um vor Hitlers Eintreffen dort ein Hauptquartier einzurichten. Der »Führer« und seine engste Umgebung lebten jetzt in den 28 kleinen Räumen unter der neuen Reichskanzlei, im sogenannten Bunker, und hier fand auch Hitlers letzte Besprechung mit seinem Stabe statt. Augenscheinlich konnte er sich nicht recht entschließen, Berlin zu verlassen. Er befahl jedoch die Durchführung eines schon vorher gefaßten Plans, nach dem Dönitz den Befehl im Nordteil des Reichs übernehmen sollte, während man allgemein annahm, daß Kesselring das Kommando über alle Streitkräfte im Süden erhalten sollte, was jedoch nicht bestätigt wurde. Göring trennte sich jetzt von Hitler und ging nach Bayern. Als seine Stellvertreter für Angelegenheiten der Luftwaffe blieben Koller und Christian in Berlin zurück. Himmler ging nach Hohenlychen in Norddeutschland. Am gleichen Tage versuchte Keitel, wie er selbst berichtet, Hitler zu überreden, er solle Kapitulationsverhandlungen anbieten.

Am folgenden Tage traf der Oberbefehlshaber der Hereesgruppe Mitte, Schörner, im Bunker ein, führte ein persönliches Gespräch mit dem »Führer«, und es gelang ihm, die gute Laune und den Optimismus Hitlers wiederherzustellen. Am Nachmittag erschien auch Wenck von der 12. Armee und unterrichtete den »Führer« von seinem Unternehmen mit dem Ziel, die amerikanischen Stellungen in einem Vorstoß gegen den Harz zu durchbrechen, ohne zu wissen, daß dieses Unternehmen noch am selben Tage mit einer Katastrophe endete. Der »Führer« zeigte sich so überoptimistisch bei dem Gedanken, es scheine schließlich doch wieder voranzugehen, daß sogar Keitel und Jodl privat ihrem Erstaunen Ausdruck gaben, als sie in derselben Nacht zum Hauptquartier des OKW nach Dahlem zurückfuhren.[24] Zu später Stunde in derselben Nacht verließ Dönitz den Führerbunker, um sich

23 Kriegstagebuch des OKW, Bd. 4, S. 1260–1261.
24 *Keitel*, Memoirs, S. 200.

nach Plön in Schleswig-Holstein zu begeben. Als Keitel jedoch am folgenden Tage versuchte, eine Lagebesprechung anzusetzen, war der »Führer« wieder verzweifelt und in düsterer Stimmung. Hitlers Gesicht hatte sich gelb verfärbt, seine Wangen zuckten, er war im höchsten Grade nervös und konnte die Gedanken nicht mehr zusammenhalten. Soldaten der Roten Armee standen schon in den östlichen Vororten von Berlin, und im Süden war Konjew bis nach Jüterbog gekommen. Hitler erklärte jetzt, in Berlin bleiben zu wollen, und hatte bereits die Anweisung gegeben, diese Nachricht im Rundfunk zu verbreiten. Wenn Wenck ihm im Kampf gegen die Amerikaner den Rücken freihalten könne, dann werde er, Hitler, die Schlacht um die Reichshauptstadt persönlich leiten. Sollte es zu Verhandlungen mit dem Gegner kommen, dann sei Göring besser dafür geeignet als er.[25] Diese Erklärung gab Jodl wörtlich an Koller weiter, der an der Besprechung nicht teilgenommen hatte.

An dem Tage, als der »Führer« feststellen mußte, daß die Gruppe Steiner ihren Auftrag nicht hatte erfüllen können, schmähte er die SS, das deutsche Heer und das ganze deutsche Volk. Solche Szenen hatten sich in den vergangenen vier Jahren immer häufiger wiederholt, aber der Schock und die Verwirrung der im Bunker Anwesenden waren nicht so sehr durch die Wut des »Führers« als vielmehr durch die plötzliche Erkenntnis verursacht worden, daß Deutschland endgültig geschlagen war.

Am gleichen Abend flogen die übrigen Angehörigen des Kreises um den »Führer« einschließlich von Koller, aber ohne Goebbels, Bormann, Keitel, Jodl, Burgdorf und Krebs vom Flugplatz Gatow aus nach Bayern. Koller unterrichtete Göring von Hitlers Erklärung über die Friedensverhandlungen, und Göring schickte einen Funkspruch an den »Führer«, in dem er vorschlug, er, Göring, müsse jetzt mit umfassenden Vollmachten ausgestattet werden. Die von Bormann vorgeschlagene Antwort traf sehr bald ein. Göring wurde aller seiner Ämter entkleidet und unter Hausarrest gestellt. Etwa zur gleichen Zeit versuchte Himmler in Lübeck, über den schwedischen Grafen Bernadotte in Friedensverhandlungen mit den Westmächten einzutreten.

Nachdem es Keitel und Jodl nicht gelungen war, den »Führer« zum Verlassen Berlins zu bewegen, wollten sie eine Gegenoffensive organisieren und der 12. Armee unter Wenck befehlen, an der Elbe kehrtzumachen und in ostwärtiger Richtung gegen Potsdam vorzugehen, um sich hier mit der 9. Armee unter Busse zu vereinigen. Steiner und Manteuffel sollten von Norden her in Richtung auf Berlin angreifen. Der Teil des OKW, der noch nicht nach Bayern abgereist war, wurde von Berlin nach Krampnitz, nördlich von Potsdam verlegt, während Keitel, vorbei an langen Flüchtlingskolonnen, auf der Suche nach der 12. Armee im Kraftfahrzeug nach Südwesten fuhr. In den frühen Morgenstunden des 23. April traf er auf Wencks Gefechtsstand ein und befahl ihm, der Elbe den Rücken zu kehren und nach Osten gegen Jüterbog und Potsdam vorzugehen.

25 Ebenda, S. 202.

Am 21. April hatte der rechte Flügel Schukows den Autobahnring im Norden von Berlin überschritten, aber an anderer Stelle hatte sich der Angriff der 1. Weißrussischen Front festgefahren, unmittelbar ostwärts von Berlin war es zu schweren Kämpfen gekommen, und Schukow hatte bei Gegenangriffen deutscher Infanterie und Volkssturmeinheiten schwere Panzerverluste hinnehmen müssen.[26] Weiter südlich waren die Verbände von Kolpaktschi und Zwjetajew im Raum Frankfurt an der Oder immer noch nicht weiter vorangekommen, während die sowjetischen Truppen an der äußersten Nordflanke der 1. Weißrussischen Front gegen die Gruppe Steiner kaum Gelände gewonnen hatten.[27]

Am meisten wurde Berlin durch die bemerkenswerten Erfolge der beiden Panzerarmeen Konjews unter Rybalko und Leljuschenko bedroht, die im raschen Vorstoß von Südwesten herankamen. Dem Angriff Konjews hatten sich Teile der 4. Panzerarmee Graesers entgegengestellt, aber sie hatten zu keiner Zeit über genügend Panzer verfügt, um gegen die durchgebrochenen Panzer der 1. Ukrainischen Front einen erfolgreichen Gegenangriff zu führen.

In den Anfangsphasen der Schlacht kam es zu heftigen Kämpfen. Daran waren vor allem deutsche Infanterie, Verbände der Luftwaffe und Einheiten des Volkssturms beteiligt, von denen Konjew sagte, sie bestünden aus alten Männern und Kindern, die, obwohl sie manchmal in Tränen ausbrächen, mit ihren Panzerfäusten sowjetische Panzer abschössen. Am Abend des 20. April nahm Rybalko das südlich von Berlin gelegene Zossen, den Standort des Oberkommandos des Heeres in Krieg und Frieden, während Leljuschenko weiter westlich bis in den Raum Luckenwalde und Jüterbog vorstieß.

Am Morgen des 20. April griff die 2. Weißrussische Front unter Rokossowski über die Oder in Richtung auf Mecklenburg die 3. Panzerarmee unter Manteuffel an und errichtete einen Brückenkopf, den sie allmählich erweitern konnte. Schlechte Sicht und schlechtes Flugwetter wirkten sich günstig für die Deutschen aus.[28] Zunächst konnte Manteuffel daher seine Stellung halten.

In Berlin drangen sowjetische Truppen weiter in die Vororte ein. Schukows rechter Flügel hatte die Stadt von Norden her fast eingeschlossen, und am 22. April überschritt er bei Henningsdorf die Havel und ging in südlicher Richtung gegen Potsdam vor. Zwei Tage später nahmen die 1. Ukrainische und die 1. Weißrussische Front südostwärts von Berlin die Verbindung auf, und am 25. April traf die 4. Garde-Panzerarmee Leljuschenkos westlich von Berlin auf die 47. Armee unter Perchorowitsch. Die Stadt und die 9. Armee unter Busse waren eingeschlossen.

Am gleichen Tage traf die 5. Gardearmee unter Schadow bei Torgau an der Elbe, etwa 80 Kilometer unterhalb von Dresden mit Aufklärungstruppen der amerikanischen 1. Armee zusammen. Damit war Deutschland in einen nördlichen und einen südlichen Teil aufgespalten.

Wenk hatte bei den Kämpfen gegen britische und amerikanische Truppen west-

26 *Schukow,* Wospominanija i Rasmyšlenija, S. 659–661.
27 Istorija, Bd. 5, S. 268, 270–271.
28 Ebenda, Bd. 5, S. 271–274.

lich der Elbe schwere Panzerverluste gehabt, es waren ihm jedoch noch einige Panzer, Sturmgeschütze und Schützenpanzer geblieben. In der Hoffnung, daß die amerikanischen Kräfte an der Elbe nichts unternehmen würden, wendete Wenck ihnen den Rücken zu und trat in Richtung auf Potsdam und das eingeschlossene Berlin an. Am 29. April überraschte er sowjetische Truppen bei Belzig in einer Ruhestellung. Mit einem gemischten Verband, der aus Sturmgeschützen und Infanterie bestand, stieß Wenck rasch in den Rücken der Sowjets. Bei Beelitz befreite er ein deutsches Lazarett mit mehr als 3000 deutschen Verwundeten, das bereits von sowjetischen Truppen überrannt worden war. Dann stieß er bis zu den Seen bei Potsdam vor und ließ Potsdam von den dort eingeschlossenen Truppen räumen. Aber die 12. Armee war jetzt völlig erschöpft und nicht mehr in der Lage, den erwarteten sowjetischen Angriff gegen ihre tiefen Flanken abzuwehren. Wenck wartete nun darauf, daß die 9. Armee die Verbindung mit ihm aufnahm.

Busses 9. Armee zog sich, schwer angeschlagen und in Unordnung geraten, zusammen mit Teilen der 4. Panzerarmee, die von Konjews Umfassungsvorstoß nach Norden abgedrängt worden waren, zurück. Unter schweren Verlusten, die ihnen besonders durch feindliche Fliegerangriffe beigebracht worden waren, gingen die eingeschlossenen Truppen aus dem Spreewald in westlicher Richtung nach Luckenwalde vor. Die Straßen waren von Flüchtlingen und Versprengten verstopft, und diese Kolonnen wurden immer wieder von sowjetischen Truppen angegriffen, die versuchten, ihren Weitermarsch nach Westen aufzuhalten.

Das deutsche Versorgungs- und Transportsystem war schon lange zusammengebrochen, und Heinrici kam es jetzt darauf an, die Verwundeten, die Zivilisten und seine Soldaten bei den Amerikanern in Sicherheit zu bringen. In dieser unglaublich verworrenen Lage blieb ein von Jodl unterschriebener Befehl fast unbeachtet, in dem angeordnet wurde, daß südlich von Berlin eine neue Front aufzubauen sei, um von hier aus mit der Heeresgruppe Mitte einen Gegenangriff in Richtung auf Berlin zu führen.

Am 29. April lag die 9. Armee südlich von Berlin zwischen Beelitz und Luckenwalde. Sie war nicht mehr fähig, am Tage irgendwelche Bewegungen auszuführen, da sie ständig von sowjetischen Panzern und Flugzeugen angegriffen wurde. In den folgenden beiden Nächten schlugen sich, zusammen mit zivilen Flüchtlingen, nach verschiedenen Schätzungen 3000 bis 30.000 Soldaten zur 12. Armee Wencks durch. Mit Ausnahme des LVI. Panzerkorps und einiger versprengter Teilverbände in Berlin hatte Busses 9. Armee aufgehört zu bestehen. Am 1. Mai bereitete sich Wenck darauf vor, mit den Verwundeten und einer großen Masse von Flüchtlingen auf die Elbe zwischen Stendal und Angermünde zurückzugehen, wo Edelsheim, einer seiner Korpskommandeure, versuchte, mit der amerikanischen 9. Armee über die Kapitulation seiner Truppen und die Übergabe deutscher Verwundeter zu verhandeln.

In Mecklenburg und nördlich von Berlin war die Lage verworren. Die Gruppe Steiner hatte am 21. April von Hitler den Befehl erhalten, mit vier Divisionen in südlicher Richtung gegen Berlin anzugreifen. Steiner verfügte jedoch nur noch über die geschwächte 4. SS-Panzergrenadierdivision, die zahlreiche schwere Waffen in Danzig verloren hatte, und eine Division Marineinfanterie. Da die beiden anderen Divisionen nicht zu ihm gestoßen waren, trat er nicht zum Angriff an. Steiner unterstand nicht dem Befehlshaber der Heeresgruppe Weichsel, Heinrici, der, da die 9. Armee kurz vor der restlosen Vernichtung stand, nur noch Manteuffels 3. Panzerarmee kommandierte, die zu diesem Zeitpunkt selbst Schwierigkeiten hatte, die Angriffe Rokossowskis am Unterlauf der Oder abzuwehren.

Jodl hatte den Stab des OKW in Fürstenberg, nördlich von Berlin, in Sicherheit gebracht, und von hier aus unternahm Keitel seinen letzten verzweifelten Versuch, den »Führer« und die Reichshauptstadt zu befreien. Heinrici wünschte, daß man ihm die Gruppe Steiner und das jetzt nicht mehr zu Wenck gehörige Korps Holste unterstelle, denn diese beiden Verbände waren noch in der Lage, die Südflanke Manteuffels im Raum Rathenow und Oranienburg zu decken. Aber Keitel, der sie beim Angriff gegen Berlin verwenden wollte, war nicht damit einverstanden.

Nach einer Woche harter Kämpfe begann Rokossowski am 27. April, aus dem Brückenkopf an der Oder gegen Prenzlau auszubrechen, und drohte damit, die 3. Panzerarmee in zwei Teile zu zerschlagen. Heinrici zog sich aus dem exponierten Küstengebiet bei Swinemünde zurück und, um die Lage wiederherzustellen, setzte er eine aus dem westlichen Abschnitt seiner Stellungen herausgezogenen Panzergrenadierdivision und Teile einer Panzerdivision ein. Berlin von Norden her anzugreifen, kam jetzt nicht mehr in Frage. Aber Keitel witterte, dem Beispiel seines Führers folgend, Verrat.

Zum ersten Mal nach sieben Jahren stand Keitel nicht mehr unter dem beherrschenden Einfluß Hitlers. Ohne jede Erfahrung in der praktischen Truppenführung eilte er im Lande umher, ließ sich bei den einzelnen Truppenteilen über die Lage unterrichten, bedrohte die Kommandeure und war entsetzt, als er feststellte, daß Heinrici, ohne Genehmigung des »Führers« und ohne ihn gefragt zu haben, den geordneten Rückzug angetreten hatte. Am 28. April unterrichtete Jodl Hitler mit einem Funkspruch über die Lage, und die Heeresgruppe Weichsel erhielt den Befehl, nicht weiter zurückzugehen. Später am gleichen Abend kam Heinrici an das Telefon und erklärte, er werde trotz dieses Befehls den Rückzug fortsetzen. Dafür wurden er und sein Chef des Stabes, Trotha, abgelöst. Der Luftwaffenbefehlshaber Student wurde von Keitel zum Nachfolger Heinricis bestimmt, aber bis zum Eintreffen von Student aus Holland mußte v. Tippelskirch das Kommando übernehmen.[29]

Tippelskirch, der 1940 Chef des Heeresnachrichtendienstes im OKH gewesen war, befehligte die 21. Armee, einen neu aufgestellten Verband, der am 29. April hinter der 3. Panzerarmee gebildet worden war, um die Südflanke zwischen Rathenow und Oranienburg zu verstärken. Keitel hat geschildert, wie er an einem schönen Frühlingsmorgen zu einer Besprechung mit Tippelskirch nach Waren kam. Er

29 *Keitel,* Memoirs, S. 216–220; *von Tippelskirch,* Die Geschichte des Zweiten Weltkrieges, S. 662–663.

fuhr mit seinem Kraftfahrzeug über Schneisen und Waldwege dorthin, denn er mußte Straßen, Dörfer und Gegenden mit Gefechtslärm meiden, da Truppen der Roten Armee schon die Wälder bei Fürstenberg durchkämmten.

Tippelskirch bat Keitel wiederholt und dringend, ihm nicht das Kommando der Heeresgruppe Weichsel zu übertragen, aber Keitel befahl ihm schließlich doch, es zu übernehmen. Nachdem dies geschehen war, fuhren Keitel und Jodl nach Dobbin weiter, wo sie eine von Himmler über Funk an Keitel gerichtete Anweisung Hitlers vom 28. April erhielten, in welcher der »Führer« verlangte, darüber unterrichtet zu werden, wo die zum Durchbruch nach Berlin angetretenen Vorhuten Wencks, Busses und Holstes stünden. Am Abend des 29. April antwortete Keitel, ein Durchbruch nach Berlin sei nicht mehr möglich, und riet dem »Führer« auszubrechen oder auszufliegen. Hitler würdigte ihn jedoch keiner Antwort. Auf der Fahrt nach Schleswig-Holstein hielten Keitel und Jodl sich immer noch an das Ritual der täglichen Lagebesprechungen und unterrichteten sich todernst gegenseitig über die Situation.[30]

Am 28. April erfuhr Hitler durch sein Propagandaministerium von einem Reuterbericht über Himmlers Versuch, in Verhandlungen mit den Westmächten einzutreten. Das löste einen gegen Himmler, Steiner und die SS gerichteten Wutanfall aus. Der Vertreter Himmlers im Führerhauptquartier und Schwager von Eva Braun, Fegelein, wurde verdächtigt, die Hand im Spiel gehabt zu haben, und da man ihn in Charlottenburg in Zivil aufgegriffen hatte, glaubte man, er habe fliehen wollen. Er wurde in aller Eile verhört und auf Befehl Hitlers erschossen. Himmler, der sich außerhalb der Reichweite des »Führers« in Sicherheit befand, wurde seiner Ämter entkleidet, und Bormann schickte noch am 30. April einen Funkspruch an Dönitz und befahl darin im Namen des »Führers«, sofort und rücksichtslos gegen den Reichsführer SS vorzugehen.[31]

Im Südosten von Berlin hatte das LVI. Panzerkorps, gedeckt durch die 11. SS-Panzergrenadierdivision »Nordland«, die Stellungen in Neukölln bezogen hatte, die Spree überschritten. Weidling, der mit der Haltung der Division nicht zufrieden war, ließ Ziegler von Krukenberg ablösen. Die 18. Panzergrenadierdivision stand im Grunewald, die Panzerdivision Müncheberg, in Tempelhof. Etwa 1000 Angehörige der Hitlerjugend hielten die nach Spandau führenden Havelbrücken und warteten auf das Eintreffen von Wenck. Der Flugplatz Gatow an der Havel, südwestlich der Stadt, konnte noch benutzt werden, und es bestand eine Luftbrücke mit Ausbildungsflugzeugen und leichten Maschinen vom Typ Fieseler Storch zwischen Gatow und dem Stadtzentrum. Die große Straße zwischen Charlottenburg und dem Brandenburger Tor, die sogenannte Ost-West-Achse oder Charlottenburger Chaussee, wurde als Landestreifen benutzt, und zunächst waren hier die dreimotorigen Maschinen vom Typ Ju52 gelandet. Aber diese improvisierte Landebahn war wegen der hier im Flakfeuer oder wegen schlechter Sicht abgestürzten

30 Kriegstagebuch des OKH, Bd. 4, S. 1461–1468; *Keitel,* Memoirs, S. 221–225.
31 *Dönitz,* Memoirs, S. 440.

Flugzeuge bald nicht mehr benutzbar. Auch der Flugplatz Gatow fiel nach dem 25. April aus.

An diesem Tage drang Konjews 1. Ukrainische Front durch die im Süden gelegenen Vororte von Berlin gegen das Stadtzentrum vor, dabei griffen die 3. Panzerarmee unter Rybalko an der linken und die 28. Armee unter Lutschinski an der rechten Flanke an. Zehlendorf, Lichterfelde, Lankwitz und Mariendorf waren bereits in sowjetischer Hand. Der Angriff geriet nur am Teltowkanal, den die Deutschen mit stärkeren Kräften verteidigten, für kurze Zeit ins Stocken. Die Truppen Konjews gingen in kleineren, aus allen Waffengattungen zusammengesetzten Kampftruppen vor, die jeweils aus einer Infanteriekompanie, einigen Panzern und Geschützen und einer Abteilung Pioniere bestanden. Sie stießen bei diesen Kämpfen auf alle Schwierigkeiten, die es beim Häuserkampf geben kann. Die Sowjets hatten dabei schwere Panzerverluste. Konjew meldete Gesamtverluste von 800 Panzern. Die meisten gingen im Stadtgebiet von Berlin verloren. Immer wieder tauchten die Verteidiger im Rücken der sowjetischen Truppen auf, nachdem sie sich hatten überrennen lassen, und entkamen dann durch Seitenstraßen oder durch die Kanalisation.

Die Sowjets erlitten auch Verluste bei den schweren Angriffen der Roten Luftwaffe am 25. April, und immer wieder bestand die Gefahr, daß Truppen der Roten Armee sich gegenseitig blutige Gefechte lieferten. Am 25. April hatten die Angreifer schwere Verluste, und Konjew und Schukow baten Stalin, eine Trennungslinie festzulegen. Sie verlief dann von Tempelhof zum Zoologischen Garten im Stadtzentrum.

Im südlichen Teil von Berlin war Konjew verantwortlich, während die Weißrussische Front unter Schukow den Ostteil, den Nordteil und Teile von Westberlin übernahm. Im Osten standen Tschuikows 8. Gardearmee und Katukows 1. Garde-Panzerarmee südlich der Spree, während Bersarins 5. Stoßarmee nördlich des Flusses kämpfte. Die im Norden und Nordwesten gelegenen Vororte wurden von der 3. Stoßarmee Kusnezows und der 2. Panzerarmee Bogdanows gehalten.

In den folgenden drei Tagen drangen beide Fronten rasch gegen das Stadtzentrum vor, und am 28. April waren der Süd- und der Ostteil von Berlin fast bis zum Tiergarten in sowjetischen Händen. Im Südwesten blieben Teile von Charlottenburg, Halensee und Wilmersdorf deutsch, so daß es mit Schwierigkeiten immer noch möglich war, zu den Havelbrücken im Westen zu gelangen, wo die Hitlerjugend ihre Stellungen hielt. Die Vororte im Nordosten zwischen Humboldthain und Friedrichshain blieben ebenfalls in deutscher Hand, aber Alt-Moabit am Nordrand des Tiergartens war gefallen. Im Süden stand Tschuikow knapp 1000 Meter vor der Reichskanzlei, während die 2. Panzerarmee im Norden noch ungefähr 1,5 Kilometer bis dorthin zurückzulegen hatte.

Das Vorrücken von Wenck gegen Potsdam am 29. April war für Goebbels das Signal, die Verteidiger Berlins zu gemeinsamen Anstrengungen aufzurufen, aber die Zeit verstrich, und bald ließ sich klar erkennen, daß von Wenck, Steiner oder Busse keine Hilfe mehr zu erwarten war.

Am gleichen Morgen um 4.00 Uhr unterschrieb Adolf Hitler, der bereits beschlossen hatte, sich das Leben zu nehmen, sein Testament. Die Zeugen waren Bormann und Burgdorf, zwei Angehörige seines engsten Kreises, der sich nach dem Attentat vor einem Jahr um Hitler gebildet hatte und fest zusammenhielt. In diesen Kreis einzudringen war fast unmöglich gewesen. Der Dritte im Bunde, Fegelein, lag erschossen im Hof.

In seinem für die Nachwelt aufgesetzten Testament lehnte der »Führer« jede Verantwortung für den Ausbruch des Krieges 1939 ab und verurteilte zu Unrecht die Offiziere der deutschen Armee für die Preisgabe deutschen Gebiets. Göring und Himmler wurden als Verräter bezeichnet und ihrer Ämter enthoben und Dönitz zum Reichspräsidenten und Oberbefehlshaber der Wehrmacht bestimmt.[32] Noch aus dem Grabe wollte Hitler in die künftige deutsche Politik eingreifen; denn er ernannte die Mitglieder der Regierung Dönitz, zu der Goebbels, Bormann, Seyß-Inquart, Greim, Schörner und Schwerin-Krosigk gehören sollten.[33] Am Nachmittag des 30. April beging er zusammen mit der ihm erst kürzlich angetrauten Eva Braun Selbstmord.

Am Abend desselben Tages wurde ein Offizier mit der weißen Flagge aus dem Abschnitt der SS-Division »Nordland« zu den Vorposten der 8. Gardearmee Tschuikows geschickt, um zu fragen, ob man Krebs als Unterhändler empfangen werde. Kurz vor 4.00 Uhr morgens erschien der letzte deutsche Chef des Generalstabes in Begleitung des Chefs des Stabes des LVI. Panzerkorps, Duofing, und eines russisch sprechenden Leutnants in deutschen Diensten auf Tschuikows Gefechtsstand. Im Namen von Goebbels und Bormann bat Krebs um einen Waffenstillstand. Sein Ersuchen wurde von Tschuikow telefonisch an Schukow und von diesem nach Moskau weitergegeben. Nach dem sowjetischen Bericht war Krebs beauftragt worden, einen Waffenstillstand auszuhandeln, welcher es der neuen deutschen Regierung erlaubt hätte, zusammenzutreten und Friedensverhandlungen zu beginnen. Das führte zu einem langwierigen Tauziehen über die Frage, was zuerst kommen müsse, der Waffenstillstand oder die Kapitulation. Am Nachmittag kehrte die deutsche Abordnung zur Reichskanzlei zurück, ohne daß es zu einer Vereinbarung gekommen war, und die sowjetischen Truppen traten zum entscheidenden Angriff gegen den Tiergarten und die ostwärts und südostwärts davon gelegenen Regierungsgebäude an.

Im Bunker rangen Goebbels und Bormann noch jetzt um die Macht innerhalb der neu ernannten Regierung Dönitz und wollten dabei den Admiral als ihr Werkzeug benutzen. Dönitz war indessen davon unterrichtet worden, daß er zum Nachfolger Hitlers nach dem Tode des »Führers« bestimmt worden sei. Man hatte ihm jedoch verschwiegen, daß Hitler schon tot war. Erst am nächsten Morgen um 11.00 Uhr, als Schukow und Stalin schon sechs Stunden über den Tod Hitlers unterrichtet waren, hielt man es für richtig, Dönitz mitzuteilen, daß das Testa-

32 *Jacobsen*, Der Zweite Weltkrieg in Chronik und Dokumenten, S. 530–533.
33 *Dönitz*, Memoirs, S. 440–447; *Keitel*, Memoirs, S. 226–227.

ment in Kraft sei. Daraus konnte er entnehmen, wenn auch nicht mit letzter Sicherheit, daß der »Führer« nicht mehr am Leben war. Um 15.00 Uhr nach der Rückkehr von Krebs, als keine Hoffnung mehr bestand, das in Berlin zurückgebliebene Rumpfkabinett mit der Regierung von Dönitz zu vereinigen, teilte man dem Großadmiral die Tatsachen mit. Goebbels und seine Frau brachten ihre Kinder um und begingen dann Selbstmord. Man nimmt an, daß auch Burgdorf und Krebs sich erschossen haben und daß Bormann und die übrigen Angehörigen von Hitlers Hofhaltung versuchten, aus der Reichskanzlei und dem Stadtzentrum durch die sowjetischen Linien zu entkommen.

Am 2. Mai kurz nach Mitternacht empfing eine Division der Armee Tschuikows einen Funkspruch in russischer Sprache vom LVI. Panzerkorps, in dem um eine Feuerpause und den Empfang von Unterhändlern auf der Potsdamer Eisenbahnbrücke nachgesucht wurde. Am 2. Mai kapitulierte der Befehlshaber in Berlin, Weidling, und rief alle deutschen Truppen auf, den Widerstand aufzugeben. Am gleichen Nachmittag trat die Waffenruhe ein.

25. Kapitel

Epilog

Der Oberbefehlshaber der deutschen Truppen in Italien kapitulierte am 29. April vor Feldmarschall Alexander, und am 2. Mai wurden die Feindseligkeiten auf dem italienischen Kriegsschauplatz eingestellt. Darauf folgten die Kapitulation der Heeresgruppe G im Südwesten und der deutschen Truppen in Norwegen, Dänemark und Holland.

In der letzten Aprilwoche hatte Himmler versucht, über den Schweden Bernadotte die Verbindung mit Churchill aufzunehmen, um an der Westfront, nicht aber an der Ostfront zu kapitulieren. Diese Friedensfühler wurden mit der Begründung zurückgewiesen, daß die deutsche Regierung bedingungslos vor der Sowjetunion und vor den anglo-amerikanischen Kräften kapitulieren müsse. Die Sowjetunion wurde von der Zurückweisung dieses Angebots unterrichtet.

Da jetzt jede Hoffnung auf einen gesonderten Waffenstillstand mit dem Westen geschwunden war, ergriffen die Oberbefehlshaber der deutschen Heeresgruppen und Armeen, oft unter Nichtbeachtung der Befehle aus Berlin, alle möglichen Maßnahmen, um mit ihren Verbänden vor den Westalliierten zu kapitulieren und dadurch ihre Truppen vor der Gefangennahme durch die Sowjets zu retten. Für die in Kurland und auf der Frischen Nehrung eingeschlossenen Truppen gab es keine Möglichkeit für einen Rückzug. Die Heeresgruppe Weichsel und die 12. Armee Wencks mit den sie begleitenden Flüchtlingskolonnen gingen rasch zurück, um bei Wismar und westlich der Elbe in den Schutz der Anglo-Amerikaner zu kommen. Weiter im Süden befanden sich Schörners Heeresgruppe Mitte, Rendulics Heeresgruppe Süd und Löhrs Südostkommando, das sich vom Balkan zurückzog, in einer gefährlich exponierten Lage.

Der neue deutsche Regierungschef Dönitz hatte bereits allen deutschen Truppen im Westen befohlen, sich den Briten und Amerikanern zu ergeben, und hatte alle U-Boote in die deutschen Häfen zurückbeordert. Am 5. Mai schickte er den Oberbefehlshaber der deutschen Kriegsmarine, v. Friedeburg, nach Reims zu Eisenhower, und am folgenden Tage schloß sich Jodl v. Friedeburg an. Eisenhower, der vermutete, daß die deutsche Delegation Zeit gewinnen wollte, während sich die deutschen Truppen im Osten zurückzogen, drohte damit, die anglo-amerikanischen Linien für alle Deutschen, die sie überschreiten wollten, zu sperren, wenn nicht sofort die bedingungslose Kapitulation unterzeichnet würde. Jodl unterschrieb die Kapitulationsurkunde am 7. Mai, und zwei Tage später wurde in Berlin eine zweite Urkunde zur »Ratifizierung« der ersten von Keitel unterzeichnet.

Die Massenflucht deutscher Truppen und Flüchtlinge nach Westen ging indessen weiter. In manchen Abschnitten wurde ihnen der Übertritt in den Bereich der Westalliierten gestattet, in anderen nicht. In Mecklenburg wurden Truppen und Flüchtlinge über die Grenze gelassen, in Brandenburg durften Angehörige der Wehrmacht die Elbe nach Westen überschreiten, Zivilisten aber nicht. In Böhmen und im Süden wurden Soldaten und Zivilisten mit vorgehaltenem Gewehr angehalten, und in manchen Fällen wurden entwaffnete Kriegsgefangene der Roten Armee übergeben. Mit wenigen Ausnahmen blieben die deutschen Oberbefehlshaber an der Ostfront, obwohl sie wußten, daß sie auf der sowjetischen Liste der Kriegsverbrecher standen, auf ihren Posten und gingen mit ihren Männern in sowjetische Kriegsgefangenschaft.

Damit endete der in der langen Geschichte Deutschlands und Rußlands wahrscheinlich größte Krieg. Die Höhe der sowjetischen Verluste ist nicht bekannt, aber die Gesamtzahl der toten Soldaten und Zivilisten wird auf etwa zwanzig Millionen geschätzt.[1] Die Gesamtverluste der deutschen Feldtruppen an der Ostfront vom 22. Juni 1941 bis zum 31. März 1945 betrugen 1.001.000 Tote, 3.966.000 Verwundete und 1.288.000 Vermißte. Das waren zusammen etwas mehr als sechs Millionen.[2] Diese Zahlen zeigen, welche riesigen Verluste das deutsche Heer in Rußland hatte hinnehmen müssen. Die Verluste der Roten Armee einschließlich der sechs Millionen Kriegsgefangenen betrugen wahrscheinlich mehr als vierzehn Millionen Mann, von denen etwa zehn Millionen für immer verloren waren.

Bei Kriegsbeginn hatten die Deutschen Europa beherrscht und auf der Höhe des Erfolges eine neue europäische Ordnung errichtet, die, wie Hitler großspurig behauptete, tausend Jahre gelten sollte. Im Vergleich zu Deutschland erschien die Sowjetunion als Macht zweiten Ranges, so daß Churchill, der wahrscheinlich mit der Hilfe der Vereinigten Staaten rechnete, 1940 und 1941 glaubte, auch wenn die UdSSR auf seiten Deutschlands in den Krieg eintreten sollte, Großbritannien mit dem Commonwealth und dem Empire doch siegen werde. 1939 fehlte es der Sowjetunion an Vertrauen zu ihren eigenen revolutionären Streitkräften, die sich noch nicht im Kriege bewährt hatten. 1940 hatte Molotow eine britische Intervention im finnischen Winterkrieg befürchtet, und 1941 lebte die Sowjetunion unter dem großen Schatten der deutschen Militärmacht, aber am Ende des Krieges war die UdSSR durch hohe Menschenverluste zwar geschwächt, aber siegreich und arrogant, während Deutschland politisch und militärisch am Boden lag und von den beiden großen Machtblöcken in zwei Teile zerrissen war.

Wir haben bereits über die Gründe für den sowjetischen Erfolg und den deutschen Mißerfolg gesprochen. Hitler war für den Ausbruch des Zweiten Weltkrieges

1 Istorija, Bd. 6, S. 30. »Die UdSSR erlitt die größten Verluste an Menschenleben (20 Millionen), von denen fast die Hälfte Zivilisten und Kriegsgefangene waren, welche von den Hitlerleuten im besetzten sowjetischen Gebiet getötet wurden.«

2 OKH/Gen St d H/Gen Qu/Az: 1335 O (IIb) KR. H. A/224/45 g. Kdos vom 5. April 1945. (Kriegstagebuch des OKW, Bd. 4, S. 1515–1516.) Die deutschen Verluste in diesem Zeitraum in Westeuropa und im Mittelmeerraum (ausschließlich des Balkans) betrugen 1.260.000 Mann.

verantwortlich gewesen, und ihm waren die ersten deutschen Erfolge im Westen und in Südosteuropa zu verdanken. Man darf kaum daran zweifeln, daß es Hitler allein gewesen ist, der den deutschen Angriff nach Osten gegen die Sowjetunion veranlaßt hat. Hitler allein war für die große deutsche Niederlage bei Stalingrad verantwortlich, und weil er blind darauf bestand, einmal eroberte Gebiete starr zu verteidigen und zu halten, verlor er die Initiative und spielte in die Hand eines Gegners, der seine Erfolge der Tatsache zu verdanken hatte, daß er beweglich blieb und Reserven bildete, um auf bestimmten Kriegsschauplätzen und an bestimmten Frontabschnitten eine entscheidende Überlegenheit an Menschen und Material zu gewinnen. Doch ganz abgesehen von seiner fehlerhaften Strategie und seinen falschen taktischen Maßnahmen bei der Führung seiner Truppen im Gefecht hatte Hitler die Niederlage Deutschlands bereits heraufbeschworen, als er aufgrund einer falschen politischen Lagebeurteilung einen Zweifrontenkrieg begann. Die Gewinnchancen für seine Gegner wurden dadurch zu groß, und gegen eine solche Koalition konnte Deutschland den Krieg nicht gewinnen.

Anhang A

Hilfsmaßnahmen der Westmächte für die Sowjetunion

Großbritannien und Kanada haben zwischen 1941 und 1945 etwa 1,5 Millionen Tonnen Kriegsmaterial und Lebensmittel an die UdSSR geliefert, und zu den Gütern, welche die Sowjetunion erhielt, gehörten mehr als 5000 Flugzeuge, 5000 Panzer und 200.000 Tonnen Weizen und Mehl. Die Hilfslieferungen der Vereinigten Staaten waren erheblich größer; denn sie schickten gemäß dem vorher getroffenen Leih- und Pachtabkommen etwa 16 Millionen Tonnen Güter aller Art. Von den insgesamt 17.500.000 Tonnen an die UdSSR gelieferten Gütern gingen knapp vier Millionen Tonnen durch den Nordatlantik nach Murmansk und Archangelsk, und etwas mehr als vier Millionen Tonnen erreichten die Sowjetunion auf dem Wege über Persien. Obwohl der lange Transportweg durch Sibirien das Herankommen dieser Lieferungen verzögerte, wurden über den Pazifik schließlich ebensolche Mengen herangebracht wie über den Nordatlantik und Persien zusammen. Selbst der Eintritt Japans in den Krieg gegen die Vereinigten Staaten behinderte kaum die Lieferungen nach Wladiwostok, da alle verfügbaren sowjetischen Frachtschiffe in den Pazifik verlegt wurden und zahlreiche amerikanische Schiffe unter sowjetischer Flagge fuhren. Vom 22. Juni 1941 bis zum 20. September 1945 wurden die folgenden Tonnagen an Rüstungsgütern von den Westmächten an die UdSSR geliefert:

Zu diesen Gütern gehörten 427.000 Kraftfahrzeuge, 13.000 gepanzerte Kampffahrzeuge (darunter 10.000 Panzer), 35.000 Motorräder, fast 19.000 Flugzeuge, 1900 Eisenbahnlokomotiven, 11.000 offene Güterwagen, 90 Frachtschiffe, 105 U-Bootjäger, 197 Torpedoboote, 4,5 Millionen Tonnen Lebensmittel und große Mengen von Rohstoffen.

Während des Krieges verlangte Stalin lautstark nach dieser materiellen Hilfe und protestierte leidenschaftlich, als die Briten die Lieferungen auf dem nördlichen Seeweg einschränken wollten. Aber zugleich versuchte die Regierung der UdSSR sogar noch während des Krieges, die sowjetische Bevölkerung darüber im unklaren zu lassen, in welchem Ausmaß die sowjetische Wirtschaft von den kapitalistischen Staaten anhängig war. Seit 1945 hat man in der Sowjetunion bewußt versucht, die westliche Hilfe zu bagatellisieren und so zu tun, als habe sie kaum eine Bedeutung gehabt.

Nach sowjetischen Berichten stellten die 10.000 amerikanischen und britischen Panzer, welche die UdSSR erhalten hatte, nur 10 Prozent der sowjetischen Panzerproduktion dar. Angeblich hat die Sowjetunion während des Krieges insgesamt 102.000 Panzer und Schützenpanzer hergestellt. Sowjetische Quellen behaupten, die Panzer, und dabei handelt es sich in erster Linie um Panzer vom Typ Sherman, Valentine und Matilda, seien den deutschen und sowjetischen Modellen unterlegen gewesen. Das ist vielleicht richtig. Aber man darf nicht vergessen, daß der Sherman etwa dem deutschen Panzer III entsprach, und daß die Panzer vom Typ Sherman, Valentine und Matilda dem T34 zwar unterlegen, aber viel besser waren als der T60 und viele andere sowjetische Panzer, die noch während des Krieges in großen Stückzahlen hergestellt wurden. Es wird behauptet, die 18.700 aus dem Westen gelieferten Flugzeuge hätten nur 12 Prozent der sowjetischen Kriegsproduktion von 139.000 Flugzeugen ausgemacht. Der Kreml hatte recht, wenn er behauptete, die Kittyhawks und Hurricanes seien dem deutschen Standardjäger Me109 unterlegen gewesen. Andererseits waren die Kittyhawks und Hurricanes, wenn es auch in der Sowjetunion nicht anerkannt wird, den 1941 und 1942 in der Roten Luftwaffe verwendeten Jagdflugzeugen überlegen. Wie das auch sein mag, die Zahl der an die Sowjetunion gelieferten Panzer und Flugzeuge war, obwohl sie den Sowjets zweifellos genützt haben, wahrscheinlich zu gering, um als entscheidend angesehen zu werden. Das gleiche trifft auf die an die UdSSR gelieferten Geschütze und Infanteriewaffen zu.

Ende des Krieges verfügten die sowjetischen Streitkräfte über 665.000 Kraftfahrzeuge. Davon waren 427.000 während des Krieges in der Hauptsache von den Vereinigten Staaten geliefert worden. Zeitgenössische Quellen berichten, daß mehr als 50 Prozent aller in der Roten Armee verwendeten Fahrzeuge aus Amerika kamen. Diese Lastwagen gaben zusammen mit den Tausenden von Lokomotiven und offenen Loren der Roten Armee die strategische und taktische Beweglichkeit, die notwendig war, um die deutschen Streitkräfte vernichtend zu schlagen. In Teheran hatte Stalin die sowjetischen Erfolge darauf zurückgeführt, daß man in der Lage gewesen war, die Reserven des Oberkommandos, die er mit nur 60 Divisionen angab, von einem Kriegsschauplatz auf den anderen zu verlegen. Diese Beweglichkeit hätte ohne die von den Amerikanern gewährte materielle Hilfe nicht erreicht werden können.

Obwohl Moskau behauptet hat, die 2,6 Millionen Tonnen importierter Mineralölprodukte seien gegenüber den 30 Millionen Tonnen der sowjetischen Jahresproduktion nicht ins Gewicht gefallen, wird dabei nicht berücksichtigt, daß die importierten Mineralöle aus Zusätzen und Kraftstoff mit hoher Oktanzahl bestanden, die in der UdSSR nicht vorhanden waren und benötigt wurden, um Flugbenzin herzustellen. Ein Teil der Hilfslieferungen bestand außerdem aus einigen vollständigen Ölraffinerien, Reifenfabriken, elektrischen Generatoren, Werkzeugmaschinen, Sprengstoff und Rohstoffen aller Art. Ein sehr hoher Prozentsatz der von den sowjetischen Streitkräften verbrauchten Verpflegung (das war schätzungsweise eine Tagesration von ½ Kilo konzentrierter Lebensmittel für sechs Millionen Mann während des ganzen Krieges) kam aus den Vereinigten Staaten und Kanada, und auch ein großer Teil der Bekleidung und Schuhe der Roten Armee wurde aus Amerika und Großbritannien eingeführt.

Ob nun die westliche und insbesondere die amerikanische Hilfe bei dem sowjetischen Sieg über die deutschen Streitkräfte an der Ostfront ein entscheidender Faktor gewesen ist, kann nicht gesagt werden, ohne das wirtschaftliche Potential der Sowjetunion während des Krieges objektiv und detailliert zu beurteilen. Mit Sicherheit läßt sich nur sagen, daß die großen sowjetischen Siege in Weißrußland und der Ukraine ohne die amerikanischen Kraftfahrzeuge und das amerikanische Eisenbahnmaterial 1943 und 1944 noch nicht möglich gewesen wären.

Es ist möglich, wenn auch durchaus nicht sicher, daß einige zu Beginn im Westen vorgenommene Schätzungen über die Auswirkungen der materiellen Hilfe, die der Sowjetunion gewährt wurde, übertrieben waren. Zugleich ist es aber auch wahrscheinlich, daß man die Auswirkungen der überwältigenden wirtschaftlichen und militärischen Macht der Anglo-Amerikaner und besonders der Vereinigten Staaten auf die Operationen in Rußland nicht genügend berücksichtigt hat. Das Schicksal Japans wurde durch die amerikanische Luft- und Seemacht entschieden, und ohne die amerikanische Präsenz im Pazifischen Ozean hätte Japan die Sowjetunion angegriffen. Heute ist es außerdem möglich, die Stärke der von der UdSSR und dem anglo-amerikanischen Block eingesetzten Streitkräfte genau zu bestimmen. Bis 1943 haben sich die Vereinigten Staaten und Großbritannien kaum an den Operationen zu Lande gegen Deutschland beteiligt, und erst Mitte 1944 haben sie an wirklich schweren Kämpfen auf dem Kontinent teilgenommen. Aber bis 1944 war die deutsche Kriegsmarine fast vollständig durch sie gebunden. Im Juni 1941 waren etwa 40 Prozent der Luftwaffe im Westen und zur Verteidigung des Reichsgebiets eingesetzt. Doch 1944 nach der raschen Vergrößerung der britischen und amerikanischen Luftstreitkräfte wurden etwa 65 Prozent der Luftwaffe gegen die Anglo-Amerikaner verwendet. Die angelsächsische Seemacht und ihre strategische Beweglichkeit zwangen die Deutschen, ihre Landstreitkräfte über einen weiten Raum zu verteilen. 1941 und 1942 standen zwischen 20 und 25 Prozent der deutschen Felddivisionen im Mittelmeerraum und in Westeuropa, und je näher der Zeitpunkt der Errichtung der zweiten Front heranrückte, desto mehr wuchs dieser Prozentsatz, bis er schließlich 42 Prozent erreichte.

Wären die Vereinigten Staaten und Großbritannien mit dem Commonwealth und dem Empire im russisch-deutschen Kriege streng neutral geblieben, dann hätten die auf diese Weise freigewordenen deutschen und Achsenstreitkräfte die Sowjetunion überwältigt.

Kriegsmateriallieferungen der Westmächte an die Sowjetunion in Tonnen

Jahr	Gesamt	Persischer Golf	Pazifik	Nordatlantik	Schwarzes Meer	Arktis
1941	360 778	13 502	193 299	153 977		
1942	2 453 097	705 259	734 020	949 711		64 107
1943	4 794 545	1 606 979	2 388 577	681 043		117 946
1944	6 217 622	1 788 864	2 848 181	1 452 775		127 802
1945	3 673 819	44 513	2 079 320	726 725	680 723	142 538
	17 499 861	4 159 117	8 243 397	3 964 231	680 723	452 393
Prozent		23,8	47,1	22,7	3,9	2,5

Anhang B

Deutsche Heeresgruppen im Osten

Veränderungen in der Kommandostruktur von Juni 1941 bis Mai 1945

		Nord	Mitte	Süd		
1941	Juni	von Leeb	von Bock	von Rundstedt		
	Dez.		von Kluge	von Reichenau		
1942	Jan.	von Küchler		von Bock		
				B		A
	Juli			von Weichs		List
	Sept.					Hitler
	Nov.				**Don** aus 11. Armee	**von Kleist**
					von Manstein	
1943	Febr.			aufgelöst		
					Süd	
	Oktober		Busch			
1944	Jan.	Model				
	März	Lindemann			**Nordukraine**	**Südukraine**
					Model	Schörner
	Juni		Model			
	Juli	Friessner				Friessner
		Schörner				
	Aug.		Reinhardt			
					A	**Süd**
	Sept.				Harpe	
	Dez.					Wöhler
1945	Jan.	Rendulic				
		Kurland	**Nord**	**Weichsel** (neu)	**Mitte**	
	Jan.	von Vietinghoff	Rendulic	Himmler	Schörner	
	März	Rendulic	Weiss	Heinrici		
	April	Hilpert	aufgelöst			Rendulic
	Mai			Student		**Ostmark**

Anhang C

Aktive sowjetische Fronten im Westen, Veränderungen in der Kommandostruktur

1941		*Nord-*		*Nord-West-*	*Reserve-*	*West-*		
Juni		Popow		Kusnezow	Budjonny	Pawlow		
Juli				Sobennikow	Bogdanow	Timoschenko		
					Schukow			*Mittel-*
Aug.	*Karelische*	*Leningrader*		Kurotschkin			*Brjansker*	Kusnezow
								aufgelöst
Sept.	Frolow	Popow			Budjonny	Konjew	Jeremenko	
Okt.		Schukow			*Kalinin-*	Schukow	Sacharow	
Nov.		Khozin			Konjew		aufgelöst	
Dez.			*Wolchow-*				*Brjansker*	
			Merezkow				Tscherewitschenko	
1942								
Jan.				Kurotschkin				
Febr.			Khozin					
April							Golikow	
Juni			*Wolchow-*				Tschibisow	*Woronescher*
Juli			Merezkow				Rokossowski	Golikow
								Watutin
Aug.		Goworow						Golikow
Okt.								
1943								
Jan.					Purkajew		Reiter	
Febr.				Timoschenko		Konjew		*Mittel-*
März				Konjew		Sokolowski	Golikow	Rokossowski
April								Watutin
Juni								
Juli					Jeremenko		Popow	
Aug.								
Sept.							*Baltische*	
Okt.					*1. Baltische*		*2. Baltische*	*Weißrussische*
Nov.				aufgelöst				
Dez.				*2. Baltische*				
1944								
Jan.		aufgelöst			Bagramjan		*2. Weißrussische*	*1. Weißrussisc*
März							Kurotschkin	
April		*3. Baltische*					aufgelöst	
Mai	Merezkow					*3. Weißruss.*	*2. Weißrussische*	
						Tschernjakowski	Petrow	
Juni		Maslennikow		Jeremenko			Sacharow	
Aug.		aufgelöst					Rokossowski	Schukow
1945					*Gruppe*			
Febr.					*Samland*	Wasilewski		
März								
Mai					aufgelöst	Wasilewski	Rokossowski	Schukow

Anhang C: Aktive sowjetische Fronten im Westen, Veränderungen in der Kommandostruktur

Mittel-			*Südwestfront*		*Süd-*	
			Kirponos		Tjulenew	
					Rjabyschew	
			Timoschenko		Tscherewitschenko	
						Transkaukasisch
						Koslow
					Malinowski	*Kaukasus*
			Kostenko		*Nord-*	*Krim-*
Woronescher			*Stalingrader-*		*Kaukasus*	*Transkaukasisch*
Golikow			Timoschenko		Budjonny	Tjulenew
Watutin			Gordow	*Südost-*		
				Jeremenko		
				Stalingrader-		
			Don-			
			Rokossowski			
		Südwest-				
		Watutin				
Golikow		Malinowski		*Süd-*	*Nord-*	
				Malinowski	*Kaukasus*	
	Reserve-					
Watutin	Reiter					
	Steppen-					
	Konjew			Tolbuchin	Petrow	
1. Ukrainische		*2. Ukrainische*	*3. Ukrainische*	*4. Ukrainische*	aufgelöst	
Schukow						
Konjew				zur Reserve		
			Tolbuchin			
	4. Ukrainische	Malinowski				
	Petrow					
	Jeremenko					
Konjew	Jeremenko	Malinowski	Tolbuchin			

Literatur

Dies ist kein vollständiges Literaturverzeichnis, sondern soll dem Leser nur Hinweise auf die wichtigsten Veröffentlichungen geben, die der Verfasser bei seiner Arbeit an dieser Geschichte des Feldzuges in Rußland verwendet hat.

I. Offizielle und halboffizielle Veröffentlichungen

Abwehrkämpfe am Nordflügel der Ostfront 1944–1945, herausgegeben vom Militärgeschichtlichen Forschungsamt, Deutsche Verlagsanstalt, Stuttgart 1963.

Command Decisions, Department of the Army, Harcourt Brace, New York 1959.

Documents on the Expulsion of the Germans from Eastern-Central-Europe (Band 1), Federal Ministry for Expellees, Refugees and War Victims, Bonn.

Documents on German Foreign Policy 1918–1945, HMSO London.

German Air Force Airlift Operations, (Morzik) Department of the Army 1961, Arno Press, New York.

German Air Force Operations in Support of the Army, (Deichmann) Department of the Army 1962, Arno Press, New York.

German Air Force versus Russia, (Plocher) Department of the Army 1967, Arno Press, New York.

German Campaign in Poland 1939, (Kennedy) Department of the Army Pamphlet No. 20 bis 255.

German Campaign in Russia Planning and Operations 1940–1942, Department of the Army Pamphlet No. 20–261a.

German Northern Theater of Operations 1940–1945, (Ziemke) Department of the Army Pamphlet No. 20–271.

Stalingrad to Berlin, (Ziemke) Department of the Army (Army Historical Series).

Istorija Welikoi Otečestwennoi Woiny Sowjetskowo Sojusa (sechs Bände). Moskau.

Kratkaja Istorija Welikaja Otečestwennaja Woina Sowjetskowo Sojusa, Moskau 1964.

Nazi Conspiracy and Aggression (acht Bände), US Government Printing Office 1946–1948.

Nazi-Soviet Relations 1939–1941, Department of State Publication 3023.

Official Documents Concerning Polish-German and Polish-Soviet Relations 1933–1939, London 1939.

Operationsgebiet Östliche Ostsee, Schriftenreihe des Militärgeschichtlichen Forschungsamtes, Deutsche Verlagsanstalt, Stuttgart 1961.

Russian Air Force in the Eyes of German Commanders, (Schwabedissen) Department of the Army 1960, Arno Press, New York.

Supreme Command, The United States in World War II, (Pogue) Department of the Army 1954.

Ordinance Department Procurement and Supply, The United States Army in World WarII, (Thomson and Mayo) Department of the Army 1960.
Buying Aircraft Material Procurement for the Army Air Forces, The United States Army in World War II, (Holley) Department of the Army 1964.
Statistical Digest of the War, HMSO London 1951.
Strength and Casualties of the Armed Forces of the United Kingdom 1939–1945, Cmd. 6832, HMSO London.
50 Let Wooružennych Sil SSSR, Moskau 1968.

II. Bearbeitete oder Sammelwerke

Anatomy of the SS State, Collins, London 1968.
Bilanz des Zweiten Weltkrieges, Gerhard Stalling Verlag, Hamburg 1953.
Bitwa za Moskwu, Moskau 1968.
Kriegstagebuch der Oberkommandos der Wehrmacht (vier Bände), Bernard und Graefe Verlag für Wehrwesen, Frankfurt am Main 1961–65.
Ahlfen, H. von, und *Niehoff, H.* So kämpfte Breslau, Gräfe und Unzer, München 1960.

III. Bücher

Ahlfen, H. von, und *Niehoff, H.*, So kämpfte Breslau, Gräfe und Unzer, München 1960.
Ahlfen, H. von, Der Kampf um Schlesien, Gräfe und Unzer, München 1961.
Allilujewa, Swetlana, Twenty Letters to a Friend, Hutchinson, London 1967.
Baransky, N. N., Economic Geography of the USSR, Moskau 1956.
Baumann, H., Die 35. Infanteriedivision im Zweiten Weltkrieg, G. Braun, Karlsruhe 1964.
Beinhauer, E., Artillerie im Osten, Wilhelm Limpert, Berlin 1944.
Bekker, C., Angriffshöhe 4000, Gerhard Stalling, Oldenburg und Hamburg 1964.
Beloff, M., The Foreign Policy of Soviet Russia 1929–1941, Oxford University Press, London 1949.
Benary, A., Die Berliner Bären-Division, 257. Infanteriedivision, Podzun, Bad Nauheim 1955.
Besymenski, L., Sonderakte Barbarossa, Deutsche Verlagsanstalt, Stuttgart 1968 (Original Moskau).
Bidlingmaier, I., Enstehung und Räumung der Ostseebrückenköpfe 1945, Kurt Vowinckel, Neckargemünd 1962.
Birkenfeld, W., Geschichte der deutschen Wehr- und Rüstungswirtschaft (1918–1945), Harald Boldt, Boppard am Rhein 1966.
Birjusow, S. S., Surowje Gody, Moskau 1966.
Blumentritt, G., von Rundstedt, Odhams, London 1952.
Bor-Komorowski, T., The Secret Army, Gollancz, London 1951.
Bradley, O. N., A Soldier's Story, Eyre and Spottiswoode, London 1951.
Butler, J. R. M., Grand Strategy. History of the Second World War, (Band 2 und 3 [2]), HMSO, London 1957 und 1964.
Buxa, W., 11. Division, Podzun, Kiel o. J.

Charles de Beaulieu, W., Der Vorstoß der Panzergruppe 4 auf Leningrad, Kurt Vowinckel, Neckargemünd 1961.
– Generaloberst Erich Hoepner, Kurt Vowinckel, Neckargemünd 1969.
– The End of the Third Reich, Macgibbon and Kee, London 1967 (orig. Moskau).
Choltitz, D. von, Un Soldat parmi des Soldats, Aubanel 1964.
Churchill, W. S., The Second World War (sechs Bände), Cassell, London 1948–54.
Ciano's Diaries 1939–1943, Heinemann, London 1947.
Dallin, A., German Rule in Russia 1941–1945, Macmillan, London 1957.
Deane, J. R., The Strange Alliance, Murray, London 1947.
Deutscher, I., Stalin, Oxford University Press, London 1967.
Dieckert und *Grossmann*, Der Kampf um Ostpreußen, Gräfe und Unzer, München 1960.
Dieckhoff, G., Die 3. Infanteriedivision, Erich Börries, Göttingen 1960
Djilas, M., Conversations with Stalin, Rupert Hart-Davis, London 1962.
Dmitriew, W. I., Atakujut Podwodniki, Moskau 1964.
Dönitz, K., Memoirs, Weidenfeld and Nicolson, London 1959.
Doerr, H., Der Feldzug nach Stalingrad, E. S. Mittler, Darmstadt 1955.
Eden, A., The Reckoning, Cassell, London 1965.
Eisenhower, D. D., Crusade in Europe, Heinemann, London 1948.
Erfurth, W., Der Finnische Krieg 1941–1944, Limes, Wiesbaden 1950.
Feiling, K., The Life of Neville Chamberlain, Macmillan, London 1947.
Feis, H., Churchill Roosevelt Stalin, Princeton University Press 1966.
Feuchter, G. W., Der Luftkrieg, Athenäum, Frankfurt am Main 1964.
Förster, O. W., Befestigungswesen, Kurt Vowinckel, Neckargemünd 1960.
Forstmeier, F., Odessa 1941, Rombach, Freiburg im Breisgau 1967.
Fretter-Pico, M., Mißbrauchte Infanterie, Bernard und Graefe, Frankfurt am Main 1957.
Friessner, H., Verratene Schlachten, Holsten, Hamburg 1956.
Gareis, M., Kampf und Ende der Fränkisch-Sudetendeutschen 98. Division, Gareis, Tegernsee 1956.
Gilbert, F., Hitler Directs His War, Oxford University Press, New York 1950.
Goebbels, J., The Goebbels Diaries, Hamish Hamilton, London 1948.
Goerlitz, W., Paulus and Stalingrad, Methuen, London 1963.
Golikow, F. I., Moskowskoi Bitwe, Moskau 1967.
Golowko, A., With the Red Fleet, Putnam, London 1965 (orig. Moskau).
Gorbatow, A. W., Gody i Woiny, Nowyi Mir, Moskau 1964 (engl. Übersetzung Years of my Life, Constable, London 1964).
Gretschko, A. A., Bitwa za Kawkas, Moskau 1967.
Greiner, H., Die Oberste Wehrmachtführung 1939–1943, Limes, Wiesbaden 1951.
Grossmann, H., Geschichte der Rheinisch-Westfälischen 6. Infanteriedivision, Podzun, Bad Nauheim 1958.
Gschöpf, R., Mein Weg mit der 45. Infanteriedivision, Oberösterreichischer Landesverlag 1955.
Guderian, H., Panzer Leader, Michael Joseph, London 1952.
Gwyer, J. M. A., Grand Strategy. History of the Second World War, Bd. 3, HMSO, London 1964.
Haferkann, H., Ostwärts bis Sewastopol, Deutscher Volksverlag, München 1943.
Halder, F., Kriegstagebuch (drei Bände), Kohlhammer, Stuttgart 1962.
– Hitler as War Lord, Putnam, London 1950.

Haupt, W., Demjansk, Podzun, Bad Nauheim 1961.
– Baltikum 1941, Vowinckel, Neckargemünd 1963.
Hausser, P., Soldaten wie andere auch, Munin, Osnabrück 1966.
Heiber, H. von, Hitlers Lagebesprechungen, Deutsche Verlagsanstalt, Stuttgart 1962.
Heidkämper, O., Witebsk, Vowinckel, Heidelberg 1954.
Hess, W., Eismeerfront 1941, Vowinckel, Heidelberg 1956.
Hillgruber, A., Hitlers Strategie, Bernard und Graefe, Frankfurt a.M. 1965.
Hitler, König Carol und Marschall Antonescu, Franz Steiner, Wiesbaden[2] 1965.
– Die Räumung der Krim 1944, Mittler, Berlin–Frankfurt 1959.
– (Herausg.) Probleme des Zweiten Weltkrieges, Kiepenheuer und Witsch, Köln–Opladen 1967.
– und *Hümmelchen, G.*, Chronik des Zweiten Weltkrieges, Bernard und Graefe, Frankfurt am Main 1966.
Hitler, A., Mein Kampf, Hurst & Blackett, London 1939.
Hoth, H., Panzeroperationen, Vowinckel, Heidelberg 1956.
Hubatsch, W., Hitlers Weisungen für die Kriegführung 1939–1945, Bernard und Graefe, Frankfurt am Main 1962.
– Kriegswende 1943, Wehr und Wissen Verlagsgesellschaft, Darmstadt 1966.
Jacobsen, H. A., Der Zweite Weltkrieg in Chronik und Dokumenten, Wehr und Wissen Verlagsgesellschaft, Darmstadt 1961.
– und *Rohwer, J.*, Entscheidungsschlachten des Zweiten Weltkrieges, Bernard und Graefe, Frankfurt am Main 1960.
Janssen, G., Das Ministerium Speer, Ullstein, Berlin 1968.
Jenner, M., Die 216./272. niedersächsische Infanteriedivision, Podzun, Bad Nauheim 1964.
Jeremenko, A. I., Stalingrad, Moskau 1961.
Keilig, W., Das deutsche Heer 1939–1945 (drei Bände), Podzun, Bad Nauheim.
Keitel, W., Memoirs, Kimber, London 1965.
Kesselring, A., Soldat bis zum letzten Tag, Athenäum, Bonn 1953
– Gedanken zum Zweiten Weltkrieg, Athenäum, Bonn 1955.
Kissel, H., Die Katastrophe in Rumänien 1944, Wehr und Wissen Verlagsgesellschaft, Darmstadt 1964.
– Der deutsche Volkssturm 1944–1945, Mittler, Frankfurt a.M. 1962.
Klatt, P., Die 3. Gebirgsdivision 1939–1945, Podzun, Bad Nauheim 1958.
Klietmann, K. G., Die Waffen-SS, Der Freiwillige, Osnabrück 1965.
Klink, E., Das Gesetz des Handelns ›Zitadelle‹ 1943, Deutsche Verlags-Anstalt, Stuttgart 1966.
Kolganow, K. S., Razwitije Taktiki Sowjetskoi Armii w Gody Welikoi Otečestwennoi Woiny, Moskau 1958.
Konjew, I. S., Sorok Pjatyi God, Nowyi Mir, Moskau 1965.
Krawčenko, G. S., Wojennaja Ekonomika SSSR 1941–1945, Moskau 1963.
Kurowski, F., Armee Wenck, Vowinckel, Neckargemünd 1967.
Lange, W., Korpsabteilung C, Vowinckel, Neckargemünd 1961.
Lasch, O., So fiel Königsberg, Gräfe und Unzer, München 1959.
Leljuschenko, D. D., Zarja Pobjedy, Moskau 1966.
Lemelsen, J., Die 29. Division, Podzun, Bad Nauheim 1960.
Leverkuehn, P., German Military Intelligence, Weidenfeld and Nicolson, London 1954.
Liddell Hart, B. H., The Other Side of the Hill, Cassell, London 1951.

Liwšits, J. L., Perwaja Gwardeiskaja Tankowaja Brigada w Bojach za Moskwu, Moskau 1948.
Loßberg, B. von, Im Wehrmachtführungsstab, Nölke, Hamburg 1950.
Lundin, L., Finland in the Second World War, Indiana University Press 1957.
Mackensen, E. von, Vom Bug zum Kaukasus, Vowinckel, Neckargemünd 1967.
Maiski, I., Memoirs of a Soviet Ambassador, Hutchinson, London 1967.
– Who Helped Hitler, Hutchinson, London 1964 (orig. Moskau).
Malaparte, C., The Volga Rises in Europe, Alvin Redman, London 1957.
Malinowski, R. J., Final, Moskau 1966.
Mannerheim, C. G., Memoirs, Cassell, London 1953.
Manstein, E. von, Lost Victories, Methuen, London 1958.
Martel, G., The Russian Outlook, Michael Joseph, London 1947.
Mazulenko, W. A., Die Zerschlagung der Heeresgruppe Südukraine, Berlin 1959 (orig. Moskau).
Medlicott, W. N., The Economic Blockade. History of the Second World War (Bd. 1 und 2), HMSO und Longans Green, London 1959.
Meister, J., Der Seekrieg in den osteuropäischen Gewässern 1941–1945, Lehmanns, München 1958.
Mellenthin, F. W. von, Panzer Battles, University of Oklahoma Press, 1956.
Metzsch, F. A. von, Die Geschichte der 22. Infanteriedivision, Podzun, Bad Nauheim 1952.
Meyer, K., Panzergrenadiere, Schild, München-Lochhausen 1965.
Milward, A. S., The German Economy at War, The Athlone Press, London 1965.
Morozow, W. P., Westlich von Woronesch, Berlin 1959 (urspr. Moskau).
Morzik und *Hümmelchen*, Die deutschen Transportflieger im Zweiten Weltkrieg, Bernard und Graefe, Frankfurt am Main 1966.
Mueller-Hillebrand, B., Das Heer 1939–1945 (drei Bände), Mittler, Frankfurt am Main 1954–69.
Munzel, O., Die deutschen gepanzerten Truppen bis 1945, Maximilian, Herford 1965.
Nitz, G., Die 192. Infanteriedivision, Bernard und Graefe, Berlin 1957.
Oesch, K. L., Finnlands Entscheidungskampf 1944, Huber, Frauenfeld 1964.
O'Neill, R., The German Army and the Nazi Party, Cassell, London 1966.
Pawlow, D. V., Leningrad 1941: The Blockade, University of Chicago Press 1965 (urspr. Moskau).
Petrow, J. P., Partiinoje Stroitelstwo w Sowjetskoi Armii i Flotje, Moskau 1964.
Pfahlmann, H., Fremdarbeiter und Kriegsgefangene in der deutschen Kriegswirtschaft 1939 bis 1945, Wehr und Wissen Verlagsgesellschaft, Darmstadt 1968.
Philippi, A., Das Pripjetproblem, Mittler, Frankfurt am Main 1955.
– und *Heim, F.*, Der Feldzug gegen Sowjetrußland 1941–1945, Kohlhammer, Stuttgart 1962.
Picker, H., Hitlers Tischgespräche, Seewald, Stuttgart² 1965.
Pickert, W., Vom Kuban-Brückenkopf bis Sewastopol, Vowinckel, Heidelberg 1955.
Piterski, N. A., Die Sowjetflotte im Zweiten Weltkrieg, Stalling, Hamburg 1966 (urspr. Moskau).
Platanow, S. P., Wtoraja Mirowaja Woina, Moskau 1958.
Pohlmann, H., Wolchow 1941–1944, Podzun, Bad Nauheim 1962.
Pottgiesser, H., Die Reichsbahn im Ostfeldzug, Vowinckel, Neckargemünd 1960.
Redelis, V., Partisanenkrieg, Vowinckel, Heidelberg 1958.

Rehm, W., Jassy, Vowinckel, Neckargemünd 1959.
Rendulic, L., Gekämpft Gesiegt Geschlagen, »Welsermühl« Wels, München 1957.
Röhricht, E., Probleme der Kesselschlacht, Condor, Karlsruhe 1958.
Rohwer, J. u. *Hümmelchen, G.*, Chronik des Seekrieges 1939–1945, Stalling, Oldenburg–Hamburg 1968.
Rokossowski, K. K., Welikaja Pobjeda na Wolgje, Moskau 1965.
Roskill, S. W., The War at Sea. The Second World War (Bd. 2 u. 3), HMSO, London.
Samsonow, A. M. (herausg.) Stalingradskaja Epopeja, Moskau 1968.
– Stalingradskaja Bitwa, Moskau 1960.
– Die große Schlacht vor Moskau, Berlin 1959 (urspr. Moskau).
Saunders, M. G., The Soviet Navy, Weidenfeld and Nicolson, London 1958.
Savyalov, A. S. u. *Kalyadin, T. J.*, Die Schlacht um den Kaukasus, Berlin 1959 (urspr. Moskau).
Scheibert, H., Nach Stalingrad 48 Kilometer, Vowinckel, Heidelberg 1956.
– Zwischen Don und Donez, Vowinckel, Neckargemünd 1961.
Schellenberg, W., The Schellenberg Memoirs, André Deutsch, London 1956.
Schilin, P. A., Die wichtigsten Operationen des Großen Vaterländischen Krieges 1941–1945, Berlin 1958 (urspr. Moskau).
Schlauch, W., Rüstungshilfe der USA an die Verbündeten im Zweiten Weltkrieg, Wehr und Wissen Verlagsgesellschaft, Darmstadt 1967.
Schmidt, A., Geschichte der 10. Division, Podzun, Bad Nauheim 1963.
Schramm, P. E., Hitler als militärischer Führer, Athenäum, Frankfurt am Main [2] 1965.
Schtemenko, S. M., Generalnyi Schtab w Gody Woiny, Moskau 1968.
Schukow, G. K., Wospominanija i Rasmyšlenija, Macdonald, London 1969 (urspr. Moskau).
Senger u. *Etterlin, F. von*, Die 24. Panzerdivision, vormals 1. Kavalleriedivision, Vowinckel, Neckargemünd 1962.
Sherwood, R. E., The White House Papers of Harry L. Hopkins (2 Bde.), Eyre and Spottiswoode, London 1948.
Sokolowski, W. D., Rasgrom Njemezko-Fašistkich Woisk pod Moskwoi, Moskau 1964.
– Military Strategy, Pall Mall Press, London 1963 (urspr. Moskau).
Steets, H., Gebirgsjäger in der Nogaischen Steppe, Vowinckel, Heidelberg 1956.
– Gebirgsjäger zwischen Dnjepr und Don, Vowinckel, Heidelberg 1957.
Stettinius, E. R., Lend-Lease, Macmillan, New York 1944.
– Roosevelt and the Russians, Jonathan Cape, London 1950.
Telpuchowski, B. S., Die sowjetische Geschichte des Großen Vaterländischen Krieges 1941 bis 1945, Bernard und Graefe, Frankfurt a.M. 1961 (urspr. Moskau).
Teske, H., Die silbernen Spiegel, Vowinckel, Heidelberg 1952.
– General Ernst Köstring, Mittler, Frankfurt am Main 1966.
Tessin, G., Verbände und Truppen der deutschen Wehrmacht und der Waffen-SS im Zweiten Weltkrieg 1939–1945 (Bd. 2 und 3), Mittler, Frankfurt am Main 1970/71.
Tippelskirch, K. von, Die Geschichte des Zweiten Weltkriegs, Athenäum, Bonn 1954.
Tornau, G. und *Korowski, F.*, Sturmartillerie Fels in der Brandung, Maximilian, Herford–Bonn 1965.
Trevor-Roper, H. R., The Last Days of Hitler, Macmillan, London 1947.
Tschuikow, W. I., The Beginning of the Road, Macgibbon and Kee, London 1967 (urspr. Moskau).
Vormann, N. von, Tscherkassy, Vowinckel, Heidelberg 1954.

Wagener, C., Moskau 1941, Podzun, Bad Nauheim 1965.
Wagner, E., Der Generalquartiermeister, Günter Olzog, München 1963.
Warlimont, W., Inside Hitler's Headquarters, Weidenfeld and Nicolson, London 1964.
Wassilewski, A., Wojenno Istoričeskii Zurnal 8–10, Moskau 1965.
Werth, A., Russia at War 1941–1945, Barrie and Rockliff, London 1964.
Westphal, S., The Fatal Decisions, Michael Joseph, London 1965.
Wheeler-Bennett, J. W., The Nemesis of Power, Macmillan, London 1961.
Wollenberg, E., The Red Army, Secker and Warburg, London 1940.
Woodward, E. L., British Foreign Policy. History of the Second World War, HMSO, London 1962.
Worobjew, F. D. und *Krawzow, W. M.*, Pobjedy Sowjetskych Wooružennych Sil w Welikoi Otečestwennoi Woinje, Moskau 1953.
Wuorinen, J. H., Finland and World War II 1939–1944, The Ronald Press Company, New York 1948.

Personenregister